사람을
위한
경제학

GRAND PURSUIT:

The Story of Economic Genius

by Sylvia Nasar

Copyright ⓒ Sylvia Nasar 2011
All rights reserved.

Korean translation edition is published by arrangement with
Sylvia Nasar c/o Susanna Lea Associates, working on behalf of The Robbins Office through KCC.

Korean Translation Copyright ⓒ ScienceBooks 2013, 2024

이 책의 한국어 판 저작권은 KCC를 통해
Susanna Lea Associates와 독점 계약한 (주)사이언스북스에 있습니다.

저작권법에 의해 한국 내에서 보호를 받는 저작물이므로
무단 전재와 무단 복제를 금합니다.

기아, 전쟁, 불황을 이겨낸 경제학 천재들의 이야기

사람을 위한 경제학

실비아 나사르 지음
김정아 옮김

GRAND PURSUIT
THE STORY OF ECONOMIC GENIUS

반비

부모님께 바칩니다.

| 서문 | 인류의 9할 | 9 |

1막　희망

	프롤로그　다정 씨 대 스크루지	18
1장	새로운 기적: 엥겔스와 마르크스	31
2장	프롤레타리아는 사라질 수 없나?: 앨프리드 마셜	87
3장	포터 양의 일과 사랑: 웨브와 복지국가	149
4장	부의 과학: 어빙 피셔와 통화정책	221
5장	창조적 파괴: 슘페터와 경제적 진화	267

2막　두려움

	프롤로그　세계 전쟁	302
6장	인류 최후의 나날: 빈의 슘페터	317
7장	죽어가는 유럽: 베르사유의 케인스	357
8장	기쁨 없는 거리: 빈의 슘페터와 하이에크	397
9장	낙관주의: 1920년대의 케인스와 피셔	425
10장	시동불량: 대공황의 케인스와 피셔	461

목차

11장	실험: 1930년대의 웨브와 로빈슨	507
12장	경제학자들의 전쟁 복무: 재무부, 케인스와 프리드먼	531
13장	망명: 전쟁 중의 슘페터와 하이에크	559

3막 자신감

	프롤로그 사라진 우려	574
14장	과거와 미래: 브레튼우즈에 간 케인스	585
15장	예속에서 벗어나는 길: 하이에크와 독일의 기적	599
16장	주인 되는 도구: 워싱턴에 간 새뮤얼슨	615
17장	거대한 환상: 모스크바와 베이징의 로빈슨	641
18장	운명과의 약속: 콜카타와 케임브리지의 센	671

에필로그 미래를 상상하다	693
주	697
감사의 말	781
옮긴이 후기를 대신하여	784
찾아보기	804
사진 출처	815

GRAND PURSUIT
THE STORY OF ECONOMIC GENIUS

서문

인류의 9할

한 나라가 복리를 누리는 기간은 극히 짧다. 역사를 통틀어 거의 모든 나라들이 매우 가난했다.

—존 케네스 갤브레이스, 『풍요한 사회』, 1958.[1]

인류의 9할은 평생 고된 노동 속에 살아간다. 이러한 불행을 완화할 조치는, 없지는 않지만, 아주 적다.

—에드먼드 버크, 「자연적 사회의 옹호」, 1756.[2]

인간이 경제적 필연을 뒤엎을 수 있다는 생각, 인간이 물질적 환경의 노예가 아니라 물질적 환경의 주인일 수 있다는 생각은 대단히 최근에 나온 생각이고, 제인 오스틴Jane Austen은 해본 적도 없는 생각이다.

『오만과 편견Pride and Prejudice』의 작가 제인 오스틴이 살았던 세계는 조지 왕조 하의 풍요한 세계였다. 그녀가 살았던 나라는 부를 축적함으로써 "세계의 경탄과 경이, 그리고 어쩌면 질투까지 일으키는" 나라였고, 그녀가 살았던 시기는 미신과 무지와 독재를 이기고 승리하는 시기, 곧 유럽 계몽주의라는 시기였다.[3] 그녀의 태생은 영국 사회의 "중간층"이었는데, 당시에 '중간'은 평균이나 전형의 반대말이었다. 오스틴 가족은 『오만과 편견』에 나오는 베넷 씨에 비해 궁핍했고, 심지어 『이성과 감성Sense and Sensibility』에 나오는 대시우드 가의 불행한 여인들에 비해서도 궁핍했다.[4] 그럼에도 210파운드라는 오스틴 가족의 연간소득은 당시 영국 가구 95퍼센트보다 높았다.[5] 오스틴은 "불편, 비참, 파멸"을 피하고자 "평민의 경제vulgar economy"를 운용해야 하는 처지였다지만,[6] 어쨌든 오스틴 가족은 재산이 있었고, 어느 정도 여가를 누릴 수 있었고, 직업을 택할 수 있었고, 학교에 다닐 수 있었고, 책과 글 쓰는 종이와 신문이 있었다. 제인 오스틴과 언니인 커샌드라 오스틴은 가정교사라는 돈벌이에 나서거나 사랑하지 않는 남자와 결혼해야 하는 처지는 아니었다.(『에마Emma』에서 주인공 에마의 연적으로 나오는 제인에게는 가정교사라는 무서운 운명이 기다리고 있다.)

어느 전기작가의 표현에 따르면, 오스틴 가족과 이른바 "하류층"의 격차는 "절대적이고 자명한" 격차였다.[7] 철학자 에드먼드 버크Edmund Burke는 광부들이 겪는 역경에 대해서 "그들은 햇빛을 보는 일이 거의 없다. 그들은 대지의 창자에 묻혀 있다. 그곳에서 그들은 혹독하고 형편없는 일에 매여 있고, 그로부터 벗어날 가망은 전혀 없다. 그들은 더없이 거칠고 불량한 음식으로 연명한다. 그들의 건강은 심히 손상되어 있고 그들의 수명은 단축되어 있다."[8]라는 말로 격분한 바 있다. 그러나 심지어 이러한 "불행한 자들"도 생활수준 면에서는 비교적 다행한 편이었다.

평균 영국인은 농장일꾼이었다.[9] 경제사 연구자 그레고리 클라크

Gregory Clark에 따르면, 농장일꾼의 물질적 생활수준은 평균 로마 노예보다 나을 게 없었다. 농장일꾼의 오두막집은 처자식과 가축들이 밤낮으로 함께 사용하는 어두운 방 한 칸이 전부였고, 농장일꾼의 유일한 열원은 연기 나는 요리용 장작불이었다. 농장일꾼이 가진 옷은 한 벌뿐이었다. 농장일꾼이 가는 곳은 두 발로 걸어갈 수 있는 거리까지였다. 그들의 유일한 여흥은 섹스와 밀렵이었다. 농장일꾼이 받는 치료는 전혀 없었다. 농장일꾼이라면 십중팔구 문맹이었다. 그들의 자식은 어릴 때는 소 치는 일이나 까마귀 쫓는 일을 해야 했고, 웬만큼 자라면 '하인'으로 가야 했다.

형편이 좋을 때에도 농장일꾼이 먹는 것은 더없이 거친 음식, 곧 밀이나 보리로 만든 빵이나 죽이었다. 감자조차 까마득한 사치품이었다.(오스틴의 어머니에게 어느 마을주민은 이렇게 말했다. "감자는 부인 같은 젠트리gentry에게는 아주 좋은 음식이겠지만 우리가 키워 먹기에는 너무 비쌀걸요."[10]) 클라크의 추산에 따르면, 영국 농장일꾼은 하루 평균 고작 1500칼로리를 섭취했다. 요새 뉴기니나 아마존에 사는 수렵-채집 부족민의 칼로리 섭취량의 3분의 1에도 못 미치는 수치였다.[11] 빵값 파동이 심했던 탓에 영국 농장일꾼은 만성적 기아에 시달리는 것은 물론이고 당장의 아사 위험에 시달렸다. 18세기 사망률은 흉작과 전시戰時 인플레이션에 극히 민감했다.[12] 그렇지만 평균 영국인은 평균 프랑스인이나 평균 독일인과 비교하면 나은 처지여서, 버크는 자기 책을 읽는 영국 독자에게 이렇게 말할 수 있었다. 이처럼 "우리나라에는 비도덕적이고 끔찍한 노예제가 존재하지만 나머지 세계에 존재하는 노예제와 비교하면 아무것도 아니다."[13]

체념이 대세였다. 스코틀랜드 철학자 애덤 스미스Adam Smith가 1776년에 『국부론The Wealth of Nations』에서 예언한 것처럼, 무역과 산업혁명은 영국의 국부를 크게 늘려놓았다. 하지만 상당히 계몽된 평자들조차 무역과 산업혁명이 아무리 국부를 늘린다고 해도 신이 대다수 인류에게 내린 저주, 곧 너는 가난하리라, "네 평생 수고하여야 그 소산을 먹으리라."라는 저주를 뒤집지는 못한다는 것을 받아들이는 입장이었다. 인간의 신분은 신이 정한 운명 또는 자연이 정한 운명이었다. 충직한 하인은 죽을 때 "이 세상을 사는 동안 하느님이 내려주신 자리에서 하느님이 맡겨주신 일을 해냈다."라는 칭송을 받을 수 있었다.[14] 조지 왕조 시대의 개혁론자 패트릭 컬크헌Patrick Colquhoun은 국가가 빈곤층 자녀를 교육시켜야 한다는 급진적 제안을 내놓았지만, 제안에 앞서서 자기가 말하는 교육은 "그들의 정신을 그들이 타고난 사회적 위치 이상으로 향상시키는 교육"이 아니라는 것과, 자기의 궁극적 의도는 "고된 노동과 낮은 신분을 타고난 자들"이 불만을 키우도록 하려는 것은 아니라고 강조해야 했다.[15]

제인 오스틴의 세계에서는 모두가 자기에게 주어진 자리를 알고 있었고, 아무도 그것에 대해서 의문을 가지지 않았다.

오스틴이 세상을 떠나고 불과 50년 만에, 그 세계는 알아볼 수 없을 만큼 변했다. "부와 사치와 세련된 취향이 엄청나게 발전했고"[16] 개선될 수 없다고 여겨지던 하층의 조건이 유례없이 개선되었다. 후기 빅토리아 시대의 통계학자 로버트 기펜Robert Giffen은 오스틴이 살던 50년 전에는 임금이 절반에 불과했고 "주기적 기아는 사실 50년 전 이 왕국 전체 노동대중의 조건[……]이었다."라는 것에 대해 독자의 기억을 환기할 필요가 있다고 판단했을 정도였다.[17] 하지만 그것은 변화의 겉모습에 불과했다. 변화의 핵심은 까마득한 세월 동안 변하지 않았던 것들이 이제 변하기 시작한다는 데 있었다. 조건이 변할 수 있느냐는 더 이상 문제가 아니었다. 문제는 얼마나 변하느냐, 얼마나 빠르게 변하느냐, 변화에 어떠한 대가가 따르느냐였다. 변화의 핵심은, 변화가 우발이나 우연의 소산이 아니라 인간의 의도와 의지와 지식의 결과라는 것이었다.

인간은 환경의 동물이라는 생각, 그리고 환경은 미리 결정되어 있는 것도 불변하는 것도 아니라는 생각, 인간이 환경에 아무런 영향을 끼칠 수 없는 것은 아니라는 생각은 시대를 통틀어 가장 급진적인 발견 중의 하나였다. 이 생각은 인간이란 신과 자연의 명을 따를 수밖에 없는 존재라는 실존적 진리에 의문을 제기하는 발견이었고, 인간이 새로운 도구에 힘입어 자기의 운명을 기꺼이 책임지는 존재가 되었음을 말해주는 발견이었고, 인간에게 비관과 체념 대신 생기와 활력을 요구하는 발견이었다. 1870년 이전에 경제학이 주로 우리가 무엇을 할 수 없느냐에 대한 학문이었다면, 1870년 이후에 경제학은 주로 우리가 무엇을 할 수 있느냐에 대한 학문이 되었다.

현대 경제학의 아버지 앨프리드 마셜Alfred Marshall이 말했듯 "인간을 안장에 앉히고 싶다는 욕망은 대부분의 경제 연구의 원천"이다. 영혼의 가능성, 정치의 가능성, 군사의 가능성 대신 경제의 가능성이 대중의 상상을 사로잡았다. 빅토리아 시대의 지식인들이 경제학에 집착했고, 엄청나게 많은 수가 위대한 경제학 저서를 쓰고 싶어했다. 자연과학의 발전에 고무된 그들은 유례없는 물질적 부를 창출하고 새로운 기회를 창출하는 "대단히 교묘하고 대단히 강력한 사회 메커니즘"을 연구하기 위한 도구를 개발하기 시작했다. 결국 이 새로운 경제학은 이 세상에 사는 모든 사람들의 삶을 바꾸어놓았다.

당신이 지금 들고 있는 이 책은 경제사상의 역사라기보다 경제학이 사람들의 삶을 바꿀 도구라는 생각을 이야기로 푼 것이다. 이 생각은 1차대전 이전의 황금기에 탄생하여, 파국으로 치달았던 시기에 두 차례 세계대전과 여러 전체주의 정부와 대공황에 의해 도전받았으며, 2차대전 이후 두번째 황금기에 부활했다. 앨프리드 마셜은 현대 경제학을 "오르가난Organan('도구'라는 뜻의 고대 그리스어)"이라고 불렀다. 그에게 경제학은 진리 그 자체가 아니라 진리를 찾게 해주는 "분석엔진", 곧 끝없는 개선과 조정과 쇄신을 요하는 영원히 완성되지 않을 도구였다. 마셜에게 배운 존 메이너드 케인스John Maynard Keynes는 경제학을 "정신장치apparatus of the mind"라고 불렀다. 그에게 경제학은 현대를 분석하고 현대의 가능성을 최대한 활용하는 데 없어서는 안 될 과학적 학문 중 하나였다.

내가 선택한 인물들은 경제학을 주인 되는 도구instrument of mastery로 바꾸는 데 기여한 인물이다. 그들은 "차가운 머리와 따뜻한 가슴"[18]으로 마셜의 "엔진"을 만들고 케인스의 "장치"를 고쳤다. 그들은 저마다 기질과 경험과 재능에 따라서 자기 앞에 놓인 시대와 장소에 부응하는 새로운 질문과 새로운 대답을 내놓았다. 그들의 이야기는 1840년대의 런던에서 시작되어 21세기 초입의 콜카타에서 끝난다. 나는 그들이 저마다의 세계를 보면서 무엇을 발견했을까를 상상해보고자 했고,

무엇이 그들의 마음을 움직이고 그들의 흥미를 불러일으키고 그들의 정신을 고무했을까를 이해해보고자 했다. 그들은 모두 케인스가 "인간의 정치적 문제"라고 부른 것, 곧 "경제적 효율, 사회적 정의, 개인적 자유라는 세 가지를 어떻게 결합할 것인가."[19]라는 문제를 해결할 학문적 도구를 모색하는 사상가였다.

케인스의 첫 전기작가 로이 해러드Roy Harrod가 설명한 것처럼, 케인스라는 변화무쌍한 인물은 자기가 사랑하고 존경하는 화가들, 작가들, 무용가들, 작곡가들이 "문명의 관리자"라는 역할을 한다고 보았다. 그가 바란 경제사상가의 역할은 문명의 관리자보다는 낮은 역할, 그러나 문명의 관리자에 못지않게 필요한 역할, 곧 "문명의 가능성의 관리자"라는 역할이었다.[20]

인류의 9할이 구래의 운명으로부터 벗어날 수 있다는 생각이 빅토리아 시대 런던에서 힘을 발휘하기 시작했던 것은 상당 부분 바로 그런 관리자들 덕이었다. 이 생각은 마치 물결처럼 밖으로 전파되었으며, 결국 지구상의 많은 사회들을 바꾸어놓았다.

이 생각은 여전히 널리 전파되고 있다.

1막

희망

GRAND PURSUIT
THE STORY OF ECONOMIC GENIUS

프롤로그

다정 씨 대 스크루지

최악의 시절이었다.

찰스 디킨스Charles Dickens가 성황리에 미국 낭독 투어를 마치고 돌아온 1842년 6월, 기아의 유령이 영국을 떠돌고 있었다.[1] 흉작이 계속되면서 빵값은 두 배로 뛰었다. 가난에 떠밀려 도시로 몰려든 시골사람들은 일거리를 찾아다녔으며 여의치 않으면 자선을 찾아다녔다. 면화산업은 4년째 심각한 불황이었다. 일자리를 잃은 공장일꾼들은 공적구제나 사설 무료급식소에 의존할 수밖에 없었다. 보수적 사회비평가 토머스 칼라일Thomas Carlyle은 음산한 경고를 내놓았다. "수백만의 사람들이 생존이 불가능해졌고 [……] 이 나라 전체가 자살의 길에 내몰렸다는 것이 너무나도 분명하다."[2]

디킨스는 교육과 시민적, 종교적 자유와 투표권을 신봉하는 인물이었으니, 계급증오class hatred가 고조되는 상황 앞에 경악할 수밖에 없었다.[3] 8월에 한 면화공장에서 파업사태가 격화되었다. 그리고 불과 며칠 만에 성인남자의 보통선거권을 요구하는 전국적 규모의 총파업으로 확대되었다. 성인남자의 보통선거권은 "인민헌장People's Charter"을 주창하는 대중운동 지도자들의 요구사항이었으니,⁴ 이 차티스트Chartist들이 의회 내 중간층 급진파의 대의(1인1표)를 들고 거리로 나온 형국이었다. 로버트 필Robert Peel 수상의 토리당 정부는 붉은색 제복의 해군들을 급파하여 선동자 검거에 나섰다. 단순 파업자는 슬슬 공장으로 돌아가기 시작했다. 그러나 칼라일은 험악한 경고를 내놓았다. "상류층에 대한 뚱한 반감, 복수에 불타는 반감이 [……] 하류층의 보편적 정신이 되고 있다."⁵ 칼라일의 프랑스 혁명사를 디킨스는 몇 번씩 읽었다.

디킨스는 런던의 화려한 응접실을 돌아다니면서 귀족 남녀들로부터 떠받들어졌지만 그곳에서 그의 공화제 지지는 그의 야한 넥타이에 못지않게 거슬렸다. 칼라일은 문학계에 돌풍을 일으킨 이 서른 살의 사나이와 마주친 후, 그를 다소 깔보듯이 "자그마하고 다부진, **아주** 작은 사람"이었다고 했고, "옷차림은 근사하기보다 도르세 양식a la D'Orsay"이었다고 심술궂게 덧붙였다. 디킨스의 옷차림이 악명 높은 **프랑스** 백작 알프레드 도르세 못지않게 야하다는 뜻이었다.⁶ 칼라일의 가장 친한 친구이자 급진파 철학자 존 스튜어트 밀John Stuart Mill의 기억에 따르면, 칼라일은 어느 자코뱅 혁명가에 대해 "천재성이 번득이는 꾀죄죄한 깡패의 얼굴"이라고 말하기도 했다.⁷ 차티스트 "봉기"는 사교계의 밤참 모임에서 과격한 논쟁을 불러일으키는 화제였다. 칼라일은 수상의 주장을 지지했다. 급진주의자들이 상황을 악용하는 것을 막기 위해서는 가혹한 조치가 필요하며, 진짜 궁한 사람들은 이미 원조를 받고 있다는 주장이었다. 반면 디킨스는 "칼라일을 볼 수 있는 곳은 웬만하면 어디라도 간다."라고 맹세할 정도로 칼라일의 팬이었음에도 불구하고,⁸

정부가 신체 건강한 실직자와 그의 가족을 구제하는 일은 타산 면에서도, 정의 면에서도 필요한 일이라는 주장을 견지했다.

'굶주린 40년대Hungry Forties'는 1799~1815년 '나폴레옹 전쟁' 중의 기근시기에 맹위를 떨쳤던 논쟁을 부활시켰다. 논란이 된 것은 토머스 로버트 맬서스Thomas Robert Malthus 목사가 제기한 인구법칙이었다. 제인 오스틴의 동시대인이자 영국의 첫 정치경제학 교수 맬서스는 숫기 없고 마음 약한 영국국교회 성직자였고, 언청이 입술과 예리한 수학적 정신의 소유자였다. 그는 목사보 시절에 시골 교구에서 배고픔을 경험했다. 성경은 빈곤층의 내면의 죄악을 비난하는 반면, 그의 아버지의 친구였던 콩도르세 후작Marquis de Condorcet 등 사교계를 주름잡는 프랑스 철학자들은 부유층의 이기심을 비난했다. 맬서스는 양쪽 설명 모두 충분치 않다고 보았고, 좀 더 나은 설명을 찾아야 한다고 느꼈다. 1798년에 처음 출판되어 그가 세상을 떠난 1834년까지 다섯 번 더 출판된 『인구론An Essay on the Principle of Population』은 찰스 다윈Charles Darwin을 비롯한 진화론의 창시자들에게 영감을 주었고, 칼라일로 하여금 경제학을 "암담한 학문"으로 일축하게 하는 계기가 되었다.[9]

맬서스가 설명하고자 한 것은 그의 사회와 시대를 포함한 모든 사회와 시대에 "인류의 9할"이 비참한 가난과 혹독한 노동 속에 살아갈 운명이라는 사실이었다.[10] 평균 지구인의 삶은 당면한 굶주림 아니면 굶어죽을지도 모른다는 상시적인 두려움이었다. 풍년이 있는가 하면 흉년이 있었고, 부유한 구역이 있는가 하면 빈곤한 구역이 있었지만, 생활수준이 최저치에서 벗어나는 때는 있더라도 항상 잠시였다.

"왜?"라는 해묵은 질문에 답을 찾는 동안, 이 온순한 목사는 다윈을 앞지른 것은 물론이고 프로이트Sigmund Freud까지 앞질렀다. 그의 답은 섹스 탓이라는 것이었다. 교구 사람들의 비참한 생활을 관찰해서였는지, 아니면 인간을 동물로 여기기 시작한 자연과학자들의 영향 때문이었는지, 아니면 일곱째 자식을 낳아서였는지, 아무튼 맬서스의 결론은 생식의 충동이 합리성과 독창성과 창조성 그리고 종교적 신앙까지 포함하는 인간의 모든 본능들과 능력들을 능가한다는 것이었다.

맬서스는 이 도발적인 전제로부터 하나의 원칙을 추론해냈다. 그것은 인구 증가속도는 언제 어디서나 식량공급 증가속도보다 빠르다는 원칙이었다. 추론의 과정은 너무나도 단순했다. 인구와 식량이 균형을 이룬다고 가정하자. 마치 아담과 이브가 낙원에 머물 수 없는 것과 마찬가지로, 그 행복한 균형은 지속될 수 없다. 동물적 열정에 떠밀린 남녀는 결혼을 앞당기고 출산을 늘린다. 반면에 식량은 비교적 단기간이라면 어느 정도 고정되어 있다. 결국 모두를 간신히 먹일 수 있었던 곡물과 기타 식량들이 모자라기 시작한다. 맬서스의 불가피한 결론은 "빈곤층이 결국 훨씬 못한 삶을 살게 된다."라는 것이었다.[11]

사업체가 구매자를 얻기 위해 경쟁하고 노동자가 일자리를 얻기 위해 경쟁하는 사회에서 인구가 증가한다는 것은 식량을 놓고 경쟁하는 가구수와 일자리를 놓고 경쟁하는 노동자수가 늘어난다는 것을 의미했다. 경쟁이 심화되면서 임금은 내려가고 식량가격은 올라갔다. 평균 생활수준은 하락했다. 이때 평균 생활수준이란 1인당 가용식량 및 기타 필수품의 양이었다.

곡물가격이 너무 올라가고 노동가격이 너무 내려가면서 어느 시점에서 역전이 일어났다. 생활수준이 하락했으니, 남녀는 또다시 결혼을 늦추고 출산을 줄이는 수밖에 없었던 것이다. 인구가 감소한다는 것은 식량을 놓고 경쟁하는 가구수가 감소한다는 것, 따라서 식량가격이 내려간다는 것을 의미했다. 일자리를 놓고 경쟁하는 노동자수가 감소하면서 임금이 올라갔다. 결국 식량과 인구가 균형을 되찾았고, 이로써 생활수준도 서서히 예전수준을 되찾았다. 단, 대자연의 "거대한 파괴군great army of destruction(전쟁, 질병, 기근)"[12]이 개입하는 경우에는 그 과정이 빨라졌다. 예를 들어, 14세기에 '흑사병'이 닥쳤을 때 수백만 명이 쓸려나가면서 식량 대비 인구가 줄었다.

안타까운 일이지만, 새로운 균형이 원래의 균형보다 오래 유지되는 것은 아니었다. 맬서스의 슬픈 주장에 따르면 "노동계급이 안정을 되찾자마자, 행복에서 물러났다 다시 행복으로 나아가는 같은 움직임이 반복"[13]된다. 평균 생활수준을 상승시키려는 노력은 시시포스의 노력과 마찬가지다. 시시포스가 더 빨리 바위를 정상으로 밀어올릴수록, 바위는 더 빨리 굴러떨어진다.

인구법칙에서 벗어나려는 노력은 모두 수포로 돌아갔다. 노동자가 시장가격 이상의 임금을 요구하는 경우에는 일자리를 찾을 수 없었다. 어떤 고용주가 다른 고용주들보다 높은 임금을 지불하는 경우에는 높은 노동비용 탓에 가격을 인상할 수밖에 없었고 이로써 구매자를 놓칠 수밖에 없었다.

빅토리아 인들에게 맬서스 법칙의 가장 기분 나쁜 점은 자선에 대한 시각이었다. 맬서스 법칙에 따르면, 자선의 의도는 고통을 완화시키는 것이지만 자선의 결과는 오히려 고통을 악화시킬 수 있었다. 빅토리아 인들에게 이러한 시각은 "네 이웃을 네 몸과 같이 사랑하라."[14]라는 그리스도의 명령에 대한 직접적인 도전으로 느껴졌다. 영국의 전통적인 복지체계에는 공적구제 단서조항들이 거의 없었는데, 사실 맬서스는 이에 대해 극히 비판적이었다. 맬서스가 볼 때 이것은 게으른 사람에게 유리하고 근면한 사람에게 불리한 체계였다. 구제가 식구수에 비례하는 것은 조혼과 다산을 권장하는 것과 마찬가지였다. 보수주의자와 자유주의자를 막론하고 모든 납세자가 맬서스의 책에 설득되었으며, 그에 따라 의회는 1834년에 새 구빈법을 거의 아무 반대 없이 통과시킬 수 있었다. 공적구제 대상자를 교구 구빈원에 수용되는 데 동의하는 사람들로 한정하는 법이었다.

올리버 트위스트가 "제발, 조금만 더 주세요."라고 했을 때는 아직 구빈원이 어떤 곳인지 모를 때였다. 구빈원은 남녀를 격리시키고 싫은 일을 하게 하고 가혹한 규율을 적용하는 곳, 그 대가로 고작 잠자리와 "하루 세 번 멀건 죽, 일주일에 두 번 양파 한 개, 일요일에 롤빵 반 개"를 던져주는 곳, 감옥이나 다름없는 곳이었다.[15] 구빈원 식사는 대부분 디킨스의 소설에서 묘사되는 기아식단보다 나았을 테지만, 구빈원이 노동계급의 고통의 목록에 또 하나의 고통을 추가했던 것은 분명하다.[16] 대부분의 개혁 지향적인 중간층 자유주의자들과 마찬가지로, 디킨스는 새 구빈법을 도덕적으로 혐오스럽고 정치적으로 자멸적인 법이라고 보았으며, 새 구빈법의 토대가 된 인구론을 야만적 과거의 유물이라고 보았다. 그가 보았을 때, 자기가 얼마 전에 다녀온 미국은 "수십억 에이커의 미정착지와 미경작지"가 있는 곳, "하루 세 번 다량의 육류를 급하게 삼키는 습관"을 가진 주민들이 사는 곳이었으므로,[17] 구빈원 폐지가 세계의 식량을 고갈시키리라는 생각은 터무니없었다.

1843년 초에 디킨스는 빈곤층을 위해 뭔가 해보고 싶은 마음에 부자 구두쇠가 개심하는 이야기를 쓰기 시작했다. 그는 이 이야기가 정치 팸플릿의 "20배의 위력, 아니 2만 배의 위력"을 가지는 망치 같은 것이라고 생각했다.[18]

경제사 연구자 제임스 헨더슨James Henderson의 주장에 따르면『크리스마스 캐럴A Christmas Carol』은 맬서스에 대한 공격이다.[19] 이 소설은 향긋한 냄새와 달콤한 맛으로 가득하다. 디킨스의 이야기에 나오는 영국은, 돌이 많고 땅이 척박하고 인구가 너무 많고 식량이 부족한 섬나라가 아니라, 마치 거대한 식료품 백화점 '포트넘 앤드 메이슨'처럼 선반마다 먹을 것이 그득하고 빵바구니가 바닥나지 않고 술통이 마르지 않는 나라다. 스크루지 앞에 '과거 크리스마스의 유령'이 나타난다. 방 안은 "칠면조, 거위, 날짐승, 가금, 편육, 뼈째 자른 고기, 새끼돼지 통구이, 화환처럼 둥글게 만 소시지, 민스파이, 자두푸딩, 통에 그득한 굴, 붉게 타오르는 군밤, 체리빛 사과, 즙이 많은 귤, 군침 도는 배, 거대한 주현절 케이크, 거품이 보글보글한 펀치볼의 달콤한 연기로 자욱"하고, 유령은 그 음식들로 만들어진 "왕좌 같은 곳"에 올라앉아 있다. "환하게 빛나는" 잡화점 주인들, 정육점 주인들, 과일과 채소를 파는 가게 주인들은 런던 시민들을 가게 안에 불러들여 군침 도는 음식과 음료의 "행렬"을 둘러보게 한다.[20]

영국은 물자가 부족한 '구세계'가 아니라 풍요로운 '신세계'이므로, 뼈만 앙상하고 자식 하나 없고 식욕이 부진한 스크루지는 시대착오적인 인물이다. 헨더슨이 말하듯이, 이 사업가는 "자기를 둘러싼 풍요를 깨닫지 못하는 것만큼 인간적 공감이라는 새로운 정신을 깨닫지 못한다."[21] 그는 쳇바퀴와 구빈원을 고집스럽게 지지하면서 "돈은 그런 곳에 충분하게 내고 있소. 가난한 자들은 그런 곳에 집어넣으시오."라고 한다. '과거 크리스마스의 유령'이 "그런 곳에 갈 수 없는 사람들도 많고, 그런 곳에 가느니 차라리 죽는 게 낫다는 사람들도 많습니다."라고 하자, 스크루지는 "차라리 죽는 게 낫다면, 죽으면 되겠네. 그러면 잉여인간들은 줄어들 테지."라고 차갑게 말한다.

다행스럽게도, 세계의 식량이 고정되어 있지 않듯, 스크루지의 부싯돌 같은 성격 역시 고정되어 있지 않다. 꼬마 팀이 "잉여"인간들 중 하나라는 것을 깨달은 스크루지는 자기가 믿었던 구태의연한 맬서스 종교 앞에 경악하고 뒷걸음친다. 그는 유령에게 "안 돼, 안 돼." 하고 울부짖으면서 아이를 살려달라고 빈다. 유령은 "왜 그래? 죽을병에 걸렸으니 죽는 게 낫잖아. 그래야 잉여인간들도 줄어들 테고."라며 비웃는다.[22] 스크루지는 깊이 뉘우친 후, 자기 밑에서 오래 힘들게 근무해온 보브 크래칫의 임금을 올려주기로 결심한다. 그리고 그에게 크리스마스용 상등품 칠면조를 보내준다. 이렇듯 스크루지는 디킨스 세대의 좀 더 희망적이고 덜 숙명적인 관점을 수용함으로써 미래의 흐름을 바꾸는 데 성공하며, 이로써 "맹목적이고 잔인한 과거"가 영원히 반복될 수밖에 없다는 맬서스의 암담한 전제를 반박한다.

크래칫 가족의 즐거운 크리스마스 만찬은 맬서스가 들려주는 "대자연의 융숭한 잔치"라는 우화에 대한 디킨스의 직접적인 반론이다. 맬서스가 들려주는 우화는 선의의 자선이 의도하지 않은 결과들을 초래하리라는 경고이다. 빈털터리 불청객이 식탁 앞에 나타나서 자기도 앉게 해달라고 청한다. 전에는 초대받은 손님들이 그를 쫓아냈겠지만, 프랑스의 유토피아 이론에 현혹되어 있는 요즘 손님들은 음식이 부족하리라는 사실을 무시해버린다. 한 불청객을 받아들인다면 다른 불청객들이 더 몰려올 테고, 음식이 중간에 바닥나 배를 채우지 못하게 되는 사람들이 생길 테고, 즐거운 잔치는 "허기와 구걸로 엉망이 될 텐데" 그들은 그것을 예상치 못한다.[23]

크래칫 가족이 환한 표정으로 상다리가 휘어지는 식탁에 둘러앉은 모습은 맬서스가 말한 대자연의 옹색한 급식과 상극이다. 예를 들어, 크래칫 부인이 퍼주는 푸딩은 대자연이 마지못한 듯이 내어주는 식량의 대척점에 있다. 부인의 푸딩은 "알록달록한 대포알인 듯 딱딱하고 단단하고, 불붙은 브랜디 1쿼턴의 반의반에 활활 타오르고, 크리스마스 호랑가시나무로 장식되어 있다". 두 번 덜어먹기에는 충분치 않지만 어쨌든 가족들에게는 푸짐한 양이다. "크래칫 부인은 이제야 마음이 가벼워졌다고, 솔직히 아까는 밀가루의 양이 미심쩍었다고 말했다. 모두들 푸딩에 대해 한마디씩 거들었다. 그렇지만 대식구가 먹기에는 좀 작은 푸딩이 아니냐고 말하거나 생각하는 사람은 아무도 없었다. 그것은 이단이나 저지르는 짓이었다. 크래칫 가의 사람이면 그런 뜻을 암시하는 것만으로 얼굴을 붉혔을 것이다."[24]

크리스마스 정신은 전염성이 컸다. 이야기가 끝날 때쯤에는 스크루지의 배곯는 습관도 고쳐져 있었다. 거듭난 스크루지는 평소처럼 홀로 앉아 죽그릇을 핥는 대신, 불쑥 조카의 크리스마스 정찬에 찾아간다. 그의 재산상속자가 부리나케 그를 위해 식탁에 자리를 마련했으리라는 것은 두말하면 잔소리다.

디킨스는 『크리스마스 캐럴』이 독자들을 망치처럼 후려치리라고 기대했고, 그 기대는 이루어졌다. 소설은 12월 19일에 출판되었는데 크리스마스이브까지 초판 6000부가 모두 팔렸으며 디킨스 생전에 (그리고 디킨스 사후에) 단 한 번도 절판된 적이 없었다.[25] 소설가 디킨스는 빈곤층을 감상적으로 묘사하면서 "다정 씨Mr. Sentiment" 등등의 풍자적인 별명들을 얻기도 했지만,[26] 기존의 사회를 전복하지 않고서도 빈곤층의 운명을 개선할 방법이 있다는 그의 확신은 결코 흔들리지 않았다.

디킨스는 사업가적 마인드의 소유자였으며, 사회적 조건을 개선하는 계획들이 성공하기 위해서는 그만한 비용이 든다고 보았다. 그는 산업혁명 반대론자가 아니었다. 오히려 그는 "순수한 현대주의자"이자 "진보의 신봉자"였다. 그는 일찌감치 20대에 엄청난 성공을 거두었고 그가 그토록 출세한 것은 오로지 재능 덕분이었으니, 그로서는 인간의 창의가 주도권을 잡는 시대가 왔음을 의심하기 힘들었다. 또한 그는 새로운 대중매체 산업에서 성공함으로써 빈곤을 벗어난 사람이었으니 칼라일 같은 보수주의자나 밀 같은 사회주의자를 답답하게 생각했다. 디킨스가 볼 때, 칼라일이나 밀은 당대의 사회가 "수많은 힘겨운 투쟁을 통해서 이런 모든 사회적 타락과 무지를 서서히, 힘들게 벗어나고 있다."라는 것을 인정하지 않는 사람들이었고, "현재에는 감탄하려 하지 않으면서 이런 모든 맹목적이고 잔인한 과거에 감탄"하는 사람들이었다.[27]

디킨스는 영국 사회가 긴 악몽에서 깨어나고 있다고 느꼈고, 그 느낌은 옳은 것이었다. 차티스트 "봉기"가 있은 후 1년이 채 지나지 않아,

새로운 관용과 낙관의 기운이 감돌고 있었다. 토리당 수상은 사석에서 차티스트들의 많은 불만이 정당한 불만이라는 것을 인정했다.[28] 노동운동 지도자들은 계급투쟁의 부름을 거부하면서, 곡물 및 기타 식량에 대한 수입관세의 철폐를 주장하는 사측의 운동을 지지했다. 자유당 정치가들은 아동노동, 산업재해 등의 폐해에 대한 의회 위원회들의 조사를 반영해 여성과 아동의 노동시간을 규제하는 1844년 공장법 법안을 내놓았다.

디킨스는 경제학이라는 과학이 없으면 세계가 굴러갈 수 없다고 보았다. 그는 '미래 크리스마스의 유령'이 스크루지를 개심시켰듯 정치경제학자들을 개심시킬 수 있다고 생각했다. 그는 정치경제학자들이 가난을 자연현상처럼 다루지 않기를 바랐고, 사람의 의지나 의도를 전혀 중요하지 않게 여기지 않기를 바랐고, 계급이 다르면 이해관계가 상반된다는 가정을 버리길 바랐다. 특히 그는 정치경제학자들이 "상호적인 설명이든 인내든 배려든, 뭔가 [⋯⋯] 정확하게 수치로 표현될 수 없는 것"을 하기를 바랐다.[29] 그는 유명 주간지 《하우스홀드 워즈*Household Words*》를 창간하면서, 창간사에서 경제학자들에게 경제학을 인간화할 것을 촉구했다. "약간의 인간적 살갗과 살집을 덧붙이고 약간의 인간적 혈색을 가미하고 약간의 인간적 온기를 불어넣지 않는다면 정치경제학은 앙상한 뼈대에 불과하다."[30]

디킨스는 혼자가 아니었다. 런던에서, 그리고 세계 곳곳에서, 많은 사람들이 속속 디킨스와 똑같은 결론에 도달했다. 그들이 엄청난 난관을 극복하고 나서 깨달은 사실은 인간이 환경에 좌우되는 존재라는 것이었다. 그들은 "인류의 9할"의 물질적 조건이 이제는 바뀔 수 있음을 깨달았고, "맹목적이고 잔인한 과거"의 영향이 절대적이지 않다는 것을 깨달았고, 인간의 개입이 물질적 조건에 어느 정도 영향을 끼칠 수 있음을 깨달았다. 그들은 인간의 개입 가능성을 확신하면서도 급진 엘리트의 유토피아 기획이나 "인공사회"에는 회의적이었으므로, 그들의 목표는 현대세계의 작동방식을 이해하고 인간의 물질적 조건의 개선방안을 모색하는 데 이용할 수 있는 "분석엔진"[31] 내지 "정신장치"[32]를 고안하는 것이었다. 그들이 보기에 인간의 물질적 조건은 인간의 도덕과 감정과 지성과 창조의 조건을 좌우하는 토대였다.

1장

새로운 기적:
엥겔스와 마르크스

> 우리의 체제가 오래되지 않았다는 것은 맞다. [그것은] 완벽하게 새것이다. [……] 우리의 체제는 신기하고 특이하나 안전하게 작동될 수 있다. [……] 그것을 작동시키려면 그것을 연구해야 한다.
>
> — 월터 배젓, 『롬바드 스트리트』[1]

스물세 살의 프리드리히 엥겔스Friedrich Engels는 동료 혁명가 카를 마르크스Karl Marx에게 보낸 편지에서 이렇게 말했다. "당신이 수집한 자료가 하루 빨리 세상에 나올 수 있도록 하세요. 시기가 좋아요. 그러니 당장 작업하셔서 빨리 출판하세요!"[2]

1844년 10월에 유럽대륙은 언제든 폭발할 수 있는 휴화산이었다. 프로이센 귀족의 사위이자 급진적인 철학 저널의 편집자였던 마르크스는 논문을 쓴다고 하면서 파리에 머물고 있었다. 혁명의 필연성을 수학적으로 증명하는 경제학 논문이었다. 라인강 유역의 유복한 섬유상 집안의 자손이었던 엥겔스는 가족 영지에서 영국 신문과 영국 책자에 파묻혀 있었다. 그는 자기와 마르크스가 속해 있는 계급을 기소하는 "멋진 고발장"을 작성하는 중이었다.³ 그의 유일한 걱정거리는 혁명이 교정쇄보다 먼저 찾아오는 것이었다.

엥겔스가 마르크스를 처음 만난 것은 그로부터 2년 전이었다. 그는 문학적 야심을 간직한 낭만적 반항아였으며, 그때 이미 "혁명가의 싹"을 지닌 "열혈 공산주의자"였다. 그는 가족의 엄격한 칼뱅주의에서 벗어나는 일로 청소년기를 소진해버린, 호리호리하고 곱상하고 근시가 심한 청년이었다. 그는 복무 당시에는 프로이센 왕국 포병장교였고, 그가 줄곧 포를 조준한 대상은 기독교의 신God과 돈의 신Mammon이라는 두 독재자였다. 그는 사유재산이 모든 악의 근원이고 사회혁명이 정의로운 사회를 건설하는 유일한 방법이라고 확신했으며, "진정한" 철학자의 삶을 살기를 원했다. 가슴 아프게도 그는 가업 계승자로 예정돼 있었다. 급진파 신문의 부자 발행인이 자기를 학자로 오해하자 엥겔스는 이렇게 말했다. "나는 박사가 아니고 박사가 될 일도 없어요. 나는 그저 사업가랍니다."⁴

열혈 복음주의자였던 부친 엥겔스는 자유사상가였던 아들과는 자주 충돌했다. 그는 아들에게 다른 길은 허용치 않았다. 사업주로서 꽤 진보적이었던 그는 자유무역을 지지했고 자신의 부페르탈 공장에 최신 영국 방적기를 도입했으며 산업혁명의 실리콘 밸리라고 할 수 있는 맨체스터에 제2공장을 열기도 했다. 그러나 아버지로서 그는 상속자인 큰아들이 직업 선동가이자 프리랜서 저널리스트로 살도록 놔둘 수 없었다. 1842년 봄에 글로벌 면화무역이 붕괴하고 차티스트 파업이 시작되었을 때, 그는 아들 엥겔스에게 병역을 끝마치는 대로 맨체스터의 '에르멘 앤드 엥겔스'에 출근하라고 명했다.

엥겔스에게 아들의 의무를 따른다는 것은 온갖 권위들을 응징하겠다는 꿈을 버린다는 것을 의미했다. 맨체스터는 공장일꾼들이 호전적이기로 악명 높은 곳이었다. 엥겔스는 공장의 쟁의가 대규모 반란의 전주라고 확신했으므로, 쟁의현장에서 저널리스트로서의 이력을 쌓을 수 있다는 생각으로 기쁘기만 했다.

그가 쾰른에 들러서 《라인신문Rheinische Zeitung》의 지저분한 편집실을 찾아갔던 것은 11월에 아버지의 명에 따라 영국으로 건너오던 중이었다. 《라인신문》은 그가 가끔 X라는 필명으로 기사를 기고했던 친민주주의 신문이었고, 무뚝뚝하고 시가를 피우고 근시가 심한 새 편집장은 그에게 무례한 태도를 보이는 트리어 출신의 철학자였다. 엥겔스는 기분 나빠하지 않았으며, 덕분에 일감을 얻을 수 있었다. 영국의 혁명의 전망을 보도하는 일이었다.

엥겔스가 맨체스터에 도착했을 때는 이미 총파업은 흐지부지되고 군대는 런던의 막사로 돌아간 후였다. 그러나 아직도 거리 모퉁이를 서성대는 사람은 많았고 아직 문을 열지 않은 공장도 많았다. 엥겔스는 공장주란 피고용자에게 생활임금을 지불하기보다 피고용자를 굶겨죽이기를 선호하는 존재라고 확신하고 있었지만, 영국 노동자의 식생활 수준이 독일 노동자에 비해 훨씬 높다는 것은 인정하지 않을 수 없었다. 엥겔스 가문이 운영하는 바르멘 방직공장 노동자가 거의 빵과 감자로만 연명하는 데 비해서 "여기 노동자는 매일 쇠고기를 먹으며, 이들이 임금으로 사먹는 고깃덩이는 독일에서 가장 돈이 많은 사람이 사먹는 고깃덩이보다 질이 좋다. 또한 하루 두 번 차를 마시며, 그러고도 돈

이 남아 낮에는 포트와인을 마시고 저녁에는 물 탄 브랜디를 마신다."⁵

그렇지만 일자리를 잃은 면화노동자가 "아사"하지 않기 위해 구빈법과 사설 급식소에 의지해야 하는 것은 분명했다. 바로 그 무렵에 나온 에드윈 채드윅Edwin Chadwick의 『영국 노동인구의 건강상태*Report on the Sanitary Condition of the Labouring Population of Great Britain*』에서 폭로한 것처럼, 맨체스터의 남성 평균수명은 근처 시골마을들의 절반꼴인 17세였으며 5세를 넘기는 아기는 두 명 중 한 명꼴이었다. 채드윅은 하수구와 다름없는 거리, 곰팡이가 피는 축축한 오두막집, 썩은 음식, 만연한 취태를 생생하게 묘사함으로써 영국 노동자에게 충분히 분개할 이유가 있음을 보여주었다.⁶ 엥겔스가 존경하는 유일한 영국인이었던 칼라일은 노동층 반란을 경고하고 있었지만, 엥겔스가 보았을 때 대부분의 중간층 영국인은 노동층 반란의 가능성을 요원하게 보았으며 미래에 대해서 "대단히 태평하고 자신 있는 태도"를 가지고 있었다.⁷

맨체스터에 정착한 엥겔스는 가족의 요구와 자기의 혁명적 야심을 빅토리아 시대의 전형적인 방식으로 해결했다. 그것은 바로 이중생활이었다. 사무실에서 또는 동료 자본가들 사이에서 그는 "활달하고 성격 좋고 호감 가는" 프랭크 치어리블 같은 인물로 통했다. 프랭크 치어리블은 디킨스의 소설 『니컬러스 니클비*Nicholas Nickleby*』의 등장인물인데, "독일에서 4년 동안 사업을 관리"한 후 "이곳 회사에서 한몫 차지하러 달려드"는 "회사의 조카"였다.⁸ 매력 있는 젊은 사업가인 프랭크 치어리블처럼 엥겔스는 옷차림이 완벽했고, 클럽 여러 곳에 가입했고, 손님에게 훌륭한 식사를 대접했고, 자기 소유의 말이 있어서 지인의 영지로 여우 사냥을 갈 수 있었다. 그러나 그의 "진정한" 삶은 "모임과 식사파티, 포트와인과 샴페인"이 아니라 차티스트 조직책 겸 폭로 저널리스트라는 부업이었다.[9] 자유시간이면 엥겔스는 맨체스터를 "고향마을 못지 않게 속속들이" 접하면서 여러 급진 신문들에 보낼 인상적 칼럼과 소론의 자료를 모았다. 그럴 때 그에게 영감을 준 것은 영국 개혁가들의 보고서였고, 그와 종종 동행한 사람은 당시 그의 애인이었던 까막눈의 아일랜드 여공이었다.

엥겔스는 21개월 동안 영국에서 경영자 수업을 받으면서 경제학이라는 것을 발견했다. 독일 지식인들이 종교에 사로잡혀 있었던 반면에, 영국인들은 모든 정치적, 문화적 사안을 경제적 문제로 바꾸는 추세였다. 영국 정치경제학과 자유당과 곡물법반대연맹의 본거지였던 맨체스터에서는 특히 그러했다. 엥겔스가 보았을 때 맨체스터라는 도시는 산업혁명, 노동층의 '폭동 성향', 자유방임주의 독트린의 상호연동을 대표하는 곳이었다. 그곳에서 "그때까지 역사학자들이 무시해왔거나 적어도 과소평가해왔던 경제적인 요소들이 실은 현대세계의 발전에서 결정적인 역할을 행한다는 것을 나는 분명히 깨닫지 않을 수 없었다."라고 후일 그는 회고했다.[10]

엥겔스는 자기가 대학교육을 받지 못했다는 것, 특히 애덤 스미스, 토머스 맬서스, 데이비드 리카도David Ricardo 등 영국 정치경제학자들의 저작을 모른다는 것을 불만스러워했지만, 영국 경제학의 근본적 결함에 대해서는 전적으로 확신했다. 영국을 떠나기 직전에 집필한 에세이 중 한 편에서 그는 영국 경제학에 맞설 독트린의 핵심요소들을 대강 정리했다. 그는 이 초기의 결실에 「정치경제학 비판 개요」라는 겸손한 제목을 붙였다.[11]

한편 카를 마르크스는 영국해협 건너 생 제르맹-앙-레에서 프랑스 혁명 역사서들에 파묻혀 있었다. 엥겔스의 마지막 기사가 도착했을 때, 마르크스는 이 기자의 "경제 범주 비판에 대한 훌륭한 개괄"에 감전된 듯 역사에서 현재로 돌아왔다.[12]

마르크스도 엥겔스처럼 부르주아 아버지에 반항하는 탕자였고 실제로 방탕한 면모도 있었다. 또한 그도 엥겔스처럼 속물의 시대에 갇힌 느낌으로 살아가는 지식인이었다. 그는 독일의 학문과 문화의 우월성에 대한 엥겔스의 자부심을 공유했고, 모든 프랑스적인 것에 경탄했고, 영국의 부와 권력에 격분했다. 그러나 마르크스는 여러모로 엥겔스와 반대였다. 마르크스는 고압적이고 충동적이고 진지하고 학식 있는 인물이었으며, 엥겔스의 말주변, 적응력, 원만한 대인관계 같은 것들과는 거리가 멀었다. 나이차는 크지 않았지만,(마르크스 쪽이 두 살 반 많았다.) 마르크스는 어린 딸이 있는 유부남이었을 뿐 아니라 학위에 어울리는 대우를 요구하는 철학박사였다. 거의 나폴레옹 같은, 키가 작고 다부진 체격에, 짙고 검은 털이 뺨과 팔과 코와 귀에 무성했다. 《라인신문》에서 마르크스의 보좌역이었던 인물이 회고한 바에 따르면, 그의 "눈은 지적이고 적의 어린 불꽃으로 타올랐고" 그가 대화의 포문을 열 때 즐겨 사용했던 말은 "내가 당신을 쳐부숴주겠다."라는 말이었다.[13] 마르크스의 가장 통찰력이 있는 전기작가 중 하나인 이사야 벌린Isaiah Berlin이 기록한 바에 따르면, "그의 가장 두드러진 특징"은 "자기에 대한 신뢰 그리고 자기의 능력에 대한 신뢰"였다.[14]

마르크스는 엥겔스가 실용적이고 효율적이었던 것과는 대조적이었다. 조지 버나드 쇼George Bernard Shaw가 지적한 바에 따르면, 마르크스는 "행정적 경험"이나 "살아 있는 인간과의 사업적 접촉"이 전혀 없는 인물이었다.[15] 그는 물론 명민하고 학식 있는 인물이었지만, 엥겔스의 노동윤리 같은 것은 가져본 적이 없었다. 엥겔스는 어느 때든 소매를 걷어붙이고 글을 써나갔던 반면, 마르크스는 카페에서 와인잔을 앞에 놓고 러시아 귀족이나 독일 시인이나 프랑스 사회주의자와 논쟁 중일 때가 더 많았다. 언젠가 그의 한 후원자가 말했듯이 "그는 독서량이 많다. 그는 아주 강도 높게 작업한다. 그는 아무것도 끝내지 못한다. 새로운 연구를 시작하자마자 새로운 책들의 바다 속에 뛰어든다. 평소에도 쉽게 흥분하는 과격한 성격인데, 과로로 병이 났을 때나 사나흘씩 잠을 못 잤을 때는 더욱 심해진다."[16]

마르크스가 저널리즘으로 돌아섰던 것은 독일 대학에서 교수직을 구하지 못했던 탓이자 그를 오랫동안 뒷바라지해준 가족이 마침내 재정적 지원을 끊어버린 탓이었다.[17] 그는 쾰른의 한 신문사에서 일자리를 얻었지만,("이 도시는 공기 그 자체가 사람을 노예로 만든다.") 꼭 6개월 만에 프로이센 검열관에게 싸움을 걸어 일을 그만두었다. 다행히도 돈 많은 어느 사회주의자가 마르크스에게 설득당해 《프랑스-독일 연보 Franco-German Annals》라는 철학 저널 자금책이 되어주고 마르크스를 편집장으로 임명해주었다. 이로써 마르크스는 자기가 제일 좋아하는 도시인 파리에서 일할 수 있었다.

엥겔스가 맨체스터에서 보낸 기사들은 경제적 원인과 정치적 결과의 연계를 강조했고, 이는 마르크스에게 강력한 인상을 주었다. 마르크스에게 경제는 새로운 영역이었다. **프롤레타리아, 노동계급, 물적 조건, 정치경제학** 같은 용어들이 마르크스의 서신에 나타나는 것은 나중의 일이다. 그가 한 후원자에게 보낸 편지에서 알 수 있듯, 그는 "속물주의의 적들, 곧 사유하고 고통받는 모든 사람들"의 동맹이라는 비전을 갖고 있었지만, 그의 목표는 의식 개혁이지 사유재산 철폐가 아니었다. 《프랑스–독일 연보》의 창간호이자 유일한 호에 실린 그의 글을 보면, 마르크스가 권력층에게 집어던지려는 것이 짱돌이 아니라 비판임을 알 수 있다. "우리들 각자는 무슨 일이 일어나야 하는지에 대해 정확한 생각을 갖고 있지 않음을 자인할 수밖에 없다. 그러나 알고 보면 바로 이 결함이 새로운 운동의 유리한 점이다. 그도 그럴 것이 우리는 도그마를 통해 세계의 행보를 예측하는 것이 아니라 기존의 세계를 비판함으로써 새로운 세계를 발견하고자 한다."

"우리는 세상 사람들에게 왜 자기들이 투쟁하고 있는지를 보여주기만 하면 된다. 우리의 프로그램은 의식개혁이요, [……] 이 시대의 투쟁과 소망의 [……] 자기천명이다." 철학자의 역할은 성직자의 역할과 마찬가지였다. "가장 필요한 것이 **고백**이다. 필요한 것은 그것뿐이다. 인류가 지은 죄를 용서받으려면 어떤 죄를 지었는지 분명하게 밝히기만 하면 된다."

마르크스와 엥겔스가 처음 정식으로 만난 것은 1844년 8월에 레장스 카페[유럽의 체스 중심지로 유명했던 파리의 카페—옮긴이]에서였다. 독일로 돌아가는 엥겔스가 예전에 자기를 괄시한 남자를 만나기 위해서 잠시 파리에 들른 것이었다. 그들은 꼬박 열흘 동안 대화하고 논쟁하고 술을 마시면서, 상대의 생각이 자기와 똑같다는 것을 계속 발견했다. 마르크스는 엥겔스와 마찬가지로 현대사회를 개혁하기란 불가능하다는 확신과 독일을 신과 전통적 권위로부터 해방시킬 필요가 있다는 확신을 가지고 있었다. 엥겔스는 마르크스에게 프롤레타리아 개념을 소개했다. 마르크스는 프롤레타리아 계급에 즉각 공감했다. 그가 보았을 때 프롤레타리아란 "자연발생적 빈곤층"일 뿐 아니라, "인위적 빈곤층, [……] 사회의 급격한 해체로 야기된 빈곤층"이었다.[18] 그러니 영지 잃은 귀족, 파산한 사업가, 자리 없는 교수도 프롤레타리아였다.

칼라일과 엥겔스가 그랬듯이, 마르크스는 부르주아 계급은 지배에 적합한 계급이 아니라고 주장했고 기아와 반란 가능성을 그 증거로 내세웠다. 마르크스가 보았을 때, 프롤레타리아는 "절대적 **욕구**"에 따라서 압제세력을 전복시킬 것이었고,[19] 사유재산을 철폐함으로써 프롤레타리아 스스로를 해방시킬 뿐 아니라 사회 전체를 해방시킬 것이었다. 역사가 거트루드 히멜파브Gertrude Himmelfarb에 따르면, 마르크스와 엥겔스는 현대사회가 말기의 질병에 시달리고 있다고 믿었던 유일한 빅토리아 인이 아니었다.[20] 그들이 칼라일 등의 사회비평가와 가장 크게 다른 점은 기존의 사회질서가 붕괴할 수밖에 없음을 강조하는 것이었다. 그들은 한편으로 프로테스탄트 도그마에서 벗어나고자 했지만, 다른 한편으로 경제적 붕괴와 폭력적 혁명이라는 미래는 벗어날 수 없는 운명, 말하자면 예정설의 운명 같은 것이라고 확신하게 되었다. 칼라일이 심판의 메시지를 전한 것이 회개와 개혁을 고무하기 위해서였다면, 그들이 혁명의 메시지를 전한 것은 독자로 하여금 너무 늦기 전에 역사의 옳은 편에 서게 하기 위해서였다.

『1844년 영국 노동계급의 조건The Condition of the Working Class in England in 1844』에서 엥겔스는 영국의 공장 노동자들은 통상 아사에 준하는 상태로 살아가고 있으며, 1842년에는 기근으로 인해 공장주에게 폭력을 휘두를 수밖에 없는 처지까지 몰렸다고 강력히 주장했다.(정확한 주장은 아닐 수도 있다.) 이 저널리즘적 저서에서 그가 증명하지 못한 주장은 노동자의 이런 불안정한 삶이 불변하는 상수라는 것과 이것을 해결할 방법은 영국 사회 전복과 차티스트 독재정권 수립뿐이라는 것이었다. 엥겔스는 이 주장에 대해 영국 지인들로부터 계속 논박당했으며, 마르크스에게 이 문제를 다루어달라고 요청했다. 마르크스에게 엥겔스는 영국에서 사회문제와 윤리문제가 경제문제로 재정의되고 있다고도 했고, 사회비평가가 **경제적** 현실과 씨름하는 일이 불가피해지고 있다고도 했다. 독일 철학자 게오르크 헤겔Georg Hegel의 제자들이 종교를 이용함으로써 종교를 폐위하고 독일 지배 엘리트의 위선을 폭로한 것과 마찬가지로, 자기들도 정치경제학의 원칙들을 이용함으로써 영국의 가증스러운 '돈교religion of money'를 처단해야 하리라는 것이었다.

엥겔스는 새로 사귄 친구와 헤어진 후 독일에 있는 집으로 돌아갔다. 그리고 거기서 영국의 사업가 계급(그리고 함축적 의미상 독일의 사업가 계급)의 "살인, 절도 등의 대형범죄들"에 대한 고발장을 쏟아내기 시작했다.[21] 사업이 '더러운' 것이라는 느낌은 면사공장에서 경영수업을 받는 동안 이미 확인된 바였다.[22] 엥겔스가 보았을 때, "영국 부르주아 계급만큼 타락의 정도가 심하고, 이기심에 의해 천박해진 정도가 심하고, 내면의 부패가 심하고, 진보의 능력이 모자란 계급은 없"었다. 엥겔스가 보았을 때 "유대인 장사치"와 다름없는 맨체스터 업자들은 "정치경제학이라는 부의 과학"의 열성 신도들이었고, 돈이 되기만 하면 노동자의 고통 따위에는 관심이 없을 뿐 아니라 돈을 빼면 그 어떤 인간적 가치에도 관심이 없었다. 영국 상류층의 "장사치 정신"의 역겨움은 그들이 "빈곤층의 생혈"을 몽땅 빨아먹은 후에 빈곤층에게 베푸는 "바리새인 같은 박애정신"의 역겨움 못지않았다. 영국 사회는 "백만장자들과 극빈자들로 양분"되는 중이었고, "빈곤층과 부유층의 전쟁"이 임박한 상황이었다. "지금껏 벌어진 전쟁 중에 가장 피비린내 나는 전쟁"일 것이었다.[23] 엥겔스는 말을 할 때 빠르고 유창한 것처럼 글을 쓸 때도 마찬가지였고, 채 12주도 안 돼 원고가 나왔다.

엥겔스는 자기 글을 쓰는 내내 마르크스에게 "그 정치경제학 책 좀 끝내보세요. [……] 책이 어서 나와야 되는데."라고 채근했다.[24] 엥겔스의 『영국 노동계급의 조건』은 1845년 7월에 라이프치히에서 나왔다. 서평은 호의적이었고 판매도 좋았다. 더구나 저자가 예언했던 대로 '1846년과 1847년'에 정치적·경제적 위기가 닥치자 저서의 평판은 더욱 높아졌다. 마르크스가 "현대사회의 운동법칙"을 설명하겠다고 약속했던 『자본Das Kapital』이라는 장대한 논문은 그로부터 20년 후에야 나왔다.[25]

1849년에 《런던 모닝 크로니클London Morning Chronicle》 기자 헨리 메이휴Henry Mayhew가 성베드로 대성당 꼭대기에 있는 '골든 갤러리'에 올라가서 런던을 내려다보았을 때, 런던은 "하늘이 끝나고 도시가 시작되는 선을 긋기가 불가능"한 도시였다.[26] 런던은 10년에 거의 20퍼센트씩 성장하는 도시, "알려진 법칙에 복종하지 않는 듯"한 도시였다.[27] 19세기 중반에 런던의 인구는 이미 250만이었다. 런던의 주민은 파리의 두 배가 넘었고, 빈의 다섯 배가 넘었고, 영국에서 런던 다음으로 큰 도시 여덟 개를 합한 것보다 많았다.[28]

런던은 "19세기 경제 기적의 본보기"였다.²⁹ 풀 오브 런던은 세계에서 가장 크고 가장 효율적인 항구였다. 일찍이 1833년에 베어링스 브라더스 은행의 공동경영자는 런던이 "상업이 가야 할 중심지"가 되었다고 했다. 런던의 부두는 수백 에이커에 이르렀고, 이미 주요 관광명소였다. 12에이커의 지하 와인셀러가 방문객들에게 보르도를 시음하게 해주었다는 것도 그 중요한 이유였다. 독한 담배 냄새, 강한 럼주 냄새, 역겨운 가죽 냄새와 뿔 냄새, 향긋한 커피 냄새와 향신료 냄새 등등 온갖 냄새들이 거대한 세계무역, 끝없는 이민의 흐름, 광활한 제국을 떠올려 주었다.

엥겔스는 1842년에 런던에 처음 와서 이렇게 말했다. "나는 템스 강을 따라 바다에서부터 런던브리지까지 올라간다. 이런 멋진 풍경을 본 것은 생전 처음이다. 강변에 무수한 건물이 보이고, 양안에 부두가 보인다. 울위치 상류의 부두가 특별히 인상에 남는다. 양쪽 강기슭을 따라 무수한 배들이 정박해 있는데 얼마나 촘촘히 정박해 있는지 결국에는 강 중앙에 좁은 길 하나만 남는다. 그리고 그 좁은 길로 수백 척의 기선들이 쏜살같이 지나간다. 모든 것이 너무 거대하고 너무 압도적이라서 정신을 차리기 어렵다."³⁰

예술사 연구자 존 러스킨John Ruskin은 런던 기차역이 "바빌론의 성벽보다 거대하고 [······] 아르테미스 사원보다 거대하다."라고 주장했다. 『돔비 부자 상사Dombey & Son』에서 디킨스는 "정복의 엔진이 밤낮으로 우르릉거렸다."라고 썼다. 런던에서 출발하는 여행자는 북쪽으로는 스코틀랜드까지, 동쪽으로는 모스크바까지, 남쪽으로는 바그다드까지 갈 수 있었다. 그동안 철도는 런던의 경계를 주변 시골로 넓히고 있었다. "옛날부터 쓰레기가 쌓여 있던 끔찍한 공터가 완전히 사라져버렸다. 악취를 풍기던 그곳에 호화스러운 물건과 값비싼 상품이 들어찬 창고들이 늘어섰다. 아무것도 없던 다리 건너에 저택들, 정원들, 교회들, 쾌적한 공공보도들이 들어섰다. 주택들과 큰길들이 괴물 기차처럼 그야말로 증기의 속도로 기찻길을 따라 시골까지 달려갔다."[31]

세계 금융의 심장이 런던 금융의 중심지인 '시티'에서 고동쳤다. 금융업자 네이선 메이어 로스차일드Nathan Mayer Rothschild가 런던을 "세계의 은행"이라고 부른 것은 전혀 과장이 아니었다.[32] 상인들은 글로벌 무역용 단기채를 마련하기 위해 런던으로 몰려왔고, 들어서는 정부마다 도로와 운하와 철도를 건설하기 위해 채권을 뿌렸다. 런던 주식중개소는 아직 유아기였지만, 시티 상인들과 어음할인업자들은 뉴욕의 세 배, 파리의 열 배에 해당하는 "여유자금"을 끌어모았다.[33] 은행업자들, 투자자들, 상인들이 정보에 목말라하면서, 런던은 세계의 매체와 통신의 중심이 되었다. 1851년에 전보가 출현해 로스차일드 가문의 전서구 사업이 한물간 사업이 되었을 때, 로스차일드 가문의 누군가는 "아무나 뉴스를 들을 수 있다."라고 불평했다.[34]

전 세계에서 산업이 가장 집중된 곳은 북부의 신흥 산업도시들이 아닌 런던이었으며, 영국의 제조업 노동자 여섯 명 중 한 명이 런던에 고용돼 있었다. 거의 50만에 육박하는 숫자였다.[35] 맨체스터 면화 노동자의 대략 열 배였다. 윌리엄 블레이크William Blake의 『예루살렘Jerusalem』에 등장하는 "어두운 사탄의 공장들"은 영국 북부 코크타운 같은 곳이 아니었다. 직원 500명에 제임스 와트James Watt의 초대형 증기엔진으로 돌아가는 앨비언 제분소 같은 곳은 오히려 런던의 템스 강변일 가망이 높았다.³⁶ 1850년대의 한 여행안내서는 "처음 방문하는 사람들은 수도설비, 가스설비, 조선소, 무두질공장, 맥주공장, 증류주공장, 유리공장의 규모에 적잖이 놀란다."³⁷라고 했다. 물론 런던에는 이를테면 섬유산업 같은 하나의 지배적 산업이 있는 것은 아니었고, 제조공장의 노동자는 대개 열 명 미만이었지만,³⁸ 전체 산업이 런던에 집중되었다. 플리트 스트리트에는 인쇄, 캠던에는 페인트와 정밀기기, 토트넘 로드 주변에는 가구제작 하는 식이었다. 포플러와 밀월에 위치한 거대 조선소는 1만 5000명의 남성 노동자를 고용하여 초대형 기선과 군함을 만들었다. 리즈와 뉴캐슬 같은 공장도시들은 영국의 수출을 담당한 반면에, 런던 제조공장들은 런던 내 수요를 채웠다. 원즈워스에는 제분소가 있었고, 화이트채플에는 제당소가 있었고, 칩사이드에는 양조장이 있었고, 스미스필드에는 가축 시장이 있었고, 버몬지에는 무두질공장과 양초 및 비누 공장이 있었다. 메이휴는 런던을 전 세계에서 "가장 바쁜 벌집"이라고 불렀다.³⁹

무엇보다도, 런던은 전 세계에서 가장 큰 시장이었다. 런던에서는 "가장 부유하고 가장 권세 높은 제왕들의 수준을 능가하는 편의와 안락과 여흥을, 저렴하게 그리고 그리 번거롭지 않게" 손에 넣을 수 있었다.⁴⁰ 런던의 웨스트엔드에서는 "창유리에서 국교회 목사의 흰색칼라까지 모든 것이 반짝반짝 빛"이 났고 "공기의 색에서, 아니 공기의 향에서 지상 최대의 사회라는 것을 알 수 있었다."⁴¹ 리젠트 스트리트는 이 세상에서 가장 큰 규모의 "시계공과 이발사와 사진사, 호화 문구 가게와 호화 재단 가게와 호화 코르셋 가게, 악기점과 숄 가게와 보석 가게와 프랑스 장갑 가게와 향수 가게와 손뜨개 레이스 가게와 과자점과 모

자점"의 컬렉션이었다.⁴²

메이휴는 런던에서 "막대한 규모의 [……] 상업"이 가능한 이유가 "다른 곳에 비해 장사하는 사람들이 많고 그로 인해 엄청난 부가 집중" 되기 때문이라고 보았다.⁴³ 《이코노미스트 *The Economist*》에서는 뽐내며 말했다. "대영제국에서 가장 돈이 많은 사람들은 런던으로 몰려간다. 런던은 생활규모가 아주 엄청나고, 임대료가 아주 높고, 돈벌이 기회가 아주 많다."⁴⁴ 영국인 여섯 명 중 한 명이 런던에 살았는데, 국민소득에서 런던이 차지하는 비중은 더 컸다. 런던의 소득은 영국 내 다른 도시들에 비해 평균 40퍼센트 높았다. 그것은 런던에 부자가 더 많이 살아서이기도 했지만, 런던의 임금이 다른 곳에 비해 최소한 3분의 1 높아서이기도 했다. 런던의 엄청난 인구와 막대한 소득은 런던을 전 세계에서 소비자 수요가 단연 가장 밀집된 곳으로 만들었다. 경제사 연구자 해럴드 퍼킨Harold Perkin의 주장에 따르면, "소비자 수요는 산업혁명의 최종적인 경제적 열쇠"로서, 증기기관이나 방적기의 발명을 능가하는 강력한 추진력을 제공했다.⁴⁵ 런던의 수요, 신상품에 대한 욕망, 구매력 증대는 사업가들에게 새로운 테크놀로지를 도입하고 새로운 산업을 창안할 강력한 유인책을 제공했다.

이 세상에서 가장 돈 많은 사람들이 런던에 끌렸다면, 가장 가난한 사람들도 마찬가지였다. 메이휴가 말한 "그런 부에 이끌려 찾아온 유례없이 많은 사람들"은 부자들을 상대하는 점주, 상인, 변호사, 의사를 뜻했을 뿐 아니라, 인근 시골에서 몰려드는 무수한 비숙련 이주민을 뜻하기도 했다. 그런 사람들은 하인, 침모, 제화공, 목수, 항만노동자, 임시직, 배달부로 일감을 구했고, 여의치 않으면 잡범, 넝마주이, 창녀가 되었다.[46] 중간층이 교외로 탈출하면서 빈부의 공존은 더욱 충격적인 현상이 되었고, 런던이 미래사회를 보여준다는 가정이 보편화되면서 빈부의 공존은 더욱 의미심장한 현상이 되었다. 물론 가난이 새로운 일은 아니었다. 그러나 시골에서 굶주림과 추위와 질병과 무지는 자연현상으로 보였던 반면에, 런던이라는 세계의 수도에서 빈곤은 인간의 손으로 만들어진 현상, 거의 불필요한 잘못된 현상으로 보였다. 빈곤을 구제할 수단이 우아한 저택, 세련된 의상, 멋진 마차, 호화로운 여흥이라는 가시적 형태로 바로 우리 앞에 있지 않느냐는 것이었다. 하지만 사실은 그렇지 않았다. 가시적인 부가 빈곤을 구제할 수단이라고 본 것은 가난한 사람들에게 하루이틀 케이크를 먹여주는 것으로는 대부분의 영국인을 가난에서 끌어내기에 충분한 빵과 옷과 연료와 주택과 교육과 의료를 생산하는 문제가 거의 해결되지 못한다는 것을 전혀 모르고 있는 순진한 평자들뿐이었다. 어쨌든 줄줄이 늘어선 창고들, "거대한 상점들"에 "지구상의 모든 사람들을 부자로 만들어주기에 충분한" 부가 들어 있을 것이라는 순진한 생각을 가진 것은 메이휴 하나가 아니었다.[47]

저널리스트, 예술가, 소설가, 사회개혁가, 성직자 등 사회에 대해서 연구하는 사람들이 볼 때 런던은 "직접 보고 배울 수 없는 것은 아무것도 없"는 "세계의 전형"이었다.[48] 그들은 사회가 어디를 향해 가는가를 보기 위해 런던으로 몰려왔다. 18세기에 런던을 찾아왔던 사람들이 죄악, 범죄, 오물에 주목하는 경향이 있었던 반면, 빅토리아 시대에 런던으로 몰려오는 사람들은 그보다는 극단적인 빈부차에 충격을 받았다.

제인 오스틴의 생전에는 인류의 9할은 극심한 가난과 평생의 노역을 벗어날 수 없었다. 한 세대 후, 찰스 디킨스는 "우리는 우월한 사회적 조건을 향해서 곧바로 나아가고 있다."라고 생각했다.

『블리크 하우스Bleak House』에서 찰스 디킨스는 "세계의 가장 크고 가장 부유한 메트로폴리스에서 11월은 공기가 제일 나쁜 달"이라고 했다.[49] 1847년 11월 29일, 프리드리히 엥겔스와 카를 마르크스는 그레이트 윈드밀 스트리트에서 피커딜리로 가는 오르막길을 힘겹게 걷고 있었다. 발목이 빠지는 진흙은 미끄러웠고 인파는 쏟아져내려왔다. 그들의 극심한 근시와 런던의 유황색 안개는 1피트 너머의 모든 것을 희미하게 만들어버렸다. 엥겔스는 여전히 장교처럼 꼿꼿한 자세였고, 마르크스는 여전히 짙고 검은 머리털과 근사한 수염을 기르고 있었다.

엥겔스와 마르크스가 영국에 있었던 것은 공산주의자동맹의 회의에 참석하기 위해서였다. 공산주의자동맹은 중유럽 유토피아주의자, 사회주의자, 무정부주의자로 이루어져 있고 차티스트들 일부와 남성참정권을 지지하는 런던내기 사무직원들 소수를 포함하는 수많은 소규모 단체들 중 하나였다. 영국에서 이런 소집단이 융성했던 것은 시민적 자유가 비교적 확보되어 있고 이민법이 관대했던 덕이었다. 엥겔스와 마르크스가 그레이트 윈드밀 스트리트를 오르던 시점으로부터 얼마 전에, 철도 호황이 붕괴하면서 런던과 유럽에 금융공황이 확산되었고, 동맹은 서둘러 회의를 소집해 다소 모호했던 목표들을 구체화시켰다. 이미 엥겔스는 동맹을 설득해 "만민은 형제"라는 심심한 구호를 버리고 "만국의 프롤레타리아여 단결하라!"라는 좀 더 근육질의 구호를 채택하게 한 후였다. 엥겔스는 선언문의 두 가지 초안을 작성해놓은 상태였는데, 그와 마르크스는 동맹으로 하여금 그 선언문을 채택하게 만들 생각이었다. 엥겔스와 마르크스는 기존의 질서를 전복하지 않은 채로 노동자의 고충을 처리할 수 있다고 생각하는 동맹 지도층을 밀쳐낼 방안을 토의해놓은 상황이었다. 엥겔스는 당시 마르크스에게 보낸 편지에서 "이번에는 우리 뜻을 관철시켜야죠."라고 다짐했다.[50]

그들은 마침내 소호의 레드 라이언 술집에 도착했다. 독일노동자교육연합이라는 단체의 본부가 이 건물 2층에 있었다. 이 단체가 바로 불법단체인 공산주의자동맹의 위장단체였다. 회의실 안에는 나무탁자와 나무의자 몇 개가 있었고 한쪽 구석에는 '음악을 모르는' 런던에 좌초한 베를린과 빈의 난민들이 고향을 느낄 수 있도록 그랜드피아노 한 대가 있었다.[51] 젖은 모직 냄새, 값싼 담배 냄새, 미지근한 맥주 냄새가 나는 곳이었다. 엥겔스와 마르크스는 그곳에서 열흘 동안 회의를 주재하면서 마치 물을 만난 고기처럼 음모와 의심의 기운 속을 항해했다.

회의 중에 어느 시점에서 마르크스는 엥겔스가 작성한 선언문을 큰 소리로 낭독했다. 한 참석자는 이 철학자가 가차 없는 논리를 설파했던 것과 함께 그의 입가가 "냉소적으로 비틀어지던" 것을 기억했다. 또 한 참석자는 마르크스의 서툰 발음을 기억하면서, 마르크스가 '노동자worker'라고 말하는 것을 어떤 사람들은 '여덟 잎 클로버eight-leaved clover'로 알아들었다고 했다.[52] 일부 참석자는 엥겔스와 마르크스를 "부르주아 지식인"이라고 배척했다. 그렇지만 "열흘째가 되자, 모든 반대가 [……] 극복"되었다.

투표 결과 마르크스와 엥겔스의 선언문이 채택되었으며 동맹은 "부르주아 계급의 전복, 사유재산의 철폐, 상속권의 폐지"에 대한 지지를 선언했다. 마르크스는 여러 차례 상속받은 유산들을 탕진한 후 늘 그렇듯이 파산상태였으니, 동맹 선언문의 결정판을 집필하는 일을 떠맡게 되었다.[53]

엥겔스가 생각했던 선언문은 "단순한 역사 내러티브"였고, 엥겔스가 제안한 선언문 제목은 『공산당 선언』이었다. 엥겔스는 왜 현대사회가 필연적으로 자기 파괴적인가를 보여주기 위해서는 현대사회의 기원을 이야기하는 것이 중요하겠다고 생각했다. 그가 생각하는 『공산당 선언』은 창세기와 묵시록이 하나로 합쳐진 어떤 것이었다.[54]

엥겔스가 마르크스에게 영국의 정치경제학을 소개한 지 3년이 지났고, 마르크스는 이미 스스로를 경제학자라고 부르고 있었다.[55] 또 마르크스는 과학 속에 스며들기 시작하고 있던 이런저런 진화론을 흡수한 상태였다. 헤겔의 좌익 제자들이 다들 그러했듯, 마르크스도 사회를 세대에서 세대로 이어지며 재생산되는 데 그치는 유기체가 아닌 진화하는 유기체로 보았다.[56]

마르크스가 말하고자 한 것은 산업혁명이란 새로운 테크놀로지의 채택이나 생산의 비약적 발전에 그치지 않는다는 것이었다. 산업혁명은 거대한 도시와 공장과 교통망을 만들어냈다. 산업혁명은 거대한 글로벌 무역을 출범시키면서 국내 자급자족이 아닌 보편적 상호의존을 상례화시켰다. 산업혁명은 경제활동에 호황과 불황의 새로운 패턴을 부과했다. 산업혁명은 기존의 사회집단들의 닻을 끊어버렸고 백만장자 기업가 집단에서 가난에 허우적거리는 도시 일꾼 집단에 이르는 완전히 새로운 사회집단들을 만들어냈다.

여러 제국들이 흥망성쇠하고 여러 국가들의 부가 영고성쇠하는 10여 세기 동안, 지상에 흩어진 미미한 인구는 아주 약간 증가했을 뿐이었다. 인간의 물질적 환경은 본질적으로 변하지 않았고, 대다수의 인간에게 삶은 비참한 것일 수밖에 없었다. 그러나 산업혁명이 시작되고 두어 세대 만에 국부의 성장이 퍼센트 비율이 아니라 배수의 비율로 성취될 수 있음이 증명되었다. 산업혁명은 인간이 자연과, 자연의 가혹한 요구에 복종하는 존재라는 인간 실존의 가장 기본적인 전제에 대한 도전이었다. 프로메테우스가 신들에게 불을 훔쳤다면, 산업혁명은 인간이 환경을 통제하도록 부추겼다.

엥겔스와 마르크스는 다른 산업혁명 세대들에 비해 그 사회의 새로움을 훨씬 선명하게 지각했고 그 사회의 함의들을 설명하는 일에 훨씬 집착했다. 그들은 현대사회가 과거에 있었던 어느 사회보다 빠르게 진화하고 있다고 믿었다. 변화와 변화 가능성을 의식한다는 것은 전통적 진리와 기존의 지혜에서 틈을 본다는 것을 뜻했다. 마르크스의 유명한 구절을 빌리면 "모든 견고한 것은 공기 속에 사라진다."[57] 그들이 선명한 지각을 발휘할 수 있었던 데는 그들이 외국인 기자의 입장에서 영국을 보았다는 이유, 그리고 그들의 고국이 산업혁명을 겪기 전이었다는 이유가 있었다. 독일의 트리어와 바르멘에서 런던까지의 여행은 일종의 시간여행이었다. 찰스 디킨스를 제외하면 영국의 산업혁명 앞에서 흥분과 혐오를 동시에 경험한 사람은 없었다. 엥겔스와 마르크스는 한편으로는 영국의 '속물적인' 상업적 문화가 경멸스럽다고 말했지만 다른 한편으로는 영국의 부와 권력을 부러워했다. 그들은 관찰 결과 현대세계에서 정치력은 총신에서 나오는 것이 아니라 한 나라의 경제적 우위와 그 나라 사업가 계급의 에너지에서 나온다고 믿게 되었다.

영국은 현대세계를 쥐락펴락하는 거인이었다. 엥겔스는 "가장 많은 것을 **실현한** 나라가 어느 나라냐고 묻는다면 영국이라고 대답할 수밖에 없다."라고 인정했다.[58] 산업과 무역은 영국을 세계에서 가장 부유한 나라로 만들어놓았다. 영국에서 한 해 동안 생산되는 재화와 용역의 가치(영국의 국내총생산)는 1750년에서 1850년 사이 네 배 증가했다. 100년 간의 증가분이 1000년간의 증가분보다도 높았던 것이다.[59] 엥겔스와 마르크스는 현대세계에서 정치력을 결정하는 것은 생산력이라고 생각했고, 『공산당 선언』에서도 생산력의 유례없는 폭증에 대해서 중요하게 다루었다.

> 부르주아 계급이 100년에 못 미치는 지배기간 동안 창출해낸 생산력은 앞선 모든 세대들의 생산력을 모두 합친 것보다도 컸다. [……] 이 계급은 인간의 활력이 무엇을 성취할 수 있는지를 처음으로 증명했다. 이 계급은 이집트의 피라미드, 로마의 수로, 고딕의 대성당을 훨씬 능가하는 기적을 행했다. 이 계급은 모든 앞선 국가와 십자군의 엑소더스들을 무색하게 하는 원정을 행했다.[60]

마르크스와 엥겔스는 영국의 생산력이 계속해서 여러 배씩 증가하리라는 것을 의심치 않았다. 그러나 그들은 분배 메커니즘의 치명적 결함이 체제 전체를 붕괴시키리라고 확신했다. 부가 어마어마하게 증가했음에도 불구하고, 영국 국민 전체의 4분의 3에 해당하는 노동계급의 엄청나게 낮은 생활수준은 아주 약간 나아지는 데 그쳤다. 그레고리 클라크를 비롯한 경제사 연구자들의 최근의 계산에 따르면, 1750년에서 1850년까지 평균임금은 극히 낮은 수준에서 약 3분의 1 증가했다.[61] 물론 영국의 인구가 세 배 늘었다는 것을 감안하면, 노동계급의 수도 훨씬 많아졌다. 게다가 영국 노동계급의 처지는 독일이나 프랑스와 비교하면 극히 비참한 정도는 아니었다.

그러나 발전한 영역이 있는 만큼 후퇴한 영역도 있었다. 첫째, 임금 상승이 이루어진 시기는 대개 1820년 이후였고, 상승분의 대부분이 숙련 장인과 공장 직공에게 돌아갔다. 농장노동자를 포함하는 비숙련 일꾼의 임금은 미미하게 상승하는 데 그쳤고, 그런 미미한 상승분은 식구수 증가로 상쇄돼버렸다.(맬서스의 예상대로였다.) 제조업과 건설업은 경기에 따라서 변동하는 업종이었으니, 고용은 전보다 불안정해졌다. 노동시간은 더 길어졌고, 아내와 자녀들에게 일을 시켜야 할 가능성은 더 높아졌다.

물리적 환경이 악화되면서 도시노동자의 생활수준은 더 낮아졌다. 시골에서 도시로의 대규모 이주가 진행될 당시는 병원균 이론이 나오기도 전이었고 쓰레기 수거, 하수구, 상수도가 일반화되기 이전이었다. 영국에서 시골은 더 가난했지만, 시골의 기대수명은 서른다섯 살이었던 데 비해 맨체스터나 리버풀의 기대수명은 서른한두 살이었다. 불결한 상태와 영양실조 상태는 마찬가지라고 해도 인구밀도가 낮은 시골에서 전염병이란 도시에 비하면 그렇게 치명적인 재앙은 아니었다. 리버풀 같은 도시가 10년에 31~47퍼센트꼴로 확장되던 당시, 전염병은 상시적 위협이었다. 빅토리아 여왕의 남편 앨버트 공도 장티푸스에 걸렸으니 최상층 부자도 전염병을 면할 수 있는 것은 아니었겠지만, 영양실조와 인구밀집이 위험을 높이는 것은 사실이었다. 19세기 전반기에 도시로 유입되는 인구가 점점 늘어났고, 평균 노동자의 건강상태는 임금과 함께 정체되거나 오히려 악화되었다. 기대수명은 1781년부터 1851년까지 35세에서 40세로 늘어났지만, 점점 낮아지던 사망률이 1820년대에 정체되었다. 도시에서는 영아사망률이 점점 높아지는 교구가 많았고, 1830년대와 1840년대에 출생한 성인남자의 신장은 줄었다. 신장은 아동 영양상태의 척도이고, 질병과 식단의 영향을 받는다.[62]

영국이 미다스의 저주에 걸렸다고 느낀 것은 반동주의자나 급진주의자나 마찬가지였다. 칼라일은 "영국에서 산업이 성공하고 부가 넘치는데, 국부 덕에 돈을 번 사람은 아직 없다. 국부는 마법에 걸린 부다."라고 호통쳤다.[63] 경제사 연구자 아널드 토인비Arnold Toynbee는 19세기 전반기는 "이제껏 어느 한 나라가 겪었던 어느 시기 못지않게 처참하고 지독했다. 이유인즉, 부가 막대하게 증가하는 모습과 나란히 극빈이 어마어마하게 증가하는 모습이 눈앞에 있었고, 자유경쟁에서 비롯되는 막대한 규모의 생산은 계급들 사이의 급속한 소외와 많은 생산자의 타락을 낳았다."라고 주장했다.[64]

물론 계층 간 이동이 증가한 것은 사실이었다. 영국의 일류 철학자 존 스튜어트 밀이 지적한 것처럼, '하층'을 특정 마을, 특정 직종, 특정 주인에 예속시키는 법률과 공납과 면허가 서서히 철폐되면서, 계층 간 이동이 증가했다. "인간은 타고난 신분을 벗어나 [……] 자신의 능력과 주어진 기회를 이용해 바람직하다고 여겨지는 운명을 자유롭게 개척할 수 있다."[65] 그렇지만 그런 밀도 사회주의에 강력 동조하는 자유주의자였으며, 대다수 영국인의 복리가 그리 나아졌다고는 판단할 수 없었다. "이런 모든 기계 발명 덕에 일상적인 고생을 덜었던 사람이 하나라도 있었는지 의문이다."[66]

『공산당 선언』이 나온 것은 아일랜드 감자기근 둘째 해였으며, 저자들은 국부와 국력이 증대되면서 국민의 상황은 악화된다는 엥겔스의 주장을 반복했다. "현대 노동자는 [……] 산업이 발전함에 따라 위로 올라가는 대신 자신의 계급의 생존조건 아래로 점점 더 내려간다. 현대 노동자는 극빈자가 되고, 극빈층은 인구와 부보다 빨리 증가한다. 이로써 분명해지듯이, 부르주아 계급은 더 이상 사회의 지배 계급이 될 자격이 없다. [……] 프롤레타리아들이 잃을 것은 족쇄밖에 없다. 프롤레타리아들이 얻을 것은 온 세계다. **만국의 노동자여, 단결하라!**"[67]

당시 마르크스는 프로이센 국왕에 대한 풍자적 스케치를 출판했던 일로 프랑스에서 추방당한 후, 출판사에 경제학 논문을 쓰겠다고 하고 받은 선인세로 점점 늘어나는 식구들과 가복을 데리고 벨기에 브뤼셀 교외의 고급주택에 살고 있었다. 한 달간 런던에 머물고 돌아온 마르크스는 선언문 마무리 작업을 즉각 연기하고 강의에 뛰어들었다. 착취의 경제학에 대한 강의였다. 마르크스는 1월에 공산주의자동맹 관리들로부터 작업을 다른 사람에게 넘기겠다는 위협을 당한 다음에야 비로소 펜을 들었다. 마무리가 덜 된 그의 최종본이 그레이트 윈드밀 스트리트에 도착한 것은 공화파와 파리 근위대의 충돌 소식이 도착하기 직전이었다. 2월 21일, 동맹은 『공산당 선언』 독일어본 1000부를 인쇄하여 프랑스를 통해 독일 접경지역으로 운반했다. 프로이센 당국은 즉각 한 부만 남기고 전부 몰수했다.

마르크스와 엥겔스는 아마겟돈이 오기를 초조하게 기다렸다. 많은 19세기 낭만주의자들과 마찬가지로, 그들은 **무슨 일이라도** 일어날 수 있는 분위기, "위기와 임박한 파국의 분위기가 팽배해 있다."라고 보았다.[68] 그들이 보았을 때 묵시록을 쓴 밧모 섬의 사도 요한은 현대사회와 『공산당 선언』에 완벽한 피날레를 제공했다. 사회는 완전히 상반된 두 진영으로 분열되고, 최후의 전투가 벌어지고, 로마가 망하고, 억압받던 자들이 정의를 얻고, 억압하던 자들이 심판을 받고, 역사는 끝난다는 피날레였다.

그런데 역사는 1848년에 끝나지 않았다. 그해의 프랑스혁명은 사회주의로 귀결되지 않은 것은 물론이고 성인남자의 보통선거로 귀결되지도 않았다. 오히려 나폴레옹 3세 정권으로 귀결되었다. 프랑스공화국 선포가 마르크스에게 초래한 결과는 벨기에에서 아예 추방당하는 것이었고, 파리에 새 은신처를 찾아낸 지 몇 주 만에 프랑스 당국으로부터 박해당하는 것이었다. 파리 경찰은 마르크스에게 파리에서 수백 마일 떨어진 질병이 들끓는 습지대 마을로 추방하겠다고 위협했고, 마르크스는 건강을 이유로 항명한 후 자기를 받아줄 나라를 찾아보기 시작했다. 1849년 8월, 마르크스는 "외국인 도망자들의 밧모 섬"이자 전 프랑스 국왕 루이 필리프Louis Philippe 등 무수한 정치 망명자들의 고향인 런던으로 이주했다.[69] 마르크스는 잠시 머무는 것뿐이라고 자위했다.

마르크스가 런던에 도착했을 때, 이 도시에는 역사상 최악의 콜레라가 번지고 있었다. 콜레라가 잦아들기까지 1만 4500명의 성인과 아동이 목숨을 잃었다.[70] 저널리스트 헨리 메이휴는 콜레라 발발을 계기로 런던 빈곤층에 대한 놀라운 신문 연재물에 착수했다.[71] 메이휴는 아버지와의 관계가 매우 좋지 않은 과학자 지망생 출신이었고, 통통하고 정력적이고 호감 가는 성격이었지만 재정상태는 엉망이었다. 전직 배우

이자 유머잡지 《펀치*Punch*》의 공동설립자이기도 했던 이 서른일곱 살의 저널리스트는 파산으로 런던의 타운하우스를 잃고 자칫 투옥될 뻔한 경험이 있었고 여전히 파산의 굴욕을 삭이고 있었다. 몇 달 동안 『모든 것을 황금으로 바꾼 좋은 재능*The Good Genius That Turned Everything into Gold*』 같은 자조적 제목의 통속소설들을 쏟아내던 메이휴가 재기의 기회를 발견한 것이다.

메이휴의 88회 연재를 통해서 《런던 모닝 크로니클》 독자들은 "콜레라의 수도"를 한 집 한 집 구경할 수 있었다.[72] 템스 강 남쪽의 '야콥 섬'은 버몬지에서도 특히 유해한 곳이었고 디킨스의 『올리버 트위스트*Oliver Twist*』를 통해 불멸의 명성을 얻은 곳이기도 했다. 메이휴는 독자에게 그곳 주민들의 "일하고자 하는 모습, 일하지 못하는 모습, 일하려고 하지 않는 모습",[73] 곧 그들의 충격적 초상을 보여주겠다고 약속했다. 메이휴는 독자에게 자기는 "차티스트도, 보호무역주의자도, 사회주의자도, 공산주의자도" 아닌 "사실들의 수집가일 뿐"이라고 **장담**했는데, 그가 차티스트나 보호무역주의자나 사회주의자나 공산주의자가 아니라는 것은 맞는 말이었다.[74] 그는 보좌진과 몇몇 일용 마부들을 대동하고 그곳의 집들을 취재했다. "어이없는 나무바닥은 [……] 구멍이 뚫려서 끈적한 진창이 내려다보이고, 창문은 깨져서 덕지덕지 이어붙인 형국이고, 창밖으로 튀어나온 빨래 너는 막대기에는 아무것도 걸려 있지 않다. 집 안은 얼마나 비좁고 더럽고 탁한지 집 안의 공기에 비하면 집 안을 떠도는 먼지와 오물이 오히려 더 깨끗한 것 같다."[75]

메이휴는 런던의 노동인구가 단일한 계급이 아니라 고도로 분화된 집단들의 모자이크임을 깨달았다.[76] 일단 그는 런던의 가장 큰 직

최초의 취재기자 헨리 메이휴는 런던 빈민층의 임금 및 생활수준이 향상될 수 있을지를 알고 싶어했다. 콜레라가 창궐했을 당시, 그는 진상을 찾아서 런던 뒷골목을 뒤지고 다녔고, 세계의 수도 런던의 생활과 노동을 보여주는 대단한 그림을 창조했다. 그렇지만 그는 자기의 질문에 대한 대답을 찾지 못했다.

종인 하인들을 무시했다.(15만 명의 하인은 부자들이 런던 경제에서 얼마나 큰 비중을 차지하는지를 보여주는 수치였다.) 또한 철도, 다리, 도로, 하수구 등의 건설업에 종사하는 8만 명가량의 건설노동자에게도 관심이 없었다. 대신, 그는 몇 가지 제조업 직종에 집중했다. 역사가 개러스 스테드먼 존스 Gareth Stedman Jones의 설명에 따르면, 런던의 노동시장은 극과 극이 결합돼 있었다. 런던은 한편으로는 부자들을 상대하는 고도로 숙련된 장인들과 중간층의 "하층"을 구성하는 사무원과 판매원이 모여드는 도시였고, 다른 한편으로는 비숙련노동을 착취당할 사람들이 끊임없이 유입되는 도시였다. 런던 노동자의 임금은 지방보다 높았지만, 런던 노동자의 생활조건은 화이트채플, 스테프니, 포플러, 베스널 그린, 사우스워크 같은 곳의 과밀 퇴락 주택 탓에 오히려 지방보다도 열악했다.(이러한 주택과 관련해 의회는 1840년대에 여러 차례 위원회를 구성하여 철저한 기록을 남겼다.) 사무원, 판매원 등 화이트칼라 노동자들은 새로 운행하던 버스나 기차의 교통비를 감수하고라도 빠르게 커지던 교외로 나갈 수 있었다. 비숙련노동자들은 직장에 걸어갈 수 있는 곳에 사는 것 말고는 선택의 여지가 없었다.

    런던 제조업은 지방 도시와의 경쟁이나 다른 나라와의 경쟁으로 인해 노동비를 절감해야 한다는 상시적 압박에 시달렸다. 종종 노동자의 숙소에서 맞춤방식으로 행해지는 '저임금' 체계 내지 삯일 체계는 의복 제작, 재단, 구두 제조 등 높은 임대료와 비용과 임금 탓에 런던에서 남아 있기 힘들었을 제조업을 런던에 잡아두었다. 스테드먼의 결론에 따르면, 이런 이유에서 런던의 빈곤은 저임금, 과밀, 만성 실업, 자선 의존도와 함께 사실상 런던의 부의 부산물이었다. 런던의 급속한 성장은 땅값 상승, 고비용, 고임금으로 귀결되었다. 고임금은 더 많은 비숙련 신규 노동력을 끌어모았지만, 고용주에게는 비싼 노동을 값싼 노동으로 대체할 방법을 찾아야한다는 끝없는 압력이 가해졌다.

런던의 침모는 그러한 현상을 대표하는 직업이었고, 메이휴의 가장 충격적인 연재물의 주인공이었다. 메이휴는 "역사상 처음 있는 이야기"를 들려주겠다고 약속했다.[77] 인구조사 수치에 근거한 메이휴의 계산에 따르면, 런던에는 3만 5000명의 침모가 있었고, 그중 2만 1000명은 맞춤옷 전문점과 하위 중간층 대상의 옷집을 포함한 "점잖은" 의류 제조업체에서 일했으며, 나머지 1만 4000명은 "점잖지 못한" 저임금 제조업체에서 일했다.[78] 메이휴는 "침모들은 대개 최저생계비보다 한참 낮은 단가로 일하기 때문에 먹고살기 위한 절도, 전당, 매춘은 거의 물리적 필연성"이라고 주장했다.[79]

이 일에서 메이휴는 평자라기보다 연예업자였다. 그는 11월에 어느 성직자의 도움으로 "거리로 내몰린 침모들의 모임"을 조직했다. 그는 모임과 관련된 비밀을 엄수하겠다고 약속했다. 남자들은 출입금지였다. 속기사 두 명이 구술을 받아적었다. 희미하게 밝힌 조명 아래, 여자 스물다섯 명이 입장했다. 그들은 슬픔과 고통을 털어놓으라고 마련된 무대에 올랐다. 모임을 주선한 성직자는 기탄없이 이야기하라고 독려했다. 그들은 정말로 기탄없이 이야기를 했다. 메이휴도 놀랄 정도였다.

이제부터 시작되는 이야기는 지금껏 우리가 읽었던 비극적이고 가슴 뭉클한 로맨스 가운데 하나일 것이다. 고백컨대 이 이야기를 들려준 가엾은 매그덜린의 정신적, 육체적 고통은 내가 감당할 수 없을 만큼 엄청난 고통이었다. 그녀는 예쁘게 자란 키 큰 소녀였고, 이목구비가 놀라우리만큼 뚜렷했다. 그녀는 얼굴을 손으로 가린 채 말을 이었는데, 격한 흐느낌 탓에 이야기를 알아듣기 힘들었다. 그녀가 두 손으로 얼굴을 감쌌을 때, 손가락 사이로 스며나오는 눈물이 보였다. 그토록 강렬한 슬픔을 목격했던 적은 한 번도 없었다.[80]

메이휴의《런던 모닝 크로니클》연재물은 현대 산업사회에 대한 토머스 칼라일의 최악의 우려를 확인시켜주었으며, 경제학자들을 향한 그의 격앙된 비난에 영감을 제공해주었다.

수요공급이라느니, 자유방임이라느니, 자발성의 원칙이라느니, '시간이 해결할 것이다.'라느니 하는 동안, 급기야 영국의 산업은 육체적, 도덕적 역병의 악취를 풍기는 거대한 늪지가 되었고, 영혼과 육체가 산 채 묻혀 있는 추악한 **현재**의 골고다가 되었고, 이제껏 한 번도 해가 비친 적이 없는, 심해로 통하는 쿠르티우스의 구덩이가 되었다.《모닝 크로니클》이 모든 독자의 눈앞에 들이대고 있는 이런 장면들은 모든 독자의 머리에 차마 발설할 수 없는 성찰들을 불러일으킨다. 이제껏 신문이 거의 하지 못한 일을 하고 있는 이 신문에 감사한다.[81]

폭발하기 직전의 휴화산이라는 이미지도 차마 발설할 수 없는 성찰들 중 하나였다. 당시《펀치》편집장이었던 메이휴의 장인 더글러스 제럴드Douglas Jerrold는 한 친구에게 이렇게 물었다. "당신은 우리의 발밑에 깔려 있는 불행하고 비참한 지옥을 폭로하는 그 놀라운 기사들을 읽고 있습니까? 한 계급의 고통과 다른 계급들의 탐욕, 독재, 살인적 강탈에 대해서 읽고 있노라면 과연 이 세계가 계속 있어야 하는지 의심하게 될 지경입니다."[82]

메이휴가 《런던 모닝 크로니클》에 연재한 「노동과 빈민」은 1850년 내내 이어졌다. 연재가 절반 정도 나간 시점에서, 메이휴는 이 연재의 좀 더 포괄적인 궁극적 목표를 밝혔다. "노동의 권리를 미미하게라도 인정해줄 새로운 '정치경제학'"을 고안한다는 것이었다. 그는 그 목표를 "고용주와 노동자를 모두 공평하게 다루어줄 경제학은 이 시대에 가장 요구되는 것 중 하나"라는 주장으로 정당화시켰다.[83]

칼라일의 친구 존 스튜어트 밀은 『정치경제학 원리Principles of Political Economy』에 착수하면서 정확히 똑같은 목표를 밝혔다. 『정치경제학 원리』는 메이휴의 연재물에 불과 2년 앞선 1848년에 출판되었고, 이미 애덤 스미스의 『국부론』 이래로 이미 가장 많이 읽힌 경제학 논문이었다.

밀은 1845년 아일랜드 감자기근 중에 이 저서를 구상하며 "노동할 권리는 이 시대의 문제가 되었다."라고 적었다.[84] 당시 서른아홉 살이었던 밀은 칼라일이 "창백하고 [⋯⋯] 열정적이고 슬퍼 보이"는 "살아 있는 로맨스의 여주인공"이라고 묘사한 불행한 유부녀 지식인 해리엇 테일러Harriet Taylor를 오래전부터 사랑하고 있었다.[85] 해리엇의 남편이 이혼을 거부하는 것에 대한 밀의 좌절감이 커질수록 해리엇의 사회주의 이상들에 대한 밀의 공감도 커졌다.

밀이 정치경제학을 시작하면서 기대했던 것은 정치경제학이 "이 세상에 대한 희망도, 다음 세상에 대한 희망도 주지 않는 지겹고 둔하고 암담한 학문"이라는 칼라일의 주장,[86] 정치경제학이 노동계급에 불리한 선입견을 갖고 있다는 테일러의 주장을 극복하는 것이었다. 디킨스와 마찬가지로, 밀은 특히 "정치경제학자들에 대한 불신을 가져온 딱딱하고 추상적인 문제 처리방식"을 피하는 것이 급선무라고 보았다. "그른 길에 있는 사람들이 고상하고 자비로운 감정에 대한 독점적 자격을 주장할 수 있고, 그 자격을 인정받을 수 있게 된 것"이 바로 그런 정치경제학자들의 문제 처리방식 탓이라는 것이었다.[87]

밀이 염두에 두고 있던 정치경제학자는 분명 데이비드 리카도였다. 명석한 유대인 주식중개인이자 정치가였던 리카도는 1809년에 서른일곱 살의 나이로 경제학을 세번째 직업으로 선택하고부터 1823년에 때 이른 죽음을 맞기까지 적잖은 업적을 남겼다. 그는 훌륭하나 종종 막연하게 표현되어 있는 애덤 스미스의 사유들을 내적으로 일관되고 엄밀하게 정의되는 일군의 수학적 원리로 재구성했으며, 무역은 부유한 나라뿐 아니라 가난한 나라에도 이득이 된다는 생각이나 나라가 번영하는 시기는 나라가 분화되는 시기와 일치한다는 생각 등등 엄청나게 많은 독창적인 사유들을 내놓기도 했다. 그럼에도 불구하고, 리카도의 『정치경제학과 과세의 원리에 대하여 On the Principles of Political Economy and Taxation』의 많은 잠재독자들은 사유를 추상적인 기호들을 통해 전달하는 것에 거부감을 느끼기도 했고 음침한 결론에 거부감을 느끼기도 했다. 리카도의 임금철칙(임금은 단기적인 수요공급 변동으로 인해 오르내릴 수 있지만 언제나 최저생계비에 가까워진다는 법칙)은 맬서스의 인구법칙을 포섭하면서 실질임금의 유의미한 증가 가능성을 아예 배제하는 법칙이었다.[88]

밀은 리카도, 스미스, 맬서스가 전부 개인의 정치적, 경제적 권리의 강경 옹호론자이자 노예제 반대론자이자 보호무역주의, 독점, 지주 특혜의 적이라고 지적했다. 밀 자신도 노조, 보통선거, 여성재산을 옹호하는 쪽이었다. 밀은 '굶주린 40년대'의 경제적 위기와 사회적 다툼에 대한 해법으로 수입곡물 관세 50퍼센트 철폐를 주창했다. 평균 노동자의 가구당 식비는 박봉의 3분의 1이 넘었다. 관세가 폐지되면 식비가 줄고 실질임금이 오를 것이라는 밀의 주장은 정확한 예측이었다. 그런 밀이었음에도 노동자의 삶이 얼마나 개선될 수 있느냐에 대해서는 근본적으로 비관적인 태도를 버리지 않았다. 칼라일과 마찬가지로, 밀은 곡물법 폐지의 의의는 철도의 발명, 북미대륙 개방, 캘리포니아 황금 발견 등과 다름없는 시간벌이 정도라고 확신했다. 그런 발전들이 유익하지 않은 것은 아니지만, 세계를 지배하는 불변의 법칙들은 바뀔 수 없다는 것이었다.

맬서스의 인구법칙, 그리고 리카도의 임금철칙과 수확체감의 법칙(1에이커 경작에 들이는 노동이 늘어날수록 수확량의 증가분은 줄어든다는 법칙)이 모두 내세우는 것은 인구가 자원보다 빨리 늘어난다는 것, 그리고 "과학의 엄청난 선물을 얻자마자 [……] 무감각한 생명 증식 속에 모두 써버릴" 수밖에 없는 빈민층의 희생 위에서만 국부가 증가할 수 있다는 것이었다.[89] 정부가 할 수 있는 일은 계몽된 이기심enlightened self-interest과 수요 공급의 법칙이 원활하게 작동할 수 있는 조건들을 창출하는 것이 전부였다.

밀이 보았을 때 경제를 지배하는 것은 자연법칙이며, 자연법칙이 인간의 의지로 바뀔 수 없는 것은 중력의 법칙이 인간의 의지로 바뀔 수 없는 것과 마찬가지였다. 밀은 1848년에 『정치경제학 원리』를 마무리하면서 "본 저자나 이후의 저자가 가치 법칙에서 밝혀야 할 내용은 이제 전혀 없다. 가치 법칙의 이론은 완벽하다."라고 했다.[90]

헨리 메이휴는 이 결론을 받아들이기를 거부한 사람 중 하나였다. 메이휴가 보았을 때, 밀은 정치경제학을 인간의 행복, 인간의 자유, 인간이 환경을 통제하는 힘을 증대할 수 있는 "즐거운 학문gay science"으로 바꾸는 데 실패했다.[91] 밀이 임금철칙을 내팽개치지 않았다는 것은 오히려 자기가 그것을 시도해볼 만한 이유였다. 결국 메이휴가 고전적인 임금설에 대한 반론을 내놓는 데 성공했던 것은 아니었고, 사실 그의 세대 중에 고전적인 임금설을 반박하는 데 성공한 사람은 없었다. 어쨌거나 그의 획기적인 연재물은 사회질서를 그대로 둔 채 어느 정도까지 개선할 수 있는지를 알아보겠다는 그의 바람을 공유하면서 그의 기사에서 영감을 구하는 후속세대 "사회 조사원들"에게 비공식 안내서가 되어주었다.

1951년 8월, 카를 마르크스가 콜레라가 창궐하는 런던에 도착하고 2년이 못 되어, 만국박람회를 보기 위해 전 세계가 그가 은거하고 있는 런던으로 몰려오는 것 같았다. 제1회 만국박람회를 생각해낸 것은 역시 독일에서 온 빅토리아 여왕의 남편 앨버트 공이었지만, 마르크스는 만국박람회와 아무 상관없이 지내고자 했다. 당시 소호의 어느 가게 위층에 위치한 우중충한 두 칸짜리 집에서 아내 제니Jenny와 어린 자녀 셋과 하녀를 데리고 살고 있던 그는 둥글고 높은 천장에 대성당 같은 흐린 조명에 상쾌한 고요가 있는 대영박물관 도서열람실 G7 좌석으로

1장 새로운 기적: 엥겔스와 마르크스

도망쳤다. 그는 하이드파크의 수정궁 건설과 관련된 숨 가쁜 신문 기사들을 무시하면서, 영국 경제학자 맬서스, 리카도, 제임스 밀James Mill(존 스튜어트 밀의 아버지)의 저서들을 펼쳐놓고 인용문들과 공식들과 그것들을 폄훼하는 논평들로 자신의 공책을 한 권 한 권 채워갔다. '속물들이 부르주아 판테온에 가서 기도하든 말든, 나는 가짜 우상들에 상관 안 하련다.' 하고 그는 혼잣말을 했다.

1851년 5월, 카를 마르크스는 이제 실내복만 입고 며칠씩 처박혀 어느 남작 따님에게 바칠 소네트를 짓던 공상적인 대학생 청년이 아니었고, 파리의 카페에서 밤새 술을 마시던 일탈적인 저널리스트도 아니었다. 예나 대학교에서 박사학위라는 주문품을 수령한 지 10년째였고, 먼 친척으로부터 물려받은 의외의 유산 6000프랑을 탕진한 후였다. 급진 저널 세 개를 창간했는데 그중 두 개는 창간호로 폐간되었다. 직장을 다녀도 몇 달을 못 갔다. 한때 마르크스의 후배였던 엥겔스는 베스트셀러를 출간한 반면에, 마르크스 자신의 역작은 아직 집필되지 못하고 있었다. 그가 출간한 책자는 대부분 다른 사회주의자들에 대한 장황한 논박이었다. 서른둘이었던 그는 무수한 실직 망명자 중 하나였고, 이미 많은 데다 더욱 많아지는 식솔의 가장이었고, 친구들에게 손을 벌리거나 빚을 져야 하는 처지였다. 그의 수호천사 엥겔스는 마르크스가 하루 종일 저술에 전념할 수 있도록 회사에서 경영자 수업을 받기로 약속한 터였다. 마르크스로서는 다행이 아닐 수 없었다.

한편, 국가 수장들과 여타 고관대작들이 이 도시로 들이닥치면서, 런던 경찰청은 급진주의자들을 예의주시하고 있었다. 어느 프로이센 정부 스파이의 보고서로 판단해보자면, 마르크스에게 가장 크게 위협당한 것은 비턴 부인[빅토리아 시대에 베스트셀러 살림책들을 쓴 이저벨라 비턴 Isabella Beeton—옮긴이]의 살림법이었다.

> 마르크스가 사는 곳은 런던에서 가장 열악한, 그래서 런던에서 가장 값싼 지역 중 하나다. 방은 두 칸이다. 길이 내다보이는 쪽이 응접실이고, 침실은 뒤쪽에 있다. 깨끗하고 온전한 가구가 단 하나도 없다. 전부 부서지고 해지고 찢어졌고, 사방에 먼지가 반 인치씩 쌓여 있고, 모든 것이 엉망진창이다. 응접실 중앙에 큰 구식 탁자가 있는데 기름종이 커버 위에 원고, 책자, 신문과 함께 장난감, 아내의 바느질용 헝겊, 손잡이가 깨진 컵, 나이프, 포크, 등잔, 잉크병, 맥주병, 네덜란드제 점토담뱃대, 담뱃재 등등이 널려 있다. 한마디로, 모든 것이 뒤죽박죽 탁자 위에 놓여 있다. 중고품 상인이라도 창피해서 못 가져갈 것들이다.[92]

만국박람회 기간은 마르크스의 사생활에서 또 하나의 저점이었다. 그는 아내를 사랑했지만 아내의 하녀이자 가정부인 헬레네 데무트 Helene Demuth를 부주의하게도 임신시켜버렸다. 역시 임신 중이었던 제니는 제정신이 아니었다. 제니가 병약한 여자아이를 낳은 지 석 달 만에 하녀는 건강한 사내아이를 낳았다. 마르스크는 남 말하기 좋아하는 망명자들 사이에서 이미 돌고 있던 "차마 입에 담지 못할 악행"의 소문을 없애기 위해서 갓 태어난 아들을 이스트엔드의 양부모에게 보냈고 두 번 다시 그 아이를 만나지 않았다. 그는 친구에게 "이런 문제들에 어마어마하게 서툰 사람들이 있다."라고 했다.[93] 아들의 생모는 전과 다름없이 마르크스 가족을 돌보았다. 집 안은 전보다 더 견디기 힘든 곳이

되었고, 마르크스는 매일 아침 일찍 G7 좌석으로 달아나서 박물관이 문을 닫는 시간까지 돌아오지 않았다.

만국박람회는 1851년 노동절에 개장했다. 그때 이미 마르크스는 로마가 백성들에 의해 전복되었듯이 런던이 시민들에 의해 전복되리라는 확신을 가지지 못하고 있었다. 차티스트들이 버킹엄 궁전을 습격한 것이 아니라 400만의 영국 시민들과 수만 명의 외국인들이 제1회 만국박람회를 보러 하이드파크로 몰려왔다. 토머스 쿡Thomas Cook이 관광업을 시작하게 해준 것도 이 인파였고 갖가지 배경의 사람들을 한곳에 모이게 해준 것도 이 인파였다. 당시에 실렸던 수많은 박람회 기사 중 하나는 "영국에서 온갖 계급들이 한 지붕 아래서 이토록 자유롭고 이토록 광범위하게 뒤섞인 적은 한 번도 없었다."라고 목청을 높였다.[94] 마르크스가 보았을 때 박람회는 로마제국의 통치자들이 군중을 홀릴 목적으로 무대에 올리는 게임이나 마찬가지였다. 그는《신新 라인 신문 Neue Rheinische Zeitung》칼럼에서 "영국은 혁명의 물결을 가르는 바위 같다. 프랑스에서 어떤 사회적인 대사건이 벌어져도 영국의 부르주아 계급이 훼방을 놓는다. 영국 부르주아 계급은 세계의 산업과 상업을 지배하는 대영제국이다."라고 했다.[95] 만국박람회의 의도는 상업적 경쟁을 부추기는 것이었고, 앨버트 공을 비롯한 스폰서 일부가 기대한 것은 상업적 경쟁을 통해서 평화가 조성되는 것이었다. 마르크스가 간절히 원한 것은 전쟁이었다. "세계전쟁이 일어나야만 영국이 무너질 수 있고 [······] 프롤레타리아가 권력을 잡을 수 있다."라는 것이었다.[96] 마르크스는 사태가 악화될수록 혁명 가능성은 높아진다고 보았다.

그럼에도 그는 "1848년 이래 생산이 크게 증가함"으로써 더욱 치명적인 새로운 위기가 닥쳐올 가능성을 전적으로 부정하지는 않았다. 그는 만국박람회를 "상품 물신주의"일 뿐이라고 했고, 부르주아 질서가 붕괴할 날이 "임박"했다고 했다.[97] 그는 엥겔스와 함께 쓴 『공산당 선언』에서 "부르주아 계급이 생산하는 것은 부르주아 계급의 무덤을 파는 무덤지기"[98]라고 했다.

마르크스는 혁명이 "불가피"하다고 보았으니,(마르크스는 혁명이 영국에서 일어나지 않는다면 유럽에서라도 일어나리라고 생각했다.) 시간과 싸우면서 자신의 '묵시록', 곧 "영국인들이 '정치경제학의 원칙들'이라고 하는 것"에 대한 비판론에 맹렬하게 매달렸다.[99] 마르크스는 거의 매일같이 대영박물관 도서열람실에서 자신의 위대한 저서에 참고할 자료를 찾았다. 당대의 질문은 "현대 사유재산 및 경쟁의 체제에서 생활수준은 얼마나 향상될 수 있는가?" 그리고 "이 체제는 지속 가능한가?"였다. 마르크스는 답이 "아니오."라는 것은 **알고** 있었으니, 남은 일은 "아니오."라는 답을 증명하는 것이었다.

마르크스가 1844년에 경제학을 시작하면서 목표했던 일은 자본주의 사회에서 사는 것이 끔찍하다는 것을 보여주는 일이 아니었다. 그런 일은 10년간 여러 의회 보고서나 엥겔스의 책을 비롯한 사회주의 책자들이 이미 해낸 일이었다. 마르크스가 원한 일은 결코 자본주의를 도덕적 근거로 (다시 말해, 기독교적 근거로) 비난하는 일이 아니었다. 그런 일은 "사유재산은 절도"라고 주장한 피에르-조제프 프루동Pierre-Joseph Proudhon 같은 유토피아 사회주의자들이 이미 했던 일이었다. 마르크스는 자본주의자들을 개심시킬 생각도 전혀 없었다. 그런 일은 마르크스가 좋아한 소설가 디킨스가 『크리스마스 캐럴』을 쓰면서 꿈꾸었던 일이었다. 어쨌든 마르크스는 신이 주신 도덕성 개념을 거부하고 인간이 스스로 규칙을 만들 수 있다고 주장한 지 이미 오래였다.

그가 쓸 걸작의 주안점은 사유재산 및 자유경쟁 체제는 작동될 수 없으며, 따라서 "혁명은 불가피하다."라는 것을 "수학적으로" 증명하는 것이었다. 그가 원한 일은 "현대사회의 작동법칙을 폭로"하는 것이었다. 그 과정에서 그는 마치 급진적인 독일 종교학자들이 성서가 위조이고 가짜라는 것을 폭로한 것처럼 스미스와 맬서스와 리카도와 밀의 학설이 거짓 종교라는 것을 폭로할 수 있을 것이었다. 그는 이 걸작에 '정치경제학 비판'이라는 부제를 붙이기로 했다.[100]

마르크스의 운동법칙은 마치 아테나가 제우스의 머리에서 튀어나오듯이 마르크스의 머리에서 튀어나온 것이 아니었다.(의사 루이 쿠겔만 Louis Kugelmann이 친구 마르크스에게 크리스마스 선물로 제우스 흉상을 보낸 것은 아마 그렇다고 생각해서였겠지만.) 마르크스에게 경제학 이론의 밑그림을 제공한 사람은 저널리스트 엥겔스였다. 마르크스의 숙제는 그 이론이 경험적으로 개연성 있는 것에 못지않게 논리적으로 일관성 있다는 것을 증명하는 일이었다.

이미 『공산당 선언』에서 마르크스와 엥겔스는 자본주의의 역기능을 야기하는 두 가지 요인을 지적했다. 첫째, 부가 창출될수록 대중은 더 가난해진다는 것, 곧 "자본이 축적되는 것에 비례하여 노동자의 운명은 더 악화된다."라는 것이었다. 둘째, 부가 창출될수록 재정과 상업의 주기적 불황은 "더욱 광범위해지고 더욱 파괴적이 된다."라는 것이었다.[101]

『공산당 선언』은 "임금 하락"과 "노동 부담 증가"를 역사적 사실로 다루었던 반면, 『자본*Das Kapital*』에서 마르크스는 "자본주의적 축적의 법칙"에 따라서 임금은 필연적으로 하락하고 노동시간과 노동강도는 필연적으로 증가하고 노동조건은 필연적으로 악화되고 품질은 필연적으로 떨어지고 노동자의 평균수명은 필연적으로 줄어든다고 주장했다. 그러나 마르크스는 두번째 요인, 곧 불황의 악화와 관련된 요인은 다루지 않았다.[102]

『자본』에서 마르크스는 맬서스의 인구법칙에 특히 반대했다. 맬서스의 인구법칙은 임금수준이 어떻게 결정되는지에 대한 이론이기도 한데, 맬서스가 인구법칙을 공식화하면서 전제했던 것은 임금을 결정하는 유일한 요인이 노동력 규모라는 것이었다. 노동자가 많아지면 경쟁이 심해지니 임금이 낮아지고, 노동자가 적어지면 반대의 결과가 나온다는 것이었다. 이미 엥겔스는 1844년 「정치경제학 비판 개요Outlines of a Critique of Political Economy」에서 맬서스의 인구법칙에 대한 기초적인 반론, 곧 가난은 사회주의 사회를 포함해 어떤 사회에서라도 생길 수 있다는 반론을 명시했다.

마르크스의 전체적 논의는 잉여가치이든 무슨 가치이든 가치를 창출하는 것은 항상 노동시간이라는 가정에 의지하고 있다. 『자본』에서 마르크스는 그 주장을 지지하기 위해 밀을 인용한다.

> 도구를 만들고 원료를 구하는 데 들어가는 것도 처음에는 노동밖에 없다. [……] 도구를 만들고 원료를 구하는 데 들어간 노동이 나중에 도구를 가지고 원료를 가공하는 데 들어간 노동에 합쳐질 때, 그 총합이 완

성품 생산에 들어간 노동의 총합이다. [······] 자본을 대체한다는 것은 노동임금을 대체하는 것에 불과하다.[103]

경제사상사 연구자 마크 블로그Mark Blaug의 지적에 따르면, 가치를 창출하는 것이 노동시간뿐이라면, 더 효율적인 기계를 설치하고, 판매 인력을 재정비하고, 더 유능한 CEO를 고용하고, 더 나은 판매 전략을 채택하는 것, 다시 말해 생산노동자를 고용하지 않고 다른 곳에 돈을 쓰는 것은 이윤의 감소를 야기할 수밖에 없다. 따라서 마르크스의 논의구도에 따르면, 이윤의 감소를 방지할 유일한 방법은 노동자를 착취하는 것, 곧 임금인상 없이 노동시간을 늘리는 것이다.《런던 모닝 크로니클》연재기사에서 헨리 메이휴는 실질임금을 낮추는 여러 가지 방법들을 자세하게 상술했다. 블로그에 따르면, 노조와 정부("착취계급의 기구들")가 그 과정을 뒤집을 수 없다는 점이 마르크스의 주장에서 매우 중요하다.[104]

놀라울 정도로 많은 학자들이 마르크스는 임금이 시간이 갈수록 하락한다고 주장한 적도 없고 임금이 생물학적 최소치에 결부돼 있다고 주장한 적도 없다고 말한다. 그러나 그들은 마르크스가 여러 번에 걸쳐 그토록 자세히 말한 것을 간과하고 있다. 노동자가 생산량을 늘린다고 해도 (또는 생산품의 질을 높인다고 해도) 임금을 높일 수 없다는 점이 바로 자본주의가 지속될 수 없는 이유였다.

노동이 모든 가치들의 원천이라는 마르크스의 주장은 사주의 소득(이윤, 이자, 경영자 봉급)이 불로소득이라는 주장이나 마찬가지였다. 마르크스의 주장은, 노동자가 자본(공장, 기계, 도구, 사유 기술proprietary technology 등)

이 없이도 상품을 생산할 수 있다는 것이 아니라, 사주의 가용자본이란 **과거의** 노동의 산물일 뿐이라는 것이었다. 그러나 말이든 집이든 현금이든 뭔가를 소유한 사람은 그것을 당장 그냥 써버리는 것도 가능했다. 오늘 소비하지 않고 내일까지 기다리는 것, 손해의 위험을 감수하는 것, 사업을 경영하고 조직하는 것은 가치 없는 일이고, 따라서 보상이 필요한 일이 아니라는 마르크스의 주장은 생산이 저축, 대기, 모험이 없이도 이루어질 수 있다는 주장이나 마찬가지다. 이것은 옛 기독교의 이자 반대론의 세속 버전이다.

블로그가 지적하듯, 이 주장의 곤란한 점은 마르크스가 애초에 증명하려고 했던 주장, 곧 오로지 노동이 가치의 출처라는 주장과 다를 바 없다는 것, 그리고 독립적인 증명이 아니라는 것이다.

마르크스는 의회 보고서(청서), 신문,《이코노미스트》등으로부터 인상적인 증거들을 뽑아냄으로써 18세기 후반기와 19세기 전반기에 노동자가 비참한 생활수준과 끔찍한 노동조건에 처해 있었다는 것을 보여주었다. 그러나 마르크스는 자기가『자본』을 집필 중이었던 1850년대와 1860년대에 평균임금이나 평균 생활수준이 악화되고 있다는 것을 보여주는 데 성공하지 못했을 뿐 아니라 악화될 **필연적** 이유가 있다는 것을 보여주는 데도 성공하지 못했다.

마르크스가 헨리 메이휴처럼 책상을 박차고 나와서 주변을 둘러보았거나 자기와 똑같은 문제와 씨름하고 있던 존 스튜어트 밀 같은 명석한 동시대인들과 교류했더라면, 세계가 자기와 엥겔스가 예견했던 방식과는 다른 방식으로 작동하고 있다는 것을 깨달았을지도 모른다. 중간층은 사라지기는커녕 늘어나고 있었다. 금융공황과 경기침체가 악화되고 있지도 않았다.

1862년 만국박람회라는 "대축제"는 행사가 끝난 후에도 좀처럼 해산되지 않았다. 어느 사업자가 수정궁을 사들여서 해체한 후 런던 남부 시드넘으로 운반하여 더욱 거대하게 재건했다. 새로 문을 연 수정궁은 빅토리아 시대의 '디즈니월드' 같은 곳이었고, 마르크스는 몹시 역겨워했다. 설상가상으로 경제는 호황이었다. 마르크스는 "이 시대는 행운의 여신의 지갑을 주운 시대인 듯하다."라는 것을 인정하지 않을 수 없었다. 20년간 "생산이 어마어마하게 증가"했고, 앞의 10년간보다 뒤의 10년간 더 빠르게 증가했다.

> 현대사회의 모든 시기 중에 자본주의적 축적을 연구하는 데 가장 유리한 시기는 최근 20년간이다. [······] 그리고 자본주의적 축적의 고전적 사례를 제공하는 것은 모든 나라 중에 역시 영국이다. 그것은 영국이 세계시장에서 선두이기 때문이고 자본주의적 생산이 완전한 형태로 발전한 곳이 영국밖에 없기 때문이며, 마지막으로 1846년 이래 자유무역 새천년 시대가 열리면서 지역경제로의 마지막 퇴로가 차단되었기 때문이다.[105]

자본은 공장, 건물, 철도, 교량의 형태로 축적되고 있었지만 실질임금은 떨어지지 않았고, 마르크스의 이론에는 이것이 더 치명적이었다. 1840년대 이전에는 실질임금이 상승했어도 대개 숙련노동자로 한정되었을 뿐 아니라 실업이 늘고 노동시간이 길어지고 가족수가 많아지면서 임금이 올라도 생활수준이 높아지지는 않았던 반면에, 1850년대와

1860년대에는 실질임금 상승이 급격하고 명확했을 뿐 아니라 많은 사람들이 실질임금 상승을 논의의 대상으로 삼았다. 빅토리아 시대의 통계학자 로버트 기펜은 1840년대 중반부터 1870년대 중반을 지나면서 "물질적으로 점점 번영"한다는 것이 "확실성"을 보인다고 했다.[106] 사무 변호사이자 통계학자 로버트 더들리 백스터Robert Dudley Baxter는 1867년의 소득분배 상황을 사화산에 비유했다. 높이는 해발 1만 2000피트였고, "넓은 산기슭은 노동인구, 높은 산허리는 중간층, 까마득한 꼭대기는 왕족 못지않은 고소득층"이었다.[107] 백스터는 테네리페 산정Peak of Tenerife이야말로 누가 얼마나 가졌는지를 보여주는 완벽한 비유라고 생각했다. 그럼에도, 백스터의 데이터는 1867년까지 국민소득에서 노동의 비중이 늘고 있었다는 것을 보여주고 있다.

이후 학자들은 이런 당대 진술들의 타당성을 확인해주었다. 일찍이 1963년에 경제사 연구자 에릭 홉스봄Eric Hobsbawm은, 마르크스주의자임에도 불구하고, "이 논쟁에서 다뤄지는 사태는 1842년에서 1845년 사이의 언젠가 **종결**되었다는 합의가 이루어져 있다."라는 것을 인정했다.[108] 또한, 그 후 경제사 연구자 찰스 파인스타인Charles Feinstein은, 산업혁명이 미친 영향에 관한 오랜 논쟁에서 "비관적인" 쪽이었음에도 불구하고, 1840년대에 실질임금이 "결국 전에 없던 수준으로 올라갔다."라는 결론을 내렸다.[109]

마르크스는 책상을 박차고 나온 적도 없었고, 영어를 제대로 배우려고 한 적도 없었다.[110] 그의 세계는 그와 생각이 비슷한 소수 망명자들로 한정되었다. 영국 노동계급 지도자들과의 접촉은 피상적이었다.

1장 새로운 기적: 엥겔스와 마르크스

그는 자기 말에 반박할 수 있는, 자기와 대등한 수준의 사람들에게 자기의 생각을 드러내본 적이 한 번도 없었다. 그는 경제학자들을 "자유무역이라는 거대한 회사의 외판원"이라고 부르면서 그들의 생각을 무너뜨리고자 했지만, 그들과의 교류는 전혀 없었다.[111] 불과 1~2마일 거리에서 철학자 존 스튜어트 밀, 생물학자 찰스 다윈, 사회학자 허버트 스펜서Herbert Spencer, 작가 조지 엘리엇George Eliot 등등의 천재들이 살고 있었지만(그리고 거기서 토론하고 있었지만) 그는 그들과 만난 적도 없었고 학술적 서신을 주고받은 적도 없었다. 그는 공장주의 가장 친한 친구이자 기계화의 참상을 가장 열정적으로 묘사했던 저자 중 한 명이었는데, 놀랍게도 영국의 공장에 가본 적이 한 번도 없었다. 그가 공장에 간 것은 말년에 칼스배드 온천에 갔다가 가이드를 따라 근처 도자기 제조장을 둘러본 때가 처음이었다.[112]

1859년에 마르크스는 엥겔스의 권유에 못 이겨 미완성 역작의 소개서를 출판했다. 『정치경제학 비판을 위하여A Contribution to the Critique of Political Economy』라는 이 얇은 책자가 출판되었을 때, 독자의 반응은 놀라움과 당혹감이었고 서평은 엥겔스가 마르크스의 요청으로 쓴 익명의 서평들 외에는 거의 없다시피 했다.[113]

마르크스는 영국에 있으면서 영국 시민권을 얻을 작정이었는데, 이러한 의향을 해명하기 위해 종종 런던이 현대세계의 수도로서 사회의 진화를 연구하고 사회의 미래를 일별할 수 있는 곳이라는 이유를 들었다. 그러나 역시 망명자였던 이사야 벌린이 보았을 때 "마르크스는 정기적으로 책자와 저널과 정부 보고서를 받아볼 수 있는 망명지라면 마다가스카르라고 해도 상관이 없었을 것"이다. 마르크스는 『정치경제학

프리드리히 엥겔스에게 빅토리아 시대의 런던은 현대판 로마이자 '심판의 날',
곧 불가피한 상황이자 몰락이 코앞에 다가온 상황이었다.
엥겔스의 친구이자 그의 피부양자이기도 했던 칼 마르크스는 현대사회의
'운동법칙'을 밝히겠다고 약속했지만 글길이 막혀 힘들어했다. 그는 『자본』을
집필하는 동안 영어 한 마디 배우지 않았고 공장 한 곳 가보지 않았다.

비판』이 영국 경제학을 무너뜨릴 것이라고 장담하고 있었는데, 그가 이 작업에 본격적으로 착수한 1851년 무렵 그의 생각들과 태도들은 이미 "완전히 고정돼 있었고" 그로부터 15년이 넘게 변하지 않았다.[114]

마르크스가 "자본주의 체제의 발생과 머잖은 몰락에 대해서 철저하게 설명해야겠다."라는 생각을 했을 때,[115] 책자나 신문을 읽으려면 코앞으로 당겨와야 할 정도로 시력이 나빠져 있었다. 그의 근시가 그의 생각에 어떠한 영향을 미쳤을까 궁금하다. 그리스 철학자 데모크리토스는 그의 박사논문 주제였는데, 혹자는 데모크리토스가 일부러 장님이 되었다고 한다. 데모크리토스가 스스로 장님이 된 것은 미녀의 유혹에 넘어가지 않고 싶어서였다는 이야기도 있고, 지저분하고 혼란스럽고 자꾸만 변하는 한갓 사실들의 세계를 차단함으로써 이런 성가신 사실들 없이 자기 머릿속의 그림들과 생각들에 집중하고 싶어서였다는 이야기도 있다.

마르크스 가족은 가게 위층 방 두 칸짜리 집의 세입자였다가 런던 타운하우스에 사는 납세자가 되었으니, 마르크스는 자신의 이론에 불편함을 느끼지는 않았을까. 자본주의가 작동할 수 없는 체제라는 것을 증명하는 일을 시작하고 20년 만에, 마르크스는 보헤미안에서 부르주아로 진화해 있었다. 그는 이제 공산주의 프로그램에서 상속권의 즉각적 폐지를 옹호하지 않는 입장이 되었다.[116] 마르크스 가족은 다시 한번 유산을 물려받은 덕에 "소호의 낡은 동굴"에서 나와 햄스테드히스 근처에 위치한 중간층 신축 택지 내의 "멋진 집"으로 들어갈 수 있었다. 얼마나 신축이었는지, 포장도로도, 가스 가로등도, 버스도 없었다. 있는 것은 쓰레기더미, 돌무더기, 진흙뿐이었다.

종종 마르크스는 부가 늘어나는데도 빈곤이 줄어들지 않는 체제는 부패한 체제라고 말했는데, 부가 늘어날 때 빈곤도 늘어나는 경우가 있다는 사실은 생각하지 않았던 것 같다. 마르크스가 보았을 때, 10년이 멀다 하고 디킨스 소설의 배경처럼 변해가는 런던 슬럼들은 작금의 경제가 보통사람에게 제대로 된 생활수준을 제공할 수 없다는 증거였다. 하지만 개러스 스테드먼 존스의 설명에 따르면, 주택위기는 오히려 런던의 성장과 번영, 그리고 비숙련노동을 탐하는 엄청난 수요에서 파생되는 달갑잖은 부산물이었다. 가장 중요한 점은 빅토리아 시대 중기의 건설 광풍에는 철거 광풍이 수반되었다는 것이다. 1830년에서 1870년 사이에 런던 중심가는 땅값이 싼 빈민가를 중심으로 수천 에이커가 철거되었고, 그 자리에 철로가 놓이고 뉴 옥스퍼드 스트리트가 닦이고 하수도와 상수도가 설치되었으며, 특히 1860년대에는 런던 지하철 첫 노선이 개통되었다. 그러니 수만 명의 이주자가 일자리를 찾아 런던으로 몰려들던 바로 그때, 런던 공업지역 도보 가능거리 내의 주택공급량은 곤두박질 치고 있었다. 결과적으로 노동자들은 점점 낙후되고 점점 빽빽하고 점점 비싼 구역에 밀집되었다. 철거가 멈추고 화이트칼라 노동자들이 철도를 이용해 교외로 통근하기 시작하자 주택위기는 완화되기 시작했다.

1862년 만국박람회 기간은 마르크스의 경제사정이 다시 한 번 저점을 찍은 시기였다. 《뉴욕 트리뷴New York Tribune》 발행인 호러스 그릴리Horace Greeley가 마르크스의 칼럼을 중단시킨 후였다. 이 칼럼은 엥겔스가 대필하는 칼럼이었지만 마르크스에게는 용돈 창구였다. 한때 너무 돈에 쪼들렸던 마르크스는 철도사무원에 지원해보기도 했고,('악필'이고 영어가 통하지 않는다는 이유에서 불합격했다.) 잠시 미국으로 이주하는 것을 고려해보기도 했다. 다행히도 마르크스는 모래알을 진주로 만드는 굴 같은 사람이었다. 마르크스는 돈 걱정이 시작됨과 함께 경제학에 대한 장문의 논문을 재개했고 그의 공책들은 다시 채워지기 시작했다. 그러면서 계속 자기가 "역사라는 똥무더기 위에 앉아 책들을 먹어치워야 하는, 그리고 먹어치운 것을 다른 모양으로 게워내야 하는 기계"가 된 느낌이라고 투덜거렸다.[117] 그러면서 이 걸작의 제목을 정했다. 그것은 『자본』이었다.[118]

만국박람회를 둘러싼 떠들썩한 분위기는 마르크스를 계속 우울하게 했다. 아마 마르크스는 수정궁을 "성서의 한 장면, 바빌론 같은 것, 묵시록의 예언 같은 것"이라고 불렀던 러시아 소설가 표도르 도스토옙스키Fyodor Dostoyevsky와 같은 심정이었을 것이다.[119] 그렇지만 마르크스는 한두 해 만에 다시 운수가 폈다. 엥겔스로부터 연간 375파운드의 지원금을 받는 한편으로 여러 차례 뜻밖의 유산을 상속받으면서, 마르크스는 가족을 이끌고 더욱 크고 더욱 인상적인 타운하우스로 이사했다. 머지않아 그의 연간지출은 500~600파운드에 이르렀다. 영국 가구 98퍼센트보다 높은 액수였다.[120]

'심판의 날'이 밝은 것은 마르크스가 그런 날이 오리라는 것을 거의 잊었을 때였다.

1866년 4월 17일은 1만 1000톤짜리 군함 HMS 노섬버랜드 호의 진수일이었고, 대영제국의 산업적, 상업적 세계지배를 상기시켜주는 자랑스러운 날이어야 했다. 하지만 엄청난 사고가 생겼다. HMS 노섬버랜드

호는 밀월 조선소에서 근 5년간 제조되었는데, 진수 당일 엄청난 무게를 이기지 못하고 제조레일에서 미끄러져 떨어졌다. 그 사건이 해운회사들과 조선회사들이 위태로운 상황에 처할 징조였다는 것을 사람들은 나중에 알게 되었다.

HMS 노섬버랜드 호 사건이 일어나고 한 달도 못 되어, 런던의 뱃놀이 기간 첫 주였던 5월 10일 목요일 오후에, 런던에 무서운 소문이 돌았다. '오버렌드, 거니 앤드 컴퍼니' 상업은행이 망했다는 소문이었다. 자동차회사에 롤스로이스가 있다면 상업은행에 오버렌드가 있다고 할 정도로, 평균시민들이 보기에는 영국 조폐국에 못지않게 탄탄한 사업체였다. 당시 런던《타임스》금융기자가 보았을 때 "그날 그 시각부터 그다음 날이 다가도록 사람들은 이루 형언할 수 없는 공포와 불안에 떨었다. 모두들 자기가 위험에 빠졌다고 생각했다". 그다음 날 아침 10시가 되자, 높은 사람 낮은 사람 할 것 없이 온갖 남녀 "채권자들이 미친 듯이 몸싸움"을 벌이면서 금융지역에 쳐들어왔다. "정오에 소동은 난동이 되었다. 가장 신임받는 금융회사들이 포위되었고 [⋯⋯] 군중들이 점점 불어나면서 좁은 롬바드 스트리트가 꽉 막혀버렸다."[121]

《뉴욕 타임스》의 런던 지국장은 편집부에 보낸 전보에서 이 사건은 "유사 이래 영국 메트로폴리스에서 일어난 가장 무시무시한 공황"이라고 했다. 잉글랜드은행이 현금 보유고의 93퍼센트를 잃고 영국 화폐시장이 경색되고 외상으로 운영되는 수십 개의 은행과 사업체가 파국으로 치닫는 상황이 벌어진 뒤에야 비로소 군중을 통제하기 위한 경찰부대가 추가 소집되고 '은행허가법'의 유예를 허용하는 재무장관 인가가 떨어졌다. "영국인들은 투기에 미친 사람들이었다. [⋯⋯] 결산의 날이

1장 새로운 기적: 엥겔스와 마르크스

왔으니, 영국의 모든 은행업자들과 자본가들과 상인들의 얼굴에 막막한 공황과 시퍼런 절망이 드리워져 있다."[122]

공황의 첫 희생자 중에는 밀월 조선소 사주들도 있었다. 전 세계적인 무기경쟁 및 무기매매가 조선업을 호황으로 이끌면서, 1861년에서 1865년까지 런던 조선소의 고용률은 두 배 이상 증가했다.[123] "조선업계 거물들은 이 과다거래의 시기에 막대한 과잉생산을 범했을 뿐 아니라 신용이 마련되리라고 짐작하고 엄청난 계약을 맺었다."라고 마르크스는 고소해했다.[124]

오버렌드가 무너질 무렵, 신규 주문은 거의 들어오지 않고 있었다. 실제로 오버렌드가 추락한 이유는 "영국 조선업이 오대양을 영국 배로 뒤덮음으로써 손실을 자초"해서였을 수 있다. 한편, '페토 앤드 베츠'라는 전설적인 철로 도급업자들도 공황의 희생자들이었다. 그렇지만 공황의 가장 직접적인 피해자는 순진한 투자자들과 저리자금을 노리고 우후죽순처럼 생겨난 "무수한 엉터리 회사들"이었다. 신용에 위기가 닥치자 잉글랜드은행은 6퍼센트였던 기준 이자율을 무려 10퍼센트, 곧 "전형적인 공황 이자율"로 인상하지 않을 수 없었고, 이렇게 인상된 이자율은 여름이 다 가도록 그대로 유지되었다.[125] 「10만 파운드One Hundred Thousand Pounds」라는 연극은 금세 막을 내렸다.《타임스》는 평론을 싣지도 않았다. 호황은 끝났다.

마르크스가 '검은 금요일' 뉴스를 접한 것은 런던 북부에 위치한 자기 집 서재에서 좀 더 개인적인 재정위기에 대해 고심할 때였다. 그가 그 무렵에 식구들을 데리고 이사 온 모디나 빌라스 1번지는 당시 런던 근교에서 우후죽순처럼 지어지고 있던 그럴싸한 고급주택 중 하나였는데, 오랫동안 들어오는 일을 마다하고 자신의 저서를 끝내려고 하고 있던 무직 저널리스트가 살기에는 지나치게 비싼 곳이었다. 마르크스는 이러한 사치를 혼기가 다가오는 딸들이 "가정을 꾸리기 위해서" 필요하다고 정당화했다. 안타까운 일이지만, 그는 다시 파산상태였다. 집세는 밀렸고, 『자본』은 늦어졌다.

마르크스가 가장 친한 친구이자 후원자인 엥겔스에게 '정치경제학 비판'이라는 걸작이 "거의 완성"되었다고 장담한 지 거의 15년이 지나고 있었다. 그동안 계속 마르크스는 엥겔스에게 이제 곧 "현대사회의 운동법칙을 폭로"할 것이고, 영국 "정치경제학"의 심장에 비수를 꽂을 것이라고 말하고 있었다. 15년간 맨체스터에서 뼈 빠지게 일해 마르크스를 뒷바라지한 엥겔스는 초조함을 드러내기 시작했다.

사실, 영국의 화려한 번영이 마르크스의 기획에 그림자를 드리우고 있었다. 마르크스는 1863년 이후에는 거의 내놓은 글이 없었다. 일련의 횡재로 잠깐씩 경제적 자립을 이뤘던 마르크스가 이제 다시 엥겔스의 후원금에 의지하는 처지가 되었고, 천사 같은 엥겔스가 처음으로 초조한 기색을 보이고 있었다. 마르크스가 엥겔스의 잔소리를 피하는 방법은 욥에 필적하는 일련의 고통을 생생하게 묘사하는 것이었다. 류머티즘, 간질환, 독감, 치통, 파렴치한 채권자들, 욥의 종기 못지않은 거대한 종기 등등 고통의 목록은 끝도 없이 이어졌다. 1866년 4월, 마르크스는 "건강이 나쁘니 글을 쓸 수 없다."라고 했다. 크리스마스 다음 날, 마르크스는 "너무 오랫동안 전혀 글을 쓰지 못했다."라고 했다. 부활절 즈음, 마르크스는 마게이트 해변에서 보낸 편지에서 "한 달이 넘도록" 자기의 "건강만 챙기며" 살았다고 했다.[126]

1장 새로운 기적: 엥겔스와 마르크스

엥겔스는 마르크스의 온갖 질병들의 실제적 원인이 너무 오랫동안 "그 빌어먹을 책을 질질 끌고 있는 것"일지도 모른다고 생각했다. 그것은 정확한 진단이었다. 엥겔스는 5월 1일에 마르크스에게 보낸 편지에서 "류머티즘과 안면통은 나아지셨을 줄 믿습니다. 다시 한 번 책 작업에 **매진** 중이시겠네요. 잘돼가시나요? 첫째 권은 언제 완성되나요?"라고 물었다.[127] 『자본』은 잘돼가지 **않았으니**, 마르크스는 아예 답장을 하지 않았다.

마르크스에게 '검은 금요일'은 마치 아드레날린 주사처럼 엥겔스의 어떤 잔소리도 주지 못한 전기충격 효과를 낳았다. 예언자 마르크스는 며칠 만에 맹렬한 집필작업에 착수했다. 7월 초, 마르크스는 엥겔스에게 "나는 지난 두 주 동안 다시 한 번 뼈 빠지게 작업"했고 "8월 말이면" 늦어진 원고를 보낼 수 있을 것이라는 편지를 썼다.[128]

묵시록을 쓰는 저자가 적당한 시기가 오기까지 집필을 미룬 것을 누가 비난할 수 있겠는가. 마르크스가 이 묵시록을 쓰고 있을 무렵에는 "자본주의적 사유재산이 종말을 고한다. 빼앗던 자들이 빼앗길 것이다."라는 그의 감상적 예언이 거의 이루어지는 듯했다. 마르크스는 빈곤층이 더 빈곤해졌다고 주장하면서 증거가 없으면 지어내기라도 해야 하리라고 생각했다. 문제의 대목이 있는 곳은 『자본』 중에서도 유명한, 끝에서 두번째 장 「자본주의적 축적의 일반법칙」이다. 자유당 수상 글래드스톤William Ewart Gladstone은 한 연설에서 1853년에서 1863년까지 과세대상 소득이 "대단하"고 "어마어마하"게 급증했다고 했는데, 마르크스는 이 말을 인용하면서 글래드스톤이 "전적으로 유산계급에 한정된 [⋯⋯] 부와 권력의 환상적 증가"를 지적한 것인 양 말했다.[129] 그런

데 《런던 타임스》에 실린 연설문을 보면, 글래드스톤은 실은 정반대의 이야기를 했다.

글래드스톤이 말한 것은 "이것은 엄청난 성장, 거의 사람을 취하게 만드는 성장입니다. 만일 내가 이러한 성장이 소위 유복하게 살아가는 계층에게 국한되는 것이라고 믿었다면, 이러한 성장을 바라보는 것이 다소간 괴롭고 상당히 걱정스러웠을 것입니다."라는 것이었고, 비과세 소득이 급속히 증가한 덕분에 "우리가 다행히 알고 있는 바와 같이, 평균 영국 노동자의 조건은 지난 20년간 개선되었는데, 우리는 그것이 엄청난 정도임을 알고 있고, 어느 나라 어느 시대 역사에도 이에 필적하는 예가 없을 정도라고 거의 장담할 수 있습니다."라는 것이었다.[130]

여름이 가기 전에 원고가 완성되리라는 마르크스의 예상은 지나친 낙관이었지만, 1867년 8월, 그러니까 '검은 금요일'로부터 15개월 후에는 마르크스도 엥겔스에게 독일 출판사에 최종 원고를 넘겼다는 소식을 전할 수 있었다. 편지 중에 마르크스는 프랑스 소설가 오노레 드 발자크Honoré de Balzac의 유명한 단편소설 「미지의 걸작Unknown Masterpiece」을 지나가듯 언급했다. 단편소설의 내용을 보면, 한 화가가 여러 해에 걸쳐 공을 들인 작품이 있었고, 그 화가는 그 작품을 걸작이라고 믿는다. 작품의 덮개를 벗기고 잠시 바라보던 화가는 비틀비틀 뒷걸음질 친다. "'아무것도 아니었어! 아무것도 아니었어! 10년 동안 만든 작품인데.' 그는 주저앉아 눈물을 흘렸다."[131] 안타까운 일이지만, 「미지의 걸작」은 마르크스의 경제학 이론에 대한 그야말로 적절한 비유였다. 마르크스가 내놓은 "수학적 증명"을 세상은 으스스한 침묵으로 맞이했다. 현대에 발생한 최악의 경제위기 당시, 걸출한 20세기 경제학자 존 메이너드 케인스는 『자본』을 내팽개치면서 "이 낡은 경제학 교과서는 내가 알기로는 과학적으로 틀렸을 뿐 아니라 현대세계에 연관시키거나 적용시킬 수 없다."라고 했다.[132]

2장

프롤레타리아는 사라질 수 없나?:
앨프리드 마셜

> 말몰이꾼은 말을 섬기고,
> 소몰이꾼은 소를 섬기고,
> 장사꾼은 지갑을 섬기고,
> 먹보는 고기를 섬긴다.
> 오늘은 물질의 날,
> 천 짜고 밀 빻는 날이니,
> 물질이 안장에 올라,
> 인간을 몬다.
>
> — 랠프 월도 에머슨, 「송시, 윌리엄 채닝에게 헌정」 중에서[1]

> 인간을 안장에 앉히려는 욕망이야말로 거의 모든 경제연구의 동기다.
>
> — 앨프리드 마셜[2]

1866~1867년 혹한의 겨울 한철 동안, 런던의 이스트엔드에는 사람들이 매일 1000명씩 운집하는 건물이 여러 개 있었다. 문이 열리면, 사람들은 서로 표를 받겠다고 밀치고 소리를 지르며 쏟아져 들어왔다. 지

나가는 누군가가 표를 받으려는 광적인 경쟁과 표를 얻지 못한 사람들의 쓰디쓴 표정을 보았다면, 권투시합이나 개싸움이 시작하는 줄로 생각했으리라. 그러나 막상 들어가보면, 원형경기장 대신 교구 구빈원의 질척한 마당이 나왔다. 마당에는 여기저기 커다란 화강암 포석이 던져져 있었다. 표 한 장당 돌판 한 개였다. 사람들은 무거운 망치를 집어들고 돌덩이를 깨뜨렸다. 쇄석 5부셸이면 3페니에 빵 한 덩어리였다.[3]

그 겨울 1월에 구빈원에 몰려든 사람들은 전형적인 구빈원 이용층이 아니었다. 평소에 이 괄시받는 기관을 찾는 사람들은 병약하고 꾀죄죄했는데, 이번에는 좋은 외투를 걸친 건장한 사내들이었다. 그들은 두어 달 전까지 배를 만들거나 기차터널을 뚫고 고속도로를 닦아 주급 1~2파운드를 벌던 사람들이었다. 그 돈이면 5인 가구의 거처를 마련하고 다량의 쇠고기와 버터를 먹고 맥주를 마시고 적으나마 저축까지 해도 여유가 있었다.[4] 하지만 그것은 '검은 금요일'이 오기 전이었다. '검은 금요일'이 오자, 지상과 해양과 지하의 모든 건설들이 야릇하게 멈추면서 파산의 파도가 수천 명의 일자리를 쓸어갔다. 콜레라가 창궐했고 이상 한파에 부두가 몇 주간 마비되었고 빵값이 두 배로 뛰었다. 평생의 저축이 바닥났고 마지막 세간이 전당포에 맡겨졌고 친척의 원조가 끊겼다.

가난한 교구에서는 날마다 수백 명의 교구민이 쫓겨났고, 카를 마르크스같이 돈에 쪼들리는 납세자들은 구빈세가 올라 자기네들까지 망할 것을 걱정했다. 기부가 쏟아졌지만, 민간 자선단체들은 당황했다. 상속녀이자 병원 개혁가 플로렌스 나이팅게일Florence Nightingale은 1867년 1월에 친구에게 보낸 편지에서 이렇게 말했다.

그것이 얼마나 고통스러운지 아무도 모릅니다. 2만 명이 이스트엔드에서 일자리를 잃었다는 이야기는 신문마다 실렸지만, 내가 본 실상은 더 심합니다. 모든 교구에서 구호 대상자가 두 배 이상 증가했고 다섯 배 이상 증가한 경우도 없지 않습니다. 정말이지, 모든 구빈원이 병원이나 다름없습니다. 정말이지, 하루에 한 끼를 제공하던 빈민학교들이 이제 문을 닫을 위험에 처해 있습니다. 말리번, 세인트 팬크러스, 스트랜드, 남런던이 다 마찬가지입니다.[5]

그리니치에서 빵 폭동이 일어났고, 제빵업자를 비롯한 영세 점주들은 성난 군중을 막기 위해서 무장이라도 할 태세였다.[6] 5월, 수천 명의 이스트엔드 주민들이 하이드파크에서 기마경찰대와 충돌했다. 명분은 제2차 선거개혁법과 노동계급 투표권을 지지하기 위해서였지만, 사실은 대부분 부유층에 대한 울분을 터뜨리기 위해서였다.[7]

새로운 정보화 시대였고, 런던 중간층은 도심의 고통에 대해서 모르려야 모를 수 없었다. 우편물 배달이 하루 5회였고, 신문과 책자와 잡지와 강연과 설교가 쏟아졌다. 새로운 세대의 기자들은 헨리 메이휴, 찰스 디킨스 등 1840년대 저널리스트의 기사들로부터 영감을 받았고, 《데일리 뉴스*Daily News*》,《모닝 스타*Morning Star*》,《팰 맬 가제트*Pall Mall Gazette*》,《웨스트민스터 리뷰*Westminster Review*》,《하우스홀드 워즈》, 토리당의《데일리 메일*Daily Mail*》, 자유주의 성향의《타임스》의 지면들을 이스트엔드의 선정적인 목격담과 취재로 채웠다. 구빈원의 참상들을 묘사하기 위해 빈털터리 노동자로 변장하고 구빈원에 들어가서 몇 밤씩 지내는 기자도 있었다. 자유주의 성향의《데일리 뉴스》의 편집장 로버트 기펜은 당대 최고의 통계학자 중 하나로 부상 중이었다. 그의 첫 학술기사는 1845~1865년에 국부가 세 배로 증가한 것을 찬양하는 기사였던 반면, 논조와 관점이 완전히 달라진 1867년의 두번째 학술기사는 당시에 나왔던 조세안이 "빈곤층의 생계"를 위협하는 심히 퇴행적인 안이라고 비판하는 기사였다. 기펜의 전기작가 로저 메이슨Roger Mason에 따르면, 1866~1867년 불황과 관련해 기펜이 가장 당황했던 점은 불황의 최대 희생자가 대부분 열심히 일하고 저축하고 법을 준수한 사람들이었다는 것, 그리고 비교적 여유 있는 층은 아낌없는 자선을 베풀었다는 것이었다. 그러나 미덕은 확산된 고통을 막기에는 역부족이었다.[8]

기아와 노숙과 질병이 막대한 부의 한복판에서 되살아나면서 한 세대 전체(호황 중에 성장하면서 풍요와 진보를 당연시했던 세대)가 급진화되었다. 극작가들은 프롤레타리아 영웅이 등장하는 드라마를 썼다. 시인들은 사회를 비판하는 시를 펴냈다. 교수들은 영국 사회를 규탄하는 강의와 설교를 했다. 케임브리지 대학 정치경제학 교수였던 자유당의 맹인 개혁가 헨리 포셋Henry Fawcett은 그런 장탄식의 전형을 보여주었다.

> 우리나라의 수출과 수입이 빠르게 증가한다고 합니다. 해가 지지 않는 제국, 전 세계와 교역하는 제국이 눈부시게 그려집니다. 우리나라 해운업은 점점 성장하고, 공장들은 점점 많아지고 점점 커집니다. 어디를 보아도 점점 사치스러워지고 있습니다. 공원을 달리는 마차는 점점 호화로워지고, 생활방식은 해마다 고급스러워집니다. [……] 그러나 이면을 봅시다. 뭐가 보입니까? 이런 엄청난 부와 아주 가까운 곳에, 확산되는 빈곤, 증가하는 극빈이라는 무시무시한 유령이 떠돌고 있습니다! 교역

과 무역의 최대 중심지에 가봅시다. 뭐가 보일까요? 최대의 부에 항상 따라오는 최악의 가난이 보일 것입니다!⁹

대학 졸업생들은 기독교적 죄의식과 선행에 대한 욕망으로 타올랐다. 이전에 그들이 대영제국의 오지로 나가 선교사가 되고 싶어했다면 이제는 국내에서도 할 일들을 많이 발견했다. 『구원의 주제로서의 세계 The World as the Subject of Redemption』의 저자 헨리 프리맨틀Henry Fremantle이 런던에서 가장 가난한 교구 중 하나인 세인트 메리스의 교구목사가 된 것도 그해였다. 콜레라가 창궐하는 이스트엔드를 걸었던 경험은 복음주의 계열의 한 교파 소속 신도였던 토머스 바나도Thomas Barnardo로 하여금 중국으로 건너가서 중국인들을 개종시키는 대신 빈민아동 보육원을 세워야 한다고 생각하게 만들었다. 유사한 경험은 『암흑의 영국과 그 나아갈 길In Darkest England and the Way Out』의 저자 윌리엄 부스 William Booth "장군"에게 구세군 창설의 영감을 제공했다. 옥스퍼드 학자 새뮤얼 바넷Samuel Barnett은 대학정착협회를 설립함으로써 대학생들에게 빈곤층 사이로 들어가 무료급식소와 야학을 운영할 동기를 주었다.

이 청년 남녀들은 그야말로 국내의 선교사들이나 마찬가지였다. 그들의 목표는 감상적이 되기보다 학문적이 되는 것이었고, 그들의 사명은 자선이 아니라 빈곤층의 개종, 곧 빈곤층이 중간층의 가치와 습관을 배우게 만드는 것이었다. 1867년에 옥스퍼드 졸업생 에드워드 데니슨Edward Denison은 이렇게 말했다. "자선은 그들을 영원히 비뚤어지게 한다. 학교를 세우고 교사에게 봉급을 주고 학생에게 상을 주고 노동자

클럽을 조직하라. 그들이 그들 스스로를 돕게 하라."[10]

　섬세한 이목구비, 비단결 같은 금발머리, 반짝이는 푸른 눈의 한 청년이 런던의 유스턴 역에서 글래스고행 기차에 올랐다. 1867년 6월 초순이었다. 짐은 지팡이 하나와 책으로 가득 찬 배낭 하나였다. 같은 차의 승객들은 그를 휴일에 등산을 떠나는 목사나 교사로 여겼을 것이다. 그러나 그 청년은 맨체스터에서 내려 군중 속으로 사라졌다.

　세인트 존 칼리지의 스물네 살짜리 수학자이자 연구원이었던 앨프리드 마셜은 스코틀랜드 고지대로 가는 길에 몇 시간에 걸쳐 공장지대들과 주변 슬럼들을 두루 거닐면서 "가장 가난한 사람들의 얼굴을 들여다보았다". 그는 독일 철학과 오스트리아 심리학 중 어느 것을 필생의 업으로 삼을까를 고심하는 중이었다. 그에게 이 두 가지는 형이상학에서 벗어나는 첫 단계이자 사회적 현실을 집요하게 추구하는 출발점이었다. 후일 그는 이 산책이 자기로 하여금 "사회의 기존 조건들의 정당성"을 사유케 했다고 말했다.[11]

　마셜이 맨체스터에서 본 것은 연기가 자욱한 갈색 하늘, 질퍽한 갈색 거리, 길쭉한 대형창고들, 살풍경한 공장들, 비위생적인 공동주택들이었다. 번쩍번쩍한 가게들, 우아한 공원들, 웅장한 호텔들로부터 불과 몇 백 야드 거리였다.(그는 이미 엘리자베스 개스켈Elizabeth Gaskell의 『북과 남 *North and South*』 같은 소설들을 통해 이러한 풍경을 예상하고 있는 상태였다.) 그는 좁은 뒷골목에서 안색이 나쁘고 왜소한 사내들과 마주쳤고, 자라다 만 체격과 창백한 얼굴에 얇은 숄을 두르고 머리카락에 솜조각들을 묻힌 여공들과 마주쳤다. "그 엄청난 부" 한복판에 존재하는 "그 엄청난 궁

픕"의 광경은 마셜로 하여금 프롤레타리아의 존재가 "필연"이라는 말, 사회가 사람들에게 믿으라고 가르치는 말이 과연 맞는 말인지를 자문하게 만들었다. 그는 "왜 모든 사람을 신사gentleman로 만들면 안 되나?"라고 자문했다.[12]

세인트 존 칼리지의 다른 동료들과 달리 상류층 특유의 액센트와 느긋한 태도를 갖추지 못했던 마셜은 자기가 가난을 발견했던 것을 원죄의 발견에 빗대기도 했고 자기가 경제학을 선택했던 것을 개종에 빗대기도 했다. 하지만 그에게 가난이 최초로 연구의 주제로 떠올랐던 것이 1866년 공황 이후였다 해도, 그전에 가난한 사람들의 얼굴을 들여다본 적이 없었다고 말할 수는 없다.[13] 그의 외할아버지는 도살업자였고 친할아버지는 파산한 사업가였다. 아버지와 삼촌들은 한 푼 없는 고아들로 태어났다. 윌리엄 마셜William Marshall이 결혼허가증에 기입한 직업은 "신사"였지만, 그의 평생에 가장 높은 지위는 잉글랜드은행 출납원이었다. 그는 후일 아들 앨프리드가 윤택한 교외에서 태어났다는 말을 슬쩍 흘렸지만, 사실 앨프리드가 태어난 곳은 런던에서 가장 악명 높은 슬럼 중 하나였던 버몬시의, 무두질공장의 그림자가 드리워진 곳이었다. 마셜 가족이 중하층 거주지 클래펌으로 이사했을 때는 집 맞은편에 가스공장이 있었다.

어렸을 때부터 머리가 좋았던 데다가 아버지가 은행 중역에게 아들의 교육을 후원해줄 것을 열심히 설득한 덕분에, 마셜은 은행업자들과 증권업자들의 아들들을 가르치는 시내 사립학교 머천트 테일러에 입학할 수 있었다. 그는 여덟 살 때부터 매일 템스 강 연안의 가장 건강에 해로운 공장지대와 슬럼가를 관통하는 길을 버스와 나룻배와 도보로 통학했다. 가난한 사람들의 얼굴을 평생 동안 들여다보았던 것이다.

찰스 디킨스의 『위대한 유산*Great Expectation*』이 출판된 1861년은 마셜이 머천트 테일러를 졸업한 해였다. 아주 자그마한 고아 주인공 핍은 친구 비디에게 "정신 나간 고백"을 하겠다고 한다. 비디는 세 번에 걸쳐서 비밀을 지키겠다고 맹세하고야 비로소 핍의 이야기를 듣게 된다. 핍이 "나 신사가 되고 싶어."라고 고백하자,[14] 비디는 마치 핍이 대장간 도제가 되려는 찰나에 교황이 된다는 야심을 털어놓기라도 한 듯 당황한다. 주인공의 정신 나간 꿈이 실현되게 하기 위해 디킨스는 안개 낀 습지의 죄수들, 오만한 상속녀, 유령 들린 저택, 신비에 싸인 유산, 비밀스러운 은인 등을 지어내야 했다. 자수성가를 찬양하는 시대였지만, 핍과 비슷한 소년 하나가 중간층으로 올라갈 수 있다는 생각은 판타지 내지 유별난 유토피아적 비전의 소재로 간주되었다. 『위대한 유산』이라는 환상적인 소설이 현실과 거리가 멀듯이 그러한 계층이동이 가능하다는 생각도 현실과 거리가 멀었다.(핍 하나가 그렇다면 핍들의 무리는 두말할 필요도 없었다.) 《타임스》의 어느 논설위원은 1859년에 건조하게 말했다. "100명 중 99명은 '출세'를 못 한다. 태생과 교육과 환경이 그들을 낮은 곳에 묶어둔다. 그들은 그곳을 벗어날 수 없다."[15]

그래도 계층이동과 사회변화의 조짐은 있었다. 시어도어 허폰 Theodore Huppon에 따르면, 누가 신사가 될 수 있으며 어떻게 신사가 될 수 있는가 하는 문제는 빅토리아 소설의 단골 테마 중 하나가 되었다. 신사란 신사 집안에서 태어나고 신사에게 어울리는 일을 하고 교양교육을 받은 사람이라는 의미였다.(교양교육이란 직업과 무관한 교육을 뜻했다.) 장인, 배우, 화가, 상인 등 손으로 일하는 사람은 신사가 아니었다.(장사의 규모가 아주 큰 상인은 예외였다.) 앤서니 트롤럽Anthony Trollope의 『불햄프턴의 교구목사The Vicar of Bullhampton』에 등장하는 매러블 양은 "신사의 아들이 신사의 지위를 유지하기 위해서는 목사 아니면 사무변호사 아니면 군인 아니면 선원이 되어야 한다는 생각을 가지고 있었다".[16] 화이트칼라 직종이 폭발적으로 증가하면서, 신사의 경계가 흐려지는 중이었다. 마라블 양이 굳이 법칙을 세웠던 것도 그 때문이었다. 의사, 건축가, 저널리스트, 교사, 엔지니어, 사무직원 등이 자기를 신사로 불러달라고 하고 있었다.[17]

신사의 직업은 생계와 무관한 것들을 생각할 수 있을 만큼 한가해야 했고, 신사의 소득은 아들 교육비와 신사 사위를 얻기 위한 지참금을 댈 수 있을 만큼 넉넉해야 했다. 헌데 그 액수가 정확하게 얼마인가 하는 것은 역시 엄청난 논쟁을 야기하는 문제였다. 트롤럽의 『원장The Warden』에 등장하는 빈민들은 연간소득 100파운드면 자기들 모두를 신사로 둔갑시키기에 충분하다고 생각하지만, 물정에 어두운 원장이 연간소득 160파운드로 은퇴하겠다고 위협하자, 실리적인 사위는 그런 푼돈으로 점잖은 생활을 할 수 있으리라 생각하는 것을 꾸짖는다.[18] 앨프리드 마셜의 부친은 아내와 네 자녀를 연간소득 250파운드로 먹여 살렸지만,[19] 카를 마르크스는 그 액수의 두 배로도 중간층 살림을 유지하지 못했다.(물론 그가 돈 관리에 약했다는 것은 인정해야 한다.)[20] 1867년, 신사 소득자는 드물었다. 영국 가구 중에 소득 100파운드 이상은 열네 가구 중 한 가구에 불과했다.[21]

그래도 케임브리지 내 칼리지의 연구원이 신사라는 것은 매러블 양도 부정할 수 없었을 것이다. 세인트 존 칼리지의 총 56명의 연구원은 칼리지 기금의 연간배당금을 수령했을 뿐 아니라,(배당금은 1865년에 약 210파운드에서 1872년에 300파운드로 올랐다.) 집을 사용하고 칼리지 하인을 부렸다.[22] 일간 생활수당은 "고급" 정찬을 충당할 수 있었다.(정찬의 메뉴는 대개 야채를 곁들인 고기와 파이와 푸딩을 포함하는 2코스에 바퀴달린 운반대에 실려 식탁을 도는 커다란 치즈가 따라나왔다.) 1주에 2회는 수프나 생선 코스가 추가된 3코스였다. 대부분의 연구원은 수험생 지도, 또는 강의나 회계 같은 칼리지 일감으로 가외의 소득을 얻었다. 연구원은 처자식이 없었기 때문에 (연구원은 독신이어야 했다.) 칼리지 업무가 있다 해도 연구와 집필과 흥미로운 대화를 위한 시간은 부족하지 않았으며 연구원 소득은 정기적인 여행, 점잖은 옷차림, 개인 서재, 그림 몇 점이나 장식품 몇 개를 마련할 수 있는 액수였다. 요컨대, 칼리지 연구원 생활은 신사의 요건을 충족시키는 생활이었다.

창백하고 신경질적이고 옷차림이 흉한 결식 장학생이었던 앨프리드 마셜이 케임브리지의 학장이 된 것은 읍내 대장간의 도제였던 핍이 주식회사 사장이 된 것과 다름없는 굉장한 변신이었다. 그의 아버지는 열여섯 살에 시내 중개업소에서 일을 시작했다. 불과 14개월 먼저 태어난 그의 형 찰스는 열일곱 살에 인도의 한 비단공장 노동자로 보내졌다. 그의 누이 애그니스는 남편감을 찾기 위해 찰스를 뒤따라 인도로 갔다가 남편도 못 찾고 세상을 떠나고 말했다.

빅토리아 시대의 성공하지 못한 많은 아버지가 그랬듯이, 마셜의 부친은 재능 있는 아들의 인생에서 대리만족을 얻고자 했다. 앨프리드를 성직자로 만드는 데 매진했던 윌리엄 마셜은 자기 고용주를 설득해서 좋은 사립초등학교 학비를 대게 했다. "가장 엄한 복음주의자의 골격, 뼈가 드러나는 목, 튀어나온 턱"을 가진,[23] 아내와 자식들을 몰아붙이는 폭군 가장이었다. 밤잠이 없었던 그는 앨프리드에게 히브리어와 그리스어와 라틴어를 암기시키면서 11시까지 재우지 않았다.[24]

아이가 공황발작과 편두통을 앓는 것은 놀랄 일이 아니었다. 어느 동급생은 그가 "왜소하고 창백하고 옷차림이 형편없고 과로한 듯 지친 모습"이었다고 회상했다. 수줍음이 많고 친구가 거의 없는 아이였던 마셜은 "아버지가 하찮게 생각한 수학에 재능"을 보였고, 아이 때 갖게 된 고전어에 대한 혐오감은 일평생 지속되었다. "앨프리드는 등굣길과 하굣길에 포츠Robert Potts의 『유클리드 기하학 원론Euclid's Elements of Geometry』을 주머니에 감추고 다녔다. 걸음을 멈추고 문제를 읽고, 걸으면서 머리로 푸는 식이었다."[25]

머천트 테일러는 학비가 그리 비싸지 않고 보조금 비중이 높은 학교였지만, 윌리엄 마셜은 (봉급이 250파운드였는데도) 통학생 아들의 연간 용돈 20파운드를 대주기가 빠듯했다.[26] 하지만 머천트 테일러 우등생은 옥스퍼드 고전학과 전액 장학금을 받을 수 있었기 때문에,(윌리엄 마셜이 보았을 때 이 혜택은 아들 세대 청년 500명당 오직 한 명만이 대학교육이라는 사치를 누리는 당시 상황에서 결코 작은 상이 아니었다.) 윌리엄 마셜은 아들을 머천트 테일러에 보낼 수 있다면 더없이 엄격한 절약을 감당할 (그리고 강제할) 용의가 있었다. 게다가 옥스퍼드 장학금 수령자는 옥스퍼드 내 칼리지에서 평생 동안 고전학 연구원 신분을 유지할 수 있었고, 아니면 성직이나 공직이나 제일 좋은 사립초등학교 교직을 얻을 수 있었다.

마셜이 옥스퍼드 장학금을 포기하고 케임브리지에서 수학을 공부하겠다는 뜻을 밝혔을 때, 부친은 격노하기도 하고 위협하기도 하고 회유하기도 했다. 마셜이 부친에게 항명하고 자기 꿈을 따라갈 수 있었던 것은 오스트레일리아에 사는 삼촌이 빌려준 적지 않은 돈과 수학 장학금 덕분이었다. 캠 강 길을 따라 장학생 선발시험장에 가던 열일곱 살 소년 마셜은 눈앞에 닥쳐온 해방에 기쁨의 비명을 질렀다.

세인트 존 칼리지에서 3년이 지나자, 또 한 번 시험이 있었다. 수학 트라이포스Mathematical Tripos라는 이름으로 알려져 있는 고된 시합이었다. 케임브리지에서 마셜의 동년배였고 후일 버지니아 울프Virginia Woolf의 아버지가 되는 레슬리 스티븐Leslie Stephen이 계산한 바로는, 2등의 가치는 5000파운드(지금으로 치면 50만 달러)의 유산에 맞먹는 가치, 곧 유리한 인생을 살기에 너무나 충분한 가치였다.[27] 2등을 한 마셜은 즉시 이 칼리지의 종신연구원으로 당선됨으로써 칼리지에 살면서 지도료와 강의료를 챙길 수 있었다.(이로써 2500파운드가 추가된다는 것이 스티븐의 계산이었다.) 마셜은 1년 동안 사립초등학교에서 아르바이트를 해서 삼촌에게 돈을 갚은 다음, 난생처음으로 진정한 경제적 자립과 하고 싶은 것을 할 수 있는 자유를 얻었다.

이 자유를 어떻게 사용하는 것이 최선일까 하는 문제는 대단히 중요한 문제였다. 마셜은 수학이 지겨워지는 중이었다. 마셜이 맑은 하이랜드 공기를 마시며 아주 높은 곳에서 이마누엘 칸트Immanuel Kant("내가 숭배한 유일한 사람"[28])를 읽는 동안, 저 아래 세상은 안개에 묻혔다. 그러나 빈민의 얼굴들, 그리고 노역과 궁핍의 영상들이 계속 그의 뇌리 속을 맴돌았다. 핍과 마찬가지로, 앨프리드 마셜은 높은 데로 올라갔지만 뒤에 남은 사람들을 잊을 수 없었다.

마셜은 1867년 10월에 "구릿빛 피부와 강인한 체력과 꼿꼿한 자세"[29]를 가지고 스코틀랜드에서 케임브리지로 돌아왔다. 학부생 시절의 마셜은 (케임브리지 교육에서 가장 가치 있는 부분인) 모든 사교 클럽과 교수실 비공개 모임으로부터 배제되었지만, 이제 지적 탁월성을 인정받은 그는 그로트 클럽Grote Club(정기적으로 모여 정치, 과학, 사회 문제 등을 토론하는 학내 급진주의자들의 집단)으로부터 가입 권유를 받았다. 클럽의 리더 헨리 시지윅Henry Sidgwick은 (마셜보다 4살 연상의 카리스마 있는 철학자였다.) 마셜의 재능을 금방 알아보았고 마셜을 보살펴주었다. 마셜에 따르면 "나는 그의 손에 빚어졌다". 마셜의 아버지가 마셜을 못살게 했다면, 시지윅은 마셜을 "살아나게 해주었다".[30]

시지윅이라는 학문적 지도자를 얻은 마셜은 독일 형이상학, 진화생물학, 심리학에 심취했고, 책을 읽기 위해 매일 5시에 일어났다. 전기 작가 페터 그뢰네베거Peter Groeneweger에 따르면, 마셜은 드레스덴과 베를린에서 여러 달을 보내면서 "헤겔의 『역사철학Philosophy of History』의 매력에 빠져들었다".[31] 청년 헤겔과 마르크스가 그랬듯, 마셜은 개인이 스스로를 극복하려면 권위에 맹종할 것이 아니라 자기의 양심을 따라야 한다는 헤겔의 메시지에서 눈을 떼지 못했다. 마셜은 1859년에 나온 찰스 다윈의 『종의 기원On the Origin of Species』과 1862년에 나온 허버트 스펜서의 『종합철학Synthetic Philosophy(1862년 출간)』의 진화론적 사회관을 흡수했다. 심리학에 대한 마셜의 관심을 자극했던 것은 "인간의 여러 능력이 더 높이 더 빠르게 발전할" 가능성이었다.[32] 일류교육을 받을 수 있느냐 없느냐에 출세할 기회가 달려 있던 이 청년은 이제 인간의 정신적, 윤리적 발전을 저해하는 가장 큰 요인이 물질적인 것이라는 결론에 이르고 있었다.

그는 스스로를 '사회주의자'로 보기 시작했다. 1860년대에 '사회주의자'라는 용어는 '공산주의자'라는 용어와 함께 매우 포괄적인 용어였다. '공산주의자'란 사유재산 및 경쟁체제 전체가 뒤집히지 않는다면 상황은 나아질 수 없다고 생각하는 모든 사람들을 아우르는 용어였던 반면, '사회주의자'란 사회개혁에 관심이 있거나 모종의 공동체주의적 집단에 가입한 사람들을 가리키는 용어였다.[33] 마셜이 시지윅에게 계급 간 분열을 극복할 방안을 질문할 때마다, 멘토 시지윅은 "이런, 자네가 정치경제학을 이해했더라면 그런 말은 안 할 텐데."라며 부드럽게 편잔하곤 했다. 마셜은 경치경제학을 읽기 시작했다. 후일 마셜은 "내가 애덤 스미스와 밀과 마르크스와 라살Ferdinand Lassalle을 읽게 된 동기는 국가기구 및 기타 기구들에 의해 행해지는 사회개혁에서 뭐가 실용적인지를 알고 싶어서였다."라고 회고했다. 마셜에게 경치경제학 입문서는 존 스튜어트 밀의 『정치경제학 원리(당시 6판)』였다. 마셜은 이 책을 읽고 "매우 흥분"했다.[34]

마셜이 정치경제학에 더더욱 관심을 갖게 된 동기는 예기치 않았던 1867년 선거개혁법의 통과였다. 이것은 영국을 단번에 민주주의 사회로 바꾸어놓은 일대 사건이었다. 이로써 선거권이 약 88만 8000명의 성인남성(대개 임대료나 재산세로 연간 10파운드 이상을 내는 숙련 장인들과 점주들)에게까지 확대됨으로써 유권자 규모가 두 배 이상 늘어났고, 노동계급이 정치체제에 포함되면서 민주주의라는 정부형태가 유일하게 용인되는 정부형태로 자리잡았다. 이 선거개혁법은 300만의 공장노동자와 일용노동자와 농장노동자(또한 여성 전체)를 무시했지만, 20세기 역사가 거트루드 히멜파브는 이로써 보통선거 개념에 필연의 아우라가 드리워졌음을 강조했다.[35] 하지만 마셜은 시민권이라는 이상과, 물질적 불결과 결핍으로 인해 온전한 시민적 자유를 누릴 수 없는 이 나라 사람들의 현실 간의 괴리에 괴로워했다.

마셜은 "고공 출세"했다. 이런 유의 출세는 죄의식이나 책임감을 자극할 수 있다. 빅토리아 소설에는 주인공의 "분신(주인공과 비슷하게 재능 있고 야심 있는, 그렇지만 고공 출세하는 주인공과 달리 밑바닥을 벗어날 수 없는 인물)"이 많이 등장한다. 미국 저널리스트 겸 작가 헨리 제임스Henry James는 1869년에 런던을 도보 탐험하던 중에 소설 속의 한 인물을 구상했다. 테러리스트들을 다룬 1886년 소설 『카사마시마 공주The Princess Casamassima』의 주인공 히아신스 로빈슨이 마치 "런던 포장도로에서" 튀어나오는 듯한 느낌이었다. 당시 제임스는 눈부시게 차려입은 사람들의 행렬, 마차, 환하게 밝힌 저택과 극장, 즐거운 소리가 흘러나오는 클럽과 갤러리를 지켜보고 있었다. 열린 문 안에는 "밝음과 온기와 환호와, 유익하고 매력적인 관계들"이 있을 것 같았다. 문득 제임스는 자기와 비슷한 한 청년을 상상했다. 그 청년은 "자유와 안락, 지식과 권력, 돈과 기회와 배부름"을 말해주는 "그 모든 사실들", 곧 "내가 지켜보고 있던 […] 바로 그 무료공연을 지켜보고 있었다". 제임스와 그 청년의 유일한 차이는, 『카사마시마 공주』에 등장하는 제책 기술자 출신의 폭파범의 경우에는, 눈앞에 보이는 것들에 대해서 최대한 공손한 거리를 유지해야 한다는 것, 그가 어느 열린 문 앞으로 다가가면 그의 코앞에

서 문이 닫힌다는 점이었다.³⁶

마셜은 고상한 세계(권력과 엄청난 부의 세계는 아닐지 몰라도 어쨌든 자유와 기회와 지식과 안락의 세계였다.)에 입성한 후, 자기의 분신을 항상 자기 옆에 간직했다.

> 가게 진열장에서 작은 유화 한 점을 보았다.(남자의 얼굴이었는데 "밑바닥"의 사람인 듯 무척 수척하고 뭔가를 갈망하는 표정이었다.) 몇 실링을 주고 사서 칼리지의 내 방 벽난로 선반에 올려놓았다. 그때부터 나는 그 남자를 나의 수호천사라고 부르면서, 그 남자와 같은 사람들이 천국에 들어갈 수 있게 하는 일에 전념했다.³⁷

마셜이 정치경제학의 아버지들의 저서를 공부하는 동안, "경제학은 실용적으로 점점 긴요해졌다. 부의 증대에 긴요해졌다기보다 생활의 질에 긴요해졌다. 나는 경제학에 정착했다." 하지만 "정착"은 시간이 걸렸다. 마셜에게 "사실이라는 메마른 땅"은 학문적으로나 사회적으로나 꺼림칙한 영역이었다. 마셜은 정치경제학을 강의해달라는 말을 듣고 마지못해 수락했다. "나는 경제학을 가르쳤다. [……] 그러나 누가 나를 경제학자라고 하면 분개하며 반발했다. [……] '나는 타향을 헤매는 철학자다.'라고."³⁸

마셜이 경제학을 본격적으로 공부하기 시작하던 1867년에 멘토 시지윅은 "정치경제학의 번영기는 이미 지나갔다."라고 생각했다.³⁹ 1846년에 곡물법 폐지가 이루어지고 식량가격이 낮아지면서 정치경제학은 잠시 "천문학과 어깨를 나란히하는 진정한 과학"이 되었다. 그러나 1860년대의 경제위기와 정치격변으로 인해 정치경제학에 대한 지식인들의 오래된 반감이 되살아났다. 예술사 연구자 존 러스킨은 칼라일이 정치경제학을 "암담한 학문"이라고 불렀던 것에서 한 발 더 나아가 "그런 근본 없는 학문"은 필요 없다고 했고,[40] 디킨스가 그랬듯이 새로운 경제학("진정한 정치경제학")이 필요하다고 했다.[41] 히멜파브에 따르면, 근본적 문제는 "부에 대한 학문"이 후기 빅토리아 시대의 복음주의와 충돌한다는 것이었다.[42] 빅토리아인이 보았을 때 욕심이 좋은 것이라는 생각, 경쟁이라는 보이지 않는 손이 사회 전체를 위해 최선의 결과를 보장해준다는 생각은 역겨운 것이었다.

노동자 참정권 시대가 오면서, 양쪽 정당 모두 노동표를 노리고 있었다. 그런데 "경치경제학"은 농장노동자의 임금인상, 빈민구제 등 모든 개혁들에 반대하는 구실이었다. 개혁이 국부의 증대를 둔화시킨다는 것이 그 근거였다. 정치경제학의 아버지들은 여권을 옹호하고 노예제 폐지를 외치고 귀족계급이 아닌 중간층의 이익을 지지했던 당대의 급진 개혁가들이었던 반면에, 그들의 이론을 따르는 정치경제학자들은 노동과 맞서고 있었다. 버지니아 울프의 부친 레슬리 스티븐은 "정치경제학의 독트린은 [......] 온갖 사회주의적인 기획들을 박살내는 데 이용되었다. [......] 정치경제학자들은 숙명론을 받아들이는 사람들, 모든 사회개혁 기획들이 아예 불가능하다고 주장하는 사람들로 여겨졌다."라고 보았다.[43]

예를 들어, 케임브리지 정치경제학 교수 헨리 포셋은 개혁 성향이었지만 그가 파업노동자들에게 했던 말은 파업이란 자기 목에 칼을 꽂는 행위라는 것이었다. 이런 말은 러스킨을 격분하게 했다. 러스킨은 1869년에 건설파업이 끝난 후 "정치경제학자들은 무력하다. 벙어리나 다름없다. 반대하는 쪽을 납득시키거나 진정시킬 만한 해결책을 전혀 내놓지 못한다."라고 했다.[44] 밀은 포셋보다 훨씬 인상적인 사례였다. 밀은 당시 의회 급진파 의원이었고 자칭 사회주의자였으며 제2차 선거개혁법을 지지하고 노동자의 노조설립권과 파업권을 옹호한 인물이었지만, 밀이 생각하는 노동계급의 미래는 거의 리카도나 마르크스 못지않게 암담했다. 유니버시티 칼리지 런던 교수 케언스J. E. Cairnes는 노예제라는 경제체제를 규탄하는 유명한 저서를 출판한 인물이었지만, 그로부터 몇 년 되지 않아 밀의 입장을 되풀이했다.

> 그들의 운명이 개선될 여지는 넘어설 수 없는 좁은 장벽 내에 국한되어 있고, 그들의 처지가 향상될 가능성은 전혀 없다. 그들의 무리는 결코 부상하지 못할 것이다. 남보다 역동적이거나 남보다 운이 좋은 몇 사람이 이따금 탈출하겠지만 [……] 절대다수는 대체로 원래 자리를 벗어나지 못할 것이다. 그들의 노동의 보수는 (숙련이든 비숙련이든) 결코 현재 수준에서 크게 인상되지 못할 것이다.[45]

밀의 비관주의의 핵심에는 이른바 임금기금설wages fund theory이 있었다.(밀은 결국 이 이론을 버렸지만, 대체할 이론을 내놓지 않았다.) 이 이론에 따르면, 임금을 지불할 재원은 한정되어 있다. 재원을 다 쓰면, 총임금을 늘릴 방법은 없다. 노동수요는 정해져 있으니, 임금에 영향을 미치는 유일한 요인은 노동공급이다. 어느 노동자 그룹이 더 높은 임금을 받게 되면 다른 노동자 그룹이 더 적은 임금을 받게 될 것이다. 노조가 쟁취한 임금이 임금기금률을 초과하면, 실업이 야기될 것이다. 정부가 부유층을 과세하여 임금보조금을 마련하는 등의 개입을 행하면, 노동인구가 증가해 더 많은 실업과 더 높은 과세가 야기될 것이다. 나아가 정부가 세금으로 임금보조금을 지급하면, 경쟁과 실업에 대한 두려움이 없어지고 효율이 떨어질 것이다. 한마디로, 밀이 경고했던 것은 "빈곤층 지원용 과세는 이 나라 소득 전체를 잠식"하리라는 것이었다.[46] 미국의 한 인기 있는 경제학 교과서 저자는 노동계급이 절약과 산아제한 같은 신중한 습관을 습득하지 않는다면 "예전 생활수준으로 떨어질 것"이라고 주장했다.[47] 정치경제학 입문서에서 밀리센트 포셋Millicent Fawcett은 임금이 생리적 최저치에 붙잡혀 있다는 주장을 펴면서 그 예로 곡물법 폐지를 들었다.

> 식량가격이 떨어졌을 때, 노동자는 더 안락한 생활을 한 것이 아니라 더 많은 아이를 먹여살렸다. 이런 사실들로부터 나오는 결론은, 노동계급 사정의 실질적 개선이 영구화되려면, 이러한 개선을 무효화하는 인구증가를 막을 만한 정황들이 뒤따라야 한다는 것이다.[48]

그러나 제2차 선거개혁법이 통과되는 시점에 이르면, 임금이 장기적으로 인상될 수 없다는 이론은 더 이상 신빙성이 없게 느껴졌다. 평균임금이 현저히 인상되었다는 것도 그 이유 중 하나였다. 철도, 기선, 역직기力織機가 자연을 정복했으므로, 사회가 성장의 자연적 한계에 도달하는 것은 까마득한 일로 느껴졌다. 해외이민자들은 번영 중이었고 중간층 숙련 장인들과 화이트칼라 노동자들은 국내에서 고공 출세 중이었으므로, 대중이 생물학적인 이유로 가난을 벗어날 수 없다는 주장은 근거를 잃었다. 한때 가난은 사회적 풍경의 자연스럽고 거의 보편적인 모습으로 여겨졌지만, 이제 점점 가난은 없애야 할 흠집처럼 여겨지기 시작했다.

평균임금이 중간층 생활에 충분할 정도로 인상될 수 있을까? 그것을 가능하게 할 기발한 메커니즘이 있을까? 밀은 임금기금설이 잘못되었다는 것을 인정했지만, 밀은 물론이고 밀을 비판했던 사람들도 만족스러운 대안을 내놓지는 못했다. 찰스 디킨스, 헨리 메이휴, 카를 마르크스에서 존 러스킨과 헨리 시지윅에 이르기까지 정말 많은 빅토리아 지식인들이 바로 그 대안을 만들어내고자 했다. 그때까지 그 대안을 보여줄 수 있었던 사람은 하나도 없었기 때문에, 사람들은 사회개선에 대한 희망과 경제현실이 정말 화해할 수 있는 것인지, 1850년대와 1860년대의 가시적 성과가 결국 물거품이 되는 것은 아닌지 혼란스러워했다. 노예해방 반대론자 칼라일과 러스킨 등 토리파는 옛날의 봉건적 유대가 회복되지 않는다면 재앙이 올 것이라고 예언했다. 사회주의자들은 대대적인 계층변화 없이는 노동자 조건을 "개선하는 것과 노동자 손실을 구제하는 것은 불가능하다."라고 주장했다.[49] 생활수준 논쟁으로 명명된 이 논쟁은 기존의 사회구조 내에서 얼마큼의 개선이 가능하냐 하는 하나의 문제로 압축되었다.

1873년의 어느 봄날 저녁, 앨프리드 마셜은 케임브리지 내 칼리지의 한 강의실을 빌려 "70명에서 80명에 이르는 숙녀들" 앞에 섰다. 준수한 그의 얼굴은 내면의 불꽃으로 환하게 빛났고, 원고 없는 그의 강연은 대단히 힘차고 유창했다. 그는 마치 누이에게 말하듯이 단순하고 직접적이고 소박하게 "뜨개질이나 하며 빈둥거리는 짓"은 그만 멈추라고 했고, 가족의 요구에 맞서라고 했다. 또, 그는 "옥타비아 힐 양Miss Octavia Hill"처럼 사회복지사나 교사 같은 일자리를 얻으라고 했다. 무엇보다 그는 "어떤 난관들을 극복해야 하는지 [……] 어떻게 극복해야 하는지"를 배우라고 했다.⁵⁰

멘토 헨리 시지윅 등 1860년대와 1870년대 학내 급진주의자들이 그랬듯, 마셜도 교육을 사회적 불의에 맞서는 투쟁의 무기로 보았다. 또, 1869년에 나온 밀의 『여성 예속Subjection of Women』의 팬들이 그랬듯, 마셜도 교육받은 여성을 사회를 뒤바꿀 주요 변화작인으로 간주했다. 마셜이 보았을 때, 여성의 실존적 문제와 노동계급의 실존적 문제는 본질적으로 같은 문제, 곧 성취감을 주는 자립적 생활을 영위할 기회가 없다는 문제였다. 노동자는 저임금 탓에 평생을 고역에 매여 있었으니 아주 예외적인 사람들을 제외하면 자신의 도덕적, 창조적 역량을 온전히 키울 수 없었다. 중간층 여성은 인습 탓에 무지와 종류가 다른 고역에 매여 있었다. 조지 엘리엇과 샬롯 브론테Charlotte Brontë 같은 당대 소설가의 작품들을 감명 깊게 읽었던 마셜은 여성의 역경 중에서 특히 지력의 계발이 차단되는 것을 예민하게 감지했고, 여성의 재능을 놓치는 사회적 손실을 안타까워했다. 마셜은 노동층 해방의 과제를 성취하기 위해서는 좀 더 과학적인 경제학과 함께 중간층 여성들의 에너지가 필요하리라고 확신했다. 마셜은 "여성의 사유의 강건한 맥박을 자유롭게 뛰게 하는 일과 노동층을 개선시키는 일은 밀접하게 연결"되어 있다고 외쳤고, 그럴 때의 그는 "위대한 전도사"였다. '부엌의 천사'를 찬양하던 시대였음에도, 마셜은 여성 대상 공개강좌들을 개설했고, 무보수 시험관으로 일했고, 사비를 털어서 여학생을 대상으로 하는 경제학 논문상을 마련했고, 나중에는 뉴넘 칼리지(케임브리지 최초의 여성 칼리지 중 하나)의 심장부 건물인 뉴넘 홀의 건립 자금으로 60파운드라는 상당한 액수를 기부했다. 1873년에 마셜은 시지윅 등 그로트 클럽의 회원들과 밀리센트 포셋의 '여성 대상 강의 운영위원회' 설립계획에 동참하기도 했다.(밀리센트 포셋의 언니 엘리자베스 개릿Elizabeth Garrett은 의학을 배우기 위해서 분투 중이었다.)**51**

마셜의 강의는 현대사회의 핵심적 역설, 곧 풍요 속의 빈곤에 초점을 맞추고 있었다. 마셜의 강의방식은 일련의 질문을 제기하는 것이었다. 왜 산업혁명은 노동계급을 "비참과 악덕"으로부터 해방시켜주지 못했을까? 사유재산과 경쟁을 기반으로 하는 현행 사회구조에서 얼마큼의 개선이 가능할까? 마셜의 답변은 그의 구체적인 전제들과 결론들이 정치경제학의 선배들로부터 얼마나 멀어졌는지를 엿보게 해주었다. 맬서스는 박애와 정치경제학이 공존할 수 없다고 보았고 이후의 맬서스주의자들도 계속 그렇게 생각했지만, 여성들 앞에서 마셜은 박애와 정치경제학이 공존할 수 있다고 말했다.

마셜은 정치경제학의 아버지들의 결론에 맞서는 주장을 폈지만, 마셜의 기본적 주장은 정치경제학 그 자체는 없어서는 안 될 학문이라는 것이었다. 가난의 문제는 대부분의 개혁론자들이 말하는 것보다 훨씬 더 복잡했다. 물리학이 그렇듯이 경제학도 복잡한 문제를 한 번에 분석할 수 있는 단순한 부분들로 분해하는 도구일 뿐이었다. 문제의 원인을 잘못 알고 있는 이론을 근거로 섣불리 개입하는 것은 오히려 문제를 악화시킬 수 있었다. 마셜이 애덤 스미스, 데이비드 리카도, 토머스 맬서스, 존 스튜어트 밀을 인용했던 것은 그들이 구축한 "분석엔진"을 개선할 방안을 일러주기 위해서였을 뿐 아니라 그 도구의 역량을 증명해 보이기 위해서였다. 마셜이 보았을 때, 그런 도구가 없다면 진리를 발견하는 일은 우연에 맡겨질 수밖에 없었고 시간이 가면서 지식이 축적되는 일은 아예 불가능한 일이었다.

마셜은 산업혁명이 인간을 경제적 필연의 독재로부터 해방시켜주지도 못했고 '더 나은 생활'에 필요한 물질적 요건을 제공해주지도 못했다는 밀의 말에 동의했다. "우리는 과학과 생산기술에서 빠르게 발전했으므로, 생산의 이익을 위해서 노동자 이익을 희생시키는 사태는 상당 부분 방지되어왔으리라 짐작해볼 수도 있다. [……] 사실은 그러한 사태가 방지되지 못하고 있다."[52] 마셜이 열심히 거부한 정치경제학자들의 주장은 그러한 사태가 계속될 **수밖에 없었다**는 주장, 곧 숙련노동이든 비숙련노동이든 노동에 대한 보수가 현재 수준 위로 많이 올라갈 수 없었다는 주장이었다.[53]

마셜은 가난의 가장 큰 원인이 저임금이라는 것을 의심치 않았다. 그렇다면 저임금의 원인은? 급진주의자들은 고용주의 탐욕이라고 주장했고, 맬서스주의자들은 빈곤층의 도덕적 해이라고 주장했다. 그런데 마셜은 낮은 생산성이라는 답을 내놓았다. 마셜이 그 증거로 내놓은 것은 숙련노동자 임금이 비숙련노동자 임금의 '두 배, 세 배, 네 배'라는 사실이었다.(반면에, 마르크스는 경쟁이 숙련노동자 임금과 비숙련노동자 임금을 최저생활 수준으로 수렴시킬 것이라고 주장했다.) 고용주가 전문기술에 더 높은 임금을 지불한다는 것은 노동자가 **현행** 생산량에 영향을 미친다는 뜻이었다. 바꾸어 말해서, 노동공급뿐 아니라 노동수요도 임금을 결정하는 요인이었다. 만약 그렇다면, 평균임금이 제자리걸음을 하지는 않을 것이었다. 시간이 가면서 테크놀로지, 교육, 조직개선이 생산성을 증대시켰으니, 노동자 소득도 증가할 것이었다. 시간이 가면서 조직개선, 지식, 테크놀로지의 성과가 빈곤의 가장 큰 원인을 제거할 것이었다. 필요한 것은 체념이 아니라 능동성과 창발성이었다.

나중에 역사가 아널드 토인비는 마셜의 통찰의 의의에 대해서 이렇게 말했다. "최근의 임금문제 분석자들 중에 마셜은 노동자에게 **최초로 커다란 희망**을 보여주었다. **노동자 임금을 올리는 방법이 노동자의 수를 제한하는 것 말고 또 있다**는 희망이었다."[54] 노동자 스스로 자기와 자기의 자녀가 더 높은 임금을 받을 수 있도록 능력을 계발할 수 있었다. 마셜은 "그러므로 저임금의 치료약은 더 나은 교육"이라고 말했다.

마셜이 애서 반박하려 했던 사회주의자들의 주장은 부유층으로부터의 억압이 없다면 빈곤층은 "완전한 사치"를 누릴 수 있다는 주장이었다. 마셜이 보았을 때, 영국의 연간소득을 합산하면 9억 파운드 정도였다. 육체노동자에게 돌아가는 임금은 총 4억 파운드에 이르렀다. 나머지 5억 파운드는 대개 반숙련, 숙련 노동자, 정부관료 및 군인, 전문직, 경영자 등 이른바 노동계급을 제외한 노동자 임금이었다. 영국의 연간소득을 인구수로 정확하게 나눈다면 1인당 37파운드 미만이었다. 가난을 줄이기 위해 필요한 것은 생산량 증대와 효율성 제고, 곧 경제성장이었다.

마셜이 보았을 때, 예전 경제학자들의 가장 큰 오류는 인간이 환경의 동물이라는 사실과 환경이 변하면 인간도 변할 수 있다는 사실을 알지 못한다는 것이었다. 예전 경제학을 비판하는 평자들의 가장 큰 오류는 점진적 변화의 누적적 위력과 시간의 복리효과를 이해하지 못한다는 것이었다.(아니러니하게도, 정치경제학의 아버지들도 두번째 오류를 저질렀다.)

> 내가 생각할 때 이 세상에서 시문학적 능력을 가장 많이 보유한 것 중 하나가 구구단입니다. [……] 정신적, 도덕적 자본을 해마다 일정한 비율로 늘릴 수 있다면, 발전은 무한할 수 있습니다. 정신적, 도덕적 자본에 생명력을 부여할 수 있다면 그 작은 씨앗은 마치 구구단을 적용한 듯 무한하게 큰 나무로 자랄 것입니다.[55]

개념이 중요해지는 시기는 과거가 그냥 되풀이되는 것이 아니라 새로운 뭔가가 만들어지는 시기였다. 그럴 때 비로소 "오르가논(진리를 발견하기 위한 도구)"은 독자적인 힘을 얻을 수 있었다.(단, 여기서 진리란 과학적 진리가 다 그렇듯 환경에 좌우되는 진리였다.) 마셜은 이렇게 말했다. "세계는 앞으로 나아가고 있다. 그러나 세계가 앞으로 나아가는 속도는 우리가 스스로 얼마나 생각하느냐에 달려 있다."[56]

1년 후, 마셜은 리젠트 스트리트에 위치한 앤 클러프Anne Jemima Clough의 거실에서 헨리 시지윅과 "고상한 주제들"에 대해 토론하고 있었는데, 문득 누가 자기를 쳐다본다는 느낌을 받았다.[57] 한 젊은 여성이 바느질감을 무릎 위에 떨어뜨리고 그들 쪽을 바라보고 있었는데, "밝은 표정"과 "깊고 큰 두 눈"에 풍성한 마호가니색 머리카락은 "물결처럼 뒤로 넘겨져서 아주 느슨하게 고정돼" 있었다.[58] 나중에 혹자는 스물한 살의 메리 페일리Mary Paley에 대해 "**그야말로** 아이다 공주"라고 했다. 길버트와 설리번Gilbert and Sullivan의 오페라 『아이다 공주』의 여주인공 아이다는 "세상을 버리고 / 한 무리의 여자들과 함께 / 쓸쓸한 시골집에 은둔했습니다 / 그리고 거기서 근엄한 철학에 매진하고 있습니다!" 당시에 메리는 잘생기고 머리 나쁜 육군장교와 막 파혼하고 몇몇 선구적인 여성들과 함께 케임브리지에 입학할 방법을 모색 중이었다. 메리가 이 "당치 않은 파혼"을 감행했던 것은 남자 또는 결혼의 인습적 조건을 배척하기 위해서가 아니었다. "남자가 사랑의 화살을 꽂아야 할 곳은 / 그들의 들끓는 두뇌랍니다 / 그들의 심장이 아니랍니다! / 그들은 안전성냥이랍니다 / 지식의 유황에 대고 그어야만 불이 붙거든요."[59]

메리가 마셜의 강의를 들은 것은 그로브도지의 마차보관소에서였다. 마셜이 칸트와 벤담Jeremy Bentham과 밀에 대해 열강할 때, 메리는 홀린 듯 귀를 기울였다. 그의 "반짝이는 두 눈"에 사로잡힌 "나는 그토록 멋있는 얼굴은 난생처음 보았다는 생각이 들었다."라고 메리는 말하기도 했다. 메리는 마셜의 칼리지에서 열린 무도회에 갔고, 마셜의 "멜랑콜리한" 표정에 힘을 얻어 "랜서스"를 추지 않겠냐고 했다. 마셜은 출 줄 모른다고 사양했지만, 메리는 기어코 마셜을 이끌고 복잡한 스텝을 밟았다. 그러고는 "자신의 뻔뻔스러움에 충격을 받았다".[60] 오래지 않아서 메리는 마셜의 "일요저녁모임(세인트 존 칼리지의 마셜의 집에서 열리는 모임)"의 고정 참가자가 되었으며, 마셜은 메리에게 차와 크럼핏과 샌드위치와 오렌지를 대접하고 "철학자, 시인, 화가[……]로 구분해 정리해놓은 상당량의 초상화 컬렉션을 보여주었다."

필시 마셜은 메리를 보며 조지 엘리엇의 『플로스 강의 방앗간The Mill on the Floss』에 등장하는 여주인공 매기 털리버(똑똑하지만 수학 공포증이 있고, 오빠인 톰처럼 '유클리드'를 배우고 싶어하는 인물)를 떠올렸다.[61] 그 무렵에 『플로스 강의 방앗간』은 마셜이 가장 애독하던 책이었다. 어느 날 길에서 메리 페일리와 그녀의 가장 친한 친구 메리 케네디Mary Kennedy와 마주친 마셜은 엄청난 제의를 하고야 말았다. 결혼하자는 제의보다 엄청난 제의였다. 젊은 교수가 최우수 학생들에게 제의한 내용은 윤리학 트라이포스에 응시해보라는 것이었다.(정치경제학과 정치학과 철학을 평가하는 졸업시험으로, 학위를 따려는 남학생은 이 시험에 응시해야 했다.) 윤리학 트라이포스 응시란 메리가 케임브리지에 올 때 목표했던 것(문학 강의, 역사 강의, 논리학 강의를 듣고 "교양"을 쌓는 것)에 비하면 훨씬 더 야심찬 프로젝트였다.

마셜의 제의는 중등학교 교육수준을 향상시키는 데 주안점을 두는 다른 교육 개혁론자들에 비해 월등히 과감한 것이기도 했다. 마셜은 "잊지 마십시오. 지금까지 여러분의 경쟁상대는 짐말들이었지만 트라이포스에서 여러분은 경주마들과 경쟁하게 될 겁니다."라고 경고했다. 마셜은 자기가 시지윅과 함께 지도해준다고 약속했다. 메리 케네디는 이렇게 말했다. "마셜은 과목 한두 개를 전공으로 정해 최소한 3년간 공부해야 한다고 말했다. 우리는 뭔지도 모르고 가벼운 마음으로 말씀대로 하겠다고 했다."

마셜과 마찬가지로, 메리도 엄격한 복음주의 가정 출신이었다. 메리 페일리의 증조부 윌리엄 페일리William Paley는 칼라일 대성당 부주교이자 『도덕철학과 정치철학의 원리The Principles of Moral and Political

Philosophy』의 저자였다. 메리의 부친은 스탬퍼드 근처에 위치한 어퍼드 교구(케임브리지에서 북서쪽으로 약 40마일 거리)의 교구목사였다. 여우 사냥, 경마, 고교회파 의례에 반대하고, 인근 목사들과 말을 섞지 않고, 딸들에게 디킨스와 인형을 금지하는 "철저한 급진파"였다. 메리는 "원래는 언니하고 나도 인형을 갖고 놀 수 있었는데, 어느 비극적인 날에 아버지가 인형들을 불태우시면서 우리가 인형을 우상화한다고 하셨다. 그 후로 우리는 더 이상 인형을 가질 수 없었다."라고 회상했다.

그래도 메리의 부친은 윌리엄 마셜에 비하면 좀 더 교양 있고 좀 더 윤택한 인물이었다. 메리는 자기가 어릴 때 살던 집이 "여러 번 증축된 옛날 집이었다. 앞쪽 벽은 빨간 장미와 하얀 장미로 덮여 있었다. 창밖으로는 풀밭과 계단식 정원이 보였다. 숲의 나무들이 풀밭의 배경을 이루었고 키 큰 풀들이 정원 울타리를 이루었다."라고 회고했다. 페일리 가정은 순회 전도사들, 활쏘기, 크로케, 런던 여행, 헌스탠턴이나 스카버러로의 여름휴가 등등으로 부산했다. 메리는 "아버지는 일이든 놀이든 함께 해주는 분이자 전기電氣와 사진에 관심이 있는 분"이었고, 어머니는 "솔선수범하는, 항상 밝고 재미난 분"이었다고 회고했다. 메리는 1862년에 런던에 따라가 제2회 만국박람회를 구경했다. 메리는 『아라비안 나이트*Arabian Nights*』, 『걸리버 여행기*Gulliver's Travels*』, 『일리아드*Iliad*』와 『오디세이*Odyssey*』, 그리스 희곡과 셰익스피어Shakespeare의 희곡, 월터 스콧 경Sir Walter Scott의 소설(역시 마셜이 좋아한 책들)을 읽었다.(단, 찰스 디킨스는 금서였다.)

1869년에 '18세 이상 여성을 위한 케임브리지 고등검정시험'이 만들어졌을 때, 메리의 부친 톰 페일리Tom Paley는 아내의 반대에도 불구하고 딸에게 응시를 권했다. 메리가 우수한 성적을 거두고 육군 장교와 파혼한 후, 부친은 딸이 케임브리지로 가는 것을 허락했다. "그런 일이 금시초문이던 시절에" 집을 떠나 사는 것을 허락한 것이다. 시지윅의 친구이자 여성교육운동 지도자 중 하나였던 앤 제미마 클러프가 몇 명 되지 않는 여학생을 위해 레지던스를 열었고, 나중에 메리는 "아버지는 자랑스러워하고 기뻐했다. 아버지는 클러프 양을 존경했고, 그 존경심으로 딸들을 케임브리지에 보낼 수 없는 이유들을 극복했다.(당시에는 당치않은 일이었다.)"라고 회상했다.62

1871년 10월, 메리는 클러프 양과 네 여성이 살고 있는 리젠트 스트리트 74번지로 들어갔다. 케임브리지 커뮤니티는 남녀공학을 위한 준비가 전혀 없었다. 혼성반은 "경위 없는" 짓이라고 여겨졌다. 여성반을 만들려면 여성반에 호의적인 교수들을 불러 똑같은 강의를 반복하게 해야 했고, 클러프 양이 강의 내내 보호자로 동석해야 했다. "여성교육운동에 매료된 처녀들 사이에 들끓던 자유에 대한 갈망"과 예쁜 여자들의 "난감한 미모"는 고질적 불안의 원천이 되었다. 메리는 특히 골칫거리였다. 메리는 "전前라파엘파 시기"에 막 접어든 직후였고, 자기 집을 윌리엄 모리스William Morris의 디자인으로 도배한 후였고, 마치 에드워드 번-존스Edward Burne-Jones의 회화에서 걸어나온 인물인 듯 샌들과 케이프와 플로잉 드레스 차림이었다. 메리는 아마추어 수채화가로서 보석 같은 색을 좋아했다. 테니스복을 담쟁이와 석류로 뒤덮은 적도 있었다.

메리는 강의에 다니기 시작했고, 논문상을 수상하여 스스로도 놀랐다. 예술적인 것에 못지않게 성실하고, "곡선(마셜이 그리는 수요공급 상호

작용 그래프)"에 능한 덕이었다. 메리는 트라이포스에 응시하라는 마셜의 과감한 제안에 스릴을 느꼈고, 매주 제출하는 소논문에 붉은색 잉크로 적힌 마셜의 긴 논평은 "대사건"이었다.

1874년 12월, 메리 페일리는 윤리학 트라이포스에 응시했다. 대학 시험관들이 그녀의 응시를 허용할지는 시험 전날까지 불투명한 상태였다. 한 시험관은 "아주 완고했다". 시험관들은 그녀의 답지를 채점하는 것에 마지못해 동의하면서도 최고점을 주려고 하지는 않았다. 나중에 그녀는 "당시에 시험관 회의는 결정권을 행사하는 의장이 없었다. 1등급을 준 사람이 두 명, 2등급을 준 사람이 두 명이었으니, 나는 시지윅 씨가 표현한 대로 '천국과 지옥의 사이에' 매달려 있었다."라고 회상했다. 하지만 그녀는 성공을 거뒀고 지역의 유명인사가 되었다.

케임브리지에서의 시간이 다한 듯했고, 메리는 어퍼드의 가족에게 돌아갔다. 그리고 어퍼드로 돌아가자마자 근처 스탬퍼드에서 여성 대상 공개강좌들을 ("나 혼자 힘으로!") 개설했다. 또 메리는 공개강좌용 정치경제학 교과서를 집필해보라는 스튜어트Stuart라는 케임브리지 교수의 제안에 응했다. 그러던 어느 날 메리는 시지윅으로부터 마셜이 맡았던 뉴넘 칼리지의 경제학 강의들을 맡아줄 수 있느냐는 편지를 받았다.(클러프 양이 끌어모은 학생들은 대략 스무 명 정도였다.)

마셜은 어느덧 서른셋이었고, 케임브리지 대학에서 "선진 자유주의자" 중 하나였다. 머리는 유행에 따라서 길렀고, 수염은 양끝이 올라간 코밑수염이었고, 옷차림은 더 이상 단추 잠근 젊은 목사 옷차림이 아니었다. 새로 만들어진 '케임브리지 개혁 클럽' 회원이었고, 급진 노동잡

앨프리드 마셜은 런던 중하층 출신이었고 수학자나 선교사가 될 뻔했다. 그가 가장 앞세운 목표는 "인간을 안장에 앉히는 것"이었고, 그의 가장 확고한 신념은 프롤레타리아가 불가피한 존재가 아니라는 것이었다. 그는 케임브리지에서 교육받은 아내 메리 페일리와 함께 경제학을 인류를 가난에서 벗어나게 인도해줄 나침반으로 만드는 일에 착수했다.

지 《벌집*Bee Hive*》 독자였다.

1874년 봄, 농장노동자 파업이 발발하면서 케임브리지에서 급진과 보수 간에 격한 말다툼이 벌어졌다. 당시 노동조합은 합법화된 직후였으니 비교적 새로운 현상이었다. 한 해 전 가을, 조지프 아치Joseph Arch가 이끄는 신설 급진단체 전국농업노동자조합이 이스트 앵글리아 부근 마을 수십 곳에 생겨났다. 노동자들의 요구사항은 임금인상과 노동시간 단축, 참정권과 토지법 개혁이었다.[63] 케임브리지 주변 여기저기에서 파업이 터졌다. "반란을 진압"하기로 작정한 농장주들은 여러 방위위원회를 중심으로 뭉쳐 노조원을 해고 내지 퇴출하고 멀리 아일랜드에서 파업방해 노동력을 수입했다. 토리당의 《케임브리지 크로니클*Cambridge Chronicle*》은 농장주들이 "반대하는 것은 임금인상이라기보다 노조가 선동가들 뒤에 숨어 교활한 전술과 참을 수 없는 독재를 자행하는 상황"이라고 주장했다.[64] 5월 중순쯤이 되면, 공장폐쇄는 두 달 반째였고 전국적 논란을 일으키는 주제였다.

불과 얼마 전에 벵갈 기근 희생자를 위한 모금이 행해진 대학이었지만, 두 가지 견해가 날카롭게 대립했다. 중간층은 많은 조사자료들을 접하면서 노동자의 어려운 상황에 연민을 느끼고 있었다. 맨체스터 주교가 제출한 왕립위원회 보고서는 특히 대표적인 조사자료로서, 농업노동자가 긴 노동시간, 저임금, 끔찍한 재해에 시달리며 "찻주전자 수프, 마른 빵, 아주 작은 치즈 조각"으로 연명하고 있다는 사실을 폭로했다.[65] 공장폐쇄가 한창이었을 때, 런던 《타임스》는 빅토리아 시대 독자에게 충격을 주기 위해 계산된 일련의 기사를 실었다. 예를 들어 한 기사는 "노동자 부부, 24세 딸, 21세 아들, 19세 둘째아들, 14세 남자아이,

7세 여자아이"가 한 방을 쓰는 오두막을 묘사했다.⁶⁶ 소설가들도 이 주제에 달려들었다. 그로부터 3년 전에 나온 조지 엘리엇의 『미들마치 Middlemarch』에서 도로시어 브룩은 부자 지주 삼촌에게 이렇게 말한다. "응접실에 앉아 어색하게 웃고 있는 그림들은 지긋지긋해요. 킷 다운스를 생각해보세요. 아내랑 일곱 자식이랑 거실 하나, 침실 하나짜리 집에 살잖아요. 침실이라는 게 이 탁자만 하잖아요! 불쌍한 대글리 가족을 생각해보세요. 허물어져가는 농가에 사람 사는 방은 부엌방 하나밖에 없잖아요. 다른 방은 들쥐들이 활보하잖아요! 그 때문에라도 나는 응접실에 앉아 있는 그림들을 좋아할 수 없다고요."⁶⁷

하지만 보수 쪽에서 보았을 때 당시의 사회불안은 1816~1817년 '빵 폭동'과 1830년대 건초방화의 유령이었다. 대다수 보수는 노조 개념에 원칙적으로 반대했다. 그해 봄, 《케임브리지 크로니클》에는 농장주들에게 꿋꿋하게 버틸 것을 촉구하는 대학 커뮤니티 지도층 인사의 장문의 「경보」 여러 편이 실렸다. 이 지도층 인사는 "사회적 지위를 인정받는 분 […] [케임브리지의] 한 칼리지에서 유력한 지위를 점하는 분"이었다. 「경보」에 따르면, 노조 지도자는 "직업적인 선동연설가"였고, 동조하는 자유주의자들은 "감상적인 호사가"였다. 저자의 서명은 "CSM"뿐이었다. '상식적 윤리Common Sense Morality'의 머리글자, 곧 자유주의자 논적들을 도발하기 위한 이름인 듯했다.(필자로 추정되는 인물은 윌리엄 휘얼William Whewell이라는 케임브리지 교수였다.) CSM은 임금과 노조의 문제에 정치경제학의 법칙들을 끌어들이면서 "이것은 단순히 수요와 공급의 문제, 유급 선동가들의 개입 없이 상례적 원칙에 따라 자연스럽게 해결되었어야 하는 문제"라고 주장했다.⁶⁸

1874년 5월 11일 화요일, 케임브리지 북쪽 낙후지역에 위치한 반웰 노동자 강당에서 노조 쪽 모임이 있었다. 강당으로 무리지어 몰려들어간 노조 지지자들은 무대의 모습에 다소 어리둥절해했다. 교수모를 쓰고 교수복을 입은 동지들이 무대 위에 늘어서 있었던 것이다. 불같은 성격의 노조지도자 중 하나였던 조지 미첼George Mitchell은 "챙이 넓은 중절모를 쓰고 어깨걸이까지 늘어뜨린 신사들이 서 있었다. 나도 저런 것을 걸쳐야 하는 줄 알았다."라고 회상하면서 껄껄 웃었다.[69] 첫번째 연사는 트리니티 칼리지 연구원 출신의 저명한 개혁가 세들리 테일러 Sedley Taylor였다. 그는 농장주들의 노조 파괴공작을 "이 나라의 보편적 이익을 해치는" 유해활동으로 규탄하는 결의안을 제안했고, 그 과정에서 같은 케임브리지 출신 CSM을 비판했다.

　마셜은 두번째 연사였다. 그는 반격당한 노동자들을 지지하는 어느 반골 농장주의 발의에 찬성하면서 기부를 청했다. "심장과 지갑으로 함께합시다."

　농장노동자들 앞에서 마셜은 "윤리적 원칙을 따르는 결단을 내리게 해주는 지침"은 정치경제학이 아니라 "정치경제학의 누이학문인 윤리학"이라고 했다. 《벌집》에 실린 글에서 마셜은 "정치경제학 그 자체가 생활의 지침이라고 주장하는 것은 정치경제학을 남용하는 것이다. 우리가 경제학을 연구할수록, 우리는 인간의 눈앞의 물질적 이익과 보편적 복리가 같은 곳을 향해 있지 않는 경우들을 점점 많이 보게 된다. 그럴 경우, 우리는 의무에 의지해야 한다."라고 했다.[70]

　그 주 토요일, 《케임브리지 크로니클》은 마셜의 연설을 "기발한 궤변"이라고 일축했다. 그렇지만 사실 마셜의 연설은 노동시장이 항상 공정한 임금을 산출하는 것은 아닌 이유와 노조가 공평성뿐 아니라 효율성을 증대할 수 있는 이유를 성공적으로 증명한 연설이었다. 마셜은 "수요와 공급의 법칙에 대해 말해달라는 요청을 받았다."라는 말로 포문을 열었다. 그리고 노조 반대자들에게 경멸의 말을 쏟아부었다. 마셜이 보았을 때, 노조 반대자들은 임금수준이 '정상적'이라고 생각하는 사람들, 임금수준이 비정상적으로 낮다면 다른 고용자들이 더 높은 임금을 제시할 것이고 "임금이 인위적으로 인상된다면 언젠가 내려올 것"이라고 생각하는 사람들이었다. 그들의 생각은 리카도의 임금철칙과 내용상 다르지 않았고, 노동자들의 곤경에 연민을 느끼는 사람들 중에도 이런 생각을 가진 사람이 많았다. 마셜이 보았을 때, 그들의 생각은 "매우 논리적"이었지만, 전제가 잘못돼 있었다. 옆집 농장주의 일꾼더러 자기가 임금을 더 줄 테니 자기 농장으로 오라고 하는 농장주는 없었다. 또, 임금이 오르면 노동자의 식생활이 개선됨으로써 노동자의 생산성도 높아졌다. 마셜이 보았을 때, "노조가 오류가 없지는 않"지만 "노조는 교구의 한계를 넘어서는 이익과 공감대를 제공"했다. 마셜은 "노조는 지식의 필요를 느끼게 해주고 자식의 교육을 각오하게 해줍니다. [……] 임금은 오를 것이고 [……] 빈곤율은 점점 낮아질 것이고 [……] 영국은 번영할 것입니다."라고 했다.[71]

 대학과 상당수 언론의 지지에도 불구하고, 파업은 실패로 끝났다. 농장주들은 기계설비를 늘리고 어린 일꾼들을 많이 고용하는 식으로 버텼고, 6월 초에 파업기금이 바닥났다. 노조는 노동자들에게 농장으로 복귀하라고 했다. 마셜은 이 사건에서 한 가지 교훈을 얻었다. 새로운 이념이 옛날 독트린을 물리치기 위해서는 먼저 꼼꼼하고 끈기 있는 캠페인을 통해 실리적인 사람들의 심장과 머리를 설득해야 한다는 교훈이었다.

마셜이 미국을 여행할 때였다. 뉴욕 시를 출발한 지 5주째, 샌프란시스코로 가는 길이었다. 마셜은 고트 섬 현수교 위에서 호스슈 폭포를 내려다보면서 얼굴을 찌푸렸다. 베데커 여행안내서에 나온 것과 달리, 폭포의 규모는 기대 이하였다. 각도 탓이라는 것을 모르지 않았던 수학자 마셜은 폭포의 크기가 광고에 나온 대로라는 것을 확인하기 위해 머리로 숫자를 계산해보기도 했다. 그렇지만 암산 따위로 그 낙심천만한 느낌을 떨쳐내기는 어려웠다. 마셜은 1875년 7월 10일에 모친에게 보낸 편지에서 "나이아가라는 엄청난 허풍입니다. 나이아가라가 겉보기보다 훨씬 큰 폭포라는 것을 확인하는 데 드는 시간은 고작 1마일 정도로 보이는 알프스 계곡의 너비가 6마일이라는 것을 확인하는 데 드는 시간보다 길답니다."라고 했다.[72]

마셜이 미국에 온 것은 미국의 사회적, 경제적 풍경을 연구하기 위해서였다. 마셜이 맨해튼에서 앨버니행 외륜선에 올라 허드슨 강변을 따라가는 동안 떠올린 인물은 자기보다 40년 앞서서 그곳을 지났던 알렉시스 드 토크빌Alexis de Tocqueville이었다. 토크빌은 "강변에서 반짝이는 그리스식 저택들", 그중 가장 멋진 저택들이 대리석이 아닌 목재라는 사실을 알고 "혐오감과 맹렬한 분노"를 느꼈다. 반면에, 마셜은 "모든 것이 내가 예상했던 것보다는 가짜 같지 않습니다."라고 했다.[73]

마셜은 어디서든 겉으로 보이는 것보다 많은 것을 알아내는 듯했다. 마셜이 보았을 때 미국 건축가들은 "대담함과 힘"을 과시했고, 미국

건축들은 "고른 철저함과 견고함"을 지니고 있었다.⁷⁴ '민트 줄렙'이라는 미국 음료수는 "사치스러운" 음료수였다. 미국 설교들은 "우리보다 까마득히 앞선" 설교, 영국 국교회의 예배보다 "훨씬 발전되어 있는" 설교였다.⁷⁵ 미국 노동자들은 "진취력"이 강했다.⁷⁶ 가을에 케임브리지로 돌아온 마셜은 '윤리학 클럽'에서 "내가 미국에서 만난 사람 중에 아주 따분하고 재미없는 생활을 하고 있을 것 같은 사람은 아무도 없었습니다."⁷⁷라고 했다. 마셜이 클리블랜드에 도착한 7월 중순 무렵, 이미 그는 미국에 대해서 이렇게 말하고 있었다. "영국인 열 명 중 아홉 명은 캐나다에서 사는 것이 미국에서 사는 것보다 행복하겠지만, 나의 경우에는 만약에 이민을 간다면 미국을 선택할 겁니다."⁷⁸

마셜의 걸작 『경제학 원리*Principles of Economics*』는 그로부터 15년 후에 나오지만, 그때 이미 그는 자신의 "새로운 경제학(스미스, 리카도, 밀의 옛 자유방임주의 독트린의 대안일 뿐 아니라 마르크스의 사회주의라는 신흥 복음의 대안)"의 주요원리들을 안출한 뒤였다. 마셜은 미국행 이전의 10년간을 "아무 책도 내지 않고 자기의 연구의 토대를 마련하면서" 보냈다.⁷⁹ 이 미국 여행을 통해 마셜은 자신의 연구가 잘되어가고 있다는 확신을 얻었다.

마셜의 대학 등록금을 대주었던 삼촌이 마셜에게 250파운드의 유산을 남겼고, 마셜은 그 돈으로 미국 여행을 가겠다고 해서 친척들의 비웃음을 샀다. 마셜은 외국무역에 관한 논문자료를 수집하는 중이라는 말로 자기를 정당화했고, 그의 말은 에누리 없는 사실이었다. 그러나 경제사 연구자 존 휘터커John Whitaker에 따르면, 마셜의 실질적 목적은 "끝없이 변하는 경제적 현실을 모든 측면에서 이해해보려는 거의 강박적인 시도"에 일조하는 것이었다. 그러한 시도는 점점 많은 것을 아우를 수밖에 없었다.[80] 토크빌 등 많은 유럽 평자들이 그랬듯이, 마셜 역시 미국을 거대한 사회 실험실로 간주했다. 디킨스, 윌리엄 메이크피스 새커리William Makepeace Thackeray, 트롤럽은 민주주의, 노예제도, 연방유지라는 (이제는 정리된) 옛날 질문들에 몰두했던 반면, 마셜이 알고 싶어한 것은 산업의 성공, 글로벌 교역의 성장, 전통적 윤리의 쇠퇴 등의 현상이 어떠한 미래를 만드는가였다. 이러한 현상이 가장 급속도로 진행되는 곳이 바로 미국이었다. 마셜이 케임브리지로 돌아와서 말했듯이, 그가 "미국에서 원한 것은 미래의 역사를 보는 것"이었다.[81]

마셜이 미국에 건너갈 당시에, 대서양 횡단 관광은 역사상 최대호황이었다. 가장 인기 있던 북아메리카 여행서 판매부수는 50만 부에 육박하고 있었다. 당시 북대서양은 바다의 고속도로였다. 매주 출발하는 리버풀 발 뉴욕 행 편도를 내놓은 기선회사가 무려 열 군데였고, 영국 여행자가 표를 확보하기 위해서는 무려 1년 전에 예약하는 것이 안전했다.[82] 디킨스가 1842년에 대서양을 횡단하기 위해 3주간의 고달픈 항해를 견뎠던 데 비해, 마셜은 가장 빠르고 가장 호화로운 대형 여객선 중 하나였던 SS스페인을 타고 불과 열흘 만에 도착했다. 미국 여행은 엄청난 이동거리 탓에 경비가 비쌌다. 마셜의 여름 한 달 알프스 등반 경비는 15파운드였는데, 미국 여행 한 달 예산은 무려 60파운드였다. 그러나 나중에 마셜은 "내가 그때 돈을 제일 유용하게 썼다. 미국에서 뭔가 많은 것을 배워서라기보다는 뭘 배우고 싶은지를 알게 되어서였다."라고 했다.[83]

마셜은 미국에서의 경험을 통해 "경제가 인간의 고상한 생활을 결정하는 데 미치는 영향은 예전에 생각하던 것에 비해 크다."라고 믿게 되었다. 특히 마셜은 "생각이나 행동이나 감정 중에 사람에게 영향을 미치고 사람을 형성할 가능성이 있는 것을 꼽자면 사람의 일상적인 생업을 구성하는 생각과 행동과 감정만한 것이 없다."라고 믿게 되었다.[84] 시간을 쪼개서 교회와 가정을 방문했고, 특히 보스턴에서는 시인 랠프 월도 에머슨Ralph Waldo Emerson과 예술사 연구자 찰스 엘리엇 노턴Charles Eliot Norton 등 미국의 선도적 지식인들을 만났다. 뉴잉글랜드에서는 셰이커 교도들과 로버트 오언Robert Owen의 추종자들이 운영하는 여러 코뮌에서 며칠씩 머물기도 했다. 그러나 대체로 마셜은 공장들을 견학하면서 사업자와 노동자와의 인터뷰 기록과 공장 그림들로 노트를 채웠다. 보스턴 근처 '치커링 앤드 선스'라는 피아노 공장을 방문한 마셜은 "고도의 주의력과 판단력을 발휘해야 하는 노동자가 많다."라는 것과 대부분의 노동자의 얼굴에서 "재능과 역량과 예술성을 엿볼 수 있다."라는 것을 확인했다. 방문에 앞서서 마셜은 "각자의 작업이 공정 전체의 극히 일부분에 국한되는 것"이 "지능의 성장을 방해"하지 않을까 의심했지만,[85] 방문한 후에는 그렇지 않다고 여기게 되었다.

당시 출장여행자는 어느 정도 관광객이기도 했다. 마셜도 예외가 아니었다. 마셜의 마음을 빼앗은 관광 아이템은 새롭게 완공된 대륙횡단철도였다. 마셜은 나이아가라의 호텔방에서 서부 샌프란시스코행 경로를 짜면서 호텔방에 있는 '유니언 퍼시픽' 홍보용 지도에 핀으로 구멍을 뚫었다. 덕분에 런던의 모친은 지도 자국으로 아들의 경로를 따라갈 수 있었다.

태평양 연안행 기차를 타기에 가장 좋은 곳은 시카고였다. 새 철도망을 거대한 손이라고 하면, 손바닥은 5대호였고 손가락 끝은 시애틀,

포틀랜드, 샌프란시스코였다. 두 개의 최남단 노선은 로스앤젤레스까지 이어졌다. 대부분의 여행자들은 시카고에서 노스웨스턴을 타고 일리노이 주와 아이오와 주를 거쳐 카운실블러프스로 갔다. 마셜은 '그레이트 노던'을 타고 세인트폴로 가서 배를 타고 미시시피 강을 돌아내려갔고,(미시시피 강의 배는 "설비가 멋지기로 유명한 것보다 폭발 잘하기로 더 유명"했다.[86]) 아이오와 주 경계에서 '노스웨스턴'을 타고 하루 늦게 카운실블러프스에 도착했다. 그리고 거기서 강 건너 오마하로 가서 '유니언 퍼시픽'으로 갈아탔다. 오마하에서 곧장 서쪽으로 달려 와이오밍 주의 샤이엔과 그레인저까지 갔고, 거기서 밑으로 꺾어 유타 주 오그던까지 갔다. 거기서 리노까지 갔고, 거기서 새크라멘토까지 갔고, 거기서 남쪽으로 125마일을 달려 최종 목적지인 샌프란시스코까지 갔다. 샤이엔에 갔을 때는 역마차로 24시간짜리 덴버 여행을 했다. 오그던에서는 모르몬교도의 주라고 할 수 있는 유타 주의 주도인 솔트레이크시티를 답사했다. 동부로 돌아오는 길에는 리노에서 내려 "버지니아시티의 야생종"을 구경했다. 여행 내내 마셜은 자기가 뭔가 엄청나고 유례없는 것을 목격하고 있음을 의식했다. 마셜보다 먼저 미국을 찾았던 한 영국 청년은 "새 지도가 펼쳐지고, 새 제국이 떠오르고, 새 문명이 창조되는" 풍경이라고 말했다. 마셜이 기차에서 본 풍경이 바로 그러했다.[87]

마셜은 끊임없는 움직임을 목격하고 충격을 받았고, "[토크빌의] 시대와는 많이 달라졌습니다. [……] 그때 거의 고정되어 있었던 것들이 이제 움직이고 있습니다."라고 했다.[88] 피프스 애비뉴 호텔에 체크인한 마셜은 제일 먼저 "오전 7시부터 자정까지 **단 한 번도 서는 일이 없는**[마셜의 강조] 증기식 승강기"에 눈을 빼앗겼고, 로비에서 종이테이프를 게워내고 있는 주식시세 표시기에 마음을 빼앗겼다. 도시 외곽을 벗어나지 않은 출장여행자도 "마치 주식중개소에 나가 있는 사람처럼 사정에 밝습니다."라고 마셜은 적었다.[89]

마셜은 미국생활의 가장 큰 특징은 이동성이라는 결론을 내렸다. 철도와 전보, 속속 이어지는 이민자 행렬, 북동부 제조업 중심지들을 떠나 서부 '우후죽순 도시들'로 이동하는 인구 등도 이동성을 보여주는 사례였다. 우후죽순처럼 솟아나는 도시들을 보면 "건물이 비옥한 밭에서 저절로 자라나는 것 같았다".[90] 하지만 이동의 자유를 보여주는 가장 흥미로운 예는 경제적, 사회적, 심리적 이동이었다. 마셜을 놀라게 한 것은 평범한 미국인들이 가족들과 친구들을 떠나 새 도시로 가서 직업과 사업을 바꾸고 새로운 믿음과 새로운 일처리방식을 채택하는 것을 꺼려하지 않는다는 점이었다. 마셜은 "만약 누군가가 장화업을 시작해서 돈이 자기 생각만큼 빨리 벌리지 않으면 아마 그는 몇 년 동안 잡화점을 해보다가 이어 책이나 시계나 직물에 손을 댄다."라고 했다. 마셜은 청년들의 자립심을 반겼다. "미국 청년들은 [……] 견습직을 혐오한다. [……] 일반적으로, 미국에서 특정한 직업에 묶여 있는 청년은, 그 직업에 묶여 있다는 이유만으로도, 다른 일을 할 수만 있다면 다른 일을 할 것이다."[91]

또 마셜은 미국인들이 도시화를 반긴다는 점에 감명을 받았다. 마셜은 "영국인인 밀이 평소답지 않게 열광하는 때는 [……] 아름다운 풍경 속을 홀로 거니는 기쁨에 대해서 [……] 말할 때다."라고 냉담하게 적은 다음, "많은 미국 저자들이 열광하는 때는 인간생활이 풍요로워지는 모습, 예를 들면 벽촌에 이웃이 정착하는 모습, 벽촌정착지가 마을로 성장하는 모습, 마을이 소도시로 성장하는 모습, 소도시가 대도시로 성장하는 모습을 그릴 때다."라고 덧붙였다.[92]

마셜이 물질적, 과학기술적 진보에 흥미를 느끼지 않은 것은 아니지만 그보다는 자기가 좋아했던 소설가들처럼 그러한 진보가 사람들의 사유와 행위에 어떠한 영향을 미치느냐에 더 큰 흥미를 느꼈다. 각각의 선택이 합쳐지면 사회적 선이 되리라는 보장이 있는가? 마르크스와 칼라일 같은 비관론자들의 예측대로, 개인들이 위아래로 이동하고 그에 따라 전통적인 유대들이 느슨해진다면 사회적 혼돈이 닥칠까? 아니면 이 이동성이 "일반적으로 현대 유토피아들이 바라는 상태로 의 움직임"을 시사할까? 그것이 문제였다.[93]

마셜의 낙관은 생리적 반응이었다. 마셜이 저녁에 코네티컷 주 노리치에서 넌 양Miss Nunn이라는 아가씨와 마차를 모는데, 넌 양이 자기에게 말고삐를 넘겨도 좋다고 말했다. 마셜에게 그 경험은 "아주 기분 좋은" 경험이었다. 마셜은 미국 아가씨들이 "자립적이고 [……] 일처리에 있어 완전한 자유를 [……] 누립니다."라고 했고, "평균 영국인은 그러한 자유를 위험한 방종"으로 보겠지만, 자기는 그것을 "올바르고 건전한 것"으로 본다고 말했다.[94]

마셜은 엄격한 계급구분이 없다는 데 기뻐했다. 모자점 점원이 정확한 치수를 재기 위해 마셜이 쓰고 있던 중산모를 자기의 머리에 썼을 때, 마셜은 "철저한 민주주의자였던 그 친구는 내 모자를 쓰지 못할 이유가 있으리라고는 생각지 않았습니다. 무례한 것과는 거리가 멀었습니다. 모두가 그 친구 같기를!"이라고 느꼈다.[95] 캘리포니아에 도착한 마셜은 미국 사회가 서부로 갈수록 평등주의적 이상에 가까워진다고 보았고, "대체적으로 나는 출발할 때보다 돌아올 때 세계의 미래를 낙관했다."라고 말했다.

그는 예언자적 어조로 새로운 유형의 사회를 그렸다.

> 미국에서는 이동성이 조건의 평등을 창출하고 있었다. […] 거의 모두가 똑같은 학교교육을 받고, 학교교육보다 훨씬 더 중요한 생업으로부터의 교육이 그 다양한 형태에도 불구하고 모두의 역량을 똑같이 온전하게 그리고 똑같이 효과 있게 계발하는 곳에서는 진정한 민주주의가 존재할 수밖에 없다. 물론 엄청난 부의 불평등은 존재할 것이고, 적어도 엄청난 부자들은 존재할 것이다. 그러나 선명하게 구분되는 계급차는 존재하지 않을 것이다. 밀이 거의 유전적 카스트 구분에 상응하리만큼 진하게 그어진 노동자 계층 간 구분선이라고 부르는 그런 것은 전혀 존재하지 않을 것이다.

칼라일은 각각의 선택이 합쳐지는 것이 사회적 선이 되는 일은 불가능하다고 했지만, 마셜은 어떻게 각각의 선택이 합쳐지는 것이 사회적 선이 될 수 있는가를 설명하면서 윤리교육을 두 가지 유형으로 구분했다. 마셜이 보았을 때, 영국의 윤리교육은 "사람의 성격이 주변조건과 조화를 이루도록 평화롭게 조형하는 교육, […] 이로써 사람으로 하여금 아무런 의식적인 윤리적 노력 없이 자기를 둘러싼 사회의 사건들, 정서들, 이해관계들과 합치되는 길에 들어서게 하는 교육"이었던 반면에, 이동성 덕분에 윤리적 진화의 두번째 길이 열린 미국의 윤리교육은 "난관을 극복함으로써 확고한 의지를 기르는 교육, 모든 개별 행위

들을 이성의 판단에 맡기는 의지를 기르는 교육"이었다.[96]

카를 마르크스 등 대부분의 빅토리아 시대 사회평론가들은 산업체계가 전통적 사회관계를 파괴하고 있을 뿐 아니라 "무지, 비인간화, 도덕적 타락"을 통해 인간의 본성을 왜곡하고 있다고 보았다.[97] 하지만 미국에서 마셜은 다른 가능성을 보았으며, "윤리학의 문제들에 관련해서 평균 미국인이 개인적 판단에 의존하는 양상을 보면, 평균 영국인에 비해 좀 더 의식적이고 계획적이며, 좀 더 자유롭고 과감하다."라고 했다.

이것은 인간 일반에 대한 이야기인 듯했지만, 마셜 자신에 대한 이야기이기도 했다. 부친의 독재, 가난 속에서도 신사인 척해야 하는 상황, 계급의 무거운 압박 등 갖가지 난관을 극복함으로써 확고한 의지를 기른 것은 **바로** 마셜이었고, 종교적 신앙을 버리고 목사가 되라는 부친의 바람을 거부함으로써 권위를 꺾은 것도 **바로** 마셜이었다. 이제 마셜은 이런 자립의 결과가 영락이 아니라 훌륭한 업적일 것이라고 자신했다. 미국에서 직접 본 것들 덕분에 희망을 가지게 되었던 것이다. "이런 유의 사회가 방탕과 악행에 빠지는 것도 불가능하지는 않다. 그렇지만 이런 유의 사회가 수준을 높이면 강한 법체계를 발전시켜 법에 복종할 것이다. [……] 이런 유의 사회는 활력의 제국이 될 것이다."[98]

미국에서 보낸 한 편지에서 마셜은 "여성이 '진취력'과 '강인함'을 갖는 것을 너무 당연하게 생각"하게 되었다고 했고, 또 다른 편지에서는 넌 양과 "흥미로운 저녁"을 보내면서 그녀의 "진취적인 면이 있는" 순진함에서 매력을 느꼈다고 고백했다. 하지만 그 편지에서 마셜은 "견실한 반려자로는 용기와 성공을 통해서 힘을 기른 사람이 나을 것"이라고 덧붙였다.⁹⁹ 마셜이 염두에 두고 있는 것은 그가 없는 동안 트라이포스에서 우수한 성적을 거둔 메리 페일리가 분명했다.

마셜은 케임브리지로 돌아오자마자 메리와 약혼했다. 마셜은 서른넷, 메리는 스물여섯이었고, 마셜은 "새로운 경제학"의 떠오르는 별, 메리는 칼리지 강사였다. 마셜이 꿈꾼 결혼생활은 조지 엘리엇과 조지 루이스George Lewes, 또는 토머스 칼라일과 제인 칼라일Jane Carlyle 같은 학문적 동반자 관계였다. 한 논문에서 마셜은 "남편과 아내가 서로를 위해서 사는 것이 결혼생활의 이상이라는 말이 있다. 서로를 위해서 사는 것이 서로의 욕구를 충족시켜주는 것을 뜻한다면 내가 볼 때 서로를 위해서 사는 것은 극히 비도덕적이다. 부부는 서로를 위해서 사는 대신 서로 힘을 합해 하나의 목적을 지향해야 한다."라고 밝혔다.¹⁰⁰ 첫 번째 약혼을 감행했던 것이 "권태 때문"이었던 메리에게 이런 결혼관은 가슴 뛰는 결혼관이었다. 필리스 로즈Phyllis Rose가 『평행선의 인생: 빅토리아 시대의 다섯 쌍의 부부Parallel Lives: Five Victorian Marriages』에서 그리는 특이한 부부가 모두 그렇듯이, 앨프리드 마셜과 메리 페일리의 결합의 비밀은 "같은 이야기를 들려준다."라는 것이었다.¹⁰¹ 이 커플은 메리의 교과서 작업을 공동기획으로 삼고 약혼기간 내내 그 작업에 매달렸다.

이 커플은 메리가 살았던 "여러 번 증축"되고 "앞쪽 벽은 빨간 장미와 하얀 장미로" 덮인 그 집 옆에 있는 어퍼드 교구교회에서 결혼했다. 메리는 면사포를 쓰는 대신 머리에 재스민 꽃만 꽂았다. 신랑신부는 결혼서약에서 "복종조항"을 빼버림으로써 비관습적 결혼관과 고상한 기대를 표명했다.¹⁰²

마셜은 결혼과 함께 세인트 존 칼리지 연구원직을 박탈당했다. 부부는 기숙학교 교사가 될까 하는 생각도 했지만, 브리스틀에 새로 개교한 유니버시티 칼리지의 학장직이 갑자기 공석이 되었을 때 그 기회를 얼른 붙잡았다. 영국 최초로 남녀공학을 실험한 칼리지였다. 부부는 1877년에 브리스틀로 이사했다. 마셜이 중고가구와 피아노를 고르는 동안 메리는 테니스코트를 새로 마련하고 대부분의 방에 윌리엄 모리스 패턴의 벽지를 발랐다. 하지만 메리는 곧바로 복귀해 경제학을 강의하고 여학생들을 개별 지도했다.

브리스틀의 비즈니스 커뮤니티가 지원하는 유니버시티 칼리지는 "중간층 및 노동층 남녀에게 교양교육을"[103] 제공하는 것을 목적으로 하는 학교였다. 재원이 빠듯한 학교였음에도 불구하고 마셜이 학장으로 재직하는 동안 약 500명의 학생에게 주야간 수업을 제공하고 인근 노동층 주민 대상 공개강좌들을 지원하고 직물 노동자들에게 기술교육을 제공하고 지역 업체들과 공동으로 공과대학 학생 대상 현장학습 프로그램을 운영했다. 마셜은 행정적 의무도 무겁고 강의 부담도 컸다. 한 학생은 중소 사업자들, 노조원들, 여성들이 들어오는 마셜의 정규 강의는 "케임브리지의 강의보다 덜 학술적인 강의 [……] 딱딱한 논리와 실용적 문제를 혼합하고 온갖 주제들에 대한 흥미로운 정보들로 조명하는 강의였다."라고 회고했다.[104] 마셜은 "강의노트 없이 가르쳤다. 마셜의 얼굴은 창문으로 들어오는 빛으로 빛났고 다른 곳은 그림자가 드리웠다. 내가 들은 최고의 강의인 듯했다. 마셜은 경제학이 사회를 한층 개선시킬 것을 믿는다고 했고, 마셜의 열정은 전염력 있는 열정이었다."[105] 부부는 오후 내내 『산업경제학 The Economics of Industry』을 쓰고

긴 산책을 하고 여러 차례 잔디 테니스를 쳤다. 한 친구는 "그들이 더없이 행복했다."라고 했다.[106]

나중에 마셜은 "경제학자들이 역사, 곧 과거의 역사와 비교적 접근 가능한 현재의 역사를 탐구해야 한다."라고 믿게 된 것은 마르크스의 글 때문이었다고 했다.[107] 그러나 마셜로 하여금 공장들과 공업도시들에 찾아가 사업가들과 경영자들과 노조 지도자들과 노동자들을 인터뷰하도록 만든 것은 디킨스와 메이휴의 글이었다. 마셜은 "나는 사실들을 알고 싶다"[108]라고 했다. 마셜은 "평범한 생업"에 종사하는 남녀들을 위해 글을 쓰고 싶어했다.[109]

마셜은 자기의 작업도 마르크스의 『자본』처럼 이론과 역사와 통계를 결합해야 하리라고 생각했다. 그러나 마셜은 독자가 필요로 하는 것이 유용한 결론과 풍부한 관찰이라는 것을 직감했다. 마셜은 과학자였으니, 사실들에 의해 뒷받침되지 않는 것을 이론화하거나 2차문헌을 그대로 받아들이거나 할 수는 없었다.

마셜의 목표는 주요 산업들의 구체적인 사실들을 연구하는 것이었다. 마셜은 직종별, 숙련도별 임금률 자료를 수집했다. 사주가 생산제품, 생산방법, 공급노선 등을 개선하기 위해 어떠한 꾸준한 노력을 기울이는가를 형식적인 이론으로 포착하는 것이 어려운 일이라는 것은 밀도 인정하는 바였지만, 그럼에도 불구하고 마셜은 밀이 말한 "생산기술(제조기법, 제품기획, 경영)"에 큰 관심을 기울였다.[110] 특히 마셜은 가업 형태의 사업체가 운영되는 방식이 당시 중요성을 더해가던 주식회사 내지 법인회사가 운영되는 방식과 어떠한 차이가 있는가에 주목했다. 마셜은 위원회와 학회 여러 곳에 참석했고, 한 런던 자선단체 운영진이었고, 엄청난 학문적 서신을 주고받았고, 매해 여름 여러 주를 현장연구에 바쳤다. 메리는 현장연구의 적극적 파트너였다.

한 현장연구에서는 "열네 도시, 광산, 철강회사, 직물공장, 구세군"을 아울렀는데,[111] 커니스턴의 구리광산들, 커비의 채석장들, 배로의 부두들, 철강공장들, 밀럼의 철광들, 화이트헤이븐의 해안지역 탄광들, 랭카스터, 셰필드를 포함하는 극히 야심적인 일정이었다. 마셜은 자기가 수집한 데이터베이스로부터 정보를 정리하고 검색하기 위해 '레드북'이라는 수제 공책을 발명했다. 각 페이지마다 음악에서부터 테크놀로지와 임금률에 이르기까지 다양한 주제가 연대순으로 정리돼 있었고, 마셜이 한 페이지의 여러 구멍 중 하나를 핀으로 찌르면 같은 시간대에 발생했던 다른 사건들이 나타났다.

마셜은 대다수의 빅토리아 시대 지식인들과는 달리 사업가와 노동자를 존경했다. 칼라일, 마르크스, 밀이 보았을 때 현대적 생산은 불쾌한 필연이고 노동은 정신과 육체를 상하게 만드는 일이고 사업자는 포식자이자 속물이고 도시생활은 저질적이었다. 밀이 보았을 때 공산주의 체제는 두 가지 측면(동기부여와 특이함에 대한 관용)을 제외한 모든 측면에서 경쟁체제보다 우월한 체제였다. 밀은 비유동적인 사회주의 성향의 국가가 그리 머지않은 미래에 출현하리라고 기대했다. 그렇지만 이 지식인들은 사업과 산업을 잘 안다고 말하기는 어려웠다. 반면에 마셜은 사업과 산업을 알아가는 중이었다. 물론 "평생의 고역"이라는 버크Edmund Burke의 표현이 암시하듯이 상당수 노동이 인간의 정신과 육체를 상하게 만들어온 것은 사실이었지만, 마셜의 직접적 관찰이 밝혀주듯이 현대 공장노동 중에 적어도 일부는 진학자금이나 창업자금을 모으게 해주는 것은 물론이려니와 지평을 확장시켜주고 새로운 기술을 숙련시켜주고 이동성을 증진시켜주고 통찰력과 윤리적 행위를 북돋워주었다. 마셜이 보았을 때 이러한 노동은 점점 늘어나는 반면, 해로운 노동은 줄어드는 추세였다. 요컨대, 사업은 자신의 운명을 개척하기 위한 한 단계일 수 있었고 실제로 많은 경우 그러했다.

디킨스는 흔히 산업혁명의 기록을 남긴 작가로 간주되지만, 디킨스가 묘사하는 공장 장면은 『고달픈 시절 Hard Times』의 코크타운 공장 장면 이외에는 거의 없고, 그 장면도 매우 환상적이다. 멀리에서 묘사되는 코크타운이라는 도시는 마치 괴물 프랑켄슈타인 같은 존재, 인간을 기계로 바꾸고 자연환경과 사회환경을 자기 같은 곳(시끄럽고, 더럽고, 단조롭고, 공기와 수질이 오염된 곳)으로 탈바꿈시키는 존재다.

> 빨간 벽돌 도시였다. 하지만 정확히 말하면, 빨간 벽돌 도시가 아니라 연기와 검댕이 내려앉아 야만인의 색칠한 얼굴처럼 기괴하게 검붉은 색깔이 되어버린 도시였다. 기계설비의 도시, 높은 굴뚝의 도시였다. 절대로 똬리를 풀지 않는 뱀 같은 연기가 굴뚝에서 끝도 없이 뿜어져나왔다. 운하는 검은색이었고 흐르는 강물은 악취를 풍기는 자주색 염료로 물들어 있었고, 다닥다닥 붙어 있는 건물들을 보면, 창문은 온종일 덜컹거리고 덜덜거렸고, 증기기관 피스톤의 단조로운 상하운동은 우울한 광기에 사로잡힌 코끼리 대가리 같았다.[112]

코크타운 주민들은 "똑같이 생긴 사람들, 똑같은 일을 하기 위해 똑같은 시간에 똑같은 발자국 소리를 내면서 드나드는 사람들"이었다. 의

미심장하게도, 디킨스는 공장노동자들이 "똑같은 일을 한다."라고 상상했고 "오늘이 어제 같고 내일이 오늘 같고 금년이 작년 같고 내년이 금년 같다."라고 상상했다. 바꾸어 말해서, 디킨스가 보았을 때 생산이란 결코 새로운 뭔가를 창조하는 일이 아니었다.

마르크스가 『자본』에서 묘사하는 공장 장면은 디킨스의 것과 비슷하다. 다만 디킨스와 달리 디테일이 전혀 없다. 마르크스가 단 한 번도 공장 내부에 들어가보지 않았다는 것을 고려하면 그리 놀라운 일은 아닙니다. 마르크스의 공장 장면에서도 인간은 기계의 "살아 있는 부속물"로 변형되고 노동은 "무의식적 반복"이 되고 자동화는 노동이 가지는 흥미를 모두 없애버린다.[113]

마셜이 묘사하는 공장 장면과 공장생활은 더 구체적이고 더 섬세하고 더 다양하다. 마셜은 오랜 시간 관찰하고, 제조기법과 급여수준과 레이아웃을 기록하며, 사주에서부터 관리자와 현장인력에 이르기까지 모두에게 질문한다. 마셜이 마주친 문제적 현상(조립라인이 노동자에게 미치는 효과)은 디킨스와 마르크스의 것과 같지만, 마셜이 내놓는 결론은 디킨스와 마르크스의 것과 다르다.

> 모든 공정은 여러 단계로 분할되어 있고 각 공정은 전체 공정에서 아주 작은 부분이다. "이것이 지력을 떨어뜨릴까요?" "저는 그렇게 생각지 않습니다. […] 머리가 나쁘면 해고당합니다. 시장이 유동적이므로 해고의 기회는 많아요. 머리가 나쁘지 않으면 주어진 일을 계속합니다. 하지만 야심이 있다면 작업장에서 전체적으로 무슨 일이 진행되고 있는지를 알아야 합니다. 그렇지 않으면 그 작업장의 관리자가 될 가망은 없습

니다. [……] 대개의 세세한 개선을 맡는 것은 각각의 작업장 관리자들이고, 대규모 개선을 맡는 것은 한 명의 전담자입니다. [……]" [……] 그들은 제조공정의 세세한 부분을 개선한다. 어떤 부분은 좀 더 빡빡하게 하고 어떤 부분은 좀 더 느슨하게 하는 식으로 말이다. 약음페달을 발명한 것은 그 영국인이었다.[114]

디킨스와 마르크스가 보았을 때 회사란 노동자를 통제 내지 착취하기 위해 존재하는 곳이었다. 밀이 보았을 때 회사란 오로지 사주를 배불리기 위해 존재하는 곳이었다. 그러나 마셜이 보았을 때 기업은 감옥이 아니었고, 경영은 단순한 수감자 정렬이 아니었다. 고객 확보 경쟁(또는 노동자 확보 경쟁)은 무의식적 반복으로 되는 일이 아니었다. 마셜에게 사업이란 생존하기 위해 진화해야 하는 존재였다. 마셜이 사업자가 이윤을 추구한다는 것을 부인하는 것은 아니었다. 그가 말하고자 하는 것은 회사가 경쟁력 있는 이윤을 내려면 노동자, 경영자, 공급자, 지주, 세금 등을 지불한 후에도 남는 것이 있을 만큼 충분한 수익을 창출해야 한다는 것이었다. 이를 위해 경영자들은 같은 자원 혹은 더 적은 자원으로 더 많은 것을 성취할 방법을 끊임없이 찾아내야 했다. 바꾸어 말해서, 더 높은 생산성(장기적 임금 결정요인)은 경쟁의 부산물이었다.

영국의 맥밀런 출판사가 1879년에 『산업경제학』을 출간했다. 이 얇은 책은 새로운 것을 담고 있다고 자처하지도 않았고 입문서에 어울리는 단순하고 직설적인 문체로 되어 있었지만, 마셜의 '새로운 경제학'의 핵심을 담고 있었다. 이 책의 내용은 다음의 대목에 요약돼 있었다.

> 금세기 초 영국 경제학자들의 가장 큰 오류는 역사와 통계를 무시했다는 것이 아니었다. [……] 그들은 인간을 말하자면 불변량으로 보았고 인간의 편차를 연구하는 수고를 거의 하지 않았다. 따라서 그들은 수요와 공급의 위력을 과대평가하며 그것의 기계적, 고정적 작용을 실제보다 훨씬 크게 생각했다. 그러나 그들의 최대의 실수는 산업의 관행과 제도가 얼마나 잘 바뀔 수 있는지를 보지 못했다는 것이었다.[115]

마셜은 사업체가 어떤 방식으로 작동하는가를 이해하는 데에 강박적 노력을 쏟았고, 이로부터 자신의 가장 중요한 발견을 일구어냈다. 기업이 경쟁시장에서 담당하는 경제적 기능 중에 사주 이윤창출은 유일한 기능도 아니고 심지어 일차적 기능도 아니었다. 기업의 경제적 기능은 소비자와 노동자의 생활수준을 향상시키는 것이었다. 어떻게? 상품과 서비스를 생산하고 분배할 때 양을 늘리고 질을 높이고 가격을 낮추고 원료를 줄임으로써. 왜? 경쟁으로 인해 사주와 경영자는 생산품, 제조기술, 분배, 판매를 개선하기 위해 끝없이 소소한 변경을 가하지 않을 수 없었다. 효율성을 개선하고 자원을 절약하고 더 적게 들여 더 많이 내놓기 위한 끝없는 추구는 시간이 가면서 같은 자원 혹은 더 적은 자원으로 더 많이 생산하는 결과를 낳았다. 점진적 개선의 축적은 시간이 가면서 경제 전체의 수십만 업체로 확산됨으로써 평균 생산성과 임금을 상승시켰다. 바꾸어 말해서, 경쟁으로 인해 사업체는 이윤을 유지하기 위해 생산성을 제고하지 않을 수 없었다. 경쟁으로 인해 사주들은 이와 같은 노력의 열매를 봉급인상의 형태로 경영자와 피고용자와 나누지 않을 수 없었고, 품질향상이나 가격인하의 형태로 고객과 나누지 않을 수 없었다.

사업이 임금을 상승시키고 생활수준을 향상시키는 엔진이라는 생각의 함의는 일반적으로 지식인들이 사업을 매도하는 태도와 배치되었다. 애덤 스미스는 보이지 않는 손으로 인해서 생산자들이 의도하지 않게 소비자들에게 봉사하게 된다는 유명한 말로 경쟁의 혜택을 설파했음에도 도살업자, 제빵업자, 거대 주식회사들의 역할이 생활수준을 향상시키는 것이라고는 말하지 않았다. 카를 마르크스는 사업체가 기술변화 및 생산성 향상의 엔진임을 인식했음에도 인류가 가난을 벗어나 자신의 물질적 조건을 통제할 수 있는 수단을 사업체가 제공할 수 있다고는 생각지 않았다.

마셜의 저서가 출판되고 얼마 후에 심각한 위기가 발생했다. 1879년 봄에 마셜에게 신장결석이라는 진단이 나왔다. 그 당시는 수술과 약물을 선택할 수 있기 전이었다. 메리의 회고에 따르면, 의사는 "이제 오래 산책하는 것은 안 되고, 테니스 시합도 안 되고, 철저한 휴식이 병을 고칠 유일한 가능성"이라고 말했다. "활동적 운동을 그렇게도 좋아했던 사람에게 이 조언은 엄청난 충격으로 다가왔다."[116] 통증과 기력의 쇠퇴로 인해 마셜이 어린 시절부터 품고 있던, 죽음이 머지않았다는 오랜 두려움이 되살아났다. 불과 몇 주 전만 해도 다트머스 습지에서 혼자 하이킹을 하며 휴가를 보냈던 마셜이 뜨개질을 하며 시간을 보내는 환자가 되었다. 브리스틀의 한 지인은 마셜을 보았을 때 일흔 살은 된 줄 알았다고 회고했다.

그는 [……] 내가 보기에는 아주 늙고 병든 것 같았다. 한 발이 무덤에 들어간 사람이라는 말을 들었고, 역시 그렇구나 하고 생각했다. 그가 앱슬리 로드를 기어가던 모습이 눈앞에 선하다. [……] 외투를 입고 검은 중절모를 쓴 모습 [……] 내가 다음번에 그를 본 것은 [……] 1890년 [……] 내가 기억하는 10여 년 전의 모습보다 30년 아니 40년은 젊어 보여서 깜짝 놀랐다.[117]

이로 인해 그는 메리에게 더욱 의존했고, 그녀에게 점점 학문적 동반자의 역할보다 간병인의 역할을 맡겼다. 병으로 인해 그의 정신이 집중되었다. 마셜은 항상 글길이 막히는 경향이 있었다. 이제 그는 자기 책에 에너지를 집중해서 써나가야 하리라는 것을 깨달았다. 밀의 저서를 (그리고 어쩌면 마르크스의 저서를) 무색하게 만들 저서(새로운 이론과 실제 세계에서 새롭게 추출된 자료의 결합)를 쓰겠다는 그의 소망은 자기가 그 일에 부적합할지도 모른다는 두려움에 부딪혔다. 그의 비전이 거대해지고 복잡해짐에 따라, 그는 점점 자기가 쓴 것에 불만을 느꼈다. 그는 병이 나기 한참 전에 이미 무역에 관한 단행본을 출판할 계획을 포기하기로 마음먹었다. 그는 1878년 여름에 이렇게 적었다. "나는 이 책이 지금의 형태로는 편안한 책이 될 수 없겠다는 결론에 이르렀다."[118] 그리고 곧 그는 자기와 메리가 공저한 저서를 못마땅하게 여기게 되었다. 1881년에 시칠리아의 팔레르모의 어느 옥상에서 그는 『경제학 원리』를 구상하기 시작했다.

1880년대 초의 대공황 중에 나왔던 모든 만병통치 해법 중에 미국 저널리스트 헨리 조지Henry George의 토지세는 대중들의 가장 큰 관심과 지지를 끌었다. 조지는 베스트셀러『진보와 빈곤Progress & Poverty』을 통해서 일약 유명인사가 되었고, 그의 강연에는 거대한 인파가 모여들었다. 조지의 전제는 빈곤이 부보다 더 빨리 증가하고 있다는 것, 그리고 그것은 지주들의 탓이라는 것이었다. 그의 주장에 따르면, 지주들은 사회에 기여해서가 아니라 그저 부동산을 소유하고 있다는 행운 덕에 엄청난 소득을 거두어들이고 있었다. 게다가 임대료 상승은 사업가들이 필요로 하는 투자자금을 탈취함으로써 이윤과 실질임금을 하락시키고 있었다. 그는 임대료 소득을 빈곤의 원인으로 규정했고, 무거운 토지세를 해결책으로 제안했다. 그는 토지세가 다른 모든 세금들에 대한 필요를 없애줄 것이라고 주장했다. 또한 토지세로 인해 "임금이 상승할 것이고, 자본의 수익이 증가할 것이고, 극빈이 근절될 것이고, 가난이 사라질 것이고, 일자리를 원하는 모든 사람에게 수지맞는 일자리가 주어질 것이고, 인간의 능력이 자유롭게 발휘될 것이고, 범죄가 줄어들 것이고, 도덕과 취향과 지성이 고양될 것이고, 정부의 부패가 사라질 것이고, 문명이 한 단계 상승할 것"이라고 주장했다.[119]

『경제학 원리』를 집필 중이었던 마셜은 장기간 계속된 생활수준 논란 속에 다시 한 번 휩쓸렸다. 금융위기와 경제위기의 시기였던 1880년대 초반, 한편으로는 급진주의와 사회개혁 요구가 부활했고, 다른 한편으로는 경제성장이 어느 정도까지 다수 국민에게 이익인가에 대한 회의가 커지고 있었다. 실업이라는 용어가 만들어진 것은 1893년 공황에 이어 찾아온 경기침체기에 실질임금이 장기적으로 오르고 있는가, 내리고 있는가를 둘러싼 열띤 논쟁의 와중에서였다.

논쟁의 내용은 경쟁이 주로 어떠한 효과를 낳느냐는 것이었다. 경쟁은 고용주들이 임금삭감을 경쟁하는, 바닥을 향한 경주인가? 아니면 낙관론자들이 주장하듯, 경쟁의 압력으로 인해 회사들이 한편으로는 빈민 수를 줄이고 다른 한편으로는 효율성 증대와 생산성 및 임금 평균치 제고를 위한 지속적 노력을 기울일 수밖에 없는가?

마셜과 헨리 조지 간의 최초의 공식적 충돌은 1884년에 옥스퍼드의 클라렌던 호텔에서였다.[120] 야유와 박수에 종종 논객들의 말이 들리지 않았다. 한때 어느 학부생은 의장에게 "숙녀들이 있다."라는 것을 새침하게 상기시킬 필요가 있다고 느꼈다. 11시가 되자 토론장은 귀가 멀 정도로 시끄러워졌고, 조지는 이 토론장은 "자기가 이제껏 참여한 곳 중에 가장 난장판"이라고 하며 더 이상 질문에 답변하기를 거부했다. "엄청난 소란"과 "토지 국유화"니 "토지 강탈"이니 하는 신음 속에 토론회는 다소 급작스럽게 끝났다.

마셜이 1874년에 농업노동자 파업을 지지한 것이 그가 고전 경제학의 "도그마"를 거부한다는 것을 보여주었다면, 그가 10년 후에 조지와 대결한 것은 그가 유행하는 새 도그마들에도 반대한다는 것을 보여주었다.

조지는 빈곤을 토지세로 해결하자고 제의했는데, 마셜은 그때껏 조지의 제안을 비판할 때 조지를 "시인"이라고 부르고 조지의 인생관에서 드러나는 '신선함과 진지함'을 칭찬했다. 그러나 클라렌던에서 마셜은 분명히 덜 공손했고, 조지가 "대중의 귀를 사로잡는 대단한, 거의 유례없는 능력"을 가지고 "대중의 머리에 독을 주입한다."라고 비난했다. "독"이란 조지가 말하는 가난의 해법이었다.

브리스틀 강의 중에 마셜은 "조지에 대해서 긴 말은 않겠다."라고 선을 그었으며, 다만 자신의 논의를 진행시키고자 "조지의 『진보와 빈곤』의 부제 중에 '부의 증가에 따른 결핍의 증가'라는 말이 포함되어 있다."라고 했고 "그런데 부가 증가하면서 실제로 결핍이 증가했는가? [……] 사실이 그러한지 확인해보자."라고 했다.[121]

통계자료를 인용하면서(그중 상당수가 마셜 부부가 만든 레드북에 수록되어 있다.) 마셜은 오직 노동계급 "최저층"이 밀려 내려가고 있고 그 수는 한 세기 전에 비해 훨씬 적다(인구 대비 절반 미만)는 주장을 펼쳤다. 노동계급을 전체적으로 놓고 보면, 구매력이 세 배 증가했다고도 했고, "영국 총소득의 거의 절반이 노동계급에게 돌아간다. [……] [따라서] 창의력의 진보에서 비롯되는 모든 혜택들의 큰 부분이 분명 그들의 몫이다."라고도 했다.[122]

마셜은 점점 늘어나는 경제사 지식에 의존했다. 그는 현재의 악덕이 무엇이든 과거에 비하면 별것 아니라고 확신했다. "신흥국가들을 제외하면, 노동계급이 영국처럼 잘사는 나라가 없다."라는 것이었다. 그가 그런 말을 하는 때가 역사학자들이 후일 대공황이라고 지칭하게 되는 때라는 사실이야말로 마셜의 낙관에 주목해야 하는 이유다.

두번째 강의에서, 마셜은 저임금을 지불하는 고용주가 가난의 원인이라는 조지의 주장을 반박했다. 일단, 고용주는 목화가격이나 기계가격을 정할 수 없는 것과 마찬가지로 노동가격을 정할 수 없었다. 고용주가 지불하는 것은 시장시세였고, 시장시세를 정하는 것은 노동자의 생산성이었다. "지금까지 영국 노동계급 중 다수가 제대로 먹지 못했고, 거의 전부가 제대로 교육받지 못했다. 영국인 중 상당수가 저임금에 시달리고 적지 않은 수가 극빈에 시달린" 이유는 낮은 생산성이었다. 또

한 마셜은 "전반적으로 이로울 수 있는 토지 국유화의 형태가 존재함"을 부인하지 않았지만, "마법같이 빠른 가난 구제책을 포함하는 토지 국유화는 없다. 우리는 비교적 완만한 해법을 찾는 것에 만족해야 한다."라고 주장했다.[123]

마셜에 따르면, 해법은 생산성 증대였다.

> 생산성 증대의 한 방법은 교육을 통해서 (최대한 광의의) 비숙련, 비효율 노동자가 존재하지 않게 만드는 것이다. 비숙련노동자의 수가 충분하게 감소하면, 비숙련노동을 하는 사람들이 괜찮은 임금을 받게 될 것이다.(이것은 가난에 대한 나의 모든 논의의 핵심이다.) 총생산이 늘지 않는다면 비숙련노동의 임금인상분은 자본과 고급노동으로부터 갹출돼야 하겠지만 [……] 노동효율 제고를 통해서 비숙련노동의 감소가 이루어진다면, 생산이 증가할 것이고 나눠먹을 빵도 늘어날 것이다.

그는 노조에 반대하지 않았고 심지어 토지개혁이나 진보적 과세라는 일부 꽤 급진적인 제안에도 반대하지 않았다. 그는 다만 이런 것이 "더 많은 빵과 버터"를 생산할 수 없다고 말했다. 필요한 것은 '경쟁', 시간, 그리고 정부와 빈민들 자신을 포함한 사회 모든 부분들의 협력이라는 것이었다.[124]

마셜은 조지가 엉터리 요법을 홍보한다고 비난했다. 문제는 "조지 씨가 부자가 되려면 땅을 사라고 가르쳤다."라는 것만이 아니라, 그런 가르침을 통해 교육과 훈련, 힘든 일과 절약을 외면하게 만든다는 것이었다. 조지의 계책을 통해서 벌 수 있는 돈은 "그들 소득 1실링에 1페니도 안 되는데 [……] 이를 위해 조지 씨는 노동자가 돈을 벌기 위해 도모하는 모든 계획들에 기꺼이 경멸을 쏟았다."[125]

마셜의 『경제학 원리』가 마침내 1890년에 나왔을 때, 이 책은 경제학이라는 흔들리는 학문에 새 생명을 불어넣었다. 이 책을 통해서 마셜은 경제학의 지도자이자 정부가 조언을 청하는 권위자로 우뚝 섰다.

『경제학 원리』는 '사회주의'를 거부하고 사유재산 및 경쟁체제를 환영하고, 인간과 인간환경의 개선 가능성을 낙관하는 마셜의 태도를 구현했다. 이 책이 그려 보이는 경제학은 도그마가 아니라 "정신장치"였다. 디킨스의 희망대로, 마셜은 경제학이라는 학문의 더 건전한 과학적 토대를 마련한 동시에 경제학에 "약간의 인간적 홍조 [……] 그리고 약간의 인간적 온기"를 주입함으로써 경제학을 인간화시켰다.

그러나 이 책의 가장 큰 통찰에 영감을 준 것은 디킨스가 아니라 마셜이 미국에서 배운 교훈이었다. 사유재산 및 경쟁체제 하의 기업은 똑같은 자원으로 (아니면 더 적은 자원으로) 더 많은 제품을 만들어야 한다는 지속적 압력에 노출되어 있고, 사회의 시각에서 볼 때 회사의 기능은 생산성을 제고함으로써 생활수준을 제고하는 것이라는 교훈이었다.

미국은 다른 나라에 비해 기업이라는 사회제도가 비중이 높고 지위가 높고 국가의 정신과 문명을 형성하는 데 기여하는 바가 많은 나라였다. 미국에서 기업은 수많은 부를 창출할 뿐 아니라 가장 많은 사회변화를 일으키고 가장 많은 재능 있는 개인들을 끌어당기는 부문이었다. 사업가를 백치나 포식자로 묘사하고 노동자를 좀비로 묘사하고 성공적인 제조업을 경직된 반복으로 묘사하는 디킨스의 글이 우스꽝스럽게 느껴지는 것은 그 때문이었다. 미국의 생산력 증대가 상상을 초월한 속도라는 명백한 사실은 기업이 (최소한 전체적으로는) 이 사람을 착취해서 저 사람을 배 불리는 일이나 금년이 작년 같고 내년이 금년 같은 공정을 반복하는 일에 그쳐서는 안 된다는 것을 의미했다. 마셜이 공장 견학 중에 특히 인상 깊게 느낀 것은 경영자가 끊임없이 작은 개선거리들을 찾는다는 것과 노동자 역시 끊임없이 더 나은 기회를 찾고 유용한 기술을 익힌다는 것이었다. 경영자와 노동자 양쪽이 자원을 최대한 활용해야 한다는 강박관념을 가진 듯했다.

물론 마셜은 회사의 존재이유가 사주에게 이윤을 주고 경영자에게 봉급을 주고 노동자에게 임금을 주기 위해서이기도 하다는 것을 알고 있었다. 일찍이 애덤 스미스는 경쟁에 직면한 회사가 소득을 최대화하려면 최대한 많은 양을 최대한 싸게 생산함으로써 소비자가격을 내려야 한다는 것을 지적했다. 그런데 마셜은 분석에 시간 요소를 끌어들였다. 회사가 시간이 흘러도 이윤을 남기고 계속 존재하기 위해서는 생산성을 점점 증대시켜야만 했다. 회사가 경쟁에 직면해 생존하기 위해서는 끝없는 적응만으로는 부족했다. 회사가 가장 생산적인 노동자를 확보하는 경쟁에서 승리하기 위해서는 생산성 증대를 통해서 창출된 이윤을 점진적으로 노동자와 공유해야 했다.

밀 등 정치경제학의 아버지들이 부정했던 것이 바로 이 점이다. 그들은 생산성 증대의 혜택이 노동계급에게 거의 혹은 전혀 돌아오지 않는다고 주장했다. 그들이 상상한 회사란 생산성은 비약해도 임금은 생리적인 최대치를 많이 넘지 않는 곳, 노동조건은 시간이 갈수록 오히려 악화되는 곳이었다. 마셜은 회사가 그런 곳이 아닐 뿐 아니라 그런 곳일 수도 없음을 인식했다. 노동력을 확보하기 위해 경쟁하는 사주는 효율증대와 품질향상의 이득을 노동자(임금 소득자인 동시에 소비자)와 공유하지 않을 수 없었다. 증거는 마셜이 옳았음을 확인해주었다. 국내총생산(한 나라의 임금, 이윤, 이자, 자산소득을 포함하는 연간소득)에서 임금이 차지하는 비중은 증가추세였고 임금수준과 노동층 소비수준 역시 증가추세였다. 『공산당 선언』과 밀의 『정치경제학 원리』가 나온 1848년부터 대개 계속 그런 추세였다.

3장

포터 양의 일과 사랑:
웨브와 복지국가

> 그녀는 자기 삶이 이성적인 동시에 열정적인 행동으로 가득 차길 바랐으며, 자기 삶을 그런 행동으로 가득 채워줄 수 있는 무언가를 갈망했다. 계시가 길을 인도해주던 시대는 지나간 후였다. [……] 등불이라고는 지식뿐이었다.
> — 조지 엘리엇, 『미들마치』[1]

해마다 3월이면 "1만 명의 상류층"이 마치 화려한 깃털의 이국 철새 떼처럼 런던에 내려앉았다.[2] 런던 "시즌"은 서너 달간 이어졌고 영국 엘리트는 정교한 짝짓기 의식에 여념이 없었다. 오전은 하이드파크의 로튼로나 레이디스마일에서 승마를 즐기는 시간이었다. 오후는 숫새가 국회나 클럽을 찾는 시간이었고 아내 새와 딸 새에게는 쇼핑과 사교방문의 시간이었다. 저녁은 모든 새가 오페라, 만찬, 무도회에서 만나 저마다 근사한 자태를 뽐내는 시간이었다. 며칠에 한 번씩 경쟁적으로 열리는 보트 경주, 크리켓 시합, 전시회 개막식 등이 일정에 약간의 변화를 주는 정도였다.

빅토리아 상류사회에서 다른 많은 것이 그랬듯이, 이 광적이기도 하고 경박해 보이기도 하는 여흥 역시 진지한 사업이었다. 의회의 개회와 동시에 시작되는 시즌 동안, 런던은 글로벌 결혼시장의 중심이었다. 부유한 부모가 딸을 두어 차례 런던 시즌에 보내주는 것은 아들을 옥스퍼드나 케임브리지에 보내주는 것과 같은 의미였다. 이 극도로 정교한 짝짓기 댄스에 참여하는 데 들어가는 비용과 노력을 고려할 때 충분히 가능한 비유였다. "타운"하우스가 없는 가족은 상류층 지역에 그럴듯한 저택을 임대해야 했고, 엄청난 분량의 값비싼 물품, "마구간을 가득 채울 말들과 마차들, [......] 옷장을 가득 채울 고급 옷들, [......] [그리고] 만찬, 댄스, 소풍, 주말파티를 위한 온갖 인력과 장비" 등 관습상 필수품이라고 여겨지는 모든 것을 사들여야 했다. 사교가 이렇게 어마어마한 규모로 이루어지려면, "전반적으로 [계획을 세우고] 수많은 사람을 부리고 무수한 결정을 내리는" 감독관, 곧 안주인이 필요했다.[3]

비어트리스 엘런 포터Beatrice Ellen Potter는 바로 그런 안주인이었다. 가족들에게는 보Bo 또는 비Bea로 통했던 그녀는 리처드 포터Richard Potter라는 글로스터 출신의 철도업계 부유층 거물의 아홉 딸 중 여덟째였다. 1883년의 몹시 추운 2월의 어느 날 오후, 그녀는 아버지와 함께 마차를 타고 프린시스 게이트 47번지의 화려한 테라스 앞에서 멈췄다. 이 날씬하고 젊은 아가씨는 감독관의 분위기를 풍기면서 높게 지은 크림색 이탈리아풍 저택들 사이의 이 집을 유심히 살폈다. 결혼한 언니들 여섯 명과 그들이 저마다 끌고 오는 대가족을 포함해서 계속 늘어나는 포터 족이 그해 런던 시즌 사교본부로 쓸 저택이었다. 호화로운 5층 건물이었고 앞쪽 벽은 이오니아식 기둥들과 코린트식 벽기둥들과 길게 뻗은 창문들과 과일과 꽃다발로 장식되어 있었으며 하이드파크를 면하고 있었다. 프랑스식 유리문 밖으로 보이는 뒤뜰은 드넓은 계단식 잔디밭이었고 그리스식 조각들과 무수한 주홍 제라늄이 흘러넘칠 듯이 피어 있는 거대한 화분들이 늘어서 있었다. 양 옆집도 비슷하게 으리으리했다. 그녀의 아버지가 프린시스 게이트를 선택한 이유가 바로 그것, 곧 자기 못지않은 돈 많고 힘 있는 이웃들 틈에서 지낼 수 있다는 것이었다. 미국 은행가 주니어스 모건Junius Morgan이 13번지를 임대했다. 그해의 런던 시즌을 위해 40번지를 임대한 이웃은 조지프 체임벌린Joseph Chamberlain이었다. 그는 바로 맨체스터 실업가 출신의 자유당 정치가이자 네빌 체임벌린Neville Chamberlain의 부친이었다. 포터 가의 멋진 아가씨를 위한 완벽한 세팅이었다.

스물다섯 살의 비어트리스는 런던 시즌을 대여섯 번 이상 경험한 베테랑이었지만, 사랑에 빠진 적은 한 번도 없었다. 한 해 전만 해도 그녀의 의무는 7월에 사교계 사람들이 짐을 꾸려 시골로 돌아가기 전에 50번의 무도회와 60번의 파티와 30번의 만찬과 25번의 조찬을 즐기는 것이었다.[4] 막후의 "그 모든 정교한 술책"[5]에는 전혀 관여치 않았다. 그렇지만 그해 런던 시즌에는 그럴 수 없었다. 포터 가의 자매들 중에서 그해 봄에 어머니가 세상을 떠났을 때 글로스터 저택에 살고 있던 것은 비어트리스와 열세 살의 로지Rosie뿐이었다. 갑자기 비어트리스는 아버지 집의 안주인으로 격상되었다.

런던에 오기에 앞서서 비어트리스는 "이 한 몸 바쳐서 사교계에서 성공하겠다."라는 엄숙한 맹세를 했다.[6] "성공"한다는 것은 언니들처럼 중요한 남자와 결혼한다는 뜻이었다. 다만 "이 한 몸 바쳐서" 성공하겠다는 말은 성공의 대가가 자기희생임을 암시했다. 그녀의 언니들 중에서 가장 늦게 결혼한 언니는 그녀와 가장 가까웠던 케이트Kate였는데, 케이트는 서른하나라는 늦은 나이까지 기다려서 당시 재무장관으로 있던 저명한 자유당 경제학자 겸 정치가 레너드 코트니Leonard Courtney 와 결혼했다. 아버지는 보Bo가 중요한 남자와 결혼하리는 것을 의심치 않았다. 그녀는 아름답고 집안 좋고 상당한 재산이 있는 것에 더해 사람들의 이목을 끄는 재능을 가지고 있었다. 그녀의 길고 우아한 목선, 지성으로 번득이는 눈빛, 반짝이는 검은 머리칼을 처음 본 사람은 인파로 가득한 실내의 반대쪽에서도 아름답고 위험해 보이는 검은 고니 한 마리를 떠올렸다. 남자들은 그녀에게 반했다. 그녀가 자기들을 진지하게 대하려고 하지 않는다는 것을 깨달으면 더욱 그러했다.

포터 가문 사람들이 도착하고 얼마간은 모든 것이 혼란스러웠다. 집안 하인들, 여분의 말들, 후발 마차들이 속속 들어왔다. 비어트리스가 선택한 침실은 저택의 뒤편에 있었다. 비어트리스는 아버지의 밤참을 살피고 하인들을 물러가게 한 후, 겨우 침실로 올라갈 수 있었다. 이제야 비로소 만찬의 좌석배치와 식단에 대한 생각을 떨쳐버리고 다른 생각(읽으려고 가져온 책들에 대한 생각, 공부하고 싶은 것들에 대한 생각)을 해볼 수 있었다. 비어트리스는 자신의 여러 욕망들과 의무들이 원래 서로 모순적인 것들이라고는 생각지 않았다. 결혼 잘한 여자나 당대에 가장 성공한 작가 조지 엘리엇이나 여왕처럼 군림할 수 있는 것은 마찬가지였다. 비어트리스가 열여덟 살 때 더 많은 시간을 쏟은 일은 '사교계 데뷔'를 준비하는 일이 아니라 동양 종교들을 연구하는 일이었다.

침실 창문으로 '빅토리아 앤드 앨버트 박물관'이 내려다보였다. 비어트리스는 문득 생각했다. 인간의 재능을 기리는 저 위대한 기념비는 런던 한복판의 "소란한 대도시 생활에도 불구하고" 놀랍도록 초연한데,[7] 나도 그럴 수 있을까. 사람들로 북적이는 응접실과 극장에서 부처같이 초연할 수 있을까. 사교계의 기대에 부응하는 동시에 "어떻게 살 것이며 무엇을 위해서 살 것인가?"[8]라고 끊임없이 묻게 하는 '생각' 쪽을 계속 계발하는 것이 가능할까.

비어트리스는 열다섯 살 때부터 자신의 운명이 어떻게 펼쳐질까 하는 질문에 사로잡혀 있었다. 어머니와 자매들이 보았을 때 그런 질문은 그저 병적 집착이었다. "포터 가의 따님이면 사교계에, 근사한 저택에, 아름다운 정원에, 엄청난 부자와 결혼할 텐데" 뭐가 더 필요했을까?[9] 비어트리스가 빅토리아 소설의 여주인공이었다면, 소설가는 그녀의 운명이 어떻게 펼쳐질까 하는 질문을 "소설의 중심"으로 삼는 것을 정당화해야 할 필요를 느꼈을 것이다. 1881년에 출판된 『어느 여인의 초상 The Portrait of a Lady』의 작가 헨리 제임스가 바로 그러했다. 작가 서문에서 제임스는 "수백만의 주제넘은 아가씨가, 똑똑한 아가씨나 똑똑지 못한 아가씨가, 날마다 자기의 운명에 덤비고 있는데, 그들의 운명이 얼마나 대단할 거라고 우리가 이렇게 야단법석일까."[10] "그럼 이제 그녀는 무엇을 할 것인가?" 같은 『어느 여인의 초상』에서 계속 나오는 말이 독자의 관심을 끌 수 있었던 것은 당시가 중간층 여성이 조혼과 출산을 선택하지 않을 수 있게 된 시기, '1882년 기혼여성 재산법'으로 중간층 여성이 소득권을 인정받게 된 시기였기 때문이다.

비어트리스의 사촌 마거릿 하크니스Margaret Harkness는 가난한 시골 목사의 딸로 태어난 소설가인데, 비어트리스와 함께 학교에 다니던 시절, "너는 젊고 예쁘고 돈도 많고 똑똑한데, 뭘 더 바라? 뭐가 불만이야?"[11]라고 짜증을 낸 적도 있었다. 『어느 여인의 초상』의 여주인공 이저벨 아처와 마찬가지로, 비어트리스는 여행하고 독서하고 친구를 사귀고 "엄청난 지식욕"과 "삶에 대한 엄청난 호기심"을 채울 수 있는 특이하게 자유로운 환경에서 자라났다. 비어트리스는 남자들과 함께 있는 것을 좋아했고, 대부분의 남자들이 자기에게 반한다는 것을 당연시했지만, 이저벨이 그랬듯이 그녀 역시 "결혼으로 인생을 시작할" 생각은 없었다.[12] 그녀는 여성적 매력을 인정받고 싶어했던 것에 못지않게 지성적 업적을 인정받고 싶어했다. 그녀는 "진정한 목표와 직업"을 원했고, 그 소망은 해가 갈수록 더 절실해졌다.[13] 그녀는 자기에게 "특별한 사명"이 주어졌다고 믿었고, 자기가 "큰일을 해내는 인생"을 살아야 할 사람임을 의심치 않았다.[14] 『미들마치』의 도로시어와 마찬가지로, 비어트리스 역시 모종의 원칙("자기 삶을 이성적인 동시에 열정적인 행동으로 가득 채워줄 무언가")을 원했다.[15]

비어트리스의 정체성을 형성한 것은 영국의 "신흥 지배계급"이라는 신분이었고,[16] 그녀의 사고방식을 형성한 것은 "자본주의적 투기"와 "대규모 사업의 불안정한 분위기"라는 성장환경이었다.[17] 역사가 바버라 케인Barbara Caine에 따르면, 비어트리스가 보았을 때 자기 계급의 특징은 재산이 아니라 "남에게 지시를 내리는 사람들, 남의 지시를 따르는 일은 거의 없는 사람들"이라는 점이었다.[18] 그녀의 할아버지는 친가 외가 모두 자수성가한 사람이었다. 그녀의 아버지는 1848년 폭락장에 유산 대부분을 잃었지만 크리미아 전쟁 중에 프랑스 군대에 막사를 납품해 잃은 것을 바로 만회했다. 비어트리스가 태어난 1858년 당시, 리처드 포터는 목재와 철도로 재산의 3분의 1을 쌓은 후 대서부철도의 중역이 되어 있었다.(나중에는 대서부철도의 회장이 되었다.) 실무 경영자라기보다 사업가 겸 투기자였던 포터는 한때는 수에즈 운하에 필적할 수로를 건설해보려는 생각도 가지고 있었다. 포터의 사업은 터키에서 캐나다에 이르기까지 여기저기 분산돼 있었고, 포터 가족들은 항상 여행 중이었다. 포터 가족들이 사는 글로스터의 스탠디시 저택은 호텔 못지않게 호화롭고 개방적인 곳이었고, 친척, 손님, 직원, 식객 등 계속 바뀌는 사람들로 항상 북적이는 곳이었다.

리처드 포터는 중년에 접어들면서 보수당에 투표하기 시작했지만, 전형적인 토리당 재벌은 아니었다. 그의 아버지는 면화 도매상이었고 한때 급진파 국회의원이었으며 《맨체스터 가디언 Manchester Guardian》 창간에 일조하기도 했다.[19] (비어트리스는 이 신문을 가리켜 '우리 기관지'라고 했다.)[20] 학문에 관심이 있고 대범하고 유쾌했던 리처드 포터는 과학자들, 철학자들, 저널리스트들과 절친한 관계를 유지했다. 1860년대와 1870년대에 영국에서 가장 추앙받은 지식인이자 전직 철도기사 겸 《이코노미스트》 편집장이었던 허버트 스펜서는 포터를 가리켜 "내가 만난 사람 중에 가장 호감 가는 사람"이라고 했다.[21] 포터는 스펜서의 철학적 주제에 온건하게 무관심했지만, 스펜서는 평생 포터를 경애했다.

훌륭한 여성 뒤에는 거의 항상 훌륭한 아버지가 있다. 포터는 비어트리스를 포함해서 모든 딸들에게 독서를 권했고 자기의 넓은 서재를 마음대로 이용하게 해주었다. 포터는 딸들의 대화나 교우관계를 전혀 제약하지 않았다. 포터는 딸들과 함께 있는 것을 좋아했고, 출장을 떠날 때 거의 항상 딸 하나를 데려갔다. 비어트리스가 보았을 때 "여자가

3장 포터 양의 일과 사랑: 웨브와 복지국가

정말로 남자보다 우월한 존재라고 믿은 남자, 그러한 믿음에 어긋나지 않게 행동한 남자는 내가 아는 남자 중에 아버지뿐"이었다.[22] 비어트리스는 자기가 "배짱 있고 과감한 것, 대규모 사업의 모험과 기회에 익숙한 것"은 아버지의 덕이라고 했다.[23]

어떤 의미에서 로런시나 포터Laurencina Potter는 남편보다 더 유별났다. 그녀가 트롤럽의 소설에 나오는 통통하고 태평스러운 어머니와 다른 정도는 그녀의 남편이 전형적인 사업가와 다른 정도보다 더했던 것이다. 스펜서가 포터 부부를 처음 만난 것은 그들이 갓 결혼했을 때였는데, 그때 스펜서는 그들을 가리켜 "내가 만난 부부 중에 가장 근사한 부부"라고 했다.[24] 그러나 그들을 더 알게 되면서, 완벽하게 여성적이고 우아하고 세련된 그녀의 성격 이면에 "그토록 독립적인 개성"이 있는 것에 놀라고 말았다.[25] 로런시나는 태평한 남편과는 달리, 이지적이고 청교도적이며 불평이 많았다. 헤이워스Heyworth라는 성으로 태어난 그녀는 리버풀의 자유주의적 성향의 상인 집안에서 남자형제들과 똑같은 교육, 곧 수학, 언어, 정치경제학 교육을 받았다. 결혼 전에 그녀는 곡물법에 반대하는 열렬한 논객으로서 여러 신문에 실린 지방 명사였다. 그로부터 수십 년 후, 그녀의 화장대에서 경제 관련 소책자를 발견하는 일은 딸 비어트리스에게 이미 익숙한 일이었다.

로런시나는 행복하지 못한 여자였다. 그녀가 왜 좌절했는지를 딸 비어트리스는 쉽게 짐작할 수 있었다. 로런시나가 그렸던 결혼생활은 "남편과 지적인 우정을 나누고 가능하면 지적인 성과도 나누는 그런 생활, 명사 친구들에게 둘러싸인 생활"이었다.[26] 그런데 그녀는 결혼하고부터 20년간 거의 항상 임신 중 아니면 육아 중이었다. 남편이 출장을 다니고 작가들이나 지식인들과 만찬을 즐길 때, 그녀는 여자들과 아이들이 있는 데로 쫓겨났다. 그녀의 야심은 소설을 쓰는 것이었고, 『로라 게이 Laura Gay』라는 소설을 출판하기도 했다. 하지만 그것은 가정생활의 의무들이 그녀를 압도하기 전이었다.

아홉째로 외아들 디키Dickie가 태어나면서 로런시나는 디키에게 철저하게 헌신했다. 그런데 아이가 두 살 때 성홍열로 세상을 떠나자, 로런시나는 극도로 침울해져서 다른 자식들을 멀리하기 시작했다. 당시 일곱 살이었던 비어트리스는 어머니가 "아버지와 사업을 의논하지 않으면 내실에서 책만 읽는 쌀쌀맞은 사람"이었다고 회고했다. 어머니가 냉정했던 탓에, 딸 비어트리스는 "나는 사랑받을 만한 사람이 아닌가 보다, 내가 혐오스러운가보다."라고 여기게 되었다. 로런시나는 감정의 기복이 심했고 연극조로 행동했고 거짓말로 과장하는 경향이 있었을 뿐 아니라, 헤이워즈 가의 염세Weltschmerz와 자살의 성향도 있었다. 로런시나의 친척 둘이 자살했다. 나중에 비어트리스는 "내 어린 시절은 전반적으로 행복하지 못했다. 병약했고, 애정결핍 상태였고, 병약함과 애정결핍에서 비롯되는 정신적 장애인 짜증과 분노가 많았다. [……] 내 어린 시절의 **외로움**은 절대적인 외로움이었다."[27]라고 회고했다. 어린아이였던 비어트리스도 이미 클로로포름 병을 만지작거리고 있었다.

어느 전기작가에 따르면, 어머니 곁에서 쫓겨난 비어트리스는 포터 가를 시중드는 '아래층' 하인들에게서 애정을 구했다. 비어트리스 자매들은 특히 보모였던 마사 잭슨Martha Jackson을 다다Dada라고 부르면서 친하게 지냈다. 후일 비어트리스가 알게 된 것처럼, 이 보모는 외가 쪽 친척으로서 가난하되 체면을 지키는 랭커셔 방직공 집안 출신이었다.

케인에 따르면, 비어트리스가 원죄의식을 가지게 된 것, 좋은 일을 하겠다고 결심하게 된 것, 그리고 "체면을 지키는" 노동 빈곤층에 일평생 공감했던 것은 바로 다다의 영향이었다. 그러나 비어트리스가 글을 쓰고 싶다는 마음을 품은 것은 로런시나의 영향이었다. 비어트리스는 열다섯번째 생일날부터 세상을 떠날 때까지 일기를 썼다. "쓰지 않고서는 못 배길 것 같을 때가 있다. 그럴 때면 나의 비뚤어진 생각들을 누군가에게 쏟아내야 한다. 그 누군가가 나 자신이라고 해도."[28]

포터 가에 자주 오는 지식인들 중에는 생물학자 토머스 헉슬리Thomas Huxley가 있었고, 찰스 다윈의 사촌인 프랜시스 골턴 경Sir Francis Galton이 있었고, 그 외 전통적 신앙을 파괴하고 있던 새로운 "과학적" 관점을 지지하는 사람들이 있었다. 비어트리스가 열세 살 소녀가 되었을 무렵에, 반골 프로테스탄트라는 포터 부부의 배경을 공유하는 스펜서는 로런시나의 가장 친한 친구이자 포터 가의 지적 분위기를 지배하는 인물이었다.

스펜서는 "적자생존"이라는 용어를 만들어낸 인물이었고, 1860년대에는 찰스 다윈을 능가하는 명사였다. 사회제도들이 동식물 종처럼 진화하고 있고 따라서 동식물처럼 관찰, 분류, 분석될 수 있다는 스펜서의 생각은 당시 대중의 상상력을 사로잡았다. 진화를 주창한 최초의 인물 중 하나였던 스펜서는 노예제에 반대하고 여성참정권을 지지하는 급진 개인주의자였다. 정부규제 및 세금인상에 반대하는 스펜서의 태도는 신분상승 중이었던 중간층과 중하층에 매력적이었다. 스펜서가 신의 존재를 아예 배제하지 않았다는 점은 그의 인기를 한층 올려주었다.

 그러나 명성은 스펜서에 맞지 않는 옷이었다. 몸이 아플 때가 많고 건강염려증이 있었던 스펜서는 나이가 들수록 괴짜 은둔자가 되어갔다. 스펜서는 클럽에 가거나 집에 혼자 있지 않을 때는 항상 포터 가를 찾아왔다. 그는 포터 부부의 글로스터 저택에 수시로 드나들면서, "예속은 **나쁜 것**."이라는 구호와 함께 그들의 딸들을 가정교사로부터 해방시켜주곤 했다.[29] 종종 그는 포터 가의 딸들을 이끌고 자기가 내놓은 이런저런 진화 개념들을 예시해줄 표본을 찾으러 다녔다. 포터 가가 코츠월드 별장으로 피서를 떠나는 여름이면, 머리부터 발끝까지 흰색 린넨으로 차려 입고 양산을 받쳐 든 스펜서가 너도밤나무 숲과 오래된 배나무 과수원을 앞장서서 걸어갔고, 키가 크고 날씬한 여자아이들이 사내아이처럼 검은 머리칼을 짧게 깎고 연한 모슬린 옷을 입고 양동이와 그물을 들고 뒤따랐다. "대단히 귀엽고 독특한 무리"였다.[30] 일행은 때때로 걸음을 멈추고 화석을 파냈다. 글로스터의 낡은 선로 단면이나 석회암 채석장은 수천 년 전에는 얕고 따뜻한 바다의 바닥부분이었으니, 암모나이트, 바다나리, 삼엽충, 성게의 엄선된 컬렉션이었다. 포터 가의 딸들이 극도로 이성적인 친구 스펜서를 진지하게 대한 것은 아니었다. 그들은 "우리가 원숭이의 후손이라고요, 스펜서 씨?"라고 소리치면서 키득거렸다. 스펜서는 예외 없이 "인류의 약 99퍼센트는 원숭이의 후손이고 인류의 약 1퍼센트는 원숭이의 조상이다."라고 대답했다. 그러면 그들은 더 크게 웃었고, 이 철학자의 "비범한 머리"에 너도밤나무 낙엽을 집어던지기도 했다.[31]

 자매들 가운데 가장 책을 좋아하고 가장 감정의 기복이 심했던 비어트리스는 스펜서의 비범한 정신의 작업들에 오랜 세월 동안 매력을 느꼈다. 스펜서는 비어트리스에게 "너는 타고난 형이상학자다."라고 해주거나 자기의 우상이었던 조지 엘리엇과 닮았다고 해주거나 독서목록을 뽑아주거나 네가 가진 학문적 야심을 따르라고 권하거나 하는 방법으로 비어트리스를 격려했다. 스펜서의 지지가 없었다면, 아마도 비어트리스는 관습을 따르는 인생(그리고 때로는 자신의 감정을 따르는 인생)을 살았을 것이다.

비어트리스의 정규교육은 놀라울 정도로 빈약했다. 수많은 상류층 아가씨들과 마찬가지로, 두어 달간 비싼 예비신부학교에 다닌 것이 전부였다. 자주 아파서이기도 했고,(진짜 아플 때도 있었고 아프다고 상상하는 것일 때도 있었다.) 당시 기준으로 보면 진보적이었던 리처드 포터 같은 사람도 딸을 대학에 보낼 생각을 하지 않아서이기도 했다. 그러니 그녀의 교육은 대부분 집에서 이루어졌다. 혼자 배운 것과 공공도서관에 반입될 수 없는 책을 자유롭게 읽은 것이 교육의 전부였다는 것이다. 그녀는 일기에 "어머니의 말씀대로, 나는 어머니의 말동무가 되기에는 너무 나이가 어리고 너무 아는 것이 없고 무엇보다 너무 경박스럽지만, 그래도 용기를 가지고 변하려고 애써야지."[32]라고 썼다. 로런시나는 대부분의 일에 구두쇠였지만, 신문과 잡지를 사는 일이라면 지갑을 열었다. 비어트리스는 어머니의 관심사인 종교와 철학과 심리학에 심취했다. 그녀가 학교에 다닐 때 읽은 작가에는 조지 엘리엇도 있었고 당시 유행하던 프랑스 철학자 겸 선구적인 사회학자 오귀스트 콩트Auguste Comte도 있었다.

비어트리스는 아버지의 서재와 어머니의 잡지를 마음껏 이용할 수 있었던 덕분에 당시 여자아이로는 흔치 않게 후기 빅토리아 시대를 지배하던 종교적, 학문적 논쟁들을 그대로 접할 수 있었다. 나중에 비어트리스는 "인간이 이승과 저승에서 어떠한 의무와 어떠한 운명을 지고 있는가에 대한 온갖 현대 가설들을 수용하기도 하고 반박하기도 하며, 우리는 그야말로 끊임없는 격동 속에서 살아갔다."라고 회고했다. 사교계 데뷔를 앞둔 열여덟 살의 비어트리스는 이미 영국 국교회의 신앙을 버리고 스승 스펜서의 "조화와 진보"라는 새 교리를 받아들이고 있었고, 스펜서가 설파하는 자유주의적 정치관과 "과학적인 조사관"이라는 스펜서의 이상도 함께 받아들이고 있었다. 과학적인 조사관이라는 이미지는 비어트리스의 마음속에 "사물의 본성을 알아내겠다는 호기심", "인류를 '조감'하겠다는 소망", 그리고 "읽힐 책"을 쓰겠다는 은밀한 야심을 불러일으켰다.[33]

프린시스 게이트에서 석 주를 보낸 비어트리스는 "공존할 수 없는 두 가지가 나의 시간과 에너지를 요구하고 있다."라고 느끼고 있었다.[34] 특히 지루했던 만찬 후에, 그녀는 "숙녀들은 너무나도 무미건조하다."라고 한탄했고,[35] "왜 지적인 여자가 굳이 결혼을 하고 싶어하는지, 왜 이런 짓을 사회적 법도로 여기는 무리 속에 속하고 싶어하는지" 답답해했다.[36] 그녀는 "나는 우리 안에 갇힌 동물 같은 심정이다. 내 지위에 수반되는 사치와 안락과 체면이라는 우리." 등의 불만을 일기장에 쏟아놓곤 했다.[37]

비어트리스는 일과 사랑을 둘 다 원했지만, 둘 다 얻을 가망이 있을지, 자기가 어머니 로런시나보다 유리할지 의심하기 시작했다. 이저벨

아처가 "여자는 다른 일도 할 수 있다."라고 말하면서 염두에 두고 있었던 것은 아마 자력으로 생활하는 전문직 여성들이었을 것이다. 그런 여자들은 친구를 선택하는 것, 하고 싶은 말을 삭이지 않는 것, 혼자 셋집을 구하는 것, 혼자 여행하는 것 등도 가능했다. 그런 여자들은 많지 않았지만 점점 많아지는 추세였다.

그렇지만 비어트리스가 고심 끝에 깨달았듯, 그런 여자들은 많은 것을 포기해야 했다. 비어트리스가 대영박물관 휴게실에서 마주친 엘리너 마르크스Eleanor Marx(악명 높은 카를 마르크스의 딸)는 "단정치 못하게 멋진 옷차림이었고, 검은 곱슬머리가 사방으로 뻗어나가고 있었다!" 비어트리스는 엘리너의 지적 자신감과 낭만적 외양에 끌렸지만, 엘리너의 보헤미안식 생활방식에 몸서리를 쳤다. 비어트리스는 "불행히도 인간들과 섞여 살다보면 어떤 식으로든 인간들과 **관련**된다."라고 혼잣말을 했다.38 비어트리스는 후일 『런던에서 가장 어두운 곳In Darkest London』, 『어느 도시 소녀A City Girl』 등의 사회소설들을 쓰게 되는 사촌 마거릿 하크니스를 아주 좋아했다. 매기(마거릿)는 블룸버리의 초라한 방 한 칸짜리 셋집에서 자력으로 생활했고, 작가의 재능이 발견되기까지 가정교사 일과 보모 일과 배우 일을 전전했다. 경악한 가족은 매기와 인연을 끊어버렸는데, 비어트리스에게 그러한 매기의 처지는 미국으로 이민 가는 것에 못지않게 상상하기 힘든 일이었다. 비어트리스는 좀 더 자기의 처지에 만족하며 살고 싶어했다. "이 한심한 개구리야, 왜 그렇게 전문직이 되겠다고 몸을 부풀리고 있는 거니? 뭔가를 해내고 싶다는 그 못된 욕심을 버리면 좋은데……."39

다시 한 번 스펜서가 구원에 나섰다. 스펜서는 비어트리스에게 이스트엔드의 자원봉사 징세원으로 일해보라고 권했다. 비어트리스의 언니를 대신하는 자리였고, 혼자 공부하면서 사회조사관을 준비할 수 있는 자리였다. 앞 세대에 앨프리드 마셜이 그랬듯, 비어트리스는 런던에 끌리고 있었다. 그녀는 자선조직협회 회의가 열리는 런던으로 갔다. 자선조직협회는 "과학적" 자선, 곧 증거에 입각한 자선을 행하고 자활의 복음을 전하는 사설단체로서, 단체의 모토는 "민중은 자신의 벌이와 노력을 통해서 자활해야 하며 [……] 국가에 가능한 한 적게 의존해야 한다."였다.[40] 빈민층을 방문하는 것은 전통적으로 여자들의 책임이었지만, 1880년대에 사회사업은 노처녀와 무자녀 기혼여성에게 체면이 깎이지 않는 직업이 되고 있었다. 다양한 매력이 있는 직업이었다. 비어트리스는 "빈민층을 찾아가는 것은 우리에게 분명 유익한 일이다. [……] 우리는 그들로부터 새롭고 흥미로운 인생 경험을 얻을 수 있고, 그들의 생활과 환경을 연구함으로써 얻어지는 사실들을 이용하여 사회문제들을 해결해볼 수 있다."[41]라고 했으며, 얼마 후에는 "내 삶을 여기에 바치고 싶은데……."[42]라고 했다. 그러나 그 당시 비어트리스는 그저 두어 달 간 캐서린 요양원을 두어 차례 방문했을 뿐이었다. 비어트리스는 "내가 원하는 훈련을 받으려면 나에게 주어진 의무를 소홀히 할 수밖에 없다."라고 한탄했다.[43]

그달의 어느 날 밤, 비어트리스는 너무 흥분한 탓에 새벽까지 잠을 이루지 못했다. 이웃 만찬에서 조지프 체임벌린과 파트너가 된 날 밤이었다. 체임벌린은 영국에서 가장 중요한 정치가였고 그녀가 만나본 남자 중에 가장 당당하고 카리스마 있는 남자였다.

체임벌린은 비어트리스보다 스물두 살 많았고 두 번 상처한 홀아비였지만, 여전히 젊음의 활력과 열정이 넘치는 남자였다. 단단한 체격, 숱이 많은 머리카락, 상대를 꿰뚫어보는 듯한 시선, 신기하게 유혹적인 목소리, 타고난 지도자였다. 체임벌린의 이력을 보면, 나사못 제조업으로 큰 재산을 모았고, 정계로 이동해 버밍엄에서 개혁 지향적인 시장이 되었으며, 4년 동안 시장으로 있으면서 "공원을 짓고 길을 닦고 조례를 만들고 광열수도를 놓으면서" 더러운 공장 도시였던 곳을 모범적인 메트로폴리스로 **개선**했고,[44] 와해되는 자유당 조직을 재건하는 일에 여러 해를 헌신한 대가로 각료가 되었다.

비어트리스가 체임벌린을 만났을 무렵, 체임벌린은 이미 영국 정치의 악동이었다. 물론 외알안경, 맞춤 양복, 양복 깃에 꽂힌 싱싱한 난초로 연출된 그의 우아함은 선동가라는 그의 이미지에 들어맞는 겉모습은 아니었다. 그러나 그해에 있었던 격한 논쟁에서 유권자의 관심을 가난과 투표권이라는 양대 사안으로 돌려놓은 것이 바로 그였고, 각료라는 지위를 이용해 성인남자의 보통선거권, 주거비 인하, 농업노동자를 위한 토지 무상분배라는 캠페인을 벌인 것도 바로 그였다. 그는 보수당 지도자 솔즈베리 경Lord Salisbury을 버밍엄에 초청해놓고 그의 방문에 항의하는 집회에서 기조연설을 시킴으로써 보수파를 분개하게 만들기도 했다. 그의 적수들은 그를 가리켜 "영국의 로베스피에르Robespierre"라고 칭하면서 그가 계층 간 증오를 조장한다고 비난했다. 빅토리아 여왕은 체임벌린이 노동층 시위에서 왕족을 모욕했던 것에 대해 사과할 것을 요구했다. 허버트 스펜서는 비어트리스에게 체임벌린이 "의도는 좋을지 몰라도, 현재에도 장래에도 헤아릴 수 없는 해악을 끼칠 사람"

이라고 말했다."⁴⁵

스펜서의 제자였던 비어트리스는 체임벌린이 상징하는 거의 모든 것을 좋지 않게 생각했고, 특히 유권자의 감정을 자극하는 대중주의적 호소를 좋지 않게 생각했다. 그럼에도 그는 그녀를 흥분시켰다. 그녀는 일기에 "나는 그를 좋아한다, 나는 그를 좋아하지 않는다."라고 썼다. 위험을 감지한 그녀는 "사교계에서 '똑똑한 남자들'을 만나 떠드는 것은 함정이고 착각이다. [……] 차라리 그들이 쓴 책을 읽는 편이 낫다."⁴⁶ 라고 자기 자신에게 준엄하게 충고했다. 그러나 그녀는 자신의 충고를 따르지 않았다.

포터 가와 체임벌린은 프린시스 게이트의 이웃이었으니, 논란의 중심인 자유당 정치가 체임벌린과 사교계를 주름잡는 다소간 분방한 포터 양이 계속 동석하게 되는 것은 불가피한 일이었다. 두 사람이 두번째로 만난 것은 그해 7월 허버트 스펜서의 연례 소풍에서였다. 비어트리스는 저녁 내내 체임벌린과 이야기를 나눈 후 "그의 인성이 나의 관심을 불러일으킨다."라고 인정했다.⁴⁷ 그로부터 두 주 후에 비어트리스는 엄청난 토지를 소유한 귀족과 체임벌린을 좌우에 앉히게 되었고, "휘그당 귀족은 자기가 가진 것에 대해 지껄였고 체임벌린은 대중을 위해서 남이 가진 것을 손에 넣을 방법에 대해 **열변**을 토했다."라는 우스갯소리를 했다. 그녀는 그의 정치관을 역겨워하면서도 그의 "지적 열정"과 "무한한 **목적의식**"에 매료되었다. 비어트리스는 "저 남자를 연구하고 싶다!"라고 혼잣말을 했다.⁴⁸

비어트리스는 자신을 속이고 있었다. 사회조사관이자 초연한 관찰자였던 그녀가 그만 발을 헛디디고 "소용돌이치는" 감정 속에 빠지고 말았던 것이다. 그것은 그녀를 불가항력적으로 끌어당기는 감정, 그녀가 이해할 수도 없고 통제할 수도 없는 감정이었다. 그녀는 체임벌린의 아내로 사는 것이 행복한 일일까 고민했다. 주변 남자들을 자기에게 반하게 하는 데 익숙해 있었던 그녀는 손쉬운 정복에 불만을 느끼고 있었다. 어린 시절에 애정결핍에 시달렸던 그녀는 자기가 아니라 다른 중요한 일에 몰두하는 남자의 관심을 얻고 싶어했다. 체임벌린이 원한 것은 수상이 되는 것이었고, 체임벌린이 추종자와 가족에게 똑같이 요구한 것은 맹목적 충성이었으며, 체임벌린이 군중을 홀리는 방식은 여느 남자들이 여자를 홀리는 방식과 같았다. 체임벌린은 비어트리스가 만난 사람 중에 가장 강한 개성의 소유자였다.

그녀는 자기가 왜 그에게 특별히 끌리는지 그 이유를 분석해보고자 했다.

> 나는 항상 상투적 사랑을 지겨워해왔다. 그런데 조지프 체임벌린은, 심각하고, 진지하고, 매너 없고, 듣기 좋은 말을 할 줄도 모르고, 그저 내가 자기보다 한참 아래라는 듯, 나에 관한 것은 하나같이 별 볼일 없다는 듯, 나라는 사람이 이 세상에서 중요한 사람이 되려면 자기와 관계를 맺는 방법밖에 없다는 듯, 이런 식의 구애는 (이런 것을 구애라고 말할 수 있다면) 적어도 내 상상력을 사로잡고 있다.[49]

비어트리스는 체임벌린이 런던 시즌 중에 사랑을 고백할 것이라고 반쯤 기대하고 있었지만, 청혼은 없었다. 실망한 비어트리스는 스탠디시로 돌아가 "미래의 성공을, 어쩌면 사랑을 꿈꾸었다".[50] 체임벌린의 누이 클라라가 9월에 비어트리스를 체임벌린의 런던 저택에 초대했다. 비어트리스는 다시 한 번 체임벌린의 청혼을 기대하면서 "이렇게 반듯한 환경에서 자란 남자라면 **당연히** 본심을 확실하게 밝히겠지."라고 혼잣말을 했다."[51] 포터 가에서는 체임벌린의 본심을 놓고 논의가 분분했지만, 체임벌린은 다시 한 번 기대를 저버렸다. 비어트리스는 자기 기대치와 함께 언니동생들의 기대치를 낮추려고 노력했다. "체임벌린 양이 이야기하는 대로 그 높으신 신사분이 '매우 인습적인 여성관'을 가지고 있다면, 나처럼 비인습적인 사람은 유혹당할 위험은 없겠어. 내가 비인습적인 사람이라는 것은 감춰지지 않을 테니."[52]

10월이었다. 비어트리스가 스탠디시에서 체임벌린에 대한 생각에 사로잡혀 있는 동안, 자유당 기관지 《펠 맬 가제트》는 「런던 떨거지의 피눈물The Bitter Cry of Outcast London」이라는 런던 이스트엔드에 관한 소책자의 요약문을 연재했다.[53] 한 조합교회 목사가 일인칭 시점으로 쓴 이 기사는 개탄스러운 주택상황을 끔찍하게 묘사함으로써 중간층의 분노와 충격을 유발했다. 1840년대와 1850년대에 나온 헨리 메이휴의 폭로기사와 마찬가지로, 이 기사는 인구과밀, 노숙, 저임금, 질병, 오물, 기아의 연대기였다. 그러나 거트루드 히멜파브에 따르면, 이 기사의 충격가치는 오히려 난교, 매춘, 근친상간을 암시한다는 데 있었다.

> 패륜은 이러한 상황의 필연적 결과다. […] 이런 새장 속에 함께 사는 남녀가 부부냐 물으면, 상대는 당신의 순진함에 미소를 지을 것이다. 그야 모르지요. 무슨 상관이랍니까. […] 근친상간은 흔하다. 어떠한 형태

의 악덕과 음탕도 충격을 주거나 이목을 끌지 못한다.[54]

이 선정적 폭로기사의 즉각적 효과는 수상 솔즈베리 경과 조지프 체임벌린을 위기의 원인 및 정부의 대응을 둘러싼 논쟁 속에 몰아넣은 것이었다. 토리당 지도자이자 이스트엔드의 가장 큰 지주 중 하나였던 솔즈베리 경은 인구과밀의 원인을 런던의 인프라 호황에서 찾은 반면, 체임벌린은 도시 지주층에 책임을 돌렸다. 체임벌린이 원한 것은 도시 지주층을 과세함으로써 노동자 주택을 마련하는 것이었다. 의미심장하게도 토리당과 급진파는 주택위기의 책임을 정부에서 찾는다는 데서 일치했다.

비어트리스는 「런던 떨거지의 피눈물」을 "천박하고 선정적"이라고 일축했고, 스펜서와 함께 이 기사의 정치적 파장에 유감을 표했다.[55] 그러나 비어트리스는 이 기사가 이토록 대단한 파장을 일으킨 이유가 일인칭 증언과 직접적 관찰이라는 것을 인식했다. 비어트리스는 예전에 자기가 징세원으로서 셋집들을 방문했던 것은 자비심 때문이 아니라 탐구심 때문이었다는 것을 떠올렸다. 비어트리스가 자기의 사회분석 능력을 시험해보고 싶다고 마음먹은 것은 바로 「런던 떨거지의 피눈물」에 대한 엄청난 반응 때문이었다.(스펜서는 자신과 같은 관심을 가진 누군가가 이 기사에 대한 효과적인 반박글을 써주기를 바라고 있었다.)

비어트리스는 비교적 익숙한 배경에서 시작하기 위해 면화로 유명한 랭커셔의 중심지인 베이컵에 살고 있는 외가 쪽 가난한 친척들을 찾아갔다. 그중에는 포터 가의 집사와 결혼해서 떠난 다다도 있었다. 비어트리스가 이런 일을 감행했던 것을 보면, 그녀가 얼마나 독립적인 삶을 살고 있었는지를 알 수 있다. 비어트리스가 랭커셔에서 "유명한 포터가"의 일원이 아니라 "존스 양"이었던 것은 가족들을 난처하게 하지 않기 위해서이기도 했고 인터뷰 상대의 말문을 막지 않기 위해서이기도 했다. 비어트리스는 랭커셔에서 한 주를 보낸 후에 아버지에게 보낸 편지에서 "산업사회의 생활을 관찰하는 방법은 노동자들 사이에서 살아보는 것"이라고 했다.[56]

그녀가 알아낸 것은 그녀가 받아들이려고 했던 것, 곧 "단순한 자선가들은 자활 노동계급의 존재를 간과하기 쉽다는 것, 그들이 말하는 '민중'은 '식충이'의 감상적 표현일 뿐이라는 것"이었다.[57] 그녀는 자활 빈민층에 대한 글을 쓰기로 마음먹었다. 그녀가 크리스마스에 스펜서를 만났을 때, 스펜서는 베이컵에서의 경험을 잡지에 싣자고 권했다. 스펜서는, 토리당과 자유당이 양쪽 모두 세금인상과 정부공여 확대라는 "정치활동의 해로운 경향"을 드러내는 상황에서 "정상적 상태의 노동자"를 실제로 관찰하는 것은 그러한 해로운 경향을 바로잡아주는 최선의 해독제라고 했고,[58] 자기가 《19세기*The Nineteenth Century*》라는 잡지의 편집장에게 말해놓겠다고 했다. 비어트리스는 물론 스펜서의 말을 듣고 몹시 기뻤지만 "그 '해로운 경향'의 화신"이 자기의 마음을 사로잡았다는 것과 이제 곧 포터 가로 쳐들어오리라는 것을 생각하며 몰래 재미있어했다.[59]

당시 비어트리스는 체임벌린과 그의 두 자녀를 스탠디시의 신년파티에 초대해놓은 상태였다. 자신의 양분된 감정을 해결할 방법은 직접 대면하는 방법뿐이라고 생각했고, 상대도 자기와 똑같은 감정이리라고 확신했다. 그녀는 일기에 "이 괴로운 상태는 오래갈 수 없다. '죽느냐 사느냐'는 곧 정해질 것이다."라고 썼다.[60] 그렇지만 그들의 만남은 끔찍할 정도로 거북했다. 비어트리스가 체임벌린의 정치관에 강하게 저항할수록 체임벌린은 자신의 정치관을 더욱 강력하게 내세웠다. 언젠가 체임벌린은 비어트리스와의 열띤 접전 뒤에, 연설을 끝마친 것 같다고 투덜거리기도 했다. 비어트리스는 일기에 "그가 호기심 어린 눈으로 나의 일거수일투족을 감시하는 느낌이었다. 내가 자기의 절대적 우위에 항복하는지를 확인하고 싶은 것 같았다."라고 썼다. 체임벌린이 나는 여자들로부터 "지적인 공감"을 얻고 싶을 뿐이라고 말했을 때, 비어트리스는 당신이 정말 얻고 싶어하는 것은 실은 "지적인 굴종"이라고 혼잣말을 했다. 다시 한 번, 체임벌린은 청혼하지 않고 떠났다.[61]

　체임벌린은 비어트리스와의 마지막 대화에서 "당신이 허버트 스펜서를 믿는다면, 나를 믿지 않을 것"이라고 했다.[62] 그가 그녀의 개심을 기대했다면 그것은 오산이었다.
　비어트리스가 어렸을 때 아버지 리처드 포터는 스펜서가 "교인들과 반대방향으로 가는 것"을 놀리면서 "스펜서, 그래서는 잘될 리가 없어, 잘될 리가 없지."라고 속삭이곤 했다.[63] 그러나 20년이 넘는 기간 동안, 스펜서는 한 세대의 지성을 이끌었다. 1848년 혁명이 유럽을 휩쓴 후 3년 만에 나온 스펜서의 『사회통계학』은 새로운 경제적, 정치적 자유가 귀족의 특권을 누른 것을 축하하는 책이자 최소 정부와 최대 자유를 중간층 진보세력들의 신조로 만든 책이었다. 앨프리드 마셜은 다윈 쪽보다는 스펜서 쪽에서 진화론을 흡수했다. 카를 마르크스는 이 철학자의 지지가 판매를 견인하리라는 기대 속에 스펜서에게 『자본』의 저자

비어트리스 포터는 영국 지배층 태생이었지만, 상충하는 욕망 사이에서 심각하게 갈등했다. 사회조사관이라는 이력을 밀고 나아갈 것인가 아니면 권력자, 곧 카리스마 있고 군림하려 드는 조지프 체임벌린의 아내가 될 것인가.

서명 재판본을 보내기도 했다.[64]

그러나 1880년 초의 스펜서는 다시 한 번 사람들과 반대방향으로 가고 있는 상태였다. 그 무렵에 나온 스펜서의 『인간 대 국가The Man Versus the State』는 정부의 규제 및 과세의 증가세를 총체적으로 비난하는 책이었다.

> 독재적인 조치들이 급속히 확산되면서 개인의 자유를 지속적으로 축소시키는 방향으로 나아가고 있다. 이러한 경향은 두 가지로 나타나고 있다. 한편으로, 규제의 수가 해마다 늘면서, 시민들은 전에는 제약받지 않고 행한 행동들에 제약을 받기도 하고 전에는 좋으면 행하고 싫으면 행하지 않았던 행동들에 강요를 받기도 한다. 다른 한편으로, 무거워진 공적 부담(주로 지역 차원에서 부과되는 부담)이 시민의 자유를 더욱 크게 제약하고 있다. 자기가 번 것을 자기가 원하는 대로 지출할 수 있는 양이 줄어들고, 공적 기관들이 원하는 대로 지출하도록 빼앗기는 양이 늘어나기 때문이다.[65]

독자들은 그의 자유방임주의 브리핑을 보며 구태의연하고 반동적이고 점점 부적절해지는 독트린의 마지막 배수진이라고 생각했다. 거트루드 히멜파브에 따르면, 대부분의 생각 있는 빅토리아 사람들은 자유방임주의로부터 벗어나고 있었고 (아니면 최소한 자유방임주의에 문제를 제기하고 있었고) 게다가 그들 중 다수가 예전에 자유방임주의를 환영했던 것을 후회하고 있었다. 히멜파브에 따르면, 옥스퍼드의 경제사 연구자 아널드 토인비는 노동계급에게 "우리는 (아주 부자들은 물론이고 중간층도) 당신들

을 방치했다. 우리가 당신들에게 내민 것은 정의가 아니라 자선이었다." 라고 사과했다.⁶⁶

1884년에 『인간 대 국가』가 나왔을 때, 스펜서와 비어트리스는 그 어느 때보다 가까이 지내며 날마다 몇 시간 이상 함께 보내고 있었다. 비어트리스는 "나는 허버트 스펜서의 이성reason이 어떻게 움직이는지를 이해한다. 그렇지만 체임벌린의 열정이 움직이는 이유reason는 이해할 수 없다."라고 했다.⁶⁷ 그녀는 자기가 서명한 『인간 대 국가』를 케임브리지 내 거턴 칼리지의 설립자 중 한 명에게 보내면서, 자기가 저자의 가장 열성적인 제자라는 것을 밝히는 글을 동봉했다. 실직자 구제, 공립학교, 안전규제 등등 "국가 개입" 사례들에 대해 "나는 반대합니다. 이런 거대 실험들은 [……] 설익은 이론의 냄새가 납니다. [……] 설익은 이론은 사회적 해악들 가운데 가장 위험하고 [……] 사회를 고치겠다는 돌팔이 의사의 처방입니다."라는 글이었다.⁶⁸

그러나 그녀는 양가적이었다. 그녀는 체임벌린으로 인해 "사회문제들이 오늘날의 핵심문제로서, 종교의 자리를 차지"하고 있음을 깨닫지 않을 수 없었다.⁶⁹ 다시 말해, 그녀는 하룻밤 사이에 새로운 '시대정신'을 받아들일 준비가 되지는 않았지만, 그러한 정신을 차마 묵살할 수는 없었고 그러한 정신을 주창하는 정력적인 남자를 포기할 수는 더욱 없었다.⁷⁰

체임벌린이 하이버리라는 버밍엄의 거대한 새 저택으로 이사한 후, 체임벌린의 누이가 비어트리스를 하이버리로 초대했다. 비어트리스는 자기가 흠모하는 그 남자가 자기를 불러주었으리라고 짐작하고 곧장 달려갔다. 그러나 도착하자마자 그녀는 취향의 차이에 충격을 받았다.

그녀는 "내닫이창들이 수도 없이 많은, 공교히 지어진 빨간 벽돌건물"에 대해서 칭찬의 말 한마디 찾을 수 없었고, "공교히 새겨진 마블 아치, 비단벽지, 사치스러운 벽장식, 엄선된 수채화, [……] 버려진 거대한 저택 같은" 천박한 인테리어에는 자기도 모르게 몸서리를 쳤다. "책도 없고, 일할 곳도 없고, 음악도 없고, 비단가구의 숨 막히는 사치스러움을 누그러뜨려줄 덮개 한 장 없"었다.

비어트리스의 하이버리 방문 첫날, 존 브라이트John Bright라는 자유당 원로 정치인이 그녀의 어머니에 대한 이야기로 그녀를 즐겁게 해주었다. 로런시나가 40년 전에 헤이워스 저택을 찾았던 금주가들과 곡물법반대연맹의 열혈 지지자들에게 '소녀 안주인'의 면모를 보여주었다는 이야기와, 곡물법 반대 캠페인에서 정치적 용기를 보여주었다는 이야기였다. 로런시나의 정치적 능력과 행동주의에 대한 브라이트 노인의 경애의 말들은 자기 집에 사는 여자들은 독립적 견해를 가져서는 안 된다는 체임벌린의 주장을 더욱 부당하게 느껴지게 만들었다. 그러나 체임벌린의 자기본위는 비어트리스를 매료시켰다. 그날 저녁 버밍엄회관에서 그녀는 그가 수천 명의 군중을 완전하게 유혹하고 지배하는 모습을 지켜보았다. 그녀는 그곳의 군중을 무지하고 무비판적이라고 비웃으며 그들을 홀린 것은 그의 열정적인 화술이지 그의 사유가 아니라고 생각했지만, "온 도시가 그의 독재에 순종"하는 것을 보며 자기 역시 항복할 수밖에 없겠다고 생각했다. 그녀는 그가 가정에서도 같은 방식으로 독재를 휘두르리라고 예상했을 뿐 아니라, 자기의 감정이 자기를 배반하리라고 예상했다. ("감정의 힘이 강해진다면, 이성이 감정에 완전히 항복할 것이다. 나의 경우에는 결혼하면 감정의 힘이 강해질 텐데.") 그녀는 그가 자기를 불행하게 하리라는 것을 알면서도 그에게 빠져들어갔다. 그녀는 일기에 "그의 개성이 나의 모든 생각을 빨아들이고 있다."라고 썼다.

다음 날 아침, 체임벌린은 비어트리스에게 거대한 새 "난초 온실"을 꼭 구경시켜주고 싶다고 했다. 비어트리스는 **자기가** 좋아하는 꽃은 야생화뿐이라고 대답했고, 체임벌린이 짜증스러운 기색을 보이자 놀라는 척했다. 그날 저녁, 그녀는 그의 표정과 태도에서 "내가 **자기와 똑같은 생각과 똑같은 감정**을 가져야 한다는 강한 욕망"과 "다른 사람들이 내게 영향력을 행사하는 것에 대한 우려"를 보았다고 생각했다. 그녀는 이것을 그가 자기에게 점점 "민감하게" 반응하는 증거로 여겼다.[71]

1885년 1월, 체임벌린은 자기의 이력을 통틀어 가장 급진적이고 가장 야단스러운 캠페인을 출범시키고 있었다. 그는 한편으로는 노동층 유권자들에게 당신들이 정치적으로 조직화되지 않는다면 참정권이 주어진다 해도 진정한 민주주의에 이를 수 없다고 경고함으로써 자유당 동료들을 분개시켰고, 다른 한편으로는 "재산의 몸값은 얼마냐?"라는 명언으로 계급투쟁 레토릭을 격화시킴으로써 보수당 진영을 경악시켰다.[72] 체임벌린은 버밍엄 시장으로 재직할 당시에는 "높은 세율, 건강한 도시"라는 대담한 원칙을 따랐고, 내각에 들어간 후에는 각료라는 지위를 이용해 남성 보통선거권을 요구하고, 무상 보통교육을 요구하고, 광산노동자나 공장노동자 대신 자영농이 되고자 하는 사람들을 위한 "땅 3에이커와 소 한 마리"를 요구했다. 체임벌린은 이러한 요구사항들의 비용을 토지세와 수익세와 상속세를 인상함으로써 충당할 수 있다고 보았다. 비어트리스는 다시 한 번 버밍엄에 찾아갔고, 다시 한 번 수

채화 갤러리에서 체임벌린의 격앙된 연설을 들었다. 다음 날, 비어트리스는 다시 한 번 거절의 굴욕을 경험했다. 체임벌린이 청혼하지 않았던 것이다.

비어트리스는 계속 집착과 갈등에 시달렸다. 지배하려 드는 남자에게 반해버렸다는 것도 한심했지만, 그 남자를 정복하지 못했다는 것도 한심했다. 한때는 사랑과 학문적 성취가 결합되는 삶을 꿈꾸기도 했고, 한때는 남을 위해 희생하는 삶을 각오해보기도 했는데, 이제 보니 애초에 자기의 능력을 너무 과대평가했던 것 같았다. 그녀는 "이제 보니 나의 학문적 재능은 신기루에 불과하다. 나는 특별한 사명을 띤 사람이 아니다."라고 했고, "나는 사랑에 실패했다. 내가 일부러 일을 망친 것이라고 할 수도 있고, 나 자신의 행복을 위해 잘된 일이라고 할 수도 있지만, 어쨌든 실패했다."라고 했다.[73]

의기소침해진 그녀는 자기가 체임벌린 같은 걸출한 남자를 얻으려고 했던 것 자체가 욕심이었다는 생각으로 움츠러들기도 했고 어쩌면 얻을 수 있었을지 모른다는 생각으로 아쉬워하기도 했다. 그녀는 일기에 "처음에 내가 그 남자의 목표를 믿기만 했어도, 내가 받은 교육과 내가 가진 성격이 이렇지만 않았어도, 나는 그 남자의 짝이 됐을 텐데. 행복한 인생은 아니었을지 몰라도, 고귀한 인생이었을 텐데."라고 썼다.[74] 그녀는 8월 1일에 "내가 죽으면, 이 일기장들 전부를 캐리 달링Carrie Darling[친구]에게 보내주기 바랍니다. 보내기에 앞서 아버지는 읽으셔도 좋습니다. 비어트리스 포터."라는 유언장을 작성했다.[75]

그녀는 그럭저럭 충격에서 회복되었다. 총선거가 치러지는 1885년 11월 초가 되자, 그녀는 자살 생각에서 벗어나서 어느 정도 기운을 차릴 수 있었다. 그녀는 투표장에 가는 아버지를 바라보면서, 다시 한 번 사회조사관으로 살아갈 계획을 세우고 있었다. 바로 그때 운명이 자활을 "순식간에 참담하게 끝장"내려는 듯 그녀에게 또 한 번의 충격을 안겼다.[76] 투표장에 갔던 리처드 포터가 발작을 일으켜 스탠디시로 실려 온 것이었다. 치명적인 마비발작이었는데 죽지는 않았다.

비어트리스는 언제나 그랬듯 일기에 절망을 쏟으며 "정신이 오락가락하는 사람, 목숨만 붙어 있을 뿐 몸도 마음도 움직이지 않는 사람 옆을 지키면서, 아무것도 하지 않고. 맙소사, 끔찍한 일이다."라고 했다.[77] 새해 첫날, 그녀는 자기가 죽은 후 일기를 폐기해달라는 유언장을 썼다. "죽음이 오면 반겨 맞으리. 집에서 결혼 못 한 딸이라는 입장은 강한 여자라도 감당하기 쉽지 않다. 약한 여자라면 감당하기가 불가능하다."라는 비통한 유언장이었다.[78]

어떻게 살 것인가, 무엇을 성취할 것인가, 누구를 사랑할 것인가 하는 옛날 질문들은 터무니없는 오만이었던 것으로 보였다. 1886년 2월 초에 그녀는 "지금까지의 나의 삶 전체가 돌이킬 수 없는 실수였던 것 같고, 지난 2년간은 악몽이었던 것 같다! [……] 고통은 언제 끝나려나?"라고 썼다.[79]

그녀의 질문은 며칠 뒤에 대답을 얻었다. 그것은 사회의 밑바닥에서 올라오는 듯한 포효였다. 2월 8일 월요일 정오가 되자, 이미 1만여 명의 군중이 안개와 서리를 뚫고 트래펄가 광장에 모여 있었다. 약 2500명의 경찰이 광장 주변을 에워쌌다. 경찰의 추산에 따르면, 군중의 3분의 2는 실직 노동자들이고 나머지는 온갖 유의 급진파들이었다. 사

3장 포터 양의 일과 사랑: 웨브와 복지국가

회주의자 연사가 넬슨 제독 동상 받침대로 올라갔다.(그날 아침에만 해도 당국은 그가 올라가는 것을 막았었다.) 그는 붉은 기를 흔들면서 '영국에서 작금의 고통을 만들어낸 자들'을 성토했고, 군중은 달아올랐다.[80] 그는 의회가 "자기의 잘못도 아닌데 일자리를 잃은 수만 명의 이유 있는 실직자들에게 공공사업 일자리를 제공할 것을 요구했다.[81] 청중은 환호했고, 청중 수는 오후 내내 점점 늘어 결국 다섯 배가 되었다.

집회는 충돌 없이 끝났지만, 집회를 끝낸 시위자들이 옥스퍼드 스트리트, 세인트 제임스 스트리트, 팰 맬 등 웨스트엔드의 주요 도로들로 쏟아져나오기 시작했다. 그들은 "당국을 욕하고, 상점들을 공격하고, 술집들을 털고, 술에 취하고, 유리창을 깨뜨렸다". 경찰이 모른 것은 아니었지만, 경찰 수가 턱없이 모자랐다. "시끌벅적한 엄청난 무리"가 세 시간이 넘게 웨스트엔드를 지배했다. 상점 수백 곳이 털렸고, 외국인처럼 생긴 사람은 모두 얻어맞았다. 리머릭 경Lord Limerick이라는 사람은 자기가 다니는 클럽의 철책에 묶였고, 하이드파크에서는 마차들이 뒤집히고 털렸다. 또한, 런던 도심에서는 모든 도로교통이 중단되었다. 채링크로스 역은 완전히 마비되었다. 밤이 되자 세인트 제임스 스트리트와 피커딜리는 보석, 장화, 옷가지, 술병 등이 떠다니는 깨진 유리조각들의 강이었다.[82]

폭동은 런던의 부유층 거주지 웨스트엔드를 두려움에 떨게 만들었다. 폭동으로 인한 사망자는 한 명도 없었고, 불과 10여 명이 체포되었을 뿐이었지만, 대부분의 점주들은 화요일에 가게 문을 열지 말라는 경찰의 경고를 따랐다.《뉴욕 타임스》의 한 기자는 경찰의 준비성 부족을 조롱하면서도 (수요일이 되니 경찰은 폭동의 재발이라는 만약의 사태에 대비할 수 있었다. "보스턴이나 뉴욕이었다면 월요일 오후에 곧바로 가능했을 일이지만.") 악명 높은 1780년 반反가톨릭 폭동 이래 런던에서 발생한 최악의 폭동이라는 동정 어린 말을 덧붙였다.[83] 런던 시민들은 (제1차 선거개혁법이 통과된 직후에) 빅토리아가 왕위에 올랐던 50년 전 이래로 이만한 규모의 약탈은 없었다는 데 동의했다.[84] 여왕은 "끔찍한" 폭동이었다고 말했다.[85]

이 폭동이 '사회주의의 일시적 승리'라는 여왕의 말은 분명 사실과 달랐다.[86] 그러나 이 사건이 행동주의를 자극하고 조치를 촉구했던 것은 사실이다. 우려와 가책을 느끼게 된 런던 시민들은 런던 시장의 실업자 구제기금에 7만 9000파운드를 쏟아부었고 그 기금을 사용할 것을 요구했다. 비어트리스의 사촌 매기 하크니스는 『실직Out of Work』이라는 제목의 소설의 플롯을 구상하기 시작했다.[87] 조지프 체임벌린은 (그는 이제 윌리엄 글래드스톤의 새 내각의 각료였다.) 이스트엔드 공공사업 계획을 내놓음으로써 격렬한 논란을 불러일으켰다. 비어트리스는 (포터 가의 시골 영지에서 유배생활을 하며 아버지의 간호를 책임져야 했을 뿐 아니라 골칫거리 여동생과 그에 못지않게 골칫거리인 아버지의 사업을 책임져야 했다.) 우울증을 벗어난 지 오래였다. 자유당의《펠 맬 가제트》편집장에게 위기의 원인과 그럴듯한 해결책에 대한 당시의 지배적 관점을 공격하는 편지를 보낼 정도였다.

편집자 답장이 도착했고, 비어트리스는 정중한 거절을 예상하며 마음을 다잡았다. 너무 빠른 답장이었으니 거절일 수밖에 없을 것이라는 생각에서였다. 그러나 그녀가 열어본 편지는 '실업자를 바라보는 여성의 시각'을 실명의 기사로 싣게 해달라는 청탁 편지였다. 그녀는 기쁨의 비명을 질렀다. 그녀의 첫 '언론 입찰'은 성공이었다. 그녀의 생각과 표현이 들어볼 만한 것으로 판단된 것이다.[88] 그녀는 이것이 "나의 삶의

전환점"이 되리라고 생각해보았다.[89]

폭동 열흘 후, 비어트리스는 자기가 쓴 글을 활자로 읽는 기쁨을 처음 맛보았다. "나는 '런던부두' 근처 넓은 구간의 징계원이다. 노동계급 거주지로, 자활하는 최하빈민층을 위해 설계되고 개조된 곳이다." 그녀가 말하고자 했던 것은 두 가지였다. 첫번째는, 많은 자선가들과 정치가들이 가정하는 것과 달리 "잡역과 무차별적 자선의 거대한 중심지"인 이스트엔드에서 실업은 "전국적인 업계불황"의 결과가 아니라 "제대로 굴러가지 않는 불균형적인 노동시장"의 결과라는 점이었다. 조선이나 제조 같은 런던의 전통적 업계는 떠났고, 기록적 수치의 비숙련 농장노동자들과 외국 이민자들이 임금이 어마어마하게 높고 일자리가 넘친다는 거짓 소문이나 과장된 소문에 이끌려 들어와 있었다. 그녀가 두번째로 말하고자 했던 점은 (첫번째와 이어지는 것으로서) 공공사업 일자리를 광고하게 되면, 더 많은 비숙련 신참이 이미 과밀해져 있는 노동시장으로 몰려들 수밖에 없고, 이로써 실직자들이 증가하고 기존의 임금은 하락하리라는 것이었다.[90]

기사가 나온 지 한 주 만에, 그녀는 심장을 뛰게 하고 두 손을 떨게 하는 또 한 장의 편지를 읽을 수 있었다. 체임벌린이 그녀의 기사를 칭찬하며 그녀의 충고를 구했던 것이다. 나는 이제 후생부 장관으로 빈민구제 책임자다, 나를 만나 내 계획이 가지고 있을지 모르는 문제점을 어떻게 수정해야 할지 조언해주면 좋겠다는 편지였다.[91] 상처 입은 자존심을 회복하지 못한 채 또다시 상처 입을까봐 두려워하던 그녀는 체임벌린을 만나기를 거부하고 대신 그의 계획에 대한 비판론을 써보냈다. 체임벌린의 답장은 '몸값' 주장의 되풀이였다. 곧 "부유층이 빈곤층의 생존비를 지불해야 한다."라는 것이었다.[92] 수천 명의 노동자를 거느린 사장의 입장을 경험했던 그가 보았을 때, 고충이 널리 퍼져 있는 상황에서 정부 무대책은 더 이상 가능한 선택지가 아니었다. 통치의 규칙이 바뀌고 있었고, 그것은 어느 당이 집권하느냐와 무관했다. 부도 늘어나고 빈곤한 다수의 정치권력도 늘어났으며, 이로써 도덕적, 정치적 의무, 곧 조치를 취해야 한다는 의무가 새로 출현했다. 고충을 완화할 수단이 생긴 이상,(아니, 그보다는 유권자가 그러한 수단이 있음을 알게 된 이상,) 무대책은 선택지가 아니었다. 영국이 비교적 가난한 농경국가였던 리카도와 맬서스의 시대라면 자유방임주의가 도덕적 우위를 차지했을지도 모르지만, 이렇게 달라진 시대에 『인간 대 국가』에서 설파하는 원칙들을 따르려고 하는 것은 정치적으로 자살행위인 것은 물론이고 도덕적으로 패륜이었다. 체임벌린은 "내 부서에서는 극빈자가 어떤 존재인지 잘 알고 있습니다. [……] 그렇지만 나는 노동하는 하층의 고통이 대단히 크다고 믿고 있습니다. [……] 그들에게 무엇을 해주어야 하는지 알려주십시오."라고 호소했다.[93]

비어트리스는 별로 감동하지 않았다. 그녀는 "무엇을 해주겠다는 생각 자체를 이해할 수 없습니다."라는 말을 반복했다. 그녀는 고통을 완화할 조치들을 제안하는 대신, 아무 일도 하지 말 것을 권했다. 그녀는 "내가 제안하는 것은, 국가는 엄격함을 보여주고 사람들은 사랑과 헌신을 보여주라는 것뿐"이라고 말했다. 하지만 그녀는 반쯤은 놀리듯, 반쯤은 추파를 던지듯, 이런 말을 덧붙이고야 말았다.

평범한 아녀자더러 이 나라의 가장 유능하신 장관님의 견해를 검토하라 하시다니 천부당만부당한 말씀이십니다. [……] 저는 장관님이 심지어 저보다 훌륭한 여성의 지성도 낮게 보는 분이라는 것과 [……] 사유의 독립이라는 것 자체를 혐오하는 분이라는 것을 아는 사람이니 더욱 그렇습니다.[94]

체임벌린은 자기는 여성혐오자가 아니라고 스스로를 변호하기도 했고, 그녀의 몇몇 반론들이 타당하다는 것을 인정하기도 했다. 하지만 그는 그녀의 근본적 태도가 얼마나 불쾌한지를 감추지 않았다.

당신의 편지는 중요한 문제에 있어서 비관적입니다. 당신 말이 맞을 수도 있습니다. 그렇지만 나는 당신 말이 틀린 듯이 나아가렵니다. 만약에 우리가 일단 사회악을 치료하는 것이 불가능하다고 인정하게 되면 우리 모두 짐승보다 못한 존재로 추락할 수밖에 없을 테니 말입니다. 사회를 고칠 수 없다는 신조는 절대적 이기심, 순전한 이기심의 정당화입니다.[95]

체임벌린은 약속했던 대로 했다. 비어트리스의 조언을 무시하고, 스펜서가 그토록 반대하는 "초대형 실험" 중 하나를 출범시켰던 것이다. 체임벌린이 밀어붙인 공공사업 프로그램은 비교적 작은 규모였고 불과 몇 달 동안 실시되었지만, 일부 역사학자들은 이 프로그램을 주요 혁신으로 판단하고 있다.[96] 이 프로그램은 정부가 실업을 개인적 실패가 아닌 사회적 재난으로 다룬 최초의 사례이기도 했고 정부가 희생자 구제의 책임을 떠맡은 최초의 사례이기도 했다.

체임벌린이 편지 말다툼에 지쳤다는 표시를 했을 때, 비어트리스는 분노의 사랑 고백을 해버렸다. 그리고 곧바로 쓰라리게 후회했다. 그녀는 "나는 여자로서 더 이상 초라해질 수 없을 만큼 초라해졌다."라고 혼잣말을 했다.[97] 그녀의 목숨을 살려준 것은 의사의 조언이었다. 의사는 아버지의 거처를 런던 시즌 동안 런던으로 옮기라고 제안했다. 그녀는 다시 한 번 우울 속에 잠겨 아편 병을 찾는 대신, 켄싱턴의 요크하우스로 살림을 옮겼다. 1886년 4월 말에, 비어트리스는 사촌인 부유한 자선가 찰리 부스Charlie Booth의 사회연구 프로젝트에 합류했다. 그때껏 영국에서 실시된 사회연구 프로젝트 중에 가장 야심만만한 것이었다.

이 사촌은 마흔 줄의 나이에, "폐병 걸린 소녀 같은 혈색"과 기만적이리만큼 온순한 태도에, 키가 커서 어색해 보이는 남자였다.[98] 찰리 부스를 모르는 사람들은 그를 음악가나 교수나 성직자 등으로 보았고, 어쨌든 그의 정체는 거의 알아맞히지 못했다. 사실 그는 대서양횡단 대형 선박회사의 최고경영자였다. 그는 낮에는 주식시세, 남아메리카의 신설 항구, 운송 일정 등으로 분주했고, 밤에는 진정한 열정의 대상인 자선과 사회과학으로 돌아왔다. 그의 아내는 역사학자 토머스 배빙턴 매콜리Thomas Babington Macaulay의 조카였다. 이 부부는 소탈하고 활발하고 지적 호기심이 많은 부부였다. 포터 부부와 헤이워스 부부가 그랬듯이 이 부부 역시 정치적으로는 자유당이었고, 기자, 노동지도자, 정치경제학자, 각종 활동가와 함께 "대영박물관"을 찾는 사람들이었다. 때로 비어트리스는 이 부부의 격식 없는 살림살이와 이상한 방문객들을 보며 매부리코를 찡그렸지만, 그럼에도 이 부부의 어수선한 저택에서 가능한 한 많은 시간을 보냈다.

시민정신을 가진 다른 사업가들과 마찬가지로, 부스는 오랫동안 자기 지역 통계단체에서 활동했고, 양질의 데이터가 효율적 사회활동의 전제조건이라는 빅토리아 시대의 신념을 가지고 있었다. 체임벌린이 버밍엄의 시장이었을 때, 부스는 체임벌린의 지시에 따라 조사연구를 실시하면서 체임벌린의 친구가 되었다. 버밍엄의 취학연령 아동의 4분의 1 이상이 집에도 없고 학교에도 없다는 부스의 조사결과는 새로운 법률이 쏟아져나오는 결과를 낳았다. 1880년대 초반, 풍요 속의 빈곤이 다시 한 번 당대사회에 대한 비판진영의 구호가 되고 있었을 때, 부스는 선의를 가진 사람들 사이에 널리 퍼진 '무력감'에 깊은 인상을 받았다. 그들이 보았을 때 문제는 도저히 처리할 수 없을 것 같고 진단과 처방으로 나오는 것들은 서로 상충하며 당혹감을 안겨줄 뿐이었다. 부스가 보았을 때 문제점은, 정치경제학자들은 이론을 가지고 있고 활동가들은 사례를 가지고 있지만 어느 쪽도 문제 그 자체를 공평하고 온전하게 묘사하지 못한다는 것이었다. 그것은 마치 부스에게 지도를 참고하지 말고 남아메리카의 해상운송 노선을 재조직하라고 하는 것과 마찬가지였다.

그해 봄 부스를 몹시 화나게 하는 일이 있었다. 일부 사회주의자들이 런던 인구의 4분의 1 이상이 빈곤상태라고 단정 지은 일이었다. 부스는 수치가 지나치게 부풀려졌다고 생각하면서도 자기의 생각을 증명할 방법이 없었다. 부스가 행동을 취하게 된 계기였다. 부스는 모든 집과 작업장, 모든 길, 모든 고용 유형들을 조사해서 런던의 450만 시민의 소득과 직업과 환경을 알아내겠다고 결심했다. 자비를 들여서라도, 런던의 빈곤지도를 작성하겠다고 결심한 것이다.

비어트리스가 존경하던 헨리 메이휴와는 달리, 부스는 이 대단한 계획을 실행하는 데 필요한 비전과 경영실무 경험과 전문성을 가지고 있었다. 부스가 처음 단계에서 행한 일은 조사팀을 모집하는 것이었다.(그에 앞서서는, 당시 옥스퍼드에서 가르치던 앨프리드 마셜과 토인비홀 사회복지관의 새 뮤얼 바넷 같은 친구들로부터 자문을 얻었다.) 부스가 자기 회사 런던 지사에서 통계조사위원회 첫 회의를 개최하면서 비어트리스에게 참석해달라고 했을 때, 비어트리스는 이를 수락했다. 여성 참석자는 물론 비어트리스 혼자였다. 이 자리에서 부스는 "런던 사회 전체에 대한 공정한 그림"을 그린다는 목표를 설명했고 무단결석 학생 지도원을 인터뷰하는 것과 인구조사 보고서와 자선기록을 대조자료로 사용하는 것을 포함하는 "정교하고 상세한 계획"을 제시했다.[99] 그는 런던 주민 400만 중 100만이 거주하는 이스트엔드에서 시작하고 싶어했다.

> 내가 이 주제를 다루는 데 이 방식을 취한 것에 대한 유일한 해명은, 영국의 최저빈곤층이 런던의 이 지역에 살고 있으리라는 것, 그리고 런던의 이 지역이 이른바 풍요 속의 빈곤이라는 문제의 초점이리라는 것이다. 풍요 속의 빈곤이라는 문제는 정말 많은 사람들의 머리와 가슴을 괴롭히고 있는 문제다.[100]

비어트리스는 부스가 이 야심찬 과업을 단독으로 개시했다는 데 깊이 감동했다. 그녀는 자기가 향후에 이와 같은 선구적 역할을 감당하는 모습을 상상해보았다. 그녀는 이것이야말로 "만약 내가 자유로웠다면 [……] 감당하고 싶은 바로 그런 유의 과업"임을 깨달았다.[101] 그녀는 사촌인 부스의 도제로 일을 배우기로 작정했고, 가족을 돌보는 의무에서 벗어나지 않되, 가능한 한 많은 시간을 쏟고 가능한 한 많은 지식을 흡수했다. 그녀가 맡게 될 역할은 통계를 수집하는 것이 아니라, 작업장과 가정 속에 들어가 노동자들을 관찰하고 인터뷰하는 것이었다. 가장 먼저 조사할 대상은 전설적인 런던 부두노동자들이었다.

비어트리스는 포터 가를 이끌고 스탠디시로 돌아온 후, 강요된 고립을 이용해 모자란 교육을 채웠다. 그녀는 통계를 개인적 관찰과 인터뷰로 보강하는 것이 본질적이라고 보았지만, 알곡과 쭉정이를 구분하는 모종의 이론이 없이는 타당한 관찰이 불가능하다는 것도 알아챘다. 메이휴가 영속적 통찰을 내놓지 못했던 것은 그가 사실들을 무차별적으로 수집했기 때문이었다. 그녀는 모종의 틀에 대한 필요를 느꼈고, 그러면서 경제학에 대해 알고 싶어졌고, 특히 경제학적 사유들이 어떻게 전개되었나에 대해 알고 싶어졌다. "각각의 새로운 사유는 당대 노동자 생활의 주요특징들에 대한 모종의 무의식적 관찰에 상응한다."라는 판단에서였다.[102]

비어트리스는 하루이틀 책을 읽는 둥 마는 둥 한 다음 정치경제학이 "매우 지긋지긋한 고역"이라고 했다.[103] 그렇지만 불과 두 주일 뒤에는 "경제학의 중요한 고비를 넘겼다."라고 했다.[104] 밀의 『논리학 체계 *A System of Logic*』와 포셋의 『정치경제학 매뉴얼 *Manual of Political Economy*』을 (적어도 대강은) 읽은 다음에는 스미스와 리카도와 마셜의 진의의 "핵심을 파악했다."라고 했다. 그리고 8월 첫째 주에는 이미 영국 정치경제학에 대한 비판론을 마무리하고 있었다. 비어트리스가 보았을 때, 마르크스를 제외한 모든 주요 정치경제학자들은 가설을 사실로 다루는 우를 범했으며, 실제적 행동과 관련된 사실들을 수집하는 일을 등한시했다.(그녀가 마르크스의 저작을 읽은 것은 가을이었다.) 비어트리스는 이 탄핵문을 사촌 찰리 부스에게 보냈다. 그러면 어딘가 실을 수 있도록 도와주리라고 생각한 것이다. 유감스럽게도, 부스는 한두 해 묵힌 후에 다시 읽어보라는 답장을 보냈다.

그로부터 1년 후에, 부스는 비어트리스를 맨체스터에서 열린 전前라파엘 파 화가들의 전시회에 데려갔다. 비어트리스는 부두노동자에 대한 연구를 완성한 후였고, 저임금 봉제공장에 대한 연구를 준비 중이었다. 그림들에 크게 감동받은 비어트리스는 연구로 "그림"을 그려보리라 마음먹었다. 그녀는 자기의 연구를 "극화"시키려면 지하세계로 내려가는 수밖에 없다고 생각했고 "그림을 얻으려면 진짜 노동자들 사이에서 살아야 할 것 같다. 그거라면 내가 할 수 있다."[105]라고 썼다.

여공의 배역을 준비하는 데는 몇 달이 걸렸다. 그녀는 여름 내내 스탠디시에서 "저임금 노동을 다루는, 내가 사거나 빌릴 수 있는 모든 저서, 모든 청서, 모든 소책자, 모든 정기간행물"에 파묻혀 있었다.[106] 가을이 되었고, 그녀는 6주 동안 이스트엔드의 작은 호텔에 묵으면서 낮에는 조합 봉제 강습회에 나가 하루에 여덟 시간에서 열두 시간씩 봉제를 배웠고, 밤에는 쓰러질 정도로 피곤한 상태가 아니면 상류층 웨스트엔드 만찬 파티에 나갔다.

1888년 4월, 그녀는 지하세계를 연구할 준비가 되어 있었다. 그녀는 허름한 이스트엔드 셋방으로 거처를 옮겼고, 다음 날 아침, 허름한 낡은 옷을 차려입고 "여공으로서의 삶을 시작하기 위해" 밖으로 나섰다.

그로부터 두어 시간 동안, 그녀는 처음으로 구직의 쓴맛을 경험했다.

일기에서 그녀는 그것이 "이상한 느낌"이었다고 했고, "하나같이 '숙련 재봉사'를 구하고 있으니 감히 두드려볼 엄두가 안 난다. 사기꾼이 된 것 같은 느낌이다. 계속 걷다보니 어느새 가슴이 덜컥 내려앉고 다리와 등이 아프고 확실히 '실업자' 느낌이 들었다. 결국 용기를 냈다." 라고 했다.[107]

계속 듣게 되는 말은 "일을 많이 안 해본 것 같네."였다. 모두가 자기의 변장을 알아볼 것만 같았고, 자기가 어색하게 'h' 발음을 생략하려고 하는 것을 알아챌 것만 같았다. 하지만 그로부터 24시간 뒤, 그녀는 큰 탁자에 앉아 서툰 재봉질로 바지를 꿰매고 있었다. 그녀는 손가락이 소시지처럼 느껴지도록 일했지만, 그럼에도 남들의 도움이 필요했다. 한 동료 여공은 자기도 한 건당 얼마로 삯을 받는 사람이면서도 시간을 쪼개서 비어트리스에게 박음질을 가르쳐주었고, 그곳의 '십장'은 원래 여공들이 가져오게 되어 있는 장식을 심부름꾼 아이에게 사오라고 해주었다.

비어트리스의 모토는 "여자란 무슨 일에서나 구애의 대상이 되어야 한다."였지만, 여공들의 노래는 달랐다. 비어트리스는 신나게 가사를 옮겼다.

> 처녀가 총각을 좋아하면 왜 청혼을 못 해?
> 어린 처녀들은 왜 항상 시키는 대로만 해?[108]

가스불이 밝혀지자마자 지독한 열기가 느껴졌다. 비어트리스는 손가락이 쓰라리고 등이 쑤셨다. 양조장 시계가 날카로운 소리로 8시를 알렸다.

그날 그녀는 1실링을 벌었다. 그녀가 생전 처음 번 돈이었다. 그녀는 셋방에 돌아와 "일당 1실링이 대략 비숙련 여성의 노동가격."이라고 적었다.

그녀는 다음 날 아침 8시 30분에 마일엔드 로드 198번지에 다시 나타났다. 거기서 그녀는 이틀간 바지 단춧구멍을 꿰매고 나서 "그 작업장과 거기 있는 사람들을 떠났다. 그들의 일상적인 노동이 나에게는 그저 하나의 기억이 되겠지."[109]

비어트리스의 연구에 대한 소식은 빠르게 퍼졌다. 5월에는 상원에서 저임금 노동을 조사하고 있던 위원회가 그녀를 발표자로 초빙했다. 《팰 맬 가제트》는 그녀의 발표를 다루면서, 그녀가 "키가 크고 유연하고 검은 눈동자가 반짝이는" 멋진 모습에 "아주 냉정한" 태도였다고 적었다.[110] 당시 비어트리스는 어린 시절의 버릇이 되살아나 자기가 봉제공장에 다닌 것이 사흘이 아니라 석 주라고 거짓말을 했고, 그로부터 몇 주간은 들킬까봐 전전긍긍했다. 그러나 10월 중순에 자유주의 성향의 저널 《19세기*Nineteenth Century*》에 실린 그녀의 「여공의 일기Pages of a Workinggirl's Diary」는 매우 성공적이었다. 비어트리스는 "인기의 원인은 행동 그 자체가 신선했기 때문이라기보다는 그 표현이 신선했기 때문이었다."라고 보았지만,[111] 옥스퍼드에서 기사를 낭독해달라는 청탁을 받고는 우스꽝스러울 정도로 기뻐했다. ("이제는 알겠다. 나는 할 말이 있으면 할 수 있는 사람이고, 말을 하면 잘할 수 있는 사람이라는 것을."[112]) 연말에 독감으로 몸져누운 와중에도, 일간지에 실린 자기 기사들을 좋아라 읽었고 "심지어 미국과 오스트레일리아로 전송된 [……] 가짜 인터뷰까지도" 재미있어했다.[113]

대담해진 비어트리스는 단독 프로젝트를 시작해도 좋겠다고 생각했다. 그녀가 처음에 베이컵의 방직공들 사이에서 '존스 양'으로 한 주를 보냈던 그때부터 줄곧 해보고 싶었던 연구는 조합운동의 역사를 쓰는 일이었다. 《팰 맬 가제트》에서 조지프 체임벌린이 스물다섯 살의 미국인 '귀족' 아가씨와 비밀리에 약혼식을 올렸다는 기사를 읽고 충격을 받기도 했지만 ("숨이 턱 막혔다. 칼에 찔린 느낌이었다. 그리고 괜찮아졌다.")[114] 기사의 충격도 그녀가 다시 한 번 청서 속에 파묻히는 것을 막지는 못했다. 하지만 찰리는 사촌에게 조합운동의 역사보다는 여성노동에 관한 글을 써보라고 했고, 앨프리드 마셜도 그녀를 만나서 같은 말을 했다. 그녀가 옥스퍼드에 가서 마셜을 처음 만났을 때, 마셜로부터 메리와 함께 점심식사를 하자는 초대를 받았던 것이다. 마셜은 「여공의 일기」를 아주 재미있게 읽었다고 했고, 그녀는 그 기회를 틈타 자신의 새 프로젝트에 대한 마셜의 생각을 물었다. 마셜은 "만약에 당신이 당신 같은 여성들을 별개의 산업인자로 다루는 연구에 매진하신다면, 당신의 이름은 200년 후에도 인구에 회자되겠지만, 조합의 역사를 쓴다면 몇 년만 지나도 추월당하거나 무시당할 것입니다."[115]라고 드라마틱하게 대답했다.

하지만 비어트리스는 그와 같은 충고를 받아들일 생각은 없었다. 그녀는 여자들보다는 남자들과 함께 있는 편을 좋아했고, 마셜의 충고에 다른 뜻이 있을 것이라고 의심했다. 마셜은 조합에 관심이 있었으니

나 같은 사람은 자기 관심사를 연구할 자격이 없다고 생각했을 것이라고 의심한 것이다. 그녀가 사회 명사 여성들과 함께 여성참정권에 반대하는 탄원서에 성급히 서명함으로써 그 문제는 완전히 일단락되었다. 나중에 그녀는 "당시 나는 반反페미니스트로 알려져 있었다."라고 해명했다.[116]

사실 비어트리스는 아주 많은 것에 대해 생각을 바꾸고 있었다. 체임벌린을 상대로 자유방임주의 철학을 기세 좋게 옹호했던 그녀였지만, 이제 자유주의라는 부모와 스펜서의 신조를 의심하기 시작했다. 비어트리스와 노년의 철학자 스펜서는 여전히 자주 만났지만, 이제 두 사람은 말다툼이 너무 격렬해진 탓에 정치 이야기는 점점 회피했다. 어쨌든 비어트리스가 점점 많은 시간을 함께하는 사람은 사촌 찰리였다.

부스는 1889년 4월에 『런던 주민의 생활과 노동*Labour and Life of the People*』 제1권을 출간했다. 《타임스》는 이 책이 "이스트 런던을 가렸던 장막을 걷는 책"이라고 칭찬하며, 비어트리스가 쓴 부두노동자에 대한 장을 따로 칭찬했다.[117] 당시 그녀에게 큰 영향을 미친 일은, 6월에 한 조합회의에 참석했던 일이었다. 그녀는 회의를 지켜보면서, 노동자들이 어렵게 쟁취한 임금 및 노동시간 관련 합의사항들이 실행되기 위해서는 "소비자 민주주의를 노동자 민주주의로 보완해야 한다."라는 확신을 가지게 되었다.[118] 1889년 8월에 런던 부두노동자 파업이 승리를 거둔 일도 그녀에게 큰 감명을 주었다. 부두노동자는 너무 자기본위이고 처지가 너무 절박하기도 해서 뭉치기가 어렵다는 것이 널리 퍼진 생각이었는데, 그들의 파업이 예상을 완전히 뒤엎고 극적으로 승리를 거두었던 것이다. "런던이 들끓고 있다. 파업이 승리를 거두고, 부두를 정복한 새로운 노동조합운동이 활보하고 있다"라고 베아트리스는 일기에 적었다.

> 런던 급진파를 조종하는 것은 사회주의자들이고 사회주의자들을 끌고 가는 것은 소규모의 유능한 청년들(페이비언 협회)이다. 노동조합운동이 첫 외통수에 몰리면, 그들이 국가 조치를 요구하는 점점 높아지는 목소리를 대변할 것이다. 한편 나는 나의 특이한 사회적 지위로 인해 어떤 정파에도 속하지 않는다. 모두에게 공감하되 아무와도 동맹을 맺지 않는다.[119]

비어트리스가 이런 시끌벅적한 장면을 직접 목격했던 것은 아니었다. 그녀는 시골구석에서 "다른 사람들이 살아가는 세계, 사유와 행동의 세계에서 추방당해" 반혼수상태의 아버지 곁에 묶여 있는 처지였다. 책을 쓰고 있었지만, 완성할 수 있을 것이라는 확신은 없었다. 그녀는 일기에서 "책을 쓰는 일이 죽도록 지겹다. 내가 정신노동에 어울리는 사람일까? 순수한 학문적 생활에 어울리는 여자가 있을까? [……] 나는 형언할 수 없을 만큼 암울한 배경 속에 살고 있다. 아버지는 침대에 누워 있다. 나무토막 같고, 어린애 같고, 짐승 같다. 생각하는 능력이나 느끼는 능력이 내가 키우는 늙은 개 돈Don보다 못하다."라고 말하고 있었다.[120]

아버지 병수발 때문에 연구를 계속할 수 없는 것에 대한 좌절감이 커질수록, 여성이 처해 있는 곤경을 노동자에게 가해지는 억압과 동일시하는 경향도 커졌다. 그녀는 자기 언니들과 줄곧 가까이 지냈으므로,

그들의 남편인 "대단히 지위가 높고 대단히 성공한 남자들"이 사는 저택들을 잘 알고 있었다.

> 한편 [……] 나는 이스트엔드의 망가지고 굶주리고 떠도는 무리들 사이를 헤치고 나아가기도 하고 노동자 토론회에 가서 육체노동의 쳇바퀴에 묶여 있는 똑똑한 이들의 점점 높아지는 비명(**능력을 발휘할 수 있는 자리를 달라**)을 경청하기도 한다. 그 비명은 19세기 노동자의 비명이기도 하고 19세기 여성의 비명이기도 하다.[121]

한 해 전 가을에 아버지가 "우리 비Bee가 든든하고 좋은 사람과 결혼하는 것을 보고 싶다."라고 말했을 때, 비어트리스는 일기에 "나는 결혼이라는 엄청난 희생을 할 능력도 없고 할 의지도 없다."라고 썼다.[122]

비어트리스가 시드니 웨브Sidney Webb를 알게 된 것은 그와 직접 대면하기 몇 달 전이었다. 그녀는 페이비언 협회(파비우스라는 로마의 장군이 카르타고 전쟁에서 승리했던 방식으로 (전면전을 통해서보다는 점차로 그리고 게릴라 전술을 통해서) 권력을 획득하고자 하는 특이한 사회주의 단체)가 출간한 논문집을 읽었다. 그녀는 친구에게 보낸 편지에서 "지금까지 읽은 논문 중에 가장 의미심장하고 흥미로운 것은 시드니 웨브의 것이다."라고 했다.[123] 시드니는 부스의 자료집 제1권에 대한 서평에서 "문학적 재능을 보이는 유일한 필자는 비어트리스 포터 양이다."라는 똑같은 찬사를 보냈다.[124]

그들의 첫 만남은 블룸스버리에 위치한 매기 하크니스의 집에서였다. 비어트리스는 사촌 매기에게 혹시 네가 아는 조합 전문가가 있느냐고 했고, 곧바로 매기는 모든 것을 알 것 같은 어느 페이비언 회원을 떠올린 것이다. 시드니에게 그 만남은 첫눈에 반한 사랑이었다. 다만 그는 자리를 뜨면서 행복하기보다 의기소침했고, 친구에게 "그녀는 너무 아름답고 너무 부유하고 너무 똑똑하다."라고 말하기도 했다.[125] 나중에 시드니는 자기와 비어트리스가 같은 계급에 속해 있다는 생각으로 위안을 삼았지만, 비어트리스는 그것이 잘못된 생각임을 일깨워주었다. 비어트리스가 블루칼라 남자들을 재미있어하는 것은 사실이었다. 그녀는 노조 활동가들이나 조합원들의 비좁은 공동주택에서 그들과 대화하고 담배 피우기를 좋아했다. 그러나 노동자들이 "노동계급 [⋯⋯] 출신인 주제에" 런던 만찬장에 나타나서 자신만만하게 "자기들을 노동자로 소개하고 자기들을 받아주는 것에 전혀 겸연쩍어하지 않는 것"은 그녀 안에 있는 속물을 짜증나게 했다.[126] 비어트리스는 시드니가 런던의 '타짜'와 독일의 교수를 섞어놓은 것처럼 보인다고 생각했고, "부르주아 계급의 검은색 외투가 반질반질하게 낡은 것"과 'h'를 생략하는 것을 비웃었다. 불가사의하게도 그녀는 이 "거대한 머리와 왜소한 몸집의 대단히 평범한 남자"에게 모종의 매력을 느꼈다.[127]

'거대한 머리'가 말해주듯, 시드니는 정말 머리가 좋은 사람이었다. 시드니는 앨프리드 마셜처럼 런던 중하층 출신이었고, 화이트칼라 노동자의 신분상승 조류를 탔던 것도 마셜과 마찬가지였다. 그는 비어트리스가 태어나고 3년 뒤에 태어났고, 레스터 광장 근처 가게 위층에서 성장했다. 아래층 가게는 부모가 운영하는 이발소였다. 이발업과 함께 부기 아르바이트를 했던 그의 아버지는 존 스튜어트 밀의 의회 캠페인을 지지했던 급진 민주주의자였다. 집안 대소사의 결정권자였던 어머니는 시드니 형제에게 전문직 교육을 시키기로 결정했다. 대단한 기억력, 수리능력, 시험 치는 재능을 가지고 있었던 시드니는 학교에서 단연 두각을 나타냈으며, 열여섯 살에는 주식중개인의 사무실에 취직되었고, 스물한 살에는 사업가로부터 동업 제안을 받기도 했다. 시드니는 사업가가 되는 대신 공무원 시험을 치르고 식민성Colonial Office에 취직했다. 당시 그는 이미 정치에 감염돼 있었고, 자기는 돈보다 권력에 관심이 있음을 알고 있는 상태였다. 웨브 부부의 공식 전기작가 로이든 해리슨Royden Harrison에 따르면, 그는 여기저기에서 장학금과 학위를 수집했고, 런던 대학 법학과도 그중 하나였다. 트래펄가 광장 폭동이 있은 후에 토리당이 선거에서 승리하던 당시, 시드니는 이미 페이비언 협회의 참모라는 자신의 진정한 사명을 찾은 상태였다.

페이비언 회원들은 괴짜들이었다. 시드니가 환영했던 것은 "(공동소유가 가능하다면) 공동소유, (공동소유가 불가능하다면) 공동규제, 모든 무력하고 병든 사람들의 필요에 맞춰진 공동공급, 재산(특히 잉여재산)에 비례한 공동과세"였다. 그러나 페이비언 사회주의는 주로 후생에, 그리고 낙농조합이나 정부 전당사업 같은 소규모 프로젝트들에 관여했다. 페이비언들의 전략 역시 대부분의 다른 사회주의 단체와는 차이가 있었다. 그들이 사회주의의 도입을 위해서 사용하는 방법은 선거정치나 혁명이 아니라 서서히 "존재하는 모든 사회세력들에 집단주의의 이상 및 원칙을 불어넣는 것"이었다.[128]

시드니는 1887년에 페이비언 협회의 운영위원으로 선출되었다. 당시 협회 회원수는 67명이었고 협회 연간소득은 32파운드였으며, 머리 좋은 남자를 찾는 예쁜 여자나 예쁜 여자를 찾는 머리 좋은 남자

비어트리스가 발견한 완벽한 동반자는 시드니 웨브, 런던 이발사의 아들로 태어난
명석한 남자였다. 두 사람은 함께 복지국가와 "싱크탱크" 개념을 발명했다. 토리당 출신이면서도
'좌파의 호령꾼'으로 거듭난 윈스턴 스펜서 처칠(오른쪽 사진)은 비어트리스의 머리를 빌렸다.

에게 좋은 곳이라는 평판을 가지고 있었다. 영국 역사가 트리벨리언G. M. Trevelyan이 보았을 때, 페이비언들은 "군대 없는 정보장교들"이었다. 그들의 목표는 국회 내 정당이 아니라 정책들에 영향력을 행사함으로써 "여러 기치 아래 움직이는 거대한 무리에 방향"을 제시하는 것이었다.[129] "런던의 2000명이 못 되는, 지적이되 실리적인 소규모 계층의 동의"가 없으면 영국에서 아무 일도 될 수 없으며, 선거정치는 부자의 놀이일 뿐이라는 결론을 내리고 있었던 시드니는 페이비언 협회의 전략을 가리켜 기성사회에 스며드는 "침투" 전략이라고 칭했다.[130]

시드니의 가장 친한 친구이자 공조자는 조지 버나드 쇼였다. 쇼는 연극 평을 엄청나게 많이 쓰고 페이비언들의 홍보관으로 활동하는 재치 있는 아일랜드 악동이었고, 더블린의 징세원과 런던 금융가의 주식 중개인이라는 전직도 있었다. 1890년 중반에 사회문제의 기원이 경제라고 확신하게 된 그는 1880년대 후반부를 경제학을 '마스터'하는 데 바쳤다. 당시에는 그도 시드니도 자기가 무엇을 믿는가, 그리고 자기의 기운을 어디에 쏟아야 하는가를 타진하는 중이었다. 몇몇 경제학 교수들이 시티 오브 런던 칼리지에 조직한 한 단체의 정기 모임에 참석하기도 했다. 이러한 공부를 거친 후 그들은 유토피아적 사회주의와 마르크스주의적 공산주의를 둘 다 거부했다. 그들은 사회주의를 표방했지만, 그들이 말하는 사회주의는 사유재산과 국회와 자본가가 존재하는 사회주의, 마르크스나 계급투쟁이 존재하지 않는 사회주의였다. 그들이 원하는 것은 자유기업 체제라는 '프랑켄슈타인'을 살해하기보다 그것을 길들이고 통제하는 것이었고, 부자를 제거하기보다 부자에게 과세하는 것이었다.[131]

비어트리스는 시드니를 처음 보고 몇 주 만에 "개인의 자유와 공공 재산이 공존하는 사회주의 공동체"가 가능할지도 모르고 심지어 바람직할지도 모른다고 생각하기 시작했다. 그녀가 "내가 드디어 사회주의자가 되었다!"라고 선언했던 것은[132] 윌리엄 하커트William Harcourt라는 자유당 국회의원으로 하여금 1888년 예산논쟁 중에 "이제 우리가 다 사회주의자가 되었습니다."라고 소리치게 만들었던 당시 분위기에 휩쓸려서였다.[133] 한편 비어트리스는 시드니에 대해 "조만간 나와 운명을 같이하게 될지 모를 몇 안 되는 사람들 중 하나"라고 생각하기 시작했다.[134]

처음에 비어트리스는 시드니의 빤히 드러나는 상사병을 당연시하면서 태평하게 그에 대한 지적 의존도를 높여갔다. 그가 사랑한다, 결혼하자 하고 사정하면, 그녀는 사랑과 일을 혼동하지 말라고 설교했다. 자기는 아내가 아니라 공동연구자다, 더 이상 "하류의 감정"을 내보이지 말라 못을 박아놓은 상태였다.[135]

1891년에 비어트리스는 조합을 다루는 자기의 저서가 출간되기를 초조하게 기다리기도 하고 자기가 청탁을 수락한 여러 강의들을 걱정하기도 하면서 다시 한 번 런던에서 시즌을 보내고 있었다. 시드니가 공무원을 그만두겠다고 선언했다. 공무원은 다른 일은 아무것도 할 수 없는, "지쳐 쓰러지지 않고서는 굴레를 벗어날 수 없는 런던 삯마차의 짐말 같은" 처지라는 것이었다.[136] 그는 금지되어 있는 말을 다시 한 번 입에 올리면서, 당신이 승낙해준다면 당신이 원하는 삶, 집밖을 돌아다녀야 하고 금욕적이고 힘들고 극히 사회적인 삶을 살게 해주겠다고 했다. 그리고 자기와 함께 노동조합에 관한 책을 쓰자고 했다. 1년 동안

"나는 당신을 사랑하지 않는다."라고 했던 비어트리스가 결국 "좋다."고 했다.[137]

시드니가 비어트리스에게 자신의 전신사진을 보냈을 때 비어트리스는 "머리만 주세요. 나는 오직 당신의 머리와 결혼하는 것입니다. […] 이건 너무 흉하네요."라고 답장했다.[138] 그녀는 가족들과 친구들에게 어떻게 알려야 할지 난감해했다.

> 세상이 놀라겠구나. 못생기고 평범한 남자, 사회적 지위도 없고 재산은 더 없는 남자, 누군가는 유일한 장점이 추진력이라고 말할 남자와 결혼을 하다니 […] 겉으로만 보면, 한때 잘나갔던 비어트리스 포터의 터무니없는 결말이다. 더구나 '사랑'에 빠진 것도 아니다. 아무튼 지난번 같지는 않으니 말이다. 그렇지만 나는 그에게서는 뭔가 다른 것을 본다. […] 그는 탁월한 지성과 따뜻한 마음이 있고, 공익을 위해서 자기를 낮출 줄도 알고 자기를 버릴 줄도 안다.[139]

비어트리스는 아버지가 살아 있는 동안에는 약혼을 비밀에 부쳤고, 언니들과 몇몇 친한 친구들에게만 소식을 알렸다. 부스 부부는 냉담한 반응이었고, 허버트 스펜서는 당장에 그녀를 유저遺著 관리자로 지정했던 유언장을 바꾸어버렸다. 한때는 그녀도 스펜서의 유저 관리자라는 것을 대단히 자랑스럽게 생각했다.

리처드 포터는 1892년 새해 첫날 세상을 떠났다. 비어트리스의 서른네번째 생일을 며칠 앞둔 날이었다. 그가 귀염둥이 딸에게 물려준 유산은 연간소득 1506파운드와 "모든 걱정으로부터의 자유라는 더없는 사치"였다.**140** 장례식을 마친 비어트리스는 예비 시어머니의 집에서 한 주를 보냈다. 리젠트 공원 근처 파크빌리지의 "흉측하고 작은 집"이었다. 비어트리스와 시드니는 1892년 7월 23일에 런던의 한 등기소에서 결혼했다. 그리고 일기에 "비어트리스 포터 퇴장. 비어트리스 웨브 입장. 아니, 시드니 웨브 부인 입장. 이런! 나는 성도 잃고 이름도 잃는구나."라고 썼다.**141**

조지 버나드 쇼가 신혼부부 집을 처음으로 길게 방문했던 것은 그로부터 1년 이상 지난 1893년 늦여름이었다. 당시 비어트리스는 쇼를 보면서 거만하고 방정맞은 천생 바람둥이지만 "훌륭한 말재주"를 가진 "바람둥이이고, 그런 이유에서 재미난 말동무"라고 생각했다. 시드니는 페이비언 정권의 "조직책"인 반면, 쇼는 그 정권의 "감초" 같은 존재일 뿐이라고 보았던 것이다.**142**

1892년 겨울에 자신의 첫 희곡 「과부들의 집Widowers' House」을 왕립극장에 올렸던 쇼는 전작과 똑같은 공식에 따라서 새로운 희곡을 집필 중이었다. 빅토리아 사회의 "차마 입에 담지 못할 소재들" 가운데 하나를 선택하고 그 소재를 사회의 숨겨진 작동방식의 은유로 제시한다는 공식이었다. 쇼가 두번째 희곡의 소재로 선택한 것은 어느 비난받는 직업이었다.**143**

1892년 내내 언론에는 유럽의 합법화된 유곽(비즈니스가 이루어지는 고가高價의 남성 전용 클럽 같은 곳)에서 영국 처녀들을 꾀어 성노예로 삼는다는 기사들이 넘쳐났다. 항상 그렇듯이, 쇼의 일은 사회문제를 경제문제로 개작하는 것이었다. 쇼는 친구에게 보낸 편지에서 "나의 모든 희곡에서 경제공부가 갖는 중요성은 미켈란젤로의 작품에서 해부학 지식이 갖는 중요성에 맞먹는다."라고 말하기도 했다.[144] 쇼의 두번째 희곡의 등장인물 워런 부인은 빈에서 고급 유곽을 운영하는 실리적인 여성 사업가로, 매춘이 섹스의 문제가 아니라 돈의 문제라는 것을 이해하고 있다. 첫번째 희곡에서 쇼가 관객에게 보여주고 싶어했던 것이 슬럼가의 집주인이 악당이 아니라 모든 구성원이 연루되어 있는 사회체제의 징후라는 점이었듯, 여기서도 쇼가 보여주고 싶어하는 것은 여성을 매춘에 내모는 사회에서 죄 없는 사람은 없다는 점이었다. 쇼는 두번째 희곡의 서문에서 "경건한 척하는 영국 관객들을 만족시킬 가장 좋은 방법은 워런 부인의 직업의 모든 죄과를 워런 부인 개인에게 덮어씌우는 것일 테지만 지금 내 연극의 목적은 그 죄과를 영국 관객에게 덮어씌우는 것이다."라고 했다.[145]

쇼에게 "감상적인 창녀라는 정형화된 인물 대신 지배계급에 현실적으로 존재하는 현대적 숙녀"를 무대에 올리라고 한 것은 비어트리스였고,[146] 그 결과 탄생한 인물이 워런 부인의 딸이자 케임브리지 졸업생인 이 희곡의 여주인공 비비 워런이었다. 비비는 비어트리스처럼 "매력 있고 [······] 분별 있고 [······] 침착한" 인물이었고, 역시 비어트리스처럼 자신이 속한 계급에서 벗어나 있고 여자라는 운명에서 벗어나 있는 인물이었다. 이 희곡에 플롯을 제공해준 기 드 모파상Guy de Maupassant 의 단편소설 「이베트Yvette」에서는 출생이 운명이었다. 딸 이베트를 매춘으로 키운 오바르디 부인은 "대안이 존재하지 않는다."라고 절규했다. 반면에, 비비 워런이 살고 있는 후기 빅토리아 시대의 영국에는 대안이 **존재한다**. 워런 부인의 사업의 정체가 밝혀지고, 딸 비비의 케임브리지 학비의 출처가 밝혀짐으로써 비비의 결백은 무너진다. 그러나 비비의 이후 선택은 목숨을 끊거나 체념하고 어머니의 전철을 밟는 것이 아니라 [······] 회계업을 시작하는 것이다. 비비는 어머니에게 "내가 하는 일은 어머니가 하는 일과 다르고, 내가 가는 길은 어머니가 가는 길과 다릅니다."라고 말한다. 비어트리스에게 역사를 되풀이하지 않을 기회가 있었던 것처럼, 비비도 마찬가지였다. 「워런 부인의 직업Mrs. Warren's Profession」의 마지막 장면에서 비비는 호사스럽게도 혼자 책상에서 '회계' 일로 분주하다.

한편, 현실 속의 비비는 의회 바로 옆에 있는 방 열 개짜리 저택에서 남편과 함께 지냈고, 거의 매일 아침 시드니와 쇼가 그녀와 함께 서재에서 시간을 보냈다. 세 사람은 노동조합에 관한 그녀와 시드니의 저서의 첫 세 장을 편집하면서 커피를 마시고 담배를 피우고 수다를 떨었다.

엄청난 인기를 누리는 SF소설 작가 허버트 조지 웰스Herbert George Wells가 합류하면서 페이비언 3인방은 4인방이 되었는데, 얼마 후에 웰스와 웨브 부부는 사이가 틀어졌다. 나중에 웰스는 1910년 소설 『새 마키아벨리The New Machiavelli』에서 그들을 알티오라 베일리와 오스카 베일리라는, "각종 입법 제안들과 정치 조치들의 핵심자문역"을 맡는 유력자가 되기 위해 정치문제들에 대한 지식을 꾸준하게 확보하고 발표하는 런던의 파워커플로 풍자했다. 알티오라는 비어트리스처럼 지배계급에서 성장한 인물로 "유력자들이 결코 하지 않는 것이 노동이라는 것을 아주 어렸을 때 깨달았다". 게으르지만 똑똑한 알티오라는 오스카의 널찍한 이마와 근면한 습관을 보고 오스카와 결혼하게 되고,

부부는 알티오라의 지휘 하에 "상상할 수 있는 가장 막강하고 명성 있는 부부"가 된다. 화자의 한 친구는 "두 사람은 [……] 권력이 되고자 계획을 세웠지. 독창적 계획이긴 했어. 그런데 말이야! 해냈잖아!"라고 한다.[147]

국책 입안에서 전문가의 역할이 증대되는 상황을 엿보게 해주는 **싱크탱크**think tank라는 용어는 2차대전 이후에 만들어졌다. 역사가 제임스 A. 스미스James A. Smith에 따르면, 처음에 **싱크탱크**는 "계획과 전략을 논의할 수 있을 만한 안전한 회의실"을 의미했다.[148] **싱크탱크**가 공직자와 정치가를 대상으로 자유로운 초당파적 자문을 제공하는 연구자가 소속된 (독립적이고 객관적이라고 생각되는) 사설기구를 뜻하게 된 것은 랜드Rand와 브루킹스Brookings가 익숙한 이름이 된 1950년대와 1960년대였다. 그렇지만 비어트리스와 시드니는 결혼하는 순간부터 싱크탱크의 의미를 정확하게 구현하는 존재였다. 그들은 어쩌면 최초의 싱크탱크일 것이고 아마도 가장 효율적인 싱크탱크 가운데 하나일 것이다. 『새 마키아벨리』에서 웰스는 "그들은 남의 눈을 신경쓰지 않는 자부심을 가지고 있었다. 베일리 부부의 결혼반지 안쪽에는 "P.B.P., 곧 공익을 위해서Pro Bono Publico"가 새겨져 있었다.

웨브 부부는 민주적으로 선출된 정부가 좀 더 야심적인 정치를 한다면, 전문가가 좀 더 불가결한 존재가 되리라는 것을 발 빠르게 깨달았다. 그들은 고위 공직자라는 새로운 계층의 비전을 공유했다. "선출된 정부는, 단순히 편의상, 전문관리들의 서비스를 점점 많이 이용**할 수밖에 없다.** [……] 우리는 이 전문관리들이 새로운 계층이자 막강한 계층으로 발전할 수밖에 없다고 주장하고 싶다. [……] 우리는 우리 스스로를 이러한 계층의 아마추어 무보수 선구자로 본다."¹⁴⁹ 이러한 통찰은 그들로 하여금 사회공학자라는 새로운 계층을 길러내는 훈련장이 될 런던정경대학을 설립하게 했고《신정치인*New Statesman*》이라는 주간지를 창간하게 했다.

비어트리스가 고른 그로스브너 로드 41번가의 "거의 가식적일 만큼 멋없고 수수한" 저택은 그들이 무엇을 우선시하는가를 잘 보여주었다. 그들은 날씬한 체형을 유지하기 위해 스파르타식 식단을 짰고, 저서, 기사, 인터뷰, 증거자료를 준비하면서 중간층의 안락을 희생시켰다. 모든 집에 석탄통이 있고 수도에서 냉수만 나오던 시대에, 그들은 연구조수는 셋을 고용하면서 하인은 둘만 고용했다. 웰스의 소설에 나오는 알티오라에 따르면, "공인이 효율적으로 살아가려면 비서들한테 일을 제대로 시켜야 한다."¹⁵⁰ 비어트리스는 영국을 자유방임주의 사회에서 상명하달식 계획에 따르는 사회로 개조하는 일을 자기의 업으로 삼았고, 웨브 부부는 바로 그 목적을 달성하기 위해 야심찬 연구 프로젝트들을 기획하면서 데드라인에 맞추어지는 인생을 살았다. 웨브 부부의 친구들은 "누가 대장인가"를 놓고 논쟁했는데, 웰스에 따르면 "아내가 남편을 조종했다."¹⁵¹ 비어트리스는 웨브라는 회사의 CEO, 곧 기획자 겸 경영자 겸 전략가였다. 웰스는 아이디어 브로커라는 부부의 직업이 "거의 전적으로 아내의 발명품"이라고 확신했다. 웰스가 보았을 때, 비어트리스는 "진취적이고 상상력이 뛰어나고 아이디어들이 아주 훌륭했던 반면", 시드니는 "진취력이 거의 전무했고, 아이디어에 관한 한 외우고 논하는 재주뿐"이었다.¹⁵²

벽난로를 등지고 선 비어트리스는 "검은색과 붉은색과 은색의, 집시 같은 독특한 광채"를 뿜었다. 웰스는 소설에서 그녀를 희화화할 때조차 그녀가 아름답고 기품 있고 "전체적으로 특출하다."라는 것을 인정하지 않을 수 없었다. 웰스가 그로스브너 저택에서 만난 다른 여자들은 "엄격하게 이성적인 여자거나 눈부시게 화려한 여자"였다.[153] 엄격하게 이성적인 동시에 눈부시게 화려한 여자는 비어트리스뿐이었다. 그녀는 예산, 법률, 정치공작에 대해서 이야기할 때조차 터무니없이 비싸고 야한 구두를 신음으로써 자신의 여성성을 과시했다.

아빠의 귀염둥이였던 비어트리스는 권력 있는 남자, 연애, 정계의 뒷이야기를 무척이나 좋아했다. 페이비언의 침투전략은 그녀에게 이 세 가지 모두에 탐닉할 핑계가 되어주었다. "내 목표는 그를 즐겁게 해주고 그의 관심을 끄는 것이었지만, 건전한 정책원칙과 정보를 암시할 기회가 있으면 절대로 놓치지 않았다."라는 말은 그녀가 총리와 만찬을 가진 뒤에 전형적으로 남기는 말이었다. 전직 총리, 현직 총리, 차기 총리는 그녀가 수시로 접대하는 명사 손님들이었다. 그녀는 당파성이 전혀 없었고, 토리당 손님도 자유당 손님 못지않게 기쁜 마음으로 접대했다. 그녀는 실리주의자였으며, "그래도 이 사람들이 다 어딘가에 쓸모가 있다."라고 했다.[154]

싱크탱크는 밤이면 정치살롱이 되었다. 웨브 부부는 일주일에 한 번은 10여 명 정도를 초대하는 만찬을 열었고, 한 달에 한 번은 60~80명을 초대하는 만찬을 열었다. 손님들은 음식을 먹으러 오는 것이 아니었다. 웨브 부부는 연구조수를 더 고용하기 위해 가계부를 엄격하게 관리했고, 비어트리스는 식욕을 충족시키면서 흡족해하기보다 식욕을 자제시키면서 흡족해했다.[155] 비어트리스는 알티오라처럼 손님들에게 "뻔뻔스럽게 금욕적인" 음식을 먹였고 이로써 "대화를 훌륭한 수준으로 유지했다."¹⁵⁶ 경제사 연구자이자 단골손님이었던 토니R.H. Tawney에 따르면, 그 자리에 끼는 값은 "웨브 부부가 만찬이라고 부르는 유명한 고행에 참가하는 것"이었다.¹⁵⁷ 하지만 모두가 초대받으려고 안간힘을 썼다. 그로스브너 로드 41번지는 엄청나게 많은 정치활동과 사회활동의 중심지였다. 비어트리스가 "갖가지 의견과 계층과 이해관계가 뒤섞인 [⋯⋯] 전형적인 '웨브' 집합"이라고 보았던 어느 "멋진 작은 오찬"에는 런던 주재 노르웨이 대사, 토리당 국회의원, 자유당 국회의원, 조지 버나드 쇼, 철학자로서 후에 노벨상을 수상하게 되는 버트런드 러셀Bertrand Russell, 당시의 모든 주요 정치가와 작가를 접대하는 어느 남작 부인이 참석했다.¹⁵⁸ 웰스의 소설을 보면 비어트리스가 얼마나 노련한 여주인이었는지와 그런 노련함이 웨브 부부의 이력에 얼마나 중요했는지를 알 수 있다. "그는 공직에 몸담고 있거나 공직 주변부에 있는 갖가지 흥미로운 사람들을 한곳에 모았다. 그는 무명의 유능한 사람들을 교양 없는 유명한 사람들과 어쩔 줄 모르는 부자들 사이에 섞어놓았다. 공적 생활이라는 이상한 잡탕을 구성하는 수많은 요소들, 그때껏 쉽게 만나볼 수 없었던 요소들이 한곳에 모여 있었다."¹⁵⁹

베일리 부부의 모임에 처음 와본 사람이 자기를 데려온 친구에게 말한다. "이렇게 이상한 모임이 다 있네."

자주 오는 친구가 말한다. "다들 오는 데야. 오는 사람들은 대개 저 부부를 지독하게 미워하지. 질투 때문이기도 하고 사소하게 짜증나는 것들도 있고, 알티오라가 때로 아주 골치 아파질 수 있고. 하지만 안 오고는 **못 배기지**."

첫번째 사람이 묻는다. "성사되는 일이 있나?"

"아! 그야 물론이지. 여기가 바로 영국이라는 기계의 부품 중 하나야. 보이지 않는 부품이지."¹⁶⁰

윈스턴 처칠Winston Churchill은 1903년 런던 시즌 동안 안 오고는 **못 배겼던** 사람들 중 하나였다. 그는 그로부터 한 해 전에 한 자유당 만찬에 참석해 비어트리스의 옆자리에 앉았다. 처칠은 스펜서 가라는 유서 깊은 귀족가문 자손이자 유명한 전직 토리당 정치가의 아들이자 당시 토리당 국회의원이었지만 보수당 정부와 뜻이 맞지 않는 사람으로 여겨지고 있었다. 그렇지만 그는 노동조합에 반대할 뿐 아니라 공립초등학교 교육에도 반대한다고 공언함으로써 비어트리스의 심기를 건드렸다. 설상가상, 그는 식전음료 시간부터 후식 시간까지 쉴 새 없이 자기에 대해서 떠들었고, 그가 비어트리스에게 건넨 말은 혹시 아는 사람 중에 통계자료를 줄 사람이 없느냐는 것이 전부였다. "나는 다른 사람한테 시킬 수 있는 두뇌노동은 절대 하지 않습니다."라는 경쾌한 태도였다. 그날 밤, 비어트리스는 일기에 "자기본위에 건방지고 천박하고 반동적"이라고 적으면서 분노했다. 그가 그녀를 어떻게 생각했는지는 기록으로 남아있지 않다.¹⁶¹

다시 웨브 앞에 나타난 처칠은 이미 자유당 쪽으로 넘어가 있었다. 유권자들의 분위기가 바뀌는 중이었다. 영국이 남아프리카에서 보어족과 비싸기만 하고 쓸모없는 전쟁을 벌인 후, 영국의 표심은 해외 제국주의에 대한 환멸과 동시에 국내 빈곤에 대한 우려를 드러내고 있었다. 처음에는 솔즈베리 후작, 나중에는 아서 밸푸어Arthur Balfour의 지휘 아래 거의 10년 동안 여당의 자리를 지켜온 토리당은 보호무역주의 강령을 내놓았지만, 수확이라고는 노동층 표심을 잃은 것이 전부였다. 노동층 유권자들은 식량가격이 인상되지 않을까, 수출산업에서 일자리를 잃게 되지 않을까 우려한 것이다. 토리당의 관세 '개정' 프로그램의 작성자였던 조지프 체임벌린은 거의 텅 빈 강당들을 돌며 정치가로서의 마지막 연설을 해야 하는 처지였다. 한때 체임벌린과 보호무역주의자들을 규탄하기 위해 은퇴생활까지 반납했던 앨프리드 마셜은 그렇게 사회적 논란에 말려들어 고생했던 것이 괜한 짓이었나 싶을 정도였다. 처칠은 토리당이 점점 부적절해지는 것을 발 빠르게 감지했고, 자유당이 기꺼이 이 나라와 함께 좌측으로 이동하리라고 판단했다. 그러면서 이를 자유당이 사회문제를 (어떤 식으로든) 다루어야 하게 되었음을 뜻한다고 이해했다. 자유당이 노동조합 표를 얻지 못한다면 다음 선거에서 여당으로 선출된다 하더라도 여당의 자리를 유지할 가망은 없다는 것이 그의 생각이었다.

만찬에서 비어트리스는 처칠을 자기의 우측에 앉혔다. 처칠은 용케도 지난번과 거의 비슷하게 안 좋은 인상을 남겼다. 비어트리스는 술과 함께 커피와 담배까지 끊기로 결심한 직후였고,(차는 이제 그녀에게 남은 "유일한 방탕권"이었다.) "그가 술을 너무 많이 마시고 말이 너무 많고 생각이라고 할 만한 것이 없는 남자"라고 확신하며 헤어졌다. 비어트리스가 처칠과 토론한 것은 '국민 최저치national minimum' 보장이라는 개념이었다. 비어트리스는 처칠이 "유치원 경제학"을 늘어놓는 것을 들으면서, "그는 모든 사회문제들에 대해 철저하게 무지한데 [……] 자기는 그것을 모른다. [……] 그는 무한경쟁을 비판하는 가장 기초적인 반론들에 대해

전혀 모르는 게 틀림없다."라고 판단했다.[162]

『19세기 영국 사람들의 역사A History of the English People in the Nineteenth Century』라는 권위 있는 저서를 쓴 프랑스 역사가 엘리 알레비Élie Halévy는 이 저서의 말미에서 "거의 혁명적인 중요성"을 갖는 여러 개의 법률 조항들이 "처칠의 발의로 통과"되었음을 언급하고 있다.[163] "영국 노동법에 최저임금제를 도입하고자 한 최초의 시도"도 그중 하나였는데, 이것은 "웨브의 '국민 최저치' 공식의 일부였다."

처칠이 비어트리스를 고압적이라고 생각한 것은 사실이지만,(후일 그는 "나더러 시드니 웨브 부인과 단둘이 그 무료 급식소에 갇히라고 하면 사양이다."라고 했다.) 실은 그는 자기의 무지를 깨닫고 있었고, 곧 "'청서'와의 동거와 백과사전과의 동침"을 시작했다.[164] 처칠과 비어트리스가 서로 만난 적은 거의 없었지만, 처칠은 부스의 『런던 주민의 생활과 노동』과 시봄 라운트리Seebohm Rowntree의 『빈곤: 도시생활 연구Poverty: A Study of Town Life』에서 비어트리스와 시드니의 『노동조합운동의 역사History of Trade Unionism』와 『산업민주주의Industrial Democracy』에 이르는 페이비언 교재의 대부분을 열심히 읽었다. 처칠은 SF에서 사회공학으로 주제를 바꾸고 있었던 H. G. 웰스의 애독자가 되었고, "이것으로 시험을 친다면 통과할 수 있을 것"이라고 큰소리를 쳤다.[165] 또, 처칠은 「바바라 소령Major Barbara」의 개막행사에 참석할 정도로 쇼의 열성팬이기도 했다. 언젠가 처칠은 개인비서 에디 마시Eddie Marsh를 대동하고 전 세대의 앨프리드 마셜이 그랬듯 몇 시간 동안 맨체스터의 가장 열악한 슬럼가 몇 곳을 돌아다녔다. 나중에 처칠은 마시에게 "세상에. 이런 데 살다니, 아름다운 것 하나 못 보고, 맛있는 것 한 점 못 먹고, **똑똑한 말 한마디 못 하는**

신세잖아!"[166]라고 말했다.

처칠의 전기작가 윌리엄 맨체스터William Manchester에 따르면, 처칠은 충격을 받았고, 전직 초보수주의자였던 그가 이로써 "좌파의 호령꾼"이 되었다. 그에게 영감을 준 것은 여러 가지였고, 정치적 계산도 그중 하나였다. 그러나 특정 논증들과 해법들은 대개 비어트리스에게서 빌려온 것이었다. 1906년 초에 자유당이 압도적 표차로 여당이 되었을 때, 처칠은 이른바 "배제당한 수백만의 대의"를 내세우면서 "생활과 노동의 최저치에 선을 긋고 사람들이 그 밑으로 내려가는 것을 허용하지 말자."라고 외치고 있었다. 비어트리스가 그에게 촉구했던 바로 그 정책이었다.[167]

그해 10월, 처칠은 글래스고에서 대단한 연설을 했다. 자유당 지도부가 염두에 두고 있던 것을 훨씬 뛰어넘는 연설이었을 뿐 아니라, 처칠의 전기작가 페터 데 멘델스존Peter de Mendelssohn에 따르면, 노동당이 1945~1950년의 '조용한 혁명'에 앞서서 압도적 표차로 집권할 당시에 내놓은 프로그램의 여러 본질적인 요소들의 핵심을 포함"하는 연설이었다.[168] 자신의 가장 눈부신 레토릭 공연 중 하나였던 이 연설에서 처칠은 "문명의 전반적 경향은 사회의 공동체적 기능들을 확대하는 경향"이며 이러한 기능이 속해야 할 곳은 민간기업이 아니라 국가라고 주장했다.

나는 국가가 여러 참신하고 모험적인 실험을 행하는 모습을 보고자 합니다. […] 나는 국가가 점점 노동의 예비 고용자의 위치를 점해야 한다고 믿습니다. 이 나라의 철도를 우리 손에 쥐지 못한 것을 나는 매우 유감스럽게 생각합니다. [……] 그리고 우리 모두 동의하는 대로 [……] 국가가 점차로 열과 성을 다해 관심을 가져야 하는 일은, 아픈 사람들과 나이 든 사람들을 돌보는 일이고, 무엇보다 아이들을 돌보는 일입니다. 내가 바라 마지않는 것은, 전반적으로 생활과 노동의 최저치가 마련되는 것, 그리고 생산력이 증가함에 따라 그런 기준들이 점차 향상되는 것입니다. [……] 나는 경쟁의 활력이 약해지는 것을 원하지 않지만, 실패가 초래하는 결과를 완화하기 위해 우리가 할 수 있는 일은 많습니다. [……] 우리가 원하는 것은 자유경쟁이 발전하는 것입니다. 우리는 자유경쟁이 퇴보하는 것을 허용하지 않을 것입니다. 우리는 학문과 문명의 틀을 무너뜨리고 싶지 않습니다. 그러나 우리는 나락으로 떨어지는 것을 막아줄 안전망을 펼치고자 하는 것입니다.[169]

정부 안전망, 곧 현대 복지국가라는 **개념**의 발명자가 있다면 그것은 비어트리스 웨브이다. 그녀는 1943년에 세상을 떠나기 얼마 전에 과거를 돌아보면서 "우리는 미래 세대의 공급책이 될 수 있는 것은 정부뿐이라는 것을 알게 되었다. [……] 요컨대 우리는 국가의 새로운 형태를 인식한 것이다. 이러한 국가는 '살림국가house-keeping state'라고 말할 수 있으며, '경찰국가'와는 구별된다."라고 흡족해했다.[170]

정부 안전망 개념의 맹아가 싹튼 곳은 비어트리스와 시드니의 노동조합 연구서 『산업민주주의』였다. 1897년에 나온 이 책에서 그들은 포괄적인 국민 보건 및 안전 기준을 제안했다. '국민 최저치'는 농업노동자와 가내 하인을 제외한 모든 노동력을 보호하기 위한 기준이었다. 그 중 가장 급진적인 기준은 국민최저임금이었다. 그들은 "사업 간 경쟁에

규제가 없다면, 직종에 따라서 국민 전체에게 해가 되는 고용조건들이 나타나는 경향이 있다."라고 밝히면서, 마르크스와 밀이 가정했던 것과 달리, 정부가 임금 및 노동조건의 최저선을 강제하는 것은 생산력이 순조롭게 증대됨으로써 실질임금과 생활수준이 높아지는 것과 본질적으로 배치되지는 않는다고 주장했다.[171] 그들이 보았을 때, 규제는 사업에 일정한 비용을 부담케 하지만, 산업재해를 감소시키고 노동자들의 식생활과 집중력을 향상시키므로 결국은 이익이었다. 민간기업에 대한 정부의 규제력을 크게 확대한다는 그들의 생각이 임금인상과 노동조건 개선을 위해 싸울 자유를 일차적 목표로 삼는 노동조합 지도자들의 생각을 훨씬 뛰어넘는다는 것은 그들 자신도 인정한 바였다.

'국가의 새로운 형태'라는 더욱 야심 찬 개념이 비어트리스를 사로잡은 것은 그로부터 거의 10년이 지나서였다. 그녀는 밸푸어가 이끄는 토리당 정부의 끝물이었던 1905년 말에 구빈법 개혁을 위한 왕립위원회에 임명되었다. 이 위원회는 자유당 정부로 바뀌고 3년간 계속되었다. 웨브는 처음부터 다른 위원들과 부딪혔다. 그녀는 "빈곤의 원인은 빈곤"이라는 앨프리드 마셜의 말에 의지해 빈곤의 문제를 상대적 방식이 아닌 절대적 방식으로 정의했다. 그녀는 불평등은 불가피하지만 극빈은 불가피한 것이 아니라는 논리를 펼쳤다. 불평등이 남들보다 적게 가졌다는 의미에서의 가난이라면, 극빈은 이런저런 생필품의 결핍으로 인해 건강과 체력이 손상되고 결국 기력까지 손상됨으로써 결국 생명까지 위태로워지는 상태였다.[172] 그녀가 보았을 때, 극빈을 제거한다면 가난이 대물림되는 일을 방지할 수 있을 것이었다.

그녀는 이스트엔드에서 며칠을 보냈던 이력의 소유자였으니 "식구들이 번갈아가면서 쉴 새 없이 상처, 배탈, 두통, 류머티즘, 기관지염, 전신 통증에 시달리고, 가끔 누구 하나가 중한 병에 걸리고, 누군가 때 이른 죽음을 당하는" 가정들에 대해, 또는 아버지가 실직함으로써 "먹을 것이 없고, 입을 것이 없고, 땔감이 없고, 주거수준이 엉망인" 가정들에 대해, 또는 "노동할 수 없는 사람들(어린아이들을 둔 과부들, 노인들, 정신질환자들)에 대해 권위를 가지고 이야기할 수 있었다."¹⁷³

웨브는 극빈의 원인이 오로지 도덕적 결함에 있다는 생각을 일축했다. 대신에, 그녀는 극빈 개인들과 극빈 가정들을 다섯 가지 집단(병자, 어린 자녀들을 둔 과부, 노인, 여러 심적 장애(낮은 지능에서 광기까지)를 겪는 사람)으로 구분하고 그에 상응하는 다섯 가지 원인을 찾았다. 가장 골치 아픈 집단은 신체 건강한 극빈자들이었다. 비어트리스는 그들의 극빈이 실직과 만성 불완전취업의 결과라고 주장했다.

그녀는 극빈을 없애야 한다는 절실한 필요가 나타나는 것은 "사태가 악화되고 있다는 인식 때문이 아니라, 우리의 기준이 사회조직의 모든 면에서 꾸준히 상승하고 있기 때문"임을 밝혔다. 그녀가 말하는 기준 상승이란, 노동계급이 투표권을 가지게 되었다는 점, 그리고 영국의 주요한 경쟁국 독일이 다양한 사회복지 조치들을 채택했다는 점을 의미했다.¹⁷⁴

영국의 기존의 정책의 문제는, 구제의 대상을 구제를 찾아나서야 할 만큼 절박한 사람들로 제한하고, 애초에 극빈과 의존을 예방할 조치를 전혀 취하지 않는다는 점이었다. 비어트리스의 표현을 빌리면 "구빈법 당국이 저임금 노동자의 극빈을 감소시키고자 실행하는 이런 모든 활동들은 저임금 노동을 예방"하거나 "사람들이 일자리를 빼앗기는 것을 예방하거나 질병이 닥치는 것을 예방하는 데 아무런 소용이 없으며 [……] 노동자들이 산업재해로 인해 불필요하게 목숨을 잃거나 불구가 되는 것, 또는 비위생적 주거와 예방 가능한 직업병으로 인해 노동자들이 쓸데없이 건강을 잃는 것을 예방하지도 못"했다.[175]

그녀는 정부가 복지를 베푸는 일에서 가능한 한 멀리 벗어나서 빈곤의 원인을 제거하는 일에 착수하기를 바랐다. "예방정책의 본질은 일률적으로 구제를 제공하는 것이 아니라 언제나 처치를, 요구에 적절한 처치를 제공하는 것"이었다.[176] 그녀는 정부나 정부 전문가들이 "현대 생활의 질병"을 처치하는 법을 알고 있는지에 대해서 결코 의문을 제기하지 않았고, 처치의 비용에 대해서 걱정하지도 않았다. 가난을 덜어주는 데서 한발 더 나아가 가난을 예방하는 "살림국가"라는 그녀의 야심 찬 비전은 위원회의 다른 위원들의 비교적 제한된 목표들과 충돌했다. 그녀는 처음부터 위원회의 보고서에 서명하지 않을 생각을 하고 있었다. 대신에, 비어트리스와 시드니는 1908년 1월부터 9월까지 그녀의 비전을 『소수파 보고서*The Minority Report*』라는 문서에 쏟아부었고, 다른 세 위원을 설득해서 서명하게 했다. 그녀가 "위대한 공동체주의적 문서"[177]라고 부른 이 글이 그려 보이는 '요람에서 무덤까지'라는 체제가 목표한 것은 "남녀 불문, 계급 불문하고 모든 사람에게 열려 있는 [……] 국민 최저치의 문명생활을 확보하는 것이었다. 우리가 말하는 국민 최저치란, 어릴 때는 충분한 영양과 교육, 건강할 때는 생활임금, 아플 때는 치료, 장애가 있거나 고령일 때는 생계보장이었다."[178]

웨브는 이 개념이 다른 개혁가들의 눈에 유토피아적인 개념으로 비쳐지리라는 것을 인정했고, 이 개념을 받아들인다는 것이 전통적인 정부, 제한적인 정부를 거부하는 것이라는 것도 인정했다. 그렇지만 웨브가 보았을 때, 살림국가는 사회주의 국가와는 달리 자유시장 및 민주주의와 완벽하게 공존할 수 있는 국가였다. 웨브가 그리는 복지국가는 그저 자유국가가 자연스럽게 진화한 형태였다. 그렇기는 해도, 시민의 기본적 복지는 국가 책임이며, 정부는 자활 불가능한 모든 국민에게 최소한도의 생활수준을 보장해줄 의무가 있다는 비어트리스의 개념은 최소화된 국가라는 스펜서의 이상에 위배되는 개념이었을 뿐 아니라, 기회의 평등을 약속하되 경쟁의 결과를 개인과 시장에 맡기는 글래드스톤적 자유주의의 전통과 완전히 결별하는 개념이자 비주류 사회주의의 논의를 제외한 당시의 그 어떤 논의보다 멀리 나아가는 개념이었다.

그녀의 친구 조지 버나드 쇼는 『소수파 보고서』의 서평에서 "다윈의 『종의 기원』이 철학과 자연사를 바꾸어놓았던 만큼, 이 글은 사회학과 정치학을 바꾸어놓을 것"이라고 예측했다. 그는 "이 글은 거대하고 혁명적인 동시에 분별 있고 실리적이다. 새 세대를 고무하고 매혹하기 위해 필요한 것이 바로 이런 것이다."라고 했고, "이 글에 따르면, 개인은 살아갈 권리가 있고 공동체는 그의 건강과 능률을 유지할 권리가 있으며, 이 권리는 그가 어느 회사 고용주를 위해 상업적 이윤을 내는가에 상관없이 고려된다."라고 덧붙였다. 쇼가 보았을 때, 이 글에서 제기하는 목표들은 생산력 증대 및 임금상승이라는 마셜의 개념을 한참 넘어서는 것이었다. 쇼는 "개인은 사회라는 유기체의 세포이며, 사회라는 유기체가 건강하게 유지되기 위해서는 개인이라는 세포가 건강하게 유지되어야 한다."라고 말하기도 했다.[179]

모든 작업장은 임금 최저치와 여가수준·안전수준·보건수준의 최저치를 보장해야 한다는 개념, 안전망 개념, 직업소개소 개념, 대형 정부 프로젝트의 발효시점을 조절함으로써 주기적 실업에 맞선다는 개념 (만성적 빈곤을 초래하는 조건, 또는 한층 더 열악한, 웨브가 극빈이라고 지칭한 조건은 예방 가능하고, 그런 조건들을 예방하는 것은 정부의 일이며, 정부가 그런 조건들을 예방하기 위해서는 새로운 역량을 확보해야 한다는 그 모든 생각들)을 내놓은 사람은 많이 있었다. 그러나 이런 생각을 "실리적인 제안들을 구걸하는 자들"에게 그토록 명료하고, 그토록 체계적으로, 그리고 많은 경우 그토록 직접적으로 일러준 사람은 아무도 없었다. 또한 혁명적 변화를 점진적 변화, 심지어 필연적 변화로 보이게 만드는 표현법을 발견한 사람도 비어트리스 말고는 아무도 없었다.

급진적 변화를 점진적 변화로 보이게 만드는 것은 비어트리스의 뛰어난 재능이었다. 그러나 비어트리스조차 1890년대에 자기와 시드니가 유토피아적이라고 생각했던 안이 그로부터 10년 후에 얼마나 빠르게 실행 가능해지는지를 보고 (아니면 적어도 정치적으로 타당해지는지를 보고) 깜짝 놀랐다. 『산업민주주의』를 여러 해 후에 되돌아보면서 비어트리스는 "사실, 금세기의 사회사의 특징은 이 책에서 정식화한 것을 '국민 최저치' 정책의 입법과 행정에서 명시 없이 그리고 많은 경우 어쩔 수 없이 채택한다는 점이다."라고 얼마간 흐뭇해했다.[180]

1908년은 새로운 자유당 정부에게 획기적인 한 해였다. 비어트리스가 일기에도 적었지만, 당시는 실업과 노조 투쟁성이 심화되고, 자유당이 의회에서 압도적인 과반수를 차지하고, "사회문제"가 정치 어젠다의 상위를 점하는 상황이었고, 전반적으로 "새로운 건설적 아이디어들을 얻으려는 쟁탈전"이 벌어졌다. 웨브 부부의 주가가 치솟고 있었다. 비어트리스의 일기에는 "마침 우리들은 나누어줄 좋은 것[생각]을 많이 갖고 있으므로, 사람들이 우리를 열심히 찾아온다. 만나는 정치가들마다 '지도'해달란다. 정말 아주 코믹하다. 자기가 보수당인지 자유당인지 노동당인지는 별로 상관없다는 듯, 다들 하나같이 실리적인 제안들을 구걸한다."라고 즐거운 감상이 적혀 있다.[181] 그녀는 이러한 상황이 무리한 지출을 정당화한다고 판단하며 새 야회복을 주문했다.

1908년 10월에 비어트리스는 "윈스턴이 웨브 계획을 숙지했다."라고 환호하면서, 그와의 "친분을 되살렸"음을 언급했다. 그녀의 도전에 훌륭히 응전한 처칠은 이제 그녀의 일기에서 "뛰어나게 유능한 인물, 미사여구나 늘어놓는 자 이상의 인물"로 분류될 수 있었다.[182]

허버트 헨리 애스퀴스Herbert Henry Asquith가 이끄는 자유당 정부가 출범하고 첫 2년간, 처칠의 개혁은 거의 레토릭 차원에 머물러 있었다. 자유당은 1906년에 압도적 표차로 집권했음에도 불구하고, 자기네 프로그램을 좀처럼 밀어붙이지 못하고 있었다. 몇몇 노조 보호제도를 부활시킨 것이 고작이었다. 정체가 풀린 것은 1908년 4월, 서른세 살의 처칠이 로이드 조지David Lloyd George에 이어서 상무장관이 되는 각료급 인사가 있었을 때였다. 비어트리스는 이것을 "흥미진진한" 개각이라고 평했다.[183] 미국 노동부와 상공부의 여러 가지 업무가 합쳐진 이 자리에는 갖가지 책임(특허등록, 기업규제, 상선, 철도, 노동중재, 외무부에 무역 관련 자문을 제공)이 수반되었다. 로이드 조지의 전기작가에 따르면, 상무장관의 책임은 결국 "자본주의의 매끄럽고 깔끔한 작동"을 확실하게 하는 것이었다.[184] 그러나 처칠은 이 직위를 이용해서 급진적인 사회개혁들을 도입했다. 당시에 처칠의 친구 중 하나는 "그의 머릿속은 자기가 불과 얼마 전에 발견한 빈곤층에 대한 생각으로 가득하다. 그는 자기가 신에게 그들을 위해서 뭔가를 하라는 사명을 부여받았다고 생각한다. 그는 이런 말을 했다. '신이 나를 항상 죽을 고비에서 아슬아슬하게 살려준 이유가 그들을 위해서 뭔가를 하라는 뜻이 아니라면 뭐겠는가.'"라고 했다.[185]

이후 2년 동안, 처칠과 로이드 조지(당시 재무장관)는 동반자 관계를 형성함으로써 "'서민의 상태'는 나 몰라라 하며 자유주의적 정치사안들에 집중하는 오래된 글래드스톤적 전통"을 완전히 끝냈다.[186] 이 신임 상무장관은, 취임선서를 하기도 전에 밤을 꼬박 새우며 총리에게 편지를 썼다. 자기가 바라는 정책목록들을 대강 설명하는 긴 편지였다. 처칠은 짧은 장식적 레토릭("무지의 심연을 넘어서 저 멀리, 이른바 최저치 정책의 개요가 어렴풋이 보입니다.")[187]에 이어, 그 최저치 정책의 5대 요소를 정의했고, 그에 따라 자신의 5대 우선정책을 열거했다. 실업보험, 장애보험, 17세까지의 의무교육, 구휼 대신 도로건설이나 국가 녹지화 등 공공사업에서 일자리를 창출하는 것, 그리고 철도를 국유화하는 것이었다.

1907년 공황과 이후의 경기침체는 처칠의 제의에 절박성을 부여했다. 1907년 말에 5퍼센트였던 노조원 실업이 1년 만에 두 배로 늘었다. 앨프리드 마셜이 보여주었던 것은 실업증가의 원인이 주로 기업활동 감소라는 점이었다. 비어트리스가 보여준 것은 실업이 가난의 주된 원인이라는 점이었다. 그러나 정부가 개입해야 한다, 개입할 수 있다 등의 합의는 없는 상태였다. 처칠은 통념에 도전장을 내밀었다. 그는 자기의 제안이 애스퀴스 총리의 생각을 한참 넘어서는 것이라는 점을 의식하고 있었지만, 자유당 정부를 상대로 "비스마르크주의 한 덩이를 큼직하게 잘라 영국 산업체제 아래쪽 절반에 던져줘봅시다. 이렇게 양심에 따랐으니 어떠한 결과가 나오나 기다려봅시다."라는 말로 독일을 본받아 실업보험과 건강보험을 도입할 것을 촉구했다.[188] 비어트리스는 처칠이 "건설적인 국가조치[라는 대의]와 확실히 한 배를 타고 있다."라고 환호하며,[189] "로이드 조지와 윈스턴 처칠이 [자유]당내 최고"라는 결론을 내렸다.[190] 그녀는 처칠이 "이 새로운 개념들의 저변에 놓여 있는 철학에 대해서는 거의 이해하지 못하지만, 그런 개념들을 신속하게 감지하고 조속하게 실행하는 뛰어난 능력을 가졌다."라고 했다.[191]

그러나 이러한 개혁의 노력은 정작 자유당이 상원으로부터 거부권을 얻어내기 위해 안간힘을 쓰는 과정에서 모두 고갈되었다. 윌리엄 맨체스터에 따르면, 그나마 그 정도 통과되었다는 것이 대단하다. "처칠과 로이드 조지가 득세하기 전에는 구빈 관련 입법 시도들이 단 한 건도 성공하지 못했었다."[192]

웨브는 직접적인 구휼보다 훨씬 저렴한 제도인 사회보장을 둘러싼 전투에서 패배했다. 하지만 복지국가 전쟁에서는 결국 그녀가 승리를 거두었다.

그녀와 시드니는 "국가가 책임질 업무가 점점 많아지고, 그러한 업무를 관리할 전문가 계급이 점점 불어나고, 그러한 업무를 지지할 국가 장치들이 점점 늘어나는 사태"를 정당화할 근거를 마련한 인물들이었다.[193] 『소수파 보고서』는 현대 복지국가를 설명하는 최초의 저서 중 하나였다. 「1942년 베버리지 플랜」을 입안하며 『소수파 보고서』를 연구했던 윌리엄 베버리지 경Lord William Beveridge은 2차대전 이후 복지국가에 대한 자기의 청사진이 "웨브 부부로부터 흡수한 바로 그것으로부터 비롯되었다는 것"을 뒷날 인정했다.[194]

4장

부의 과학:
어빙 피셔와 통화정책

> 이 사람들은 언제나 이토록 진지한 태도로 새로운 실험을 시작하고, 자기네를 이토록 대단하게 생각하고, 자기네가 한 해가 다르고 한 달이 다르고 하루가 다르게 점점 나아지고 있고 점점 많은 것을 알아가고 있다고 확신하고, 점점 많은 돈을 벌고 있는 줄 알고. [……] 아! 좋은 일입니다, 웨브 부인. 좋은 일이에요.
>
> — 모스 스티븐스[1]

비어트리스와 시드니가 1898년 봄에 뉴욕에 간다고 발표하자 한 토리당 지인은 "미국이라니. [……] 러시아도 있고 인도도 있고 중국도 있는데. 취향도 참!"이라고 비아냥거렸다.[2] 실제로도 웨브 부부의 여행은 관광객의 유람이 아니라 사회조사관의 출장이었다. 그럼에도 비어트리스는 "미국인들과 영국 출신 식민지 주민들로 하여금 집단주의의 품위를 진심으로 존경하게 만들고자 하는 분별 있는 40세 여성이 원하는 비단과 공단, 장갑, 내의, 모피 등 모든 것"을 쓸어담으면서 엄청난 쇼핑을 즐겼다.[3] 그녀는 세계적인 사회실험실을 순방하는 동안 현지인들에게 찬탄을 불러일으키고자 했다.

《팰 맬 가제트》의 편집장 윌리엄 스테드William Stead의 『세계의 미국화The Americanization of the World』가 베스트셀러가 된 것은 그로부터 한두 해가 지난 뒤였지만, 웨브 부부는 분명 저자의 관점을 잘 알고 있었다. 스테드는 영국 경제의 미래가 영국의 식민지였던 미국과 긴밀히 연결돼 있다고 보았다. 미국이 영국령이었던 18세기나 북군이 남부 항구들을 봉쇄하여 랭커셔에 극심한 면화기근이 발생했던 1860년대 미국 남북전쟁 시기와 비교하더라도, 당시의 두 나라 경제는 훨씬 더 긴밀히 연결돼 있었다. 19세기 사사분기에 대영제국 내 특혜관세에도 불구하고 영국이 미국에서 수입하는 원료는 영국 식민지로부터 수입하는 원료보다 많았다.[4] 영국 저널리스트들이 "미국의 침략American invasion"이라는 용어를 만들어낸 때는 프랑스인들이 이 용어를 부활시킨 1960년대보다 반세기 이상 앞섰다.[5]

1902년, 한 런던 신문은 미국산을 비판하는 기사를 실었다.

> 평균 영국인은 아침에 미국산 자명종 소리에 잠을 깨고, 뉴잉글랜드 시트에서 일어나고, 뉴욕 비누와 양키 안전면도기로 수염을 깎는다. 웨스트캐롤라이나 양말에 보스턴 장화를 신고, 코네티컷 멜빵을 메고, 워터버리 회시계를 챙기고 아침식탁에 앉는다. [······] 식사를 마치고 뛰어나가 뉴욕제 전차를 잡아타고 셰퍼즈 부시에서 내리고, 다시 양키 엘리베이터를 타고 이동해 미국형 철도로 도심까지 들어온다. 물론 사무실의 모든 것이 미국산이다. 네브래스카 회전의자에 앉아 미시건제 덮개 책상에서 시러큐스 타자기로 공문을 작성하고 뉴욕 만년필로 서명하고

뉴잉글랜드 수입압지로 잉크를 말린다. 공문 사본은 그랜드래피즈 서류함에 보관된다.[6]

자유당 수상 윌리엄 글래드스톤은 영국의 경제적 우위가 미국으로 넘어갈 수밖에 없음을 이미 오래전에 예언했다. 1878년에 그는 "우리는 엄청난 속도로 전진해왔지만 미국은 우리를 단번에 앞지르고 있다."라고 했다.[7] 평균 생활수준의 기본척도인 국민소득(1인당 GDP)은 1870년에 영국이 25퍼센트 높았다. 그러나 생산력의 기본척도이자 평균 임금수준의 결정요인인 노동자 1인당 GDP는 그 후 30년간 미국이 거의 배속으로 증가했다.[8] 해마다 영국인들이 연간저축의 반 이상(국내 투자보다 많은 액수이자 인접 유럽 국가들에 대한 투자액의 여러 배)을 미국에 투자하는 것도 하나의 원인이었다.[9] 투자수익은 매년 영국의 국민소득을 증가시킨 반면, 투자 그 자체는 미국의 사업을 현대화시켰다. 영국 이민자의 절반 이상, 특히 아일랜드 이민자의 점점 많은 수(30년에 걸쳐 남녀노소 거의 800만)가 미국 행을 선택하는 것도 하나의 원인이었다. 반면에, 영국 이민자가 캐나다 문화를 더 '영국적'이라고 느낌에도 불구하고 캐나다를 선택하는 수는 15퍼센트 미만이었다.[10] 영국과 미국의 평균소득 및 평균 생활수준은 1890년대에 이미 비슷해진 상태였고, 영국 수상 글래드스톤은 영국과 미국이 "역사상 최초로 자유로운 제도들을 거대한 규모로 인류에게" 보여주는 "중대" 사례라고 말했다.[11]

미국이 농업이 우세한 시골사회에서 공업이 우세한 도시사회로 변모해 경제성공의 글로벌한 상징으로 자리 잡은 속도는 놀랄 만한 것이었다. 앨프리드 마셜이 1875년에 미국을 돌 때만 해도, 가장 크게는 농업, 다음으로는 광업이 미국 소득의 주된 원천이었다. 웨브 부부가 미국을 찾았을 무렵, 제조업 임금 및 이윤이 농업의 세 배로 늘어나 있었다. 1880년부터 1900년까지, 미국 최대 업종들의 연간소득은 네 배로 늘었다. 인쇄 및 출판은 다섯 배, 기계류와 몰트위스키는 네 배, 철강과 의류는 세 배였다. 전동기계, 냉각기계, 신형 담배제조기계, 절삭기계, 양조기계 등의 기계류가 생산되고, 석유 및 석탄을 원료로 제품을 만드는 완전히 새로운 산업들이 생겨나고, 철도가 놓이고, 전신이 거의 모든 곳을 연결하면서, 미국 회사들은 규모, 구조, 범위에서 혁명을 맞았다. 레밍턴(1816), 싱어(1851), 스탠더드 오일(1870), 다이아몬드 매치(1881), 아메리칸 토바코(1890)가 탄생했다. 대량유통, 대량생산, 과학적 경영의 시대(요컨대, 대기업의 시대)가 와 있었다.[12]

   비어트리스와 시드니는 미국의 기업이 어떻게 움직이느냐보다는 미국의 정부가 어떻게 돌아가느냐에 관심을 가졌다. 그들이 처음 방문한 곳은 수도인 워싱턴 D.C.였다. 유감스러운 선택이었다. 수도가 전쟁의 열기로 가득한 때였다. 쿠바에서 봉기가 발생하고 스페인이 이를 진압하고 아바나 만에서 미함 메인 호가 침몰하고 그 책임을 스페인에 돌리는 일련의 사태가 벌어지면서, 군사개입을 지지하는 강력한 풀뿌리 운동이 불타오르고 있었다. 전쟁에 찬성하는 민심은 확산되었고, 재계와 종교계 지도층과 대통령 윌리엄 매킨리William McKinley의 반전론은 힘을 얻지 못하고 있었다. 마음을 바꾼 매킨리 대통령이 선전포고문에 서명할 때, 비어트리스와 시드니는 1000명이 넘는 방청인과 함께 하원 내 빈석에 앉아 있었다. 비어트리스가 보았을 때 하원은 끔찍했고 상원은 시시했다. 그녀가 비교적 좋게 본 사람은 대표적인 전쟁 옹호론자였던 해군 차관 테디 루스벨트Teddy Roosevelt였다. 그가 서부 목장 경험담을 들려줄 때, 그녀는 그의 이야기가 "짜릿하다."라고 생각했다. 그렇지만 그가 오찬 내내 "유혈과 폭력을 포효"할 뿐 자신과 시드니의 다음 책의 주제인 지방자치에 전혀 관심이 없는 모습은 실망스러웠다.[13]

비어트리스에게는 뉴욕이라고 더 마음에 드는 것도 아니었다.

> 소음 소음 오로지 소음뿐 [……] 이 도시에서 끝없는 혼잡은 감각을 혼란시키고 귀를 멀게 하고 눈을 피로하게 한다. 시내전차를 타면 신경과 근육이 흔들리고 덜컹댄다. 기차에서는 일반객차를 타든 풀먼[고급객차]을 타든 혼자 있을 때가 단 1분도 없다. 차문은 벌컥 열렸다 세게 닫히고, 승객들은 뛰어오르고 뛰어내리고, 신문, 군것질거리, 음료를 든 소년들이 끝없이 오르내리면서 귀찮게 자기의 물건을 보게 하고 무례하게 뿌리칠 수밖에 없게 하고, 운전수들은 창문을 닫았다 열었다, 가스등을 틀었다 껐다 하고, 엔진 종은 끝없이 울리고, 이따금 기적이 울려서 기차가 다가오는 것을 경고한다.(기적소리라기보다 뱃고동소리 같다.)[14]

그녀는 테크놀로지, 그리고 현대 테크놀로지가 암시하는 이동성에 대한 마셜과 미국인들의 애정을 전혀 공유하지 않았다. 기차와 마천루는 물론이고 "완벽히 구축된 통화망들, 숙련된 속기사들, 고속 승강기들, 온갖 종류의 전파들"에도 그녀는 냉담했다. 그녀는 "모든 곳에 만연하고 모든 것을 삼킬 듯한 미국 사람들의 '경영'능력"을 인정하지 않을 수 없었지만, 그 이유를 미국인들이 "금전적 자기이익을 기꺼이 유일한 추동력으로 받아들인다는 사실"에서 찾았다. 그녀는 짧은 집중력(인내심 부족)이 미국 국민성의 가장 큰 약점이라고 보았고 여행과 통신과 미국 생활 일반의 속도("소음, 혼란, 덜컹거림, 북적거림")가 에너지 낭비일 뿐이라고 생각하는 경향이 있었다. 그녀는 "기계장치들을 이렇게 높이 평가하는 것을 우리는 미국이 미리 생각하기를 싫어하는 것의 징후라고 본다."[15]라고 논평했다. 마셜과는 달리, 그녀는 "불안한 에너지"를 경영하고 조직하고 일이 되게 하려는 열망과 결부시키지도 않았고 위험의 선호를 쇄신이나 계층이동과 결부시키지도 않았다.

비어트리스와 시드니가 그로부터 몇 주 후에 서쪽으로 향했을 때, 가장 먼저 들른 곳은 피츠버그였다. '카네기 스틸'("부를 창출하는 거대 기계", 결국 'US스틸'이 된다.)에서, 그녀는 테크놀로지가 어느 정도까지 노동을 대체했는가에 충격을 받았다. 헨리 클레이 프릭Henry Clay Frick은 비어트리스에게 홈스테드 펜실베이니아 철강공장을 안내해주었다. 그는 그녀에게 카네기 스틸이 몇 년 새에 급여대상자를 3400명에서 3000명으로 줄이면서 생산량을 세 배 늘렸다는 말을 해주었다. 그녀는 공장을 둘러보았다.

> 방대한 작업장들은 최강 최신 기계설비들로 가득했다. 인적은 거의 없는 듯했다. 커다란 엔진과 기중기와 용광로가 열심히 숨차게 움직이고 있었는데, 인간의 도움은 없는 것 같았다. 간혹 눈에 띄는 사람들은 공중에서 움직이는 작은 운전실에 들어 앉아 수백만 마력을 내는 모종의 전동기를 운전하는 모습이었다. [……] 우리는 지난 10년 동안 노동 절약 테크놀로지, 특히 전력으로 움직이는 신형 자동 기계설비에 엄청난 진보가 있었음을 깨달았다. 한편에서는 '자동카트'가 인간의 노동을 대신

해 엄청난 강철 무더기를 싣고 압연 작업장을 들락날락했다. 다른 한편에서는 움직이는 팔에 올라탄 단 한 사람의 자동기계 운전자가 용광로 문을 열고 시뻘건 강철 덩어리를 집어올려 카트에 던졌다. 고철 무더기를 용광로에 자동으로 집어넣는 것도 단 한 사람이었다. 이 모든 것이 최근 6년 새에 도입되었다.

그녀는 카네기 기업의 경이적 성공의 원인을 세계 어느 제철회사에서라도 사용될 수 있는 "기계장치"에서 찾기보다 우수한 경영 및 조직에서 찾는 예리함을 발휘했다. 그녀에 따르면, 모든 오너들이 비공개회사의 현역 임원으로 있으면서, "모든 정신노동자들에게 아주 후한 대우"를 해주었다. "품위 있는 집을 주었고 […] 유럽으로 외유를 보내주었고, 수시로 집으로 초대했다."[16]

반면에 도시 그 자체는 열악했다.

그야말로 지옥이다. […] 최악의 중공업지대의 연기와 먼지와 가장 낡은 이탈리아 도시의 너무나 더러운 배수시설이 공존한다. 주민들은 신이 버린 사람들이고 […] 공동주택은 다닥다닥 붙어 있다. (말도 안 되는 목재건물들이 20층 높이의 사무실 사이에 빽빽하게 들어차 있고, 비좁은 거리는 시속 20마일로 돌진하는 전차들로 가득하다.) 부패한 미국 정부들 가운데에서도 가장 부패한 정부가 다스리는 아주 극악무도한 곳이다.[17]

앤드류 카네기Andrew Carnegie(그녀는 그를 "도마뱀"이라고 불렀다.)를 비롯한 피츠버그 거물들은, "공원 한두 개쯤, 무료 도서관 한두 개쯤" 기부했는지는 모르지만, 그 외에는 이 도시가 어찌 되건 "일체 괘념치 않았다". 찰스 필립 트리벨리언Charles Philip Trevelyan이 그녀에게 경고했던 것이 바로 이런 것이었고, 이곳에 도착한 그녀는 그가 경고했던 것을 확인할 수 있었다.[18] 피츠버그에서 비어트리스는 시카고, 덴버, 솔트레이크시티, 샌프란시스코로 돌진했다. 뉴질랜드와 오스트레일리아로 가기 위해 하와이로 항해하는 중에 이미 비어트리스는 세계가 미국의 사회실험으로부터 거의 배울 것이 없다고 확신하는 상태였다.

뉴욕을 떠나기에 앞서 비어트리스는 수많은 교육자들과 경제학자들을 찾아다녔다. 미국 학자 중에 그녀가 좋게 본 사람은 그로부터 얼마 후에 프린스턴 대학 총장이 되는 우드로 윌슨Woodrow Wilson을 빼고는 없었다. 그녀는 컬럼비아 대학 오찬을 마친 후, 한 경제학 교수를 "우수한 초등학교 교사"에 비유했고, 캠퍼스를 "병원과 런던 공업전문학교의 중간쯤"이라고 평했다. 예일은 "아주 작고 인습적인 대학"일 뿐이었다. 후일 셔먼 독점금지법 수정안을 마련하게 되는 경제학자[제러마이아 젱크스—옮긴이]를 두고 그녀는 "외모와 태도와 말투로 판단했더라면, 어느 서부 도시의 뱃심 좋은 가게 사장으로 알았을 것이다."라고 투덜댔다.[19]

예일 경제학과 신참교수 어빙 피셔Irving Fisher는 용렬한 인물도 지루한 인물도 아니었다. 눈동자는 지성으로 반짝였고, 악수하는 손은 단단했고, 체격과 자세는 운동선수였고, 얼굴은 준수한 동안이었다. 서른 살의 그는 케임브리지를 비롯한 영국과 유럽이 높이 평가하는 유일한 미국 경제이론가였다. 앨프리드 마셜과 프랑스 수리경제학자 레옹 발

라Léon Walras는 그를 천재라고 했다.²⁰

피셔가 태어난 곳은 뉴욕 허드슨 밸리의 소거티스라는 농장마을이었고, 피셔가 태어난 해는 남북전쟁이 끝나고 2년이 지난 때였다. 어빙은 『슬리피 할로의 전설The Legend of Sleepy Hollow』의 작가 워싱턴 어빙Washington Irving에서 따온 이름이었다. 할아버지는 농부였다. 아버지 조지 피셔George Fisher는 고매한 복음주의 목사였다. 어머니 엘라 피셔Ella Fisher는 한때 조지 피셔의 학생이었고, 의지가 강하고 신앙이 돈독한 젊은 여자였다. 어빙이 한 살 때, 예일 신학교를 갓 졸업한 아버지는 로드아일랜드 주 피스데일에서 목회를 얻었다.

피스데일은 헨리 제임스의 소설 『대사들The Ambassadors』에 등장하는 뉴잉글랜드의 공장마을 울레트와 비슷하되 규모는 더 작고 풍경은 더 아름다운 곳이었다. 메사추세츠 주의 울레트와 마찬가지로, 어빙 피셔가 어린 시절을 보낸 피스데일은 풍요롭고 온정주의적이고 뉴잉글랜드 복음주의로 가득했다. 이 마을의 이장이자 독지가였던 롤런드 해저드 3세Rowland Hazard III는, 퀘이커 교도로, 자기 아버지가 세운 양모공장을 물려받기도 했고 자기 손으로 화학회사를 세우기도 한 인물이었다. 해저드는 직원들과 이윤을 공유하는 제도를 만듦으로써 진보적 사주로 여겨졌고, 자기 아들들에게 사업체의 운영권을 넘기자마자 정치 개혁가로서 제2의 인생에 투신했다. 그의 딸 캐롤린은 후일 웰즐리 칼리지 학장이 되었다. 그런 해저드가 회중파 교회를 세우고 조지 피셔를 초대 목회자로 초빙한 것이었다. 후원자 해저드 덕분에, 어빙은 울타리가 없는 목사관에서 대서양을 바라보며 "담백한 관계"와 "정직한 정신" 사이에서 성장했다.²¹

어빙이 열세 살 때, 아버지가 돌연 목회와 가족을 떠나 유럽으로 갔다. 훌륭한 대학과 대성당 도시를 찾아다니는 여행년wanderjahr이었다. 그가 여행년에서 돌아온 후, 좀체 쉬지 않는 그의 기백은 그에게 금주의 기치를 높이 들게 했고, 그는 곧 자신의 교구를 격렬한 논란 속에 몰아넣었다. 신도들이 그를 지지하기를 거부했을 때, 그는 목사직을 사임하고 가족과 함께 코네티컷의 뉴헤이븐의 비좁은 공동주택으로 이사했고, 거기서 어빙을 공립학교에 등록시켰다. 2년 동안 피셔 가족은 생계를 친척들에게 의존했다.

조지 피셔는 마침내 새 목회를 찾았다. 1200마일 떨어진 미주리-캔자스 주 경계였다. 앨프리드 마셜의 1875년 기록에 따르면, 미주리는 "늪, 흑인, 아일랜드인, 이질, 마구 피어나는 꽃, 왕성하게 자라나는 [……] 인디언옥수수"로 가득한 주였고, 세인트루이스는 극히 "유해한 도시"였다.[22] 그러나 고온과 다습도 밀 가격 상승과 농지 가치 상승에 이끌린 동부 이민자의 물결을 막지는 못한 상황이었다. 미주리의 캐머런은 조차장, 창고, 가축사육장, 대로 두어 개와 대로변의 큰 건물들, 그리고 10여 개가 넘는 교회를 엉기정기 늘어놓은 곳이었다. 1883년 가을, 조지 피셔는 뉴헤이븐을 떠나면서 이듬해 봄에는 아내와 차남을 데려올 수 있을 것이라고 예상했다. 열일곱 살의 어빙은 세인트루이스까지 아버지와 동행했다. 어빙은 세인트루이스에서 조지 피셔의 누이 부부와 함께 기거하도록 되어 있었다.(어빙의 고모부는 워싱턴 대학의 교수였다). 피셔는 아들이 엘리트 회중파 예비학교에서 고등학교 과정을 마칠 수 있게 해놓은 상태였다. 그의 열렬한 소망은 재능 있는 장남이 예일에 다니는 것, 그리고 나중에 예일 신학교에 진학하는 것이었다.

조지 피셔는 아들을 남기고 떠났다. 부자는 그때를 포함해 평생 두 번밖에 떨어져 있어본 적이 없었다. 부자는 서로가 있는 곳을 방문할 생각이었지만, 캐머런과 세인트루이스 사이 300마일 남짓의 거리는 진눈깨비와 눈과 혹독한 추위를 뚫고 왕래하기에는 너무나 먼 거리였다. 캐머런에서 첫번째 겨울이 지나갈 무렵, 조지 피셔는 이상한 탈력, 잦은 발열, 쇠약감을 호소하고 있었다. 곧 밝혀진 대로, 결핵의 전형적인 증세들이었다. 5월, 조지는 중태인 몸으로 다시 동부까지 긴 여행을 했다. 그가 아내와 차남을 다시 만난 곳은 뉴저지의 둘째 매부 집이었다. 의사였던 이 매부는 가족을 맞이해 환자를 보살펴주었다. 어빙은 뒤에 남아 있었다. 조지 피셔가 어빙이 세인트루이스에서 고등학교를 마칠 것과 칼리지 입학시험을 치를 것을 고집했기 때문이다. 어빙이 우등으로 졸업하고 예일 장학금을 타고 부모와 동생을 다시 만난 1884년 7월, 아버지는 이미 빈사상태였다. 뒤에 남은 것은 무일푼의 아내, 열 살짜리 어린애, 그리고 열일곱 살의 어빙이었다.

칼리지를 완전히 포기해야 하는 것은 아니라고 해도 최소한 연기해야 하는 것은 거의 확실했고, 피셔의 슬픔은 그로 인해 더해졌다. 피셔가 생각할 수 있는 유일한 전망은 미주리로 돌아가서 지난해 여름에 일했던 반 친구네 농장에서 일자리를 찾는 것이었다.

아버지가 피스데일에서 한 친구와 함께 투자했던 돈 약 500달러가 발견되었다. 어빙의 교육비라고 명시된 유산이었다. 만약에 피셔가 어머니와 동생과 함께 예일 근처에서 세 칸짜리 집에 살게 되면, 어머니는 남는 방을 다른 학생에게 세를 놓을 수 있었고, 피셔는 개인교습을 할 수 있었다. 그에게는 장학금과 아버지에게 받은 유산이 있었으니, 1884년 가을에는 계획대로 아슬아슬하게나마 예일에 등록할 수 있을 것이었다.

일찍이 예일의 "위대한 인물" 중 하나인 윌러드 기브스J. Willlard Gibbs는, 대중이 세상을 다스릴 것이라면 많은 교육이 필요하리라고 말한 바 있었다. 그 당시만 해도, 대학교육이 필요한 직종은 극소수였고, 청년층의 1~2퍼센트를 제외하면 4년치 임금을 희생시킨다는 것은 경제적으로 불가능했다. 그러나 1880년대가 되면서, 미국 소도시의 "열등했던 유년기를 벗어나고 싶어하는" 많은 소년들이 점점 더 칼리지를 유망한 탈출 전략으로 보기 시작했다. 미국의 새로운 산업경제, 도시경제에서, 신규기업 경영자가 될 기회는 물론이고 엔지니어, 회계사, 변호사, 교사가 될 기회가 급속히 늘었다. "고생스러운 돈벌이(그 길고 불확실하고 고된 길)"가 아니어도 출중한 사람이 될 수 있는 방법이 나타났다는 것이다.[23]

예일 대학생들 사이에서 집안에 재산이 있는 것은 너무 흔한 일이어서 그러한 자산의 사회적 가치는 매우 낮게 평가되었는데, 가난하지만 야심만만한 피셔 같은 소년에게 그것은 다행스러운 일이었다. 인기와 명성을 얻는 데 필요한 것은 운동선수, 연설가, 논객, 재사의 기량이었고, 심지어 학자의 기량도 필요했다. 피셔는 칼리지의 조정 대표선수였고, 2학년 장학금이 걸린 토론 경시대회에서 교수진을 매혹했고, 수학 등 여러 과목에서 누구나 탐내는 상을 탔고, 동급생 124명 중에서 1등으로 졸업했다.[24] 그러나 그의 칼리지 이력이 정점을 찍은 것은 그가 엘리트 비밀조직 '해골과 뼈들Skull and Bones'의 회원으로 뽑힌 날이었다.

시인 뮤리얼 루카이저Muriel Rukeyser는 윌러드 기브스의 전기를 쓰면서, 당시의 미국은 "젊은 과학들의 계절"이었다고 했다.[25] 1880년대 미국에서는 과학적 활동이 폭발적으로 늘어났다. 찰스 다윈, 허버트 스펜서, 앨프리드 러셀 월리스Alfred Russel Wallace(진화가 자연선택에 의해 발생한다는 것을 독자적으로 발견한 인물)는 누구나 아는 이름이 되었고, 동물원과 자연사박물관이 급증했고, SF소설이 탄생했다. 독자를 2000년 보스턴이라는 미래로 보내는 에드워드 벨러미Edward Bellamy의 『뒤를 돌아보면서: 2000년에서 1887년까지Looking Backward: 2000–1887』는 축음기, 신용카드, 라디오의 황금기를 묘사했다.[26] 한편으로는 새로운 학회, 과학 출판, 실험실이 우후죽순처럼 솟아나는 중이었고, 한편으로는 대학의 초점이 청년들에게 고전을 가르치는 것에서 과학적, 전문적 노동자를 만들어내는 것으로 옮겨졌다. 피셔가 고등학교 졸업학년일 때 개통된 브루클린 다리는 사회를 바꾸는 과학의 위력을 상징했다. 거대 기업과 거대 사업기금이 출현하고 철도가 경제성장에서 모종의 역할을 함에 따라, "주인 되는 도구"를 발견하는 일에 대한 관심이 높아졌다.[27] 대중적 상상 속에서, 과학은 점차 부자가 되는 방법으로 여겨지는 동시에 빈곤, 질병, 무지라는 무수한 사회적 해악을 해결하는 수단으로 여겨지고 있었다.

기브스는 물리학자이자 화학자이자 수학자로서 최초로 열역학 제2법칙을 화학에 적용한 인물이었다. 언젠가 그는 과학자의 기능은 "대상이 가장 단순한 형태로 드러나는 관점을 발견하는 것"이라고 했다.[28] 그는 과학의 수학화를 외친 위대한 투사였다. 수학은 분석도구일 뿐 아니라 만국공통어이므로 사유의 전 세계적 교류를 촉진할 수 있었다.(라틴어가 여러 세기 동안 식물학자들과 해부학자들 사이에서 사유의 전 세계적 교류를 촉진했던 것과 마찬가지였다.) 기브스는 교수회의에서 거의 입을 열지 않는 사람이었다. 그러나 수학이 예일에서 그리스어나 라틴어를 대체하는 필수과목이 될 수 있느냐를 놓고 날카로운 논쟁이 있은 후, 그가 일어나서 정중하게 헛기침을 했다. 그가 회의실을 나설 때 그의 낮은 목소리가 들려왔다. "수학은 언어다."라는 말이었다.[29]

마지막 학년의 피셔는 자신을 수학자라고 생각했다. 그렇지만 그는 좀 더 많은 것을 알고 싶어했고, "철학과 종교의 진리를 알고 싶다."라고 했다.[30] 세인트루이스에 있는 가장 친한 친구 윌 엘리엇Will Eliot처럼 목사가 될 생각은 버린 이후였다. 그의 생각은 법에서 철도로, 공직에서 과학으로 옮겨갔다. 그는 엘리엇에게 보낸 편지에 "하고 싶은 일이 너무 많다! 하고 싶은 것을 이룰 만한 시간이 없을 것 같다는 생각이 항상 든다. 많이 읽고 싶다. 많이 쓰고 싶다. 돈을 벌고 싶다."라고 썼다.[31] 결국 피셔가 선택한 것은 "부의 과학science of wealth"이었다.

진보시대의 미국 경제학에 대한 일반적 설명에 따르면, 영국 경제학이 집단주의와 복지국가를 지향하며 진화한 데 비해 미국 경제학은 전혀 다른 경향을 보였다. 학계 경제학의 대세는, 상업사회를 비판한 소스타인 베블런Thorstein Veblen 등 이른바 제도주의자들 몇을 제외하면, 자유방임주의와 부유층을 보호하고 빈곤층을 짓밟고자 하는 '사회적 다윈주의자들'이었다.

하지만 이것은 틀린 설명이다. 미국경제학회의 거의 모든 창립 회원들은 베를린이나 괴팅겐이나 뮌헨에서 교육을 받았고, 영국 경제학과 달리 무한경쟁을 명시적으로 규탄하고 복지국가를 지지하는 독일 "역사학파"의 가치들을 공유했다. 예일 정치경제학 교수였던 아서 해들리 Arthur Hadley는 미국 경제학자들을 "정부의 기능을 확대하는 일에 종사하는 광범위한 유력집단"이라고 비방하기도 했다.³² 예일 경제학과 역시 마찬가지였다. 유일한 예외는 그 학과에서 가장 악명을 떨친 윌리엄 그레이엄 섬너William Graham Sumner였다. 보수 대 진보, 좌파 대 우파 등 오늘날의 정치적 분류기준을 19세기 지식인들에게 끼워맞추기란 쉬운 일이 아니라고 경고하는 역사가 리처드 호프스태터Richard Hofstadter는 섬너의 보수주의가 "사상사를 통틀어서 가장 철저하게 진보적인 보수주의였다."라고 말하기도 했다.³³ 영국 이민노동자와 미국 성공회 목사의 아들로 태어난 섬너는 정치경제학자인 동시에 미국 최초의 사회학자였다. 엄격하고 냉소적인 성향에, 반백의 머리를 짧게 깎은 섬너는 40대 후반이 되었을 때 "스칸디나비아 언어 두 개, 네덜란드어, 스페인어, 포르투갈어, 이탈리아어, 러시아어, 폴란드어"를 독학했고, 뉴헤이븐을 일종의 사회적 다원주의의 설교대로 삼아 자신의 자유주의적 관점을 설파했다. 당시 사람들이 보았을 때 그의 강의는 "독단적"이었고 그의 태도는 "냉랭"했고 그의 목소리는 "쇳소리"였다.³⁴ 그렇지만 그는 강의의 열렬함과 상반된 관점을 결합시키는 대담함 덕분에 예일에서 가장 인기 있는 강사가 되었다.

섬너는 찰스 다윈과 허버트 스펜서를 숭배했다. 그는 정부 확대에도 반대했고 대부분의 민간 자선에도 반대했다. 그의 경제학은 철저한 맬서스주의적 경제학, 곧 몹시 비관적인 경제학이었다. 맬서스와 리카도와 밀이 그랬듯이 그는 사회의 진화를 촉진시키고자 하는 모든 기획들을 엉터리, 바보짓, 아전인수, '부당이득'으로 일축했다. 또한 그는 자기가 숭배하는 경제사상가들이 그랬듯이 현상태의 옹호자가 아니었다. 목사교육을 받은 섬너는 복지를 규탄하는 동시에 전쟁을 규탄했고, 은행업자 앤드류 멜런Andrew Mellon이 백만장자가 될 권리를 옹호하는 동시에 파업노조를 옹호했고, 자유무역을 찬양하는 동시에 여성노동을 찬양했다. 예일 대학 총장이 신학적 이유를 들어서 스펜서의 『사회학 원리Principles of Sociology』를 텍스트로 사용하지 못하게 하려고 했을 때 섬너는 사임하겠다고 위협했다. 웨브 부부가 미국을 방문했을 무렵, 섬너는 먼로주의Monroe Doctrine와 독트린과 스페인-미국 전쟁을 공공연히 비난했고 격분한 공화당 성향의 예일 동창회는 그를 해고할 것을 요구했다.

아들인 어빙 노턴 피셔Irving Norton Fisher에 따르면, 피셔는 섬너가 개설한 모든 과목을 수강했다. 피셔는 수학자로서 혹은 실험과학자로서 경제학에 접근했다. 엘리엇에게 보낸 편지에서는 자신을 가리켜 "너의 냉정한 분석적 수학자 친구"라고 칭하기도 했다.[35] 섬너에 이끌려 경제학에 입문하고 얼마 되지 않았을 때, 그는 과학자로 사유하는 법(냉정하고 분석적이고 수학적으로 사유하는 법)을 교육받은 사람은 많은 것을 성취할 수 있을 것이라고 판단했다.

피셔가 섬너에게 학위논문 주제에 대해서 자문을 구하던 1890년 봄, 섬너의 개인적 관심은 고전적 정치경제학에서 '사회과학science of society'으로 이동하고 있었다. 섬너는 뒤늦은 나이에 놀라운 열의를 가지고 외국어를 이미 깊이 있게 습득했고, 아울러 민속지 자료를 부지런히 수집했다. 사회과학을 위해 좀 더 엄밀한 토대를 마련하고자 한 것이었다. 그리고 바로 이 기백에 힘입어 피셔에게 박사논문을 수리경제학으로 써보라고 했다. 당시 수리경제학은 새로운 분야였을 뿐 아니라 섬너 자신을 포함한 대부분의 기존 경제학자들의 기술적 역량을 넘어서는 분야였다. 섬너는 피셔에게 윌리엄 스탠리 제번스William Stanley Jevons(소비자 선택을 분석할 때 한계적 변화에 초점을 맞추는 산법을 이용하는 새로운 논법을 마련한 선구자 중 하나)의 책 한 권을 빌려주었다.

자신의 전공 분야를 좀 더 과학적으로 만들겠다는 충동에 고무된 야심적인 젊은 인문학자들은 과학적 지식을 각자 전공 분야의 도구로 삼았다. 유럽에서 막 돌아온 심리학자 겸 철학자 윌리엄 제임스William James는 친구에게 보낸 편지에서 "내가 보기에는 아무래도 심리학이 모종의 과학이 되기 시작하는 때가 온 것 같다."라고 했다.[36] 피셔가 보았을 때 이미 수학은 사유의 거래를 장려하는 이상적인 글로벌 통화였다. 기브스가 화학의 이론적 토대를 공고히 했듯이 정치경제학의 이론적 토대를 공고히한다는 전망이 그를 매료했다.

> 엔지니어가 브루클린 다리를 건설하거나 건설된 브루클린 다리에 대해서 판단하기에 적합한 능력을 갖추려면, 수학, 역학, 하중이론, 행어로프의 자연스러운 곡선에 관한 이론 등을 연구하는 것이 필요하다. 마찬가지로, 정치경제학을 철도운임, 트러스트 문제, 작금의 위기 등에 대한 설명에 적용하기 전에, 정치경제학 이론 일반을 개진하는 것이 낫다.[37]

조야한 사회적 다윈주의자들과 그들에 맞서는 사회주의자들은 경쟁을 현대경제의 고유한 특징으로 간주하면서, 시장의 작용을 정글의 법칙에 비유했다. 그러나 피셔가 더 큰 인상을 받은 것은, 마셜과 마찬가지로, 경제의 작인들(가정, 기업, 정부)의 고도의 상호의존성, 그리고 소기의 원인이 궁극적 결과를 초래할 때까지 거쳐가게 되는 수많은 통로들이었다.

뉴헤이븐에서 피셔는 이따금 뉴욕 시를 찾아갔고, 증권거래소도 여러 차례 방문했다. 피셔가 섬너에게 받은 책들을 읽은 것은 증권시장의 작동방식이 그의 머릿속에 크게 자리할 때였다. 그는 경제학자들이 상당수 어휘를 기존의 역학으로부터 차용했다는 데 놀랐다. 그들은 "힘", "흐름", "인플레이션",[역학적으로는 팽창을 뜻한다—옮긴이] "확장", "수축"을 말했다. 그러나 피셔가 알고 있는 한에서는, 실제로 그러한 역학적 과정의 실제적 모델을 구축해보고자 시도한 사람은 아무도 없었다.(그 과정에서 비롯되는 "그 아름답고 정교한 평형상태는 대도시의 거래현장에서 모습을 드러내지만 그 평형상태의 원인과 결과는 그 외부에 존재한다."[38])

일찍이 마셜은 현대 경제학을 "분석엔진"으로 간주했고 그래프를 이용하여 외부의 영향이 개별 시장에 어떠한 효과를 미치는가를 추적했다. 피셔는 경제 전체의 수학적 모델을 구축하기로 마음먹었다. 그가 추적하고 싶어한 현상은 시장이 어떻게 수급을 맞추는 가격을 "계산"하느냐는 것이었다. 실리적인 양키였던 그가 구축하고 싶어한 모델은 그저 수학기호들을 토해내는 모델이 아니라 수리해법들을 토해내는 모델이었다. 피셔는 모델을 구상하기 시작하자마자 자신의 계획을 한 단계 더 밀고 나가 경제학 등식의 물리학 모델을 유압장치의 형태로 제작하기로 마음먹었다. 실험실에서 수백 시간씩 지루하고 반복적인 물리학 실험을 했던 기술자tinkerer가 아니고는 생각하기 힘든 일이었다. 피셔는 기브스에게 논문의 초고를 읽어봐달라고 부탁했다. 기브스는 피서가 무엇을 성취하고자 하는지를 섬너보다 훨씬 잘 간파할 수 있는 사람이었다.

피셔의 모델에서는, 모든 것이 다른 모든 것에 좌우된다. 각각의 소비자가 하나의 상품을 원하는 정도는 그가 그 외 모든 상품들을 원하는 정도에 좌우된다. 피셔는 이 육중한 기계장치와 이를 구성하는 물탱크, 밸브, 레버, 저울, 캠 등이 "뉴욕이나 시카고"의 거래현장에서는 "기껏해야 불완전하게" 적용된다는 것을 인정했지만, 그것은 결코 불완전하다는 것을 변명하기 위해서가 아니었다. 이 박사논문 제출자에 따르면 "어떤 학문이든 이상적 추정은 불가피하다. 물리학자가 완전하게 설명한 것은 우주에서 단 한 가지도 없다. 물리학자는 근사치를 내놓을 뿐이다. 경제학자가 더 나으리라고는 기대할 수 없다."[39]

이 놀라운 물리학 모델을 가지고 누군가는 어떤 요소들이 상호작용하여 가격이 결정되는가를 가시화시킬 수 있었다. 또 "이 메커니즘을 이용해" 누군가는 서로 동떨어져 있는 요소 간의 복잡한 상호연동들을 조사할 수 있었다. 예컨대, 시장 한 곳의 수급에 가해진 외부의 충격이 연관 시장 열 곳의 가격과 총액에 어떠한 영향을 미치고, 다른 모든 시장들의 가격과 총액을 어떻게 바꾸며, 소득과 아울러 다양한 소비자 선택을 어떻게 변화시키는가를 알 수 있었다. 피셔의 유압장치는 (1960년대에 만들어져서 거대 메인프레임 컴퓨터로 처리되었던, 그리고 노트북 컴퓨터를 쓰는 지금 대학생들이 한 나라의 GDP를 계산하기 위해 사용하는) 수천 가지 방정식을 포함하는 시뮬레이션 모델들 및 예측 모델들의 선구자였다. 안타깝게도, 피셔가 제작한 첫번째 모델은 전시회를 위해 운반되던 중에 파손되었으며 1925년에 다시 제작된 모델도 전해지지 않고 있다.

피셔는 1890년 여름 내내 논문에 매달려 있었다. 그는 응용사례들의 철저한 조사와 참고문헌 리스트를 덧붙임으로써 자기가 얼마나 수학적 논법에 열정을 갖고 있는지를 증명해 보였다. 경제학자 폴 새뮤얼슨Paul Samuelson은 그의 박사학위논문「가치 및 가격 이론에서의 수학적 탐구Mathematical Investigations in the Theory of Value and Prices」를 가리켜 "지금까지 나온 최고의 경제학 박사논문"이라고 칭했다.[40] 논문이 나왔을 때, 앨프리드 마셜을 비롯해 새롭게 출범한 영국경제학회 회원들이 창간한《경제학 저널Economic Journal》은 천재적인 성과물로 환영했다. 옥스퍼드 교수이자 수리경제학의 창시자 중 하나인 프랜시스 이시드로 에지워스Francis Ysidro Edgeworth는 서평에서 "우리는 피셔 박사가 경제학이라는 순수이론의 토대를 강화한 사람이 얻어 마땅한 정도의 영원한 명성을 얻을 것이라는 예측쯤은 할 수 있다."라고 했다.[41]『경제학원리』3판에서, 마셜은 (다른 학자들의 업적을 인정하는 일에 인색할 수 있는 입장이었지만) 피셔의「가치 및 가격 이론에서의 수학적 탐구」를 무려 세 번이나 크게 칭찬했다.(이것을 "훌륭한" 저작이라고 언급했고 피셔를 "독일과 영국의 가장 심오한 몇몇 사상가"와 동급으로 분류했다.)[42]

피셔가 그리는 경제적 현실(특히 그가 인식하는 상호 의존성과 상호 인과성)은 그가 다른 많은 주제들을 바라보는 방식에 영향을 주었다. 피셔는 박사학위를 받기 얼마 전에 '예일 정치학 클럽'에서 소논문 한 편을 읽었다. 세계 모든 나라들을 대변하고 국제분쟁의 평화적 해결에 매진하는 국제기구 창설을 제안하는 글이었다. 역사학자 바버라 터크먼Babara Tuchman에 따르면, 나중에 이 글은 평화집행연맹을 창설하는 데 영감을 제공했는데, 윌슨 대통령은 이 단체에서 힌트를 얻어 국제연맹을 창

설하는 일에 관심을 가지게 되었다고 한다.[43]

포스트 남북전쟁 시기에 찾아왔던 철도, 광업, 토지의 호황은 1890년대 초가 되자 재원의 상당 부분이 불안정한 상태라는 것을 드러내면서 시들해졌다. 1893년 공황과 증시붕괴는 미국 역사상 최악의 불황으로 이어졌다. 제인 오스틴의 소설들이 나폴레옹 전쟁을 전혀 언급하지 않듯 피셔가 윌 엘리엇에게 보낸 편지들은 이런 재난들을 전혀 언급하지 않고 있다. 작가 오스틴의 머릿속이 그랬듯이, 피셔의 머릿속 역시 사랑, 구애, 결혼으로 가득 차 있었을 것이다.

어린 시절에 고향 피스데일에서 행복한 나날을 보냈던 피셔는 금의환향할 수 있기 전에는 귀향을 하지 않았다. 피셔다운 일이었다. 그는 열세 살에 깊은 슬픔 속에 고향을 떠났다. 그리고 "예일의 우등 졸업생이자 수석 졸업생이자 전임강사였고 지금은 예일 대학의 수학교수라는 빛나는 이력"을 가지고 고향으로 돌아왔다.[44] 마치 빅토리아 시대 3부작 소설의 주인공처럼, 그의 목표는 상속녀(미국이라는 배경에서는 사장 딸)를 차지하는 것이었다. 그 목표는 거짓말처럼 이루어졌다. 어빙이 어렸을 때 마지Margie라고 부르면서 함께 놀던 마거릿 해저드Margaret Hazard를 사랑하게 되는 데는 한 번 쳐다보는 것만으로 충분했다.

마지 해저드는 유복하게 자라났고 차분한 기질이었고 유난히 다정한 성격이었다. 마지의 언니는 지성적이었던 반면, 마지는 예술적이고 모성적이었다. 마지는 어빙을 전적으로 변함없이 신뢰했다. 그는 무일푼이었던 반면 그녀는 부유한 상속녀였지만, 그녀는 자기가 세상에서 가장 운이 좋은 여자라고 확신했다. 두 사람은 1893년 6월에 결혼했고,

피스데일의 모든 주민들이 결혼식에 왔다. 무려 세 명의 목사가 결혼서약서를 낭독했고, 웨딩케이크 무게는 50파운드에 이르렀다. 날마다 새로운 파산 소식이나 은행 예금인출 사태 소식이 들려오던 시절이었으니, 이러한 과시적 소비에 분개하는 사람도 있었다. 신혼부부가 슬쩍 뉴욕으로 가서 원양여객선에 몸을 싣고 유럽으로 1년간 신혼여행을 떠난 것은 그래서 더 좋은 일이었다.[45]

랠프 월도 에머슨은 "모든 교육받은 미국인은, 첫 단계로, 혹은 마지막 단계로, 유럽으로 간다."라고 씁쓸히 말했다. 부유층은 수도들을 순방하는 의무적인 '그랜드투어'를 떠났고, 지적으로 야심 있는 사람들은 대학들을 순방하는 '그랜드투어'를 떠났다.[46] 피셔가 1893년과 1894년에 기차로 영국과 유럽을 이리저리 돌며 알게 된 사실은, 성장세에 있다고는 해도 아직 그리 크지 않은 경제학이라는 동아리에 속해 있는 거의 모든 유명인과 의견을 교환하는 것이 가능하다는 사실이었다. 그의 "작은 책"이 유럽에서 "작은 길"을 뚫어준 덕분에 그는 경제사상가들로 이루어진 범세계적 동아리에 즉각 가입할 수 있었다. 빈에서는 오스트리아 경제학의 창시자 카를 멩거Karl Menger와 오찬을 가졌고, 스위스 로잔에서는 레옹 발라와 정찬을 가졌다.(발라의 명석한 학생 빌프레도 파레토Vilfredo Pareto가 자기 아내와 함께 합석했는데, 파레토의 아내는 차를 마시며 담배를 피워 피셔에게 충격을 안겨주었다.) 말없고 멀뚱한 이시드로 에지워스와 토론하기 위해 옥스퍼드에 들르기도 했고, 앨프리드 마셜에게 경배하기 위해 성지 케임브리지에 들르기도 했다.(마셜은 『경제학 원리』를 출간함으로써 이론경제학의 세계적 지도자라는 위상을 굳힌 상태였다.)

지난 세기 미국의 가장 위대한 경제사상가는 양키 기술자이자 금주가이자 결핵 생존자였다. 수학을 전공했지만 "살아 있는 시대와의 접촉"을 원했던 어빙 피셔는 롤로덱스와 소비자물가지수와 경제예측을 발명했다. 1920년대에 피셔(왼쪽)는 미국 경제의 현자이자 건강의 권위자이자 증권 컨설턴트가 되어 있었고, 그의 유명세는 알렉산더 그레이엄 벨(오른쪽)에 필적했다.

피셔는 빡빡한 여정에도 불구하고 파리에서 수학자 앙리 푸앵카레Henri Poincaré의 강의를 듣고 베를린에서 독일 물리학자 헤르만 루트비히 폰 헬름홀츠Hermann Ludwig von Helmholtz의 강의를 듣는 데 시간을 쏟았다. 북유럽이 임신 중이었던 신부에게 너무 추워지자, 그는 다른 수강생을 필기자로 고용한 후 신부를 데리고 프랑스 남부 코트다쥐르로 향했다. 혼자 알프스를 등반하던 그는 물이 바위를 타고 흘러서 아래쪽 연못에 모여드는 것을 바라보던 중에 깊은 깨달음을 경험했다. "물이 들락날락하는 웅덩이를 바라보면서, 나는 갑자기 한 가지 사실을 깨달았습니다. 자본과 소득을 가르는 기본적 구분은 웅덩이 속에 있는 물과 웅덩이에서 흘러나오는 물을 가르는 기본적 구분과 사실상 다르지 않다는 것이었습니다."[47] 피셔가 옥스퍼드에서 강연한 후, 에지워스는 남편 옆에 있던 마지에게 "피셔 교수는 비상하고 있습니다."라고 했다.[48]

뉴헤이븐에 돌아온 피셔 부부가 해저드 부부가 사려 깊게 마련해준, 모든 것이 갖추어진 새 저택에 입주했을 무렵, 나라 분위기는 심상치 않았다. 1895년까지 500개가 넘는 은행이 망했고, 1만 5000개 회사가 파산을 선언했고, 일곱 명당 한 명꼴로 직장을 잃었다.[49] 제철소 용광로들과 거대 방직공장 기계들은 멀쩡했고, 광대한 철로는 화물을 나를 수 있었고, 대초원은 밀과 옥수수로 황금빛이었다. 그러나 이 잠재적인 축제 한복판에 모종의 기근이 있었다. 탤머지T. De Witt Talmage라는 목사는 "지난 몇 달 동안 많은 사람들이 그야말로 아사했습니다. 내가 기억하기로는 처음 있는 일입니다. 신문에서도 말하고 있습니다. 사람들이 이곳저곳에서 시체로 발견된다고. 부검결과 사인은 굶주림이라고."[50]라고 설교했다.

"돈놀이꾼money man"에 대한 대중적 분노가 어디나 만연해 있었다. 대북부철도의 창업자 제임스 힐James J. Hill은 친구에게 보낸 편지에서 "최근에 이 나라 사람들은 사회문제들에 관심을 보이고 있다. [……] 지난 10년간의 관심사는 '철로, 독점, 트러스트'였는데, 이제는 '가진 자 대 못 가진 자'다."라고 했다.[51] 그해, 찰스 데이지Charles T. Dazey의 「부의 전쟁The War of Wealth」이라는 멜로드라마가 브로드웨이에서 개막했다.

불황은 오래된 사회적, 정치적 갈등을 악화시켰다. 이러한 갈등은 일차적으로는 계급 간 갈등이 아니었다. 예를 들어, 1894년 풀먼사 파업[불황기에 임금삭감과 노조탄압에 대한 항의로 풀먼사에서 시작되어 전국적 규모로 확대된 철도 파업—옮긴이]이 있기는 했지만, 파업의 횟수는 매년 줄어들고 있었다. 당시의 갈등은 일차적으로는 계급 간의 갈등이 아니라 지역 간의 갈등, 업종 대표기업 간의 갈등, 중소기업과 대기업 간의 갈등이었다. 금속가격 폭락에 직격탄을 맞은 서부 은광 광부들은 워싱턴을 비난했고, 부채로 곤란을 겪는 농부들은 탐욕적인 동부 은행업자들과 무자비한 철도독점권을 비난했다. 농부들은 가장 성난 유권자들이었다. 호황은 그들을 그냥 지나쳤고, 불황은 그들을 절망으로 몰아갔다. 물가는 전반적으로 하락세였고, 특히 밀과 옥수수와 설탕의 가격은 다른 품목들의 가격보다 평균 두세 배 더 폭락한 상황이었다. 농업과 관련된 사람들은 모두 부채 속에 허덕였고 높은 이자율에 시달렸고 압류의 공포에 떨었다.

1896년 대선 캠페인은 이 나라 경제의 향방에 대한 국민투표나 마찬가지였다. 당시 재임 중이었던 민주당 대통령 그로버 클리블랜드Grover Cleveland는 당의 선택을 받지 못했다. 서른여섯 살의 민주당 후보 윌리엄 제닝스 브라이언William Jennings Bryan은 서부 유권자들에게 "철도 국유화, 관세 철폐, 그리고 무엇보다 금융독재로부터의 해방"을 약속했다. 그는 동부 은행업자들을 가리켜 "이 세상에서 가장 무자비한 양심 없는 투기꾼 패거리"라고 했고,**52** 반대파는 그를 가리켜 무정부주의자, 베니딕트 아널드Benedict Arnold[미국 독립전쟁에서 미국 편에서 영국 편으로 옮겨간 영국인—옮긴이] 같은 놈, 적그리스도 같은 놈, "구시렁거리고 징징대는 선동가"라고 했다.**53** 제임스 J. 힐을 비롯해서 재계 거물들이 뽑은 상대편 공화당 후보는 윌리엄 매킨리였다.

선거를 6주 앞둔 시점에서, 브라이언의 대선 캠페인은 이미 성전聖戰이나 마찬가지였다. 그 유명한 황금 십자가 연설에서 월 가를 십자가에 못 박은 브라이언은 자본력의 여리고성[여호수아 6장 참고—옮긴이] 중 하나인 예일로 향했다. 예일 대학 가을학기 첫날, '위대한 보통사람Great Commoner[브라이언의 별명 중 하나. '위대한 하원의원'이라고 번역하기도 한다.—옮긴이]'은 1000명의 대학생들과 교수들을 대면했다. 흑발을 늘어뜨린 잘생긴 곰 같은 사내가 검은 중절모와 스트링타이 차림으로 단상에 선 순간, 엄청난 야유와 환호가 터졌다.

그는 1896년 대선의 "최대 사안"은 이 나라의 화폐본위라는, 일견 모호해 보이는 문제라고 했다. 우렁차고 약간 잠긴 목소리로, 브라이언은 "돈 바꾸는 자들[마태복음 21장 12절 참고—옮긴이]과 돈 가진 자들을 제외한 모든 사람들을 굶겨 죽이고 있는 금본위"를 맹렬하게 비난했다. 금을 택한 1873년 법은 은화의 주조를 금지함으로써 돈 가뭄을 야기했고, 이 가뭄이 이 나라의 가장 큰 산업인 농업에 미치는 피해는 그 어떤 자연재해보다 심하다는 것이었다. 브라이언은 "돈의 양을 줄인다는 것은 돈의 값을 올린다는 뜻입니다. 돈의 값을 올린다는 것은 모든 것의 값을 떨어뜨린다는 뜻입니다. 값이 떨어진다는 것은 고달픈 시절이 닥친다는 뜻입니다."라고 주장했다.[54]

브라이언에 따르면, 경제를 살리는 방법은 돈의 값을 다시 내리는 것, 달러를 더 팽창적인 척도에 고정시키는 것, 다시 말해 금본위를 포기하고 "나라의 성장을 가능하게 하는" 은본위를 채택하는 것이었다. 브라이언은 매킨리와 그를 지지하는 "민주당 황금파"를 비난했다. 그들은 현 민주당 대통령의 형편없는 "건전화폐" 정책을 고수함으로써 번영을 회복하고자 하는 비뚤어진 작자들이라는 것이었다. 브라이언에 따르면, 불황이 4년째 계속되는 상황에서, 매킨리는, 그리고 그의 지지자들이 조직한 건전화폐 클럽들은 국내의 고통을 걱정하기보다 인플레이션과 런던 자금시장을 걱정하고 있었다. 농부에게 나쁜 것은 미국에 나쁜 것, 곧 미국의 영세사업자와 전문직과 공장노동자에게 나쁘며 뉴헤이븐의 학생에게도 나쁘다는 것이었다. 브라이언은 만약 은본위가 채택된 후 사업이 망하는 속도가 "금본위 때 사업이 망했던 속도보다 빠르다면 정말 큰일일 것"이라고 했고, "금본위를 주창하는 정당은 고달픈 시절을 지속시키자고 주창하는 것"이라고 했다.[55]

그가 공화당을 언급하는 순간, 학생들은 고함치고 야유하고 매킨리의 이름을 외치기 시작했다. 그는 분통을 터뜨렸다. 브라이언답지 않은 일이었다. 그는 "보통 나의 이야기를 듣는 청년들은 자기 밥벌이를 할 줄 아는 청년들입니다. 부를 일궈내는 자가 아니라 남이 일군 부를 분배하는 자가 되고 싶어하는 청년들에게는 어떤 방식으로 이야기를 해야 할지 모르겠습니다."라고 했다.[56] 나중에 한 2학년생은 브라이언 후보가 "이 학교 대학생 100명 중 99명은 게으른 부자의 자식들"이라고 말했다고 기억했고, 나중에 브라이언 후보는 그런 말을 한 적이 없다고 부인했다. **구십구**라는 단어는 출발 신호탄의 효과가 있었다. 그 수업의 학생들은 "구십구! 구십구! 구십구!"를 연호했고, 브라이언은 돈 바꾸는 자들을 성전에 남겨둔 채 연단을 떠나고 말았다.[57] 다음 날 《뉴욕 타임스》는 「**예일의 외면**: 애송이 연사가 감당하지 못한 야유와 소음―20분 만에 진저리를 내며 퇴장」이라고 목청을 높였다.[58]

어빙 피셔는 친구 윌 엘리엇에게 보낸 편지에서 "내가 **도덕적으로** 가장 분개한 일은 '은 열풍'이었던 것 같다."라고 말하기도 했고,[59] "사회과학은 아직 아주 미숙한 단계다. […] '치유 단계'에 도달하려면 아직 멀었다."라고 말하기도 했다.[60]

피셔는 예일 수학과에서 예일 정치경제학과로 자리를 옮긴 상태였다. 그 동기는 주로 "살아 움직이는 시대와 직접 접촉하고 싶다."라는 바람이었지만, 내심 그는 이쪽 학과 교수들이 "자만에 빠져 있고" 자기네가 이 세상의 병폐들을 고칠 줄 안다는 과신에 빠져 있다고 생각했다. 그는 조깅, 조정, 수영 등의 규칙적인 운동으로 몸매를 유지하는 덕에 여느 때나 다름없이 늘씬하고 당당한 대단한 정력가였다. 세월의 유일한 흔적은 스쿼시 사고로 실명한 왼쪽 눈이었다.[61]

피셔는 정치적 확신을 가진 적은 거의 없었지만, 사람들이 자기에게 교수로서의 "견해를 기대"한다는 것을 알게 되었다.[62] 그는 잘못된 개혁은 사태를 악화시킬 수 있다고 경고했다. 일찍이 섬너는 『세상을 뜯어고치려는 부조리한 노력*The Absurd Effort to Make the World Over*』이라는 도발적 제목의 소책자에서 포퓰리즘적 조치들에 대한 깊은 의구심을 표했다.[63] 1893년 공황 뒤에 불황이 왔을 때, 피셔는 친구 윌에게 보낸 편지에서 이렇게 말했다.

> 사회개혁 관련해서, 박애주의자들이 너무 빨리 치료법을 적용하려 하는 것은 이로운 결과를 낳기보다 해로운 결과를 낳는다고 느껴진다. 훈계자가 할 수 있는 최선은 "뭔가 해야 한다" 식의 정신에 맞서는 것, 그리고 어떤 토대 위에 행동해야 하는지를 확실히 알게 될 때까지 인내심을 갖고 기다려보자고, 그때까지는 자선을 성공이 증명된 좁은 영역, 주로 교육[……]의 영역으로 국한시키자고 종용하는 것이다. 당장에 이루어져야 할 **구체적** 개혁이 너무 많다.(시정부에서는 범죄 억제, 교육.) 열심히 일하는 박애주의자들은, "소소한" 일들이 이루어지기 전에는, "사회"를 위한 거창한 계획들에 대해 논할 필요도 없고 논해서도 안 된다.[64]

정작 피셔는 자기의 경고를 따르지 않았다. 1895년 11월에 열린 미국경제학회 회의에서 그는 "금본위 문제를 지나치게 가벼운 태도로 건드리는" 몇몇 동료 학자들에게 분개했고, 은화주조론을 날카롭게 비판했다. "은이 더 싼 금속이라면, 금은복본위제의 효과는 통화가치 하락일 수밖에 없습니다. [……] 공평을 내세워 인정받겠다고 하는 제도가 그토록 확연한 불공평으로 시작한다면 변명의 여지가 없습니다. 정직한 사람이라면 15.5 대 1 비율을 재도입하자는 제안을 경악스럽게 바라

볼 수밖에 없습니다." 당연히, 반反브라이언 세력은 이 연설에 반색하며 관심을 보였다. 그리고 피셔를 '뉴욕 개혁 클럽'의 건전화폐위원회와 반反브라이언 운동에 끌어들였다.[65]

어떻게 돈이 1896년 대선공약에서 그 무엇보다 중요한 사안이 되었는가는 약간의 설명이 필요하다. 역사적으로 돈은 힘을 가진 것, 갖고 싶은 것, 필시 악한 것, 그리고 마치 자연재해나 전염병과 같이 신비로운 것이라고 여겨졌다. 전통적으로, 이자는 기독교와 이슬람교 양쪽 모두에서 적대적으로 다루어졌다. 증시붕괴에서 예금인출 사태와 초인플레이션에 이르기까지 금융위기는 은행업자들에 대한 대중적 분노에 불을 붙였다. 돈이라는 것은 신화와 미신과 감정에 휩싸여 있었다.

1880년대와 1890년대에 포퓰리즘 논쟁의 양편은 자기편이 택한 금속을 신비화하면서 반대편을 악마로 그렸다. 악마 같은 투기꾼은 1880년대 소설의 전형적 인물이 되었다. 그러한 인물의 선구자들로는 리하르트 바그너Richard Wagner의 오페라 「니벨룽족의 반지The Ring of the Nibelungs」에 나오는 니벨룽족, 그리고 앤서니 트롤럽의 소설 『지금 우리가 사는 법The Way We Live Now』에 나오는 오거스터스 멜멋이 있었다. 역사가 해럴드 제임스Harold James는 이렇게 평한다.

> 19세기에 나온 세계론들은 원죄 개념의 세속 버전에 기초해 있었다. 당시 많은 사상가들이 체제의 부당성에 대한 해결책으로 내놓은 것들은 루터의 해법을 (세속적인 방식으로) 꽤 정확하게 반향하는 것이었다. 이러한 원죄의 유산에서 벗어나기 위해서는 강력한 공권력이 필요했다. 자

연적 공동체는 이미 창조적 탐욕에 의해서 무너졌지만, 국가는 나름의 질서와 나름의 공동체를 창조함으로써 역동적 자본주의의 파괴적 힘들을 정향할 수 있었다. 이 전략은 마르크스나 바그너나 솔즈베리 경 같은 사람들이 예언한 파국적 위기를 피해갈 유일한 방법이었다.[66]

미국 경제학자들은 영국 경제학자들에 비해 항상 "돈 문제"에 사로잡혀 있었다. 여기에는 주로 역사적인 원인이 있었다. 미국인 사이에 연방권력에 대한 오래된 의심이 있는 것도 하나의 원인이었고, 남북전쟁 중에 불태환 지폐를 발행하고 20년 후 금으로 상환해주기로 결정했던 것도 하나의 원인이었다. 더 큰 원인은, 예금인출 사태, 금융공황, 위기, 불황이 위험할 정도로 빈번하게 발생했다는 것이었다. 일찍이 1873년에 영국의 금융저술가 배젓Walter Bagehot은 이렇게 말했다.

> 우리의 산업조직은 불규칙적인 외적 우연들로부터 영향을 받을 뿐 아니라 규칙적인 내적 변동들로부터 영향을 받는다. 우리의 신용체계는 이러한 변동에 특히 취약한 시기가 있다. 이와 같이 취약성을 띠는 시기들이 주기적으로 반복되면서, 공황이 정해진 규칙에 따라 발생한다(10년 정도마다 공황이 발생하게 마련이다)라는 생각이 생겨났다. 이상의 것들을 지적하는 일은 매우 중요하다.[67]

이런 전통적인 숙명론 앞에서 이상주의적인 젊은 과학자가 진짜 문제는 화폐에 대한 충분하고 엄밀한 연구가 이루어지지 않았다는 것이라고, 화폐가 경제에서 어떠한 역할을 하는가를 좀 더 이해할 수 있다면 불합리한 결정과 불필요한 갈등이 최소화될 것이라고 주장했던 것은 지극히 당연한 일인 것 같다.

1892년에 나온 박사학위논문 「가치 및 가격 이론에서의 수학적 탐구」에서 피셔는 "화폐는 가치의 척도로 사용됨으로써 모든 것의 경제적 가치를 인식하는 데 영향을 주는데, 그럼에도 불구하고 화폐에 대한 연구는 거의 없다. 화폐를 둘러싼 신비는 많은 오해와 오판의 뿌리다."라고 했다. 논문의 초점은 수요와 공급의 상호작용이 어떻게 가격을 "산출"하는가였지만, 피셔는 화폐를 무엇보다도 측정 단위로 다루었다. 금본위는 화폐의 가치를 고정하는 원시적 메커니즘이었다. 그리고 피셔는 바로 이 논문에서 좀 더 긍정적인 잠재력을 지닌 메커니즘을 설명했다. 피셔는 달러의 금 대비 가치를 소비자 물가지수에 고정시킴으로써 물가를 안정시키는 것이 가능하리라고 보았다. 피셔가 보았을 때 균형은 기준점이었고, 화폐동요는 불안정의 원천이었다. 이 논문에서 그는 "우리의 분석에 가정된 정태적 조건의 이상은 실제로는 **결코** 충족되는 법이 없다."라는 것을 강조했고, "공황은 균형의 결여를 보여준다."라고 확신했다.[68]

이자란 여윳돈이 있는 사람이 남에게 자신의 자본을 사용하게 할 때 매기는 값, 즉 실질 용역이자 유가 용역이다. 따라서 자본의 가치는 예금자와 투자자가 향후 이자지급 흐름을 어떻게 예상하는가에 달려 있다. 인플레이션과 디플레이션은 소득에 상당하고 임의적인 변동을 가져오는 원인이자, 화폐본위(불변의 척도가 아닌 고무줄 척도)의 가치변동에서 비롯되는 결과다.(선동가와 군중 쪽의 음모도 아니고 월 가 은행업자 쪽의 음모도 아니다.)

피셔는 1880년대와 1890년대에 미국 정치를 지배한 화폐논쟁을 경유함으로써 경제학에 도달하게 되었으니, 피셔의 일차적 관심은 채무자와 채권자가 공평한 대우를 받는 것, 그리고 사회적 갈등이 화폐가치의 갑작스러운 변화 탓에 악화되는 사태를 막는 것이었다. 현실적으로, 개인사업자가 자기가 생산한 물건가격의 변화와 전반적인 물가의 변동을 구분하고 그에 따라 계약조건들을 조정하는 것은 힘든 일이었다. 자국의 통화가치가 고정적이 아니라는 것을 이해하지 못한 국민들은 인플레이션이나 디플레이션에 직면해 희생양(동부인, 유대인, 외국인)을 비난하는 경향이 있었다.

미국은 영국, 독일, 프랑스의 뒤를 이어 금본위제도(각국의 통화가 일정량의 금에 고정되고 이로써 다른 모든 나라의 일정량의 통화에 고정되는 제도)를 받아들인 상황이었다. 이것을 단일 세계통화라고 생각해본다면, 그러한 통화가 존재하는 것은 수출업과 수입업에 종사하는 사람들에게는 매우 편리하다. 캔자스 농민은 영국 상인에게 밀을 팔고 밀값으로 임금과 철도요금과 종자대금 등을 치를 달러를 원했다. 따라서 영국 상인은 파운드로 달러를 사야 했다. 수입업자의 입장에서는 1파운드가 항상 5달러로 교환될 수 있는 제도는 단일통화 다음으로 좋은 제도이다.

불행히도 많은 사람들의 짐작과는 달리, 환율을 고정한다는 것은 통화가치가 국내재화에 대하여 불변적이라는 뜻이 아니었다. 실제로 미국이 달러를 일정량의 금에 고정시켰을 때, 금(따라서 달러)의 국내 구매력은 무려 50퍼센트 내지 100퍼센트 변동했다. 1880년대에 달러 가치는 전 세계적 금 부족의 영향으로 급상승했고, 이로써 물가 디플레이션이 야기되고 아울러 금본위를 고수하고자 하는 쪽과 은본위로 돌아가고자 하는 쪽 사이에 격렬한 논쟁이 벌어졌다.

미국 농민들은 토지에 투기하면서 담보대출로 토지매입 자금을 마련하는 경향을 보이는 순채무자였다. 금본위를 유지하는 것이 화폐공급에 제약을 가했고, 이로써 이자율은 인상되고 곡물가격과 농가소득은 하락하는 결과가 초래되었다는 것이 그들의 주장이었다. 원금이나 이자를 갚는 데 들어가는 옥수수나 밀 또는 면화의 양이, 담보대출 설정 당시 농부나 은행이 예상했던 양보다 많아진다는 뜻이었다. 피셔는 서부지역 농사에 대해 모종의 직접적 지식을 가지고 있었다. 세인트루이스에서 2년 동안 지내면서 미주리 주 농가 출신 친구들을 알게 되고 대학 재학 중에 여름마다 그들의 농장에서 아르바이트를 했던 덕이었다.

은화주조운동의 정점은 브라이언의 1896년 대선 캠페인이었다. 피셔의 금본위 옹호의 정점도 그때였다. 그의 학술논문 「가치상승과 이자Appreciation and Interest」가 나온 직후였다. 피셔가 보았을 때, 문제는 분배의 정의였다. 디플레이션 때문에 채무자들이 이익을 보고 채권자들이 손해를 보았다는 '은화주조론자들'의 주장은 잘못된 주장이 아니었지만, 은본위로 전환해야 한다는 주장은 잘못된 주장이었다. 피셔의 주장에 따르면, 이자율 하락이 채무의 실질가치 상승분을 자동적으로 상쇄해줄 것이었다. 시장의 보상을 받은 것은 선거에서 패배한 브라이언이었다. 아이러니하게도, 브라이언의 "황금 십자가" 연설이 나올 즈음, 금광이 발견되는 등의 사태가 이어지면서 금 공급이 폭증했고, 이는 통화팽창으로 이어졌다. 그리고 이로써 미국이 금본위를 포기하지 않은 상태에서 1880년대와 1890년대의 디플레이션을 종결시켰으니까 말이다.

서른 살의 어빙 피셔는 여러 저서들과 학술논문들의 저자이자 학계의 부상세력이자 늘어나는 가족의 가장이었다. 그는 스무 살 때보다 더 강했고, 더 멋졌고, 더 원기왕성했다. 그는 자전거를 탔고, 산책을 했고, 역기를 들었다. 그가 가장 좋아하는 스포츠는 수영이었고, 여름에는 아무것도 그가 물에 들어가는 것을 막을 수 없었다. 피셔는 메인 강의 차가운 물이나 마거릿의 걱정에도 아랑곳없었다.

1899년 8월, 피셔는 가족 여름별장 근처에서 수영하던 중에 거의 익사할 뻔했다. 그 후 몇 주 동안, 피셔는 탈력과 미열이 있었고 쇠약감이 심해졌다. 이러한 증상은 아버지를 죽음에 이르게 한 병의 초기 증세들과 불길하게 비슷했다. 피셔는 서른한번째 생일과 정교수 승진 직후 결핵이라는 진단을 받았다. 일종의 사형선고였다.

역사가 캐서린 오트katherine Ott에 따르면, 결핵은 19세기의 에이즈였다. 20세기로 접어드는 시기, 주요 도시에서 사망자 세 명 중 한 명이 폐결핵이었고, 이 '백색 페스트'의 희생자는 대개 청년층이었다. 경과는 끔찍했고, 회복률은 비관적일 만큼 저조했다. 희생자들은 양성 진단 이후의 불가피한 결과(일자리를 잃고 배척받는 것)을 두려워했다. 의사에게 결핵이라는 말을 들은 누군가는 "삼가 명복을 빕니다."라는 말이 이어지는 것이 어울리겠다고 생각했다. 이제 죽은 목숨으로 느꼈던 것이다.[69] 피셔는 아버지가 죽어가던 모습을 기억했다. 잔뜩 졸아들고 뼈만 앙상하던 모습, 청력을 완전히 잃고, 흘려넣어주는 우유 이외에는 아무것도 삼키지 못하고, 말도 거의 못하던 모습이었다. 조지 피셔는 이런 고통스러운 상태로 여러 주 동안 목숨을 부지했다. 세상을 떠날 때 그의 나이 서른셋이었다.

    치료법은 대개 휴식, 맑은 공기, 맛난 음식이었다. "정신요법"은 병인을 현대생활의 스트레스에서 찾았는데, 이는 온갖 일본 것이나 중국 것에 대한 열풍과도 일치했다. 이러한 유형의 치료사들은 환자의 건강에 대한 책임은 환자 자신에게 있다고 주장했다. "자신의 성마른 생각을 차분하게 가라앉힌다면, 눈에는 보이지 않지만 강력한 힘(신성이든 인간성이든 다른 무엇이든)과 접속할 수 있다."라는 것이 그들의 주장이었다.[70] 당시는 긍정적 사유의 시대였다. 한 지방 남학교에서의 강연에서, 피셔는 이러한 개인적 철학을 설파했다.

> 이 세상의 모든 위대함은 주로 정신적 자제력입니다. 나폴레옹은 자신의 두뇌를 서랍장에 비유했습니다. 그는 서랍을 열고 내용물을 확인하고 서랍을 닫고 또 다른 서랍을 열었습니다. [……] 피어폰트 모건Pierpont Morgan 씨도 그와 같은 자제력을 가지고 있다고 합니다. [……] 우리가 한 사람의 삶이라고 부르는 것은 의식의 흐름, 곧 그 사람이 자기 머릿속에 떠오르게 하는 이미지의 연속입니다. [……] 우리의 의식의 흐름을 정향하고 선택함으로써 우리의 인격을 우리가 원하는 모습으로 형성하는 것은 우리가 할 수 있는 일입니다.[71]

    그로부터 6년 동안 피셔는 자신의 건강과 원기와 정상적 활기를 회복하기 위해 고군분투했다. 그는 거의 반년간 뉴욕 주 새러낵에 위치한 애디론댁 코티지 요양원에 들어가 있었다. 병원 운영자는 에드워드 트루도Edward L. Trudeau 박사였고 병원의 모델은 독일 소설가 토마스 만Thomas Mann이 『마의 산The Magic Mountain』에서 묘사한 알프스의 요양원이었다. 마지는 아이들을 조부모에게 보내고 피셔를 따라 새러낵으로 갔다. 그들은 너구리 모피코트를 샀고, 존 그린리프 휘티어John Greenleaf Whittier의 장시 『눈에 갇혀Snow-Bound』를 사서 낭독했다. 피셔는 1898년 12월에 윌 엘리엇에게 보낸 편지에서 "의사들은 내가 좋아지리라고 확신하고 있지만, 시간이 걸린다. 나는 포치에 나와 앉아 있다. 온도계는 화씨 20도[섭씨로는 -7도 정도―옮긴이]를 가리키고 있고, 눈은 2피트 높이로 쌓여 있다. 잉크가 얼었기에 연필로 쓰고 있다."라고 했다.72 1901년 1월에 의사들은 피셔가 완전히 회복되었다고 말했지만, 피셔가 예전의 기력을 되찾기까지는 그로부터 3년이 더 걸렸다.

피셔가 결핵을 이기고 살아남은 이후, 피셔 안에 잠재되어 있던 목사가 되살아났다. 그는 공중보건의 십자군이자 건강생활 및 마인드컨트롤(그가 믿은 회복의 원인들)의 옹호자가 되었다. 피셔는 결핵을 극복한 후 이례적인 일(예를 들면, 2000년까지 평균수명을 두 배로 늘리는 일)이 가능하다고 믿게 되었다. 생명과학적 생활biologic living의 십자군 존 하비 켈로그John Harvey Kellogg 박사를 만난 피셔는 "젊음의 샘을 찾아 길을 떠난 폰세 데 레온Ponce de León과는 달리 당신은 젊음을 연장하고 향유하게 해줄 아이디어들을 찾아 길을 떠난 분"이라고 했다.73 켈로그의 영향을 받은 피셔는 예일 운동선수들을 대상으로 채식 실험을 했고, 스미소니언 총수에 지원했고, 내각 수준의 건강부서 창설을 위해서 로비를 벌였다. 매킨리 대통령이 암살당한 후 대통령 자리에 오른 미국의 가장 젊은 대통령 시어도어 루스벨트Theodore Roosevelt는 1908년에 피셔를 전국자연자원보존위원회에 임명했다. 피셔가 보았을 때 보존이란

"후세에 대한 우리의 의무감을 주축으로 삼는" 개념이었다. 피셔에 따르면, 현재의 풍요를 향유하고 있는 우리 미국인들로서는 "자기가 미래 세대들이 써야 할 자원을 낭비해버리고 있음"을 깨닫기란 어려운 일이었다.74

샌프란시스코 지진이 발생한 1906년에, 피셔는 호모 에코노미쿠스 Homo economicus, 곧 '경제적 인간'은 멸망했고 자유방임주의는 죽은 이데올로기라고 선언했다. 미국과학진흥협회 총회 연설에서 그는 "정부 규제와 복지대책의 수용이 지난 50년간 경제적 견해에 일어난 가장 놀랄 만한 변화"라고 했다.75 그가 보았을 때, 자유주의의 기본신조(개인은 사리의 최고의 판관이라는 신조와, 사리를 좇는 것이 사회를 위해서 최대의 이익을 낳는다는 신조)가 틀렸다는 것은 경험을 통해서 증명되었다. 정부규제와 자발적 개혁운동(오늘날의 NGO에 해당하는 19세기의 움직임)은 해롭지 않을 뿐 아니라 필요했다. 피셔에 따르면, 실제로 정부규제와 자발적 개혁운동은 이미 자연환경을 보존하고 공중보건을 증진하는 데 크게 기여했다. 그는 섬녀의 극단적 자유주의와 사회주의 중에 하나를 골라야 한다면 자기는 사회주의를 고를 것이라고 말하면서, 개인에 이로운 것이 사회에 이롭지 않은 수많은 사례, 따라서 자유방임주의가 올바른 정책이 아닌 수많은 사례를 열거했다.

1906년에 출판된 『자본과 소득의 본성 The Nature of Capital and Income』을 보면 피셔가 점차로 자본을 미래에 생성되기 위해 현재에 보존되어 있는 용역과 수익의 흐름으로 이해하게 되었다는 것을 알 수 있다. 피셔는 경제적 상호 의존성(도시화, 경제적 분화, 세계화로 요약되는)이 커질수록 정부에 필요한 데이터, 교육, 공조, 개입도 늘어나리라고 믿었다. 미래에 관심을 갖는다는 것은 예방과 보존을 요청하는 것이라고 그는 주장했다. 죽음의 문턱까지 갔던 그의 경험은 경제적 효율성과 낭비 예방에 대한 그의 관심을 더욱 절박한 것으로 만들어주었다. 경제사상사 연구자 페리 멀링Perry Mehrling에 따르면, 애덤 스미스와 동시대를 살았던 존 레이John Rae의 영향을 받았던 피셔는 "수익(이윤, 집세, 임금을 포함)"을 과거에 축적된 기계, 토지, 인적 자본으로부터 흘러들어오는 용역의 가치라고 정의했다. 멀링의 주장에 따르면, 수명연장에서 불황과 전쟁의 예방에 이르는 피셔의 모든 개혁들은 현재의 국부를 증가시키는 것을 목표로 삼았다.[76]

오늘날의 경제학자들은 제한된 합리성, 외부효과, 시장의 실패에 대해서 말한다. 피셔는 무지 그리고 자제의 결여를 말했다. 그의 좀 더 급진적인 주장에 따르면, 개인들이 온전히 합리적으로 행동할 때조차 그 행동들이 결합된 효과는 집단의 복리를 감소시킬 수 있었다. "사람들이 자기 마음대로 할 수 있는 상황에서 항상 자신의 최대이익을 따른다는 말이 거짓일 뿐 아니라, 사람들이 자신의 최대이익을 따르는 것이 항상 사회에 이익이 된다는 말도 거짓입니다."[77] 그는 현재의 상태를 기준인 양 취급하는 것은 무지의 한 형태라고 설명했다. 그가 보았을 때, 실제 수명은 가능 수명의 절반에 불과했고, 실제 생산성도 가능 생산성의 꼭 절반에 불과했다. 그의 가장 흥미로운 통찰은 머리가 농간을 부린다는 통찰이었다. 그는 이것을 "화폐환각"으로 명명했다. 피셔가 보았을 때, 인플레이션과 디플레이션(곧 전반적인 물가수준에서 발생하는 모든 변화)이 해로운 이유는 사람들이 나쁜 결정을 내리게 만들기 때문이었다. 경제 차원에서 화폐환각이 의미하는 바는 기업과 소비자가 물가와 이자율의 변화에 적응하는 데 오랜 시간이 걸린다는 것이었다.

그는 호모 사피엔스가 호모 에코노미쿠스(초이성적 계산기)가 아니라는 인식으로부터 두 가지 결론을 끌어냈다. 첫째, 의무교육이 반드시 필요하다는 결론이었다. 둘째, 공동주택 화재법규이든 도박이나 알코올 등 약물에 대한 금지조치이든 개인 행동의 규제조치는 더 필요하다는 결론이었다. "무지한 부모가 자신의 교육관을 자녀에게 강요하는 것을 당연시하는 것은 옳지 않습니다. 한때 아동노동 문제는 개인의 문제로만 여겨졌지만, 실은 사회 전체에 영향을 미치는 중요한 문제입니다."[78]

피셔는 경쟁 모델의 한계를 지적하는 데서 마셜보다 한 걸음 더 나아갔다. 이 점에서 그는 2차대전 이후 경제이론의 전체적 궤적을 미리 선보였다. "정부가 개입하는 것이 불가능하거나 현명하지 못한 경우에도, 한 계급이 다른 계급에 영향을 미침으로써 상황의 개선을 꾀할 만한 타당한 이유가 존재할 수 있습니다. 사회선동은 여기서 비롯됩니다."[79]

개개인이 모두 완벽하게 이성적인 경우에도, 사리의 추구가 반드시 사회적으로 바람직한 결과로 합산되는 것은 아니었다. 그는 "개인의 행동은 도시공원 체계를 생기게 하지 않는 것은 물론이고, 유용한 도로망 같은 것을 생기게 하지도 않습니다."라고 했다. 그런 연유에서 그는 스펜서가 주장했던 통화공급 민영화를 거부했고 아울러 치안 민영화를 거부했다. "훨씬 더 믿기 어려운 주장[인데] 정부의 경찰 기능까지 민간에 넘겨야 하고, 경찰부대는 구식 소방대와 흡사한 자원봉사 자경단 같은 것이어야 하며, 이러한 부대들 사이의 경쟁이 지금 있는 정부경찰

보다 나은 서비스를 제공하리라는 것입니다!"⁸⁰

피셔는 병을 앓은 후에 창의력이 분출하는 시기를 맞았다. 몸져누웠을 때 싹튼 생각들을 5~6년에 걸쳐 쏟아낸 것이다. 병상에서 그는 인도철학과 명상법을 받아들이기도 했다.

> 지난밤 해 질 녘, 나는 인도 사람처럼 바깥에 앉아서, 생각을 비우고 대우주의 고요함과 힘을 느꼈다. [……] 3년 넘게 나를 괴롭혔던 낙심, 두려움, 걱정의 무의식적 인상들은 아직 내 머릿속 창고에 있지만, 깊이 묻혀 있다. 영영 묻혀 있기를 바란다. 실은 고된 일을 하고 자기암시법을 적용해서 겨우 우울증을 가져오는 악마들을 밀어내린 상황이다. 첫해가 지나고 나에게 가장 큰 문제였던 것이 두려움이었다는 것을 고백하지 않을 수 없겠다. [……] 낙관주의란 어떤 악이 존재하느냐의 문제도 아니고 우리가 미래에서 무엇을 기대하느냐의 문제도 아니다. 세상이 불행하다고 믿는 사람, 지구는 차가운 죽은 별이 될 것이라고 믿는 사람, 자기가 고통을 당하고 친구와 명예와 재산을 잃게 되리라고 믿는 사람이라 해도, 낙관주의자가 될 수 있다.⁸¹

금융시장에서 1907년은 동요하는 한 해였다. 피셔는 새 저서 『이자율The Rate of Interest』의 완성을 서두르는 중이었다. 피셔는 이 책에 "이자율의 본성, 이자율의 결정, 이자율과 경제현상과의 관계"라는 부제를 붙였다.

처음으로 그는 예측력의 결여라는 분명한 맥락에서 논증을 펼쳤다. 투기와 불황의 시기들은 예측력의 불평등의 결과였다. "공황은 언제나 예측하지 못한 상황들의 결과이며, 대출 통화 부족은 그런 예측 못 한 상황들 중 하나이자, 동시에 부분적으로는 다른 예측 못한 상황들의 결과이다."[82] 인플레이션과 디플레이션이 정확하게 예측된다면, 이자율은 화폐시장에서 즉각적으로 그리고 완벽하게 조절될 것이다. 빌려주는 자가 전반적 가격수준이 오를 것이라고 예상한다면, 빌리는 자에게 그에 상응하는 더 높은 이자율을 요구할 것이다. 빌려주는 자가 전반적 가격수준이 내릴 것이라고 예상한다면, 그에 상응하는 더 낮은 이자율을 기꺼이 수용할 것이다. 똑같은 추론에 따라서, 빌려주는 자가 더 높은 인플레이션을 예상한다면, 더 높은 명목이자율이 자기의 실질수익률에 영향을 미치지 않을 것이라고 깨달을 것이다. 빌리는 자가 디플레이션을 예상한다면, 자기가 감당할 수 있는 정도가 디플레이션에 상응하는 더 낮은 명목이자율까지뿐이라는 것을 깨달을 것이다. 요컨대 예측이 올바르다면, 가격수준에서의 변동은 실질생산량이나 실질고용에 영향을 미치지 않을 것이다. 물론, 문제는 그와 같은 완벽한 예측이 불가능하다는 것이다. "[디플레이션을 정확하게 예측하지] 못하기 때문에 채권자에게는 예상 밖의 손실이 발생하고 채무자에게는 예상 밖의 이득이 발생한다."[83]

예전에 피셔는 화폐가치의 변화가 실물경제활동에 미치는 영향은 미미하다는 입장이었지만, 이제는 그 입장을 뒤집었다. 피셔의 새로운 입장에 따르면, 이자율이라는 것이 달러 구매력의 변화에 따르는 영향들을 상쇄할 정도로 그렇게 유연하고 완전하게 조절되는 것은 아니었다. 따라서, 물가안정은 공정하고 투명한 통화제도의 필요조건이다.

채무자 계층이 1875년에서 1895년까지 20년에 걸친 물가하락 시기에 득을 보았다는 복본위론자들의 주장은 부분적으로는 옳았다. 1896년에서 1906년까지 10년 동안 상황은 정반대였다. 그러나 우리는 지난 10년간의 채무자 계층의 재산증식이 앞선 20년간의 채무자 계층의 재산 손실을 보상해준다고 가정하는 실수를 저질러서는 안 된다. 사회계층의 성원은 빠르게 바뀌니 말이다. 또 우리는 채무자 계층이 빈곤층이라고 가정하는 실수를 저질러서도 안 된다. **오늘날의 채무자는 흔히 주식 소유자이고, 채권자는 흔히 채권 소유자이다.**[84]

당시의 금본위 하에서 미국 달러의 기준은 금의 **무게**였지 금의 **가치**(곧 구매력)가 아니었다. 당연히 달러의 국내 구매력은 화폐의 수요와 공급에 좌우되었다. 대부분의 사람들은, 경제에 정통한 투자자들이나 사업자들조차, 달러를 가치의 척도로 보았고, 아울러 가치의 변화를 추적하거나 예측하는 일을 어렵거나 불가능한 일로 보았다. 인플레이션과 디플레이션이 해로운 이유는 예측이 불가능하다는 데 있었다. 곧 투자자, 소비자, 사업자는 인플레이션과 디플레이션을 완벽하게 예측할 수 없는 것은 물론이고, 현재와 가까운 과거의 인플레이션과 디플레이션 규모를 가늠할 수도 없었다. 잘못된 예상에 기반한 결정은 잘못된 투자로 귀결되었다. 경제 전체를 놓고 보았을 때, 어떤 영역에서는 투자가 너무 많고 어떤 영역에서는 투자가 너무 적었다. 피셔는 "무모한 낭비에 대한 심판의 날은 불황의 형태로 닥쳐온다."라고 했다.[85]

60년 사이에 많은 일이 있었다. 첫째, 찰스 디킨스, 헨리 메이휴, 카를 마르크스는 옛날 옛적부터 인류에게 가난의 운명을 강요했던 물적 조건들이 점점 유동성을 띠어가는 세계를 그려 보았다. 1848년, 카를 마르크스는 경쟁이 기업들을 똑같은 자원을 가지고 점점 많은 것을 생산해야 하는 상황으로 몰아넣었음을 보여주었지만, 생산의 증가를 임금인상과 생활수준 향상으로 전환시키는 방법은 전혀 존재하지 않는다고 주장했다.

앨프리드 마셜은 업주들이 경쟁이라는 기발한 메커니즘으로 인해 **시간이 가면서** 생산성을 지속적이고 점진적으로 향상시킬 수 있게 된 동시에, 그렇게 얻어진 이득을 역시 시간이 가면서 임금인상이나 가격 인하의 형태로 공유해야 하게 되었다는 것을 알아냈다.

비어트리스 웨브는 사회조사관이라는 자신의 직업과 아울러 **복지국가**라는 것을 발명했다. 사회학자 밀은 복지국가가 결국 세수를 전부 빨아들일 것이라고 주장했고, 마르크스는 복지국가라는 것은 그저 오류추리라고 보았다. 반면에 웨브는 극빈이 예방 가능함을 보여주었고, 아울러 교육, 위생, 식량, 의료 등 현물 지원이 사적부문 생산력과 임금을 증가시키는 정도는 과세가 이를 감소시키는 정도보다 크다는 것을 보여주었다. 다시 말해, 빈곤층에게 교육과 식량과 보건을 제공하는 일은 경제성장의 장애물이 아니라 경제성장의 견인차였다.

어빙 피셔는 화폐가 실물경제에 얼마나 강력한 영향을 미치는가를 처음으로 깨달은 인물이자 정부가 통화운용을 개선함으로써 경제적 안정을 증진할 수 있음을 처음으로 주장한 인물이었다. 피셔는 인플레이션과 디플레이션이라는 일견 상반된 병폐에서 하나의 공통된 원인을 짚어냄으로써, 정부가 인플레이션에 의한 호황과 디플레이션에 의한 불황을 완화하고 나아가 차단하는 데 이용할 수 있는 도구, 곧 통화공급 통제라는 도구를 찾아냈다.

5장

창조적 파괴:
슘페터와 경제적 진화

정상적으로는 수세기가 걸릴 역사적 발전이 20~30년으로 압축되었다.

— 로자 룩셈부르크, 『자본축적』, 1913[1]

1907년 11월 4일, 뉴욕 니커보커 신탁회사에서 예금인출 사태가 벌어졌다는 뉴스에 런던 주식중개소는 아수라장이 되었다. 안전을 원하는 겁에 질린 투자자들은 잉글랜드은행을 에워싸고 금괴를 요구했다. 금 유출사태에 직면한 잉글랜드은행은 다른 은행들에 대한 콜금리를 인상했다. 공황의 한복판, 신사 요제프 알로이스 슘페터Joseph Alois Schumpeter와 독신녀 글래디스 리카디-시버Gladys Ricarde-Seaver가 패딩턴 역 근처 등기소에서 백년가약을 맺었다. 할인율이 40년 만에 처음으로 7퍼센트까지 올랐을 때,[2] 신혼부부는 이집트의 카이로로 출발한 후였다.

스물넷의 슘페터는 이미 세상 물정에 밝았다. 그가 태어난 곳은 현재 체코공화국의 영토인 작은 공장마을이었다. 그는 3대째 이어지는 방직업자 집안에서 외아들로 태어났다. 아버지가 서른둘이라는 이른 나이에 사냥 사고로 세상을 떠났을 때, 어머니 요한나Johanna는 네 살짜리 아들의 빛나는 미래를 위해서라면 무슨 일이라고 하겠다고 결심했다. 슘페터의 인생에서 어머니는 항상 가장 중요한 인물이었다. 어머니가 살기 좋은 대학도시 그라츠로 애써 이사했던 것도 주로 그를 위해서였다. 아들이 열한 살 때, 어머니는 서른 살 연상의 퇴역장군과 결혼했다. 그러고는 남편을 설득해 빈의 링슈트라세 바깥 쪽의 호화 아파트로 이사했다.

새아버지의 귀족 인맥 덕분에 슘페터는 귀족 자제들이 다니는 명문 사립학교 테레지아눔에 다녔다. 학교에서 그는 펜싱과 승마를 익히고 고전어와 현대어를 포함해서 무려 다섯 개의 외국어에 능통하게 되고 귀중한 인맥을 얻은 것에 더해, 작위 귀족들의 지나치게 꾸민 태도, 문란한 습관, 사치스러운 취향을 가지게 되었다. 귀족교육에는 감정적 대가가 따랐다.

이 젊은 출세주의자의 또 다른 자아는 철학과 사회학 저서를 읽는 고독하고 의욕적인 학자였다. "약간 멍한 것"이 귀족의 혈통을 뜻하는 학교에서, 그의 훌륭한 두뇌와 강박적인 중간층적 노동습관은 그가 졸부라는 점을 더욱 드러내줄 뿐이었다.[3] 작은 키, 마른 체격, 가무잡잡한 피부, 특이하게 높은 이마, 사람을 꿰뚫어보는 듯한 약간 튀어나온 눈 등 그의 이국적 외모는 '동부' 출신(곧 유대인)이라는 익살과 조롱을 샀다. 그는 승마, 펜싱, 재담의 탁월함을 통해 이를 보상받았고, 권태롭고 아이러니하고 세상만사가 지루하다는 태도를 통해 자신의 은밀한 불안을 감출 줄 알았다.

1901년, 열여덟의 슘페터는 결국 테레지아눔을 수석으로 졸업하고 빈 대학 입학자격을 얻었다. 그와 그의 어머니가 빈 사교계의 가장 높은 위치까지 올라가는 빠른 길이라고 생각했던 그 길의 첫 계단이었다. 물론 빈의 "일류 사교계"는 본질적으로 황제와 그의 궁정으로 한정돼 있었다. 그러나 대학교수나 각료는 "이류 사교계"를 뚫을 수 있었다. 똑똑하고 유능한 사람들이 귀족들이나 재벌들과 뒤섞이는 곳이었다. 슘페터는 법학을 시작한 첫 해에 벌써 오스트리아-헝가리 제국의 최연소 대학교수이자 폐하가 가장 신임하는 경제 고문이라는 자신의 미래를 그리고 있었다.

역사가들은 벨에포크Belle époque의 빈을 퇴폐적이고 안일하고 경직된 사회로 묘사하고, 오스트리아-헝가리 제국을 영국이나 프랑스나 독일과 도저히 비교할 수 없는 후진적 사회로 묘사하곤 한다. 오스카르 야시Oszkár Jászi는 오스트리아-헝가리를 일컬어 "경제적 관점에서 볼 때 패배당한 제국"이라고 칭했다.[4] 칼 쇼스크Carl Schorske는 부르주아를 정치적으로 수동적인 계급으로 묘사했다.[5] 에리히 슈트라이슬러Erich Streissler는 기업가정신의 부족, 그리고 기업가의 자식들(예를 들면, 루트비히 비트겐슈타인Ludwig Wittgenstein과 프란츠 카프카Franz Kafka)이 산업 대신 예술을 택하는 경향을 한탄했다.[6] 요제프 로트Joseph Roth의 1932년 소설 『라데츠키 행진곡The Radetzky March』에서 호이니츠키 백작이라는 빈 귀족은 이 제국이 빈사상태로 보이는 이유를 "지금이 연금술의 시대가 아니라 전기의 시대"라는 사실에서 찾는다. 환하게 빛나는 전기 샹들리에를 가리키면서 그는 이렇게 외친다. "프란츠 요제프Franz Joseph의

성에서는 아직 촛불을 켜는데!"⁷

그렇지만 실은 빈은 현대성에 푹 빠져 있었다. 일찍이 1883년에, 전차들은 수만 명의 방문객을 프라터 공원(도나우 강가의 거대한 '서민공원')으로 실어나르고 있었다. 세계사에서 가장 큰 규모의 조명과 전력의 전시장, 곧 세계전기박람회를 구경하러 온 사람들이었다. 미국의 웨스팅하우스와 GE, 독일의 AEG, 스웨덴의 에릭슨을 포함한 600개의 출품업체들이 15개의 축전지, 52개의 보일러, 65개의 모터, 150개의 발전기를 전시했다. "전화음악실"에서 관람자들은 "오페라에 나오는 음악과 노래를 한 발짝도 움직이지 않고서도 들을 수 있었다."⁸ 또 다른 전시장에서는 부다페스트에 본사를 둔 통신사가 전화가입자들에게 송신하는 최신 뉴스를 들을 수 있었다. 용감한 관람객들은 유압식 통유리 엘리베이터를 타고 25만 촉광으로 반짝이는 220피트 원형 건물 꼭대기로 날아오를 수 있었다. 개막식에서 루돌프 황태자 Crown Prince Rudolf는 "빛의 바다"가 빈에서 전 세계로 "퍼져나갈 것"이라고 자랑스러워했다.⁹

전기설비 경쟁에서 빈은 런던보다 앞서고 있었다. 1881년에 전화사업이 시작되었다. 1897년에 전차가 합승마차를 대체했다. 오페라 「전기기사 Die Elektriker」가 개막된 1906년까지, 빈 시내의 10개 구역에서 전력을 사용할 수 있었다. "전기문화 Elektrokultur"는 빈 기업가들의 구호가 되었다. 모든 주부들은 부엌에서 그을음과 연기를 몰아내줄 가전설비를 꿈꾸었다. 공장주들은 전기조명과 전동기계를 갖춘 최첨단 공장을 원했다. 지그문트 프로이트 같은 의사들은 환자들을 대상으로 전기충격요법을 사용하고 싶어했다. 루트비히 비트겐슈타인의 할머니는 그의 사촌 프리드리히 하이에크 Friedrich Hayek를 새로 산 전기자동차에 태우고 드라이브를 나가기도 했다.

프란츠 요제프 황제가 승강기와 전기조명을 거절한 것은 사실이었지만, 그의 아들 루돌프 황태자는 현대 산업의 굳건한 지지자였다. 오스트리아에는 유럽에서 네번째로 큰 상공업 밀집지역이 있었고 여기서 철강, 섬유, 종이, 화학약품, 자동차가 생산되었다.

빈은 광대한 유럽 내륙의 새로운 거대도시들에 식량과 연료와 원자재를 제공하는, 행정과 상업과 금융의 세계적 중심지로 기능했다. 1870년대 후반에서 1880년대 중반까지 경제가 급성장하면서 설탕과 섬유의 수입 그리고 철도건설이 호황상태였다. 1880년대 후반에는 전력화가 철도에 뒤이어 새로운 투자를 유인하는 주요한 분야로 떠올라 있었다.

도시의 건축은 제국의 야심뿐 아니라 부르주아의 야심까지 반영했다. 넓은 도심순환로인 링슈트라세에는 신고전주의 건축인 의사당과 바로크 건축인 오페라하우스가 있었고, 여기저기 "불바르 남작들"의 저택이 있었다. 당시의 엄청난 진보를 반영하는 곳이었다. 졸부, 벼락부자, 야심가의 마음을 끈 것은 시골저택보다는 미에트팔레라는 호화 임대 아파트였다. 중간층의 도시, 다인종의 도시, 그리고 문화적으로는 단연코 게르만의 도시였던 빈은 이 제국의 다른 지역에서 유입되는 난민들이 선택하는 곳이었다. 내각 내 진보파가 경제 현대화와 함께 유대인 해방을 장려한 1867년 이후에는 더욱 그러했다. 당시의 많은 이민자들은 행상이나 작은 점포 주인이 되었다. 그들의 아들은 대부분 법조계나 의료계 등 엘리트 사립학교 졸업장이 필요 없는 전문직이나 금융계, 언론계, 예술계 등 대학교 학위가 필요 없는 전문직에 들어섰다. 유대인들이 법조계, 의료계, 금융계, 언론계, 예술계에 다수 포진해 있다는 것이 분노를 촉발시켰고, 불경기에는 더욱 그러했다. 한 역사가의 표현을 빌리면, "주식시장이 하락하면 반유대주의는 상승"했다.[10]

당시의 경제 데이터는 경제쇠퇴라는 고정관념과는 배치된다. 1870년에서 1913년 사이에 경제는 이전 40년에 비해 세 배나 빠르게 성장했을 뿐 아니라, 1인당 소득은 인구가 급증했음에도 불구하고 실질적으로 두 배로 늘었다. 물론, 빈은 빅토리아 시대의 런던과 마찬가지로 주택, 하수도, 깨끗한 식수, 포장도로의 만성부족에 시달리는 도시였다. 그러나 경제사 연구자 데이비드 구드David Good는 "이 제국의 문제는 경제적 실패에서 비롯된 문제가 아니라 경제적 성공에서 비롯된 문제였다"라는 "반박 불가능한" 증거자료를 인용하고 있다.[11]

슘페터는 1901년에 빈 대학에서 법학을 시작했다. 당시 이 대학은 수학, 의학, 심리학, 물리학, 철학, 경제학에서 유럽 최고의 교수진을 갖춘 연구중심지 중 하나였다. 당시 독일 경제학은 추상화를 경멸하고 독일제국을 숭배하는 '역사학파'가 대세였고 베를린 대학의 구스타프 슈몰러Gustav Schmoller가 그 일인자였다. 반면에, 카를 멩거가 이끄는 빈 대학 경제학과는 이데올로기적으로 그리고 학문적으로 베를린 대학 경제학과의 대척점이었고, 유럽 내에서는 이론경제학의 선두주자였다.

독일어권 대학에서 법은 영국이나 미국의 대학에 비해서 위상이 높았고 교육의 내용도 진보적이었다. 슘페터는 교회법과 로마법을 수강하면서 역사, 철학, 경제학도 함께 수강했다. 슘페터는 곧 법학보다 경제학, 특히 이론경제학("영국"경제학)에 흥미를 느꼈다. 당시에 멩거는 나이

들고 몸도 약해져서 강의를 할 수 없는 상태였고, 그가 오랫동안 베를린에 맞서 진행했던 학문적 전투는 이제 오이겐 폰 뵘-바베르크Eugen von Böhm-Bawerk와 프리드리히 폰 비저Friedrich von Wieser라는 그의 명민한 두 제자가 이끌고 있었다. 슘페터는 그들의 세미나에 참석해 "냉정하고 학문적인 객관성"과 "익살스러운" 태도로 단연 두각을 나타냈다. 같이 참석했던 선배들 중에는 저명한 자유주의자 루트비히 폰 미제스Ludwig von Mises와 유럽의 두 지도적 마르크스주의자 오토 바우어Otto Bauer와 루돌프 힐페르딩Rudolf Hilferding도 있었다.[12] 마지막 학년도에 이 스물두 살짜리 학생은 뵘-바베르크의 통계학 월간지에 무려 세 편의 논문을 싣는 데 성공했다. 1906년 초에 법학박사 학위를 받을 무렵, 그는 스스로를 현대경제이론 내지 영국경제학(오스트리아, 프랑스, 미국의 유명한 공헌자들에도 불구하고 베를린에서는 그런 이름으로 알려져 있었다.)의 굳건한 지지자로 여기고 있었다. 그가 졸업 후에 발표한 첫 글은 「이론경제학에서의 수학적 방법에 관하여On the Mathematical Method in Theoretical Economics」라는 길고 도발적인 논문이었다.

　이런 방식으로 자신의 본색을 밝힌 후, 슘페터는 독일어권 대학 졸업생이 너무나도 중시하는 학문적 '그랜드투어'를 시작했다. 서로 적대하는 학파들을 화해시키겠다는, 어쩌면 나중에 유럽에서 가장 중요한 대학의 교수가 되겠다는 비원을 품고 있던 슘페터는 바로 그 베를린 대학에서 봄 학기를 보내면서, 독일 역사학파의 대표들을 알게 되었다. 여름에는 파리에서 여러 주를 보냈고, 수학자 앙리 푸앵카레의 물리학 강의를 듣기도 했다. 그의 목적지는 영국이었다. 그는 그 나라를 "자본주의 문명의 극치"로서 존경했고, 이미 그 나라의 경제학자들을 철저하게

연구한 후였다.[13]

    초가을에 런던에 도착해서도, 슘페터는 교육을 통해서 습득한 이상한 이중생활을 이어나갔다. 그의 공적인 모습은 남과 어울리기를 즐기고 다소 이채롭고 놀기 좋아하는 유럽 귀족이었다. 영국의 예법과 관습과 제도가 자기에게 "완전하게 어울린다."라고 생각한 슘페터는 런던 상류층의 일과를 과장되게 흉내 냈다. 하이드파크 근처 프린스스퀘어의 아파트를 임대하고, 새빌로에서 양복을 맞추고, 여우사냥용 말을 마련해서 매일 로튼로로 승마를 다녔다. 저녁에는 연극과 만찬을 즐기고 주말에는 시골에서 하우스 파티를 즐겼다.

    이에 못지 않게 고상했던 그의 다른 쪽 페르소나는 자신의 일과를 두 장소로 양분했다. 한 곳은 금욕적이고 의도적으로 평민적인 런던정경대학 구내였고, 또 한 곳은 대영박물관의 쥐 죽은 듯 고요하고 천장 높은 독서실이었다. 슘페터는 대영박물관의 독서실에 가면 항상 옷차림이 형편없고 과체중이었던 카를 마르크스가 『자본』을 집필했던 바로 그 책상에 앉곤 했다. 진정 독창적인 사상가가 자기가 할 수 있는 최고의 사상을 내놓는 것은 서른 살이 되기 전이라는 확신, 그리고 자기가 계획한 학문적 출세의 첫 관문을 최대한 빠르게 통과하겠다는 결심을 품고 있던 스물두 살의 슘페터는 혼자 정해놓은 데드라인을 향해 열심히 달리고 있었다.

    빈을 떠나기에 앞서, 그는 나중에 집필할 두 권의 저서를 구상해놓았다. 첫번째 저서는 "영국"경제학, 곧 이론경제학에 적대적인 무지한 독일 독자들을 위한 이론경제학 입문서였다. 두번째 저서는 자기가 보기에 경제학 이론에 일대 파란을 일으킬 혁신적인 저서였다. 슘페터 세대의 대부분의 지식인이 그러했듯, 슘페터는 다윈의 자연선택설의 사회적 함의에 매력을 느꼈다. 지속적 변화를 특징으로 하는 이 현대에, 경제학 이론이 경제의 생산성과 전문성과 복잡성이 더해가는 과정을 무시한다는 것은 아이러니라고 그는 생각했다. 마르셀 프루스트Marcel Proust가 『스완 네 집 쪽으로Swann's Way』에서 언급하는 "모종의 자연적 과정", 곧 "너무 점진적이라서 [······] 각각의 단계를 순서대로 구별하는 것은 가능하다 해도, 실제로 변하고 있다는 느낌은 들지 않는" 그런 과정처럼,[14] 경제적 진화는 좀처럼 포착하기가 어려웠다. 경제학자들은 경제가 해마다 똑같이 복제될 뿐이라는 가정, 곧 시간이 가면서 경제의 규모는 미미하게 커지지만 다른 모든 면에서는 본질적으로 그대로라는 가정을 받아들이고 있었다. 하나의 경제적 변수의 미세한 변화가 다른 모든 경제적 변수들에 어떠한 영향을 미치는가를 분석하고자 할 때, '정태적' 이론은 마치 잘 지은 맞춤복처럼 현실에 꼭 들어맞았다. 그러나 큰 규모의 변화를 다루거나 시간 틀이 너무 길어 테크놀로지나 노동력이나 제도의 구조적 변화를 편하게 무시할 수 없을 때, 기존의 이론은 거의 혹은 전혀 들어맞지 않았다. 또한, 독일 경제학자들의 주장과는 반대로, 경제사가 현실에 더 들어맞는 것은 아니었다. 과학은 역사와는 달리 보편적이었다. 역사가 실제로 일어난 일을 다루었다면, 과학은 특정 환경에서 어떤 일이 일어날 수 있고 어떤 일이 일어날 수 없는지를 다루었다. 과학이 주인 되는 도구인 것은 그 때문이었다. 경제학이 과학이 되려면 역시 보편적이어야 했다.

여기서 필요한 것이 경제발전을 설명할 이론이었고, 대학을 갓 졸업한 슘페터가 만들어내려고 한 것도 경제발전을 설명할 이론이었다. 그의 야심은 마치 다윈이 전통적인 생물학을 진화생물학으로 대체한 것처럼 고정된 경제이론을 역동적 경제이론으로 대체하는 것이었다. 수년 뒤에 그가 말했듯이, 그는 자기의 착상이 "경제적 진화를 경제체제 그 자체에 의해 발생하는 독자적인 과정으로" 보았던 "카를 마르크스의 [……] 착상과 똑같다."라고 생각했다.[15]

적어도 한 번 이상, 그는 마셜의 조언을 듣고자 케임브리지행 기차에 올랐다. 마셜은 이제 예순다섯 살이었고 몸이 편치 않은 상태였다. 당시 식민장관이던 조지프 체임벌린과 자유무역을 가지고 격돌했던 충격에서 아직 회복되기 전이었고, 케임브리지 교수직을 내놓기 직전이었다. 그럼에도 마셜은 밸리올 크로프트 저택으로 찾아온 자신만만한 청년에게 아침을 차려주었고, 이 청년이 늘어놓는 경제진화론 구축의 계획을 끈기 있게 경청해주었다.

슘페터도 잘 알고 있었듯이, 그와 같은 이론은 노학자 마셜의 못 이룬 꿈들 중에 하나였다. 마셜이 개별시장 내 수요공급의 상호작용을 분석하기 위해 빌려온 것은 물리학의 도구들이었지만, 그럼에도 마셜은 경제적 현상이 기계학적 과정보다 생물학적 과정과 더 닮았다고 주장했고, 아울러 이전 경제학자들이 제도, 테크놀로지, 인간행위를 고정된 것으로 가정한 것을 비판하곤 했다. 실제로 『경제학 원리』 최신판에서 마셜은 "경제학자의 메카는 경제생물학"이라고 주장했다.[16] 그럼에도 마셜은 슘페터가 계획하고 있던 것과 같은 경제발전 이론을 전개하는 데까지는 가지 못했다. 슘페터가 마셜과 장장 한 시간에 걸친 대화를 나누고 헤어지는 자리에서 자기는 "위험한 결혼을 하겠다고 하는 지각없는 연인 같고 당신은 나를 말리려고 하는 자상한 삼촌 같습니다."라고 말한 것을 보면, 영국의 현자 마셜은 대화 중에 분명 모종의 회의를 표했던 것 같다. 어쨌든 슘페터의 말에 마셜은 "그럴 수밖에요. 진심이라면, 삼촌의 설교는 부질없지요."라고 온화하게 대답했다.[17]

슘페터가 언급한 위험한 결혼은 진짜 결혼이었을 수도 있다. 슘페터는 열두 살 연상의 글래디스 리카디-시버라는 여자와 연애 중이었고 결혼을 고려 중이었다. 그녀는 영국인이었고 상류층이었고 "기막히게 아름다운" 여자였고 "고교회파 성공회 관료"의 딸이었고 해로 근교에 위치한 성 베드로 대성당의 그림자가 드리우는 넓은 시골저택에서 자란 여자였다. 전기작가들이 그녀에 대해서 남긴 기록들은 (그녀의 나이를 포함해서) 거의 일치하는 데가 없었지만, 공문서들은 그녀가 웨브처럼 "대영박물관 생활"을 영위하는 "명석한 독신녀들" 중에 하나라는 것을 강력하게 시사하고 있다. 서른여섯 살의 독신녀 리카디-시버가 슘페터를 만난 곳은 아마도 런던정경대학이었을 것이다. 런던정경대학은 그녀처럼 페미니즘, 사회개혁, 페이비언의 대중적 대의인 우생학에 관심 있는 여자들의 필요에 부응하고 있었다. 결혼하겠다는 결심은 갑작스러웠다. 신랑이나 신부가 부모에게 결혼 소식을 알렸는지는 모르겠지만, 신랑 신부 어느 쪽도 부모의 동의를 기대하지 않았던 것 같다. 글래디스의 남동생이 피커딜리 등기소의 혼인신고식에 참석한 유일한 증인이었다. 슘페터의 충동적 결심은 그가 영국애호가였다는 것과 귀족과 친척이 되기를 바랐다는 것으로도 설명될 수 있겠지만, 좀 더 그럴듯한 동기는 임신 소동이었던 것 같다. 후일 슘페터는 친구들에게 리카디-시버가 청년의 순진함을 이용했다고 귀띔하기도 했고, 리카디-시버는 1933년에 세상을 떠날 때 당시로서는 상당한 재산을 산아제한협회에

기부하기도 했다.[18]

"금단의 10년"이 지나기 전에는 결혼하지 않는다는 자신의 규칙을 깨뜨림으로써, 슘페터는 무슨 수로 먹고살 것인가 하는 문제에 맞닥뜨렸다. 그가 죽은 후에, 그의 서류 틈에서 소설의 일부가 발견되는데, "대단히 훌륭한 가문의 빈털터리 영국 소녀"와 결혼하는 오스트리아 귀족이 주인공이다. 글래디스의 소득이 (적어도 그 당시에는) 두 사람을 부양하기에도 부족한 정도였음을 암시하는 대목이다.[19] 오스트리아에서 교수가 된다는 것은 당연히 험난하고 불확실한 일이었다. 그는 잠시 런던 법조계에 들어가볼까 생각했지만 그것 역시 여러 해가 걸릴 일이었다.

취향은 고급이고 소득은 제한되어 있고 먹여살려야 할 신부까지 딸린, 큰돈 벌고 싶어하는 진취적인 청년들은 그 시대에 동방으로 갔다. 법을 공부했으되 실전 경험은 없는 사람에게 카이로가 런던이나 빈에 비해 돈벌이 기회가 좀 더 많을 것이라는 말을 해준 것은 리카디-시버였을 것이다. 슘페터의 미완성 소설에 나오는 영국 아가씨는 "애인을 위해서 자신의 인맥을 과감하게 활용"했다. 리카디-시버 가의 많은 사람들이 남아메리카에서 북아프리카까지 각지에서 대규모 투기성 사업에 관여하고 있었다. 예를 들어, 한 삼촌은 세실 로즈Cecil Rhodes의 측근이자 "케이프에서 카이로까지" 대륙횡단철도를 건설한다는 로즈의 계획을 최초로 지지한 유명한 철도 엔지니어였다.

무슨 이유에서 결혼을 결심했든지 간에, 신혼부부는 결혼서약을 끝내자마자 겨울 제비들과 함께 남쪽 이집트로 출발했다.

변화의 기류가 전 세계를 뒤흔들고 있다는 것을 에드워드 시대 사람들은 여행을 통해서 감지할 수 있었다. 지구는 급속하게 작아지고 있었고, 이집트 문명 등 고대문명조차 예외일 수 없었다. 경제발전이 유럽의 현상이라고 생각하고 있던 사람은 성장에 대해서 (성장의 한계에 대해서라기보다 **누가** 성장할 수 있느냐에 대해서) 다시 생각해볼 수밖에 없었다. 만약 슘페터가 카이로에 가지 않았더라면, 그가 "선진산업사회의 다소 편협한 경제학자"라는 경제사상사 연구자 W. W. 로스토Rostow의 말이 그렇게 부당하지만은 않았을 것이다.[20]

지금으로서는 상상하기 어렵지만, 그 당시에 이집트는 20세기 전환기의 중국이었다. 1859년에 우편 업무차 카이로를 방문했던 앤서니 트롤럽은 영국으로 돌아오는 길에 집필한 『버트람 가The Bertrams』에서 카이로에 대한 건조한 논평을 남겼다.

> 심장쇠약 증세를 내보였던 사람들, 아니 좀 더 정확히 말해서, 심장쇠약 증세를 내보였던 신사숙녀들은 예전에는 데번셔 남부로 보내졌다. 그 후에는 마데이라로 보내지는 것이 유행이었다. 그러나 지금은 하나같이 그랜드 카이로Grand Cairo로 보내지고 있다. 이제 카이로도 너무 가까워졌으니, 머지않아 카이로의 효험도 없어질 것이다.[21]

1798년에 나폴레옹 1세가 맘루크 부대를 학살했던 것이 서양의 이집트 정복의 시작이었지만, 이집트를 오스만 제국의 봉토에서 영국의 속국으로 변형시킨 것은 19세기 후반기의 사업가들, 은행업자들, 변호사들이었다.

미국 남북전쟁이 면화기근을 야기하면서 카이로는 나일 강의 클론

다이크가 되었고, 이집트 통치자 이스마일 파샤Ismail Pasha 총독은 온 나라를 거대 국유 면화 플랜테이션으로 바꿀 수 있는 기회를 놓치지 않았다. 총독은 영국과 인도 간 무역이 증가하는 추세를 이용할 방법도 찾았다. 그것이 수에즈 운하 건설이었다. 엄청난 외국자본이 대부분 융자의 형태로 이집트로 흘러들어왔다. 폴란드 혁명가 로자 룩셈부르크Rosa Luxemburg가 보았을 때, 이집트는 현대 제국주의의 '광기'가 집약된 소우주였다.

> 융자가 꼬리를 물고 이어졌고, 오래된 융자의 이자가 새로운 융자로 변제되었고, 영국과 프랑스로부터 빌린 자본이 영국과 프랑스 산업자본에 주문한 엄청난 물품을 사들였다. 유럽 전체가 이스마일의 미친 경제 앞에 난감해했지만, 사실 유럽 자본은 이집트에서 전에 없는 환상적인 스케일로 사업을 진행 중이었다. 성경의 살진 소 이야기를 자본주의 역사상 유례가 없을 만큼 어마어마하게 확장시킨 현대판 살진 소 이야기. [창세기 41장 20절 참고—옮긴이][22]

수에즈 운하가 완공되기까지 부채가 쌓일 수밖에 없었고, 그밖에 수많은 거대 프로젝트들은 중단될 수밖에 없었다. 6년 만에 파산한 총독은 운하 지분 44퍼센트를 매각하고 이집트 정부를 법정관리 상태로 만들고 말았다. 몇몇 역사가의 추정에 따르면, 만약 그가 좀 더 신중하게 투자해서 빚을 지지 않았다면, 20세기 전환기의 이집트는 일본보다 규모는 작았겠지만 어쨌든 일본 같은 나라가 되었을 것이다.

사실상의 영국 통치시대가 시작된 것은 1883년이었다. 크로머 백작

1세 에벌린 베어링Evelyn Baring, 1st Earl of Cromer(은행업자 집안의 자손이자 당대 최고 제국주의자들 중의 하나)이 총독 뒤의 막후 실력자로 임명되었다. 베어링의 최우선순위는 이집트의 부채상환 능력을 회복하는 것이었다. 영국 관리들을 이집트 요직에 앉혔고, 부채의 이자를 갚았고, 수지 균형을 맞추었고, 남은 돈은 관개와 인프라에 썼다. 1904년에 영국-프랑스 합의가 이루어지면서, 영국 통치는 무기한 연장되었고, 또 한 차례의 투자호황이 촉발되었다.(이번에는 더 큰 규모였다.) 이집트의 땅덩이는 네덜란드보다 약간 컸을 뿐이지만, 이집트가 끌어오는 영국 자본은 인도 수준이었다. 3년 사이에 이집트 주식이 액면가 다섯 배로 상승했고, 자본금 4300만 파운드의 회사가 150개 이상 세워졌다. 이집트은행 총재 래스모어 경Lord Rathmore은 투자자들의 투기 붐에 대해 "사람들이 미친 것 같다. 미쳤다고밖에 볼 수 없다. 사람들은 모든 회사의 가치가 회사가 되기 전 가치의 두 배라고 믿는 것 같다."라고 했다.[23]

그럼에도 외국자본의 유입과 함께, 이집트의 봉건적 경제가 바뀌고 있었다. 역사가 니얼 퍼거슨Niall Ferguson에 따르면, 옛날 제국들은 조공을 뜯어갔지만, 현대 제국들은 자본을 주입하고 경제성장을 부추겼다. 1900년에 이집트 제조업은 소금공장 두 곳, 방직공장 두 곳, 양조공장 두 곳, 담배공장 한 곳이었다. 제당업은 가장 중요한 산업이었고, 제당업 노동자는 2만 명이었다. 그런데 1907년이 되자 목화의 조면과 압착, 면실유, 비누제조 등의 신규업종 노동자가 38만 명에 이르렀다. 면화가격이 오름에 따라 임금도 올랐다. 아버지에 이어 총독이 된 술탄 후세인 카멜Hussein Kamel은 이집트인들이 유럽 문화를 대단히 빠르게 습득하고 있는 것에 놀라면서 "우리 공장에서 가장 정교한 기계들을 이집

트인들이 다루고 있다."라고 했다.[24]

이집트의 외국인 부락(망명자들뿐 아니라 수백 년 전부터 정착해서 살고 있는 유대인들, 콥트인들, 그리스인들)은 이집트를 "거의 전 세계에서 가장 국제적인 나라"로 만드는 데 일조했다. 카이로는 돈을 노린 구혼자들, 은행업자들, 브로커들, 그리고 면화와 아울러 관광, 철도, 은행, 설탕에 투자하는 기업가들로 붐볐다. 토머스 쿡 앤드 선은 "영국 관광객들에게 아프리카의 나일 강을 따라 흘러가는 서양 한 조각"을 제공했다. 존 에어드 앤드 컴퍼니는 1902년에 아스완 하이댐을 완공했다. 세실 로즈는 아프리카 대륙횡단철도라는 꿈을 판촉했다. 이윤을 목적으로 하지 않는 사업들도 진행되었다. 미국 백만장자들은 나일 강변 유물 발굴작업들의 자금원이었다. 그중에는 "이집트 광"으로 알려져 있던 모건J. P. Morgan도 있었고, 스탠더드 오일의 창업자 록펠러John D. Rockefeller도 있었다.

이집트는 새로운 제국주의의 전형이 되었다. 베어링은 은퇴 후에 런던의 한 자유당 클럽에서 "이집트는 역사상 가장 큰 비약을 보여주었습니다. 가난하고 비참한 나라에서 풍요롭고 물질적으로 행복한 나라로 이토록 갑자기 비약한 나라는 내가 알기로는 없습니다."라고 뽐냈다.[25] 물론 베어링은 오버베어링over-Baring[overbearing과의 말장난─옮긴이]이라고 불릴 만큼 이기적인 판촉업자였다. 그러나 로자 룩셈부르크Rosa Luxemburg 같은 강경한 영국 제국주의 비판론자도 그의 말을 반박하지는 않았다.

세 차례에 걸쳐 민주당 대통령 후보에 올랐던 윌리엄 제닝스 브라이언은 1906년에 인도에서 미국으로 돌아가는 길에 카이로에 들렀는데, 그가 처음 본 카이로는 당황스럽도록 현대적이었다. 아니, 실망스럽도

대학 졸업 직후 런던으로 떠난 요제프 알로이스 슘페터는 승마를 하고 펜싱을 하고 몸단장을 했다. 그의 말투는 빈 귀족 같았고, 사람들이 자기를 빈 귀족이라고 생각해주기를 바랐다. 그가 대부분의 시간을 보낸 곳은 대영박물관이었다. 그곳에서 그는 경제가 시간이 지남에 따라서 어떻게 진화하는지를 무시하는 경제학 이론을 비판하는 책을 썼다.

충동적으로 결혼하고 곧장 벨에포크의 기적경제 현장인 이집트로 떠난 슘페터는 법률가 겸 자산관리자로 큰돈을 벌었다. 카이로에서 그는 자신의 최고의 저서인 『경제발전의 이론』의 영감을 발견했다.

록 현대적이었다. 그가 본 것은 허물어지는 돌덩이들과 "그림처럼 아름다운 동방의 불가사의"가 아니라 환한 조명, 전차, 자동차, 알렉상드르-귀스타브 에펠Alexandre-Gustave Eiffel이 설계한 유압식 교각, 병에 담긴 생수였다. 고층건물이 미나렛[이슬람 신전에 부설된 높은 뾰족탑—옮긴이]만큼 많았다. 냉장 배스에일[영국 맥주의 일종—옮긴이]이나 《데일리 메일》을 쉽게 살 수 있는 것은 뉴욕 또는 런던과 마찬가지였다. 카이로 상업지역에는 고층 유리건물, 주철로 지어진 백화점, 파라오가 묵기에도 손색없을 호화 호텔, 무수한 은행, 전화국과 전신국이 가득했다. 유럽 도시의 모습이었다. 파스텔 색조의 벨에포크 아파트, 넓은 대로, 노천카페 앞에서 브라이언은 파리를 떠올렸다.[26]

나일 강 크루즈는 특히 부유한 신혼여행자들에게 인기 있는 프로그램이었지만, 카이로에 도착한 슘페터에게 가장 급한 일은 쿡 앤드 선 여객선 갑판에서 글래디스의 손을 지그시 잡는 것이 아니었다. 기차로 마르세유까지 가고, 여객선으로 알렉산드리아까지 가고, 다시 기차로 카이로까지 가는 그들의 이집트행 여정을 글로벌 금융위기의 뉴스가 계속 따라왔다. 급격한 증시붕괴를 겪은 각국 수도에서 이 대량인출 사태와 파산의 물결을 부르는 이름은 저마다 달랐다. 많은 사업자들은 자국의 상황이 최악이라고 생각했고, 문제의 원인이 주로 자국에 있다고 생각했다. 실은 뉴욕의 공황을 전후로 대여섯 개 나라에서 똑같은 징후가 보이고 있었다. 전 세계에 뻗어 있는 사슬의 고리가 깨지고 있었다.

카이로에서 말썽이 시작된 것은 로즈의 대륙횡단철도의 첫 구간을 건설했던 영국 토건회사 '서 더글러스 폭스 앤드 파트너스'가 "쿠푸 피라미드를 지하에서 정상까지 연결하는 케이블 철도" 건설권을 얻고자 하면서였다. 경제사 연구자 알렉산더 노이스Alexander Noyes가 보았을 때, 지하의 신들이 노한 것이거나 아니면 투자자들이 이 회사의 제안서를 보고 투기가 얼마나 과열되었나를 감지한 것이었다.[27] 어쨌든 이집트 증시는 폭락했다. 브로커들과 사업자들은 증시의 하락은 일시적인 것이라고 일축했다. 증시폭락 이후 한 달도 못 되어 엄청난 규모의 가장무도회가 열리기도 했다. 무도회에 모인 "재미있고 놀기 좋아하고 그림처럼 아름다운 무리들"은 춤추기가 힘들 만큼 빽빽했다. 그러나 4월에 증시는 다시 한 번 붕괴했고 이번에는 일시적 하락이 아니었다. 런던 《이코노미스트》는 이렇게 말했다.

> 팔리지 않는 주식이 쌓여 있었다. 시장은 포화상태였다. 60주를 팔겠다는 주문이 들어왔으면, 시세는 꼭 60주만큼 떨어졌다. 한때는 주식을 사기가 이 정도로 어려웠다. 많은 중소기업들이 망하고 있다는 이야기가 퍼져 있었는데, 위기가 극에 달했을 때 중소기업 한 곳에서 지불을 중지시켰다.[28]

이번에는 전면적인 공황이었다. 몇 주 만에 카이로 증권거래소에 등록된 회사들의 가치의 거의 4분의 1이 연기처럼 사라졌다. 부동산 호황은 곧바로 철퇴를 맞았다. 융자로 지어진 "불건전 가치의 거대한 층계"가 무너져내렸다. 5월에는 카이로의 여러 은행들이 자금난을 겪는다는 소문이 돌면서 예금인출 사태가 빚어졌다. 《뉴욕 타임스》 기자는 "아스완 댐 완공 이후 이집트 지분의 총감소액은 민간부문에서만 약 10억 달러에 이르는 듯하다."[29]라는 암울한 보도를 내놓았다. 어느 영국 고위 외교관의 말을 빌리자면, 정치상황이 갑자기 "지랄같이 damnable" 변하면서 민족주의적 선동이 "악독"해졌지만, 사태 해결에는 거의 도움이 되지 않았다.[30]

베어링을 비롯해서 영국 관료들은 사태를 무마하는 데 주력했다. 그들은 경제에서 불황이란 폭식 후의 단식 같은 것이라는 틀에 박힌 주문을 외웠고, "위기는 이집트 금융이라는 핏줄에서 건강에 해로운 것들을 씻어낼 것이며 따라서 이집트와 이집트 금융에 대단히 이로울 것"이라고 주장했다.[31] 그러나 신용이 완전히 고갈되었을 때, 잉글랜드 은행은 "금 300만 달러어치를 즉각 배에 실어" 보지 않을 수 없었다. "우리는 우리 것이 아닌 자본을 사용해 우리의 분수에 넘치게 일을 벌여왔다."라는 한 이집트 지도층의 말은 당시 쉽게 들을 수 있는 한탄이었다.[32]

그러나 이집트의 증시폭락은 전 세계적인 현상의 일부분이었고, 카이로는 샌프란시스코에서 산티아고와 런던, 봄베이와 뉴욕, 함부르크와 도쿄를 연결하는 거대한 사슬의 한 고리였다. 사슬을 이어주는 것은 한편으로는 선박, 철도, 전신이었지만, 다른 한편으로는 어음, 증서, 은행송금, 금이었다. 호황은 카이로 사람들이 보기에는 유일무이한 현상이었지만 실은 거의 보편적인 현상이었다. 이미 일이 벌어지고 난 후, 한 런던 은행업자는 "1905년 중반쯤에 전 세계적으로 자금조달 및 융자 제도들에 무리가 생기기 시작해 그 후 2년 동안 급속도로 악화됐다. 분별 있는 사람들은 1907년 10월이 닥치기 한참 전에 이미 전 세계 곳곳의 많은 시장에서 앞으로 어떤 일이 벌어질지 심각하게 우려했다."라고 말했다.[33] 고리들의 도미노 반응을 일으킨 사건은 지구 반대편에서 발생한 사건이었다. 1906년 샌프란시스코 대지진 및 대화재가 일어남으로써, 도시는 폭삭 주저앉았고, 런던 보험회사들은 엄청난 액수의 보험금을 지급해야 했다. 보험금을 지급하기 위해서는 파운드를 팔아 달러를 사들여야 했고, 금 가격 대비 파운드 가격은 하락하기 시작했다. 1906년 10월에 잉글랜드은행은 금 유출을 막기 위해 파운드의 할인율을 6퍼센트로 인상했다. 결과는 채무자들에 대한 신용압박이었다.

당시는 금본위제였고, 영국이 재채기를 하면 미국이 감기에 걸렸다. 1907년 3월이 되자 뉴욕 증시가 급락했고, 5월이 되자 경제활동이 위축되기 시작했다. 경기침체는 뉴욕 신탁회사들에 집중된 최후의 금융공황이자 최악의 금융공황, 곧 1907년 공황의 무대가 되었다. 공황이 신용경색을 초래하면서, 미국 전역에서 수천 곳의 은행과 기업이 파산했다. 극도의 하강국면이 1년 이상 계속되었으며, 1910년까지 경기는 완전한 회복에 이르지 못했다. 영국과 유럽의 불황은 더 심각했고 더 오래 갔다. 반면에 카이로에서 1907년 공황은 잠깐 쉬어가는 시기였다.

신혼의 슘페터 부부는 패딩턴 역을 출발하고 한 주 만에 전설적인 셰퍼즈 호텔의 우아한 테라스에 앉아 북적이는 알 카멜 거리를 내려다보거나 파리채를 휘두르거나 "여행 안내인들과 상인들의 서로 다른 100가지 제안"에 귀를 기울이면서[34] 음료수와 함께 "카이로의 독특한 식민지 분위기"를 들이마셨다.[35] 두 사람은 젊고 근사했고, 국제적 장면에 완벽하게 어울렸다. 그곳은 런던 《트래블러Traveler》가 말했듯이, "미국인들, 영국인들, 독일인들, 러시아인들이 일본인들, 인도인들, 오스트레일리아인들, 남아공인들과 어우러지는 곳, 유복하고 맵시 있고 잘생

긴, 우리가 문명이라고 부르는 것의 표본들이 어우러지는 곳"이었다.36

그해 봄에 주식과 부동산 가격이 폭락하면서, 그 여파로 막대한 민사소송들이 남겨졌다. 슘페터는 이탈리아 법률회사에 입사했고 곧 이집트 특유의 혼합법원(오스만 행정의 유물)에서 유럽 사업자들을 변호하는 업무를 맡았다. 법원 건물은 카이로의 모든 전차들이 모여드는 아타바 엘 카드라 광장을 내려다보고 있었다. 카이로에서 가장 시끄러운 이 광장은 "행상들의 시끄러운 외침, 물지게꾼들의 작은 놋쇠 쟁반들의 덜컹거림, 자동차들의 경적소리, 전차들의 종소리 [……] 이런 대소동에 더해지는 남녀들의 격한 말싸움 소리"로 가득했다.37

슘페터의 법률사무는 수익성이 높되 그의 시간 전체를 바쳐야 하는 일은 아니었다. 법원에서 나온 그는 종종 컨트리클럽으로 직행하는 대신 자기가 잘 가는 커피하우스로 숨어들었다.(카이로는 빈과 마찬가지로 커피하우스의 도시였다.) 이 남성전용 은신처는 체스장이기도 하고 사무실이기도 하고 문학 살롱이기도 했으며, 점차 이슬람 근본주의자들과 반제국주의 공모자들의 본거지가 되는 중이었다. 터키 커피를 홀짝거리고 물담뱃대를 뻐끔거리며,(물담뱃대는 빈에서와 같은 방식으로 돌려졌다.) 슘페터는 빠르고 단정한 글씨체로 글을 써나갔다. 그의 펜은 종이 위를 날아가듯 움직였다.

이 스물넷의 저자는 "독일 경제학은 '순수' 경제학이라는 것을 실은 잘 모른다."라는 생각을 피력했다. 이 저서를 통해 슘페터는 경제이론 비판자들, 특히 독일 경제학자들에게 경제이론을 "반박하는 대신 이해하고, 비판하는 대신 습득하고, 그냥 받아들이거나 배척하는 대신 [……] 분석하고 어디가 옳은가 찾을 것"을 충고하고자 했고, 아울러 당시 독일의 대학들에서 유행하던 관점, 곧 "영국"경제학 내지 이론경제학이 빈사의 학문이라는 관점을 논박하고자 했다.[38] 슘페터는 "경제학이 제공하는 것이 생물학과 같은 진화 내러티브가 아니라 기계학과 같은 고정된 체계다."[39]라는 것을 인정했다. 경제학은 처음에 영국을 바꾸어놓았고 이어서 프랑스와 독일과 오스트리아-헝가리를 바꾸어놓았고 이제 이집트를 바꾸어놓고 있는 역동적 과정을 밝혀주지 못하고 있었다. 그러나 경제이론의 이 빈틈은 이론경제학을 포기해야 할 이유가 아니라 새로운 역동적 이론을 구축해야 할 이유였다.

이 저서에서 슘페터는 경제학의 미래에 대한 마지막 장을 두 개의 질문으로 마무리지었다. 첫번째 질문은, **경제적** 발전이 존재한다는 것, 다시 말해 발전의 원인이 인구 또는 정치 등 외부적 원인이 아니라 경제적 원인이라는 것을 증명할 수 있느냐는 것이었다. 두번째 질문은, 기존의 사회적 제도들(자본주의와 민주주의)이 지속되리라는 가정 하에 개연성이 있는 경제적 진화 내러티브를 고안할 수 있느냐는 것이었다. 슘페터의 잠정적인 답은 둘 다 강한 긍정이었다.

1908년 3월 초에 슘페터가 600쪽짜리 원고를 독일 출판사에 보낸 직후, 남쪽에서 시로코 열풍이 불어오기 시작했다. 몰타열이 그를 강타했다. 기력이 쇠하고 많은 경우 사망하는 세균성 감염증이었다. 사방의 먼지, 찜통 같은 더위, 합병증의 위험 등에 둘러싸인 그는 이제 런던으로 돌아갈 때라고 생각했다. 그는 카이로에 올 때 첫번째 저서를 완성하고 돈을 벌겠다는 목표를 가지고 있었고, 이제 이 두 가지 목표를 이룬 상태였다. 첫번째 저서를 완성했고, 잉여자금을 확보했다. 그동안 그의 법률사무가 번창했던 데다 총독의 딸에게 잘 보여 그녀의 투자관리자가 되는 행운을 누리기도 했다. 그녀의 임대소득을 두 배로 늘려주고 아울러 어느 제당공장의 구조조정을 감독하면서 적지 않은 돈을 벌었다고 그는 후일 회상했다.[40] 1908년 10월에 슘페터는 런던 처남 집에 와서 요양을 하면서 빈으로 돌아가기 위한 계획을 세우고 있었다.

1909년 2월에 슘페터는 빈 대학에서 교수 자격심사 논문으로 강연을 할 만큼 회복돼 있었다. 「경제이론의 성격과 본질The Nature and Essence of Economic Theory」이라는 논문이었다. 슘페터는 이 강연으로 극찬 기사들과 사교수Privatdozent 직함을 얻었다. 비판자들조차 그에게 감명을 받았다. 하지만 저서에 대한 서평은 엇갈렸다. 억울하게도, 그의 모교는 그를 부르지 않았다. 그는 유럽의 큰 수도에서 일류의 지위에 올라가는 대신, 자기가 태어난 곳과 크게 다르지 않은 오스트리아-헝가리 제국 변방도시의 부교수 자리를 수락해야 했다.

체르니우치는 단기체류자들의 다중언어 도시였고, 이곳의 대학은 그리 뛰어나지 않은 신설 대학이었다. 주민들은 독일 프로테스탄트, 독일어를 쓰는 유대인, 루마니아 가톨릭으로 나뉘었다. 대부분 비교적 최근에 이주한 사람들이었고, 그중 많은 사람들이 빈, 파리 또는 뉴욕으로 옮겨가고 싶어 좀이 쑤셔했다. 이 지역에서는 하나의 인종집단이나 종교집단이 나머지 집단을 지배하거나 개종하려 하는 일은 없었으며, 자기의 가게와 사업에 신경 쓰고 일요일에 공원을 산책하는 것 말고는 별다른 욕심이 없었다. 이 지역에 뿌리를 내리고 사는 사람이 거의 없다는 것도 그 한 이유였다. 슘페터는 글래디스 몰래 여자를 만나고 동료 교수들을 무시하고 예절을 조롱함으로써 억울함을 표현했다. 승마바지를 입고 어슬렁어슬렁 회의에 들어감으로써 교수진을 아연하게 만들기도 했고, 언젠가 한번은 대학 사서에게 결투를 신청하기도 했다.

알베르트 아인슈타인Albert Einstein은 베른 특허청에서 보낸 1902년에서 1909년까지의 시기를 회상하면서, 시골생활의 고독과 단조로움이 "창의적 정신"을 활성화했다고 말했다. 그는 천재적 저작을 내놓고자 하는 다른 학자들에게도 이러한 강제적 고립의 시간을 가지기를 추천했다. 예를 들면, 임시직업으로 등대지기 같은 일을 해보라는 것이었다. 그러면 생각할 시간이 생겼고, 생각한 내용을 글로 적을 시간도 생겼다. 다른 사람들의 생각들이라는 성가신 소음도 줄일 수 있었다.

체르니우치는 슘페터의 등대로 밝혀졌다. 그곳에서 2년 동안 지내면서, 그는 자기가 24세에서 26세까지 외국에 살면서 흡수하고 관찰하고 상상하고 생각했던 것을 농축하고 결합해서 『경제발전 이론*The Theory of Economic Development*』으로 집대성했다.

슘페터가 보았을 때, 발전한다는 것은, 경제의 규모가 커진다는 뜻일 뿐 아니라, 경제의 구조가 진화하고 노동자의 생산성이 늘고 산업들이 분화되고 금융제도가 정교해진다는 뜻이었다. 슘페터는 생산의 목적이 "욕구의 만족"이라는 것과 생활수준의 향상이 발전의 결과라는 것을 당연시했다.[41] 그러나 슘페터가 보았을 때 발전은 "그저 인구의 증가나 부의 증가"가 아니었다. 인구가 급속도로 증가하는 나라는 평균임금이나 평균소비를 늘리지 않으면서도 생산량을 늘릴 수 있었다. 고대 이집트 같은 약탈 제국들은 생산성 수준을 전혀 높이지 않으면서도 약소국을 착취함으로써 부유해질 수 있었다. 인구가 희박한 새 정착지는 분화능력이나 고도의 상호 의존관계를 개발하지 않더라도 부유해질 수 있었다.

한 나라가 국민에게 높은 생활수준을 제공할 수 있느냐를 좌우하는 것은 무엇보다도 그 나라의 생산력이었다.(생산력이 높은 경제는, 마치 그림 형제의 동화에 나오는 죽 냄비처럼, 같은 자원으로 점점 많은 것을 생산할 수 있었다.) 노동자 1인당 생산량은, 그리스도의 탄생에서 빅토리아 여왕의 탄생까지 거의 2000년간 침체상태였던 반면, 슘페터가 태어나고 나서 두 배 내지 세 배로 증가했다. 1897년에 마크 트웨인Mark Twain이 "여왕폐하 탄생 이후 세계가 진보한 정도는 지난 2000년을 합친 정도보다 크다."라고 했던 것과 같은 맥락에서,[42] 슘페터는 경제발전을 이론적 가능성으로 다루기보다는 기정사실로 다루었다. 반면에 맬서스와 밀이 살았던 시대는 그렇지 않았다.

> 그 시대는 역사상 가장 스펙터클한 경제발전의 문턱이었다. 엄청난 가능성들이 바로 그들이 보는 앞에서 현실로 무르익고 있었다. 그럼에도 그들이 눈으로 확인할 수 있었던 유일한 경제는 답답한 경제, 하루치의 빵을 얻기가 점점 힘겨워지는 경제였다. 그들은 테크놀로지의 개선이 [……] 수확체감의 법칙이라는 운명에 대항하기란 [……] 불가능할 것이라고 확신했고 [……] 정체 상태가 [……] 곧 닥칠 것이라고 확신했다.[43]

보통사람들의 생활수준이 여러 배 상승했음을 반박하는 것은, 1848년이나 심지어 1867년에는 가능했지만 이제는 불가능했다. 부유한 나라에서는 식량 소비가 급격하게 증가했고, 아울러 의복, 담배, 고기, 설탕의 소비도 급격하게 증가했다. 나아진 영양은 인구동향에 반영되었다. 유아사망률은 1845년 이후 곤두박질치기 시작했고, 기대수명은 1860년 이후 상승하기 시작했다. 또한, 평균신장은 1820년에서 1870년 사이에 감소하다가 1870년 이후 증가하기 시작했다. 노숙과 구걸이라는 두 가지 해악이 사라지기 시작했다. 슘페터는 "자본주의적 과정은 대중의 생활수준을 점점 높인다. 이를 가능하게 하는 것은 우연이 아니라 자본주의적 과정의 메커니즘이다."라고 했다. 신중한 앨프리드 마셜조차 1907년에는 "수확체감의 법칙은 [……] 지금 [……] 거의 작동하지 않고 있다."라고 했다.[44]

마르크스의 가설대로 발전을 추동하는 힘은 세계화이고 국지적 조건은 거의 무의미하다면, 평균 생활수준은 점점 벌어지는 대신 점점 비슷해져야 한다. 그러나 당시에 카이로에도 살아보고 런던, 체르니우치, 빈에도 살아본 사람이라면, 국가별 경제발전 수준 및 비율의 엄청난 격차에 놀라지 않을 수 없었다. 1820년에 세계에서 가장 부유한 나라(여전히 네덜란드)의 평균 생활수준은 아프리카와 아시아에서 가장 가난한 나라들의 대략 3.5배였다. 그러나 1910년에 가장 부유한 나라와 가장 가난한 나라의 격차는 80배 이상으로 벌어져 있었다.[45] 이러한 격차가 생기는 일차적 이유는 영토나 천연자원이나 인구의 차이가 아니라 생산력의 차이였다. 자본량과 노동량이 정해져 있을 때, 고효율 경제는 저효율 경제의 여러 배를 생산할 수 있었고,[46] 생산성이 성장하는 속도 역시 사회마다 여러 배씩 차이가 있었다. 따라서 문제는 어떠한 과정이 생산력을 두세 세대 만에 여러 배씩 높일 수 있느냐였을 뿐 아니라 그 과정이 왜 어떤 나라에서는 빠르고 어떤 나라에서는 느린가였다.

틀에 박힌 답은 한 나라의 발전은 그 나라의 자원에 좌우된다는 것이었겠지만, 슘페터의 답은 반대였다. 중요한 것은 무엇을 가지고 있느냐가 아니라 그것으로 무엇을 하느냐였다. 슘페터는 생산력을 높이는 "산업활동과 상업활동"의 세 가지 **국지적** 요소는 혁신, 기업가, 신용이라고 했다. 슘페터가 보았을 때, 자본주의의 특징은 "끊임없는 혁신", 곧 그 유명한 "창조적 파괴의 영원한 돌풍"이었다.[47] 마르크스 역시 "부르주아 계급은 생산도구를 지속적으로 혁신하지 않고서는 존재할 수 없다."라고 말했지만, 그가 일차적으로 염두에 두고 있었던 것은 공장 자동화였다.[48] 슘페터는 좀 더 넓은 관점을 취했다. 그가 보았을 때 "혁신"이란 발명 그 자체가 아니라 새로운 아이디어들의 유익한 적용이었으며, 혁신에는 새로운 제품, 새로운 생산공정, 새로운 공급원, 새로운 시장, 새로운 조직형태 등 여러 가지 유형의 변화가 포함될 수 있었다.

자연은 비약이 없다는 모토를 가지고 있었던 마셜은 경영자와 숙련노동자가 시간이 가면서 축적하게 되는 계속적인 점진적 개선을 강조했다.[49] 슘페터는 파괴적이고 불연속적인 획기적 비약을 강조했다. "우편마차를 아무리 이어붙인들, 거기서 철도가 생겨나지는 않는다. [……] 경제적 발전의 핵심은 기존의 노동 및 토지의 용도를 바꾸는 것이다."[50] 그러나 새로운 기계와 방식은 글로벌 이전이 가능하고 실제로 글로벌 이전이 행해졌으므로, 새로운 테크놀로지만 가지고는 왜 어떤 경제는 발전하고 어떤 경제는 발전하지 않는지를 설명할 수 없었다. 일찍이 마르크스는 자신의 경제 드라마 속에서 개인의 역할을 명백히 제외시켰다. 언젠가 웨브는 마르크스의 "로봇 같은 오너"는 자기가 통제할 수도 없고 통찰할 수도 없는 힘에 의해 움직이는 존재, "만족시켜야 할 욕망이 존재한다는 것을 의식하지도 못하는 상태로" 무조건적으로 이윤을 추구하는 존재라고 투덜거리기도 했다.[51] 슘페터는 인적 요소에 초점을 두었다. 슘페터가 보았을 때, 발전은 일차적으로 기업가정신에 좌우되었다. 19세기 후반의 독일 문화가 가지고 있었던 리더십 강박증이 슘페터에게도 있었다. 슘페터는 유전적 재능을 소득 불평등의 원인으로 보는 시드니 웨브의 페이비언 이론 강의를 들은 적도 있었고, 프랜시스 골턴(다윈의 사촌)의 작업에 대한 관심과 아울러 유전적 재능과 엘리트의 역할에 관한 칼 피어슨Karl Pearson(런던정경대학 교수)의 작업에도 관심을 가지고 있었다.

슘페터의 내러티브에서 중심적 인물은 비전 있는 리더였다. 기업가의 역할은 "발명을 활용함으로써, 또는 좀 더 일반적으로, 아직 시험되지 않은 테크놀로지의 가능성을 활용함으로써, 생산의 패턴을 근본적으로 혁신하는 것"이었다.[52] 그것은 자동차나 전화 같은 새로운 제품일 수도 있고, 남아프리카에서 금을 채굴할 때 시안화물을 사용하는 것과 같은 새로운 공정일 수도 있고, 트러스트 같은 새로운 조직일 수도 있고, 궤도차와 조면기계를 수입하는 이집트 같은 새로운 시장일 수도 있고, 면화를 수출하는 인도 같은 새로운 공급원일 수도 있었다. 마르크스의 로봇 같은 자본가나 마셜의 사주-엔지니어와는 달리, 기업가는 "오래된 사고 및 행동 패턴을 파괴"하고 기존의 자원을 새로운 방식으로 재배치하기를 꺼려하지 않는다는 특징을 가지고 있었다. 혁신이란 장애, 타성, 저항을 극복하는 것을 의미했다. 예외적 능력과 예외적 인물이 필요했다. 슘페터는 "새로운 계획을 실행하는 것과 인습적 계획에 따라서 행동하는 것의 차이는 길을 내는 것과 길을 따라 걷는 것의 차

이나 마찬가지"라고 했다.[53]

슘페터의 기업가를 움직이는 추동력은 우선 돈에 대한 사랑이 아니라 왕조 건설에의 욕망("나만의 제국을 건설하겠다는 충동과 의지")이었고, 두 번째가 지배하고 투쟁하고 남들에게 존경받겠다는 욕망이었다. 마지막 추동력이 "창조하는 기쁨, 성취하는 기쁨 혹은 그저 자신의 에너지와 독창성을 발휘하는 기쁨"이었다.[54] 마르크스는 부르주아를 기생충으로 일축한 반면,(마르크스에 따르면 그들의 활동은 결국 사회를 파괴한다.) 슘페터는 "성장은 개인들의 영웅적 개입의 결과이다. [그들은] 새로운 해변을 찾아 나서는 리더들이다."라는 프리드리히 폰 비저의 생각을 받아들이고 발전시켰다.[55] 슘페터가 줄기차게 지적했던 것은 "가장 '부르주아적인' 경제학자들의 대다수가 그렇게도 완강하게 간과하는, 사업가 계층의 창의적 역할"이었다. 그가 보았을 때, 과학과 테크놀로지는 독자적인 작용력이 아니라, "사업 그 자체"와 마찬가지로 "부르주아 문화의 산물"이었다.[56] 많은 기업가가 부자가 되기는 했지만, 기업가야말로 어떤 정부나 자선단체보다 가난을 없애는 데 크게 기여했다.

기업가가 아무리 에너지나 비전이나 지배 성향을 지녔다고 해도, 기업가가 번창하는 데는 일정한 환경이 필수적이었다. 재산권, 자유무역, 안정된 통화도 물론 중요했지만, 그의 생존의 핵심열쇠는 값싸고 풍부한 신용이었다. 슘페터의 주장에 따르면, 기업가가 자신의 계획을 실행하기 위해서는 토지, 노동, 기계의 용도를 자신이 계획한 새로운 용도로 전용해야 했다. 이를 가능하게 하는 것은 "은행업자를 비롯한 금융 중개인, 곧 저축을 굴리고 계획을 평가하고 위험을 관리하고 경영자를 감독하고 설비를 취득하거나 자원의 이동경로를 바꾸는 사람들"[57]이었다. 물론 금융부문은 특히 자신감과 신뢰도에 크게 좌우되는 탓에 공황과 물가폭락에 취약했다. 그러나 경제가 혁신에 필요한 저금리와 풍부한 신용을 얻기 위해서는 원활하게 작동되는 신용시장과 튼튼한 은행제도가 필수적이었다. 성공한 경제의 특징은, 위기와 불황이 없다는 것이 아니라, 위기와 불황에서 잃은 것을 투자 호황기에 메우고도 남는다는 것이었다.

전 세계에서 이자율이 가장 높은 곳은 가장 가난한 나라들이었다. 경제사 연구자 데이비드 랜더스David Landes의 말대로, 자본주의라는 문명의 빛이 아직 신비로운 계몽의 능력을 행사하지 못한 "이러한 '저개발' 국가는 은행은 적고 돈놀이꾼은 많고 투자는 적고 사재기는 많고 신용은 없고 고리대금은 많았다."[58] 이집트에서 기업가들은 후진적인 지역 은행업과 원시적인 신용기관 및 환전기관 탓에 엄청난 장애를 겪었다. 이자율은 서양의 두세 배였다. 최상급 증권의 수익은 12~20퍼센트였다. 한편, 가난한 소작농으로부터 나오는 수익은 한 달에 5~6퍼센트였다.

경제이론이 "본질적으로 발전하지 않는 체계"를 위해 만들어진 이론임을 밝힌 슘페터는 기존의 이론을 기반으로 삼는 한편으로, 역동적 체계를 위한 새로운 이론을 만들어내는 데 성공했다. 슘페터는 좀 더 분화되어 있는 새로운 구조로 진화해나가는 경제는 같은 자원으로 더 많은 것을 생산할 수 있다는 것을 보여주었다. 더구나 그의 이론은 어느 나라라도 이를 이룰 수 있다고 말하고 있었다. 천연자원 대신 기업환경을 강조하는 슘페터의 이론은 국가의 운명을 개척하는 것이 국가 자신임을 시사했다. 정부가 국민의 번영을 원한다면 영토확장의 야심을 버리고 국내 기업인들에게 우호적인 사업환경(강력한 소유권, 안정된 물가, 자유무역, 적정조세, 일관성 있는 규제)을 조성해야 했다. 성장을 가로막는 내적 제약은 없었다. 인간의 욕구는 무한했다. 소득증대와 욕망창출이 수지 맞는 모험의 기회를 제공하는 것은 영토확장에 못지않았다. 무역만 가능하다면 혁신은 인구, 영토, 자원의 제약을 상쇄할 수 있었다. 매력 있고 낭만적인 내러티브, 심지어 영웅적인 내러티브였다. 슘페터가 말하는 기회는 평등한 기회였다. 경제적 성공을 보장하는 이 낙관적 공식이 평화주의적 공식이기도 한 것은 우연이 아니었다.

슘페터는 1911년 5월에 빈에서 『경제발전 이론』을 완성했다. 당시 그는 그라츠 대학에 지원해놓고 빈의 어머니 집에 와서 결과를 기다리는 중이었다. 그가 어렸을 때 잠시 지내기도 했던 그라츠는 살기 좋은 지방도시였다. 그라츠 대학이 특별히 명성 있는 것은 아니었지만, 빈에서 기차로 불과 두 시간 반 거리라는 이점이 있었다. 그렇지만 교수들은 호락호락하지 않았다. 그들은 슘페터의 작업이 "빈약하고 추상적이고 형식주의적"이라고 보고 다른 지원자에 투표했다. 당시 교육부에 있던 슘페터의 스승 뵘-바베르크가 개입해서 겨우 그 결정이 번복된 덕분에, 스물여덟 살의 슘페터는 오스트리아-헝가리 제국의 최연소 교수가 되겠다는 야심을 실현시킬 수 있었다.

1911년 가을에 그라츠에서 강의를 시작한 슘페터는 동료 교수들로부터 냉대받은 것은 물론이고, 학생들에게도 냉대를 받았다. 학생들은 그의 수업을 보이콧하기도 했다. 가장 냉대받은 것은 바로 그 가을에 출간된 그의 역저 『경제발전 이론』이었다. 후일 그는 이 저서가 "보편적

적대"에 맞닥뜨렸다고 말하기도 했다.⁵⁹ 그의 스승 뵘-바베르크조차 극히 비판적이어서, 이듬해에 이 저서에 대한 장장 60쪽에 걸친 논박을 내놓기도 했다. 그렇지만 뵘-바베르크의 비판적 서평보다 더 섭섭했던 일은 이 서평을 빼고는 서평 자체가 얼마 없었다는 것이었다.

컬럼비아 대학은 슘페터를 1913~1914학년도 교환교수로 초청했고,(오스트리아인으로는 최초였다.) 슘페터는 이를 즉각 수락했다. 아내는 같이 가지 않겠다는 뜻을 분명히 했다. 부부관계는 결혼 직후에 틀어졌는데, 그것은 영국의 페미니스트 겸 페이비언과 빈의 대공이 함께 산다는 것이 가당치 않아서였을 수도 있고, 슘페터의 말을 믿는다면 그저 둘 다 사생활이 난잡해서였을 수도 있다. 슘페터는 결혼이 실수였다고 인정하면서도 아내에게 이혼해달라고 하지는 않았다. 슘페터는 1913년 8월에 혼자 루시타니아 호를 타고 리버풀을 떠났고, 글래디스는 런던에서 예전의 생활로 돌아갔다.

슘페터의 안식년은 대성공이었다. 그는 뉴욕을 숭배했고, 미국인들은 그를 숭배했다. 그의 반짝거리는 화술이 미국인들을 매료시켰고 매일 한 시간씩 몸단장을 하는 등의 그의 개인적 습관이 미국인들에게 놀라움을 안겨주었다. 컬럼비아의 한 교수는 그의 첫 강의를 "놀랍고 [……] 아주 특별한 공연, 눈부시면서도 심오한 공연"이었다고 했다.⁶⁰

컬럼비아 총장으로부터의 편지는 성공의 절정을 장식해주었다. 이 사회의 투표 결과 명예학위 수여가 결정되었다는 편지였다. 프린스턴, 하버드 등 여러 대학에서 초청장이 쇄도했다. 어빙 피셔는 추수감사절에 그를 뉴헤이븐으로 초대했다. 그들은 만찬 자리에서 유럽에서 전쟁이 일어날 가능성에 대해 논의했다. 영국 정치가 노먼 에인절Norman

Angell과 마찬가지로, 피셔는 경제적 통합이 전쟁 가능성을 요원하게 만든다고 확신했다. 이제 많은 나라들이 외국자본에 의존하게 된 덕분에 더 이상 말썽을 일으킬 여유가 없다는 것이었다. 슘페터는 회의적 태도로 경청했다.

미국을 떠나기에 앞서 그는 앨프리드 마셜이 했던 전국일주 기차여행의 유혹을 이기지 못했다. 그는 1914년 8월에야 비로소 빈으로 돌아갔다.

2막

두려움

GRAND PURSUIT
THE STORY OF ECONOMIC GENIUS

2막 **프롤로그**

세계 전쟁

> 세계는 전쟁의 잔해들로부터 가능한 한 많은 것을 건지고자 할 것이다.
> ―어빙 피셔, 1918[1]

비어트리스 웨브가 1917년 7월 31일자 일기의 여백에 나중에 써넣은 글귀에 따르면 "시드니는 유럽 열강 간에 전쟁이 발발할 확률은 없다고 믿고 싶어했다".[2] 투자자들도 세계대전이 오는 것을 모르고 있었다. 그들의 판단의 근거는 주식시장과 채권시장이 최고가 근처를 맴돈다는 것이었다. 전쟁은 분명히 경제적 자살행위였고, 따라서 상상할 수 없는 일이었다. 독일의 벨기에 침공 일주일 후, 조지 버나드 쇼와 웨브 부부의 벤처잡지 《신정치인》에서 쇼는 전쟁은 몇 주면 끝날 것이라고 예견하기도 했다. 웨브가 8월 초순에 말했듯이, 전쟁은 "끔찍한 악몽인 듯 모든 계층들을 엄습"했고 "아무도 어떻게 이러한 재앙이 생겨나게 되었는지 알아차리지 못했다".[3]

웨브에게 전쟁은 "공허하고 침울한 시간"이었다. 그녀의 정치적 주가는 1914년 이전부터 추락 중이었고, 이후 계속 하락세였다. 그녀는 자기와 시드니가 데이비드 로이드 조지가 이끄는 자유당 주도의 전시연정에서 모종의 중요한 역할을 맡게 되리라고 기대했다. 그러나 현실화된 제의는 없었고, 결국 웨브 부부는 다소 산만한 세계유람을 떠났다. 비어트리스는 결국 1918년에 남녀 임금격차를 연구하는 위원회에 임명되었지만, 임명을 수락한 후 곧 후회했다. 그녀는 "나는 그 주제에 전혀 관심 없다."라고 했다. "평화가 왔을 때 우리가 살게 될 세상이 어떤 세상일지"에 대한 두려움에 너무 몰입해 있었던 것이다.[4]

케임브리지 교수이자 공무원이자 투기자이자 예술 후원자였던 존 메이너드 케인스는 다소 못생기고 몹시 거친 인물이었다. 그는 이런 약점들을 똑똑함, 매력 있는 목소리, 실용적 차원의 효율성으로 벌충했다. "블룸즈버리 그룹Bloomsbury Group"으로 통칭되는 예술가들, 작가들, 비평가들로 이루어진 그의 가장 친한 친구들은 하나같이 그를 메이너드라고 불렀다. 그들은 그를 자기들의 그림을 구매해주고 자기들에게 부동산 문제를 조언해주고 자기들의 신탁기금을 투자해주는 친구로서 신뢰하면서도, 그가 구제불능의 위선자인가 아닌가를 놓고 논쟁을 벌였다.

영국이 1914년 8월에 전쟁을 선포했을 때, 블룸즈버리 그룹은 전쟁은 미친 짓이며 전쟁으로 "이득을 얻는 것은 두세 명의 자본가들뿐"일 것이라는 쇼의 말에 즉각 동의했다.[5] 케인스는 양심적 병역거부를 선언했지만, 마음을 바꿈으로써 친구들을 경악시켰고, 당시 재무장관이던 로이드 조지가 권유하는 재무부 자리를 수락함으로써 친구들을 더욱 당황시켰다. 케인스는 전쟁은 분명히 나쁜 것이지만 자기가 정부에 들어감으로써 전쟁을 덜 나쁜 것으로 만들 것이라고 주장했다.

재무부의 과제는 최소 비용으로 최대 학살을 성취하는 것이었을 뿐 아니라 세계에서 가장 안정적인 파운드 통화를 망치거나 세계은행으로 여겨지던 영국의 지위를 위험하게 하지 않으면서 전쟁을 지원하는 것이었다.[6] 전쟁은 좀처럼 끝나지 않았고, 영국은 유럽 동맹국들에게 아주 많은 돈을 빌려주었다. 미국으로부터 빌려와야 했던 액수는 훨씬 더 많았다. 케인스의 전기작가 로버트 스키델스키Robert Skidelsky에 따르면, 대부금 액수가 너무 엄청났던 탓에, "연합국 내 전쟁채무라는 골칫거리는 [......] 연합국들의 간의 짜증과 오해와 거의 상시적인 입씨름의 가장 큰 원천"이 되었다. 두어 달 만에 케인스는 "연합국 내 채무(미국으로부터의 채무)에 정통한 관리"가 되었다.[7] 화이트홀[영국 정부 청사들이 있는 거리—옮긴이]에서 소통수단은 메모였고, 케인스는 펜의 마법사였다. 그는 항상 에너지와 창조성과 기백이 넘쳤다.

케인스에게는 큰 그림을 벗어나지 않는 야릇한 능력이 있었다. 바로 그 능력을 포착하는 한 가지 에피소드가 있다. 아직 전쟁 중이었던 1918년 이른 봄에, 독일 측은 연합군의 방심을 틈타 서부전선을 뚫었다. 곧장 수만 명의 독일군이 개선문에서 불과 몇 마일 밖에 진을 쳤고, 파리에 밤낮으로 폭격이 쏟아졌다. 빅버사 곡사포는 멀리 런던까지도 공포에 몰아넣었다. 영국인들은 파리가 함락된다면 독일인들이 포를 해협까지 운반해서 남부 카운티들을 폭격할 수 있을 것이라고 우려했다.

케인스는 블룸즈버리 친구 중 하나인 화가이자 비평가 로저 프라이Roger Fry가 귀띔해준 이야기에 꽂혀 있던 탓에 그러한 우려에 빠져 있을 여유가 없었다. 에드가르 드가Edgar Degas가 소장하고 있던 엄청난 모더니즘 회화 컬렉션이 곧 경매에 붙여진다는 이야기였다. 전업화가가 되기 전에 오랫동안 화상으로 활동했던 드가는 마네Edouard Manet, 코로Jean-Baptiste-Camille Corot, 앵그르Jean Auguste Dominique Ingres, 들라크루아Eugène Delacroix 등 당대 화가들의 작품 수백 점을 수집했고 수집한 작품을 거의 다 가지고 있었다. 그런데 이 보물단지를 3월 26일과 27일에 파리의 롤랑 갤러리Galerie Roland에서 경매로 판다는 것이었다.

　서유럽 문명의 한 조각을 구해낼 기회를 감지한 케인스는 망설이지 않고 돌진했다. 그는 그 문명을 사랑했고 그의 나라는 그 문명을 위해 싸우고 있었다. 케인스는 곧바로 국립미술관장 찰스 홈스Charles Holmes 와 접촉했고, 그에게 전시내각에 로비해 군자금 2만 파운드를 마련해내라고 닥달했다. 로버트 스키델스키에 따르면, 재무부의 상관들이 국가적 희생의 시기에 그러한 낭비를 승인하지 않을 것이라고 판단한 케인스는 자신의 계획을 체납에 대비한 보험정책으로 짜맞추기 했다. 그가 장관에게 보낸 한 메모는 "우리와 프랑스 재무부 간 협정에 의거할 때, 프랑스에 차관을 제공한 우리 영국은 프랑스에서 차관 회수용 정부지출 조치를 취할 권리가 있습니다."라는 말로 운을 뗐다. 전쟁 중인 지금 시점에서 프랑스의 채무가 얼마나 어마어마한지 영국은 원금은커녕 이자를 회수할 가망도 요원해 보인다는 것이었다. 케인스의 주장은 "의심스러운 프랑스 채권에 비하면 귀중한 그림"을 가져오는 것이 훨씬 낫지 않겠는가 하는 것이었다.[8]

　며칠 후에, 케인스는 한때 자기 애인이었고 당시 버네사 벨Vanessa Bell의 애인이었던 화가 던컨 그랜트Duncan Grant에게 "그림 살 돈 확보."[9]

라는 의기양양한 전보를 보냈다. 이미 그는 자기와 홈스가 파리에서 열리는 연합국 컨퍼런스에 초대받을 수 있도록 손을 써놓은 상태였다. 그들은 "구축함들, 그리고 하늘에서 감시하는 은색 비행선"의 호위를 받으며 해협을 건넜고, 기차로 파리까지 갔다.¹⁰ 프랑스 중개인들과 캐묻기 좋아하는 영국 기자들이 눈치 채지 못하도록, 홈스는 콧수염과 턱수염을 붙여 변장했고, 홈스와 케인스 둘 다 가명을 썼다. 속임수는 대성공이었고, 이틀 후에 경매가 마감되었을 때 케인스는 어머니에게 보내는 편지에서 "나는 네 점 샀고 영국은 스무 점 넘게 샀습니다."라며 희희낙락했다.¹¹

그가 실제로 들고 온 것은 세잔Paul Cézanne의 사과 정물 한 점과 들라크루아 두 점이었고, 찰스 홈스 경이 국립미술관에 들여놓은 것은 (고갱Paul Gauguin의 정물 한 점과 마네의 「고양이를 데리고 있는 여인Woman with a Cat」을 포함해서) 스물일곱 점의 드로잉과 페인팅이었다.¹² 독일 점령의 위협 아래서 가격이 폭락한 상태였고, 케인스는 홈스가 사용한 액수가 예산의 절반에 그친 것에 특히 기뻐했다. 버네사 벨은 로저 프라이에게 보낸 편지에서 케인스가 프랑스에서 돌아올 당시의 상황을 들려주었다. "메이너드는 지난밤 늦게 갑자기 돌아왔습니다. 차를 얻어 타고 골목에서 내렸다고 했습니다. [……] 그러더니 세잔 한 점을 길가에 두고 왔다고 했습니다! 던컨이 부리나케 나가서 가져왔습니다."

영국예찬자이자 입헌군주제 지지자였던 요제프 슘페터는 오스트리아와 독일이 동맹국으로 참전하는 것에 경악했다. 1914년 12월에 영장을 받은 그는 곧바로 병역면제를 신청했다. 신청 사유는 자기가 그라츠 대학의 유일한 경제학 교수라는 것이었다. 그의 전기작가 로버트 로리 앨런Robert Lorie Allen에 따르면, 슘페터는 정부에서 자문역을 얻게 되리라는 기대 속에 빈에서 가능한 한 많은 시간을 보내며 온갖 정당들의 정치가와 관계를 다졌다.(그는 정치생활이 난잡했던 만큼 사생활도 난잡했다. 글래디스는 영국에서 영영 돌아오지 않겠다는 의사를 밝힌 상태였다. 다만 글래디스가 공식적 이혼에 동의한 적은 없었다.) 그는 그의 소속 정당 보수적 기독사회당이 보기에는 너무 급진적이었고, 사회당이 보기에는 너무 보수적이었다. 전쟁이 지겹게 계속될수록, 그는 "효력을 발휘할 가능성이 아예 없다는 것"에 점점 좌절했다.

전쟁에 반대했던 슘페터는 황제와 황제자문위원단에게 영향력을 행사하여 영국과의 전후 동맹을 추진하도록 하려고 애썼고 아울러 연합국과 별도의 화의를 성사시키도록 하려고 애썼다.(그리고 실제로 프란츠 요제프는 거의 슘페터의 뜻을 따를 뻔했다.) 항복 직전, 슘페터는 전선 두 곳에서 개인적 전투를 치르고 있었다. 곧 전후에 독일과 경제적, 정치적 '병합Anschluss'을 하자는 생각이 점점 일반화되는 상황과도 싸워야 했고, 오스트리아 중간층이 민주주의와 민간기업의 미래를 점점 비관하는 상황과도 싸워야 했다. 슘페터는 오스트리아 정부가 전쟁이 끝난 후에 마주칠 문제들을 예측하고 대책을 세우며 전쟁의 마지막 한 해를 보냈다.

휴전을 여섯 달 앞둔 시점에서 슘페터는 빈 대학의 공개강의에서 전후 경제회복의 청사진을 제시했다. 그는 케인스와 마찬가지로 낙관론자였다. 이 강의를 토대로 집필된 『조세국가의 위기The Crisis of the Tax State』에서 슘페터는 '사회주의'가 불가피하다는 주장을 반박했고 자본주의 복지국가(그의 표현을 빌리자면, '조세국가Steuerstaat')가 전쟁 이후에도 살아남을 것이라고 예언했다. 그의 주장에 따르면, 위기의 원인은 '사회주의'의 승리가 아니라 유권자의 기대치와 유권자의 납세 의향 간의 격차에 있었고, 민주 정부들의 중요한 과제는 재정적자와 인플레이션을 방지하는 것이었다.

문명이 지금은 "만행, 살생, 허위"에 패했지만 언젠가 당당히 제 모습을 찾을 것이라고 믿는 것은 문명의 패배를 몸소 경험했던 청년들도 마찬가지였다.[13] 1918년 8월 31일, 황제가 4년 전에 세르비아를 상대로 전쟁을 선포했던 알프스 휴양지의 한 플랫폼에서 수백 명의 군인들이 기차를 기다리고 있었다. 예사롭지 않아 뵈는 이등병이 군인들을 뚫고 아주 마르고 젊은 상등병 쪽으로 다가갔다. 이등병은 키가 작고 탄탄하고 긴장 어린 에너지를 뿜어내고 있었으며 수척한 이목구비, 희끗해지는 머리칼, 냉정한 푸른 눈에, 오스트리아-헝가리 제국군 군복을 입고 있었다. 이등병은 상등병에게 "하이에크 가문입니까?"라고 물었다. 상등병은 "비트겐슈타인 가문 아닙니까?"라고 날카롭게 되물었다.[14]

하이에크 가문과 비트겐슈타인 가문은 빈의 지도층이었다. 하이에크는 고위공직자 가문이었고 비트겐슈타인은 부유한 기업가 겸 예술품 수집가 가문이었다. 프리드리히 폰 하이에크와 루트비히 비트겐슈타인은 사촌 간이었다. 나이는 비트겐슈타인이 하이에크의 삼촌뻘이었다. 입대 전에 두 사람은 가족 모임에서 두어 마디 나눈 것이 전부였다. 그렇지만 두 사람은 몇 주 차이로 자원입대했다. 그들이 전쟁을 환영했던 이유들 중에는 죽음에 직면함으로써 더 나은 사람이 되리라는 기대도 있었다. 그렇게 두 사람은 여러 달에 걸쳐 반추기아, 극히 불충분한 의복, 전무한 잠자리, 인플루엔자, 말라리아, 점점 악화되는 인종적 증오를 견뎠다. 그리고 두 사람은 처참하게 끝난 피아베 공세(오스트리아-헝가리 제국군의 마지막 필사의 몸부림)에 참여했다. 두 사람은 전우들이 라이플을 머리 위로 치켜들고 모기가 들끓는 염수 늪을 건넌 후에 결국 쓰러지는 것을 목격했다. 제국군 병사 10만 명이 전사했지만, 두 사람은 살아남았다.

하이에크가 빈의 집에 돌아가고 있던 이유는 자신의 공군 입대신청서가 받아들여졌는지를 알고 싶어서였다. 비트겐슈타인이 휴가를 얻었던 이유는 그의 원고(그때 그의 배낭 속에 있던 원고)에 관심을 보인 출판업자를 만나기 위해서였다. 그것이 『논리철학 논고 Tractatus Logico-Philosophicus』였다. 학문의 한계를 책정하고 현실과 언어의 관계를 정의하겠다는 야심찬 시도였다. 이 저서는 곧 20세기 철학의 가장 중요한 저작 중 하나로 인정받게 된다.

빈행 기차가 왔고, 두 사람은 같은 칸에 탔다. 기차는 밤새 동쪽을 향해 달렸고, 두 사람은 내내 이야기를 나누었다. 비트겐슈타인은 줄곧 카를 크라우스Karl Kraus를 들먹였다. 크라우스의 반전 잡지 《횃불 Die Fackel》은 허위로 점철된 오스트리아 여론을 풍자하고 진리를 추구하고 진리를 발언해야 하는 "천재의 의무"를 강조하는 잡지였다. 하이에크는 비트겐슈타인이 지나치게 비관적인 것을 우려했지만,(하이에크는 비트겐슈타인의 비판이 '인간에 대한 경멸'과 아주 가깝다고 생각했다.) 비트겐슈타인의 "진리에 대한 근본적 열정"에 깊은 감명을 받았다.[15] 하이에크와 비트겐슈타인은 빈에 도착했고, 각자 자기 길을 갔다. 또 한 번의 세계대전에서, 하이에크는 『예속의 길 The Road to Serfdom』을 집필함으로써 진리를 추구하고 발언해야 하는 자신의 의무를 완수하게 된다.

너무 어려 입대하지 못한 세대 중에 가장 훌륭하고 똑똑한 인물은 메이너드 케인스가 아낀 프랭크 램지Frank Ramsey였다. 램지 가문은 케인스 가문과 마찬가지로 대대로 케임브리지 대학 집안이었다. 그의 아버지는 칼리지 학장이었고, 그의 남동생은 후일 켄터베리 주교가 된다. 램지는 행동은 서툴지만 머리는 비상한 큰 곰 같은 소년이었으며, 열여섯 살에 비트겐슈타인의 『논리철학 논고』 번역을 도왔다. 그리고 열아홉 살에는 케인스의 개연성 명제를 비판하는 글을 썼다. 케인스로 하여금 수학자가 되기를 아예 포기하게 만들 정도로 치명적인 비판이었다. 영국 최고의 철학자였던 버트런드 러셀은 그를 불러 『수학 원리 Principia Mathematica』의 수정을 맡겼다. 이 저서는 전쟁 전에 수학 전체를 몇 가지 논리적 원리로 환원시키고자 한 러셀과 앨프리드 노스 화이트헤드Alfred North Whitehead의 작업이었다.

전쟁 선포 당시, 램지는 열한 살이었다. 램지가 다니던 학교에서 많은 남학생이 그랬듯이, 램지 역시 전쟁을 통해서 급진화되었다. 그는 수학에서 경제학으로 전과할 조짐을 드러냄으로써 교장을 속상하게 했다.(그는 경제학이 세상을 더 나은 곳으로 만들 가능성이 더 크다고 생각했다.) 하지만 램지는 수학과 경제학 중 하나를 전공하는 대신 수학과 경제학에 독창적인 사상들로 기여한 철학자가 되었다. 그는 스물여섯 살에 수술 실패로 비극적 죽음을 맞았으며, 그가 죽기 전에 출간한 글은 《경제학 저널》에 실린 논문 두 편뿐이었다. 그렇지만 두 논문 다 중대한 작업이었다.

램지는 문학을 사랑하고 정신분석학을 사랑하고 자기를 사랑해주는 많은 여성들을 사랑하는 자유로운 영혼이었으며, 사회문제들에 대한 창의적 해법을 찾는 일은 그 형식논리적인 제약들이 뭐든 간에 가능한 일이라는 케인스의 태도를 몸소 실천한 인물이었다. 학부 시절에도 그는 인간이 통제할 수 없는 거대한 비인격적 힘들이 사회의 미래를 결정하리라는 유의 생각(세계대전을 통해서 증명되었다고 여겨질 수 있는 생각)에는 관심을 가지지 않았다. 사도회(케인스와 러셀도 학부 시절에 가입했던 케임브리지 대학의 비밀 동아리)에서 한 발표에서, 그는 "천상의 거대함"은 자기를 겁주지 못한다고 했다. 그는 "별들은 덩치는 크지만, 생각하거나 사랑할 줄 모릅니다. 크기보다는 생각하고 사랑하는 것이 내게 훨씬 큰 감동을 줍니다."라고 했고, "나는 세계의 그림을 그릴 때 원근법을 사용하여 실제 크기와는 다르게 그립니다. 전경을 차지하는 것은 인간들이고, 별들은 다 3펜스짜리 동전만하게 작습니다."라고 했다.[16]

인명과 자본의 엄청난 손실 앞에 경악한 어빙 피셔는 공공보건을 증진하고 전후 '평화연맹'을 준비하는 일에 더욱 매진했다. 1914년에서 1918년까지, 그는 가장 바람직한 개인위생 습관들을 홍보함으로써 "건강을 보존하고 [⋯⋯] 활력을 증진"하는 것을 목적으로 하는 생명연장 연구소의 설립을 도왔고,[17] 요샛말로 웰빙을 다루는 『어떻게 살 것인가 How to Live』를 공저했고, 금주 캠페인에 본격 착수했다. 미국이 참전해 독일과 싸워야 한다고 주장하는 그였지만, 훌륭한 청년세대를 전쟁터로 내보내서 목숨을 잃게 하고 불구가 되게 하는 짓의 '우생학적' 해악들을 한탄했다. 그는 안전 관련 입법, 생계비에 비례하는 자동적인 임금인상, 보편적 의료보험이 실행되도록 영향력을 행사하는 한 노동단체의 의장이 되었다. 이상하게도, 전쟁은 현대과학과 인간의 개선 가능성에 대한 그의 믿음을 약화시킨 것이 아니라 오히려 강화시켰다.

하지만 전쟁이 끝나기 전, 그에게 엄청난 일이 닥쳤다. 그보다 확신이 부족한 사람이 그런 타격을 입었더라면 회의에 빠졌을 것이다. 1918년 늦은 봄, 그가 몇 달 동안 계속 우려하던 일이 현실화되었다. 스물네 살짜리 딸 마거릿Margaret이 불치의 정신병에 걸렸을지 모른다는 가슴 아픈 가능성에 직면한 것이다. 그는 마거릿과 아주 가까운 사이였다. 얼마 전에 약혼했던 마거릿은 약혼자가 장교로 임관된 직후부터 끊임없이 이상한 소리를 늘어놓기 시작했다. 이상한 전조에 대한 얘기, 신과 불멸성에 대한 얘기, 약혼자가 틀림없이 죽을 것이라는 얘기 등이었다.[18] 그녀에게 환청이 들리기 시작한다는 것이 분명해지고 그녀의 행동이 점점 이상해졌을 때, 피셔는 그녀를 데리고 맨해튼 북부의 블루밍데일 요양원으로 갔다. 조발성 치매라는 청천벽력 같은 진단이 내려졌다. 그는 마거릿이 회복될 가망이 없다는 것을 받아들일 수 없었고, 좀 더 희망적인 예후를 찾아서 의료계의 인맥들을 타진했다.

그가 곧 발견한 의사는 분열증 치료의 탁월한 성공사례들을 보고하고 있던 트렌튼의 뉴저지 주립병원 병원장 헨리 코튼Henry Cotton이었다. 코튼은 저명한 정신분석학자이자 의료 개혁론자로서, 정신질환의 원인이 '병소감염'이라고 믿는 인물이었는데, 그가 자기와 비슷한 관점을 가진 다른 의사들과 다른 점은 감염된 치아나 편도선이나 결장이나 생식기를 적극 제거함으로써 자기의 이론을 환자에게 적용할 의향이 있었다는 점이었다. 그는 자기가 전쟁이 발발한 이래로 수백 건의 가망 없는 사례들을 완치시켰다고 주장했다.

코튼의 주장은 자식을 살리는 데 필사적인 부모이자 현대의학의 기적을 믿는 진정한 신자인 피셔가 듣고 싶어하는 말이었다. 치료를 장담하는 의사를 발견했다는 데 들뜬 피셔는 1919년 3월에 딸을 코튼이 있는 병원으로 옮겼다. 의사가 '순종 대장균'을 보고하며 치료법을 추천했고 피셔는 동의했다. 코튼은 곧 마거릿의 사랑니 두 개를 발치했다. 그러나 의심하고 망상에 잠기고 무감각하고 혼란스러워하는 그녀의 증세는 여전했고, 코튼은 그녀의 자궁경관을 제거했다. 그녀는 수술을 전후로 자신의 연쇄상구균을 반복 접종받았으며, 9월에 마지막 접종이 이루어졌다. 나중에 코튼은 프린스턴 대학의 청중들 앞에서 24번 환자가 "치료 실패"라는 것을 인정해야 했다. 1919년 11월 19일, 마거릿은 패혈증으로 세상을 떠났다. 향년 스물다섯이었다.[19]

피셔에게는 청천벽력 같은 일이었다. 그러나 피셔는 코튼의 '치료'의 타당성을 전혀 의심하지 않았을 뿐 아니라 딸의 정신병의 원인이자 죽음의 간접적 원인이 부모가 딸의 사랑니를 제때 뽑아주지 못한 것과 딸의 변비 증세를 제때 고쳐주지 못한 것이라는 코튼의 분석을 전적으로 신뢰했다. 의학에 대한 그의 무한한 신뢰도 결코 흔들리지 않았다. 오히려 피셔는 더 광적인 캠페인에 매진했다. 누차 그는 마거릿의 죽음과 전쟁이라는 두 가지 재난으로부터 뭔가 바람직한 것이 얻어지리라는 말로 스스로를 다독였다. 그의 머릿속에서는 두 가지 사건이 하나로 얽혔다. 그는 사회가 '생명보존 시대'로 진입하리라는 것과 과학이 생명 연장과 건강증진에 이용되리라는 것을 예언했다. 그는 "전쟁은 한동안 세계의 상당한 부분을 빼앗았고 자기가 빼앗은 부분 중 상당한 부분을 부수고 망가뜨렸다. 세계는 전쟁의 잔해들로부터 가능한 한 많은 것을 건지고자 할 것이다."라고 했다.[20]

피해는 예상을 넘어섰다. 850만이 사망했고, 800만이 평생 불구가 되었다. 희생자는 대부분 청년들이었다. 오스트리아-헝가리 군의 90퍼센트, 그리고 프랑스군의 거의 4분의 3이 죽거나 불구가 되거나 억류당하거나 실종되었다. 비어트리스 웨브는 "우리 가족 중에 전쟁 희생자는 조카와 조카사위 총 열일곱 명 중에 사망 셋, 부상 넷, 중상 둘이다. 초췌한 얼굴과 맥없는 동작의 슬픈 여자들을 매일 마주친다. 차마 남편이나 아들의 안부를 묻지 못하겠다."라고 했다.[21]

1차대전으로 인해 지구화는 파괴되었고, 경제성장은 가로막혔고, 물리적, 재정적, 사업적 연계는 단절되었고, 정부들과 기업들은 파산했으며, 무력한 정권이나 포퓰리즘 정권은 혁명을 예방한다고 알려진 (그러나 혁명을 예방하는 것에 못지않게 혁명을 앞당기는) 절박한 조치에 의존할 수밖에 없었다. 전쟁이 끝났을 때, 승전국이나 패전국이나, 엄청난 부채에 망가지고 인플레이션과 디플레이션의 잔인한 공격에 시달려야 하는 것은 마찬가지였다. 가난, 굶주림, 질병이라는 맬서스의 회초리가 다시 한 번 우위를 점하는 듯했다. 유럽의 큰 수도들, 베를린과 빈은 물론이고, 런던과 파리에서도, 시민들은 자신과 자신의 나라가 이제 훨씬 가난해졌음을 깨닫지 않을 수 없었다. 버지니아 울프는 전쟁과 전쟁의 파괴적 영향에 대한 생각을 도저히 떨쳐낼 수 없었다. 1915년에 출간된 그녀의 소설 『출항 The Voyage Out』을 보면, 근심 걱정 없는 웨스트엔드의 아줌마는 "가난이 흔한 일이라는 것과 런던이 수많은 가난한 사람들이 사는 도시라는 것"을 알게 된다. 그로부터 10년 후에 나온 『댈러웨이 부인 Mrs. Dalloway』을 보면 "전쟁은 끝났다". 하지만 자살충동에 시달리는 노동층 참전군인 셉티머스 스미스 Septimus Smith와 5년째 궁핍과 정신병에 시달리는 사회주의자 도리스 킬먼Doris Kilman 같은 피해자들에게 전쟁은 끝난 것이 아니었다. 『등대로To the Lighthouse』에서 램지 부인과 그녀의 가족은 전쟁의 유산 중 하나인 결핵의 위협에 시달린다.

전쟁은 한편으로는 사유재산, 자유시장, 민주주의의 정당성에 타격을 가했고, 다른 한편으로는 모스크바에서 뮌헨까지 각지에서 격렬한 혁명운동들에 추진력을 제공했다. 휴전 당일, 비어트리스 웨브는 "곳곳에서 서민들이 기뻐하고 있다. 곳곳에서 권좌들이 부서지고 있고, 유산자들이 남몰래 떨고 있다."라고 우려했다.[22] 오스트리아에서는 요제프 슘페터, 영국에서는 메이너드 케인스가 각자 자기 자리에서 자기 나라 사람들에게 납득시키고자 했던 것은 정치적 치유가 경제적 회복에 달려 있다는 것, 위험스러운 혁명 열기를 식히는 일도 경제적 회복에 달려 있다는 것이었다. 두 사람의 주장에 따르면, 세계경제가 부흥하기 위해서는 연합국이 경제적으로 유의미한 정치적 경계를 그어야 했고, 더 중요하게는, 패전국들에게서 배상금을 뽑아냄으로써 자신의 손실을 메울 수 있다는 환상을 버려야 했다. 두 사람이 주장한 것은 국가 통화의 안정, 신용 흐름의 회복, 무역장벽의 제거였다.

철학자 버트런드 러셀은 "세계대전은 우리의 문명이 뭔가 잘못돼 있음을 보여주었다."라고 확신하는 많은 서구 지식인 중 하나였다.[23] 그가 '볼셰비키 혁명'의 소식을 들었을 때, 그의 첫 반응은 조심스러운 낙관이었다. 그는 소비에트 러시아가 약속의 땅은 못 되더라도 최소한 원대한 미래파 실험은 된다고 생각할 준비가 되어 있었다. 그러나 많은 다른 사람들이 저마다 소망과 공포에 휩쓸렸던 것과 달리, 그는 이른바 새로운 사회(혁명가들이 당시 자기들이 건설 중이라고 주장하던)를 직접 보고 확인할 기회가 생기기까지 판단을 유보하기로 마음먹었다.

6장

인류 최후의 나날:
빈의 슘페터

사회주의의 시간은 아직 오지 않았다.

— 요제프 슘페터, 1918[1]

오스트리아가 한심한 폐허라고 해도 [······] 폐허를 재건할 재료는 많다고 나는 생각했다.

— 프랜시스 오펜하이머[2]

웨브에 따르면, 1918년 11월 11일에 휴전이 선포되었을 때, 런던은 "소란의 도가니"였고, 파리는 새벽까지 "격하게 축하"했고, 베를린까지도 "들뜬 분위기"였다. 베를린의 시민들은 전쟁이 끝났다는 것과 자기네를 전쟁 속에 끌어들인 왕조가 망했다는 것에 기뻐했다.[3] 유럽의 4대 수도 중에 조용한 곳은 빈뿐이었다. 엄청난 규모의 창백한 군중이 링슈트라세에 있는 의사당 건물 앞에 운집했다. 군인 두어 명이 오스트리아-헝가리 제국군 군복의 독수리를 잡아뜯으면서 다른 군인들에게도 똑같이 하라고 시키고 있었다. 지그문트 프로이트는 그곳에서 1마일 정도 떨어진 베르가세에 있는 자기 집 서재에 앉아서 수첩에 "전쟁 종결"이라고 적었다. 의미심장하게도 그는 '평화'라는 단어를 피했다.[4]

다민족 제국인 오스트리아-헝가리 제국의 붕괴는 여러 주 전부터 기정사실이 되어 있었다. 베를린 못지않은 인구를 자랑하던 빈이 갑자기 인구 600만의 "훼손되고 빈곤해진 공화국"(옛 제국의 10분의 1 규모)의 수도로 좁아들었다. 제국의회의 마지막 회기는 의원들이 연사들의 머리에 잉크병과 서류가방을 집어던지면서 끝이 났고, 그 후 체코슬로바키아, 헝가리, 유고슬라비아는 여러 곳의 독일어권 땅을 얻어 분리 독립했다. 결과적으로, 오스트리아의 북동쪽 국경은 이제 빈의 교외 바로 바깥이 되었다.[5] 오스트리아의 새 인접국들은 그런 국경조차 인정하지 않고 계속 침략하겠다고 위협했다. 반면에 오스트리아는 방어하거나 공격 위협으로 맞대응할 입장이 아니었다. 새 공화국 정부가 선포된 11월 12일, 황제 가족은 망명지로 떠난 상태였고, 400만 병력의 오스트리아-헝가리 제국군은 완전히 해산된 상태였다. 휴전이 제의된 날과 휴전이 조인된 날 사이 11월의 그 며칠 동안, 수십만 병사가 이탈리아 포로수용소들에 억류돼 있었다. 그들 대부분은 그 후 몇 년 동안 고향에 돌아갈 방법이 없었다.

1917년 2월에 상트페테르부르크에서 패배와 기아로 점화된 혁명의 화염은 이제 서쪽으로 번지면서 부다페스트, 베를린, 빈으로 확산되는 중이었다. 두 마르크스주의자가 오스트리아 임시정부를 지배했다. 1918년 1월 이후 대부분의 평자들은 공산주의 폭동이 일어날 수밖에 없다고 보고 있었다. 새해 첫 주에는 다임러-벤츠 공장의 전투적 노동자들이 밀가루 배급이 반으로 줄어든 데 항의하며 파업을 하기도 했다. 제국 치하에서 징집당해 군수공장에서 노동하던 남녀 50만 명은 작업장을 떠난 상태였다. 헝가리에서 곧 봉기가 일어난다, 독일에 곧 혁명이 일어난다 하는 소문이 돌고 있었다.

빈은 오스트리아-헝가리 제국의 패전군이 돌아오리라는 것에 긴장했다. 『인류 최후의 나날The Last Days of Mankind』에서 반전反戰 풍자작가 카를 크라우스는 원한에 사무친 배고픈 무장군인들이 오스트리아를 전쟁터로 만들 것이며 "국내에서 곪아터질 평화에 비하면 전쟁은 어린애 장난일 것이다."라고 경고했다.[6] 열아홉 살의 프리드리히 하이에크를 포함해 수십만의 병사들이 베네치아 평야에서 부대를 버리고 북쪽으로 도망치는 "조직도 규율도 없는 굶주린 무리"에 합류했다. 그들은 도망치면서 군마와 군대차량과 대포를 음식과 바꾸어먹기도 하고 가게를 약탈하기도 하고 가게에 불을 지르기도 했다. 11월 초에 이 무리는 이탈리아에서 브레너 고개를 넘어 인스부르크로 들어가는 하나밖에 없는 좁은 탈출로를 통과하기 위해 안간힘을 쓰는 중이었다. 군인들이 총을 휘두르며 기차를 징발했다. 한 기자는 "기차지붕, 플랫폼, 기차 계단, 심지어 엔진 위까지 군인들로 가득했다. 멀리서 본 기차는 미친 듯이 돌진하는 벌떼 같았다."라고 보도했다.[7] 기차가 굉음과 함께 터널 안으로 들어가거나 다리 밑을 지나갈 때마다 수백 명씩 떨어져 죽었고, 시체들은 철로 양쪽 경사면에 흩어졌다.

"유혈 무정부 상태"가 오스트리아를 파괴하는 것을 막아야 한다는 생각뿐이었던 공직자들(사멸한 제국의 공직자들)은 기차가 멈추지 않도록 하는 게 다였다. 어느 영국 사업가는 한때 트리에스테-빈 노선이 대략 20분 간격으로 7000명에서 1만 명의 군인들을 실어날랐다고 보고했다.

무정부주의와 공산주의 집권을 우려한 관료주의자들은 빈 외곽에 창고들을 짓고 군인들이 무기를 반납해야 빈으로 들어갈 수 있게 했다. 시내 경찰들은 계속 출근했다. 적위대 일부가 식량창고와 무기창고 일부를 "해방"시킨 사건이 있은 후, 사회민주당 정부는 급히 실직 공장노동자들을 소집해 민병대를 만들었다. 이런 조치들이 있었던 덕분에, 그리고 헝가리와 체코와 유고슬라비아 군인들이 최대한 빠르게 고향으로 돌아가고 싶어한 덕분에, 빈은 상대적으로 고요했다.

귀환병사들을 맞은 것은 포위당한 도시였다. 유럽 도시 중에 가장 중간층 색채가 강했던 빈이 식량과 연료가 바닥난 도시가 되었다. 새 공화국이 선포된 순간부터, 빈에서 나가는 공산품도 없고, 빈으로 들어오는 쇠고기, 우유, 감자, 석탄도 없었다. 1683년에 오스만투르크족에게 잠시 포위당한 이래, 빈이 이토록 세상과 단절된 것은 처음이었다. 뮌헨이나 취리히는 물론이고, 근처 부다페스트로 가는 것도 어려워졌다. 불가능해졌다고 할 수도 있었다. 우편 서비스는 엉망이었다. 전보는 두세 주 만에 도착하기도 하고 도착하지 않기도 했으며, 소포는 내용물 없이 도착하거나 아예 도착하지 않았다. 프로이트는 영국에 있는 친척들에게 "세관 관리나 철도 일꾼 배 채우는 일은 하지 마라."라고 했다.[8]

도시의 인구가 200만이라면 밖에서 식량을 사와야 하는 것은 당연하다. 전쟁 전에 빈과 알프스 지방은 감자와 우유와 버터의 거의 전부, 밀의 3분의 1, 고기의 3분의 2를 제국 내 비독일어권 지역들로부터 수입했다.[9] 그런데 전쟁이 한창일 때 헝가리가 오스트리아로의 수출을 중단시켰다. 그리고 이제 오스트리아의 새 인접국들(주로 체코슬로바키아와 유고슬라비아)은 국경을 봉쇄했다. 영국 고등판무관의 표현을 빌리면 "수백 년간 무역은 일정한 경로를 따랐고, 교통로는 그에 따라 발달했다. 이 무역로와 교통로가 갑자기 봉쇄되었다. [······] 그 결과, 굶주리는 지역 바로 옆에 식량이 남아도는 지역이 있었다."라고 했다.[10]

오스트리아에는 팔아야 할 다량의 무기, 소금, 목재, 공산품이 있었다. 체코슬로바키아에는 설탕, 감자, 채소, 석탄이 있었다. 헝가리와 유고슬라비아에는 우유가 있었다. 그러나 임시정부가 신흥국가들과 물물교환을 성사시키고자 노력했음에도 불구하고, 민족주의 정책, 그리고 신흥국가들의 물량 부족 가능성에 대한 우려 탓에 물물교환은 이루어지지 못했다.

또 다른 문제도 있었다. 동맹국이 승전국이 제안한 평화협정 조항들에 서명할 때까지 독일의 전시봉쇄 조치를 풀지 않을 것이라는 연합국의 발표가 있었다. 이 발표는 아직 오스트리아에 식량을 팔 의향이 있는 유일한 나라에 팔 식량이 없다는 뜻이었다. 미국 정부로부터 진상조사차 유럽에 파견되어 있던 허버트 후버Herbert Hoover는 "중재자들이 가장 힘쓴 일은 [오스트리아를] 먹을 것이 없는 나라로 만드는 것이었다."라고 씁쓸하게 논평했다.[11]

오스트리아의 농촌지역들이 비공식적으로 빈을 봉쇄하면서 사태는 극도로 악화되었다. 독일이나 스위스와 통합하겠다고 위협하는 지방들도 여러 곳이었다. 국내의 농업은 전쟁으로 초토화된 상태였다. 집에는 파종할 남자가 없었고, 주된 비료 공급원인 가축들은 군납용으로 도축되었다. 게다가 정부가 식량을 통제가격으로 강제 매입하는 정책을 펴면서 농부들은 파종을 줄이고 비축을 늘렸다. 특히 종전을 앞둔 마지막 해에 식량 부족이 악화되면서 농촌지역들은 지역 차원에서 식량반출을 금지하기도 하고 관광금지법을 통과시키기도 하고 식량반출을 예방할 검문검색 작전들을 조직하기도 하면서 독자행동에 나서기 시작했다.

새 정부는 어마어마한 전쟁부채를 물려받은 반면, 식량을 사서 시민을 먹일 비축금은 단 한 푼도 물려받지 못했다. 헝가리 정부와 체코슬로바키아 정부가 중앙은행에 비축되어 있는 마지막 금을 가져간 상황이었다. 12월 중순에 식량거래 부활 프로그램을 마련하기 위해(필요하다면 식량원조 프로그램을 마련하기 위해) 파리에 온 후버는 오스트리아의 재정 상태에 충격을 받았다. "군대와 관료의 봉급을 주던 납세자들은 분리 독립했다. 군인들과 철도노동자들에게 봉급을 주던 국가는 파산했다."[12]

식량 부족이 심각했던 것은 거의 전쟁이 시작되고부터였다. 빈의 말랑말랑한 하얀 롤빵 대신 납덩어리 같은 '전쟁빵Kriegsbrot'이 나타나고 "고기 없는" 주간이 일상이 된 것은 이미 1915년부터였다. 모든 것이 딱딱해졌다. 오스트리아의 저널리스트이자 소설가 슈테판 츠바이크Stefan Zweig에 따르면, 빵을 만들 때는 "밀가루만 빼고 온갖 것"을 집어넣었고, "커피는 볶은 보리, 맥주색이 나는 물, 초콜릿색 모래의 잡탕"이었다.[13] 정부가 징발과 배급을 시행하면서 그나마 있는 식량이 점점 지하 암시장에 흘러들어갔다. 교전은 종결된 상황이었지만, 빈의 식량공급량은 계속 줄어들었다. 오스트리아의 일류 경영학자 루트비히 폰 미제스는 "휴전 후 첫 아홉 달간, 빈의 식량공급이 8~9일 이상 이루어진 적은 한 번도 없었다."라고 회상했다.[14] 유일한 합법적 식량원이었던 정부 창고에는 몇 시간씩 줄을 서서 기다리는 주부들이 배급받을 터무니없이 적은 양의 양배추 피클과 "전쟁빵"이 있을 뿐이었다. 빵은 일주일에 1인당 6온스씩 배급되었는데, 이는 전전戰前 평균 소비량의 4분의 1에도 못 미치는 양이었다. 고기 배급량은 전전 소비량의 10퍼센트로 떨어져 있었다. 아기가 돌이 지나면 우유배급이 아예 없었다. 한 전문가는 하루 평균 열량 소비량이 1000칼로리를 조금 넘는 정도(몇 주 이상 생존하기 힘든 정도)까지 떨어진 것으로 추정했다.

거리의 군중은 창백하고 기운이 없었고, 아이들은 실제 나이보다 세 살은 더 어려 보였다. 프로이트는 친구에게 보낸 편지에서 "이제 우리는 정말로 자기 살을 뜯어먹고 있다. 지난 4년간의 전쟁은 이 몇 달간의 힘겨움에 비한다면 애들 장난이다. 앞으로 몇 달은 이러한 상황이 계속될 것이다."라고 했다.[15] 보험회사 사무원이었던 프란츠 카프카는 「굶기 전문가Hungerkünstler」라는 굶는 기술에 관한 단편소설을 쓰기도 했다. 전쟁 전에 중간층 동네에서 거의 사라졌던 결핵이 다시 흔한 질병이 되었다. 하루 평균 매장률은 전쟁 전에 40~50구였던 것이 1920년 상반기에는 2000구로 급증했다. 오스트리아의 연극비평가이자 『밤비Bambi』(1923)로 유명한 소설가 펠릭스 잘텐Felix Salten은 "동물원 우리에 갇힌 사자들, 판다들, 코끼리들, 기린들이 굶주림이라는 더딘 고통 끝에 죽어가며 울부짖지만, 사람들은 어깨를 으쓱할 뿐이었다. 헤아릴 수 없이 많은 사람들이 침상에서 단말마의 고통을 겪으며 느릿느릿 수척해지다가 결국 숨이 끊어졌다."라고 했다.[16]

빈 전체가 쇠잔해져갔다. 시민들은 무기력, 무관심, 수동성, 간헐적인 조광증 등 전형적인 기아 증상을 보이고 있었다. 1900년대 호황기에 급증했던 빈 인구는 제대군인, 제국 공무원, 동유럽 대량학살에서 탈출한 수천 명의 유대인 난민 등의 유입에도 불구하고 수십만씩 감소했다. 굶주린 육체가 자신의 근육을 갉아먹듯, 온 나라가 있었던 재산을 까먹으며 살아갔다. 언젠가 오스트리아 정부는 합스부르크 왕조가 소유한 성이든, 궁이든, 사냥 별장이든, 금렵구역이든, 대저택이든 "무엇이든" 저당 잡힐 용의가 있음을 밝혔다.[17]

식량봉쇄라는 비참한 상황에 "연료봉쇄"가 더해졌다. 휴전 이후 한 주 동안, 간신히 한 주분의 요리용 석탄이 있을 뿐, 난방용 석탄은 아예 없는 상태였다. 연료 배급량은 일주일에 기껏해야 한 컵 정도였고, 전구는 한 가구당 25와트짜리 한 개, 초는 한 사람당 한 개였다. 심지어 중간층 가정에서도 목욕과 빨래는 감당 못 할 사치가 되었다. 유행성 전염병 때문에 이미 휴교했던 학교들은 새로 '추위 휴교령Kaltverien'을 내렸다. 상점은 오후 4시가 되면 문을 닫아야 했고, 카페는 9시가 되기 전에 손님들을 내보내야 했다. 사람들은 자기 집 문짝을 쪼개기도 하고, 나무껍질을 긁어가기도 하고, 시립공원 나무들을 베어가기도 했다. 빈 숲이 군데군데 벌거숭이가 되었고, 빈의 멋진 대로에서 전신주와 가로수가 사라졌으며, 묘지에서 나무 십자가가 사라졌다. 어느 방문객은 "이러한 연료의 부족이 빈 생활 전체를 괴롭히고 있다."라고 했다.[18]

사회민주당의 《노동자 신문Die Arbeiter-Zeitung》이 지적한 것처럼, 사람을 미치게 만드는 캐치22가 속출했다. "석탄이 없으니까 나무가 필요한데, 기차를 달리게 할 석탄이 없으니까 나무를 실어올 수 없다."[19] 역사가 찰스 걸릭Charles Gulik에 따르면, 오스트리아공화국이 옛 제국에서 물려받은 공장노동자는 30퍼센트, 증기기관은 20퍼센트, 석탄공급량은 고작 1퍼센트였다. 연료가 없다는 것은 공장들, 용광로들, 빵집들,

벽돌과 석회와 시멘트 공장들, 발전소들을 폐쇄해야 한다는 뜻이었고, 이로써 산업생산, 주택건설, 전력생산이 가로막힌다는 뜻이었다. 빈에서 노동자 1000명 이상의 산업체 16곳 중 절반이 영구폐쇄되었다. 전기의 선구자였던 도시에서 정전이 (심지어 크리스마스에도) 일상이 되었다. 전기에 의지하는 전차운행은 중단될 수밖에 없었다. 철도교통은 식량을 수송하는 화물열차로 한정되었다. 한편, 에너지 부족, 무기생산 감소, 동원해제로 인해서 실업자군은 계속 늘어났다.

1918년 크리스마스이브 자정을 얼마 앞둔 시각, 합스부르크 제국 당시 영국 공식대표였던 토머스 커닝엄Thomas Cuninghame은 빈의 가장 웅장한 거리 중 하나인 마리아힐퍼슈트라세를 자동차로 달리고 있었다. 그는 일기에 "거리에는 사람 한 명 다니지 않았고 불빛도 거의 없었다. 아름다운 옛 도시가 '죽음의 도시'가 되어버렸다."[20]라고 적었다. 크리스마스 다음 날, 윌리엄 베버리지는 시장에서 절박한 주부들에게 에워싸였다. "그들은 마치 하데스의 유령들처럼 우리를 에워싸면서 식량을 달라고 찍찍거렸다."[21] 유럽의 거대한 수도 중 하나가 빈사상태인 듯했다.

요제프 슘페터가 새롭게 품었던 야심(제국의 마지막 내각에서 상무장관이 되는 것)은 휴전을 몇 주 앞둔 시점에서 물거품이 되었으며, 그때부터 슘페터는 그라츠 대학에서 봄 학기 강의를 대충 준비하며 때를 기다리는 중이었다. 최초의 총선을 앞두고 사회민주당과 우익 기독사회당이 연정을 구성할 것으로 기대되는 상황에서, 슘페터는 좌파 쪽에 손을 뻗어 재정장관으로 뽑힐 가능성을 타진해보았다. 그는 개인의 최대 자유와 정부의 최소 개입을 지지하는 버크주의적 자유주의자이기도 했고, 사회당과 대체로 우호적이기도 했다. 임시로 나라를 맡고 있던 사회민주당의 오토 바우어와 카를 레너Karl Renner는 그의 오랜 대학동창들이었다. 범독일주의를 지지하는 중간층 유대인 오토 바우어는 당대표이자 과도정부 외무장관이었고, 모라비아 농부의 열여덟째 자식으로 태어난 뚝뚝하고 통통한 카를 레너는 수상이었다. 둘 다 마르크스주의자였지만, 그들의 정치는 볼셰비즘보다는 페이비언주의에 더 가까웠다. 그럼에도 재정장관 자리는 다른 사람에게 돌아갔다.

새해 초에 또 다른 정치적 기회가 나타났다. 독일 사회당의 일원이자 얼마 후 바이마르공화국의 초대 재정장관이 되는 또 한 명의 대학동창이 베를린에서 슘페터에게 흥미로운 제안을 담은 편지를 보냈다. 다가오는 12월에 일단의 사회당 명사들이 새 독일 정부에게 사회주의로의 이행(특히 석탄업의 국유화 가능성)에 대해서 조언하기 위해 모일 텐데, 그 위원회에 참석하겠냐는 것이었다.

이상하게 생각될지 모르지만, 6000만 국민의 복리를 맡게 된 사회당 정치가들은 사회주의 경제가 작동된다면 어떻게 작동되는지 그때껏 한 번도 진지하게 생각해본 적이 없었다. 일찍이 마르크스는 제자들에게 쓸데없는 유토피아적 "판타지"에 빠지지 말라고 말했다. 독일의 선도적 마르크스주의자 카를 카우츠키Karl Kautsky가 보았을 때 그와 같은 상상의 비약은 "좋은 두뇌운동"에 불과했다.[22] 그러나 독일 노동자들은 점점 급진화되었고, 사회주의 경제는 어느새 현실적 사안이 되어 있었다. 11월에 휴전이 성립된 이래로, 폭동과 파업, 갈취성 임금인상 요구, 상해 위협, 노동자들이 회사를 강제 인수하는 "자발적 접수"가 행해지고 있었다. 4년 이상 희생자로 지내왔던 독일 노동층이 이제 보상을 원하고 있었던 것이다. 좌파 정당 지도부는 그때까지 몇 년 동안 노동자들에게 고용주 통치를 철폐하고 노동자 자치를 실현하겠다고 약속해왔지만, 정권을 잡고 나서는 정부가 살아남으려면 일단 생산을 되살려놓아야 한다는 것을 깨닫지 않을 수 없었다. 위원회의 일은 바로 이 딜레마를 벗어나는 길을 제시하는 것이었다.

슘페터는 이 초청을 부리나케 수락했다. 빈으로 가는 지름길은 베를린을 경유하는 길일지도 모른다고 본 것이다. 오스트리아와 독일에서 사회당이 집권하면서 이 두 독일어권 국가의 합병 가능성이 커지고 있었다. 오스트리아의 외무장관 바우어도 위원회의 일원이었다. 슘페터는 위원회가 점진주의적 사회주의를 채택할 것으로 예상했다. 후일 슘페터는 자기가 당시에 사회당 프로젝트에 관여할 마음을 먹은 것에 대해 "누가 자살을 해야겠다면, 의사가 옆에 있는 편이 낫다."라는 말로 정당화하기도 했다.[23] 그렇지만 당시 대부분의 투자자와 은행업자와 사업가는 위원회가 그런 식의 제안을 내놓으리라고는 예상치 않았다. 위원회의 일원인 저명한 독일 사회주의자 에두아르트 베른슈타인Eduard Bernstein이 "우리가 부자의 재산에 손을 대면 생산체제 전체가 마비되어버릴 테니 그럴 수는 없다."라고 경고했던 것은 그로부터 얼마 전이었다.[24] 회사 이사진을 경영자, 노동자, 소비자의 대표들로 교체하고 싶어하는 바우어였지만, 그가 강조하고 있던 것은 사회주의화된 기업과 사기업이 '여러 세대 동안' 나란히 기능하리라는 점이었다.[25]

슘페터는 당장 그라츠 대학에 휴직원을 냈고, 학장은 곧 허가해주었다. 베를린까지는 보통 이틀 거리였는데, 그때 그는 나흘 만에 도착했다. 그러나 그가 도착한 프로이센의 수도는 이 절망적인 시절에도 '죽은' 도시라고 말할 수는 없는 곳이었다.

1919년 1월 베를린. 연합국 점령을 모면했던 베를린은 낡고 물자가 턱없이 부족하고 생활비가 비싼 도시가 되기는 했지만 체제가 망가지지는 않은 도시였다. 그렇지만 베를린은 분한에 차 있고 쉽게 흥분하고 폭력에 중독되어버린 제대군인들이 계속 밀려들어오는 것에 위협을 느끼고 있었다. 작은 불똥 하나가 대화재로 번질 수 있는 상황이었다.

폭발은 성탄절과 새해 첫날 사이에 발생했다. 공산 스파르타쿠스단이 총파업을 외치자, 총체적 내전이 벌어진 것이다. 대규모 시위의 물결이 알렉산더 광장에서 의사당까지 이어졌다. 기차는 마비되고 은행에는 바리케이드가 처지고 대학은 폐쇄되고 가게에는 판자가 덧대졌다. 스파르타쿠스단은 거의 모든 공장, 발전소, 정부 청사, 신문사, 전신국을 장악했다. 탱크가 거리를 달렸다. 혁명군이 정부군에 수류탄과 기관총을 난사한 후, 독일 수상은 화염방사기와 야포의 사용을 허가했다. 베를린에서 탈출하려는 겁에 질린 시민들은 기차역에서 발이 묶였다. 베를린에서 가장 유명한 시민이었던 알베르트 아인슈타인은 이미 취리히에 가 있었고, 친구에게 보낸 편지에서 "베를린에서 일어난 일들에 대해서 나는 여기 화창한 하늘 아래서 초콜릿을 먹으면서 즐겁게 읽고 있습니다."라고 했다.[26] 그렇지만 슘페터는 사태의 중심에 있기를 즐겼다.

사회당 자문위원회는 제국은행 지하에서 여러 주제 회의 중이었다. 날쌘 공무원들이 건물에 바리케이드를 친 덕분에 탈취를 모면한 것이다. 혼란과 유혈사태에도 불구하고, 자문위원회는 마치 대학 세미나를 하듯 회의를 계속해나갔다. 국유화에서 자유방임주의에 이르는 대안들을 냉정하고 신중하게 고려했고, 기업이 효율성 증대나 혁신에 해를 입지 않으면서 사회화될 수 있는가와 같은 실리적인 질문들을 개진했다.

슘페터는 빈 대학에서 뵘-바베르크의 세미나에 참석했을 당시에 보여주었던 바로 그 오만하고 냉소적인 태도로, "사회주의가 가능한지는 모르겠지만, 만약 가능하다면 일관성이 있어야 합니다. 어쨌든 한번 시도해보는 것은 흥미로운 실험이겠습니다."[27]라는 경박한 말을 하기도 했다. 한 은행업자는 슘페터가 국유화 문제를 기술적인 사안으로 다루었다고 하면서 "전쟁이 끝나고 대기업들을 사회주의화하고자 한다면, 모종의 방법에 따라야 합니다."라는 그의 말을 기억했다.[28]

결국 예상대로 자문위원회는 자유방임주의와 소비에트식 국유화를 둘 다 거부하고 공기업과 민간경영의 결합을 지지했다. 보고서가 작성되었을 때, 자문위원회의 두 자유주의자가 서명을 거부하고 소수파 보고서를 내놓았지만, 슘페터는 다수파 보고서에 서명했다. 슘페터는 자문위원회 활동을 통해서 정확히 자기가 기대했던 것을 얻을 수 있었다. 슘페터의 협조적 태도와 전문성에 감명받은 힐페르딩이 바우어에게 슘페터를 오스트리아 재정장관으로 고려해보라고 언질을 주었고, 자문위원회 보고서가 나온 2월 15일(오스트리아 총선 전날)에 빈 언론은 이미 슘페터가 장관직을 청탁받을 것 같다고 말하고 있었다. 그로부터 두 주 후에 바우어는 다시 베를린에 와 있었다. 바이마르공화국의 외무장관 울리히 폰 브로크도르프-란차우Ulrich von Brockdorff-Rantzau와 나흘 간의 비밀합병회담을 진행하기 위해서였다.(바우어는 독일과의 합병을 최우선 순위로 놓았고, 이미 작가 로베르트 무질Robert Musil까지 끌어들인 상태였다. 무질의 "공식적 임무는 신문 스크랩의 색인 작성이었지만 [······] 실제로는 신문을 통해서 독일과의 합병을 홍보하는 일을 맡고 있었다.)²⁹ 한 자문위원은 슘페터가 그 시점에서 "서둘러 떠나려고 하고 있었다."라고 회상했다.³⁰ 또 한 차례의 총파업과 유혈 봉기가 일어나기 전날, 슘페터는 바우어와 함께 베를린을 떠났다.

새 연합정부에는 선뜻 맡겠다고 하는 경력 정치인이 단 한 명도 없을 만큼 재미없는 장관직이 두어 개 있었다. 재무장관직도 그중 하나였다.

파산한 나라의 통화가 떨어지는 것을 막을 도리도 없었고, 금이나 달러 없이 식량을 수입할 도리도 없었고, 국경 문제에서 배상 문제에 이르기까지 모든 변수들이 파리에서 연합국에 의해 결정되는 상황에서 예산을 꿰어맞출 도리도 없었다. 레너가 슘페터의 이름을 흘리자마자, 슘페터가 속한 보수 기독사회당은 급히 동의했다. 당이 슘페터를 신뢰했기 때문이었다고 말하기는 어려울 것 같다. 반反유대주의 문화에서 지주들과 귀족들의 당이었던 기독사회당은 슘페터가 로스차일드 가문을 포함한 유대인 은행업자들이나 사업자들과 어울린다는 이유에서 슘페터를 "유대인의 친구"라고 간주했다. 더구나 슘페터는 그라츠 대학의 교수였던 기독사회당 원내총무의 승진을 가로막음으로써 당에 대한 충성심이 얼마나 부족한지를 드러내 보인 적도 있었다. 반면에 사회당은 "경제학에서 천재적 존재"라고 여겨지고 있던 슘페터를 공화국의 흔들리는 재정을 책임질 적임자라고 보았다.³¹ 오스트리아의 운명을 결정하는 것은 연합국이었으니, 슘페터가 외국에서 생활했던 적이 있고 미국 명예학위가 있고 영어와 프랑스어가 유창할 뿐 아니라 친親서유럽 정서를 지니고 있고 전쟁에 반대한 전력이 있다는 점은 반가운 자산이라는 것이 레너와 바우어의 논리였다.

좌우익 논객들은 즉각 슘페터를 기회주의자로 매도했다.《디 모르겐*Die Morgen*》기사는 "한 사람이 세 영혼을 가졌으니 얼마나 좋을까."라는 말로 시작되었다. 자유주의자이자 보수주의자이자 사회주의자라는 뜻이었다. 카를 크라우스는 그를 가리켜 "신념을 교환하는 교환교수"라고 칭했다.[32] 그렇지만 슘페터가 장관이 되고 싶어했던 것은 그리 부끄러운 일이 아니었다. 갓 태어난 오스트리아공화국이 평화와 함께 빵을 조달하지 못한다면, 민주주의는 끝장이었다. 슘페터에게는 경제회복 플랜이 있었다. 슘페터가 보았을 때, 혁명의 시기에 재정장관이 된다는 것은 망하는 나라를 구할 기회였다.

어떤 의미에서 오스트리아의 신임 재정장관과 빈의 주부는 똑같은 도전에 직면해 있었다. 안나 아이젠멩거Anna Eisenmenger는 가족의 식량과 연료를 마련해야 했고, 이를 위한 세 가지 방안이 있었다.(그녀의 훌륭한 일기는 그 파국의 시절의 일상을 엿보게 해준다.) 그것은 돈을 버는 것, 돈을 빌리는 것, 물건을 파는 것이었다. 슘페터는 기차가 계속 달리게 하고 민병대가 계속 근무하게 하고 무료 급식소가 계속 문을 열게 해야 했는데, 이를 위한 방안도 바로 그 세 가지였다. 아이젠멩거 가족이 살아남기 위해 했던 일은 연금을 신청하고 방을 세놓고 어느 미국 원조단체에서 근무하는 것이었고 최후에는 아이젠멩거 박사가 전쟁 전에 소중하게 꿍쳐놓은 시가들을 파는 것이었다. 슘페터가 해볼 수 있는 일은 세금을 걷는 것, 은행업자들을 구슬려서 국채를 매입하게 하는 것, 나라에서 비축해둔 현금이나 금에 손을 대는 것(그런 것이 있을 경우), 그리고 궁지에 몰리면 국가 자산들을 파는 것이었다.

물론, 개인이 외제를 사야 하는 경우에는 (하다못해 바로 근처 제네바로 여행해야 하는 경우에는) 외환에 손을 대야 했다. 스위스 계좌가 있다면 꺼내 쓰면 될 일이었지만,(부다페스트의 은행업자 막스 폰 노이만Max von Neumann이 벨라 쿤Béla Kun의 공산당 쿠데타가 일어난 후 가족을 일시적으로 망명시킬 수 있었던 것은 스위스 계좌 덕분이었다.) 그게 아닌 다음에는 외환을 벌거나 빌려야 했다. 지그문트 프로이트 등 정신분석가들은 제임스 스트레이치James Strachey 와 그의 아내 앨릭스Alix 등 파운드를 내는 영국 환자들을 받았다. 아이젠멩거는 미국에 있는 사촌에게 달러를 빌렸다. 대부분의 경우에는 크로네로 파운드나 달러를 사야 했다.

오스트리아는 생존에 필요한 많은 것을 수입해야 했으므로, 오스트리아 재정장관은 그것들을 살 수 있는 외환이나 금을 마련해야 했고, 그것이 여의치 않으면 외채를 쓰거나 선심에 의지해야 했다. 그러나 오스트리아 재정장관의 가장 큰 업무는 크로네 가치가 다른 통화들에 비해 떨어지지 않게 하는 일이었다. 크로네의 교환가치가 올랐을 때 거래한다는 것은 오스트리아가 석탄이나 돼지고기 값을 덜 낼 수 있다는 뜻이었고, 내렸을 때 거래한다는 것은 더 내야 한다는 뜻이었다. 주부들이 환전소 밖에서 "가슴을 조이며" 크로네 가치의 공보를 기다렸던 것은 그런 이유에서였다. 재정장관에게 통화가치는 그보다 훨씬 더 중요했다. 재정장관 역시 정부의 예산을 책임지는 존재였기 때문이다. 크로네의 가치가 떨어질 때마다 정부의 적자는 늘었다. 재정장관의 가장 중요한 업무를 하나만 들라면 그것은 통화가 붕괴하지 않게 하는 것이었다. 결국은 신용놀음confidence game이었다. 내 돈을 받아주는 사람들은 그 돈으로 자기 외상값을 갚을 수 있다고 믿는 사람들이었다. 그 사람들이 그 돈으로 자기 외상값을 갚을 수 있다고 믿는 이유는 그 돈으로 자기 외상값을 갚을 수 있다는 것을 알기 때문이었다. 따라서 모든 재정장관은 자국의 통화를 낙관해야 했고, 자국의 통화를 지탱해 줄 금 보유고나 외환 보유고가 없는 경우에는 공기[air: '공기'와 '허풍'의 말장난—옮긴이]를 동원해서라도 통화의 하락을 막아내야 했다.

오스트리아 역사상 최연소 재정장관이었던 슘페터는 도심의 '천국의 문'이라는 골목 안에 있는 도금 대리석 팔라초에서 취임연설을 하고 있었다. 그는 연단을 왔다 갔다 하고 두 손을 흔들고 자기가 구사할 수 있는 최상의 테레지아눔 억양을 구사하면서 장난기와 열정 사이를 오갔다. 그는 현대 정치에서 지도자가 성공하기 위해서는 대중을 "매료" 시키고 "감동"시키고 "참여"시킬 수 있어야 한다는 것을 알고 있었다. 또한, 그는 경제안정에는 "인기 있는 정부와 아울러 믿을 만한 지도자, 탁월함과 의지와 능력을 갖춘, 다른 나라들이 그의 말을 신뢰하는 그런 지도자"가 필요하다는 것도 알고 있었다.[33] 검은 외투를 걸친 관리들로 가득한 어둡고 냉랭한 실내에서, 슘페터는 활기와 낙관과 희망을 퍼뜨리고 있었다.

전쟁은 영국과 프랑스를 포함해서 모든 교전국들에게 역사상 유례없는 부채를 떠안겼지만, 오스트리아의 상황은 세 가지 점에서 극단적이었다. 첫째, 전시에 제국정부는 세금을 인상하기를 두려워했고 1919년에는 결국 세수가 정부지출의 3분의 2밖에 안 되는 상황이 닥쳤다. 제국정부는 전쟁채무 이자 빚이 어마어마했고, 신생 오스트리아공화국은 그중 너무 많은 몫을 떠안았다. 둘째, 오스트리아는 실업자를 구제하겠다, 특히 민병대를 먹여 살리겠다는 약속을 했었다. 셋째, 오스트리아는 공무원들에게 봉급을 주어야 했다. 옛 제국의 변방에서 빈으로 몰려오는 공무원만 해도 수천 명이었다. 끝으로, 오스트리아는 정부 매입가격과 소비자가격의 차이를 메우기 위해서 식량보조금을 제공해야 했다. 옛 제국 정부는 점점 쌓여가는 엄청난 부채의 대부분을 패전국이 갚을 것이라고 가정했다. 물론 이런 가정은 심판의 날을 연기했을 뿐이었다.

대부분의 오스트리아인들이 상상할 수 있는 선택지는 이제 두 가지뿐이었다. 그것은 독일의 양자로 들어가는 것 아니면 승전국의 영원한 부하가 되는 것이었다. 오토 바우어는 독일과의 합병을 열렬히 지지하는 쪽이었고, 약간의 인플레이션은 "산업을 활성화시키고 노동자들의 생활수준을 향상시키는 수단"이니 그리 나쁜 것은 아니라고 간주했다.[34] 은행업자들과 사업가들은 승전국과 합치자는 쪽이었다. 그들은 메이너드 케인스로 대표되는 영국 재무부 관리들과 똑같은 기대, 곧 "승전국은 오스트리아가 도산하도록 내버려두지 않을 것이다. 승전국이 오스트리아의 재정을 바로잡아줄 것이다. 필요한 것은 파운드화의 대규모 차관뿐이다."라는 허황된 기대를 가지고 있었다.[35]

슘페터의 관점은 달랐다. 오스트리아는 쪼그라들었지만 경제적으로 회생하는 것은 가능했다. 그의 가장 확고한 신념은, 국가가 무슨 자원을 보유했느냐는 국가가 그 자원을 가지고 무엇을 하느냐보다 덜 중요하다는 것이었다. 일단 기업가들에게 새로운 기업을 창업하게 한다면, 그리고 금융제도가 효율적으로 작동된다면, 그리고 무역장벽이 너

1차대전은 19세기 경제기적의 토대를 엉망으로 만들었고, 승전국의 정부들과 패전국의 정부들을 모두 파산시켰다. 1차대전이 휩쓸고 지나간 자리에 기근과 초인플레이션이 기승을 부렸고 우랄 산맥에서 라인 강까지 혁명의 불길이 번졌다.
수족이 잘리고 빈털털이이고 굶주리는 오스트리아라는 나라의 재무장관으로서, 슘페터(아래 사진 뒷줄 왼쪽에서 세번째)는 오스트리아가 공산 러시아나 호전적 독일에 투항하지 않고서도 경제적 회복이 가능하리라는 것을 오스트리아 국민들에게 납득시키고자 했다.

무 많지 않다면, 사회는 다시 살아날 수 있었다. 그는 경제가 돌아가기 위해서는 영토가 크고 인구가 많고 천연자원이 있어야 한다는 통념을 거부했다. 그는 1919년에 쓴 제국주의 사회학에 대한 탁월한 논문(독일을 염두에 두고 쓴 논문)에서 고대 이집트제국의 군산복합체가 만성적인 전쟁으로 인해 빈곤해진 과정을 설명했다. "전쟁의 결과로 만들어진 군산복합체가 이제 전쟁을 만들어내는 원인이 되었다."[36] 영국이 최고의 부국이 된 것은 제국으로 확장되기 전이었다. 1인당 소득은 영국에 필적하는 스위스가 국토면적은 스코틀랜드보다 크지 않았다. 전쟁이 일어나기 전에 빈은 중유럽에서 가장 중요한 금융과 운송과 무역의 중심지였다. 슘페터가 보았을 때, 연합국이 오스트리아의 원활한 무역과 오스트리아 정부의 상환능력 회복을 방해하지 않는 한, 오스트리아가 극복할 수 없는 장애물에 가로막히지만 않는다면, 빈이 전전의 경제적 역할을 되찾고 다시 한 번 여유 있는 생활을 영위하지 못할 이유는 없었다. 슘페터는 "사람들은 너무 자주 독일계 오스트리아가 살아남을 수 없을 것이라고 말합니다."라는 것을 인정했다. 그렇지만 그는 "나는 우리의 미래를 믿습니다. [······] 자국 영토 내에 모든 기본적인 원료들을 가지고 있는 나라만 경제적으로 살아남을 수 있냐 하면 그건 아닙니다. [······] 우리가 없다면, 다시 말해 우리의 금융중개업이 없다면, 인접국가들이 존재할 수 없습니다."[37]라고 강력하게 덧붙였다.

　　오스트리아가 엄청난 전쟁채무를 감당해야 한다는 것은 분명했다. 역사가 니얼 퍼거슨에 따르면, 전쟁채무를 더는 방법은 딱 다섯 가지다. 크게 구분하면, 원칙적 지불거절이 있고,(1918년에 레닌Vladimir Lenin이 이 방법을 썼고 1938년에 히틀러Adolf Hitler도 이 방법을 썼다.) 사실상 지불거절이 있고, 사실상 지불거절은 정도에 따라서 변제조건을 바꾸는 것, 변제할 화폐의 가치를 떨어뜨리는(인플레이션) 고속 경제성장을 성취함으로써 소득이 지불이자보다 빨리 늘어나게 하는 것이 있다. 물론 가장 훌륭한 방법은 그냥 돈을 갚아버리는 것이다.

슘페터는 오스트리아가 자활할 수 있다는 믿음을 표명하면서 자기는 마지막 방법을 강력 지지한다고 밝혔다. 이것이 오스트리아의 상환능력에 대한 투자자의 신뢰성을 회복하고 생산을 되살릴 수 있는 가장 빠른 방법이라는 것이었다. 그러나 슘페터는 소득세 인상을 원하지 않았다. 전후에 국채를 소유한 부유층을 위해 농민과 중간층의 세금을 인상하고 무사할 수 있었던 정부는 없었고, 소득세 인상은 경제에 새로운 자본이 유입되어야 할 바로 그때 투자를 저해하는 일이기도 했다. 슘페터가 원한 것은 고액의 일회성 **재산**세를 부과함으로써 부유층이 오스트리아의 전쟁채무를 감당하게 하는 것이었다. 다시 말해, 그가 원한 것은 국채를 소유한 부유층의 현금, 채권, 주식 등 유동자산을 거둬들이는 것과 그로써 그들에게 지불해야 하는 돈을 그들의 돈으로 마련하는 것이었다.

슘페터의 이 계획은 그가 『조세국가의 위기』라는 이론적 논문에서 정한 우선순위들을 반영하는 것으로서, 기업이나 농장이나 기타 재산 등이 개인 소유라는 틀 안에서 물갈이된다는 점에서 천재적이었다. 또한 미래의 소득에 과세하는 대신 기존의 재산에 과세한다는 이 계획은 투자자가 새로운 자본을 투자하는 일과 사업가가 생산을 확대하는 일을 저해하지 않는다는 점에서도 긍정적이었다. 한편, 슘페터는 정부가 빚을 갚는 과정에서 인플레이션을 유발시킬 위험을 줄이기 위해 잉글랜드은행과 비슷하게 재정부로부터 독립된 중앙은행을 창설할 것을 제안했다. 슘페터가 크로네를 안정시킬 방법으로 선호하는 쪽은 크로네의 전쟁 전 가치로 돌아가는 것이 아니라 크로네의 현재가치에서 시작하는 것이었다. 이런 조치들은 슘페터 자신이 희망을 걸고 있는 외국인 투자자들의 신뢰를 지지해줄 것이었고, 아울러 그들에게 오스트리아 투자의 매력을 보장해줄 것이었다.

슘페터의 회생 프로그램이 실현되려면 먼저 두 가지 조건이 충족되어야 했다. 하나는 평화협정이 무역의 재개를 가로막는 극복 불가능한 장애물을 강제하지 않아야 한다는 것이었고, 하나는 정부가 지출을 감당하기에 충분한 세금을 징수하기 위해 부단히 노력을 기울여야 한다는 것이었다. 슘페터는 재정부 관리들에게 "외국인들이 우리의 미래를 신뢰하지 않으니, 당장은 외국에서도 전혀 신용을 확보할 수 없습니다."라고 했고, 정부의 적자를 없애든 대폭 줄이든 하려면 영웅적 조치가 필요하리라고 했다. 그러면서 "사치성 식품, 사치성 문화산업, 사치성 직물, 사치성 상점, 하인, 사치성 의상"에 판매세를 부과하는 방안과 함께 맥주나 담배 같은 프롤레타리아 계급의 "과시적 소비"에 죄악세를 부과하는 방안을 내놓았다.[38] 좌파나 우파가 좋아할 방안은 아니었다. 그가 속한 기독사회당은 재산세, 특히 농장에 대한 재산세에 단호히 반대하는 입장이었고, 사회당은 맥주 과세안이 슘페터의 정치적 무지를 드러내는 어이없는 예라고 보았다.

슘페터가 재정장관 자리에 오른 지 사흘째 되던 날, 헝가리가 공산화되면서 크로네가 곤두박질쳤다. 모스크바가 훈련시키고 무장시킨 전직 오스트리아-헝가리 제국군 육군 상등병이 지휘하는 공산당 게릴라들이 붉은 기를 두른 무개 트럭을 타고 부다페스트 주위를 돌고 있었다. 오스트리아 제대군인으로 이루어진 적위대가 즉각 연대를 표하기 위해 헝가리의 수도로 출발했다. 헝가리에서 볼셰비키가 승리를 거둔 것에 대해 많은 사람들은 헝가리가 승전국에 항복하지 않기 위해 모스크바 군대에 몸을 던진 것이라고 해석했다. 영국 총리이자 배상 문제에서 매파 쪽이었던 로이드 조지가 평화회담에서 매파에게 경고 메시지를 보낸 것은 그 때문이기도 했다. 그가 보았을 때 승전국은 패전국에 못지않게 "지쳐 있고 출혈이 심하고 망가진 상태"였으므로 독일 편에 섰던 쪽에 재건의 비용을 부담시키는 데 혈안이 되어 있는 반면, 레닌의 신봉자들은 "새로운 시작"이라는 약속을 가지고 독일인들을 유혹하느라 바빴다. 로이드 조지에 따르면, 이 새로운 시작이란 "독일 국민들을 빚에서 벗어나게 해줄" 기회, 곧 "연합국이 부과한 빚"과 아울러 독일제국이 전쟁을 수행하도록 자원을 빌려주었던 "자국의 부유층이 부과한 빚에서 벗어나게 해줄" 기회라는 뜻이었다. 연합국이 독일을 너무 가혹하게 몰아붙인다면 "우랄 산맥에서 라인 강까지 도처에서 스파르타쿠스단이 출현할 수밖에 없다."라고 로이드 조지는 예언했다.[39]

로이드 조지의 암울한 예언은 너무 정확하게 맞아들어갔다. 4월 7일에 뮌헨에서는 아나키스트 일파가 바바리아 소비에트공화국을 선포했다. 그로부터 한 주 만에 현지 시위대가 '인터내셔널'과 연결된 러시아 망명자들로 이루어진 전문 혁명분자들로 교체되면서 공포시대가 촉발되었다. 경찰의 불시단속으로 압류된 한 러시아 문서에 따르면, 레닌의 군대가 곧 폴란드를 거쳐 독일로 진격해 반란세력에 합류할 참이었다. 파리에서는 빈의 양옆 두 수도가 적화되면 그다음은 빈의 차례라는 소문이 돌았다. 영국군을 러시아에서 철수시킬 것이냐 아니면 볼셰비키군과 싸우게 할 것이냐를 둘러싸고 의회에서 논쟁이 벌어졌을 때, 윈스턴 처칠은 "볼셰비즘은 엄청난 해악이지만 엄청난 사회적 해악들로부터 나온 해악입니다."라고 경고했다. 그로부터 6주 후에 러시아에 주둔하고 있던 영국 기병대의 브리그스 장군General Briggs은 처칠에게 영국이 지원해야 함을 주장하는 편지를 보냈다. "굶주림은 볼셰비즘을 뜻합니다."라는 편지였다.[40]

빈의 노동층 거주구역에는 실제로 벨라 쿤의 밀사들이 들어와 있었다. 그들은 오스트리아가 소비에트공화국이 되면 식량이 부르주아 계급이 아닌 프롤레타리아 계급에게 돌아가리라고 호언장담했고, 부다페스트에서의 생활을 환상적으로 미화시켰다. 일류 호텔에서 자는 값이 허름한 여인숙에서 자는 값과 같고, 노동자 가구들이 국가가 몰수한 궁에서 왕처럼 살고 있으며, 부르주아 계급과 프롤레타리아 계급이 평등하다는 등의 이야기였다. 바우어는 회고록에 이렇게 적었다.

> [벨라 쿤은] 우리가 [오스트리아 소비에트를 선포할] 의도가 없음을 알게 되자마자, 우리 오스트리아에 반대하는 캠페인에 착수했다. 빈 주재 헝가리 대사관은 소요의 중심이 되었다. 다량의 자금이 헝가리에서 오스트리아 공산당으로 흘러들었다. 자금은 공산당 프로파간다를 강화하는 데도 사용되었지만, 신뢰받고 있는 노동자들이나 군인들을 매수할 목적으로 쓰이기도 했다. 공산당 프로파간다의 목적은 헝가리에 먹을 것이 많아 오스트리아의 수요를 모두 채우고도 남는다는 것을 믿게 하는 것

이었다.⁴¹

파리의 몽테뉴 가 51번지에 본부를 두고 있던 허버트 후버는 이런 프로파간다에 맞서고자 빈 지부에 전보로 지령을 내렸다. "조금이라도 공공질서를 해치는 행위가 있을 시 식량은 수송될 수 없을 것이고 빈에 절대적 기근이 닥칠 것"이라는 경고 벽보들을 빈 성벽에 붙이라는 지령이었다.⁴² 한편, 후버는 구조작전이 공산주의와의, 그리고 죽음과의 경주에서 패하지 않도록 박차를 가했다. 오스트리아 정부는 사회당 민병대 폴크스베어의 일중대 절반을 동원해 빈의 헤렝가세 7번지 안뜰에 주둔시켰다. 국무회의가 열리는 곳이었다.

식량장관 한스 뢰벤펠트-루스Hans Loewenfeld-Russ가 들려준 이상한 사건을 이해하기 위해서는 쿠데타에 대한 당시의 공포를 고려해야 한다. 이야기에 따르자면, 그는 3월의 마지막 날에 슘페터로부터 만찬에 오라는 전화를 받았다. 슘페터는 교통장관 루트비히 파울Ludwig Paul도 함께 오라고 했다. 만찬에서 세 사람만 있게 되었을 때, 슘페터는 다른 두 사람에게 만약 쿠데타가 일어난다면 자기와 함께 신생 볼셰비키 정부에 합류할 마음이 있냐고 물었다. 파울은 "그럴 마음은 추호도 없습니다."라고 날카롭게 대꾸했고,⁴³ 뢰벤펠트-루스는 분개한 얼굴로 고개를 끄덕임으로써 같은 마음이라는 뜻을 밝혔다. 슘페터는 곧장 한발 물러나며, 자기 역시 그런 정부에 합류할 마음은 전혀 없다고 했다.

뢰벤펠트-루스는 슘페터에게 왜 은밀한 자리를 만들어 그렇게 이상한 질문을 하냐고 물었고, 슘페터는 수상이 아니라 정당이 임명한 각료는 우리 셋뿐이라 그저 당신들 두 명의 의중을 알고 싶었다고 대답했다.

거짓말은 아니었을 것이다. 비슷한 시기에 커닝엄은 영국 외무부에 "사회당이 작성한 장문의 정황 보고서 [......] 사회주의 형태의 정부를 건설할 세부 계획서"를 자기 정보원 중 한 명으로부터 건네받았다고 보고했다. 커닝엄의 정보원에 따르자면, 이것은 미끼로 사용될 정부였고, "실체적인 소비에트라기보다 외관상의 소비에트"였다.[44] 바우어 등 좀 더 좌익적인 인사들은 이 계략과 관련되는 것 자체를 거부했지만, 레너를 비롯한 온건파는 필시 이 계략을 채택할 마음이 있었다. 영국 외무부는 커닝엄을 통해 오스트리아 국방장관에게 가짜든 진짜든 볼셰비키 정부가 들어선다면 식량원조가 중단될 뿐 아니라 오스트리아에게 영토를 내놓으라고 요구하고 있는 폴란드로 또다시 무기가 보내질 것이라는 메시지를 전달했다.

오스트리아공화국은 생사의 기로에 있었고, 항시 국무회의 중이었다. 회의는 대체로 퇴근시간에 시작되었다. 오페라가 끝날 무렵, 장관 열다섯 명과 그들을 모시는 차관들이 헤렝가세 7번지의 팔레 모데나로 차를 타거나 걸어서 속속 모여들었다. 중세 후기로 거슬러올라가는, 빈에서 가장 멋진 길 중 하나였다. 걱정이 많고 잠이 부족한 남자들이 안뜰에 주둔한 부스스한 폴크스베어 보초들을 지나고 웅장한 계단을 올라서 품위 있는 회의장으로 향했다. 한때 화려한 조명이 우아하게 밝혀졌던 곳, 황제들이 고문관들을 접견했던 곳, 카를 레너가 총리 관저로 삼았던 곳이었다. 그렇지만 그때 회의장에 들어서는 사람들은 창문 앞에 얼기설기 설치된 기관총에 걸려 넘어지지 않기 위해 조심해야 했고,

추위와 습기를 막기 위해 두꺼운 외투깃을 여며야 했다. 회의는 보통 자정을 한참 넘겼고, 회의가 길어지면 총리가 근처 식당으로 요깃거리와 맥주를 사러 보내기도 했다.

장관들이 "상상을 초월할 정도의 길고 긴 어젠다"에 달려든 지 얼마 되지 않은 4월 17일에 수천 명의 수척하고 꾀죄죄한 사람들이 "누렇게 뜬" 얼굴로 링슈트라세를 여러 블록 행진해서 의사당 건물 앞에 집결했다. 당시의 링슈트라세는 쓰레기로 뒤덮여 있었고 길 양편의 호화 건물들의 창문에는 판자가 덧대져 있었다. 대다수가 실직한 공장노동자들과 제대군인들이었고, 많은 군인들이 팔이나 다리가 없거나 눈에 띄는 부상이 있었다. 무장 공산당원들과 외국인 선동가들이 여기저기 포진해 있었다. 두어 시간 만에 선동당한 군중은 의사당에 난입해 건물에 불을 질렀다. 총격이 시작되었고 폴크스베어가 몰려왔다. "민중의 병력[folkswehr의 원뜻―옮긴이]"은 건물을 탈환하면서 시위자 50명 정도를 사살하고 수백 명에게 부상을 입혔다. 최소한 이 사건을 보도한 첫 기사들은 그렇다고 주장했다.

한 사건이 대중을 충격에 빠뜨렸다. 폭동 기도 그 자체보다도 충격적인 사건이었다. 싸움이 한창이었을 때, 의사당 앞 큰길에서 경찰이 타고 있던 말이 총에 맞았다. 죽은 말이 거리에 쓰러져 있을 때, 굶주린 군중이 사체를 갈가리 찢어서 피가 뚝뚝 떨어지는 살점들을 가져갔다. 빈의 일반시민이 황제의 성장盛裝한 백마를 사랑하는 것은 미국인들이 권투 챔피언을 사랑하는 것과 비슷했다. 그런 빈 시민이 볼 때, 이 사건은 문명이 잔인하게 야만으로 되돌아가고 있음을 증명하는 듯했다. 이 사건에 누구보다 경악한 사람은 그 절망의 시절에도 순종 말 여러 필을 갖고 있던 공화국의 신임 재정장관 슘페터였을 것이다.

부다페스트 거리의 여론은 빈에서 곧 혁명이 일어나리라는 것이었지만, 반란은 오후 중반이 되면서 수그러들었다. 전쟁에 반대해 오스트리아 외무장관을 저격해 종신형을 받았다가 종전 후 감형돼 석방된 인기 있는 사회당 정치가였던 프리드리히 아들러Friedrich Adler가 진정을 촉구하고자 와 있었다. 공산당 지도부 내에서는 소비에트공화국을 선포해야 하는가를 두고 의견이 갈렸다. 다음 날, 노동자협의회 지도부는 총파업 선언을 안 하기로 했다. 부다페스트에서 급하게 오스트리아의 수도로 달려온 《데일리 텔리그래프Daily Telegraph》의 종군기자 엘리스 애시미드-바틀릿Ellis Ashmead-Bartlett은 "빈은 화염에 휩싸여 있는 대신 아주 고요했다."라고 했다.[45]

오페라 맞은편, 감미로운 초콜릿케이크로 유명한 자허 호텔은 빈의 외교관들, 첩보원들, 반反혁명분자들이 즐겨 찾는 밀회장소였다. 마담 자허Sacher는 열성 군주제 지지자로 알려져 있었다. 슘페터가 종종 점심식사를 하는 곳이기도 했다. 5월 2일, 토머스 커닝엄 경은 호텔 뒤편의 한 '별실'로 들어갔다. 다섯 명이 끼어앉아 식사 중이었다. 그중 한 명이 슘페터였다. 나머지 네 명 중 한 명이 갈리폴리 전투 살육 기사를 쓴 영국 기자 엘리스 애시미드-바틀릿이었는데, 커닝엄이 그 자리에 나타난 것은 필시 애시미드-바틀릿이 빈에 와 있다는 이야기를 들어서였을 것이다.

당시 빈에는 150명가량의 헝가리 장교가 있었다. 그들은 한편으로는 강제추방을 겁내면서도 한편으로는 벨라 쿤에 반대하는 반혁명을 조직하고 싶어했다. 그들의 문제는 기차 한 대 전세 낼 비용도 없을 만큼 빈털터리라는 것이었다. 돈이 없는 것은 물론이고 돈을 빌릴 신용도 없었다. 도와주는 것은 그들에게 동조하는 마담 자허뿐이었다. 애시미드-바틀릿은 바로 그들을 위해서 모금에 나섰다. 부다페스트 은행업자 폰 노이만이 모금을 지원하기 위해 빈에 와 있었다. 다른 부유층 동조자들은 자기들이 돈을 빌려주었다는 것이 오스트리아 사회당 정부의 귀에 들어가는 것을 겁내고 있었다. 그들이 기대를 걸었던 루이스 로스차일드Louis Rothschild는 날마다 대부조건을 바꾸고 있었다. 그런 연유에서 커닝엄이 애시미드-바틀릿에게 슘페터를 만나보라고 한 것이었다. 영국은 독일과의 합병에 반대하는 입장이었고, 영국인들에게 슘페터는 합병의 극렬 반대자로 알려져 있었던 것이다.

기자는 슘페터의 지성과 활기와 흠잡을 데 없는 영어 실력에 감동했다. 그는 슘페터가 아직 마흔 살이 되지 않았다는 것과 재정부 인사의 전형적 특징인 조심스러움을 드러내지 않는다는 것을 긍정적으로 받아들였다. 기자는 당시를 "우리는 오스트리아의 미래를 논했다."라고 회상했다. 당시 슘페터는 자기는 영국 같은 입헌군주제를 선호하는 쪽이라는 것을 서슴없이 밝히면서 "빈에서 '적화'의 위험을 제거할 유일한 방법은 헝가리에서 소비에트 정부를 몰아내는 것"이라는 데 동의했다. 슘페터는 의회에 1크로네까지 보고해야 하는 상황만 아니면 혁명군을 위해 재정부의 돈을 기꺼이 빌려주었을 것이라고 말한 다음, 로스차일드에게는 자기가 잘 말해놓겠다고 했다. 재정부는 로스차일드가 돈을 빌려주는 것을 눈감아 주리라는 것을 확실하게 말해놓겠다는 뜻이었다. 애시미드-바틀릿은 "루이스 로스차일드는 오스트리아 정부로부터 난처한 내용을 추궁당할까봐 우려하고 있었으니 슘페터의 말은 루이스 로스차일드의 가장 큰 우려를 없애줄 반가운 소식이었다."라고 했다.

그런데 군주제 지지자들이 5월 4일에 빈 주재 헝가리 대사관을 점거하면서, 빈에서 혁명을 교사할 용도로 책정된 다량의 은닉자금을 찾아냈다. 자금의 액수는 135만 크로네와 30억 스위스 프랑으로 보도되었다. 은행업자 로스차일드와의 협상이 매듭지어지려 하던 바로 그때 슘페터가 그에게 비서관을 보내 "다른 데서 돈이 마련되었으니, 돈을 빌려줄 필요가 없다."라고 통고했던 것은 그 때문이었다.[46] 벨라 쿤이 군자금을 회수하고 귀족 장교들을 본국으로 강제 송환하려 할 때, 슘페터가 그들을 위해서 개입했다. 상황이 더 전개될 겨를도 없이, 벨라 쿤 정부는 우익 제독 미클로시 호르티Miklós Horthy 세력에 전복되었다.

오스트리아 정부는 그로부터 몇 주 동안 돈을 마구 썼다. 사회당이 1919년 3월에 구성된 연정을 지배한 것은 실업자, 군인, 노동자협의회, 급진주의자 등을 제어할 수 있는 유일한 당이었기 때문이다. 바우어는 과반수의 보수 농민들은 사회주의 혁명을 허용하지 않을 것이고 쿠데타는 연합국 개입을 초래할 것이라는 주장을 펼치면서 각종 사회보장 조치들을 밀어붙였다. 권력을 행사할 기회가 얼마 남지 않았을 수 있음을 의식한 사회당은 불과 몇 주 만에 오스트리아 복지국가의 초석을 놓는 데 성공했다. 빈 내에서만 부상 군인, 전쟁포로 피부양자, 옛 제국 관리 및 그 가족 6만 명이 원호 대상자가 되었다. 1년 만에 인구의 6분의 1이 그 어떤 상품도 생산하지 않고 복지에 기대 살게 되었다.

한편, 슘페터의 조세안은 좀처럼 지지를 얻을 수 없었다. 연합국은 차관을 내주지 않았다. 금 보유고와 경화硬貨는 터무니없이 적었다. 그러니 정부는 돈을 더 찍어내는 것 말고는 적자를 메울 방법이 거의 없었다.

정부는 부담을 기업에 전가할 방법들을 모색했다. 바우어는 이런 방법들을 가리켜 "일단은 몇 개월 동안만 시행할 응급규제로서, 민간기업의 권리를 크게 침해하는 조치"라고 칭했다. 내각은 5월에 대기업 고용 20퍼센트 증대를 강제하는 법을 통과시켰고, 곧이어 사측이 노조를 인정할 것과 노동자에게 유급휴가를 줄 것을 강제하는 법과 정부의 승인이 없이는 해고할 수 없다는 법도 통과시켰다. 당연히 생산성이 감소하고 '무단결근' 고소사건들이 발생하고 세입이 더욱 감소되었다.

그럼에도 레너 내각은 사회주의화를 강행했다. 5월 중순에 오토 바우어는 광산, 철강, 발전소, 삼림, 목재의 부분적 국유화 계획을 발표했다. 슘페터는 이 계획에 반대하면서 행정부가 재정을 정상화시키고 크로네를 안정시킨다면 사주들은 다시 투자할 것이고 사업규모를 확장할 것이라고 주장했다. 슘페터는 부유층에 전쟁부채를 부담시키자고 제안함으로써 보수파로부터 따돌림을 당한 다음, 민간기업의 사회주의화는 외국인 투자자 유인과 경제회생을 불가능하게 하는 조치라고 주장함으로써 사회민주당 각료들로부터 따돌림을 당했다.

사회민주당 각료들은 기독민주당에 못지않게 슘페터를 불신했고, 그가 "거만"하고 "도도"하고 "가식적"이라고 수군댔다. 다른 각료들은 허름한 옷에 밑창 뚫린 구두를 신고 다니는 반면, 슘페터는 영국의 은행업자나 외교관 같은 차림새였다. 새빌로 정장은 티끌 하나 없이 깨끗

했고, 묵직한 금시계 아래쪽에 꽂은 비단 손수건은 눈처럼 희었다. 신문 캐리커처에서 그는 항상 승마바지, 높은 부츠, 중절모에 승마용 채찍을 팔에 낀 모습으로 그려졌다. 그가 재정부 혹은 내각 전체 혹은 나라 전체를 채찍질해서 자기 말을 듣게 만들려고 한다는 뜻인 것 같았다. 다른 장관들은 수수한 집에서 촌스러운 아내를 데리고 사는 반면, 슘페터는 독신남의 호화로운 라이프스타일을 과시했다. 글래디스와는 별거 중이었고 재결합 의사는 없는 것 같았다. 그는 재정부를 돌아 나오는 길모퉁이에 위치한 호화 호텔 아스토리아의 스위트룸을 빌리고 슈트루들호프가세의 저택을 빌리고 어느 백작의 성 절반을 빌려 외국 외교관들과 저널리스트들과 정치가들, 그리고 로스차일드 가 사람들이나 비트겐슈타인 가 사람들 등 부호들에게 다과나 만찬을 대접했다. 슘페터는 호화 마차로 출근하는 날이 많았고, 일류 레스토랑에서 식사를 했고, 프랑스산 최고급 샴페인을 마셨고, 콜걸 한두 명을 품에 안고 다니거나 마차 옆자리에 태우고 다니는 날도 많았다. 각료의 능력을 한참 웃도는 생활이었다. 슘페터가 부자 친구들로부터 점점 많은 돈을 빌리고 있다는 것은 분명했다. 심지어 옛 스승 프리드리히 폰 비저는 슘페터가 "사회에 만연한 빈곤에 사실 관심이 없다."라는 인상을 받았고, "그의 허영심이 충족되지 않게 되면 [……] 곧바로 사임하지는 않을까?" 의심했다.[47] 슘페터는 기자들에게 "내가 망하는 나라의 장관을 계속하고 싶겠느냐?"라고 되묻는 등 비판에 무관심한 척함으로써 사태를 악화시켰다.[48]

슘페터가 마찰을 빚는 또 하나의 사안은 합병 문제였다. 오토 바우어는 합병이 오스트리아 경제회생의 유일한 기회라고 보고 있었는데, 슘페터는 내각에서 유일하게 합병에 반대하는 인물이었다. 5월 하순에 《르 탕Le Temps》 특파원이 슘페터 박사가 집무실로 사용하는 황색 무도회장으로 찾아왔다. 재정부 건물은 굶주리는 빈의 한복판에 있는 호화로운 바로크 궁전이었고, 재정부의 텅 빈 금고들은 호사스러운 황금 잎사귀로 장식돼 있었고, 현실은 무정부 상태와 패전인데 바닥에서 천장까지 벽면에 가득한 프레스코화는 오스트리아의 옛 승전들을 찬미하고 있었으니 기자에게는 극히 아이러니한 장면이었다. 게다가 내각에서 "부르주아 계급의 매 맞는 아이"의 역할을 담당하는 슘페터가 페르디난트 1세Ferdinand I 초상화의 "발치"에서 집무 중이라는 것은 도가 지나쳤다!⁴⁹ 《르 탕》 독자들은 기자의 익살을 감지할 수 있었을 것이다. 정신박약과 발기불능으로 유명했던 이 오스트리아 황제는 혁명의 해였던 1848년에 퇴위해야 했다. 황제처럼 허약하고 무력한 오스트리아 공화국도 비슷한 운명을 맞을 것 같았고, 의지가 강하고 명석하고 난봉꾼으로 유명한 슘페터 박사 같은 장관이라 해도 공화국의 운명을 바꿀 수는 없을 것 같았다.

오스트리아 정부가 "독일과 합병할 권리"를 앞세운 프로파간다 전쟁을 벌인 것은 승전국이 내놓을 평화협정의 조건에 영향을 미치고자 함이었다.⁵⁰ 《르 탕》이 슘페터 인터뷰 기사를 내고 바로 다음번에 열린 국무회의에서, 바우어는 슘페터가 프랑스인들과 영국인들을 상대로 합병을 막기 위해 은밀하게 로비를 벌였다고 비난했다. 바우어의 회고록에 따르면 "우리가 합병의 카드를 내밀면, 프랑스 정치인들은 여유 있게 응수했다. 평화협정의 조건이 비교적 우호적이라면 오스트리아는 합병 없이 자력으로 해나갈 수 있다고 은행업자들과 실업계의 거물들을 포함하는 오스트리아의 지도층이 빈 주재 승전국 외교관들에게 매일 장담하고 다닌다는 응수였다."⁵¹

바우어의 비난은 대체로 사실이었다. 슘페터는 여러 주에 걸쳐 반反합병 연설을 해오고 있었고, '프랑스의 대對 빈 군사작전' 지휘자 앙리 알리즈Henry Allize에게 프랑스와의 통화동맹 개념을 제안한 적도 있었다. 슘페터가 오스트리아공화국이 파산을 면할 수 있다고 주장한 근거는 프랑스가 독일이 지배하지 않는 중유럽 시장 공동체를 구축하는 일을 보다 중시하리라는 기대였다. 6월 말까지도 슘페터는 승전국이 전쟁부채 "부담의 공평한 분배"를 보장할 것이고 체코슬로바키아와 헝가리와 유고슬라비아에 있는 오스트리아 자산에 대한 압류를 고집하지 않을 것이라고 장담하고 있었다. 슘페터의 표현을 빌리면, "독일과의 평화협상안은 회복을 저지하기 위해 작성된 것입니다. 오스트리아와의 평화협상안은 회복을 장려할 것이 틀림 없습니다."⁵²

슘페터는 5월 말에 《신 8시 신문Neues 8 Uhr Blatt》과의 "센세이셔널한" 인터뷰에서 다시 한 번 합병정책을 공격하면서 "우리가 안전을 확보하기 위해서는 모든 국가, 특히 인접국가와의 평화적 교류가 중요합니다."라고 경고했다.⁵³ 바우어는 슘페터에게 편지를 보내 분노를 표했지만, 슘페터는 바우어의 경고에 귀를 기울이는 대신 영국인들과의 은밀한 거래를 성사시키고자 했다. 슘페터는 연합국이 오스트리아에 장기차관을 제공하는 대가로 오스트리아의 재정과 중앙은행을 관리하는 것을 골자로 하는 "비밀" 계획안을 케인스가 빈에 파견한 프랜시스 오펜하이머Francis Oppenheimer에게 보여주었다. 오펜하이머가 슘페터의

계획을 열렬히 지지하면서 상관 케인즈에게 전보로 보고한 바에 따르면, 이 재정장관은:

> 독일과 합병하는 것이 오스트리아의 유일한 생존 방안이라는 일반적 견해를 공유하고 있지 않습니다. 그가 원하는 것은 영국이 이집트 재정을 관리했던 것과 같은 방식으로 강력한 연합국 재정위원회가 오스트리아 재정을 관리하되, 오스트리아의 자존심을 건드리지 않는 형식으로 관리하는 것이었습니다. 그는 승전국가들이 단일통화를 유지하고 빈이 은행의 역할을 지속하는 것이 오스트리아 회생 프로그램에서 가장 중요한 항목일 것이라고 주장했습니다.

오펜하이머는 "그런 유쾌하고 개방적인 전문가를 협상 상대자로 만난 것은 행운의 특혜였습니다."라고 덧붙였다.[54] 두 사람은 계속 자주 만났다. 슘페터가 가장 적극적으로 나섰던 일은 영국으로 하여금 도나우 강 선박들을 지배하는 오스트리아 회사들을 사들이게 돕는 일이었다. 오펜하이머는 케인스에게 "슘페터 박사는 이 회사와 어쩌면 다른 세 회사까지 현찰 특별조건에 영국으로 소유 이전하는 일을 수월하게 해주기로 했고, 우리가 가부간 결정을 내리기까지는 다른 데가 있더라도 일단 거절하겠다고 약속했습니다."라고 보고했다.[55] 당연하게도 빈에서 오래가는 비밀은 없었다. 바우어는 레너에게 "슘페터는 음모를 꾸미고 있습니다. 당분간은 내가 할 수 있는 일이 없겠지만, 평화조약이 체결된 후에는 그를 사직시키는 수밖에 없을 것입니다."라는 편지를 보냈다.[56]

5월 7일에 베르사유에서 연합국이 평화조약의 조항들을 독일 측에 제시한 직후에, 카를 레너 수상을 필두로 한 오스트리아 사절단이 빈에서 프랑스로 출발했다. 두 주 동안 생 제르맹-앙-레의 오래된 성에서 프랑스 요리와 와인을 즐기며 기다린 사절단은 1919년 6월 2일에 승전국이 오스트리아에 제시한 조항들을 받아보았다. 오토 바우어는 "끔찍한 문서였다."라고 회고했다. 독일어권 오스트리아의 큼지막한 땅덩어리들이 체코와 유고슬라비아와 이탈리아에게 넘어갔다. "경제 조항들도 가혹하기는 마찬가지였다. [……] 그야말로 독일평화조약의 복사본이었다."[57] 생 제르맹 조약은 오스트리아-헝가리 제국이 붕괴되었다는 것을 인정하면서도 제국의 범죄를 오스트리아가 전부 책임지게 했다. 독일어를 쓰는 오스트리아인 300만 명이 체코의 통치를 받으며 살아가야 했고, 오스트리아 국민의 사유재산은 몰수 대상이었다. 오스트리아 정부는 30년간 배상금을 지불해야 했다. 최후의 일격은 독일과의 합병이 명시적으로 금지되었다는 것이었다. 적어도 바우어는 그렇게 생각했다.

빈은 충격을 받았고 믿을 수 없다는 반응이었다. 슘페터는 한 기자에게 "연합국의 동기는 독일계 오스트리아를 파괴하는 것임에 틀림없습니다."라고 했고,[58] 6월 30일에는 "일국의 국민을 모두 살해하는 것은 쉽지 않습니다. 일반적으로 그런 일은 불가능합니다. 그런 일이 가능한 희귀한 경우가 있는데 그게 바로 이번 경우입니다. [……] 재정붕괴는 사회붕괴를 가져올 수밖에 없습니다."라고 했다.[59] 외환시장이 이 조약에 내린 판결은 크로네의 재폭락이었다. 몇 달 후에 런던에서 원조와 복구를 논의하는 회담이 열리고 케인스도 참석했는데, 이 자리에서 프리드리히 비저는 이렇게 말했다.

> 오스트리아공화국은 평화조약에 따른 영토상실과 배상부담으로 죽어가고 있습니다. 통화시장은 오스트리아공화국이 생존할 수 없다는 진단을 내렸습니다. 조국을 사랑하는 오스트리아인은 조국을 살리기 위해 무슨 일이라도 하겠지요. 그러나 바깥세계에서 볼 때 오스트리아가 존재하든 말든 상관없을 테니 오스트리아에 사망선고가 내려진 것이 놀랍지는 않습니다.[60]

연합국은 오스트리아를 독일 못지않게 가혹하게 다룸으로써 오스트리아공화국의 생존능력을 파괴했을 뿐 아니라 이미 흔들리고 있던 슘페터의 위신까지 산산조각 냈다. 슘페터는 자신의 정치적 판단이 순진했다는 것을 인정해야 했다. 그는 일기에 자기는 정치적 현실에 대한 직관력이 없는 사람이며 "촉이 없는 사람이다."라고 적었다.[61]

슘페터의 정치적 사망은 고통스럽게 미루어졌다. 바우어는 7월 15일 국무회의에서 슘페터를 다시 한 번 비난했다. 이번에는 슘페터가 오스트리아의 대형 채굴 벌목 업체를 이탈리아 회사 피아트에 넘기는 음모를 꾸몄고 이로써 기본적인 자원산업들의 '사회주의화'를 사보타주 했다는 비난이었다. 슘페터는 헛되이 해명에 나섰다. 자기가 콜라Kola라는 외환중개인과 일련의 거래를 진행했던 것은 금과 경화를 마련함으로써 크로네를 보호하기 위해서였다는 해명이었다.[62] 그로부터 두 주 뒤에 슘페터는 정부를 위해서 굴욕적 과업을 수행해야 했다. 국회의

원들을 대상으로 황제가 아끼던 고블랭 태피스트리를 포함하여 이 나라의 "불멸의 예술품" 여러 점을 팔거나 저당 잡히려는 정부의 계획을 옹호하는 일이었다. 슘페터는 이것이 식량을 수입할 외환을 마련할 유일한 방법이라고 주장하면서 "자주 반복하면 안 될 방법"이라고 건조하게 덧붙였다. 그는 국회의원들을 상대로 "이 나라의 가장 큰 문제는 앞으로 3년간 파산사태 없이 그리고 추가적인 지폐 발행 없이 살아남는 것"이라고 하면서 마지막으로 한 번만 자기 예산안을 통과시켜달라고 했지만, 자기 말이 쇠귀에 경읽기라는 것도 잘 알고 있었다.[63] 슘페터가 국회에 출석한 것은 그때가 마지막이었다.

슘페터는 10월 중순에 철저히 고립된 상태로 언론의 줄기찬 조롱 속에 해임되었다. 해임을 둘러싼 정황은 너무 잔인했다. 한 자유주의 신문은 레너를 인격살인으로 비난했을 정도였다. 그것으로 끝이 아니었다. 슘페터가 재정장관일 때 행한 조치 몇 가지가 조사를 받게 되었고, 조사는 여러 달씩 계속되었다. 은행업자 펠릭스 조마리Felix Somary는 "슘페터는 모든 것을 가볍게 여겼다."라고 말하기도 했고, 슘페터의 무심한 태도가 "학생들이 자제심을 익히고 어떤 상황 하에서도 감정을 내보이지 않는 법을 배우는 곳, 모든 당과 모든 이데올로기의 게임 규칙들을 습득하되 어느 편에도 자기를 던지지 않는 곳", 곧 테레지아눔의 교육에서 비롯되었다고 말하기도 했다.[64] 그렇지만 슘페터의 내면은 상처투성이였다. 슘페터는 자기에게 "지도자로서의 자질"이 없다고 생각하게 되었으며,[65] 공적인 굴욕은 어머니의 기대를 저버렸다는 점 때문에 더욱 고통스러웠다. 나중에 연합국의 오스트리아 안정화 프로그램이 슘페터의 프로그램을 모델로 삼았고, 슘페터를 내쫓은 정부가

"나라를 통치할 능력이 없는 정부"는 판결을 받았지만, 그런 사실들도 슘페터가 느끼는 실패의 아픔을 달래주지는 못했다. 어떤 경험이었냐는 질문에 그는 그저 "나는 혁명의 시기에 재정부를 이끄는 선장이었다. 즐거운 경험이 아니었다는 것만은 확실히 말할 수 있다."라고 대답했다.[66]

11월에 비저가 런던에서 돌아왔을 당시, 그의 지인들은 아직 슘페터의 몰락을 화제에 올리고 있었다. 비저는 "모든 정당들이 슘페터를 철저히 파멸당한 사람으로 여기는 듯하다. 그를 지도자로 떠받들던 젊은 경제학자들도 그를 실패자로 보고 있다. 아무도 그에게 더 이상 기대를 걸지 않는다."라고 했다.[67] 그를 숭배하던 사람들이 이제 그에게 등을 돌리고 있었다. 슘페터는 그라츠 대학에서 상처를 핥으며 두 학기를 보낸 다음 다른 많은 전직 공직자의 전철을 밟았다. 그것은 민간부문으로 선회하는 것이었다.

완벽한 타이밍이었다. 오스트리아가 미래의 희망을 파괴당한 바로 그때, 증시호황과 계약 광풍이 닥쳤다. 한 평자는 당시를 이렇게 회상했다.

> 주식시세는 떨어지는 화폐가치에 하루하루 순응하기 시작했다. 자본가들은 자기가 보유한 자본의 가치가 떨어지는 것을 막기 위해 증권과 채권에 투자했다. [……] 증권거래소는 크로네의 지속적 하락을 전제로 투기에 나섰다. 크로네의 외환가치는 크로네의 국내 구매력에 비해 빨리 하락했다. 결과적으로, 오스트리아 물가는 세계 시장가격 수준을 한참 밑돌았고, 오스트리아의 생산물 수출은 막대한 이윤을 얻을 수 있었다.[68]

의회는 막판에 슘페터에게 은행 면허라는 황금 낙하산으로 감사를 표했고, 1921년에 이미 슘페터는 이를 활용해서 규모는 작지만 유서 깊고 높이 평가되는 한 은행의 은행장 자리를 확보했다. 교수 겸 정치가가 감당할 수 없는 호화로운 생활을 하면서 저축을 다 써버리고 큰 빚을 진 상황이었으니, 돈을 벌어야만 했다.

7장

죽어가는 유럽:
베르사유의 케인스

> 전문가 의견은 무시되고 있다.
> 오스트리아 조약 문제에서 케인스는 단연 돋보였다. 케인스는 싸울 것이다. 사임하겠다고 말하고 있지만.
>
> — 프랜시스 오펜하이머, 1919[1]

빈만 그런 것이 아니었다. 1919년 1월에 상트페테르부르크에서 이스탄불까지 기근과 역병이 창궐했다. 유럽 피해상황 조사차 파견된 영국인들과 미국인들이 보았을 때, 유럽 전체가 빈사상태였다. 프랑스 동부 해안에서 릴까지 자동차로 열 시간을 달린 누군가는 자기의 일기에 "군대와 관계없는 사람 하나 없고 [……] 짐승 하나 없다. [……] 살아 있는 생명체라고는 무성한 잡초뿐이고, 사람 사는 건물 하나 없다."라고 썼다. 몇 차례 격전이 벌어졌던 벨기에의 이퍼르에서는 "벽돌과 석재의 색깔이 바랜 상태, 폐허 위로 잡초와 이끼가 자라나는 상태"였다.[2]

휴전협정이 맺어지고 8주가 흘렀을 때, 평화 시 상태를 회복시키기란 불가능하다는 것이 분명해져 있었다. 봉쇄는 풀리지 않았다. 연합국은 독일을 통제할 최고의 무기를 너무 빨리 내려놓을 수가 없었던 것이다. 수십 차례 소규모 전쟁을 수십만 병력이 이어갔다. 집단학살, 강제추방, 대량살육이 그치지 않았다. 이미 850만이 목숨을 잃은 상황이었다. 신체에 장애를 입거나 정신에 손상을 입은 사람들의 수도 그만큼 되었다. 중유럽에서 한 세대 전체가 영양실조와 발육부진의 아동기를 보내고 있었다. 이른바 크릭스킨트Kriegskind, 곧 전쟁아동이었다.

전쟁의 여파에 시달리는 사람이 보았을 때, 지나간 "보편시대universal age"와 그 시대의 경제적 성취는 한갓 꿈결이었다. 인명과 재산에 막대한 손실이 있었을 뿐 아니라, 평화 시에 구축되어 있던 무역과 신용의 채널들도 폐허상태였다. 도처에서 새로운 수출입 장벽이 생기고 있었다. 매물 소유자는 파산한 정부가 발행한 지폐를 꺼리는 경우가 많았기 때문에, 무역의 상당 부분이 물물교환으로 돌아섰다. 역사상 가장 돈이 많이 들었던 전쟁 탓에 승전국도 패전국도 모든 것을 담보 잡힌 상태였다. 보유고가 빈 것은 물론이고 제한적인 과세 권력마저 바닥나 있었다. 프랑스, 독일, 러시아는 1916년이 되도록 소득세수가 없었고, 이제는 국민을 먹이거나 불을 지피거나 망가진 공장을 고치거나 재개된 거래에 자금을 댈 만한 신용이 없었다. 불안정한 정부들이 남에게 비용을 전가시키려고 결심했던 것은 복수의 욕망 때문이었을 뿐 아니라 파산의 위협 때문이었다.

영국의 전시 총리 데이비드 로이드 조지는 우드로 윌슨에게 보낸 편지에서 "유럽의 경제 메커니즘이 고장 났습니다."라고 했다.[3] 관건은 경제부흥이었는데, 파리에 모여드는 승전국 수장들은 한 치 앞을 못 보는 듯했다. 어쨌든 메이너드 케인스에게는 그렇게 보였다. 영국 사절단이 묵고 있는 에투알 광장 옆의 화려한 마제스틱 호텔 3층에서 재무부의 떠오르는 샛별 메이너드 케인스는 버네사 벨에게 보낸 편지에서 "당신도 재미있어했을 것입니다. 놀라울 정도로 복잡하게 얽힌 심리와 인성과 계략이 유럽의 임박한 파국을 이토록 호사스럽게 가지고 놀고 있습니다."라고 썼다.[4]

케인스가 마제스틱 호텔에 도착한 것은 1월 10일이었다. 1년 중에 가장 비가 많이 오고 가장 우중충한 달이었다. 우드로 윌슨 대통령은 한 달 전에 와 있었고, 로이드 조지 총리는 다음 날 오기로 되어 있었다. 심한 폭격 당시에도 카이저 군대의 점령을 피했던 이 도시가 이제 점령지구가 되어 있었다. 아메리칸 익스프레스 지사들이 우후죽순처럼 세워졌다. 샹드마르스에서는 영국제 대형 인쇄기가 돌아갔다. 외교관을 태운 검은 세단들과 칙칙한 군용 차량들이 도로를 메웠고, 대략 스물일곱 개 나라의 군복을 입은 젊은 남녀들이 보도를 메웠다. 전 세계가 파리에 와 있는 듯했다.

미니 화이트홀과 미니 백악관이 센 강변에 세워졌다. 영국의 군수장관 윈스턴 처칠은 언제나처럼 충복 비서관 에디 마시를 대동하고 미니 화이트홀과 미니 백악관을 오갔다. 우드로 윌슨 대통령과 그의 자문단은 샹젤리제 끝에 따로 본부를 차렸다. 금융업자 버나드 바루크Bernard Baruch, 미국 사절단 변호인 존 포스터 덜레스John Foster Dulles, 전쟁장관 특별보좌관을 지낸 펠릭스 프랑크푸르터Felix Frankfurter 등이 이 자문단에 포함돼 있었다. 각 집단은 저마다 차량단과 비행단을 마련하고 전화전신망을 설치하고 열차를 운행시켰다.

케인스는 로이드 조지의 핵심세력은 아니었다. 로이드 조지 총리와 그의 애인 프랜시스 스티븐슨Frances Stevenson이 호화저택에서 편히 생활하는 동안, 케인스는 영국 사절단과 함께 마제스틱 호텔 객실에 묵었다. 마제스틱 호텔은 휴전 직후부터 영국 사절단을 맞을 준비를 하고 있었다. 당시 호텔에는 의사가 있었고, 여성 직원들을 위한 샤프롱이 있었고, 런던 경시청의 형사들로 이루어진 안보 특무대가 있었다. 정보 유출을 차단하기 위한 조치였다. 그러니 이곳은 나가기는 쉬워도 "들어가기는 지극히 어려운 곳이었다."라고 사절단 소속의 영국 외교관 해럴드 니컬슨Harold Nicholson은 회상했다.(그는 작가 비타 색빌-웨스트Vita Sackville West의 남편이자 케인스의 오랜 친구였다.) "다락방에서 지하실에 이르기까지 모든 호텔 직원들은 영국 호텔에서 데려간 똑똑한 영국인들이었고, 따라서 음식은 영국-스위스 퓨전이었다."라고 그는 덧붙였다.[5] 바로 옆에 있던 아스토리아 호텔은 영국 사절단이 집무실로 사용하며 비밀 지도들과 서류들을 놓아두는 곳이었는데, 이상하게도 아스토리아 호텔의 프랑스 직원을 교체할 생각을 한 사람은 아무도 없었다.

엄청난 인물들이 마제스틱 호텔을 들락날락했다. 향후 베트콩 지도자가 되는 호치민Ho Chi Minh은 부엌에서 접시를 닦고 있었다. 아라비아의 로런스Lawrence of Arabia로 알려진 로런스T. E. Lawrence와 극작가 장 콕토Jean Cocteau와 "하얀 옷을 입고, 면도는 안 하고, 추잡하고, 얼굴이 길쭉하고, 모피코트와 흰색 새끼염소가죽 장갑 차림"의 마르셀 프루스트가 종종 로비에 있었다. 니컬슨은 프루스트와의 만남을 이렇게 기록했다.

그가 내게 이것저것 물어본다. 회의가 어떻게 진행되는지 말씀해달란다. 나는 대답한다. "어디보자, 대개 10시 정각에 시작하는데, 뒤에는 비서관들이 서 있고……." "아니, 아니, 너무 급하시지 않나. 처음부터 다시 해주시게. 공무용 차량을 타셨잖은가. 케도르세에서 내리셨잖은가. 계단을 올라가셨잖은가. 회의실에 들어가셨잖은가. 그런 다음? 어떻게 하셨나? 정확하게 말씀해주시게, 정확하게!" 그럼 나는 모든 것을 말해준다. 회의가 얼마나 가식적으로 우호적인지, 악수를 어떻게 하는지, 어떤 지도들을 보는지, 서류가 어떻게 바스락거리는지. 옆방에 어떠한 다과가 마련돼 있는지. 마카롱 맛은 어떤지. 그는 홀린 듯 듣고 있다가 이따금씩 끼어든다. "좀 더 자세하게 말씀해주시게, 너무 급하시지 않나."[6]

기자가 외교관보다 많았다. 전직 육군소장 프레더릭 모리스Frederick Maurice는 런던《데일리 뉴스》특파원으로 파리에 와 있었다. 그는 전쟁 말기에 총리가 의회에 영국군 병력에 대해서 허위보고를 했다고 비난함으로써 정부를 몰락시킬 뻔한 인물이었다. 그가 가장 아끼는 딸 낸시Nancy는 중년의 유부남 보수파 육군소장 에드워드 루이스 스피어스Edward Louis Spears(나중에 그녀의 남편이 된다.)의 신임 비서로 파리에 와 있었다. 당시에 낸시는 살짝 외설적인 여러 편의 샹송들에 영감을 제공한 카키색 제복 차림의 무수한 젊은 여조수들 중 하나였다. 낸시의 동생 조앤Joan Robinson은 아버지와 언니를 따라서 파리에 갈 수만 있다면 무슨 일이라도 마다하지 않았을 것이다. 당시에 조앤은 런던의 세인트폴 여학교에 다니는 조숙한 열다섯 살짜리 소녀였고, 20세기의 가장 유명한 경제사상가 중 하나가 될 조짐은 아직 전혀 없었다. 당시의 조앤은 언니가 어머니에게 드문드문 보내오는 거들먹거리는 단신들에 만족해야 했다.

메이너드 케인스는 파리에서 "가장 유력한 막후 실세 중 하나"라고 여겨졌다. 그의 비판자들조차 그가 "명석하고 자신만만하고 틀림없는 기억력을 갖고 있다."라는 것을 인정했다.[7] 그는 자기가 과로에 시달리고 있다고 투덜거렸고 실제로 과로에 시달리고 있었지만, 그와 함께 만찬을 즐기는 친구들은 그의 "소화력과 샴페인 주량"은 따를 자가 없다고 비꼬았다. 서른여섯 살의 케인스는 여전히 대학생처럼 비쩍 마른 체격이었다. 학창시절에는 들창코와 두툼한 입술 때문에 '돼지코'라는 별명을 얻기도 했고, 버트런드 러셀의 애인 중 하나였던 오톨라인 모렐 여사Lady Ottoline Morrell는 굶은 사람 같은 그의 표정을 보고 "일, 명성, 영향력, 패권, 존경을 갈망하는 표정"이라고 헐뜯기도 했다.[8] 케인스는 기가 막히도록 오만한 경우도 있었고, 간담이 서늘할 정도로 무례한 경우도 있었고, 옷차림이 엉성한 경우도 있었다. 그럼에도 그는 형형한 눈빛과 생기발랄한 표정과 자신만만한 분위기의 매력적인 인물이었다. 남자든 여자든 그의 부드럽고 낭랑한 목소리에 하릴없이 이끌렸다.

케인스는 요제프 슘페터와 같은 1883년에 케임브리지 학자 집안의 귀염둥이 아들로 태어났다. 케인스 가문은 단합이 잘되는 대단히 성공한 학문 왕가였고, 다윈 가문, 램지 가문, 모리스 가문, 스티븐 가문, 스트레이치 가문 등 다른 학문 왕가들과는 사돈을 맺는 등 돈독한 친분을 유지했다. 아버지 네빌 케인스Neville Keynes는 도덕철학 교수였고 앨프리드 마셜과는 친한 친구였다. 어머니 플로렌스Florence는 지역정치와 자선에 적극적이었고, 1932년에는 케임브리지 시장이 되었다. 그들은 케인스와 그의 두 동생에게 똑똑하고 자상하고 애정 어린 부모였다.

케인스는 거의 요람에서부터 케임브리지 학자로 키워졌고, 학창시절에는 천재로 인정받았다. 네빌 케인스는 재능 있는 아들에게 수학자가 될 것을 권했다. 케인스는 1902년에 이튼을 우등으로 졸업하고 케임브리지 입학시험에서 최고점을 획득한 후, 케임브리지에서 가장 유서 깊은 킹스 칼리지에 장학생으로 입학했다. 그가 1학년을 마칠 무렵, 철학자 무어G. E. Moore의 『윤리학 원리Principia Ethica』가 출판되었는데, 이것은 대학생이었던 그에게는 대사건이었다. 무어가 케임브리지 지식인들의 세대 간 연결고리였던 사도회 출신이었다는 사실로 인해서 『윤리학 원리』의 출판은 그에게 더욱 큰 사건이 되었다. 『윤리학 원리』는 좋은 삶이란 어떤 삶인가를 정의하는 것에 초점을 맞추었다. 근면, 축재, 준법에 대한 빅토리아 사람들의 집착은 이 책이 비판하는 과녁이었다. 무어는 앨프리드 마셜 세대의 성 풍속들과 함께 그 세대의 공리주의적 가치들 및 선행 중심의 도덕관을 거부하면서, 일종의 급진 개인주의와 미학주의('황금률'에 의해 다소 완화된 형태)를 지지했다. 1938년에 케인스는 "마음상태 이외에는 아무것도 중요치 않았다. 다른 사람들의 마음상태도 중요하지만 일단 나 자신의 마음상태가 중요했다. 마음상태는 행동이나 실적이나 결과와는 아무 상관이 없었다. 시간을 초월한, 강렬한 관조와 교감의 상태였다."라고 회고했다.[9]

이러한 상념과 전혀 무관하게, 케인스는 조정과 승마와 테니스, 특히 골프에 열심이었고, 공개토론에 열정적이었고, 자유당에 헌신적이었고, 아울러 자기에게 참여나 지도를 청하는 여러 신망 있는 사교 클럽이나 학문 클럽에도 헌신적이었다. 케인스의 칼리지 시절을 보면, 그가 대단히 똑똑하면서 동시에 타고난 지도자였다는 것을 알 수 있다. 그는 거의 매일 새벽 3시 이후에야 잠자리에 들었지만, 스물한번째 생일 전날이었던 졸업식에서 최우등으로 졸업했다. 그는 아버지 네빌의 뒤를 잇겠다는 생각으로 1년간 수학 트라이포스를 준비했다. 1905년에 수학이라는 학문의 여왕을 제압하는 일은 마셜이 2등을 기록했을 당시에 비해서 매우 어려워진 상태였다. 케인스의 12등은 그리 난처한 등수는 아니었지만, 킹스 칼리지 연구원이 되기에는 모자라는 등수였다. 경쟁이 얼마나 치열했냐면, 정수론의 대가이자 『어느 수학자의 변명*A Mathematician's Apology*』의 저자로 유명한 하디G. H. Hardy는 1900년에 트라이포스에서 4등을 기록했음에도 그때껏 대학의 강의를 못 얻고 있었다.

케인스는 마셜의 『경제학 원리』를 들고 도망치듯 알프스 하이킹을 갔다. 가을에 케임브리지로 돌아온 케인스는 행정고시를 준비하면서 마셜의 강의를 들을 만큼 경제학에 흥미를 느끼고 있었다. 케인스는 친한 친구 리튼 스트레이치Lytton Strachey에게 "마셜은 경제학을 전공하라면서 나를 들들 볶고 있어. 내 페이퍼에 칭찬의 말들을 써주기도 하고. 경제학이 괜찮을까? 내가 보기에는 그저 그래."라는 편지를 보내기도 했다.[10]

그럼에도 케인스는 이 과목에 점점 관심을 가졌고, 앞으로 "철도를 경영하거나 트러스트를 조직하는 일, 아니면 적어도 일반 투자자들에게 사기 치는 일"을 하며 사는 것도 좋겠다고 생각하기 시작했다.[11] 교수직을 얻는 것은 불가능하다고 판단한 케인스는 재무부를 겨냥했다. 그렇지만 그가 행정고시에서 2등을 한 결과는 식민성으로의 한시적 귀양이었고, 그에게 맡겨진 업무는 인도의 루피화였다. 오스카 와일드Oscar Wilde의 『정직의 중요성The Importance of Being Earnest』에 등장하는 세실리와는 달리, 케인스는 루피화가 꽤 매력적이라고 생각했다. 케인스가 보았을 때 통화는 한 나라 경제를 가늠할 수 있는 열쇠였고, 각 나라가 무역과 투자를 통해서 연결되어 있음을 감안하면 통화는 무슨 통화가 됐든 세계경제를 가늠할 수 있는 열쇠였다.

영국 파운드화를 안 받겠다고 하는 사람은 없었지만, 루피화를 안 받겠다고 하는 사람은 있었다. 고대 미크로네시아인들이 원했던 거대 맷돌이든, 금화든, 통장 입금표든, 돈이라는 것의 가치는 사람들이 그것을 받겠다고 하느냐 안 받겠다고 하느냐에 달려 있었다. 그러니 한 나라의 통화는 세계가 그 나라의 경제적 전망과 지불능력과 약속이행 의지를 얼마나 신뢰하느냐를 반영할 수밖에 없었다. 그런 의미에서, 통화는 맥박 같은 것, 질병이나 상처에서 순간적인 흥분이나 공포에 이르기까지 온갖 것을 보여주는 생체 징후 같은 것이었다. 의사가 해야 하는 일은 환자가 쇼크에 빠져버리기 전에, 혹은 완전히 건강을 되찾고 이동용 병원침대에서 뛰어내려 의사를 불필요한 존재로 만들기 전에 맥박이 빨라지는 원인을 찾아내는 것이었다. 환자가 수천 마일 밖에 있고 환자의 상태를 좀 더 자세하게 알아볼 수 없는 경우라면 그 일은 그만큼 더 힘들었다. 민첩한 두뇌, 연관성을 찾아내는 재주, 종합하는 재능을 지닌 케인스는 그러한 환자를 진단하는 일을 즐겼을 뿐 아니라 타고난 진단가였다.

케인스는 자기에게 맡겨진 루피화 업무를 쉽게 해치울 수 있었고,

근무시간의 많은 부분을 개연성에 대한 논문의 집필에 쏟을 수 있었고, 아울러 자유로운 저녁과 주말을 이용해 사교생활을 꽃피울 수 있었다. 그는 런던에서 살았는데, 그가 임대한 고든 광장 46번지의 아파트는 자유분방한 상류층 구역에 위치해 있었다. 위층에 사는 이웃은 아름답고 사람을 주눅 들게 하고 어마어마하게 재능 있는 스티븐 가문의 자매들, 곧 미래의 버네사 벨과 버지니아 울프였다. 케인스는 수다와 외설적 언사를 즐기는 화가 버네사와 특히 잘 지냈다. 케인스의 섹스 일기장을 보면 그가 애정생활도 꽃피웠다는 것을 알 수 있다.(그의 섹스 일기장은 지출 내역과 골프 점수를 기록하는 노트 못지않게 꼼꼼하게 작성돼 있었다.) 그의 섹스파트너는 1903년에서 1905년까지는 0명이었던 데 비해 1911년까지는 8명이었고, 1913년에는 9명으로 늘어났다. 그중에는 던컨 그랜트와 리튼 스트레이치, 그리고 공개적 동성애자였던 킹스 칼리지 학장 셰퍼드J. T. Sheppard 등 그와 애인 사이이자 평생 친구 사이였던 사람들도 포함돼 있었다.[12] 한편, 케인스 가문의 많은 사람들은 일요일에 케임브리지에서 점심식사를 함께 했는데, 케인스는 이 모임을 거르는 일이 거의 없었다.

케인스는 20대의 대부분을 영국 주재 소국小國 통화 전문가로 보냈다. 통화에 대해서 생각함으로써 그는 '무역'이나 '노동'이나 '산업' 등을 따로따로 생각하는 대신 경제를 총체적으로 생각하는 습관을 익혔고, 아울러 몇 가지 지표를 근거로 핵심적인 결론들을 도출하는 방법을 배웠다. 또한 통화에 대해서 생각함으로써 그는 어떤 유의 정부 조치들이 특정 산업이나 특정 집단에만 영향을 미치는 것이 아니라 마치 조수에 영향을 미치는 달처럼 전 체제에 영향을 미친다는 감각을 얻었다. 그러나 1908년에 케인스는 이미 인도담당관India Office을 그만둔 후였다. 그는 논문을 쓰기로 했고, 케임브리지에서 앨프리드 마셜의 자리를 물려받은 아서 피구Arthur Pigou와 그의 아버지가 1년까지 지원해주기로 했다. 1909년, 케인스는 논문은 완성했지만 킹스 칼리지의 연구원은 되지 못했는데,(연구원이 되면 일단 지도료를 내는 학생을 받을 수 있었고, 고급 정찬을 먹을 수 있었다.) 마셜은 케인스를 위해 사비로 경제학 강의를 개설해주었다. 그 시점에서 킹스 칼리지 연구원들이 케인스를 동료 연구원으로 선출해주었다.

열여덟 살의 신입생 케인스는 킹스 칼리지에 입학한 후 부모에게 "둘러볼 만큼 둘러봤는데, 꽤 비효율적인 곳이라는 결론에 도달했습니다."[13]라고 했다. 그의 전기작가 로버트 스키델스키의 지적대로, 그가 관여했던 제도들은 그의 일생 동안 계속 바뀌어갔지만, 그가 그것들을 바라보는 시각, 아니 그가 세계 그 자체를 바라보는 시각은 한 번도 바뀌지 않았다. 케인스가 볼 때 제도란 제대로 굴러가지 않는 어떤 것, 좀 더 유능한 경영을 필요로 하는 어떤 것이었다. 케인스는 종종 "억제할 수 없는 분노"[14]를 터트렸고, 멍청함에 직면하면 특히 그랬지만, 그럼에도 전반적으로는 화내기보다 답답해했고, 불의 앞에서 분노하기보다 무능 앞에서 분노했다. 그가 블룸즈버리 친구들과 헤어진 이유 중 하나는 그에게 세속적 성공이나 권력자에 대한 예술가적 경멸이 전혀 없었다는 것이었다. 윈스턴 처칠이 아내에게 "모든 것이 파국과 붕괴로 나아가고 있는 상황인데, 나는 연루되어 있고 준비되어 있어 행복하다."라고 말한 것과 비슷하게,[15] 케인스는 세상의 문제들 앞에서 낙심하기보다 오히려 활기를 얻었고, 나쁜 것을 조금이라도 덜 나쁘게 만들고 좋은 것을 좀 더 좋게 만들려는 충동을 이기지 못했다.

전쟁이 발발했을 때도 케인스는 애국심과 기회주의와 실리주의가 혼합된 반응을 보였다. 1914년 8월에 영국이 독일에 전쟁을 선포했을 때, 케인스는 상황을 어떻게 봐야 할지 모르고 있었다. 전쟁은 몇 주, 길어야 몇 달이면 끝나리라는 것이 일반적인 견해였고, 구제불능의 낙관론자인 케인스도 그러한 견해를 가지고 있었다. 재무장관 데이비드 로이드 조지가 처음 케인스에게 자문을 구한 것은 전쟁이 발발하기 전이었다. 당시 시티(런던의 월 가) 은행업자들은 재무장관에게 금 태환을 유예시키라고 압박하고 있었는데, 케인스는 로이드 조지에게 부득이한 사태가 오기 전까지는 그들의 압력에 굴복하면 안 된다고 설득하는 일에 꼬박 하루를 바쳤다. 분명 케인스는 시티 은행업자들보다도 낙관적이었다.

그는 1915년 1월에 재무부에 공식 발탁되어 전시재정에 투입되었다. 1916년에 도입된 16세 이상 41세 이하 남성 징병제는 이미 영국 전쟁기계 부품이 된 케인스에게는 상당한 개인적 압박이 되었다. 그의 절친한 친구들과 옛 애인들 가운데 적어도 다섯 명 이상이 병역거부를 결심한 평화주의자들이었다. 그들은 케인스에게 네가 경멸한다는 전쟁에 가담하는 짓을 그만두라고 압박을 가했다. 스트레이치는 케인스의 접시에 "케인스에게. 왜 아직 재무부에 있나? 리튼으로부터"라는 쪽지를 올려놓기도 했다.[16] '국가 중대사에 관여'하는 경우에는 병역면제였으므로, 케인스가 재무부에 재직하는 한은 징집당할 위험은 없었다. 하지만 전쟁에 반대하는 입장을 취하라는 친구들의 강한 압력 하에, 케인스는 계속 사임하겠다는 뜻을 내비쳤고, 급기야 1916년 2월에는 양심적 병역거부자 자격을 공식 신청함으로써 부모를 놀라게 했다. 이 신청서에서 케인스는 자기가 전쟁에 반대하는 것이 아니라 강제 징집에 반대한다는 것, 다시 말해 평화주의적인 이유에서 반대하는 것이 아니라 자유주의적인 이유에서 반대한다는 것을 분명히 했다. 징집위원회가 케인스에게 공판일정을 알렸을 때, 케인스는 자기는 재무부 업무로 너무 바빠 공판에 참여할 수 없다고 통보했고, 징집위원회는 케인스의 신청서를 기각했다. 친구들은 결국 케인스를 용서했고, 케인스가 자기들을 보호하기 위해 화이트홀 인맥을 최대한 이용하면서부터는 더욱 그러했다. 그렇지만 스키델스키 이전에는 대부분의 케인스 전기작가들이 이 일화가 밝혀지면 그의 명성에 크게 누가 되리라는 판단 하에 이 일화를 은폐했다. 그들이 케인스의 동성애를 언급하지 않은 것도 같은 이유에서였다.

케인스가 맡은 일은, 재무부가 미국으로부터 가능한 한 싼값으로 달러를 빌리고 프랑스 등 유럽의 다른 연합국에 가능한 한 비싼 값으로 파운드를 빌려줄 수 있도록 하면서, 동시에 파운드화의 외환가치가 떨어지지 않게 하는 일이었다. 비상시에 스페인 페세타화 등 희소통화들을 수합하는 것도 그의 임무 중 하나였다. 이를 통해 그는 외환 거래자로서의 실무 경험을 쌓았고, 이런저런 통화들의 흥망에 베팅하는 그 위험하고 스릴 있는 게임에 중독되기도 했다. 스키델스키에 따르면, 결국 모든 전시재정 사안들이 (그리고 수많은 전후 재정 관련 사안들이) 케인스의 손을 거쳐갔다.

종전이 다가옴에 따라, 독일을 상대로 어마어마한 전쟁비용을 회수할 수 있겠다는 일반적 기대가 커졌고, 케인스는 점차 배상을 둘러싼 골치 아픈 논쟁 속에 끌려들어갔다. 1916년 말에 전시 연정 총리가 되었던 로이드 조지는 재무부에 독일이 얼마나 내야 할지 가늠해볼 것을 요청했다. 로이드 조지는 "우리는 어마어마한 전쟁부채가 있고 그 이자를 내려면 앞으로 살아갈 두 세대에게 엄청난 과세를 해야 하는 상황이니, 재무부 전문가들의 일차적 고려사항은 그 짐을 덜어줄 모종의 세원을 확보하는 일"이라는 것을 당연하게 생각했다.[17] 그러나 케인스를 압박한 것은 다른 고려사항들이었다. 재무부 성명서 작성의 임무는 결국 케인스에게 맡겨졌다. 그는 1918년 12월 18일 총선 직후 차기 재무장관 오스틴 체임벌린Austen Chamberlain(조지프의 아들)에게 배상 관련 보고서를 전달했다. 폭탄선언이었다.

전직 뉴욕 주지사 찰스 에번스 휴스Charles Evans Hughes가 이끄는 연합국 배상위원회는 독일에게 400억 달러(연합국 전쟁비용의 대략 3분의 1)를 받아내는 것이 좋겠다고 말한 바 있었다. 그러나 케인스가 보았을 때 독일에서 뽑아낼 수 있는 최대한은 30억 파운드, 곧 150억 달러였고, 이는 영국과 프랑스가 미국에 진 부채보다 적은 액수였다. 케인스는 연합국 배상위원회의 액수가 독일 금 보유고, 증권, 선박, 원료재고, 공장, 기계 등의 전전 가치 추정치보다도 두 배가 많음을 지적했고, 배상액을 너무 높게 책정하면 독일이 부채를 거부할 위험을 증가시켜 결국 영국의 경제적 이익에 해가 되리라고 경고했다.

케인스의 보고서는 엄청난 분노를 초래했다. 대부분의 영국인들은 독일이 전쟁을 일으켰으니까 독일이 전쟁의 비용을 부담해야 한다고 느끼고 있었다. 로이드 조지의 지적대로, 결국 누군가는 짊어져야 하는 짐이었다. 전전 세입으로는 전쟁부채 **이자**를 내기에도 부족한 상황이었다. 1914년 이래로 프랑스 국채는 열 배, 영국 국채는 네 배로 늘어나 있었다. 독일이 갚지 않는다면 무고한 영국 국민들과 프랑스 국민들이 이자를 물기 위해 더 많은 세금을 떠안아야 했다. 영국 유권자들이 이 사안에 이토록 흥분하는 한 가지 이유는 영국 인구의 거의 40퍼센트가 국채를 소유하고 있다는 것이었다. 영국 실업계 역시 배상에 찬성하는 쪽이었다. 영국 업체들이 원한 것은 채무 상환을 위한 세금이 영국 회사들에 매겨지는 대신 독일 공장들에 매겨지는 것이었다.

케인스는 보고서를 철회하지 않았으며, 자기가 책정한 30억 파운드도 너무 높은 액수일지 모른다고 주장했다. 재무부 내부의 격렬한 언쟁 속에서도 자신의 소신을 굽히지 않았고, 일관되게 최저 추정치를 제시했다. 로이드 조지는 케인스를 가리켜 "경제학의 퍽"이라고 칭하기 시작했다.[18] 퍽은 "세상에, 참으로 어리석은 인간들이로군!"이라는 불멸의 명언을 남긴, 셰익스피어의 작품에 등장하는 말썽꾼이다.

언론인들, 정치가들, 그리고 대중은 독일이 내야 할 배상금 액수에 꽂혀 있던 반면, 케인스는 배상금을 **어떤 방법으로** 받을 것인가에 주목했다. 가장 쉬운 방법은 가장 오래된 방법이었는데, 독일은 서부전선에서 이길 경우 이 방법으로 영국, 프랑스, 벨기에로부터 배상금을 받아낼 계획이었다. 그것은 휴스 위원회가 제안한 방법으로서, 독일로부터 국채와 금 보유고에서부터 선박과 기계에 이르는 국유재산과 사유재산을 몰수하는 것이었다. 케인스가 선호했던 방법은 두번째 방법으로서, 독일의 기존의 재산을 어느 정도 그대로 두면서 독일에 원료를 제공한 후 독일의 향후 수출 이익으로부터 연공을 징수하는 것이었다. 케인스의 설명에 따르자면, "이런 방법으로 독일을 북돋워 고생산성 상태를 회복시키고 나면," 연합국은 "장기적으로 예속상태에 있을 독일에 압력을 행사함으로써 독일 생산물을 이용"할 수 있을 것이었다.[19]

스키델스키에 따르면, 케인스의 파리행에는 서로 쉽게 화해할 수 없는 두 가지 목표가 있었다. 그것은 영국의 수출 전망을 해치지 않으면서 유럽의 경제를 부흥시킨다는 것이었다. 케인스의 전략이 먹혀들기 위해서는 두 가지 요건이 충족돼야 했다. 하나는 독일 배상액을 더 낮게 책정하는 것이었고, 또 하나는 미국 측이 영국의 전쟁부채를 탕감할 의지를 갖는 것이었다. 그렇지 않으면 독일이 파운드나 프랑을 벌기 위해 수입 대비 수출을 늘림으로써 엄청난 무역수지 흑자를 볼 수밖에 없을 것이었고, 이로써 영국은 독일의 거대 수출력과 경쟁할 수밖에 없을 것이었다. 미국과 프랑스와 영국의 대중에게는 두 가지 요건 모두 결코 용인할 수 없는 것이었다. 물론 케인스는 이런 반대에도 불구하고 자신의 소신을 꺾지 않았지만, 대중의 투표로 선출된 미국과 프랑스와 영국의 대표들이 대중의 반대를 무시하기란 불가능했다.

독일 항복 열흘 뒤에, 케인스는 어머니에게 "내가 평화회담에서 금융문제들을 총괄하는 책임을 맡았습니다."라고 자랑했다.[20] 이것은 침소봉대였다. 평화회담에서 그가 맡은 공식적 역할은 구제에 한정돼 있었고 배상과 관련된 정치적 심연에 깊이 관여하는 것이 아니었다. 그에게 주어진 업무는 허버트 후버가 유럽이 전시에서 평시로 이행하는 데 필요한 재정제도들을 정비할 때, 특히 식량을 조달할 때 이를 보조하는 일이었다.

존 메이너드 케인스(가운데)는 영리하고 야심만만하고 자신감 넘치는 영국 학자 집안의
후계자로서 좋은 삶이란 1차대전 전날 밤에 런던의 신사에게 가능했던 삶이라고 정의했다.
철학자 버트런드 러셀(왼쪽)과 전기작가 리튼 스트레이치(오른쪽)는 블룸즈버리 친구였다.

휴전협정에 따르면, 독일과 오스트리아의 봉쇄 조치는 계속되어야 했지만, 필요한 식량과 의약품에는 예외가 허용되었다. 그런데 프랑스 측이 독일에 남아 있는 금과 경화와 기타 화폐성 자산에 선취특권lien 을 설정해버렸다. 배상이 이루어지려면 이러한 자산을 확보해놓아야 한다는 주장이었다. 계좌가 동결된 독일은 식량은 사올 수 없었고 서서히 아사할 위험에 처했다.

프랑스에 온 지 며칠 만에 케인스는 "대단한 모험"이 기다리고 있는 피점령 독일로 향했다. 트리어에서 미국과 프랑스의 금융 전문가로 이루어진 자문팀에 합류하라는 지시를 받았던 것이다. 트리어는 프랑스와 독일과 룩셈부르크가 교차하는 모젤 강변의 옛 도시로, 카를 마르크스가 성장기를 보낸 곳이기도 했다. 트리어가 11월 휴전협정 재협상지로 선택된 이유는 프랑스의 페르디낭 포슈 원수Marshal Ferdinand Foch 의 본부와 가까워서, 그리고 당시 미군 점령지라서였다. 연합국의 금융 전문가들이 "아이들의 갈비뼈가 튀어나왔는지" 궁금하지 않은 것은 아니었겠지만, 그들은 사흘 내내 거의 기차에 있었다.[21] 그들이 기차에서 내린 것은 잠시 한 번 군표와 페이퍼 클로딩 등 기념품을 쇼핑하러 나섰을 때뿐이었다. 첫날 밤은 4인조 브리지 게임이었다. 케인스는 밤을 새다시피 했다.

식량과 아울러 금융도 케인스의 임무였다. 케인스는 후버와 마찬가지로 봉쇄가 풀리지 않은 것에 경악했고, 윌슨 대통령과 마찬가지로 "굶주림이 정부의 토대를 계속 갉아먹는 한 정부의 토대는 계속 붕괴할 것"이라고 확신했다.[22] 그가 트리어에서 해야 하는 일은 명목상으로는 식량열차가 독일로 들어갈 방법을 찾는 것이었다. 평화회담 중에 이루어진 모든 협상들이 그랬듯이, 이번에도 상황은 그렇게 간단치 않았다. 식량과 별개로, 연합국은 함부르크 도심 밖에 정박되어 있는 독일 상선대를 취득할 작정이었는데, 어떻게 취득해야 하는지는 모르고 있었다. 연합국은 휴전협정에서 상선대를 내놓으라는 조항을 명기하지 않았는데 해군을 보내서 몰수하는 것은 정치적으로 현명하지 못한 처사인 듯했다. 그랬으니 연합국의 정상들은 식량위기가 독일 측을 밀어붙여 협상을 타결할 호기가 될 수 있겠다고 생각하게 된 것이다. 케인스가 맡은 일은 "식량을 받고 배를 넘기는 것이 [······] 남는 장사"라는 것을 독일 측에 설득하는 것이었다. 그가 후일 인정했듯, 여기에는 엄포의 요소가 있었다. "당혹감에 싸여 있고 겁에 질려 있고 신경이 갈가리 찢겨 있고 심지어 배를 곯고 있는" 금융업자들에게 "사태의 진상"을 명확하게 설명하는 일이 어려웠던 것은 두말할 필요도 없었다.

트리어에서 케인스는 장의사 같은 옷차림의 독일 금융업자들이 기차로 다가오는 모습을 신기한 듯 바라보았다. 걸음걸이는 "뻣뻣하고 불안"했고 발을 떼는 모습은 "사진이나 영화에서 보는 사람들" 같았다. 기차에 오른 그들은 손을 내미는 대신 그저 뻣뻣하게 고개를 숙였다. "핼쑥하고 기운 없는 얼굴, 노려보는 듯한 지친 눈빛, 주식시장 제명자 같은 모습"의 딱한 사람들이었다.[23]

제국은행 책임자는 "낡고 망가진 우산"처럼 보였다. 외무부에서 나온 "교활한 장교 타입"의 인물은 "결투로 난도질당한 얼굴"이었다. 독일 팀 대변인은 세번째로 나타났다. "아주 작은 체격에, 너무나도 깔끔하고, 옷차림은 아주 훌륭하고, 높이 세운 뻣뻣한 옷깃은 여느 옷깃보다 더 깨끗하고 더 흰 것 같은" 인물이었는데, "우리를 똑바로 쳐다보는 번득이는 두 눈에는 더없는 슬픔이 어려 있어, 사냥개에 쫓겨 막다른 골목에 다다른 솔직한 짐승 같았다." 그가 바로 함부르크의 유대인 은행업자 카를 멜키오르Carl Melchior였다. 그는 자유주의자였고, 잠수함전쟁 비판론자였고, 미국에 폭넓은 인맥이 있는 은행업자 막스 바르부르크 Max Warburg의 파트너였다.

케인스가 먼저 입을 열고 다들 영어를 알아듣느냐고 물었다. 후일 막스 바르부르크는 케인스의 얼굴이 무표정한 가면 같았지만 그의 목소리와 그가 구사하는 표현들이 연민의 느낌을 전해주었다고 회고했다. 멜키오르가 말할 차례가 왔다. 멜키오르가 구사하는 영어는 "감동적이고 설득력 있고 거의 완벽"했다. 은행업자 멜키오르는 교묘한 논증을 동원해 차관을 호소했고, 케인스는 차관이 정치적으로 불가능한 일이라는 뜻을 "명료하고 냉정하게" 전하고자 노력했다.[24] 그들은 독일 측이 우유와 버터를 받는 즉시 500만 파운드에 해당하는 금과 경화를 건네는 것에 겨우 합의했지만, 합의는 합의에 그쳤다.

케인스가 그로부터 한 달 뒤에 독일 측과 두번째로 만났을 때, 식량과 선박을 바꾸는 문제는 교착상태에 빠져 있었다. 독일 측은 선박을 다가오는 평화협상의 비책이라고 보았고, 그런 이유에서 가능한 한 오래 선박을 붙잡고 있을 작정이었다. 아울러 독일 측은 응분의 보상이 없다면 선박을 넘기지 않을 작정이었다. 게다가 독일 측은 초기의 식량 수입분에 대해서는 미국이 구입자금을 기꺼이 빌려주리라는 생각을 가지고 있었다.(그중 상당량이 미국의 여분의 돼지고기였다.)

두번째 회의가 끝날 무렵, 독일 측은 차관이 없으면 다량의 식량을 수입할 자금도 없다고 선언했다. 연합국 차관이 정말 정치적으로 불가능하다면(케인스가 경고했던 일이 실제로 일어난다면) 자기들도 배를 넘겨주지 않겠다는 것, 협상이 결렬되고 독일이 식량을 확보하지 못한다면 그 누구도 "볼셰비즘이 유럽 전역으로 쇄도하는 사태"를 막을 수 없다는 것이 독일 측의 얘기였다.[25] 회의는 교착상태에 빠졌다. 뭔가 할 수 있는 것은 '빅 포Big Four(미국, 영국, 프랑스, 이탈리아의 정상들)'뿐이었지만, '빅 포'는 브라질 대표단 인원을 가지고 논쟁하느라, 그리고 "콥트인들, 아르메니아인들, 슬로바키아인들, 시온주의자들"의 제안을 듣느라 바빴다. 명목상 사우디아라비아의 파이살 국왕Emir Faisal의 통역자였던 T. E. 로렌스는 국왕이 코란의 몇 대목들을 인용하는 틈을 타서 옛 오스만 영토의 아랍 자치안을 내놓기도 했다.[26]

3월 초에 케인스와 멜키오르 사이의 세번째 회의가 열린 곳은 과거 독일 사령부가 있던 벨기에의 스파였다. 검은 소나무로 덮인 산속, "굶주린 도시들과 으르렁거리는 군중들로부터 멀리 떨어져 있는" 곳이었다.[27] 그렇지만 이번에도 회의는 합의에 이르지 못했다. 트리어에서의 첫번째 회의 이후 두 달이 지났는데도 식량을 사올 수 있는 금을 마련하는 것과 관련해서 아무런 진전이 없었고 케인스는 절박한 심정이었다. 멜키오르도 같은 심정이라는 것을 감지한 케인스는 멜키오르의 의사를 타진해보고자 했다. 멜키오르 주위의 뚱한 보좌관들에게 발각되지 않고 멜키오르에게 접근하는 데 성공한 케인스는 흥분으로 떨리는 목소리로 단둘이 이야기 좀 할 수 있겠냐고 물었다. 케인스는 당시를 이렇게 회상했다.

멜키오르는 내가 뭘 원하는지 궁금해했다. [……] 나는 내가 느끼는 것들을 그에게 전달하고자 애썼다. 우리는 당신의 비관적 예측을 믿는다, 우리도 당신 못지않게 식량공급 개시를 시급한 문제로 여긴다, 나는 개인적으로 내가 있는 영국 정부와 미국 정부가 정말로 식량을 보내기로 결정했다고 믿는다, 그러나 [……] 만약에 당신들, 독일 측이 아침 같은 태도를 고수한다면 치명적 연기는 불가피하다, 독일 측은 선박을 양도하는 쪽으로 태도를 정해야 할 것이다."[28]

멜키오르는 최선을 다하겠다고 약속했지만 희망적인 말은 거의 없었다. "그는 독일의 자존심과 체계성과 도덕성이 무너지고 있다고 했다. 빛이 보이는 곳이 없다고 했고, 독일은 붕괴할 것 같다고 했고, 문명은 어둠에 잠길 것 같다고 했다. 우리는 할 수 있는 일을 해야 하겠지만 어둠의 힘들은 우리를 추월하고 있다고도 했다."[29] 케인스는 멜키오르와의 회의를 통해서 전쟁의 파괴적 결과들에 대한 자신의 비관을 새삼 확인했고, 베를린을 비롯해서 독일 곳곳에서 봉기가 일어나는 것은 당연한 일이고, 조약의 조건이 너무 부담스러울 경우에는 독일이 볼셰비즘에 항복하리라는 멜키오르의 우려를 공유했다.

다음 날 저녁이 되자 멜키오르의 노력이 수포로 돌아갔다는 것과 신생 독일 바이마르 정부가 강경한 입장을 고수하고 있다는 것이 분명해졌다. 때로 케인스는 혁명의 위협이 닥쳐오는 것과 협상의 속도가 너무 느린 것에 대해 독일 측보다도 심각하게 우려하는 모습을 보였다. 케인스로서는 독일의 식량 상황이 영국 측의 생각만큼 절망적인지 확신할 수 없었다. 교착상태를 타개하자면 극적 제스처가 필요하리라고 본 케인스는 회의를 공개적으로 결렬시킬 것을 제안했고, 아울러 한밤중에 기차를 파리로 철수시켜버리자고 자문팀을 설득했다. 독일 측이 아침에 기차가 떠난 것을 보고 놀라게 하자는 것이었다. 파리로 돌아온 케인스는 자신의 계책이 '빅 포'의 관심을 끄는 데 성공했음을 알게 되었다. 신문왕이자 영국의 전시 공보비서 리델 경George Riddell, 1st Baron Riddell은 1919년 3월 8일 일기에 이렇게 적었다.

> 회담에서는 독일 측에 식량을 보내주기로 결정했다. 조건은 독일 측이 배를 넘기고 식량 대금을 환어음이나 물품이나 금으로 지불하는 것이었다. 프랑스 측은 강하게 반대했다. 프랑스인들이 아주 멍청하게 행동하고 있고 그들이 신중히 행동하지 않는다면 독일은 볼셰비즘의 나락으로 떨어질 것이라고 나중에 LG(로이드 조지)가 나에게 말했다. 자기가 프랑스 재무장관 클로츠Louis-Lucien Klotz에게 맹공을 퍼부으면서 독일에 볼셰비키 국가가 세워진다면 동상 세 개가 세워질 것인데 하나는 레닌 동상, 하나는 트로츠키Leon Trotsky 동상, 하나는 클로츠 동상일 것이라고 했고, 클로츠는 대답이 없었다고도 말했다 [……] 미국 측은 기뻐하고 있다. [……] 영국과 미국의 모든 상인들은 봉쇄의 해제에 찬성하면서 독일과 조기에 합의할 것을 촉구하고 있다. 그래야 세계가 다시금 일을 시작할 수 있으니까.[30]

그로부터 나흘 뒤, 케인스는 '빅 포'를 대신해 독일 측에 최후통첩을 전달할 영국 제독 로슬린 웨미스Rosslyn Wemyss과 함께 트리어행 기차에 타고 있었다. 프랑스 측은 한 가지 단서를 붙이는 데 성공했다. 그것은 독일 측과 식량 이야기를 하기 전에 독일 측이 선박을 넘기는 데

무조건 합의해야 한다는 단서였다. 제독은 케인스에게 "당신은 그들이 불필요한 말썽을 일으키지 않게 조처할 수 있다고 보느냐?"라고 물었고, 케인스는 다시 한 번 멜키오르를 따로 만나 독일 측이 무조건 수락을 선언하면 대가가 뒤따르리라고 귀띔했다. 그런 다음 케인스는 독일 대표단장 "폰 브라운Von Braun이 무조건 수락을 선언하리라고 나에게 장담할 수 있겠느냐?"라고 물었다. 잠시 말이 없던 멜키오르는 "또다시 그 침통한 눈빛을 하더니 '장담할 수 있다. 그것은 어렵지 않을 거다.'라고 대답했다." 다음 날, 모두들 자신의 대본에 충실했다. "이제 모든 것이 정해졌고, 식량열차는 독일을 향해 출발했다."[31]

케인스는 1919년 초에 연합국이 오스트리아에 대한 차관(영국 식량 선박 대금)을 승인하게 하는 데도 성공했다.(이번에는 훨씬 수월했다.) 이 작은 성공이 있은 후, 케인스는 독일 측을 파리 외곽 빌레트 성에 와 있도록 했다. 여러 나라 금융업자들을 불러모아 재건을 논의케 한다는 계획이 진행 중이었다. 실상을 보자면, 케인스가 성을 방문했던 것은 한두 번에 지나지 않았다. 독일 측이 성에 도착하고 얼마 되지 않아 평화회담은 재건 문제를 벗어나 결국 배상 문제에서 정체되었다.

후일 미국 재무부 대표 토머스 러몬트Thomas Lamont는 "파리 평화회담에서 가장 많은 말썽과 분쟁과 악감정과 지연을 초래한 주제는 베르사유 조약의 배상 조항이었다."라고 했다.[32] 밖에서 본 회담은 종종 어둠 대 빛의 결투, 프랑스의 조르주 클레망소Georges Clemenceau 대 윌슨의 결투, 카르타고적 평화 대 윌슨적 평화의 결투, 클로츠 대 케인스의 결투였지만, 해럴드 니컬슨이 보았을 때, 회담은 사실 "결투라기보다

아수라장"이었다.³³

　연합국 사이에 불화가 심했다. 윌슨 대통령은 전쟁비용 전체를 독일에 부담시키는 데 반대했다. 그는 독일에게 독일군에 의한 피해의 보상을 요구하는 것은 타당하지만 요구할 수 있는 것은 거기까지라고 주장했다. 또한 승전국 각각이 독일에게 얼마의 액수를 얼마의 기간 동안 징수할 수 있느냐는 까다로운 문제가 있었다. 로이드 조지가 납입기간 30년을 제안하자, 클레망소는 필요할 경우 1000년 동안 연장되어야 한다고 대꾸했다. 1919년 3월까지 연합국은 합의에 이르지 못했다. 프랑스 측은 250억 파운드를 요구한 반면, 미국 측은 50~60억 파운드를 초과하는 액수는 용인하지 않겠다는 입장이었다. 영국의 공식 요구액은 110억 파운드였다. 3월 초순에 케인스는 총 배상금 액수를 조약에서 제외하는 안을 제의했다. 결국 그 해법이 받아들여졌다.

　계속되는 언론 누설에 골머리를 앓던 로이드 조지는 '빅 포' 비밀회담을 제의했다. 이로써 3월 중순에서 5월 중순까지 평화회담 후반부는 우드로 윌슨의 "작은 서재"에서 진행되었다. 니컬슨의 회고에 따르면, 처음에는 미국, 영국, 프랑스, 이탈리아 수상 이렇게 네 명(우드로 윌슨, 데이비드 로이드 조지, 조르주 클레망소, 비토리오 오를란도Vittorio Orlando)과 통역 한 명뿐이었다. '빅 포'는 벽난로 주위의 푹신한 의자에 앉았다. "바닥에는 지도들이 펼쳐져 있었다. 그들은 지도를 보기 위해 종종 네 발로 기어가야 했다. 거기서 그들은 합의안에 가까스로 타결을 보았다. 최종안은 바로 이 안을 토대로 작성됐다."³⁴

　4월은 더없이 잔인한 달이었다. 흥겨웠던 파리 분위기가 날이 풀리면서 갑자기 험악해졌다. 많은 회담 참가자가 회담장이 파리라는 것을 우려했는데, 이제 그 우려가 어느 정도 옳았던 것으로 밝혀졌다. 빈대나 중세적인 배관이나 바가지요금은 아무것도 아니었다. 언론은 독설로 바뀌어 있었다. 영국 외교관 해럴드 니컬슨은 "이곳 신문들의 계속된 반대, 이곳 사람들의 거슬리는 인신공격이 점점 시끄러워진다. 회담장 밖에서 이 모든 시끄러운 소란들이 점점 축적되는 것은 불안을 낳을 뿐 아니라 그 자체로 유해하다."라고 했다.[35] 의회 보수파는 로이드 조지가 독일에 대해서 충분히 강경하지 못하다고 생각했고, 로이드 조지는 의회의 반발을 제압해야 했다. 프랑스 언론은 클레망소가 영국과 미국의 손에 놀아나고 있다고 믿었고, 클레망소는 프랑스 언론의 '역적bête noire'이 되었다. 오를란도는 회담장을 박차고 떠났다. 우드로 윌슨은 식중독 때문인지 독감 때문인지 심하게 앓았다. 5월이 되면서 '빅 포'의 싸움은 매우 격해졌다. 언젠가 한번은 윌슨이 로이드 조지와 클레망소의 몸싸움을 완력으로 말려야 했다.

 이 회담 내 회담은 약소국가 대표들을 배제했을 뿐 아니라 케인스 같은 전문가들까지 냉대했다. '빅 포'는 지대한 영향을 초래할 경제적 결정을 아무 조언 없이 대충 내려버렸다. 윌슨 대통령이 영국의 채무탕감 청원을 최종 기각하는 결정을 내린 것은 불과 몇 분 만이었다. 로이드 조지의 전기작가에 따르면, 이 영국 총리는 "자기가 저지른 일에서 발을 빼"고 싶을 때는 케인스에게 조언을 구했지만 "그의 조언대로 할 생각은 전혀 없었다."[36] 케인스는 너무 추운 차를 오르내리고 너무 더운 회의장 사이를 왔다 갔다 하며 하루 열두 시간 일과를 보냈다. 저녁에는 얀 스뫼츠Jan Smuts와 함께 식사하는 날이 많았는데, 얀 스뫼츠는 영국 전시내각의 남아프리카공화국 담당 장관으로, 국제연맹 및 독일과의 화해를 강력 지지하는 인물이었다.

> 케인스는 종종 나와 함께 좋은 식사를 하고 나와 함께 밤 시간을 보냅니다. 우리는 세상을 욕하고 닥쳐올 재앙을 욕합니다. [……] 그러고는 웃음을 터뜨리는데, 그 웃음 뒤에서 후버의 끔찍한 예언, 모종의 대규모 개입이 없을 경우 분명 3000만이 죽을 것이라는 예언이 어른거립니다. 하지만 우리는 또다시 '그렇게 심각한 상황은 아니다. 무슨 일이 일어날 것이고 최악의 상황이 오지는 않을 것이다.'라고 생각합니다.[37]

허버트 후버는 단단하고 어깨가 떡 벌어진 체격이었고, 대부분의 유럽 사람들은 그에게서 일상 업무에서 쓸데없이 호전적이라는 인상을 받았다. 그런 그가 1919년 5월 7일에 동이 트지 않은 샹젤리제 거리를 걸어 내려가고 있었다. 가로등은 희미하게 빛났고 거리에는 인적이 없었다. 그는 마치 시합에 진 권투선수처럼 고개를 숙이고 느릿느릿 걸음을 옮겼다. 아는 누군가를 만나러 나온 것은 아니었다. 회담 대표들은 몇몇 금욕적인 프랑스 장군을 제외하면 조찬 중에 런던 《타임스》와 영국 마멀레이드를 천천히 즐기는 사람이었다. 후버가 중산모를 쓴 익숙한 모습의 두 사람이 대로를 가로질러 다가오는 것을 보고 놀란 것은 그 때문이었다. 저 두 사람은 이 시간에 밖에서 뭐 하고 있는 거야? 케인스와 스뫼츠는 머리를 맞대고 활발하게 이야기를 나누고 있었다. 후버가 지나가는 줄은 모르는 듯했다.

두 사람은 후버를 알아볼 수 있을 만한 거리까지 왔고, 역시 깜짝 놀라는 표정이었다. 세 사람에게 똑같은 생각이 떠올랐다. 다들 갓 인쇄된 조약문이 각자의 방으로 배달된 새벽 4시부터(혹은 그전부터) 깨어 있었구나 하는 생각. 케인스는 일찍이 5월 4일에 초안의 일부를 읽었지만,(당시 그는 초안의 일부를 읽으면서 점점 경악했다.) 셋 다 조약문 전문을 본 것은 처음이었다. 물론 셋 다 내부자 정보를 가지고 있었고, 케인스와 스뫼츠는 되어가는 꼴에 냉소적이었지만, 충격을 받은 것은 셋 다 마찬가지였다. 그래서 셋 다 분노와 설마 하는 마음과 끔찍한 예감에 떠밀려 밖으로 나왔던 것이다. 후버와 케인스와 스뫼츠는 이 순간적인 텔레파시를 나눈 후 한꺼번에 이야기를 시작했다. 나중에 후버는 "우리는 끔찍한 조약이라는 데 동의했다."라고 회고했다.[38]

그로부터 2주도 안 돼서, 구제불능의 낙관론자 케인스는 이미 마제스틱 호텔에서 방을 뺀 후였다. 그는 불로뉴 숲 가장자리 쪽에 요리사와 시종이 딸린 집을 빌린 다음 침대로 기어들어갔다. 총리의 호출이 아니면 일어날 수 없을 만큼 낙심한 상태였다. 5월 14일, 그는 이미 "이 모든 악과 어리석음에 공범자"가 된 것 같은 심정으로 사퇴를 결심한 후였다. 그는 어머니와 던컨 그랜트 등에게 보낸 편지에서 "평화회담은 터무니없고 난감하며, 여기서 나올 수 있는 것은 불행뿐"이라고 말했다.[39]

케인스의 최종적 개입은 "빈을 살해하는 것"에 항의하는 것이었다.[40] 오스트리아와 관련된 협상은 독일 관련 조항들이 정해지기까지 연기되어 있는 상태였다. 케인스는 재무부 특사로 현장에 가 있는 프랜시스 오펜하이머로부터 정기보고를 받고 있었다. 전부터 슘페터와 지속적으로 접촉하던 오펜하이머는 그 당시 슘페터로부터 오스트리아의 자산과 세입 등에 대한 데이터를 받고 있었다. 5월 29일, 케인스는 오스트리아가 배상금을 지불하면 안 된다고 변론하는 제안서를 로이드 조지에게 보냈다. 30일, 케인스는 오스트리아 배상위원회 회의에 참석해 큰 양보를 얻어냈다. 배상금 100억 크라운[25억 파운드 정도—옮긴이]에 대한 요구를 철회시킨 것이었다. 그는 결핵과 영양실조로 죽어가는 아이들에 대한 끔찍한 통계를 인용함으로써, 오스트리아가 젖소를 넘겨야 한다는 프랑스 측 요구를 완화시키는 데 일부 성공했다.

케인스는 이 조약에 대한 어느 빈 신문의 신랄한 비판에 동의했다.

> 조약에 들어 있는 내용이 조약이 내세우는 의도를 이처럼 배반하는 경우는 이제껏 없었다. [······] 모든 조항 속에 냉혹함과 야박함이 스며 있고, 인간적 연민의 기미가 엿보이는 곳은 하나도 없으며, 인간과 인간을 하나로 잇는 모든 것과 배치된다. 인간성 그 자체에 대한 범죄요, 괴로움에 시달리고 고통받는 국민에 대한 범죄다.[41]

이미 엎질러진 물이라는 것을 모를 리가 없는 케인스였지만, 어쨌든 미국 재무부에 "모두가 일어설 수 있는 나의 '대계획Grand Scheme'"을 지지해줄 것을 버나드 바루크와 공동으로 계속 호소했다.[42] 영국 사절단 특별회의를 소집한 로이드 조지는 영국 육군을 독일로 진격시키기를 거부하거나 영국 해군을 독일 봉쇄에 동원하기를 거부하는 방식으로 조약의 내용을 변경할 마지막 기회를 잡아보겠다고 약속했다. 그러나 케인스가 어머니에게 보낸 편지에서 예측했던 대로, 이 야심 찬 계획이 통하기에는 너무 늦은 상황이었다. 프랑스 측은 격노했고, 동조했어야 할 윌슨 대통령은 영국의 의도를 점점 의심스러워할 뿐이었다. 윌슨 대통령은 그로부터 한 달 전에 케인스가 제출했던 채무탕감 청원을 거부했을 때와 똑같은 독단적 태도로 로이드 조지의 안을 기각했다. 로이드 조지가 자신의 안을 더 이상 밀어붙이지 않았던 것은 이미 독일 내각에서 조약에 서명한다는 비밀결정이 내려졌다는 비밀보고를 받아서였을 수도 있다. 그럼에도, 로이드 조지는 "우리는 25년 후 이 모든 일을 세 배 비용으로 다시 한 번 겪게 될 것"이라는 암울한 예언을 남겼다.[43]

독일이 실제로 베르사유 조약에 서명한 것은 6월 28일이었다. 영국에 돌아온 지 거의 한 달째였던 케인스는 찰스턴에 있는 버지니아 스티븐과 버네사 스티븐의 시골 저택에서 몇 시간씩 미친 듯이 잡초를 뽑으며 소일하는 중이었다. 그가 재무장관 오스틴 체임벌린에게 사직서를 휘갈겨 제출한 것은 6월 5일이었다. 로이드 조지에게 "졌습니다. 나는 떠납니다. 쌍둥이(판사 섬너 경John Hamilton, 1st Viscount Sumner과 금융업자 컨리프 경Walter Cunliffe, 1st Baron Cunliffe, 후자는 영국 배상위원회 의장)는 유럽 초토화를 기뻐할 테고 영국 납세자가 움켜쥐고 있는 것을 핥아먹을 테지요."라고 편지했던 것도 같은 날이었다.[44]

영국 국교회 목사의 아들이자 전시 조종사이자 케임브리지 대학생이었던 오스틴 로빈슨Austin Robinson은 1919년 10월에 케인스의 그 학기 마지막 강의 중 하나를 들은 후에 "경제학자들의 신앙으로 개종"했다.[45] 당시 평화조약에 대한 글을 쓰고 있던 케인스는 수많은 수강생 앞에서 절반쯤 완성된 자신의 원고를 읽었고, 로빈슨은 "이 세상의 문제들에 대한 그의 깊은 헌신과 예측할 수 있는 재난을 예방하지 못하는 데 대한 그의 혐오감"에 믿어지지 않을 만큼 감동을 받았다.⁴⁶ 어떻게든 전쟁의 상처를 치료함으로써 전쟁을 과거사로 만들기를 원하는 로빈슨 세대가 보았을 때, 경제학에 대한 올바른 이해가 향후의 전쟁을 예방하는 데 필수적이라는 케인스의 논증은 진정 계시였다. 케인스는 사상의 중요성이 경제적, 정치적 이해관계의 중요성에 못지않으며 어쩌면 더할 수 있다는 확신을 가지고 있었고, 로빈슨은 그런 확신에 흥미를 느꼈다.

케인스가 평화조약에 대한 글을 쓰기 시작한 것은 거의 케임브리지로 돌아오자마자였다. 케인스가 『평화조약의 경제적 귀결The Economic Consequences of the Peace』의 테마를 얻은 곳은 얀 스뫼츠의 애인 질레트 부인Mrs. Gillett의 재담이었다. 스뫼츠는 "질레트 부인은 곡물법반대연맹에 대해 이야기하면서, 19세기에는 경제개혁이 있고 나서 참정권 개혁이 있었다는 점과 경제가 바로잡히기 전에는 정치나 영토와 관련된 문제가 해결되지 않는다는 것은 지금도 마찬가지인 것 같다는 점을 지적했습니다."라고 했고, 스뫼츠의 말을 들은 케인스는 "과연 그렇군요, 나는 그런 식으로는 미처 생각하지 못했는데."라고 했다.⁴⁷ 한편, 케인스에게 관련 명사들의 초상을 이 책에 포함시키라고 권한 것은 전 총리의 재미있는 영부인 마고 애스퀴스Margot Asquith였다. 8월에 런던의 맥밀런 출판사는 케인스가 인쇄비를 부담하는 조건으로 이 책을 출판하기로 했다. 미국 출판사를 알아봐준 것은 케인스가 파리에서 사귄 펠릭스 프랑크푸르터였다.

케인스는 평화조약에 맹공을 퍼부었다. 케인스가 보았을 때 평화조약은 구세대 정치 지도자들의 고약한 배신이었다. '빅 포'는 유럽의 경제를 전쟁 전 상태로 되돌리기 위한 아무런 조치도 취하지 않았을 뿐 아니라 그러한 조치가 필요하다는 것 자체를 고려해보지도 않았다. 그저 그들은 끊어졌던 고리들이 저절로 연결될 것이고 재건이 저절로 진행될 것이라고 가정했을 뿐이었다.

> 이 조약에는 유럽의 경제를 재건하기 위한 조항도 없고, 패전한 중유럽 제국을 선린으로 삼기 위한 조항도 없고, 유럽의 신생국가들을 안정시키기 위한 조항도 없고, 러시아를 되살릴 조항도 없다. 이 조약은 연합국 내 경제적 연대를 증진할 아무런 협약도 내놓지 않는다. 파리회담은 프랑스와 이탈리아의 망가진 재정을 회복시키거나 구세계와 신세계의 체제들을 조정하기 위한 아무런 합의도 도출한 바 없다. [······]
> 자기네 눈앞에서 굶주리고 무너져내리는 이 유럽의 근본적인 경제문제들에 '빅 포'가 아무런 관심도 갖지 못했다는 것은 대단히 놀라운 일이다. '빅 포'가 경제영역에서 주로 다룬 것은 배상 문제였다. '빅 포'가 보았을 때 배상이란 신학의 문제이자 정치의 문제이자 선거 술책의 문제였다. 다시 말해, '빅 포'는 배상 문제를 고려하기 위해 온갖 관점들을 채택하면서도, 자기네의 손아귀에 그 운명이 달려 있는 국가들의 경제적 미래라는 관점만은 채택하지 않았다.

이 조약은 카르타고식 조약이었다. "유럽인들이 생업에 종사하며 살아가는 것을 가능하게 하는 유일한 체제는 미묘하고 복잡하며 전쟁으로 인해 이미 많이 상한 상태인데, 설사 이 체제가 복구된다 하더라도, 만약 이 조약이 이행된다면, 이 체제를 더욱 손상시킬 것이 분명"했다.[48]

『평화조약의 경제적 귀결』은 대단히 비관적이다. 레너드 울프Leonard Woolf가 케인스를 가리켜 케인산드라Keynessandra라고 칭하는 것도 이 책 때문이다. 케인스는 "유럽대륙에서 땅이 꺼지고 있는데, 아무도 깨 닫지 못한다. 이것은 사치냐 '노동 갈등'이냐 따위의 문제에 그치지 않 는다. 이것은 죽고 사는 문제, 굶어죽고 살아남는 문제, 빈사하는 문명 의 무서운 경련의 문제다."라고 했다. 케인스가 비관했던 이유 중 하나 는 "유럽을 더 가난하게 만든 것은 전쟁만이 아니었다."라는 깨달음이 었다. 케인스가 과거를 돌아보았을 때, 전전의 번영은 바보의 천국일 뿐 이었다.

> 우리는 최근에 얻어진 혜택들 중에서 가장 특수하고 한시적인 몇 가지 혜택을 당연한 것, 영원한 것, 확고부동한 것이라고 가정하면서, 그런 가 정을 토대로 앞일을 계획한다. 우리는 이런 사상누각을 토대로 사회 개 량을 꾀하고 정견을 다듬고 모종의 야심이나 적개심을 키우며, 유럽의 내분을 완화시키기는커녕 악화시키면서 우리에게 그럴 만한 여유가 있 는 줄로 생각한다.

케인스가 보았을 때, 전쟁이 아니었더라도 생활수준의 지속적 향상 이 오래 계속될 수는 없었다. 유럽이 번영한 이유는 기업가들과 다량의 자금에 우호적 환경을 제공하는 경쟁이라는 "교묘한 메커니즘" 덕분이 아니라 성장 장애물을 일시적으로 제거해준 역사적 우연 덕분이었다. 유럽이 싼값에 식량을 마련할 수 있었던 이유는 미국에서 생산되는 다 량의 수출 가능한 잉여 식료품 덕분이었다.

케인스가 보았을 때, 문제는 미국의 소비가 공급을 따라잡는 날이 오면 미국이 곡물값을 인상**할 수밖에 없다**는 점이었다. 1870년에 마셜 세대의 수재였던 아서 제번스Arthur Jevons는 석탄 공급이 줄면 영국의 경제성장이 중단되리라고 예측했는데, 케인스의 주장은 바로 그 논증의 재확인이었다. 다만 이번에는 성장 장애물이 석탄이 아니라 곡물이었다. 케인스는 전 세계적 밀 부족 사태는 오지 않을 것이라고 보면서도, 향후에 영국이 더 많은 밀을 필요로 한다면 더 높은 실질가격을 지불해야 하리라고 주장했다. 유럽은 동량의 빵을 얻기 위해 점점 많은 재화와 용역을 투입해야 할 것이고, 결국은 수확체감의 법칙이 재천명될 것이라는 주장이었다.

케인스의 어두운 경제적 예측은 지나친 비관으로 밝혀졌다. 단기적으로 보았을 때, 유럽의 경제는 전쟁으로 인한 대대적 파괴와 평화조약의 결함들에도 불구하고 회복세였다. 장기적으로 보았을 때, 대공황에서 20세기 말을 지난 지금까지, 식량가격은 임금 대비 상대가격과 절대가격 모두 상승세가 아니라 하락세였다. "복수는 […] 지치지 않을 것"이고 "반동세력들과 절박한 혁명의 경련 간의 최종적 내전을 오랫동안 연기할 수 있는 것은 아무것도 없다."라는 케인스의 정치적 예측이 훨씬 정확했다.

스키델스키에 따르면, 케인스의 학문적 우선순위와 경제관을 형성한 것은 1차대전과 그 여파였다. 런던《타임스》편집장 헨리 위컴 스티드Henry Wickham Steed는 케인스의 사상들이 "정치학에 대한 경제학의 반란"의 성격을 띤다고 보았다.[49] 케인스가 강조한 것은 장군들과 총리들이 피상적으로만 알고 있는, 현대세계가 어떻게 생계를 꾸려가는가라는 문제의 중요성이었다. 생계를 꾸려가는 능력이야말로 평화의 필요조건이고 어쩌면 평화의 충분조건이라는 것이었다.

케인스는 글로벌 경제, 특히 유럽 경제가 얼마나 분화되어 있는지, 각 부분들이 얼마나 상호 의존적인지, 심리적 변화에 얼마나 취약한지, 이로써 한 부분의 고장이 얼마나 손쉽게 다른 부분들로 확산될 수 있는지를 이해하는 인물이었다. 아직 케인스는 정부로 하여금 경제의 진로를 좀 더 확실하게 통제할 수 있게 해줄 정책수단(주인 되는 도구)을 찾아내지 못하고 있었다. 그렇지만 케인스는 일종의 "총체경제학economics of the whole"의 맥락을 고려하기 시작했고 정부의 대책과 무대책이 어떠한 결과를 낳느냐에 대해서도 고려하기 시작했다.

전쟁으로 인해 케인스는 통념을 더욱 불신하게 되었고, 진보가 저절로 이루어진다는 생각은 아예 버리게 되었다. 경제적 현실을 고의적으로 무시하는 정부가 얼마나 파괴적일 수 있는가에 대한 가혹한 교훈을 얻었던 것이다. 빅토리아 시대의 경제기적은 생산력의 빠른 성장과 생활수준의 극적 상승이라는 성과를 거두었다. 그러나 이러한 성과가 가능했던 것은 자유로운 경쟁과 아울러 모종의 정부 조치들(자유무역을 확산시키고 금본위제를 가능하게 하고 법치를 유지하는 조치들)이 행해졌던 덕이었다. 이러한 교훈을 익히 알고 있던 케인스는 정부가 어떻게 번영을 회복할 책임을 무시할 수 있는지 이해할 수 없었다.

10월 중순, 케인스는 어느 국제 은행업자 회담에 참석차 유럽에 있었다. 멜키오르의 은행 파트너 막스 바르부르크가 말했던 것처럼 "지금껏 있었던 가장 큰 규모의 상거래는 평화조약"이었다.[50] 미국 자본가였던 막스 바르부르크의 동생 파울Paul은 독일이 원료를 수입할 수 있는 상업신용을 마련하고자 주로 미국 은행들의 자금을 끌어모으고 있었다. 유럽에 온 케인스는 충동적으로 멜키오르에게 만나자는 전보를 보냈고, 그로부터 사흘 뒤에 케인스와 멜키오르는 비 오는 암스테르담 운하 옆을 거닐고 있었다. 처음으로 허심탄회하게 이야기를 나누면서 "아무 걸림돌이 없는 만남이 얼마나 좋은지" 확인하는 중이었다.[51]

평화조약 조인을 앞두고 항의의 뜻으로 독일 사절단을 사임한 멜키오르는 바이마르공화국의 재정장관을 맡아달라는 청탁을 두 번이나 거절한 후, 자기의 함부르크 은행으로 돌아가 있었다. 멜키오르는 독일 대통령이 영국 첩보원에게 독일이 조약에 서명할 의사가 있음을 누설했다는 이야기를 케인스에게 들려주었다. 로이드 조지가 조약의 내용을 변경하려는 노력을 그만두었던 것은 그 때문이라고 멜키오르는 믿고 있었다. 케인스는 점심식사 후에 멜키오르와 바르부르크를 자기 호텔 방에 불러 『평화조약의 경제적 귀결』 중 윌슨 대통령에 대한 장을 읽어주었다. 이 미국 대통령을 케인스는 세계의 소망을 부추긴 후 세계를 실망에 빠뜨린 인물로 그려놓았다.

> 우리는 엄청난 호기심과 걱정과 희망을 가지고 이 운명의 사나이의 표정과 거동을 살폈다. 서쪽에서 오는 인물, 자기 문명을 낳은 조상의 상처를 치료해줄 인물, 우리 미래의 초석을 놓아줄 인물이었다.
> 얼마나 철저한 환멸이었는지, 그를 크게 신뢰했던 몇몇 사람들은 차마 그 조약을 입에 담지 못할 정도였다. 그들은 파리에서 돌아오는 사람들

에게 물었다. 정말 그럴 수가 있는 거야? 정말로 그렇게 나쁜 조약이야? 대통령이 대체 왜 그랬대? 그렇게 엄청난, 그렇게 의외의 배신을 하다니, 뭐가 모자랐던 거야, 뭐가 잘못됐던 거야?

윌슨은 자신의 '14개 조항'에 대해서 우렁찬 설교를 할 수 있는 인물이었지만, 그에게는 한 가지 자질이 부족했다.

세력들과 개성들의 엄청난 경합을 통해서 가장 높은 자리에 올라선 치밀하고 위험한 웅변가들, 곧 기세가 등등한 주고받기 속도전의 대가들과 회의에서 얼굴을 맞대고 싸우는 데 필요한 탁월한 지능은 없었던 것이다.[52]

케인스가 이 대목을 읽는 동안 대통령을 경멸하는 바르부르크는 킬킬거렸지만, 멜키오르는 금방이라도 울음을 터뜨릴 것 같은 얼굴로 엄숙하게 경청했다.

은행업자 회담에 참석한 케인스는 배상금을 축소하고 연합국 전쟁 채무를 탕감하고 독일에 국제적 차관을 제공하는 데 힘을 보태줄 것을 촉구했다. 케인스와 바르부르크는 국제연맹에 보낼 호소문을 작성하고 회담 참가자 10여 명의 서명을 받았다. 이렇듯, 베르사유 조약을 개정하기 위한 많은 노력들 중 첫번째 노력이 경주된 것은 조약의 잉크가 마르기도 전이었다.

케인스는 10월까지 6만 단어를 모은 상태였다. 1주에 7일을 작업하며 하루 평균 "출판에 적합한" 1000단어씩을 써낸 결과였다. 장이 하나 하나 완성됨에 따라 케인스는 어머니 프랜시스와 리튼 스트레이치를 포함해 여러 지인에게 읽어주기도 하고 사본을 보내주기도 했다. 출판계 전체가 평화조약에 관한 저서들을 찍어내는 것 같았다. 성탄절을 2주 앞둔 시점에서 나온 케인스의 책은 그중 첫번째였고, 부활절까지 영국과 미국에서 수십만 부가 팔렸다. 블룸즈버리 쪽에서는 이 책을 케인스가 전쟁을 방조했던 것에 대한 "배상"으로 받아들이면서 우호적 반응을 보였다. 1918년에 『빅토리아 시대의 명사들Eminent Victorians』이라는 책으로 문학적 돌풍을 일으켰던 리튼 스트레이치는 케인스의 논증을 가리켜 "파괴적"이라고 칭했고, "아무도 이 논증을 무시할 수 없을 것"이라고 내다보았다.[53] 오스틴 체임벌린은 케인스가 매우 무분별했다는 불만을 토로했지만, 아내에게는 이 책이 "아주 잘 쓴" 책이고 자기에게 "악의적 기쁨"을 안겨준 책이라고 털어놓았다.[54] 모든 서평들이 케인스의 문체를 아낌없이 칭찬했고, 많은 서평들이 독일이 조약에 응하기가 불가능하리라는 것을 납득했다.

케인스의 책은 은근히 끓어오르던 논란을 폭발시켰다. 독일이 돈을 갚을 능력은 케인스가 주장하는 것보다 훨씬 더 크다는 비판도 있었다. 케인스를 정치적 멍텅구리라고 부르는 사람도 있었다. 심지어는 그가 당파심이 없다는 이유로 그를 '비인간적인 지식인'이라고 욕하는 사람도 있었다. 토리당은 예상대로 케인스의 충성심을 문제 삼아 공격했고 그가 철십자 훈장[독일 무공훈장—옮긴이]을 받을 만하다는 뜻을 비치기도 했다. 역사가 테일러A. J. P. Taylor는 『평화조약의 경제적 귀결』이 "경계해야 할 것은 독일의 호전성이 아니라 독일의 고충"이라는 메시지를 전하고 있다고 말했는데, 간략하되 부당하지는 않은 요약이었다.[55] '빅 포'의 통역자 폴 망투Paul Mantoux 대령은 케인스가 "['빅 포' 회담에] 한 번도 참석하지 않았다"는 이유에서 이 책을 공격했다.[56] 그러나 가장 흔한 비판은 케인스가 사태의 본질을 놓치고 있다는 단순한 비판이었다. 예컨대 런던《타임스》편집장 위컴 스티드는 이렇게 말했다.

> 전쟁이 우리에게 가르쳐준 가장 큰 교훈 중 하나는 전쟁이 일어나는 것은 손해이고 따라서 전쟁이 일어나기는 불가능하다고 설교하는 경제학자들, 은행업자들, 경제 정책 입안자들의 계산은 위험한 난센스라는 것이었다. 독일이 전쟁에 나선 것은 1870~1871년에 전쟁을 통해서 이익을 얻었고 이번에도 이익을 얻을 수 있으리라고 생각해서였다.[57]

미국 서평들은 케인스가 유럽의 이익을 생각하는 이타주의라는 가면 아래 영국의 이익을 앞세우지 않나 의심했다. 사회학자 소스타인 베블런은 케인스가 우드로 윌슨을 "완전히 오해"하고 있다고 비난했다.[58] 조약 1주년 기념일에《뉴욕 타임스》는『평화조약의 경제적 귀결』을 가리켜 "대노하는 책"라고 칭하면서, "이 책으로 인해 미국의 견해는 오히려 온 유럽을 불신하고 외국의 분규로부터 발을 빼고 싶어하는 방향으로 바뀌었다."라고 주장했다.[59] 버나드 바루크는 케인스가 원한 것은 "독일 대신 미국이 값을 치르는 것"이라는 주장으로 행정부 입장을 표명했다.[60]

최근 몇몇 역사가는 우드로 윌슨에 대한 케인스의 비판은 부당했고 프랑스 측에 대한 케인스의 규탄은 지나치게 편파적이었다고 보고 있다. 그들에 따르면, 영국 측이 배상받을 권리는 프랑스 측이 배상받을 권리에 비해서 정당성이 부족했다. 반면에, 마거릿 맥밀런Margaret MacMillan의 『1919년 파리: 세계를 뒤바꾼 6개월*Paris 1919: Six Months That Changed the World*』 등 평화회담을 다루는 최근 역사서를 보면, 연합국이 독일과의 계약을 노골적으로 위반했다는 것과 연합국이 패전국들에게 평화조약의 일부 조항들에 대해서는 협상할 여지를 주었어야 옳았다는 케인스의 관점이, 널리 받아들여지고 있음을 알 수 있다. 또한 그런 불안정한 경제적 토대 위에 서 있는 평화는 필시 지속될 수 없으리라는 케인스의 논점에 반대하는 역사가는 이제 거의 없다.

『평화조약의 경제적 귀결』로 케인스가 빈과 베를린에서 영웅이 된 것은 당연한 귀결이었다. 발췌, 번역, 신판이 쏟아져나왔다. 배상금 한도가 조약에 명기되지 않은 상황이었으니, 케인스가 이 책에서 독일의 입장을 대변했을 뿐 아니라 여론에 영향을 미칠 수 있었다는 시각은 타당한 시각이었다. 전직 오스트리아 재정장관 요제프 슘페터는 이 책을 가리켜 '걸작'이라고 칭했다.[61]

8장

기쁨 없는 거리:
빈의 슘페터와 하이에크

> 호황과 불황의 교체는 경제발전이 자본주의 시대에 취하는 형태다.
> —요제프 슘페터[1]

흔히 1920년대 하면 대공황, 파시즘의 발흥, 볼셰비즘의 승리라는 이후의 사태를 예고한 시기, 나아가 그러한 사태의 원인이 된 시기라고 생각된다. 서유럽이 볼 때, 1920년대는 퇴폐, 망상, 가짜 번영, 거짓 믿음이 팽배한 시기였다. 그러나 요제프 슘페터, 프리드리히 하이에크, 존 메이너드 케인스, 어빙 피셔, 이 네 사람이 보았을 때 1920년대는 지난 19세기 그 어느 시기에 못지않게 창의적이고 흥미진진하고 진정 진보적인 시기였다.

케인스와 피셔는 경제 예언자가 되었다. 그들이 재정적으로 윤택해졌다는 것도 중요하지만, 그들이 새로운 학문적 재산을 산출했다는 것이 더 중요하다. 1차대전 이후 극심한 인플레이션과 디플레이션에 맞닥뜨린 그들은 이런 병리들이 자유시장과 민주주의의 생존을 위협하리라는 우려 속에 이런 병리들의 구조적 원인을 궁구했다. 몰리에르

Molière의 『상상병 환자 Le Malade Imaginaire』에 등장하는 의사가 그랬듯, 그들은 경제의 각 부분들로부터 순환계 전체로 관심을 돌렸다. 그들은 상반돼 보이는 인플레이션과 디플레이션이 사실은 저변의 동일한 질병의 징후이며, 통화 및 신용 창출 체계가 그 병인이자 전염기제라는 결론을 내렸다.

세계경제는 모든 부분들이 맞물려 있었고 그중 어떤 부분들은 극도로 망가져 있었다. 어떻게 세계경제를 되살리느냐 하는 시급한 문제를 해결하기 위해서는 새로운 체계가 필요했다. 피셔와 케인스는 극심한 호황과 불황이 예방될 수 있다는 희망을 가지고 있었다. 앨프리드 마셜은 호황과 불황이 임의의 외부적 충격에서 비롯되는 것이라고 생각했고, 카를 마르크스는 호황과 불황이 시장경제의 본질이라고 생각했지만, 피셔와 케인스가 보았을 때 호황과 불황의 극단적 교체는 자연재해 같은 필연적 재앙이 아니라 인간의 손에서 빚어진 예방 가능한 재앙이었다. 피셔와 케인스와 하이에크는 모종의 도구를 작동시킨다면 상황을 제어할 수 있을 것이라고 확신하며 그러한 도구를 찾는 일에 매진했다. 다만, 영국의 케인스와 미국의 피셔는 기꺼이 공직자의 판단력을 신뢰할 수 있었던 반면, 좀 더 비극적인 역사를 경험한 오스트리아의 하이에크는 정부에 규제를 가할 것을 주장했다. 네 사람 중에서 숙명론자라고 볼 수 있는 사람은 슘페터뿐인데, 그것은 그의 학문적 신념 때문이기도 하지만 그에 못지않게 그의 기질과 개인적 비극 때문이기도 하다.

슘페터가 공직에서 쫓겨난 1919년 가을, 오스트리아의 재정위기는 심각한 단계로 접어들었다. 적자가 눈덩이처럼 불어나는데 민심의 동요가 두려워 긴축정책을 시행하지도 못하는 카를 레너 정부는 점점 많은 지폐를 찍어낼 수밖에 없었다. 상공회의소 의장 루트비히 폰 미제스는, 중앙은행 인쇄기가 "육중한 기계음"을 내며 "밤낮으로 쉬지 않고 돌아갔다. [……] [한편] 수많은 업체가 휴업상태였고, 파트타임으로 돌아가는 업체도 많았다. 전력을 다해서 돌아가는 것은 돈을 찍어내는 인쇄기들뿐이었다."라고 했다.[2] 1크로네가 더 찍혀 나올수록 1크로네로 구매할 수 있는 것은 더 적어졌다. 빈 경찰서장은 "크로네 개수가 늘수록 크로네 가치는 떨어진다."라고 불만을 표했다.[3] 오스트리아는 일용품의 대규모 수입국이었으므로, 크로네의 교환가치가 폭락하자 국내물가가 천정부지로 치솟았다. 아이러니하게도, 인플레이션 초기에 사회민주당은 인플레이션을 경제 각성제로 환영했다. 다른 모든 조광증이 그러하듯 인플레이션도 순식간에 탈진을, 그리고 정치적 파멸을 초래하리라는 것을 모르고 있었던 것이다.

초기에는 쉬운 대출과 물가 상승이 마비된 경제에 자극제가 되는 것 같기도 했다. 인플레이션으로 인해 차관의 실질비용이 대폭으로 낮아지고 크로네 하락으로 인해 오스트리아 수출업체들이 외국 경쟁업체들을 따돌림에 따라, 투자와 수출과 고용이 급상승했다. 그러나 결국은 오스트리아와 교역하는 국가들이 오스트리아의 수출품에 관세를 매기고 업체들이 재고 보충에 어려움을 겪으면서 실업은 다시 늘어났.

한편, 인플레이션의 속도는 빨리 걷기에서 달리기로, 달리기에서 광란의 질주로 변해갔다. 노조 협약이 계속해서 재협상을 거쳤음에도, 전쟁 전에 주급이 50크로네였던 노동자는 1919년 말에 주급이 400크로네였으며, 오른 주급으로 살 수 있는 식량, 석탄, 의복은 옛날 주급으로 살 수 있던 양의 4분의 1에 불과했다. 임금이 여덟 배 오른 것이 아니라 75퍼센트 깎인 것이었다. 그리고 1년 만에 싸구려 양복과 장화 한 켤레를 사기 위해 8주분 임금이 필요해졌다.[4] 공무원들과 연금수령자들이 1주분의 소득으로 살 수 있는 것은 달걀 두 개 또는 빵 두 덩어리뿐이었다. 그것은 시작에 불과했다. 언젠가 프로이트는 "여기는 더 이상 사람이 살 데가 아니다. 정신분석을 필요로 하는 외국인들이 더 이상 오고 싶어하지 않게 됐다."라고 불평했다.(그는 베를린으로의 이주를 고려 중이었다.)[5] 1921년 10월 무렵, 물가는 매달 평균 50퍼센트 이상 오르고 있었다. 초인플레이션의 시작이었다. 1922년 10월까지 물가수준은 전년도의 200배로 올랐다.

인플레이션은 중간층의 저축을 몽땅 쓸어가면서, 중간층이 민주 정부에 대해 갖고 있던 신뢰를 망가뜨렸다. 프로이트는 친구에게 보낸 편지에서 "다들 소지하고 있던 현금의 20분의 19를 잃었다."라고 했다.[6] 무가치한 은행권은 모형 음식이나 종이 양복처럼 모두에게 속았다는 느낌을 불러일으켰다. 슈테판 츠바이크의 『보이지 않는 수집품 *The Invisible Collection*』을 보면, 옛 거장의 드로잉 컬렉션을 소지한 맹인 미술품 감정사가 등장한다. 그는 자신의 포트폴리오가 그대로 있다고 믿지만, 실은 그의 가족들이 그림들을 모두 팔아넘긴 다음 양피지 종이를 끼워놓은 상태였다. 또한, 일기작가 안나 아이젠멩거는 "남은 지폐 1000크로네가 식권[배급표]과 나란히 놓여 있다. [……] 이 국가가 종이에 찍힌 숫자의 약속을 지키지 못하면, 이 지폐들은 쓰지 못한 식권과 똑같은 운명이 아닐까?"[7]라는 말로 크로네에 대한 배신감을 기록했다.

크로네에 대한 신뢰감이 무너지면서, 일상적 거래는 물물교환으로 되돌아갔다. 많은 농민들과 상점 주인들이 현금을 받지 않았다. 중간층에게 이것은 피아노 한 대를 주고 밀가루 한 부대를 받고, 전쟁 전에 샀던 시가 50개를 주고 돼지고기 4파운드나 돼지기름 10파운드를 받고, 금시곗줄을 주고 감자 몇 부대를 받는다는 뜻이었다. 프로이트의 경우, 잡지에 논문 한 편을 쓰고 감자 몇 부대를 받았다.

빈의 가게 선반들은 텅텅 비어 있었다. 그전에는 2~3파운드나 2~3달러만 있으면 가게 안에 있는 모든 물건들을 사갈 수 있었다. 1920년에 나온 프랑스 저널리스트 피에르 앙프Pierre Hamp의 소설 『인간의 고통: 금을 찾는 자들La Peine des Hommes: Les Chercheurs D'Or』에는 시체로 날아드는 독수리들처럼 빈으로 몰려드는 도심의 한탕주의자들이 묘사되어 있는데, 소설의 주인공 잘츠바흐는 그들이 남의 고통으로 금을 챙기는 것을 비난하기도 한다.[8] 한편, 오스트리아의 농지, 광산, 철도, 선박, 발전소, 공장, 은행에서는 더 큰 흥정이 이루어졌다. 크로네의 구매력이 떨어지면서, 파운드나 달러나 그 밖의 "경화"를 지불할 수 있는 매입자는 오스트리아의 농지, 광산, 철도, 선박, 발전소, 공장, 은행을 특가에 손에 넣을 수 있었다. 외국인들의 사업체 인수가 대중의 분노를 자극했다. 피아트가 철광업체 알피네 몬탄을 매입했던 것과 관련된 콜라Kola 사태가 이미 공직에서 떠난 슘페터를 한참 따라다닌 것은 그 때문이었다.

링슈트라세 안쪽에 위치한 10여 곳의 도심 식당들만 보더라도, 식당 밖에서는 참전군인들이 한 푼 구걸하기 위해 기다리는 동안, 식당 안에서는 신흥 백만장자들이 샴페인을 마시고 산해진미의 만찬을 즐겼다. "양과 질 모두 런던의 만찬에 필적"하는 수준이었다.[9] 새로 부유해진 층과 새로 가난해진 층 사이에 극심한 차이가 있었다. 청년 아돌프 히틀러가 이러한 차이에 혐오감을 느낀 것은 전쟁이 본격화되기 전부터였다. 앵벌이들, 거지들, 난민들이 없는 곳이 없는 것 같았다. 대중적 분노의 과녁은 암거래상들, 전쟁모리배들, 외국인들, 특히 유대인들이었다. 식량가격이 급등할 때마다 생활비 증가에 항의하는 시위들과 폭력사태들이 뒤따랐다. 1921년 12월, 엄청난 군중이 가게 유리창을 깨고 호텔을 공격하고 식료품 가게를 털었다. 어느 빈 방문자는 아내에게 보낸 편지에서 "한편으로는 계속된 물가상승으로 인한 분개가 있고, 한편으로는 오스트리아의 불행을 이용해 치부하는 그 모든 '암거래꾼들'the Schiebers에 대한 강력한 분노와 증오가 있소. 환투기꾼을 비롯한 그런 자들은 '대개 유대인들'이오."라고 했다.[10]

인플레이션은 옛 빈을 온갖 가치들이 역전되고 뒤죽박죽되는 놀이공원 안의 유령의 집 같은 곳으로 바꾸어놓았다. 게오르크 파브스트Georg Pabst가 감독하고 그레타 가르보Greta Garbo가 주연한 1925년 영화 「기쁨 없는 거리The Joyless Street」를 보면, 고위 공무원들은 컴컴하고 불기 없는 사무실에서 옹송그리고, 이웃들은 서로 감시하고, 주부들은 범법자가 되고, 양가집의 규수들은 창녀가 되고, 멀쩡한 시민들은 광적인 주식 투기자로 변하는 모습이 나온다. 금테 두른 주식증서는 최상의 인플레이션 헤지inflation hedge가 되었다. 투자라고는 국채밖에 몰랐던 사람들이 갑자기 수중에 남아 있는 현금을 주식시장에 쏟아부었다. 주식시장에서 엄청난 이윤이 발생 중이었다.

안나 아이젠멩거의 일기에는 은행 지점장과의 대화가 기록되어 있다. 온 국민을 휩쓰는 투기열에 직면한 중간층의 무력함을 포착하는 대화이다.

"내가 스위스 프랑을 사라고 했을 때 샀으면, 지금처럼 전 재산의 4분의 3을 손해 보는 일은 없었을 겁니다."

"손해라니요?" 나는 공포의 비명을 질렀다. "그래도 크로네가 다시 회복되지 않겠어요?"

"회복이라고요?" 그는 웃음을 터뜨렸다. [……] "우리 크로네는 지옥행입니다. 확실해요."

"잠시 제 방으로 오시지요. [……]" 내가 따라 들어가자 그는 제국정부가 전시공채를 발행하지 않을 수 없었고 전시공채를 강제 매입시키는 경우가 많았다고 설명했다. 당시 제국정부의 금 보유고는 바닥나 있었고 전쟁을 계속할 자금은 남아 있지 않았기 때문에 전쟁은 전시공채에서 나온 자금으로 계속되었지만, 지금 유통되는 은행권을 담보하는 것은 사실상 없다는 것이었다.

"이 20크로네짜리 지폐를 가지고 나가서, 음, 1크로네짜리 은화 스무 개와 바꾸자고 해보세요." 그는 20크로네짜리 지폐를 내밀며 말했다. [……] "이제 내가 하는 말이 무슨 뜻인지 아시겠지요. 지금 같은 때는 집이나 [땅이나] 기업이나 광산의 주식이나 그런 것은 갖고 있는 것이 좋고 돈은 아예 안 가지고 있는 것이 좋습니다. 오스트리아 돈이나 독일 돈이라면 말입니다. 제 말 알아들으시겠어요?"

"알아들었어요. 그렇지만 내가 갖고 있는 것은 정부가 발행한 증서잖아요. 뭐가 그거보다 안전하겠어요."

"이것 보세요, 부인. 그 증서를 발행한 국가가 지금 어디 있습니까. 죽었

잖습니까."¹¹

이 대화는 지점장이 아이젠맹거 부인에게 가진 돈을 주식에 넣을 것을 조언하는 것으로 끝났다. 다른 많은 빈 시민들처럼 그녀는 그 조언을 따랐다.

슘페터는 어쩔 수 없이 정치를 떠나 그라츠 대학으로 돌아갔지만, 고위층에는 여전히 그의 친구들이 있었다. 이듬해에 의회 보수파는 그에게 불명예 파면에 대한 보상으로 은행업 면허를 내주었다. 팔든 사용하든 선물하든 마음대로 할 수 있는 면허였다. 빈의 투자은행 수는 20여 개에 불과했고, 많은 은행업 출자자들이 주식 공모를 통한 자본 조달에 사활을 건 상황이었으니, 은행업 면허를 구하는 사람은 많았다. 슘페터가 받은 낙하산은 매우 가치 있는 황금 낙하산이었다.

1921년 7월 16일, 슘페터는 빈에서 가장 유서 깊은 투자은행 M. L. 비더만의 은행장으로 선출되었다. 그의 나이 스물아홉 살이었다. 그날로 주식공모가 시작되었다. 슘페터는 자기의 면허를 사용하게 해주고 수표에 자기의 서명을 넣게 해주는 등의 대가로 웅장한 집무실과 연봉 10만 크로네(오늘날로 치면 약 25만 달러) 그리고 은행의 두번째 주주가 되기에 충분한 주식을 받았다. 최대의 특전은 자기의 계좌로 거의 무한대의 투자대출을 받을 수 있다는 것이었다.

완벽한 타이밍이었다. 국제연맹은 마침내 오스트리아를 위한 구제 패키지를 주섬주섬 마련하고 있었는데, 과거에 무산되었던 슘페터의 1919년 계획과 매우 흡사한 내용이었다. 정부는 긴급자금을 대출받는 대가로 재정규제 및 통화규제를 받아들이기로 약속했다. 약속의 내용은 재정부 증권을 사들여 정부의 적자를 메우는 행위가 금지되는 새로운 중앙은행을 설립하는 것, 공무원 수십만 명을 해고하고 탈세의 구멍을 차단함으로써 정부의 수지균형을 맞추는 것, 오스트리아의 외채가 지정 수위까지 내려가면 금본위제도로 돌아가는 것 등이었다. 거래가 곧 성사되리라는 소문이 돌았고, 아울러 비슷한 시기에 연합국 배상위원회가 오스트리아에 대한 요구조건들을 포기하고 있다는 발표도 있었다. 크로네 하락을 중단시키고 인플레이션을 1000퍼센트에서 20퍼센트로 낮추는 데는 이것으로 충분했다. 합의안이 조인된 것은 8월에 이르러서였다.[12]

투자열은 식지 않았지만, 우량주로 옮겨갔다. 실질 이자율이 인상되면서, 기업들은 대출을 얻는 대신 주식을 발행했다. 은행들이 신규 주식들을 집어삼켰다. 곧, 은행업계는 오스트리아 실업계의 최대 주주가 되었다. 역사가 매카트니 C. A. Macartney 는 이렇게 말했다.

> 오스트리아 은행들은(평판 좋은 극소수의 보수 은행들은 항상 예외) 안전을 위해서 투자를 제한하는 일이 없었으니, 전에 외환이 광풍이었다면 이제 주식이 광풍이었다. 기업들은 모두 투기에 휩쓸렸고, 가장 평판 높은 업체들도 예외가 아니었다. 기업의 주식은 대개 은행 손에 들어가 이리저리 굴러다니면서 황당무계한 목적에 사용되었다.[13]

예상대로 슘페터는 은행 일을 비더만에서 오래 일한 유능한 책임자에게 맡기고 자기는 자산관리와 벤처투자에 뛰어들었다. 그는 신속하게 여러 업체들에 자본을 걸었다. 그중 몇몇 업체들의 경우에는 어느 테레지아눔 동창생과 동업하는 형태였다. 몇 달 만에 슘페터는 카우프만 은행과 한 도자기 제조회사와 한 독일 다국적기업의 화학 관련 자회사의 이사가 되었다.[14]

슘페터는 계약과 매수와 매도의 광풍에 취했다. 슘페터의 옷차림은 은행장이라는 지위에 어울리는 것이었지만, 슘페터의 라이프스타일은 빈 언론이 비방한 것처럼 영주 못지않게 사치스러웠다. 여전히 개인 부채가 많았고 체납세는 그보다 많았다. 호텔 스위트룸과 성에서의 생활은 포기했지만, 아파트는 그대로 가지고 있었다. 호화 만찬을 개최하기도 하고 애인이나 말이나 옷에 막대한 돈을 쓰기도 했다. 자기 돈에 무심한 것 못지않게 자기 평판에도 무심했다. 한 사업 동료로부터 창녀들과 공공장소에 나타나는 것에 대해 주의를 들은 슘페터는 "마차에서 한쪽 무릎에는 매력적인 금발의 창녀를 앉히고 한쪽 무릎에는 흑발의 여인을 앉힌 채 [……] 도심의 대로를 [……] 왔다 갔다 했다".[15]

1924년 초, 슘페터는 자신의 재무상태가 "완전히 정상화"되었다고 간주했다.[16] 그의 비더만 대출계좌를 지탱하고 있던 것은 우량증권들이었다. 그러다가 1924년 5월 9일, 빈 증권거래소가 보기 좋게 붕괴했다. 조찬과 만찬 사이, 슘페터의 개인 담보물에 해당하는 "시장성이 높은 유가증권" 가치의 4분의 3이 연기처럼 사라졌다.[17] 정신없는 며칠 동안 슘페터는 아직 남아 있던 최우량 주식을 하락장에 쏟아넣을 수밖에 없었다. 이미 비더만은 프랑스 프랑의 하락을 예상한 잘못된 베팅 탓에, 막대한 외환손실이 난 상태였다. 슘페터를 비롯한 은행 이사들은 현금을 마련하기 위해 다량의 비더만 주식을 잉글랜드은행 계열사에 매각해야 했다. 여름 한철 동안, 슘페터의 회사 여러 개가 도산했고, 대표이사였던 슘페터는 주주들의 손해를 보상해주어야 했다. 테레지아눔 동창생 동업자는 사기꾼까지는 아니라고 해도 여러 건의 수상한 거래에 연루된 것으로 밝혀졌다. 슘페터는 여러 건의 법률소송에서 이름이 오르내렸을 뿐 아니라, 몇 년간 계속된 범죄사건 수사에서도 이름이 오르내렸다.

비더만의 영국인 투자자들은 비더만의 은행장이 개인파산 상태이자 불미스러운 거래에 연루돼 있음을 묵과할 수 없었다. 그들은 슘페터의 사임을 요구했다. 슘페터가 1924년 9월에 언론의 비난 속에 사임했을 당시 그의 수백만 크로네는 증발한 후였다.(비난의 내용은 슘페터가 비더만 인맥을 이용해 모 장관의 청탁을 들어주었다는 것이었다.) 은행 이사들은 슘페터에게 1년치 봉급에 해당하는 퇴직수당을 지급했지만, 그의 빚은 그보다 훨씬 더 많았고, 그에게는 손실을 만회할 가망이 전혀 없었다. 금융위기로 장기불황이 촉발되었다. 여러 개의 대형 은행들과 수백 개의 제조 및 영업 회사들이 도산했다. 결국 비더만은 매각되었는데, 놀랍게도 투자자들은 모두 돈을 돌려받았다. 불황이 극에 달한 어느 날, 경제학자 루트비히 폰 미제스는 연구실 창가에서 다른 경제학자에게 빈의 자유주의 시절을 상징하는 링슈트라세를 가리켜 보이며 "우리의 문명은 끝날 테니 저기서는 풀이 자라겠군."이라고 음산하게 내뱉었다.[18]

슘페터가 적대자들로부터 가혹한 비난을 듣기는 했지만, 슘페터 자신의 자책만큼 심한 것은 아니었다. 슘페터는 전후 10년간(대략, 자신의 30대 전부)을 "크게 거절당함Il gran rifiuto"이라는 단테Dante Alighieri의 「지옥편 Inferno」에 나오는 한 행으로 요약했다. 기회를 놓쳤다는 뜻과 기운을 잃었다는 뜻을 동시에 담고 있는 구절이었다. 마흔한 살의 슘페터에게는 기대할 일보다 후회할 일이 많았다.

절망은 오래가지 않았다. 스스로를 변호해야 했고 돈을 벌 방법을 찾아야 했으니 기운을 차리지 않을 수 없었다. 그리고 그 끔찍한 한 해 annus horribilis가 끝날 무렵, 그에게는 다시 미소 지을 이유가 생겼다. 대부분의 돈 후안이 그렇듯이, 슘페터는 여자에게 무수히 반했고 때로는 집착도 했지만 한 번도 진정한 사랑을 해보지 못하고 있었다. 안니 라이징거Annie Reisinger가 그를 무장해제시킬 수 있었던 것은 젊고 노동 계층이고 상처받기 쉬운 여자라서였다. 그녀는 스물한 살이었고 슘페터의 어머니가 사는 건물 관리인의 딸이었다. 그는 그녀가 아기 때부터 그녀를 알고 있었다. 그녀가 열여덟 살 때 그녀에게 살짝 치근거렸다가 거절당하기도 했다. 그녀를 겁먹게 한 것은 그가 유명인사이고 나이가 자기의 두 배라는 사실이 아니라 바람둥이라는 그의 평판이었다. 그가 그녀와 다시 마주친 것은 그녀가 성탄절 인사차 그의 어머니를 방문한 때였다. 다시 만난 그녀는 기억 속의 그녀보다 예쁘고 여성스럽고 침착했다. 그는 닳고 닳은 사람이었지만, 명랑하고 온순하고 지적 허세 없는 그녀의 모습이 그에게는 참신하게 느껴졌다.

그는 외로웠고 상처가 있었다. 그녀는 유부남과의 불행한 연애에서 회복되는 중이었다. 둘 다 재도약의 시기였다. 슘페터가 로맨스를 기획했다. 매일 구애했고, 오페라나 무도회나 레스토랑이나 시골의 주말 여행지로 안내했고, 꽃과 값비싼 장신구를 비처럼 쏟아부었고, 무릎을 꿇고 청혼을 했다.

어머니는 여점원이 며느리가 된다는 생각에 경악했겠지만, 하고 싶은 말을 꾹 참았다. 아들은 악명을 떨치면서도 빈털터리였으니 어머니가 원했던 근사한 짝을 만날 만한 입장이 아니었다. 게다가 슘페터는 법적으로 아직 혼인상태였다. 슘페터는 1916년에 별거한 이래로 글래디스를 한 번도 본적이 없었고, 글래디스는 처녀 때의 이름으로 돌아가 있었다. 그녀가 이혼을 거부한 것인지 아니면 그가 굳이 이혼해달라고 부탁하지 않은 것인지는 분명하지 않다. 분명한 것은 두 사람이 아직 법적으로 혼인상태였다는 것, 그리고 글래디스는 (만약 원했다면) 슘페터의 재혼을 막거나 슘페터를 중혼으로 고소할 수 있었으리라는 것이다. 슘페터에게는 다행스럽게도, 붉은 빈의 사회당 정부는 이혼법을 자유화한 상황이었고, 한 친한 관리가 안니와 결혼할 수 있도록 혼인무효 증서를 발급해주었다. 안니는 자신의 우려와 자신의 부모의 우려를 극복하고 결혼을 밀어붙였다.

한편, 슘페터의 친구들은 그의 이력을 구제할 길을 찾고 있었다. 정치와 은행업에서는 잘 풀리지 않았지만, 그에게는 아직 훌륭한 경제이론가라는 명성이 있었다. 물론, 그가 빈과 베를린에 만들어놓은 적들 탓에 빈 대학이나 베를린 대학에서 임용되는 길은 막혀 있었지만, 도쿄 대학 등 많은 해외 대학들이 그를 데려가고 싶어했다. 마침내, 카를 마르크스를 낙제시킨 첫 대학인 본 대학이 그에게 공공재정 교수직을 제안했다. 슘페터의 한 지지자는 베를린에 있는 문화부에 "슘페터는 천재입니다."라는 말로 시작되는 편지를 보내기도 했다. 독일 대학들이 현대경제학과 완전히 동떨어져 있다는 것과 슘페터가 이론경제학의 오지인 본을 이론경제학의 중심지로 바꾸어주리라는 점을 역설하는 편지였다.

1925년 10월, 자기가 빈의 라이벌 폰 미제스를 제치고 임용되었다는 소식을 들은 슘페터는 약혼녀에게 "본 정복!"이라는 의기양양한 전보를 보냈다. 슘페터가 본행을 열망한 것은 슘페터 자신에게도 놀라운 일이었다. 그가 맡을 자리는 공공재정이었지만, 순수이론을 강의해도 좋다는 약속을 받아놓은 상태였다. 11월 초, 그와 안니는 단 두 명의 증인 앞에서 결혼한 다음 이탈리아 북부의 호화 온천으로 유람을 떠났다. 그들이 본에 도착한 것은 봄 학기가 시작하기 직전이었다.

슘페터 부부는 곧 본에서 가장 멋진 커플이 되었다. 이번에도 손이 컸던 슘페터는 빌헬름 황제Keiser Wilhelm가 학생 때 살았던, 라인 강이 내려다보이는 화려한 스투코 저택을 빌렸다. 슘페터는 첫번째 부부 동반 교수 다과회 참석을 앞두고 안니의 새로운 신분을 창조했다. 슘페터가 본에 소개한 안니는 수위의 딸로서 빈에서 은행 직원으로 일하고 파리에서 오페어au pair로 일했던 여성이 아니라 빈의 저명한 응석받이 따님으로서 값비싼 프랑스 신부학교에서 교육받은 여성이었다. 슘페터는 어마어마한 빚 때문에 신문기사를 쓰고 공개강연을 하는 등 부업을 해야 했지만, 그를 아는 모든 사람들은 그가 몇 년 동안 이렇게 행복해한 적은 없었다고 입을 모았다. 무엇보다도, 안니가 첫 아이를 임신했다.

낙원은 오래가지 않았다. 그의 어머니가 6월 중순에 갑자기 세상을 떠났고, 그는 큰 충격을 받았다. 그는 거의 평생 어머니를 "비중 높은 인적 요소"로 느끼고 있었고, 종종 "어머니에 대한 무조건적 애착, 무한한 신뢰"를 말하기도 했다.[19] 빈에서 어머니의 장례식을 치르고 돌아온 슘페터는 2주 만에 또 한 번 끔찍한 상실을 겪었다. 안니의 "끔찍한 죽음"을 지켜보아야 했던 것이다.[20] 안니는 출산 중에 세상을 떠났고, 태어난 사내아이는 채 네 시간도 세상에 머물지 못했다.

비더만에서의 대실패와 자기가 유일하게 친밀감을 느꼈던 두 사람의 죽음은 슘페터에게 영원한 상처를 남겼다. 그는 빚을 청산하는 데만 10년 이상이 걸렸고, 다시 한 번 재산을 일굴 기회는 아예 없었다. 그로부터 5~6년 뒤, 슘페터는 싱가포르에서 이런 편지를 썼다.

> 진정한 해방은 없습니다. 나쁜 기억들과 나쁜 예감들이 떨쳐지지 않습니다. [……] 나는 지금 멋진 배를 타고 고요한 대양에서 편안하고 안전한 듯하지만, 실책과 실패와 역경 등 1924년의 일들은 바로 지금 내 눈앞에 그 어느 때보다도 선명하게 떠오릅니다. 학문적으로도 신체적으로도 쇠락한다는 느낌이 들고, 이 느낌은 종종 죽음의 예감으로 압축됩니다.[21]

그러나 슘페터는 자본주의의 미래에 대해서는 놀라울 정도로 낙관적 태도를 유지했다. 경제학자 이스라엘 커즈너 Israel Kirzner에 따르면, 1920년대에 경기주기 연구들의 기본적 질문은 자본주의는 작동될 수 있는가,[22] 사유재산과 자유시장의 경제는 살아남을 수 있는가 하는 것이었다. 일찍이 카를 마르크스는 공황과 불황이 경제체제에 의해서 발생하며 결국은 경제체제를 파괴하리라고 생각했다. 반면에, 앨프리드 마셜은 불황의 원인이 경제 바깥에서 비롯되는 임의의 충격이라는 상반된 견해를 취했다. 슘페터는 경기순환이 체제에 내재적이되 본질적으로 체제에 유익하다고 봄으로써 마르크스를 물구나무 세웠다. "흔히 호황은 사회적 번영과 연결되고 불황은 생활수준의 하락과 연결되곤

한다. 그러나 우리가 보기에는 그렇지 않으며, 오히려 그 반대에 가깝다."[23]

슘페터는 1848년 이래 빈번한 위기와 불황에도 불구하고 생산과 생활수준은 몇 배씩 향상되었다는 것을 지적했다. 그가 보았을 때 성장이 간헐적으로 이루어지는 이유는 혁신이 "고른 시간차를 두고 이루어지는 것이 아니라 [……] 일어날 때 한꺼번에 불연속적으로 이루어진다"는 데 있었다.[24] 혁신은 모방자들을 낳았고, 또 한 차례의 투자를 낳았고, 이차적 혁신을 낳았다. 그러면 투자가 잦아들고 소비자 상품이 시장에 넘치면서, 가격은 낮아지고 비용은 올라갔다. 이윤이 축소되면서 불황이 야기되었다.

끝없는 탈구는 혁신과 생산력 상승과 생활수준 향상의 이면이었다. 슘페터의 경제발전 이론에서 보았을 때, 호황은 불황으로 이어지지만,("창조적 파괴의 영원한 돌풍") 경제는 본질적으로 안정적이었다. 체제가 위태롭다면, 위험의 원인은 정치에 있었다. 마르크스와 엥겔스는 불황을 실패의 신호이자 불안정의 원천으로 보았다. 슘페터는 정반대의 관점을 취했다. 순환은 발전의 원천이므로, 불황은 건강한 현상이었다. 곧, 불황은 비효율적 회사들을 몰아내는 방법이자 기업들로 하여금 비용을 조절하고 공정을 합리화하게 하는 방법이었다. 회사들과 업종들의 죽음은 인간들의 죽음만큼 불가피한 일이었다. 영원한 것은 없다면서, "업종과 개인의 지위와 생명의 형태와 문화적 가치와 여러 이상들은 거대한 경제적, 사회적 과정 속에 사회적 규모로 무너지고 결국 사라진다. 이 과정을 영구 차단할 수 있는 해법이란 없다."라고 슘페터는 단언했다. 그러나 죽음은 새로운 생명이 태어날 공간을 마련하는 것이기도 했다. 성장은 경영 수완, 노동 등의 자원들을 옛 업종에서 새 업종으로 전환시킬 것을 요구했다. 그러니 진보를 원하는 나라는 불황을 받아들여야만 했다. 슘페터가 즐겨 했던 말을 빌리자면, 좋든 싫든 "호황과 불황의 교체는 경제발전이 자본주의 시대에 취하는 형태"였다.[25]

전기 같은 엄청난 혁신이든 칫솔 같은 소소한 혁신이든, 혁신은 경제 유기체를 혁신시키는 간헐적인 "번영기"를 낳음과 동시에 "새로운 생산물이나 새로운 생산수단의 균형 파괴 효과"에서 비롯되는 간헐적인 "침체기"를 낳는 "일차적 원인"이었다. 불황은 엄청난 고통(실업증가, 임금하락, 손실, 파산)을 초래하지만, 오래 지속되지는 않았다. 슘페터는 "불황이 불쾌하게 느껴지는 것은 잠시이다. 불황으로 인해 결국 상품의 흐름이 풍요로워지고 생산이 일부 재편되고 생산비가 절감된다. 기업가의 이윤으로 나타났던 것이 결국 다른 계층들의 영구적인 실질소득 증가를 낳는다."라고 했다.[26] 슘페터가 보았을 때, 자전거가 쓰러지지 않으려면 계속 움직여야 하듯, 경제안정에는 지속적 변화가 필요했다.

본에서 그는 서로 다른 두 권의 저서에 몰두했고, 일군의 명석한 젊은 학생들을 가르쳤고, 신문 10여 곳에 칼럼을 실었고, 독일 기업들을 대상으로 하는 순회강연에 수백 시간을 쏟기도 했다. 그는 자신의 강박적 활동을 어마어마한 빚을 갚기 위한 불가피한 일로 정당화했지만, 그에게 이러한 활동은 진통제이기도 했다. 그의 상처 입은 가슴이 그대로 드러나 있는 그의 일기는 거의 후회와 자책의 카탈로그였다. 그는 어머니의 장례식 이후로 빈에 간 적이 한 번도 없었다.

1927년 가을, 어머니와 안니가 세상을 떠나고 2년 후, 슘페터는 하버드의 초빙교수직을 수락하고 두번째로 미국으로 건너갔다. 미국은 여전히 풍요롭고 활기차고 낙관적인 나라였고, 슘페터는 1912년만큼 매료되지는 않은 것 같지만 그래도 놀라워했다. 당시 몇몇 금융 전문가는 주식시장의 투기 거품에 대해 경고하고 있었다. 1928년 봄에 쓴 논문에서 슘페터는 호황이 지나면 주가가 폭락하고 생산량 감소 및 고실업의 시대가 오리라는 것을 선뜻 인정하면서도 "불안정이란 혁신 과정에서 비롯되는 현상이며, 시간이 지나면 바로잡히는 것이지 점점 악화되는 것은 아니다."라는 결론을 내렸다. 그가 보았을 때, 자본주의는 "경제적으로 안정적인 체제, 심지어 점점 안정적이 되는 체제"였다.[27]

뉴욕 공립도서관 주열람실에서 큰 키, 흑발, 약간 허름한 옷차림에 어딘가 레온 트로츠키를 닮은 청년이 변색된 《뉴욕 타임스》를 읽고 있었다. 그가 찾는 기사는 전쟁 막바지의 몇 달 동안 나온 오스트리아-헝가리 제국군에 대한 기사였다. 금속테 안경 뒤의 푸른 눈동자는 몇 번씩 놀라움에 휘둥그레졌다. 내 인생에 닥친 한 사건에 대해서 내가 알고 있는 줄로 알고 있던 모든 것이 거짓이었음을 세계를 반 바퀴 돌아 온 곳에서 알게 되는 것은 얼마나 초현실적일까.

그는 루트비히 비트겐슈타인의 사촌이자 오스트리아-헝가리 제국군 상등병 출신의 프리드리히 폰 하이에크였다. 모든 빈 시민과 마찬가지로 오스트리아 언론에 냉소적이었던 그였지만, 그럼에도 그는 충격에 휩싸였다. 그때까지 그는 피아베 강 공세가 대담한 전략적 도박이었으며 여러 가지 실책으로 인해 실패하고 말았다는 오스트리아 언론의 주장을 믿고 있었는데, 《타임스》를 보니 미국과 영국의 종군기자들은 피아베 강 공세가 있기 몇 **주** 전에 이미 오스트리아-헝가리 제국군의 패배를 만장일치로 확신하고 있었다니. 거짓말 하나에 수십만 명의 생명이 헛되이 낭비되었다는 뜻이었다. 하이에크도 자칫 그중 하나가 될 뻔했다.

1918년 8월, 하이에크는 붕괴 중인 군대에 휩쓸려 있었다. 군대는 이탈리아에서 알프스 산맥을 넘어 아비규환 속에 퇴각 중이었다. 우여곡절 끝에 빈에 도착한 그는 빈 대학에 법학도로 등록했다. 외교관의 꿈은 포기한 후였다. 후일 그는 자신이 사회과학에 관심을 가졌던 이유를 전쟁(특히 다국적군에서 복무했던 경험)에서 찾았다. 사회는 어떻게 군대식 강제에 의존하지 않으면서 상충하는 욕망과 이해관계를 화해시킬 수 있을까? 언어가 다르고 문화가 다르고 교육받은 것이 다른 개인들이 어떻게 소통할 수 있으며 어떻게 공동의 행동에 동의할 수 있을까? 오스트리아-헝가리 제국군의 고장 난 지휘체계는 하이에크에게 답을 주지 못했지만, 참호전 전술은 하이에크에게 독서할 시간을 주었다. 그가 몇 번씩 읽은 책 중에는 난해한 정치경제학 책 두 권이 포함돼 있었다.

빈 대학은 석탄과 전등과 식량의 부족 탓에 제대로 굴러가지 않는 상황이었지만, 하이에크는 그곳에서 헤르베르트 푸르트Herbert Furth라는 법학도와 절친한 친구가 되었다. 푸르트는 하이에크와 마찬가지로 참전 군인이었으며, 피아베 강 공세에서 심한 부상을 입기도 했다. 푸르트의 아버지는 빈 시의원이었고, 푸르트의 어머니는 오스트리아 최초의 여성참정권 운동가였다. 푸르트는 하이에크에게 오스트리아 사회에 동화된 비교적 부유한 유대인 집안의 세련된 좌익 학생 한 무리를 소개해주었다. 푸르트 무리는 오페라 맞은편 란트만 카페에서 어울리면서 마르크스주의와 정신분석학에 대해 토론했다. 하이에크는 이 변호사,

교수, 사업가의 아들들이 자기 또래 청년 중에 가장 자신만만하고 세계주의적이라고 생각했다. 나중에 하이에크는 "그들에게 프랑스와 영국의 지성계에서 벌어지는 일은 독일어권에서 벌어지는 일 못지않게 친숙했다."라고 회상했다. 하이에크는 그들을 통해서 버트런드 러셀과 H. G. 웰스, 프루스트와 크로체Benedetto Croce를 발견했고, "정신적인 것에 진심으로 헌신한다는 것이 출세의 기술에 서툴다는 뜻일 필요는 없다."라는 것을 납득했다.²⁸

전후 빈 대학 학생정치의 지배이념은 악성 가톨릭 민족주의와 과격 공산주의였다. 페이비언 사회당을 자처하는 하이에크와 푸르트에게는 둘 다 혐오의 대상이었다. 그들은 열심히 대안을 찾았고, 입학 첫 학기에 온건 사회주의 단체인 민주학생연합을 조직했다.

하이에크는 프리드리히 폰 비저(제국의 마지막 재정장관이자 당시 오스트리아에서 가장 유력했던 세계적 강연자)의 강의를 들었고, 카를 멩거와 오이겐 폰 뵘-바베르크 같은 오스트리아 경제사상가들의 저작을 읽었다. 그러나 빈이 커피숍 1만 개의 도시, 심각한 주택 부족의 도시, 능력을 발휘할 일자리가 없는 잉여 지식인의 도시였다는 것에서도 짐작되듯, 하이에크의 가장 중요한 교육은 카페에서 이루어지는 동급생들과의 토론이었다. 하이에크와 푸르트는 3학년 때 격주 세미나를 조직하면서, 세미나 이름을 장난삼아 '가이스트 서클Geist-Kreis'이라고 정했다. '가이스트'는 '성령'을 뜻하기도 하고, 교령회에서 불러내는 속세의 영혼(나아가 악령)을 뜻하기도 한다. 스무 명 남짓의 세미나 회원은 희곡작품에서 논리실증주의까지 여러 문화 테마들을 토론했다. 회원들 중에는 경제학자 오스카어 모르겐슈테른Oskar Morgenstern, 고트프리트 하베를

프리드리히 폰 하이에크는 1차대전 중에 오스트리아-헝가리 제국군 상등병이었다. 그가 시장과 현대경제가 어떻게 작동하는가에 관심을 가지게 된 것도 참호 속이었다. 2차대전 중에 하이에크는 『예속의 길』을 집필함으로써 비트겐슈타인의 훈계를 따랐다. 지휘통제 경제를 통렬하게 공격하는 저서였. 하이에크의 사촌 루트비히 비트겐슈타인은 항공 엔지니어 출신 철학자로서 천재의 임무는 불편한 진실을 말하고 '발설할 수 없는 것'을 발설하는 것이라는 말로 청년 하이에크에게 감동을 주었다.

러Gottfried Haberler, 프리츠 마흘루프Fritz Machlup, 철학자 에리히 뵈겔린 Erich Voegelin, 수학자 카를 멩거Karl Menger,(카를 멩거Carl Menger의 아들이었다.) 그리고 여타 역사가, 미술사 연구자, 음악학자, 문학비평가 등이 있었다.

하이에크는 1922년 봄에 법학박사 학위를 받았다. 초인플레이션의 절정기였다. 그는 곧 전시 손해배상 청구 담당부서에서 하급 공무원 자리를 얻었다. 이 자리는 아인슈타인의 스위스 특허청 자리처럼 가벼운 한직이었고, 덕분에 하이에크는 정치학으로 두번째 박사학위를 취득할 수 있었다. 그의 한 친구는 하이에크처럼 봉급이 9개월 사이에 5000크로네에서 100만 크로네로 오르는 경험을 하게 되면 "사람의 사유방향이 바뀔 수 있다."라고 말하기도 했다.[29] 이 말 자체는 과장일 수 있겠지만, 아인슈타인이 베른 특허청에 앉아 졸았던 경험을 계기로 특수상대성 이론에 관심을 가지게 되었다고 말해도 무방하듯, 하이에크가 급여의 폭발적 상승과 구매력의 감소를 경험함으로써 화폐의 역할에 관심을 가지게 되었다고 말해도 무방할 것이다. 하이에크는 국채에 투자하는 것보다는 고서를 수집하는 것을 선호하는 사람이었지만, 언젠가 오스트리아 중앙은행 총재가 되겠다는 백일몽을 꾸기 시작했다.

또 다른 극적인 국면이 하이에크의 관심을 끌었다. 1919년에 볼셰비키가 이행한 "벼락같은 사회화"[30] 그리고 레너 정부가 내놓은 핵심업종들의 국유화 제안은 빈의 좌익 지식인들에게 사회주의는 가능한가, 사회주의는 재화를 조달할 수 있는가, 계획된 내용은 실현 가능한가 하는 절실한 질문을 던졌다. 이미 독일 사회학자 막스 베버Max Weber는 절대로 "아니다."라고 대답했다.[31] 외무장관 오토 바우어와 요제프 슘페

터는 둘 다 "그렇다."라고 말했지만, 후자의 긍정은 "적절한 상황"에 한정돼 있었다.[32]

하이에크의 고용인이자 스승이었던 자유주의 경제학자 루트비히 폰 미제스는 이 논쟁을 새로운 학문적 차원으로 몰고 갔다. 「집단경제 Die Gemeinwirtschaft」라는 도발적인 논문에서 미제스는 논증의 초점을 정보로 이동함으로써 논증을 재구성했다. 그의 전제는 경제란 컴퓨터, 곧 수학 문제를 푸는 기계와 같다는 것이었다. 그가 보았을 때 중앙계획경제는 미지수의 수를 등식의 수로 축소하는 데 필요한 데이터가 부족하고, 따라서 수요와 공급의 균형을 가져오는 가격을 계산할 수단이 부족했다.

미제스는 계획자들이 소비자 재화 및 용역의 목록을 작성할 수 있다는 점은 인정했지만, 아울러 일련의 질문을 던졌다. 그렇다고 해도 무슨 일이 되겠는가? 예를 들면, 당국은 소비자들이 생각하는 자동차의 가치가 노동, 철제, 고무 등 자동차를 생산하기 위해 희생되어야 할 자원의 가치보다 크다는 것을 무슨 수로 확신하겠는가? 자동차와 버스가 똑같은 자원으로 만들어진다고 할 때, 당국은 자동차가 버스보다 소비자에게 더 쓸모 있으리라는 것을 무슨 수로 알겠는가?

미제스가 보았을 때 개별 기업체 및 소비자는 시장경제에서 이와 같은 계산을 행하기 위해서 가격 데이터를 사용한다. 자동차를 만드는 비용이 소비자가 자동차에 기꺼이 지출할 금액보다 높은가 낮은가 하는 질문을 해보자. 비용 계산법은 노동시간, 철제와 고무의 무게, 판매비용, 유통비용, 기타 비용들을 합산하고 여기에 가격을 곱한 후 전부 더하는 것이다. 소비자가 자동차에 부여하는 가치의 계산법은 판매

가격에 자동차 수량을 곱하는 것이다. 자동차를 생산하는 것이 타당한가? 비용이 수익보다 낮다면, 계속 생산해도 좋다. 자동차를 만드는 비용이 소비자가 기꺼이 지불하리라고 예상되는 자동차 값보다 비싸다면 자동차 생산을 재고해야 할 것이다.

미제스가 보았을 때 계획이 시장을 대체하는 것의 문제점은 시장이 없으면 계산하는 데 필요한 시장가격도 없다는 점이다. 가격을 임의로 정하면 안 될까? 안 될 것은 없다. 그러나 생산자가 시장을 위해서 생산하지 않고 구매자가 시장에서 구매하지 않는다면 그 가격은 **시장**가격이 아닐 것이다. 그 가격은 상품을 필요로 하는 소비자의 주관적 기호를 반영하지도 못할 것이고 상품공급 여부를 정하는 업체의 계산을 반영하지도 못할 것이다.(실시간 가격도 마찬가지일 것이다.) 시장가격이 아니라면 합리적 결정을 내리는 데 필요한 정보를 제공해주지 못할 것이다. 내가 지금 수익을 최대한 이용하고 있는 것인지 아니면 엉뚱하게 낭비하고 있는 것인지 알 수가 없다는 얘기다.

사회주의화 논쟁은 그리고 시장이 정보를 계산하고 전달하는 역할을 한다는 미제스의 시장관은 하이에크에게 엄청난 감명을 주었다. 하이에크는 이것을 영감으로 삼아 집세 통제에 대한 논문을 썼다. 심각한 주택 부족 문제는 전쟁의 유산 중 하나였고, 당시 많은 가구에게 이 문제는 식량 부족이나 일자리 부족에 못지않은 힘든 문제가 되고 있었다. 1922년에 푸르트의 아버지를 비롯한 베를린 시의회의 사회민주당 의원들은 집세를 전쟁 전 네 배 수준으로 고정시키기로 결정했다. 소비자 물가지수는 1921년 1월 이래 110배 오른 상황이었으니, 시의회는 부지불식중에 집세 축제를 연 것이었다. 주택 부족 문제에 대한 해법이라기에는 이상한 결정이었다. 규제가 시행되자마자, 신축이 중단되고 기존 건물은 더 낙후되고 과밀과 노숙은 점점 심해졌다. 빈민층을 보호하기 위한 정책이었지만, 사람들은 계속 거처를 구하지 못했고, 불평등은 더욱 심해졌고, 투자할 수 있는 저축은 줄어들었으니, 실패한 정책이었다.[33]

1923~1924학년도에 그리니치 빌리지의 뉴욕 대학에서 연합국 배상위원회의 통화전문가 제러마이아 휘플 젱크스Jeremiah Whipple Jenks의 연구조교 자리가 났을 때, 하이에크는 재빨리 기회를 잡았다.(일찍이 비어트리스 웨브는 젱크스의 매너와 외모를 보고 미국인들에 대한 편견을 확인한 적이 있었다.) 하이에크가 단돈 몇 달러만 쥐고 뉴욕으로 건너갔을 당시, 젱크스는 자기의 두번째 교수직이 있는 코넬 대학으로 떠난 이후였다. 젱크스가 떠났다는 것을 안 하이에크는 어이가 없었다.

하이에크가 6번가의 한 식당에서 접시 닦는 일을 해야 할 찰나에, 젱크스가 돌아와서 하이에크를 구해주었다. 하이에크는 젱크스를 위해 데이터를 수집하는 한편으로, 뉴욕 대학에서 강의를 들었고, 기계류와 공장건물 등의 자본재의 가격이 어떻게 책정되는가에 대한 책을 쓰기 시작했고, 10년째를 맞은 연방준비제의 실적을 분석하는 긴 논문을 완성했다. 슘페터가 써준 소개장을 들고 어빙 피셔를 만나기도 했고, 미국 경기순환 연구의 선두주자였던 컬럼비아 대학에서 웨슬리 미첼Wesley C. Mitchell과 존 베이츠 클라크John Bates Clark의 강의를 도강하기도 했다.

하이에크가 뉴욕으로 온 가장 큰 이유는 호황과 불황에 대한 미국의 사유에 대해서 가능한 한 많은 것을 배우기 위해서였다. 그는 자본주의가 가능한가 하는 추상적 질문보다는 경제예측이 가능한가에 관심이 있었다. 생산량이나 물가의 6개월 뒤 또는 1년 뒤를 예측하는 것이 가능할까? 다시 말해, 통화당국이 사전에 인플레이션이나 디플레이션의 싹을 잘라내게 할 수 있을 만큼 정확한 예측이 가능할까? 하이에크의 입장에서는 이런 질문들이 학술적인 질문만은 아니었다. 하이에크를 젱크스에게 추천한 것이 미제스였는데, 이미 미제스는 하이에크에게 경기순환 연구 프로그램을 개시하는 문제와 빈 상공회의소에서 경제예측을 내놓는 문제를 이야기해둔 상황이었다.

하이에크는 뉴욕에 두 해째 체류할 기회를 바랐겠지만, 그가 록펠러 재단으로부터 연구비 지급이 갱신되었다는 소식을 들은 것은 유럽으로 가는 배 위에서였다. 1924년 5월 말에 그는 빈으로 돌아와 손해배상 부서의 지루한 자리를 지켰다. 그는 불행하고 우울했다. 뉴욕에 건너가기 전에 그는 같은 부서에서 비서로 일하던 사촌 헬레네 비털리히 Helene Bitterlich와 사랑에 빠졌고, 떨어져 지내기 전에 빨리 약혼을 하자고 말할 참이었다. 그러나 결국은 그 말을 못하고 떠났고, 돌아온 후에는 자신에게 몹시 화가 났다. 그가 없는 동안 그녀는 다른 남자와 결혼해버렸던 것이다.

그는 미제스의 개인 세미나에 초대받으면서 기운을 차렸다. 이 세미나는 "빈에서 가장 중요한 (어쩌면 중유럽에서 가장 중요한) 경제 토론장"이었다. 이 세미나 참석자들로는 가이스트 서클 출신 10여 명을 포함해서 경제학자 슈테피 브라운Steffi Braun, 철학자 펠릭스 카우프만Felix Kaufman과 알프레드 슈츠Alfred Schutz와 프리츠 슈라이어Fritz Schreier, 역사가 프리드리히 엥겔-야노시Friedrich Engel-Jánosi 등이 있었다. 하이에크가 이 세미나에서 발표한 첫 논문은 빈의 집세 규제 분석이었다.

폰 미제스는 상공회의소에 하이에크의 자리를 마련하려고 애썼다. 그리고 그 일이 잘 안 되자 충분한 기금을 마련해 오스트리아 경기순환연구소라는 독립 예측기관을 설립한 후 하이에크를 그 책임자로 앉혔다. 연구소 모델은 하이에크가 미국에서 방문했던 미국의 사설 학술단체들이었고, 하이에크는 연구소 초대 소장이 되었다. 이로써 하이에크는 서른의 나이에 외국 유사 단체들과 연계하는 연구소를 운영하며 국내외 독자를 대상으로 경제예측 월간지를 출판하는 인물이 되었다. 단, 직원은 타자수 두 명과 사무원 한 명이 전부였다.

1928년에 하이에크는 뉴욕에 있을 때 쓰기 시작한 『화폐이론과 경기순환Monetary Theory and the Business Cycle』라는 책을 빈 대학 '교수 자격 심사 논문'으로 제출했다. 런던정경대학의 젊은 노동층 자유당원으로 학문적 동지를 찾고 있던 라이어넬 로빈스Lionel Robbins는 하이에크의 '저축의 역설'이라는 시범강의를 듣고 큰 감명을 받았다. 로빈스는 하이에크에게 런던으로 올 생각이 없냐고 묻기도 하고 하이에크 연구소의 월간지 최근호에 실린 예측에 관심을 표하기도 했다. 1929년 2월호에 실린 하이에크의 예측은 미국 증시 호황이 붕괴하기까지 세계 금리는 떨어지지 않으리라는 것이었다. 하이에크가 보았을 때, "호황은 몇 달 내로 붕괴할 것"이었다.[34]

9장

낙관주의:
1920년대의 케인스와 피셔

> 우리는 세계가 개선될 수 있다는 사실을 점차 알아가고 있다. 정치경제학은 더 이상 암담한 학문이 아니다.
> — 어빙 피셔, 1908[1]

> 우리는 이른바 "경기순환"을 통제하고 축소할 수 있는 지침을 따라야 한다.
> — 어빙 피셔, 1925[2]

1차대전으로 인해 케인스가 자신의 진로를 정해야 할 시기가 미뤄졌다. 한때 케인스의 바람은 철도를 경영하는 것이었지만, 1차대전 이후에 철도는 예전처럼 매력 있는 분야가 아니었다. 이제 대세는 금융이었다. 변동환율, 전쟁부채, 급한 신용 수요, 말썽 많은 배상 문제 등이 차용업, 대부업, 보험업을 완전히 바꾸어놓았다. 한때는 고루하면서도 신비로웠던 금융업이 이제는 가장 급속도로 성장하는 업종이었다. 회의론자들이 보는 금융업은 초대형 카지노 그 자체였다.

'여우 같은' 오즈월드 포크Oswald "Foxy" Falk는 케인스가 전쟁 중에 재무부에 영입한 증권 중개인 친구였는데, 그가 이제 케인스를 '시티 City'에 발을 들이게 했다. 케인스는 그로부터 1년 만에 한 보험회사 회장이 되었다. 케인스는 보험에 대해서 아무것도 모르는 사람이었다. 투자 포트폴리오를 다변화하는 것이 바람직한지에 대해서도 모르고 있었다. 케인스는 처음으로 이사회를 주재하는 자리에서 생명보험 회사는 "오로지 한 곳에 투자해야 하며, 그 한 곳은 매일 바뀌어야 한다."라고 말하기도 했다.³

케인스가 투자 리스크와 투자수익률 사이의 균형이라는 피셔의 개념을 떠올리지 못한 것을 보면 그것이 얼마나 새로운 개념이었는가를 알 수 있다. 굳이 깨달아야 하나 싶을 만큼 자명해 보이는 많은 개념들이 한때는 좀처럼 이해할 수 없는 어려운 개념이었듯이, 모든 달걀들을 한 바구니에 담는 것이 위험하다는 개념이 당시에는 아인슈타인의 중력이론 못지않게 난해한 개념이었다.

케인스의 일은 보험회사 운영이 다가 아니었다. 전쟁 중에 글로벌 금본위제도와 고정환율(일종의 국제 단일통화)이 붕괴하고 변동환율로 대체되면서, 세상은 외환투기꾼의 낙원이 되었다. 케인스는 프랑, 달러, 파운드로 투기에 나섰고, 1919년 가을과 1920년 봄에는 투기 성공으로 쇠라Georges Seurat, 피카소Pablo Picasso, 마티스Henri Matisse, 르누아르Pierre-Auguste Renoir, 세잔의 그림들을 구매할 수 있었다. 케인스의 신탁자금이던 블룸즈버리 친구 여러 명이 그랬듯이, 케인스의 아버지는 아무 걱정 없이 아들에게 수천 파운드의 관리를 맡겨놓고 있었는데, 케인스는 아버지에게 "물론 위험부담이 있는 일이지만, 포크와 나는 여기에 우리의 평판이 달려 있다는 걸 알고 있으니까 신중을 기할 생각입니다."라고 장담했다. 이어지는 아들의 말("이러한 거액의 판돈을 따느냐 잃느냐 하는 것이 재미있습니다.")을 아버지는 경종으로 느끼지 못했다.⁴

마음이 이렇게 들떠버린 케인스는 1920년 봄에 버네사 벨과 던컨 그랜트를 데리고 폭풍 같은 유럽 관광길에 올랐다. 세 사람은 미국의 예술사 연구자이자 르네상스 화가들의 홍보업자 버나드 베런슨Bernard Berenson이 사는 피렌체의 이 타티I Tatti 빌라를 찾아가기도 했다. 케인스와 그랜트는 집주인 앞에서 서로 상대방인 척하면서 주로 자기네들 끼리 재미있어 했다. 하지만 그들이 주로 했던 일은 쇼핑이었다. 적은 돈에 알뜰한 케인스조차 가죽장갑 열일곱 켤레를 샀다. 3월에 케인스는 자기가 거느린 신디케이트(금융연합체)를 위해 달러를 장기간 가지고 있기로 정한 상태였다.(비슷한 시기에 빈에서 요제프 슘페터는 자기대로 거액의 판돈을 거는 참이었다.) 영국의 물가는 미국보다 빠르게 오르고 있었고,(유럽은 더 빨리 오르고 있었다.) 케인스는 파운드가 달러에 비해서 약화되리라고 추론했다. 논리적으로는 옳은 추론이었지만, 타이밍에서는 그렇지 못했다. 케인스가 런던으로 돌아오자마자, 프랑과 마르크와 리라의 가치가 달러에 비해서 내리기는커녕 오히려 오르기 시작했다. 펀더멘털이 회복될 무렵, 케인스는 완전히 나자빠졌다. 케인스의 수익 1만 4000파운드는 어느새 1만 3000파운드가 넘는 손실로 바뀌어 있었다. 놀랍게도, 케인스에 투자했던 사람들은 케인스의 재능에 대한 신뢰를 거두지 않았다. 케인스의 아버지와 친구들은 케인스가 곧 손실(케인스 자신의 손실과 자기들의 손실)을 만회하리라고 확신했고, 케인스의 브로커는 케인스가 7000파운드를 예치할 수 있다면 계좌를 재개설하기로 합의했다. 더욱 놀랍게도, 이런 신뢰감은 옳았던 것으로 판명되었다. 1924년 말이 되면,

케인스는 이미 부자였다.

　베스트셀러의 저자로 성공한 케인스는 점점 익숙해져가는 생활 방식을 유지할 자금을 마련하기 위해 저널리즘으로 돌아서 있었다. 그의 글은 《맨체스터 가디언Manchester Guardian》과 비버브룩 경Lord Beaverbrook의 런던 《이브닝 스탠더드Evening Standard》와 미국 《뉴 리퍼블릭New Republic》에 실렸다. 그의 전기작가 로버트 스키델스키에 따르면, 케인스가 20년대에 글로 벌어들인 돈은 그의 소득의 3분의 1이었고, 그의 언론업의 절정은 웨브 부부와 G. B. 쇼가 창간한 좌익 정치 주간지 《신정치인》의 발행인이 된 일이었다. 그의 전기작가 중 하나인 피터 클라크Peter Clarke에 따르면, 케인스는 "생각을 가지고 생각 없는 사람들을 공격"하는 일을 통해 자신의 재능이 얼마나 광범위한가를 보여주는 것 같았다.[5]

　1922년에 케인스가 택한 주제는 화폐와 은행이었다. 화폐경제학은 1차대전 이전에는 주로 미국 경제학의 주제였지만, 어빙 피셔(케임브리지에서 사실상 유일하게 진지하게 받아들여지던 미국의 경제학 이론가)는 케인스에게 화폐가 "실물" 경제에 당시 통용되던 이론에서 생각하는 정도보다 훨씬 강한 영향을 미친다는 확신을 심어주었던 것이다.[6] 런던에서 일단의 사업가들을 대상으로 하는 연설에서 케인스가 호황과 불황의 열쇠가 "신용의 창출과 파괴"라는 피셔의 관점에 공명했던 것은 일찍이 1913년의 일이었다. (케인스가 피셔를 조지 5세의 대관식에서 만난 것은 그로부터 2년 전이었다.)[7] 전쟁 후에 나타나는 경제적 무질서는 피셔의 주장을 뒷받침하는 듯했다.

　이러한 새로운 착상에 열광했던 케인스는 자기가 생각하고 집필했던 내용들을 한 권의 책으로 정리했다. 그것이 1923년에 나온 『화폐개혁론 A Tract on Monetary Reform』이었다.

1914년 이래로 화폐가치는 엄청난 규모의 변동을 겪어왔으므로, 이러한 변동은 그에 수반되는 모든 것과 함께 현대세계의 경제사에서 가장 중대한 사건 중 하나가 되었다. 금, 은, 지폐를 막론하고 모든 표준들의 이러한 변동은 사상 유례 없는 규모로 일어났을 뿐 아니라, 가치의 표준이 어느 정도 안정적이라는 전제에 의존하는 정도가 과거의 그 어느 사회보다 심한 경제체제에서 일어났다.

그가 밝히고자 한 것은, 인플레이션과 디플레이션은 투자자들과 사업가들이 결정의 효과를 계산하는 것을 어렵게 만든다는 것, 그리고 저축이냐 투자냐에 대한 결정을 일반 사람들이 인식하는 정도보다 훨씬 심각하게 왜곡시킨다는 것이었다. 그렇지만 이와 함께 케인스는 자기와 피셔가 동의하는 좀 더 일반적인 사항 한 가지를 밝히고자 했다. "우리는 가치표준의 조절이 의도와 결정의 문제가 되도록 허용하는 데 반대하는 뿌리 깊은 불신으로부터 벗어나야 한다. 우리는 더 이상 [상황을 저절로 되어가는 대로] 내버려둘 여유가 없다." 인플레이션의 해악은 기존의 부를 자의적으로 재분배함으로써 국민들 사이에 집단을 나누어 싸움을 붙이고 결국 민주주의를 잠식한다는 것이었다. 디플레이션의 해악은 일자리와 소득을 파괴함으로써 새로운 부의 창출을 지연시킨다는 것이었다.

두 가지 해악을 놓고 저울질할 필요는 없다. 그보다는 둘 다 피해야 할 해악이라는 데 동의하는 것이 쉽다. 오늘날의 개인주의적 자본주의는, 저축을 개별 투자자에게 맡기고 생산은 개별 고용주에게 맡긴다는 바로 그 이유에서, 안정적 가치척도를 상정한다. 오늘날의 개인주의적 자본주의는, 안정적 가치척도가 없다면, 효율적일 수 없다.(아마 살아남지도 못할 것이다.)

케인스는 자신의 주요한 메시지, 즉 해결책이 존재한다는 메시지를 재차 강조한다. "해결책은 [……] 가치표준을 관리하는 것, 다시 말해, 어떤 일이 발생할 때마다(그냥 내버려둔다면 물가수준 전반에 변화를 초래하리라고 예상되는 어떤 일이 발생할 때마다) 관리당국이 이러한 예상을 해소할 조치를 취하는 것이리라." 그런데 화폐를 "의도와 결정의 문제"로 삼지 못한다면, 위험한 공백이 남겨질 것이다. 이러한 공백이 있었을 때, "많은 대중적인 해결책은 [……] 자체로는 해결책(보조금, 가격 및 집세의 고정, 부당이득자의 색출, 과잉수익에 대한 과세)이었지만, 결국은 해악이 되었고, 그것도 심각한 해악이 되었다".

"장기적으로 보면, 우리는 모두 죽는다."라는 케인스의 가장 유명한 말은 『화폐개혁론』에 나온다. "장기적으로 보는 것으로는 현재의 문제를 해결할 수 없다. 장기적으로 보면, 우리는 모두 죽는다. 폭풍우가 몰아칠 때 경제학자들이 할 수 있는 말이 폭풍우가 지나가면 바다가 잔잔해진다는 것뿐이라면, 경제학자들의 일은 너무 쉽고 너무 쓸데없다."[8] 나중에 슘페터 등 비판론자들은 이 경박한 말이 통화 및 재정을 조정하는 단기적 경기부양책의 인플레이션 효과에 대한 케인스의 무관심을 뜻한다고 해석했다. 그러나 이 말이 나온 맥락을 보면, 케인스가 인플레이션과 디플레이션이 적극적인 관리 없이 저절로 해결되리라는 생각을 공격하고 있었음은 분명하다. 그가 말하고자 하는 것은 국가가 두 가지 불완전한 목표 사이에서 신중한 선택을 할 수밖에 없다는 것이었다. 이것은 케인스가 피셔에게 빌려온 생각이었으며, 케인스는 피셔를 가리켜 "물가안정을 외환안정보다 우선시했다는 점에서 선구자"라고 칭했다.[9] 자본이 국경을 자유롭게 넘나드는 세계에서, 각각의 나라는 수입품과 수출품을 고정가격으로 할 것인가 아니면 국내에서 생산되는 재화와 용역을 고정가격으로 할 것인가를 선택해야 했다. 동시에 할 수는 없었다. 하나를 선택해야 했다. 케인스는 자기가 어떤 쪽을 선호하는지를 분명히 밝혔다. 케인스가 보았을 때, 국내물가 안정은 사회적 분열을 초래할 재산 이전과 고실업을 회피하는 데 가장 중요했다.

1차대전은 금본위제를 초토화시켰다. 1875년부터 영국 정부는 잉글랜드은행에서 6파운드가 금 1트로이온스와 교환되는 것을 보장했고, 잉글랜드은행은 파운드 공급이 그 패리티(전환가격에 대한 주가의 비율)를 유지하는 데 필요한 속도보다 빨라지거나 늦어지지 않게 하는 일을 했다. 여타 나라들이 자국의 통화를 금에 고정시키면서, 모든 "경화", 곧 모든 금본위 통화 간 환율이 고정되는 효과를 낳았다. 예를 들면, 미국 정부는 30달러가 금 1트로이온스와 교환되는 것을 보장했으므로, 1파운드는 5달러와 등가였다. 바꾸어 말하면, 경제학자 폴 크루그먼Paul Krugman이 말한 대로, 19세기 금본위제는 거의 잉글랜드은행이 규제하는 세계 단일통화처럼 작동했다.

전쟁이 발발했을 때, 참전국들은 무기를 사고 군대를 먹이기 위해 속속 금본위제를 폐지했다. 전쟁이 끝난 후, 영국 정치가들과 재무장관들의 성배는 가능한 한 빨리 금본위로 돌아가는 것이었다. 전전 금본위로의 회복을 가장 강력하게 지지한 정치가는 윈스턴 처칠이었다. 당시 그는 보수당에 복당한 후였고, 새롭게 집권한 토리당 정부의 지도자 스탠리 볼드윈Stanley Baldwin이 그를 재무장관으로 임명한 상황이었다.

1925년 3월 17일, 케인스는 처칠 장관과 운명적 만찬을 가졌다. 그 자리에서 케인스는 파운드를 전전 패리티(금과 교환하는 가격에 대한 주가의 비율)로 되돌리는 경우, 파운드가 극도로 과대평가되리라는 것을 납득시키고자 했다. 이것은 케인스와 어빙 피셔가 언론에서 오랫동안 주장한 내용이었다. 파운드 강세는 영국의 금융산업에는 요긴하겠지만 오래된 수출산업(특히 섬유와 석탄)을 저해할 것이고 결국 대량실업을 초래할 것이라는 주장이었다. 케인스의 주장은 먹혀들지 않았다. 후일 처칠이 1918년 선거공약을 회고하면서 말한 것처럼, "이것은 경제적 사안이 아니라 정치적 결단"이었다.[10]

"처칠 씨의 경제적 귀결"(케인스는 이 표현을 자기가 몇 달 후에 쓴 소책자 제목으로 삼기도 했다.)은 케인스와 피셔 등 반대론자들이 이미 예측했던 것과 대개 정확하게 일치했다. 새로운 정책이 파운드의 외환가치를 10퍼센트 인상시키리라 내다본 잉글랜드은행은, 1924년 12월, 할인율을 4퍼센트에서 5퍼센트로 인상했다. 뉴욕 할인율에 비해 1퍼센트포인트나 높은 수치였다. 이 인상조치의 목적은 미국 단기자금들을 런던으로 끌어들임으로써 파운드 수요를 자극하는 것이었다. 이자율 상승이 새로운 신용의 흐름을 제한하고 파운드 강세가 수출 수요를 약화시킴에 따라, 한편으로는 영국 중공업에 구멍이 생겼고, 다른 한편으로는 영국 북부에서 실업이 급증했다. 케인스는 불황의 원인을 처칠이 자신의 조언을 듣지 않은 데서 찾았다.

여기서 시간을 조금 뒤로 돌려야 하겠다. 돈을 벌고 힘을 쏟을 만한 일을 찾은 케인스는 자기가 어떤 삶을 살고 싶은가에 대해 더 많이 생각하기 시작했다. 30대 후반이었고, 뭔가 허전했다. 1921년과 1922년의 상당 기간 동안 케인스는 케임브리지 대학에서 강의할 때 만난 미남 대학생들 중 하나였던 서배스천 스프롯Sebastian Sprott을 자기의 "배우자"라고 생각했다. 다른 연애관계들도 있었다. 하지만 10년 전의 던컨 그랜트와의 관계만큼 강렬한 관계는 없었다. 모든 관계들이 그의 불만을 가중시킬 뿐이었다. 그도 잘 알고 있었듯이 이런 관계로는 자신의 윤택하고 다채로운 삶, 점점 대중에게 공개되는 삶을 공유할 파트너를 여러 가지 이유에서(동성애가 불법이자 사회적으로 용인받지 못한다는 것도 그 이유 중 하나였다.) 절대로 얻을 수 없었던 것이다.

케인스는 항상 가족의 품에서 행복했다. 옛 블룸즈버리 친구들은 대개 결혼해서 가정을 꾸리고 자녀를 둔 상태였다. 그런 친구들은 케인스도 비슷한 생활을 하게 되리라고 예상하고 있었지만, 케인스가 어떤 여자를 택했는지를 알게 되자 처음에는 놀랐고 나중에는 경악했다. 케인스가 택한 여자는 육감적인 몸매와 이상한 유머감각을 갖추었으되 별로 지성적이지는 못한 듯한 러시아 발레리나였다. 케인스가 리디아 로포코바Lydia Lopokova를 만난 것은 러시아 발레단의 공연 오프닝에서였다. 그때 그녀는 코믹한 춤을 추는 역할이었다. 그들의 열애는 1921년

5월에 케인스가 그녀를 자기 아파트 위층 블룸즈버리 아지트에 묵게 할 핑계를 찾아내면서 시작되었다. 주인이었던 버네사 벨은 그때까지만 해도 아무것도 모르고 있었다. 그로부터 4년 후인 1925년 8월 3일, 그들은 런던에서 결혼했다. 거창한 팡파르가 울려퍼졌고 밖에는 엄청난 군중이 모였다. 케인스는 결혼을 앞두고 서리의 틸턴영지를 샀고, 트위드를 입고 영지 안을 거닐면서 돼지와 밀을 살피는 시골 지주 행세를 즐겼다.

신혼여행지는 러시아였다. 케인스는 처음에 상트페테르부르크에서는 처가의 손님이었고, 나중에 모스크바에서는 소비에트 정부의 귀빈이었다. 다른 몇몇 케임브리지 교수들과 함께 러시아 과학아카데미 200주년 기념식에 대학 대표자로 초대받은 것이었다. 케인스의 귀빈 일정은 경제계획부와 국영은행을 참관하고 러시아어「햄릿」과 발레를 관람하고 끝없는 연회에 참석하는 것이었다. 케인스가 버지니아 울프에게 보낸 편지에 따르면, 케인스는 주최측으로부터 선물받은 "다이아몬드 메달 세트에 당황했다". 케인스와 리디아가 여행을 마치고 울프가 사는 서리에 나타났을 때, 케인스는 영국 지주 같은 트위드 차림이 아니라 톨스토이 같은 자수 셔츠와 아스트라한 모피모자 차림이었다. 나중에 울프는 자기에게도 친구이고 케인스에게도 친구인 사람들을 위해 케인스의 러시아 여행담을 요약해주었다.

첩자가 사방에. 언론의 자유는 없는 상태. 돈에 대한 욕심은 근절된 상태. 공동체 생활. [……] 발레를 존경함. 세잔과 마티스의 일류 전시회가 열림. 신사모 차림의 공산주의자들이 끝없이 지나감. 엄청나게 비싸지만 샴페인도 있음. 요리는 유럽 최고. 연회는 8:30에 시작해서 2:30까지 계속됨. [……] 엄청나게 호화로운 옛 황실기차. 차르의 접시에 담긴 식사.

케인스는 한편으로는 평소대로 저널리스트의 재능을 발휘해 디테일을 묘사하고 장난기를 자랑하고 우스운 모순을 폭로했지만, 한편으로는 분석가의 기량을 발휘해 외관과 현실을 구분했다. 다른 귀빈들은 소비에트 노동자의 처지에 믿을 수 없을 만큼 감명을 받은 상태로 모스크바를 떠났다. 소비에트 노동자는 서양 노동자에 비해 좋은 음식을 먹고 좋은 옷을 입고 좋은 집에 살 뿐 아니라 서양 노동자와 달리 실업을 걱정할 필요도 없다고 보았던 것이다. 하지만 케인스는 《신정치인》에서 소비에트의 경제 '기적'이 포템킨 마을[전시용 마을—옮긴이]이라고 말할 수 있었다. 케인스가 보았을 때, 평균 도시노동자는 전전에 비해 실제로 더 잘살았고, 도시노동자의 "생활수준은 그의 생산량이 정당화할 수 있는 정도보다 높"았다. 그러나 소비에트 시민 일곱 중 여섯은 소농이었고, 그들은 차르 시대보다 훨씬 가혹하게 착취당하고 있었다.

> 프롤레타리아 노동자는 물론 공산당 정부의 특별보호대상이며, 공산당 정부는 농민을 착취함으로써 프롤레타리아 노동자를 (상대적으로 말해서) 잘살게 해줄 수 있다. (지세가 예산의 주요항목이기는 하지만) 농민을 착취하는 공식수단은 과세라기보다 가격정책이다.

모스크바 당국이 노동자에게 농민이 버는 돈의 두세 배를 지불할 수 있었던 것은 농민의 소출을 세계시장 가격보다 한참 낮은 가격으로 강제 매입한다는 간단한 조치 덕분이었다. 이 조치는 대다수 러시아인들의 생활수준을 하락시켰을 뿐 아니라 경제를 붕괴시키는 결과를 낳았다. 농업생산량("이 나라의 진짜 부")이 감소 중이었고, 농업소득이 감소 중이었고, 통제 불능의 농촌 대탈출이 진행 중이었다. 모스크바와 상트페테르부르크는 노숙하는 불법체류자로 가득했고, 두 도시의 실업률은 공식적으로는 0퍼센트였지만 실제로는 20~25퍼센트에 가까웠다. 케인스는 "러시아 농민의 실질임금은 과거의 절반에 그치는 반면에 러시아 공장노동자는 사상 유례없는 과밀과 실업에 시달린다."라고 결론을 내렸다.[11]

그는 소비에트 당국의 귀빈으로 있으면서 자멸적 정책을 철회하라고 조언하기도 했지만, 소비에트 경제가 "낮은 효율성"과 낮은 생활수준에도 불구하고 "생존할 수 없을 만큼 비효율적이지는 않다."라는 것은 인정했다. 또한, 그는 10년이 지나면 "러시아의 생활수준은 전쟁 이전보다 높아지는 반면 모든 다른 나라의 생활수준은 낮아질 것"이라는 스탈린의 부사령관 그리고리 지노비에프Grigory Zinoviev의 예언을 반박하지도 않았다.[12] 단, 그가 그 예언을 반박하지 않은 것은 그저 서양에 대한 거리낌 때문이었다. 상트페테르부르크에 사는 그의 처가 식구들이 박해받고 있어서였는지, 아니면 그가 잔인함보다 비효율성과 볼품없음과 어리석음을 더 혐오하는 사람이라서였는지, 어쨌든 그는 소비에트 러시아가 서구를 구원할 열쇠라는 통념을 떨쳐버렸다.

진흙탕을 생선보다 더 좋아하고 상스러운 프롤레타리아를 부르주아와 인텔리겐차보다 높게 보는 독트린을 내가 무슨 수로 받아들일 수 있겠는가? 부르주아와 인텔리겐차는, 어떠한 결점이 있는지 몰라도, 양질의 삶이고 분명 모든 인간적 진보의 씨앗을 품고 있지 않은가? 우리가 종교가 필요하다 하더라도, 그것을 빨갱이 책방의 탁한 쓰레기 속에서 찾을 수는 없지 않겠는가?

블룸즈버리의 편견을 드러내면서, 케인스는 "진흙탕"과 "쓰레기"의 원인을 "러시아인의 본성(지금처럼 러시아인과 유대인이 동맹하는 경우라면, 러시아인과 유대인의 본성)에 내재하는 모종의 더러움"에서 찾았다.[13] 《뉴 리퍼블릭》 편집장이 케인스에게 미국 독자들을 위해 이 모욕적 문장을 삭제할 것을 요청했을 때, 케인스는 완강하게 거부했다.

1925년 후반과 1926년 초반에, 케인스는 잠시 화폐 문제에서 멀어졌다. 온 나라와 함께, 케인스는 석탄 부호들과 광부들 사이의 추한 분쟁 그리고 전국적 파업의 위험에 매료되었다. 파운드 강세의 첫 피해자는 점점 낙후되는 영국의 석탄산업이었다. 이 산업은 이미 과잉설비, 노후한 테크놀로지, 고비용, 서툰 경영에 시달리고 있었다. 사주와 노조가 임금삭감을 둘러싸고 교착상태에 빠진 후, 보수당 정부는 시간을 벌고자 광부의 임금에 보조금을 지급했다. 그러나 보조금 지급이 만료되는 시점이 다가올 때까지 교착상태는 풀리지 않았고 파업이 임박한 듯했다. 자유당에 있는 케인스의 친구들은, 보수당 쪽과는 다르게, 파업이 혁명으로 가는 첫 단계라고는 생각지 않았다. 그럼에도 그들은 파업행위는 불법이고 위헌이고 민주주의에 대한 공격이리라고 주장하면서 정부를 지지했다. 광부들에 동조한 케인스는 타협안을 내놓으면서 논쟁에 끼어들었다.(처칠의 결정은 그들 탓이 아니었다.) 노조 측이 소폭의 임금삭감을 받아들이고 사주 측이 가장 효율성이 떨어지는 갱도를 폐쇄한다면, 그 대가로 정부가 보조금을 계속 지급한다는 타협안, 모두가 승리하는 타협안이었다.

그것은 희망사항이었다. 1926년 5월의 열흘 총파업은 실패작이었다. 광부들은 그로부터 6개월을 더 버텼지만, 결국 굶주림에 몰린 광부들은 자기들이 거부했던 바로 그 조건으로 갱도로 돌아갈 수밖에 없었다. 그러나 그러는 사이에 자유당은 두 편으로 갈라졌다. 케인스는 결국 옛 숙적 로이드 조지와 한편이 되었고 당내의 옛 친구들과 대립했다.(로이드 조지는 정부의 강경대응을 공격했다.) 케인스의 새 친구들 중에는 비어트리스 웨브가 있었다.(케인스는 웨브를 오찬 자리에서 여러 번 만났다.) 웨브는 케인스가 광부 편을 든 원인을 최근의 결혼에서 찾았다.

> 그전까지 나는 그에게 별로 끌리지 않았다. 누가 내게 그에 대해 물었다면, 뛰어나고, 거만하고, 사회학적 발견을 하려는 마음은 있는지 몰라도 사회학적 발견을 할 만한 인내심은 없는 사람이라고 평했을 것이다. 그러나 [……] 케인스가 그 매력적인 러시아 무용수 아가씨와 연애결혼을 하면서 가난과 고통에 대한 공감대가 일깨워졌다.[14]

웨브가 날카롭게 평가했듯이, 케인스는 각료로 가치가 있을지 몰라도, 무리(부유한 은행업자들이 됐든, 노조가 됐든, 프롤레타리아 문화가 됐든, 과시적 애국심이 됐든)에 반감을 가지고 있는 탓에 정치에는 적합하지 않은 인물이었다.

케인스는 투자의 재능에 힘입어 미술품을 수집했을 뿐 아니라 화가들과 작가들을 수집했다. 젊은 날의 위대한 연인은 화가 던컨 그랜트(왼쪽)였다. 그는 케인스의 대부분의 보헤미안 친구들과 마찬가지로 1차대전에서 병역을 거부했고 케인스에게 양심적 병역거부자 지위를 얻을 것을 종용했다.

블룸즈버리 친구들이 놀라움과 난색을 표하는 가운데, 케인스는 러시아 발레리나 리디아 로포코바와 결혼했다. 그녀는 세르게이 디아길레프의 러시아 발레 순회공연단 단원이었다. 이상한 유머감각을 지녔고, 엉터리 영어를 구사했고, 지적 허영심이 없었던 그녀는 그의 평생의 연인이 되었다.

9월, 케인스는 베를린에 와서 "자유방임주의의 종말"에 대한 공식 강연과 함께 총파업에 대한 비공식 현황보고를 하고 있었다. 베를린 대학에 모인 청중은 케인스를 열광적으로 환영했다.(영국인을 그렇게 환영하는 것은 드문 일이었다.) 케인스는 베르사유 평화조약을 공격하고 프랑스의 루르 점령을 비난하고 배상 축소 및 해외차관 패키지를 지지함으로써 영웅이 되었다. 당시는 도스 플랜Dawes Plan이 개시되면서 독일 배상액이 대폭 축소되고 외국 차관(대부분 미국 차관)이 쏟아져 들어온 시기였다. 돈이 넘치는 바이마르는 이민자들과 외국인들을 유인하면서 황금기를 구가하고 있었다. 케인스는 바빌론 같은 독일 공기에 현기증을 느낄 정도였다.

케인스는 옛 친구 카를 멜키오르와 재회했고,(둘 다 못 만난 사이에 기혼자가 돼 있었다.) 알베르트 아인슈타인과는 처음이자 마지막으로 만났다. 두 사람에 대한 케인스의 반응에는 돈에 대한 블룸즈버리 풍의 혐오, 그리고 독일문화가 이질적 문화에 의해서 오염되고 있다는 강박관념이 가미돼 있었다. 케인스는 이런 말을 되뇌었다.

[아인슈타인은] 유대인이었다. [……] 내 친구 멜키오르도 유대인이다. 그렇지만 내가 만약 여기 살면 반유대주의자가 될 것 같았다. 프로이센 대중은 [아인슈타인 등 장난꾸러기 요정 유의 유대인이 아닌] 다른 유의 유대인에 대처하기에는 발걸음이 너무 느리고 무겁다. 그런 유의 유대인은 요정이 아니라 작은 뿔과 쇠스랑과 미끌미끌한 꼬리를 가진, 시류를 따르는 악마들이다. 한 문명이 모든 돈과 권력과 두뇌를 손에 넣은 불순한 유대인들의 추한 손아귀에 놀아나는 것을 보는 것은 그리 유쾌한 일이 아니다.

나라면 차라리 통통한 독일 주부와 굵은 뼈마디의 떠돌이 일꾼에 투표를 하겠다.[15]

이렇듯 케인스는 똑똑한 악마 쪽을 선호하면서도 이상하게 반대쪽에 있는 느리고 무겁고 마디 굵은 대중과 잠시 동일시하는데, 이것은 공감에서 우러났다기보다는 회유를 꾀하는 동일시로서, 군중에 대한 두려움이 반영돼 있었다. 군중에 대한 두려움이라는 테마는 "자유방임주의의 죽음"이라는 그의 공식 담화에서 비교적 덜 불쾌한 형태로 되풀이되었다. 민주주의 정부가 국민의 경제상황을 우연에 맡길 만큼 어리석다면 폭력을 감수할 수밖에 없다는 연설이었다.

케인스는 1920년대 내내 케임브리지에서 강의를 계속했다. 한 대학생은 케인스가 "교수라기보다 증권 브로커 같았고, 시골에서 주말연휴를 보내는 도시 사람 같았다."라고 회고했다.[16] 그럼에도, 그의 매력과 명성은 많은 수강생을 끌어모았다. 월요일 밤이면, 케인스의 킹스 칼리지 숙소는 비공개 정치경제학 클럽이 되었고, 여기에 똑똑한 대학생들과 야심 있는 교수들이 참석했다.

케인스는 1928년 3월 27일에 자유당 정치가 모임에서 "놀고 있는 자원을 이용해 부를 늘립시다. 여력이 없다는 말을 하기 전에 일단 모든 사람들과 모든 공장들을 가동시킵시다."[17]라고 했다. 총파업 당시에 케인스는 새로운 경기관리 이론들의 패키지가 영국의 실업 문제에 대한 해법으로서 우파가 주장하는 비싼 관세와 좌파가 주장하는 비싼 세금에 대한 대안이 될 수 있으리라 여기고 있었다. 케인스의 새 협력자 로이드 조지는 적극적으로 정치적 재기를 꾀하며 새로운 철학을 뒤지고 있었다. 케인스는 케임브리지 대학을 대표하는 자유당 후보로 나설까를 잠시 고려했지만 며칠간의 고심 끝에 생각을 바꾸었다. 대신 케인스는 1929년 봄에 로이드 조지의 총선공약의 입안자가 되었다. 바꾸어 말하면, 케인스의 『고용, 이자, 화폐에 대한 일반이론 A General Theory of Employment, Interest and Money』의 맹아는 선거운동이라는 페트리접시에서 배양되었다.

케인스는 불평등이 아닌 불안정을 자본주의의 큰 위협으로 간주했다. 그가 불평등이라고 생각하는 것은 빈부격차가 아니라 자의적 이득과 손실(고된 노동, 절약, 기발한 착상과 무관한 이득과 손실)이었다. 케인스가 펼친 주장은 어빙 피셔가 펼쳤던 주장과 똑같았다. "19세기에 안정과 정의를 가장 심하게 방해했던 것은 [……] 물가수준의 변동이었다." 따라서 "가장 시급하고 중요한 조치는 [……] 새로운 화폐제도를 수립하는 일"이었다.[18] 웨브와는 달리 케인스는 계급투쟁 정치를 거부했다. 계급투쟁 정치를 하기에는 너무 엘리트주의자였던 것이다. 케인스는 노동당이 "평균 이상으로 성공했고 평균 이상으로 능숙하고 평균 이상으로 근면하고 평균 이상으로 검소한 모든 사람에게 적대적 태도를 보인다. 이 정당은 계급정당이고, 이 계급은 내 계급이 아니다. [……] 나는 내 눈에 정의와 양식으로 보이는 것에 영향을 받을 수 있는 사람이지만, 계급투쟁에서는 교육받은 부르주아 편에 설 것이다."라고 투덜댔다.[19]

로이드 조지는 1919년에 케인스로부터 "악의 화신"이라는 비난을 당했고, 선거자금을 대가로 특혜를 베풀고 바람을 피우는 등 수차례에 걸친 윤리적 과실로 1922년에 공직을 박탈당했다. 그렇지만 이 "웨일스의 마법사"는 아직 자유당에 그리고 케인스에게 영향을 미치고 있었다. 1920년대의 대부분을 기본적으로 실직상태로 보낸 그는 자신의 처트 영지를 경제 싱크탱크로 삼고, 자신의 에너지와 시간, 그리고 자기 관리 하에 있던 당 자금을 자유당 프로그램을 짜는 데 쏟아부었다. 이제 그는 실업과의 투쟁이라는 플랜을 가지고 복귀를 계획 중이었다. 그리고 케인스는 이 선거운동의 책임 경제학자였다.

1919년 이후 영국에서 실업이 100만 명 아래로 떨어진 적은 한 번도 없었고, 해마다 조금씩 증가해 결국 1929년에는 10퍼센트에 이르렀다. 당시에 영국은 1차대전의 여파로부터 아직 완전하게 회복되지 못하고 있었다. 세계무역은 증가 중이었지만 영국 수출량은 감소했다. 1913년에 영국은 세계 최고 수출국이었던 반면, 1929년에는 미국에 뒤지는 2위로 떨어져 있었다.[20] 세계 소비자는 점점 석유와 화학과 자동차와 영화 등 신흥 산업 생산물을 원하고 있었던 반면에, 세계 작업장은 오래된 굴뚝산업(석탄, 철강, 섬유, 조선)이 주를 이루는 상황이었다. 게다가 국민 평균치는 영국의 부유한 남부와 고질적 불황에 시달리는 북부 산업지역 간의 극심한 간극을 은폐함으로써 영국이 두 개의 나라(부유한 나라와 가난한 나라)로 갈라져 있다는, 19세기의 '굶주린 40년대'를 기억나게 하는 오래된 개념을 부활시켰다.

1927년 9월 25일, 케인스는 로이드 조지의 호출로 처트에 온 열네 명의 교수들 중 하나였다. "새 급진주의의 초석을 놓고자 하는 소수"의 은밀한 모임이었다.[21] 케인스는 로이드 조지의 보고서 「영국 산업의 미래 Britain's Industrial Future」를 공동 집필했다.(로이드 조지가 연구비 1만 파운드를 댔다.) 보고서는 결국 1928년 2월 초에 세상에 나왔고, 노란색 표지 때문에 곧 '옐로북'이라고 불렸다. 케인스는 H. G. 웰스에게 보낸 편지에서 두 번 다시 "이런 규모의 공동 저술에 말려드는 것"은 사양이라고 투덜거렸지만, 그럼에도 이 백서가 "정치-산업 영역에서 실용화 가능한 것들의 목록을 작성하는 꽤 진지한 노력"임을 인정했다.[22]

케인스에게 이 보고서는 제조회사가 금융회사와 어떻게 다른지를 배울 첫번째 기회가 되었다. 케인스는 자유당 후보자들에게 기업의 규모가 커지는 경향은 테크놀로지와 금융에서 비롯되는 경향일 뿐 아니라 팔리지 않은 재고에서 비롯되는 경향이라고 말했다. 대기업은 자연발생적으로 생겨난 것이니 그렇게 받아들여져야 한다는 것이었다. 이러한 태도는 슘페터가 거대기업들을 열렬히 지지했던 태도와는 사뭇 달랐지만, 분명 비사회주의적인 태도였다.

"우리는 실업을 퇴치할 수 있다."가 자유당의 1929년 선거구호였다. 3월 1일, 로이드 조지는 1년 내에 실업을 '정상적' 비율로 줄인다는 드라마틱한 공약을 발표했다.[23] 로이드 조지의 프로그램의 핵심은 거대한 적자재정을 통한 공공사업 프로그램으로 경제를 강제 부양하는 것이었다. 성장을 높이면 세입이 발생해 도로, 하수도, 전화선, 송전, 신축 주택 등의 비용을 감당할 수 있을 것이고, 실업보험이 노동자 임금을 감당할 수 있을 것이라는 생각이었다. 그로부터 채 3주가 안 된 시점에서 케인스는 「자유당 공약은 실행 가능한가?」라는 팸플릿을 들고 가세했다. 재무부가 공공사업 일자리는 민간기업 일자리의 대체물일 뿐이라고 반박하자, 케인스는 「로이드 조지가 해낼 수 있을까?」라는 두번째 소책자로 재반박에 나섰다.

> 현재 실직 중인 많은 근로자가 실업급여 대신 임금을 수령할 것이고, 이로써 실질 구매력이 늘 것이고, 이로써 거래 전반이 활성화될 것이다. 또 호황이나 불황이나 누적적으로 작용하므로, 거래량은 한번 늘어나면 더욱 늘어나게 된다.[24]

스키델스키에 따르면, 이것은 승수 개념의 맹아였다. 승수 개념이란 그로부터 2년 뒤에 케인스의 미소년 중 하나인 리처드 칸Richard Kahn이 발전시킨 개념인데, 이 개념에 따르자면, 정부 지출에서 1달러 증가는 민간 지출에서 1달러 이상의 증가를 낳는데, 그 이유는 지출 증가분의 취득자가 일차로 소비를 늘리면 고용과 소득의 증가를 낳게 되고, 이로써 이차로 지출이 증가하고 이는 계속 이어지기 때문이다.(단, 일차 증가분은 이차보다 적을 수 있다.)

5월 30일 총선을 앞둔 시점에서, 여느 때와 다름없이 자신만만했던 케인스는 자유당이 100석을 얻는다는 데 내기를 걸었다. 그러나 자유당은 59개 의석을 얻는 데 그쳤고, 이로써 로이드 조지의 정치적 이력은 사실상 끝났다. 아울러 케인스는 내깃돈 160파운드를 잃었다. 잃은 돈을 벌충해준 것은 윈스턴 처칠에게 딴 10파운드뿐이었다. 또한 케인스는 선거 결과 탓에 당시 쓰고 있던 『화폐론Treatise on Money』의 상당 부분을 다시 써야 했다. 1929년 여름, 케인스는 책을 쓰고, 영국 최초의 유성영화 중 하나인 「검붉은 장미Dark Red Roses」에 포함될 5분짜리 발레 장면을 찍고, 테니스를 하고, 정부의 공공사업 자문위원 오즈월드

모즐리Oswald Mosley(당시 노동당의 떠오르는 별이었고, 1930년대에는 파시스트가 된다.)를 만나면서 낙원 같은 시간을 보냈다. 케인스에게 유일하게 짜증나는 일은 상품투기의 결과가 좋지 않았다는 것이었다. 그는 고무, 옥수수, 면화, 주석 등에 깊이 관여하고 있었는데, 1928년에 갑자기 시장의 공격을 받은 그는 손실을 만회하기 위해 주식 포트폴리오 일부를 매각하지 않을 수 없었다.

어빙 피셔가 처음 가솔린 자동차를 산 것은 1916년이었다. 바로 전에 몰던 상자형 슈퍼디럭스 디트로이트 전기자동차는 그가 샀던 가장 비싼 모델이었지만, 매일 밤 차고까지 몰고 와서 재충전을 해야 했고 최고시속은 25마일에 불과했다. 매년 수천 마일을 주행하는 그는 이제 최신형 고연비 닷지 자동차로 도로를 누비게 되었다. 뉴욕과 보스턴을 연결하는 고속도로는 아직 비포장에 바퀴 자국과 패인 곳이 많아 바퀴가 빠지는 등 사고의 위험이 컸지만, 피셔에게 새 자동차는 "거의 거칠 것이 없는 앞길을 열어주었다."[25] 1920년대 내내 피셔는 대략 2년마다 새 자동차를 장만했다. 피셔와 피셔의 나라가 점점 번영하고 있었으니, 자동차도 점점 좋아졌다. 1920년대 말까지, 피셔의 자동차 중에는 링컨이 있었고, 라살 컨버터블이 있었고 최신형 스턴스나이트가 있었다.(영국이 롤스로이스라면, 미국은 스턴스나이트였다.) 그리고 피셔는 제이 개츠비가 그랬듯이 아일랜드 운전기사를 고용했다.

1929년까지 미국에서 다섯 가구 중 한 가구가 자동차를 소유하게 되었다. 피셔가 1914년에 예측했던 대로, 전쟁이 끝나자 미국은 세계에서 가장 크고 가장 강한 경제가 되어 있었다. 영국이나 프랑스와는 상황이 달랐다.

> 1차대전이 낳은 것은 경제적 손실만은 아니었다. 1차대전은 간혹 경제적, 사회적 이득을 낳기도 했다. 더구나 1차대전은 전쟁이 경제적으로 이득이 될지 손해가 될지를 어느 정도 결정할 수 있는 전략적, 경제적 정책을 입안하는 일이 정부의 손에 달려 있다는 것, 곧 정부란 아무것도 할 수 없는 상황의 포로가 아니라는 것을 모든 교전국들에게 보여주는 계기였다.[26]

전시 생산과 영국과 유럽을 대상으로 하는 전시 수출 덕에 미국은 1918년까지 영국의 연간 생산량을 앞지르게 되었다.[27] 미국의 경제는 독일과 오스트리아에서처럼 붕괴하거나 영국에서처럼 통화당국에 의해서 질식하는 대신, 1921년부터 전후 경기침체에서 회복되기 시작했다. 1920년대 중반에 두 차례 경기침체가 있었고 각각 1년 남짓 계속되었지만 강도가 아주 미미했던 덕에 미국 국민들은 (농민들을 제외하면) 의식하지 못한 채로 지나갔다. 1921년부터 1929년까지 통틀어, 연평균 경제성장률은 4퍼센트였던 반면, 실업률은 평균 5퍼센트 이하였다. 1929년에 경제규모와 1인당 소득은 1921년에 비해 각각 40퍼센트와 20퍼센트 올랐다. 놀라운 성장이었다. 한 나라가 10년이라는 기간 동안 이만한 성장을 이룬 예는 이후로 거의 없었다.[28]

새로운 형태의 에너지가 얼마나 급격한 변화를 가져오는지를 평균 수치로는 제대로 표현할 수 없다. 이것은 새로운 생활방식의 시작이었다. 바야흐로 자동차, 교외주택, 캘리포니아, 석유, 전화, 일간신문, 주식시세, 냉장고, 선풍기, 전기조명, 라디오, 영화, 직장여성, 가족 규모 축소, 노조 가입 감소, 상점가로 대표되는 현대였다. 그때껏 없었던 은퇴라는 개념이 60세 이상의 노인들 사이에 퍼졌다. 철도업무를 프레더릭 윈슬로 테일러Frederick Winslow Taylor가 개척한 원리에 따라서 조직할 경우 임금지출 증가분을 메울 요금인상이 불필요해진다는 루이스 브랜다이스Louis Brandeis의 주장이 성공을 거둔 후 "과학적 경영"과 "테일러주의"는 기업의 새로운 유행어가 되었다. 당시의 RCA와 AT&T는 지금으로 치면 마이크로소프트Microsoft와 구글Google이었다. 19세기에 미국의 부의 거대한 원천이었던 농장, 탄광, 모직공장, 신발공장 등의 옛 경제는 이제 급속히 낙후되었다.

앨프리드 마셜 세대에게 이동과 통신의 한계를 파괴했던 것은 기선, 철도, 전신이었다. 피셔 세대에게 그것은 자동차와 전화였다. 자동차와 전화는 여행과 장거리 통신을 개별화하는 진전이었다. 비어트리스 웨브가 처음 자전거를 갖게 되었을 때 운전기사 없이 몇 마일을 갈 수 있다는 데 기뻐했던 것과 마찬가지로, 피셔는 시간표로부터 벗어났다는 데 열광했다. 대량생산으로 인해 자동차, 라디오, 전화, 선풍기, 냉장고, 조립식 주택의 대중적 소유가 가능해졌으며, 이러한 대중적 소유로 인해서 교외생활은 매력 있고 그렇게 부담스럽지 않은 생활이 되었다. 소비자는 다이얼을 돌리고 스위치를 올리고 운전석에 앉도록 해주는, 주인 되는 도구들을 손에 넣고 있었다.

웨브는 절대로 자동차 운전을 하지 않으려고 했고, 제프리 케인스Geoffrey Keynes는 자기 형을 가리켜 "차에 반대하는 차량 혐오자, 모든 형태의 차를 조롱하는 차량 조롱꾼"이라고 칭하기도 했던 반면,[29] 미국은 자동차와 시간절약 기기들을 사랑하는 나라였고, 피셔는 그 사랑의 화신이었다. 피셔는 1922년 3월에 첫 라디오 강연을 마친 후, 라디오 수신기 두 대를 주문했다. 아들에게 보낸 편지에서 피셔는 이번이 "아마 내 강연에 가장 많은 청중이 모인 때다."라고 했다. "내게 보이지도 않고 들리지도 않고 실은 존재한다고 믿어지지도 않는 청중"을 대상으로 한 이 강연에서 피셔는 신설된 대서양횡단 방송이 "전 세계를 이웃으로" 만들어주었다고 했다.[30] 린드버그Charles Lindbergh라는 스물다섯 살의 미국 우편물 수송기 조종사가 1927년에 단발엔진 단엽기로 롱아일랜드에서 파리까지 직항 비행한 사건이 있고 나서 얼마 후에, 파리에 가 있던 피셔는 신설된 대서양횡단 전화를 이용해 로드아일랜드에 있는 아내, 뉴저지에 있는 어머니, 오하이오에 있는 사위와 9분간의 그룹 통화를 성사시켰다. 어빙 주니어는 피셔가 "손목시계 초침에서 눈을 떼지 않았다."라고 회고했다.[31] 그 무렵에 이미 피셔는 대부분의 업무상 통신에는 전화를 이용했고, 저술에는 거의 '딕터폰[구술녹음기—옮긴이]'을 이용했다. 바쁠 때는 '올리베티' 타자기를 치는 타자수에게 받아쓰게 했다.(그런데 그는 거의 항상 바빴다.) 그의 가내 사무실이 그의 뉴헤이븐 저택 3층을 완전히 집어삼킨 지는 이미 오래였다. 서류 정리장과 타자 책상 등이 복도와 계단통까지 넘쳐흘렀다. 약 8~10명의 "각종 여성"으로 이루어진 그의 직원들은 유리 송화기가 달린 전화기를 사용했고, 사무실 공기를 상쾌하게 하는 오존 발생기의 기계음에 맞춰 타자기를 두드렸다.

당시 피셔는 국제연맹, 이민제한, 환경보존을 위해 싸우고 국민보험을 포함하는 국민보건 개혁을 위해 싸우는 데 대부분의 시간을 할애

하고 있었다. 그의 생활수칙들도 그의 대의들과 다르지 않았다. 피셔 저택 맨 위층의 사실상 전체가 가내 체육관(피셔가 "자신의 신체 엔진을 최상으로 유지하기 위해 마련한 차고")이었다. 그는 건강식품과 비타민뿐 아니라 운동장비 마니아였다. 체육관 안에는 곤봉, 아령, 역기, 로잉머신, 전기 캐비닛, 태양등이 가득했고, 그의 자녀들이 전기의자같이 생겼다고 말한 진동의자와 이국적인 전신 마사지 기계도 있었다."[32] 1929년 당시, 피셔가 고용한 직원들 중에는 전업 주치의와 트레이너도 있었다.

피셔는 누누이 역사란 인간의 가능성을 호도하는 잘못된 지침이라고 주장했다. 1926년에 한 공중보건단체에서 행한 연설에서[33] 피셔는 인간은 소비 한계치에 도달하지 못한 것 못지않게 수명 한계치에 도달하지 못했다고 말하면서 진짜 한계치는 무려 100살이라고 주장했다. 또 피셔는 1931년이 되면 영국 남자의 기대수명이 1871년에 비해서 거의 20년 늘어나리라고 했다.[34] 또 피셔는 종전 무렵에는 아홉 명당 여섯 명이 '병약'과 '신체손상'에서 '위독' 사이였던 것과 달리 이제는 열 명당 일곱 명이 인생을 즐기고 나날의 노동을 감당할 수 있을 만큼 건강한 상태라는 점을 지적했다.[35] 또 피셔는 2000년이 되면 평균수명이 58세에서 82세로 늘어나리라고 보았는데, 이 예측은 정확한 것으로 밝혀졌다.[36]

인간의 개선 가능성에 대한, 그리고 과학과 자유기업 체제의 무한한 진보 가능성에 대한 피셔의 믿음은 20년대 호황과 나란히 커져갔다.

세계가 개선 가능하다는 사실이 점차 일깨워지고 있다. 정치경제학은 더 이상 맬서스적 인구증가 탓에 기아임금이 불가피하다는 것을 가르치는 "암담한 학문"이 아니다. 지금 정치경제학은 빈곤을 없애는 문제들과 본격적으로 그리고 희망적으로 씨름하고 있다. 마찬가지로, 생물학의 최신 분야라고 할 수 있는 우생학은 죽음이 숙명이라는 독트린, 곧 해마다 현재의 고정된 비율로 불가피한 희생자가 나온다는 낡은 독트린을 거부했다. 이 숙명론적 신조 대신 지금 우리는 "인간의 힘으로 모든 기생병을 제거할 수 있다."라는 파스퇴르Louis Pasteur의 자신감을 갖고 있다.[37]

피셔는 미국우생학회의 공동 설립자 겸 초대 회장이 되었다. 우생학(결혼, 건강, 출입국 관리에 적용된 유전학)은 결코 페이비언만의 대의가 아니었다. 인간의 선별적 교배는 스파르타의 영아살해에서부터 영국 귀족층의 난해한 짝짓기 의식에 이르기까지 대부분의 사회에서 다양한 형태로 이루어져왔으니 말이다. 그러다가 후기 빅토리아 시대에 의학과 과학이 발전하고 개혁 정신이 팽배하면서 우생학이라는 이름이 생기고 이 분야가 엄청난 인기를 얻었다. 찰스 다윈의 사촌 프랜시스 골턴(리처드 포터의 절친한 친구 중 하나)은 우생학 분야의 아버지로 간주되고 있다. 찰스 다윈의 아들 레너드 다윈Leonard Darwin 소령은 1911년에 국제우생학회를 설립했다. 비어트리스 웨브와 시드니 웨브는 물론이고 G. B. 쇼와 H. G. 웰스 등의 저명한 페이비언들은 대부분 열성적 우생학자였다. 케인스는 영국우생학회의 부회장과 이사, 그리고 영국우생학회 케임브리지 지회의 회계를 역임했으며, 우생학을 "사회학의 가장 중요하고 의미 있는 지류, 덧붙이자면 가장 진정한 지류"라고 생각했다.[38] 우생학은 초당적 대의였다. 1902년에서 1905년까지 보수파 총리를 역임한 아서 밸푸어 같은 보수주의자도, 윈스턴 처칠도, 2차대전 이후의 영국복지국가를 입안한 베버리지 경도, 작가 레너드 울프Leonard Woolf 와 버지니아 울프도, 페미니스트 빅토리아 우드훌Victoria Woodhull과 마거릿 생어Margaret Sanger도 모두 열성적 우생학자였다.

공정하게 말하자면, 1910년이나 1920년의 우생학은 나치의 집단학살이나 짐 크로Jim Crow와 연결되어 평판이 나빠진 1970년대 이후의 우생학과는 다른 것이다. 1912년에 런던에서 열린 제1차 국제회의의 "전체적인 분위기"는 "보수적"이었다.(피셔도 참석자 중 하나였다.)[39] 피셔와 케인스는 자유주의자였고, 특히 피셔는 인종차별 반대론자로서 "큐 클럭스 클랜Ku Klux Klan 같은 단체를 떠받치는 인종편견이나 기타 반사회적 편견들을 [……] 몰아내는 일"에 전념하는 인물이었다.[40] 단, 피셔와 미국우생학회는 1924년 이민법의 주요 막후세력이었다. 피셔에 따르면, 이 법의 목표는 "전에 유럽의 구제시설들이 우리 쪽에 내다버린 극단적 부적격자들의 이민"[41] 뿐 아니라 남유럽과 동유럽으로부터의 이민을 전체적으로 대폭 축소하는 것이었다.

그때껏 피셔가 강조했던 것은 인플레이션과 디플레이션이 채무자와 채권자에게 미치는 악영향, 인플레이션과 디플레이션으로 인한 부의 자의적 재분배, 그리고 인플레이션과 디플레이션에 대한 정부의 "잘못된 치료법" 정도였다.(피셔가 보았을 때, 피해자 구제를 목표하는 정부 치료법은 "미개한 의술이 그렇듯 무익할 뿐 아니라 유해"했다.)[42] 그때껏 피셔는 물가변동의 중요한 역할을 인식하지 못한 것은 물론이고, 물가변동을 고용 및 생산의 증대 및 감소와 연결시키지도 못하고 있었다. 예를 들어, 1911년에 나온 그의

『경제학 원리』의 색인에는 **호황**, **불황**, **실업** 등의 항목들이 아예 없다.

짧았지만 급격했던 1920~1921년 경기침체 이후, 피셔는 정부의 실업 대책 쪽에 관심을 가지게 되었다. 1895년 당시, 미국 연방정부는 경제활동 수준 전반을 관리할 방법도 없었고 관리해야 할 책임도 없었다. 정부의 규모가 경제의 규모에 비해서 작았다. 세금이란 정부활동(주로 군사활동)의 자금을 마련하는 수단이었고, 관세란 특정 산업들을 지원해주는 방식이었다. 통화 창출은 은행들의 일이었고, 통화 창출 페이스를 결정하는 것은 세계 금 공급 증가율이었다. 당시는 19세기였고 금본위제였다.

이제 미국에는 일종의 중앙은행이 있었고,(연방준비위가 만들어진 것이 1913년이었다.) 통화 창출과 대출을 장려하거나 저지하는 방식으로 경제활동 수준에 영향을 미칠 재량권이 있었다. 피셔는 극심한 경기침체를 경험하면서, 연방준비위가 전시 인플레이션을 되돌리는 과정에서 브레이크를 너무 세게, 너무 오래 잡고 있었다고 판단했다. 또 피셔는 농부들과 공장노동자들 사이에 확산된 고충을 관찰하면서,(농부들의 고충은 1890년대를 환기시켰다.) 물가 불안정으로 인해 가장 큰 피해를 입는 영역이 생산과 고용이라고 판단했다. 20년대에 피셔가 중점적으로 연구하게 된 분야는 통화 창출에서 고용 창출로 이어지는 그 인과의 사슬이었다.

피셔의 관심은 서서히 호황과 불황으로, 그리고 화폐가 경제의 안정과 변덕에 미치는 영향으로 이동 중이었다. 피셔는 화폐 및 신용 공급 변동이 인플레이션과 디플레이션을 초래할 뿐 아니라 경제활동 및 고용의 기복을 초래하는 것이 아닌가 하는 의심을 품었다. 피셔에게 재무

경영 개선이 "경기변동 완화"를 가져올 수 있다는 확신이 생기고 있었다.[43]

피셔는 한편으로는 학술논문들을 꾸준하게 냈고 다른 한편으로는 신문 글을 쓰는 데 점점 많은 시간을 쏟았다. 케인스와 웨브 부부와 마찬가지로, 피셔는 자기가 자기의 생각을 정부정책 입안자들에게 팔기 위해서는 간접적인 방법, 외부자의 방법을 사용해야 하리라는 것을 잘 알고 있었다. 피셔가 글을 쓸 때마다 주장했던 것은 인플레이션과 실업이 통화라는 하나의 원인을 갖는다는 것이었다. 은행제도와 "실업 프로그램이라는 극히 인간적인 사안"을 결부시키는 것이 대부분의 사람들에게 억지스럽게 보이리라는 것은 피셔도 인정했다. 물론 종전 이후 미국과 영국의 극심한 경기침체기에 이미 평자들이 깨닫고 있었듯, 평균 물가수준의 전반적 하락은 실업의 증가와 관련되어 있었다. 마찬가지로, 인플레이션은 생산 및 고용의 호조와 관련되어 있었다. 그렇지만 "경기순환"(생산 및 고용에서 호황과 불황이 번갈아 발생하는 현상)에 관한 이론들은 대개 물가수준의 변화를 전혀 다루지 못했고, 다른 연구자들은 물가와 실업 사이에서 어떠한 상관관계도 발견하지 못했다.

피셔가 지적했듯이 다른 예측자들은 물가와 실업 간의 경험적 관계를 놓치고 있었다. 그들처럼 물가의 고저와 물가의 변동을 혼동하는 것은 물이 웅덩이로 흘러들어오는 속도와 웅덩이의 깊이를 혼동하는 것과 마찬가지였다.(피셔가 스위스 알프스 산맥에서 섬광처럼 깨달았던 바로 그 점이었다.) 피셔의 표현을 빌리면, 다른 분석자들은 "고물가와 물가상승 사이, 또는 저물가와 물가하락 사이의 분명한 차이를 놓쳤다. 요컨대, 그들은 물가의 고저를 조사하면서 물가변동률을 조사하지 않았다".[44] 이러한 혼동이 야기된 한 가지 이유는 경제에서 평균물가가 얼마나 빠르게 변하고 있는지를 측정할 척도가 없다는 것이었다. 피셔는 1920년대 내내 이 물가척도(경제활동을 예측하고 달러 구매력의 변화를 추적하는 데 활용될 수 있는 물가척도)를 개발하고 발표하는 일에 매진했다.

일단 경기순환의 원인이 정확하게 밝혀지면 예측자들은 "진정 과학적인 방법으로 [……] 마치 날씨를 예보하듯이 [……] 경기를 예측"하는 것이 가능하리라고 피셔는 확신했다. 피셔의 1926년 글에 따르면 "통화 이론은 예컨대 물가의 분석 및 예측을 가능하게 해주어야 한다". 피셔는 일단 중앙은행이 물가를 정확하게 예측할 수 있다면 우려스러운 물가변동을 예방할 수 있고 따라서 호황과 불황을 제거하거나 적어도 완화할 수 있다고 보았다. 피셔는 수단이 있으면 목적을 정할 수 있다는 생각을 가지고 있었다. 피셔의 주장은 불황과 호황을 "숙명적 현상"으로 보는 대신 "이른바 경기순환을 통제하고 축소하는 방향으로 나아가야 한다."라는 것이었다.[45]

요컨대 피셔는 1920년대에 이미 경기순환을 경제적 질병(불치병이기는커녕 현대 치료법에 의해 곧 고쳐질 질병)의 목록에 포함시키고 있었다. "경기순환이 회피 불가능하고 예측 불가능하다는 생각은 완전히 틀린 생각이다. 오히려 우리는 경기순환의 대부분의 원인을 잘 알고 있고, 이제는 이러한 호조와 퇴조의 순환이 심화되는 것을 막을 방법까지 알고 있다."[46] 피셔는 자기가 이토록 자신감을 갖는 이유를 연방준비위가 이미 "달러의 대략적 안정"을 이루고 있다는 점에서 찾으면서, 중앙은행의 투기 예방조치들을 인용했다. "우리는 실업을 실질적으로 예방할 수단을 갖고 있다. 그것은 달러, 파운드, 리라, 마르크, 크라운 등 여러 통화들의 구매력을 안정시키는 것이다."⁴⁷ 케인스와 마찬가지로, 피셔는 안정통화는 사회문제라고 주장했다. "우리의 거대한 신용 상부구조가 주기적으로 붕괴되는 것을 막으려면 은행업을 민간사업 그 이상으로 간주해야 한다. 은행업은 거대한 공공서비스다."⁴⁸

1925년에 배틀 크리크 요양소 건강 소식지에 실린, 피셔의 글 제목은 "왜 나는 백만장자가 되느니 요양소 직원이 되고 싶은가."였다.⁴⁹ 그가 돈보다 중히 여기는 것들은 많았다. 그렇지만 줄곧 그는 아내와 재정적으로 대등해지고 싶다는 은밀한 소망을 가지고 있었다. 그가 상업화를 겨냥해서 만든 최초의 발명품(롤로덱스Rolodex)은 그의 성급한 성격의 산물이었다. 모서리가 접힌 명함들을 훑어보느라 속이 터졌던 그는 모든 명함들이 한눈에 보이는 기발한 발명품을 만들었다. 피셔는 10여 곳의 사무용품 제조업체들을 상대로 자기 발명품이 현대 비즈니스의 점점 더해가는 문서 보존 수요에 대한 완벽한 해결책이라는 것과, 더욱 효율적인 자료 정리 및 보관을 가능하게 해줄 상품이 있다면 많은 회사들이 앞다투어 구매하리라는 것을 납득시키고자 했다.

처음에 롤로덱스는 다른 많은 발명품과 똑같은 운명을 맞았다. 발명가 자신이 자기 돈(정확히 말하면 아내 마거릿의 돈)을 써서 제조에 나서야 했던 것이다. 피셔는 뉴헤이븐에 작은 공장(인덱스 비지블)을 차렸다. 직원은 동생과 목수 한 명과 조수 한 명이었고, 자본금은 마거릿에게 빌린 3만 5000달러였다. 종전 이듬해에 회사는 3층짜리 제조공장과 독립 영업소가 필요할 정도로 커졌다. 영업소를 차린 곳은 맨해튼 도심의 나소 스트리트에 위치한 뉴욕 타임스 빌딩이었다. 피셔가 처음 확보한 큰 고객은 뉴욕 전화국이었고, 덕분에 회사는 1925년에 흑자로 돌아설 수 있었다. 피셔는 이 기회를 놓치지 않고 최대 경쟁회사와 합병을 성사시켰고 이로써 레밍턴 랜드Remington Rand의 중추가 만들어졌다. 피셔는 총 14만 8000달러의 착수금을 쏟아 넣은 후, 인덱스 비지블 보통주를 현금 66만 달러, 우선주와 채권과 옵션과 배당금을 포함하는 번들, 그리고 신규업체 랜드 카덱스의 이사직과 맞바꾸는 주식스와프를 실행했다. 후일 피셔는 남에게 기대지 않고 사는 것이 "내가 결혼할 때부터 남몰래 품었던 소망 중 하나였다. [……] 발명은 많은 시간을 희생하지 않으면서 돈을 벌 기회인 듯했다."라고 아들에게 털어놓았다.50 50세의 피셔는 그 소망을 실현했을 뿐 아니라 이미 수백만 달러를 벌어들인 백만장자였다.

그동안 경제예측이 본격적으로 도약 중이었다. 호황은 경제예측 시장을 만들어냈다. 피셔는 경제예측난의 신디케이트 칼럼니스트로 활동하기 시작했었다. 또, 피셔는 주간 화폐구매력 지수(미국 정부가 결국에 차용한 여러 물가척도 중 하나)를 발표하기 시작했다. 얼마 후에 지수연구소를 설립한 피셔는 신문사 수십 곳에 도매물가 데이터를 보내고 있었다.(본부는 뉴헤이븐 프로스펙트 스트리트 460번지의 자택 사무실이었다.) 인덱스 비지블을 매각한 후 피셔는 예측 및 데이터 처리가 진행되는 이 사무실을 뉴욕 타임스 빌딩으로 옮겼고, 그때부터 피셔의 지수와 차트는 《필라델피아 인콰이어러Philadelphia Inquirer》, 《저널 오브 커머스Journal of Commerce》, 《미니애폴리스 저널Minneapolis Journal》, 《하트포드 신문Hartford Courant》 등등의 신문에 실리기 시작했다.

자신의 생각을 현실에 적용하는 일에 항상 열심이었던 피셔는 전쟁 중에 자기 직원들의 급여를 인플레이션에 연동시키기 시작했다. 고용주들 중에 명시적, 연례적, 자동적 '생활비' 연동을 승인한 것은 피셔가 처음이었을 것이다. 아이러니하게도, 그 경험을 통해 피셔는 물가연동은 인플레이션과 디플레이션에 의해 만들어진 문제들에 대한 실질적 해결이 아님을 배웠다. 피셔의 설명에 따르면,

> 생활비가 오르는 시기일 때 인덱스 비지블 직원들은 "높은 생활비"가 담긴 두툼한 급여봉투를 환영했다. 내가 아무리 실질임금은 그대로라고 설명해도 직원들은 임금이 오르고 있다고 생각했다. 그러나 생활비가 내리자마자 직원들은 임금이 "하락"했다고 분노했다.[51]

피셔는 자기 직원들의 반응을 어디에나 있는 '화폐환각'의 증거로 인용했다. 또 피셔는 재화 및 용역의 가격, 또는 다른 통화들이 부침하는 동안 자기 손에 있는 통화의 가치는 고정돼 있다고 착각하는 것은 월 가 투자자나 타자수나 마찬가지라고 추측했다. 주식의 총 수익이 10퍼센트라면 아주 좋은 투자로 보일 수 있었다. 그러나 인플레이션이 11퍼센트라면, 투자자는 사실 돈을 잃고 있는 것이었다. 피셔는 투자자와 노조가 "실질"수익률을 측정할 수 있는 잣대 또는 임금인상 제의가 "실질적" 인상인가 아닌가를 측정할 수 있는 잣대를 사기 위해 기꺼이 돈을 지불하리라고 자신했다.

피셔의 관심은 통화안정에 대한 관심에서 지수에 대한 관심으로 이어졌고, 이는 다시 증권수익 연구에 대한 관심으로 이어졌다. 1921년에

연방준비위가 전시 인플레이션을 억누르기 위해 이자율을 인상했을 때 미국증시는 붕괴했다. 그러나 이듬해 주가는 큰 폭으로 반등했다. 1929년 중반의 주가는 명목상 1921년의 세 배였고 세공제후 법인이익의 약 열아홉 배였다.[52] 피셔의 레밍턴 랜드의 주가는 1925년에서 1929년 사이에 실질적으로 열 배가 올랐다.

일찍이 1911년에 피셔는 분산된 주식 포트폴리오가 채권보다 나은 장기투자라고 주장한 바 있었다. 채권에 반영될 수 있는 것은 정부의 채무변제 능력, 그리고 인플레이션에 맞설 의지뿐이었다. 반면에 주식은 사적부문의 생산성 증대의 효과를 반영할 수 있으므로 긍정적 잠재력이 훨씬 컸다. 호황이 계속되면서 피셔는 점점 오름세였다. 1927년에 이미 피셔는 '뉴 이코노미New Economy'를 주창하는 가장 저명한 경제학자였고, 증거금 대출로 수십만 달러의 투자금을 빌리고 있었다. 피셔는 두어 번 혼비백산할 일이 있었다. 예를 들어, 그해 가을에는 파리와 로마에 다녀오는 피셔를 비서가 뉴욕 부두에서 기다리고 있었다. 시장 급락 탓에 그녀는 은행 단기대출금을 갚기 위해 피셔의 대여계좌에서 10만 달러를 써버릴 수밖에 없었던 것이다. 그렇지만 그로부터 한 달도 지나지 않아서 피셔는 어빙 주니어에게 "네가 지금 보유하고 있는 주식의 절반을 담보로 대출을 받아서 그 대출 수익금으로 주식을 더 매입하거라. 6개월 후 또는 1년 후에는 상당히 오른 가격으로 매각하고 분산투자에 나설 수 있을 것이야."라고 말하고 있었다.[53]

1929년 8월에 실업률은 3퍼센트였다. 혁신의 템포는 종전 이후 빨라져 있었다. 이전 10년간의 특허 출원 건수가 이전 100년간의 특허 출원 건수보다 많았다. 신임 대통령 로버트 후버(1차대전 이후 미국의 유럽 기아 문제

타개 활동을 이끌었던 인물)가 소집한 한 경제연구소는 "우리 상황은 다행스럽다. 우리 모멘텀은 대단하다."라고 말했는데, 그렇게 놀라운 말은 아니었다.⁵⁴ 로저 뱁슨Roger Babson 같은 약세장 투자자들은 주가가 지나치게 많이 그리고 지나치게 급히 올랐다고 경고했던 반면, 피셔는 법인이익이 상승하니까 주가가 상승하는 것이라고 반박했다. 또 피셔는 법인이익이 계속 증가하리라고 예상할 수 있는 이유들을 들기도 했는데, 그중에는 합병이 이루어지면서 규모의 경제가 마련되고 생산비가 감소한다는 것, 회사들이 연구개발비를 늘린다는 것, 재활용이 늘어난다는 것, 경영이 점점 과학화된다는 것, 자동차와 양질의 도로가 사업 효율성을 높인다는 것, 실리주의가 노사분규를 감소시키리라는 것 등도 포함돼 있었다.

1929년에 이미 피셔는 레밍턴 랜드의 사장이자 신규업체 대여섯 군데의 투자자이자 성공적인 경기예측 업체의 책임자였다. 피셔가 그해의 대부분을 할애했던 일은 자신의 1907년 명저 『이자론The Theory of Interest』 개정작업이었다. 피셔는 미국 증시 사상 가장 스펙터클한 상승장 중 하나였던 당시의 증시를 관찰하면서, 주가 급등의 원인을 전쟁 이래 혁신의 폭발적 증가와 그에 따른 수익 높은 투자기회의 증가에서 찾았다. 9월에 원고를 넘긴 피셔는 곧바로 주식 관련 저서에 착수했다. 10월 29일에 피셔는 뉴헤이븐에 있는 태프트 호텔에서 일군의 대출 담당 직원들을 대상으로 강연 일정이 있었다. 《뉴욕 타임스》 보도에 따르면, 그로부터 2주 전에 예일 대학의 어빙 피셔 교수는 구매대행협회 회원들에게 주가가 "영구적으로 높은 수준에 도달한 것으로 보인다."라고 장담하고 있었다.⁵⁵

10장

시동불량:
대공황의 케인스와 피셔

> 서구 사회체제가 망가져서 굴러가지 않을 가능성에 대해 전 세계가 심각하게 고려하고 있다.
>
> — 아널드 J. 토인비, 1931[1]

런던에서 케인스는 매일 침대에서 일어나기 전에 반시간씩 금융 관련 기사를 읽거나 자기 브로커를 비롯한 '시티' 인맥들과 통화했다. 그렇지만 그의 이런 일간 리서치는 1929년 10월 미국 주가폭락의 조짐들을 전혀 발견하지 못했다. 킹스 칼리지 기금은 3분의 1로 곤두박질쳤고 (케인스는 킹스 칼리지 기금의 회계였다.) 케인스의 개인 포트폴리오는 훨씬 더 엉망이 되었다. 로버트 스키델스키에 따르면, 그것은 케인스가 미국 주식을 많이 소유하고 있어서가 아니었다. 미국의 호황이 상품의 가격을 좀 더 끌어올릴 것이라고 기대했던 케인스는 10대 1 증거금 대출로 고무, 면화, 주석, 곡물 등에 깊이 발을 들인 상태였다. 1928년에 상품의 가격이 약해지기 시작했고, 케인스는 자신의 현물 포지션을 유지하기 위해 자기가 보유한 주식의 대부분을 하락장에 내놓을 수밖에 없었다.

4만 4000파운드였던 그의 순자산은 1929년에는 이미 8000파운드에도 미치지 못했다.² 이 경험을 계기로 케인스는 "올바른 투자란, 내가 잘 알고 있고 그 경영을 전적으로 신뢰하는 그런 회사에 큰돈을 투자하는 것"이라고 믿는 가치투자자로 전향했다.³

케인스는 재정이 파탄 나고 기대가 어긋났음에도 불구하고 평소와 똑같은 낙관론자였다. 케인스는 미국의 통화당국이 극심한 경기침체를 끝낼 "저금리 시대"를 열 것으로 확신했다.⁴ 신임 노동당총리 램지 맥도널드Ramsey MacDonald와 세 차례 오찬을 가진 후, 케인스는 새 정부가 "재무부의 정통교리(처칠의 표현)"를 거부하리라는 확신을 가지게 되었다.(노동당이 1929년 5월 총선에서 집권 토리당과 케인스 쪽 자유당 후보 로이드 조지 둘 다에게 큰 표차로 승리한 후였다.)⁵

금융위기에 대한 재무부의 전통적 해법은 한편으로는 정부의 수지 균형을 맞춤으로써 재정 건전성을 재천명하고 한편으로는 잉글랜드은행으로 하여금 이자율을 인상하게 함으로써 파운드화의 금 가치를 방어하는 것이었다. 이러한 해법의 논리에 따르면, 회복으로 가는 지름길은 기업과 투자자의 신뢰를 회복하는 것이었다. 정부가 최후의 고용주 역할에 나서면 민간의 고용을 줄이게 될 뿐이었다. 토리당 재무장관 퇴임을 앞두고 윈스턴 처칠이 의회를 상대로 거듭 말한 대로 "국가 대출과 국가 지출의 정치적, 사회적 이득이 무엇이든 간에, 추가적 고용은 거의 창출될 수 없고 추가적 종신고용은 전혀 창출될 수 없다".⁶ 반면, 케인스는 노동당 진영이 공공사업 지출과 이자율 인하라는 자유당 제안을 포용하리라고 자신했다.(그러한 조치가 재정적자와 파운드화의 금 가치에 어떠한 영향을 끼치느냐를 두고 왈가왈부할 때가 아니었다.) 그해 7월에는 케인스에게 맥도널드의 경제자문위원회(총리의 "경제 참모")의 의장직이 맡겨졌으니, 그의 낙관적 예상은 더 힘을 받았다.[7] 케인스는 리디아에게 보낸 짧은 편지에서 "내가 다시 인기가 생겼다."라고 환호했다.[8]

케인스는 금리인하가 경제안정을 가져오리라고 확신했다. 런던《타임스》의 칼럼에서 케인스는 실직이 몇 달간 조금씩 늘어날 수 있지만, 이자율이 물가보다 훨씬 빠르게 떨어지는 한, 기업 투자는 반등할 것이고 물가와 농가소득은 회복될 것이라고 내다봤다. 또, 케인스는 캘빈 쿨리지Calvin Coolidge의 소극성과 대비되는 신임 대통령 허버트 후버의 적극성을 신뢰했다. 이미 후버는 유진 아이작 마이어Eugene Isaac Meyer(향후《워싱턴 포스트Washington Post》발행인이 되는 정력적인 인물)를 연방준비위 의장으로 임명하기도 했고, 아울러 연방정부 토건사업들을 급추진한다는 계획을 공표하기도 했다. 광산 경영자로 성공을 거두고 유럽 식량 원조계의 차르로 이름을 떨쳤던 후버는 이제 재계 거물들을 백악관에 초청하여 브레인스토밍 회의를 열고 있었다. 후버 행정부의 재무장관 앤드류 멜런은 주식시장이 붕괴하고 몇 주 만에 이미 의회를 상대로 기업과 개인에 대한 1퍼센트 감세를 요구하기도 했다.[9] 케인스는 언제나처럼 자신의 예측에 돈을 걸 정도로 자신만만했다. 스키델스키에 따르면, 1930년 9월에 이미 케인스는 다시 미국과 인도의 면화를 다량으로 사들이는 중이었다.

많은 사람들이 케인스의 견해를 듣고 싶어했고, 케인스는 신문 칼럼, 라디오 토론, 뉴스릴 인터뷰를 통해 통화적극주의activism라는 불황 타개책을 홍보했다. 1930년 12월에는《네이션Nation》에 "올해가 현대사 최대의 경제적 파국 중 하나의 그늘이 드리운 한 해라는 것을 세계는 이제껏 좀처럼 깨닫지 못했다."라는 말로 시작되는 긴 글을 싣기도 했고, 모든 공개 포럼들을 활용해 체념의 여론과 싸우기도 했다. 케인스는 호황과 불황을 도덕극의 일화들로 각색하는 통속적 내러티브를 일축하면서 불황이란 불가피한 형벌도 아니고 사치와 경망과 탐욕을 바로잡는 반가운 교정책도 아니라고 강조했다. 그 대신 케인스는 이렇게 말했다. "우리는 엄청난 혼란에 빠져 있다. 그것은 우리가 섬세한 기계를 잘못 관리했기 때문이다. 우리는 그 기계가 어떻게 움직이는지 잘 이해하지 못하고 있다."[10]

바꾸어 말해서, 불황은 기술적인 문제였다. 케인스가 볼 때 불황이란 자동차 고장이 그렇듯 사고와 정책 과실에서 비롯되는 결과였다. 불황으로 야기되는 생산의 낭비는 마치 시간 낭비처럼 영구적인 낭비, 만회할 수 없는 낭비, 그냥 낭비였다. 흉작, 허리케인, 전쟁, 그리고 그 밖에 마른하늘의 날벼락들이 불황을 낳는 일도 있지만, 불황의 원인은 대부분 경제정책 입안자들의 해로운 결정이나 잘못된 결정이었다. 따라서 불황을 최소화하거나 아예 차단하는 것은 원칙적으로는 가능했다. 케인스는 호황이 불황보다 더 문제라고 보는 관념을 반박하는 일에 특히 열의를 쏟았다. 케인스가 몇 년 후에 사용한 표현을 빌리면 "경기순환에 대한 올바른 해법은 호황을 없애고 영구적 반半불황semi-slump을 유지하는 것이 아니라 불황을 없애고 영구적 사이비 호황quasi boom을 유지하는 것"이었다.[11] 케인스는 불황이란 과거의 경제적 이득이 환상이었음을 보여주는 증거라는 도덕주의자들의 주장에 반대했다. 케인스에 따르면, 20년대 투자호황은 "꿈이 아니었다. 그때의 호황이 꿈이었던 것이 아니라 지금의 불황이 악몽이다. 아침이면 사라질 악몽. 자연자원들과 사람들의 창의성은 과거 그 어느 때 못지않게 풍부하고 생산적이다. [……] 그때에 우리가 속은 것은 아니었다."[12]

케인스의 요지는 경제불황이란 (비교적) 쉽게 수리될 수 있는 기계 고장상태라는 것이었다. 한 칼럼에서 케인스는 경제라는 엔진이 말을 듣지 않는 것은 큰 고장 때문이 아니라 그저 "시동불량" 때문이라고 말했다.[13] 물가가 너무 떨어졌으니 농부와 사업자는 생산물을 팔아도 생산비를 건질 수 없었다. 그러니 생산과 투자를 대폭 축소할 수밖에 없었고, 이로써 또 한 번의 실업사태가 발생하고 물가는 더 떨어졌다. 통화당국이 이 악순환을 끊기 위해 해야 하는 일은 기업이 가격을 올리고 투자를 재개할 수 있을 때까지 더 많은 통화를 창출하는 것, 곧 금리를 인하하는 것이 전부였다. 케인스는 금리를 낮추면 평범한 불황 따위는 쉽게 끝장낼 수 있을 것이라고 확신했다.

스키델스키에 따르면, 케인스가 불황을 자동차에 비유했던 것은 엄청난 재난이 사소한 원인과 사소한 해법을 가질 수 있음을 보이기 위해서였다. 그러나 많은 사람들이 볼 때, 케인스의 메시지는 직관에 반하는 이야기, 허무맹랑한 이야기였다. 저명한 수학자이자 마르크스주의자 하디는 심오한 과학적 문제를 자동차 정비공처럼 해결하겠다는 생각을 비웃었다. 하디에 따르면 "수학자가 기적을 행하는 기계의 핸들을 돌리면 모종의 해법이 발견되리라고 생각하는 것은 아주 순진한 외부인뿐"이었다.[14] 반면, 케인스는 일단 문제가 올바로 진단되면 해법이 있다고 말하고 있었다. 물론 당국이 행동에 나설 **확신**을 가진다는 전제 하에.

미국 연방준비위, 프랑스은행, 잉글랜드은행의 단호한 행동은 질병의 증상이나 질병이 악화되는 상황을 질병 그 자체와 혼동하는 대부분의 사람들이 선뜻 생각하는 정도보다 훨씬 많은 일을 할 수 있다. [……] 나는 영국과 미국이 합심하고 협력하면 이 기계를 너무 길지 않은 시간 내에 다시 움직일 수 있을 것이라고 생각한다. 영국과 미국이 무엇이 잘못되었나에 대한 확신을 가지고 있다면 말이다. 그도 그럴 것이, 오늘날 해협 양쪽 당국과 대서양 양쪽 당국을 마비시키고 있는 것은 주로 이러한 확신의 결핍이다.

확신의 결핍은 부분적으로는 (어쩌면 대체적으로는) 학문적인 문제였다. 케인스는 재앙의 규모가 그토록 커졌던 이유를 "현대사에서 물가가 작년같이 정상수치에서 대규모로 급속하게 하락했던 예가 없다."라는 데서 찾았다.[15] 케인스도 알고 있었듯이, 옛 이론을 반박하는 데는 사실만으로는 부족했다. 새로운 이론이 필요했다. 자신의 논설에 무게를 싣기를 원했던 케인스는 두 권짜리 저서 『화폐론』의 출간을 서둘렀다.(서문을 완성한 것이 1930년 9월 중순이었다.)

『화폐론』의 주안점은 물가안정이 경기순환을 통제하는 수단이 될 수 있느냐는 것이었다. 투자가 저축을 초과한 결과는 인플레이션이었다. 저축이 투자를 초과한 결과는 물가 하락, 생산량 급감, 실업증가(바꾸어 말하면, 경기침체)였다. 따라서 지출을 장려하고 저축을 만류한다면 불황을 해결할 수 있었다.(처칠 같은 전통주의자들이 찬양하는 처방과는 정반대였다.) 케인스는 "사업체를 움직이는 엔진은 절약이 아니라 이윤이다. 세계 7대 불가사의를 세운 것이 절약이었을까? 나는 아니라고 생각한다."라고

했다.¹⁶

　케인스는 디플레이션으로 인해 농부와 광부와 사업가가 생산량을 대폭 줄이고 있지만 당국은 문제를 해결할 방법을 가지고 있다는 낙관적인 메시지를 전하고 있었다. 1921년 저서 『달러 안정*Stabilizing the Dollar*』에서 어빙 피셔는 중앙은행이 금리조정을 통해 통화량과 신용량을 통제할 수 있음을 논한 바 있었다. 인플레이션의 기미가 있으면 중앙은행이 금리인상으로 투자를 제한해 경제활동을 위축시킬 수 있고 디플레이션의 기미가 있으면 중앙은행이 금리인하로 투자를 장려해 경제활동을 활성화시킬 수 있었다. 아울러 통화당국은 투자 통제를 통해 투자를 저축에 맞추고 물가를 비용에 맞출 수 있었다. 이것이 1931년에 케인스가 믿고 있던 내용이다. 금리인하라는 일치된 행동이 불황을 끝낼 것이라는 자신감을 아직 갖고 있던 시기였다.

　스키델스키에 따르면, 케인스는 사회당 정치가들의 경제 통설에 회의적이었다. 대중에게 고실업 문제는 최소한 9년에 걸쳐서 가장 큰 관심사였지만, 노동당은 아직 자체적인 대책을 마련하지 못하고 있었다. 비어트리스 웨브는 예외였다. 1909년에 『소수파 보고서』로 논쟁을 불러 일으켰을 당시, 웨브는 재무부 관점의 강경 비판론자로서 "재무부의 수지균형 맞추기"와 연례 예산 맞추기를 성토했다.¹⁷ 당시의 주장에 따르면, 호경기 정부는 부자에 대한 과세를 늘려 흑자를 내야 하고 불경기 정부는 재정적자를 감수하고라도 공공사업에 자금을 대야 했다. 그러나 1930년의 웨브는 실업이 자본주의에 본질적이라고 확신하는 상태였다. 웨브는 미국에서 실업이 1920년대 거의 내내 평균 5퍼센트 미만이었다는 사실을 무시하면서, 민간산업이 국유화되기 전에는 실업이 근

절될 수 없다는 결론을 내리고 있었다.[18]

대부분의 노동당 각료들은 과거에 윈스턴 처칠이 그랬듯 재무부 관점을 꾸준히 따랐다. 한 장관은 총리에게 보낸 편지에서 "큰 배의 선장과 항해사들이 썰물에 좌초했습니다. 자연의 흐름에 따라서 밀물이 시작되기 전에는 인간의 노력이 배를 띄울 수는 없을 것입니다."라고 했고, 맥도널드는 "나도 같은 생각입니다."라고 답장했다.[19] 보조금을 삭감하고 세금을 늘리는 것이 케인스와 피셔가 주장한 급진적 경기부양 조치들을 수용하는 것에 비해 신중해 보였던 것이다.

케인스를 의장으로 하는 경제자문위원회는 1930년 말에 관습적 정책과 급진적 정책의 잡탕(실업보조금을 삭감하고, 수입관세 10퍼센트를 채택하고, "대형 공공사업"으로 실업자를 위한 일자리를 창출하는 정책)을 내놓았다.[20] 자문위원회는 정부 급여대상자를 추가하는 것은 항상 민간 고용을 대체하는 것에 불과하다는 관점을 명시적으로 거부했다. "우리는 공공사업의 시행이 반드시 민간 고용의 중대한 전용을 초래하리라는 관점을 받아들이지 않는다."[21] 그러나 노동당 내각은 첫번째 정책만 채택하고 관세 정책과 공공사업 정책은 기각했다.(시드니 웨브가 이 내각의 식민장관이었다.)

스키델스키에 따르면, 1931년 초가 되면서 케인스의 재정상태는 심한 압박을 받게 되었다. 케인스는 마티스의 「약장略裝Deshabille」을 포함해서 최고가 소장품 두 점의 매각을 시도했을 정도였다.[22] 하지만 최저호가에도 매수자를 구하지 못했다.

1929년 여름에 어빙 피셔는 스턴스나이트를 거금을 들여서 구입한 후였고, 아울러 자기와 매기의 뉴헤이븐 저택의 호화 리노베이션을 마감하는 중이었다. 리노베이션 팀의 마무리 작업을 피셔는 만족스럽게 지켜보았다. 피셔가 아들에게 말한 것처럼, 여기에서 가장 멋진 점은 돈을 내는 사람이 아내가 아니라 자기라는 것이었다.

60세의 피셔는 그 어느 때보다 늘씬하고 멋있었다. 백발은 숱이 줄지 않았고, 체격도 좋았고, 눈빛도 또렷했다. 한 쪽 눈이 먼 상태였지만, 겉으로 보아서는 전혀 알 수 없었다. 인덱스 비지블 매각의 수확으로 손에 넣은 레밍턴 랜드 주식의 옵션을 이용하기 위해 큰돈을 대출받았었다. 인덱스 비지블 매각 4년 만에 피셔의 주식 포트폴리오의 가치는 열 배로 불어나 있었다. 피셔의 연동지수연구소는 구독자들에게 주가지수 서비스를 제공하는 중이었다.(위치는 여전히 뉴욕 타임스 빌딩이었다.) 피셔는 매주 월요일에 전국의 신문에 실리는 신디케이트 칼럼에서 투자법을 알려주고 있었다. 대중들이 볼 때 피셔는 금주법과 웰빙 열풍을 상징하는 인물이었을 뿐 아니라 증시 호황과 새시대New Era의 경제 낙관주의를 상징하는 인물이었다.

상승장의 내구력에 관한 질문들이 쌓여가던 1929년, 피셔는 20년대의 특징이었다고 할 수 있는 낮은 인플레이션과 빠른 경제성장의 놀라운 결합을 지적함으로써 로저 뱁슨 같은 전문적인 증시 하락론자들의 끔찍한 경고를 일축했다. 피셔는 "한 나라 국민의 실질임금이 이만한 기간에 이만한 정도로 크게 오른 것은 아마도 역사상 처음일 것"이라고 했다.[23] 《뉴욕 타임스》에 따르면, 10월 중순까지도 피셔는 증시가 "몇 달 안에 훨씬 오를" 조짐을 보인다고 예측하고 있었다.[24]

증시붕괴 이후에도 피셔는 결코 불황이 불가피하다고 생각지 않았다. 1930년 1월에 피셔는 이렇게 말했다.

지면가치paper value의 하락은 주로 물리적 부의 파괴가 아니라 부의 이전이었다. [……] 물리적 차원은 훼손되지 않았다. [……] 법인 소유권의 재분배는 인구 대비 극소수에 한정되는 일이었고, 따라서 소비자 대중의 구매력에 거의 영향을 미치지 않을 것이다.[25]

피셔의 라이벌이었던 하버드 경제학회 역시 1920~1921년의 극심한 불황이 반복될 가능성은 거의 없다는 데 동의했다. 증시붕괴 며칠 뒤에, 하버드 쪽 예측 전문가들은 학회 뉴스레터에서 "현재 주식과 기업이 모두 부진을 보이지만 우리는 이 경기침체를 불황의 전조로 보지는 않는다."라고 했다.[26]

피셔는 자신의 손실을 한탄하며 시간을 낭비하는 대신, 증시붕괴에 대한 최초의 사후분석들 중 하나를 내놓았다. 피셔는 『증시붕괴와 그 후The Stock Market Crash—and After』의 대부분을 1929년 11월과 12월에 썼다. 여기서 피셔는 작금의 주가는 순이익의 열한 배에 불과한 것으로 이는 장기적인 역사적 평균보다 낮은 배율이고 "향후 순이익이 가속되리라고 예상해본다면 너무 낮은 배율"이라고 지적함으로써 주가가 회복되리라는 자신의 낙관을 뒷받침했다. 피셔는 문제의 원인이 부풀려진 주가라는 일반적 설명을 거부하면서, 소득과 생산성 증대가 "1926년 증시가 3분의 2 상승하고 1929년 9월 증시가 4분의 3 상승했던 것은 당기순이익과 생산성 증가로 정당화되었다."라고 주장했다. 몇몇 최근 분석들은 피셔의 말이 옳았음을 증명하고 있다. 아울러, 피셔는 자기 같은 투자자들이 낮은 금리와 높은 수익의 결합에 이끌려 너무 많은 빚을 지게 되었다고 설명했다. 피셔에 따르면 "새로 나온 발명들이 현행

금리보다 더 벌 기회를 제공할 때, 낮은 이자율로 대출 받아 투자수익률을 높이려는 경향성은 항상 존재"한다. 문제는 부자연스럽게 높은 주가가 아니라 과도한 대출이었다.

> 투자자들은 한편으로는 돈을 벌 수 있는 놀라운 기회를 만났고 다른 한편으로는 낮은 대출금리를 만났다. 이자율은 기대 수익률에 비해 현격히 낮았다. 요컨대, 주가상승의 원인과 주가폭락의 원인 둘 다 대개 건전한 전망에 대한 불건전한 융자이다.[27]

피셔는 줄곧 증시회복을 예견했고, 아울러 불황이 증시붕괴의 불가피한 결과임을 부인했다. 피셔는 경제활동이 위축되기 시작한 것은 증시붕괴 이전이었음을 지적했고, 증시붕괴는 가벼운 경기침체 정도로 끝날 것이라고 예측했다. 기업들이 비관적 전망에 굴복해 생산을 줄이고 직원을 해고하는 악수를 두지 않는 한, 실질경제는 폭풍우를 견뎌내리라는 것이 피셔의 주장이었다. 이듬해에도 여러 달 동안, 피셔는 경기가 곧 회복되리라고 주장했다. 케인스와 마찬가지로, 피셔도 후버의 역량과 결단에 신뢰를 가지고 있었다.

여러 달 동안, 피셔의 낙관은 그럴듯해 보였다. 1930년 4월이 되자 증시는 1929년 초반 수준으로 회복되었다. 물가하락 속도와 실업증가 속도는 1921년만큼 빠르지 않았다. 1930년 6월까지도 실업률은 8퍼센트에 머물렀고(1921년 실업률은 12퍼센트였다.) 금리는 대단히 낮았다. 그러나 밀턴 프리드먼Milton Friedman과 안나 슈바르츠Anna Schwartz의 권위 있는 저서 『미국 통화의 역사, 1867~1960A Monetary History of the United States,

1867~1960』가 지적하듯, 고대하던 회복이 바야흐로 찾아온 것이 아니라 "수축의 성격"이 뚜렷이 변하고 있었다.[28]

산업재가격이 더욱 급락함에 따라 대출자가 금리인하에서 얻는 혜택이 모두 상쇄되었다. 1930년 가을과 1931년 여름의 은행 연쇄도산으로 인해 자산 수십억 달러가 연기처럼 사라졌다. 피셔는 마침내 극심한 불황을 인정할 수밖에 없었지만 심지어 그때도 시장과 경제가 바닥을 치고 있다고 주장했다. 낙관, 과신, 고집은 피셔의 자충수였으며, 흐름이 바뀔 것이라는 기대를 버리지 않은 많은 사람들이 그랬듯이 피셔 역시 자신의 주식에 매달렸다. 만약에 피셔가 허버트 후버의 신중한 공식을 채택했더라면(레밍턴 랜드 주식이 1928년과 1929년에 주당 58달러까지 오르고 있을 때 은행 대출금을 청산했더라면) 백만장자의 여덟 배, 열 배에 이르는 부자로 남았을 것이고, 증시붕괴 1년 뒤에 주식을 팔기만 했어도 안락한 생활을 누렸을 것이다. 레밍턴 랜드 주식은 1930년 후반에는 주당 28달러에 팔리고 있었다.(1933년에는 주당 1달러까지 떨어지게 된다.) 1931년 4월에 피셔의 순자산은 이미 100만 달러 남짓에 불과했고, 8월에는 연동지수연구소를 해체하고 직원으로 있던 경제학자들과 통계학자들을 해산시킬 수밖에 없었다. 설상가상으로, 미국 국세청은 1927년과 1928년 레밍턴 랜드 주식의 매각과 관련된 체납세금 7만 5000달러를 근거로 피셔를 고소했다. 피셔는 처형 캐롤라인 해저드Caroline Hazard(웰즐리 총장에서 은퇴한 이후였다.)에게 도움을 청하지 않을 수 없었다. 나중에 처형은 채무의 관리를 자기 변호사와 두 조카로 구성된 채무관리위원회에 일임했다.

재정적 파산의 압박과 굴욕에 대중의 비난과 조롱이 더해졌다. 미국경제학회 전 회장은《뉴욕 타임스》에서 피셔가 "항상 모든 것이 괜찮다고 주장했고 번영이니 새 시대니 생산 효율성 증대니 하면서 높은 주가를 정당화했다."라고 공격했다.[29] 또《뉴욕 타임스》는 "어제 멜런 장관, 쿨리지 전 대통령, 예일의 어빙 피셔 교수가 월가 붕괴 이전의 투기 '광풍을 지속, 연장'시킨 데 대한 책임을 져야 할 인물로 거명되었다."라고 보도했다.[30] 피셔가 거금을 투자한 회사의 CEO가 사기죄로 기소되었고, 피셔는 소송을 걸었다. 언론의 주목이 뒤따랐고 피셔의 평판은 더욱 나빠졌다.《뉴욕 타임스》는 이 사건의 충격적인 디테일을 연일 보도했다. 피셔의 아들은 길에서 두 남자가 신문에 보도된 내용을 이야기하면서 "이런, 모르는 게 없는 놈인 줄 알았는데, 된통 당했구먼."이라고 했던 것을 기억했다.[31]

경제악화는 자연스럽게 완화되기는커녕 가속화되어 전 세계로 확산되었다. 미국 산업 생산량은 1929년 수준의 절반 미만으로 급감했고, 실업은 16퍼센트까지 치솟았다. 논평들은 공포감을 표시하기 시작했다. 1930년 중반쯤에 신문들은 이미 "대공황"을 들먹이고 있었다.[32] 피셔는 "여기 있는 우리들 모두의 평생에서 가장 중요한 경제적 사건"이 앞으로 수년간 "수수께끼"일 것이라고 시인했다.[33] 피셔와 케인스는 둘 다 허를 찔린 상황이었지만, 피셔는 대중적 신용마저 잃은 상태였다.

케인스와 피셔가 1931년 7월의 첫 주를 보낸 곳은 가뭄이 닥친 중서부였다. 스무 명가량의 통화 전문가가 시카고 대학에 모여 사람들이 대공황이라고 지칭하고 있는 일에 대한 정부의 대응을 논의 중이었다. 케인스는 후버 행정부가 세금을 낮추고 토건사업 여러 건을 승인하는 것을 칭찬했다.(그중 하나가 후버 댐이었다.) 또, 케인스는 연방준비위가 디플레이션을 방지하기 위해 금리를 사상 최저수준으로 낮춘 것을 칭찬했다. 케인스는 기자들에게 "불황에 맞서는 방법은 가격인하가 아니라 가격인상이어야 한다."라고 말하기도 했다.[34] 여전히 금리인하만으로도 불황을 끝낼 수 있다고 믿는 케인스였지만, 아무도 예측하지 못했던 상황이니만큼 모든 달걀을 한 바구니에 담지 않는 것("광범위한 전선에서 공략하는 것, 모든 그럴듯한 수단을 동시에 동원하는 것")이 경제적으로나 정치적으로나 현명한 처사라고 생각할 정도의 신중함이 있었던 것이다.[35]

케인스가 주재하는 원탁회의에서 다룬 것은 "정부와 중앙은행이 실업을 해결하기 위해 조치를 취한다는 것이 가능한가?"라는 문제였다.[36] 시카고 대학 경제학 교수진은 재정에 관한 한 전형적인 중서부 보수파였음에도 후버 행정부의 정부지출 확대 정책 및 금리인하 정책을 지지했다. 수요의 부족(가계 및 기업이 지출의 수단 및 의욕이 없는 것)이 경기침체를 낳았다는 점과 해법은 정부가 수요의 부족을 메우는 것이라는 점을 통찰했던 것은 케인스 혼자가 아니었다. 사실, 시카고 쪽은 후버의 공공사업 프로그램 및 기업대출 촉진을 케인스보다도 훨씬 더 열렬히 지지했다. 케인스가 공직자들의 조직력을 신뢰한다고 하면, 그것은 미국 쪽보다는 영국 쪽이었다.

런던으로 돌아온 케인스는 휴 맥밀런 경Lord Hugh Macmillan이 작성한 노동당 정부의「금융 및 산업 위원회 보고서」에 자신의 이름을 빌려주었다. 영국, 미국, 프랑스가 힘을 합해 전쟁부채를 탕감하고 응급대출을 제공하고 무역장벽을 제거하는 등의 온갖 방법으로 신용 확대에 나서야 한다는 내용의 보고서였다. 노동당은 7000만 파운드 지출축소와 7000만 파운드 세금인상을 제안함으로써 파운드에 대한 신뢰를 회복하고자 했지만, 아무런 효과를 거두지 못했다. 1931년 8월이면, 노동당 정부는 경제자문위원회가 제안한 정책들을 놓고 분열된 후였고, 램지 맥도널드는 총리직을 사임한 후였다. 그로부터 몇 주 뒤에 오스트리아의 최대은행이었던 크레디탄슈탈트가 망하면서 유럽대륙에 금융위기를 촉발시키는 동시에 영국 파운드의 대량인출 사태를 촉발시켰다.(유럽 투자자들이 런던 계좌에서 파운드를 인출함으로써 미친 듯이 현금을 모았다.) 잉글랜드은행은 할인율을 6퍼센트까지 두 배 이상 인상하는 방법으로 대응했다.

9월 21일, 영국은 케인스와 피셔가 계속 제안해온 조치를 드디어 받아들였다. 파운드를 30퍼센트 평가절하하고 금 지급을 유예하는 조치였다. 잉글랜드은행은 1932년 상반기 금리를 6퍼센트에서 2퍼센트로 인하했다.[37] 만약에 잉글랜드은행이 금과 경화 보유고의 추가 유출을 막고 파운드의 금 가치를 지키고자 금리를 9월 수준으로 높이 유지했다면, 다시 한 번 투자와 일자리가 축소되는 사태를 맞았을 것이다. 피셔는 맥도널드 총리에게 보낸 "금본위제 폐지" 축하전보에서 이것은 "부끄러워할 필요가 없는 조치"라고 장담했다.[38]

케인스도 사람들을 안심시키고 있었다. 버네사 벨은 10월에 언니 버지니아 울프에게 보낸 편지에서 이렇게 말했다.(런던에서 던컨 그랜트와 함께 영화를 보고 나서였다.)

> 갑자기 메이너드가 스크린에 커다랗게 나왔는데 [······] 조명에 눈을 깜빡이면서 좀 불안한 말투로 [······] 세상 사람들한테 이제 모든 일이 잘 될 거라더라. 영국이 거의 가망 없는 상황에서 운명적으로 구원받았다,

파운드는 폭락하지 않을 거다, 물가가 그렇게 많이 오르지는 않을 거다, 거래는 회복될 거다, 다들 아무 걱정할 거 없다, 그러더라. 이런 분위기에서는 그런 말을 믿을 수도 있겠더라.[39]

노동당 정부가 회생하기에는 늦었을 때였다. 10월 총선은 토리당과 자유당의 압승으로 끝났다. 램지 맥도널드는 총리직을 지켰지만, 국내 경제정책은 다시 한 번 보수파의 손에 넘어갔다.

피셔는 재정은 열악하고 평판은 엉망이고 나이는 많았지만, 경제적 재앙은 예순다섯 살의 피셔를 우울하게 하는 대신 오히려 활기차게 했다. 1932년, 피셔는 학술적인 글과 신문 글을 포함해서 엄청나게 많은 글을 출간했다. 또 피셔는 후버 행정부와 연방준비위에 자문을 퍼부었고, 다른 경제학자들과 함께 자문단체를 조직하기도 했다. 피셔의 가장 큰 목표는 후버 대통령을 설득해서 미국의 금본위제를 폐지(원칙상의 폐지가 아니면 사실상의 폐지라도)하는 것이었다. 다시 말해 연방준비위로 하여금 달러의 외환가치가 하락하는 것을 막기 위한 아무런 조치도 취하지 않도록 하는 것이었다. 피셔가 연방준비위의 은행업자들을 만난 것은 은행채와 공채를 매입하는 공격적 프로그램을 채택해 은행 시스템에 돈을 쏟아부을 것을 촉구하기 위해서였다. 실망스럽게도 "연방준비위 쪽 사람들은 기다리는 편이 '비교적 안전하다'라고 생각했다! 나의 견해로는, 이 나라의 불황을 야기한 원인의 반 이상이 바로 그런 기다림이었다."라고 피셔는 나중에 불만을 표했다.[40]

1932년 1월, 피셔는 시카고 대학의 두번째 통화 전문가 회의에 참석했다. 이번에 피셔는 대통령에게 연방정부의 재정적자가 증가하는 것을 허용하고 마비된 은행 시스템에 예비비를 쏟아붓고 관세를 대폭 축소하고 연합국 부채를 탕감할 것을 촉구하는 전보문 작성을 지휘했다. 시카고 대학과 위스콘신 대학과 하버드 대학에서 참석한 서른두 명의 저명한 경제학자들이 함께 서명했다. 여기서 피셔는 스웨덴과 일본과 영국이 한 해 전에 금본위제를 포기한 이후로 불황에서 회복되는 중이라는 점을 지적했다. 누가 서명했느냐를 보면, 위기를 바라보는 피셔와 케인스의 시각(글로벌한 위기라는 점, 위기의 원인은 통화라는 점, 위기가 이러저러하게 진행되리라는 점, 위기를 타개하기 위해서는 협력적 통화 개입 정책이 필요하다는 점)이 어느 정도까지 지지자들을 얻었는지를 알 수 있었다. 하지만 전체적으로 보면 그들의 시각은 소수에 국한돼 있다. 그로부터 얼마 전에(같은 1월이었다.) 두 하버드 강사 해리 덱스터 화이트Harry Dexter White와 로클린 커리Lauchlin Currie도 비슷한 내용의 선언문을 발표했다. 그들은 불황을 "국제적 재앙"이라고 지칭하면서, 정부가 희생자 구제를 넘어서 불황의 악화를 예방하는 일에 나서야 한다고 주장했다.

배상 문제들이 복잡해지고, 유럽 전역에서 생활난이 점점 악화되고, 금 보유고가 점점 편재되고, 은행에 대한 신뢰가 점점 약화되고, 무역장벽들이 높아지고, 스페인과 인도와 중국이 혼란에 빠져 있다. 요컨대, 가까운 미래에 경제가 회복될 전망은 밝지 않다. [……] 정부 측이 채택하는 조치들은 임시방편에 그친다. [……] 회복을 앞당길 조치를 내놓을 책임은 경제학자에게 있다.

하버드 대학의 이 반골 강사들은 대규모 공공지출을 요구하면서, "불황의 진행을 막을 수 없다고 믿는 경제학자들이 정치적, 경제적 변화를 통제하는 것이 불가능하다고 믿는 경제학자들"을 비웃었다.[41] 보아하니 하버드 대학의 상층 교수진은 그런 경제학자들로 이루어져 있었다. 이 선언문의 세번째 하버드 서명자도 강사였다.

1932년이 되면서, 불황이 얼마나 심각하고 전면적인지가 분명해지고 있었고, 허버트 후버는 "미국에서 가장 미움받는 인물"이 되고 있었다. 실업의 증가를 막기 위해 대통령은 서로 상충하는 자문들 속에서 서로 모순되는 잡동사니 정책들을 채택했다. 재정적자 폭이 계속 늘어나는 상황에서 세금을 줄이고 지출을 늘린다는 비판이 들리자, 후버는 거꾸로 세금을 올리고 지출을 줄였다. 경제학계 쪽 사람들은 물론 은행업자들과 사업자들도 그런 파격적인 조치들에 반대했다. 피셔는 재무부 차관을 만난 후에 매기에게 "나는 그 사람더러 '후버하고 같이, 어떤 쪽이든지 **한쪽을** 택해서 밀고 나가시오!'라고 했소."라고 편지했다.[42]

실은, 정부가 무엇을 해야 하는가에 대해 합의가 이루어져 있는 나라는 하나도 없었다. 대부분의 나라에서 물가하락, 생산감소, 세수감소에 대한 정부의 반응은 균형예산을 시도하는 것이었다. 그런데 세금인상과 지출축소의 결과는 불황이 악화되고 물가하락이 심화되는 것이었다. 금융공황은 정부에게 엄청난 부채를 안겨주었다. 경제사 연구자 해럴드 제임스의 지적대로, 디플레이션과 불황을 확산시키고 대공황을 그야말로 세계적인 사태로 만든 것은 부분적으로 정부의 조치, 특히

케인스는 영국 전시 재무부에 있으면서 미국으로부터의 채무와 프랑스와 기타 연합국들에게 빌려주는 채무에 대해서 자문했고, 1919년 평화회담에서 조역을 맡았다. 승전국들 사이에서 부채를 탕감하고 패전국들의 배상금을 완화시키는 쪽을 지지했던 그는 '빅 포'가 유럽의 전후 경제회복을 베르사유 평화협정의 우선순위로 삼지 않은 것에 항의하며 사임했다.

1923년, 하이에크는 뉴욕 시에서 박사후 1년을 보내는 동안, 어빙 피셔를 만나기도 했고, 중앙은행들이 통화공급을 관리함으로써 경기를 조절할 수 있다고 주장하는 통화 개혁론자들을 신랄하게 비판하는 글을 쓰기도 했다. 그는 예측전문가들이 경제의 부침이 닥치기에 앞서 정책입안자들에게 믿을 만한 지침을 제공할 수 있다는 데 회의적이었다.

워싱턴의 조치였다.

1923년에 미국의 경제는 1920~1921년의 급격한 경기침체 끝에 맹렬하게 호전되었지만, 1932년이 1923년 같을 것이라는 기대는 곧 무너졌다. 경제는 회복되는 대신 더욱 급속도로 악화되었다. 1933년이 되자, 주식은 1929년 주가의 5분의 1로 거래되고 있었고, 소매물가는 30퍼센트 급락해 있었다. 국민생산과 국민소득은 3분의 1 상태였고, 노동력의 무려 25퍼센트가 실업상태였다. 쉽게 예상되듯, 자살이 급속히 증가했다. 다만 미국인들이 전반적으로 건강이 좋아지고 수명이 늘어나면서 단명하는 비율이 줄었다는 점은 얼마 되지 않는 밝은 면 중 하나였다. 보아하니 1920년대에 풍요로운 노동기회와 소비기회 속에 번영을 구가했던 것이 축복이기만 했던 것은 아니었다.

1933년 7월에 케인스와 미국 기자 월터 리프먼Walter Lippmann의 첫 번째 실시간 대서양횡단 방송이 진행될 당시, 미국 대통령은 프랭클린 델러노 루스벨트Frankline Delano Roosevelt로 바뀌어 있었다. 리프먼은 대담자의 환심을 사고자 이런 말로 방송을 마무리 지었다.

> 현 단계 인간의 지식을 가지고는 이토록 엄청나고 이토록 새로운 위기를 이해할 수 없을지도 모르겠습니다. [……] 포괄적이고 신속하고 충분한 지침을 내놓았다 할 수 있는 예언자는 세계 어느 곳에서도 나타나지 않고 있습니다. [……] 이 위기는 인간의 이해력의 위기이기도 합니다. 우리가 실패한 근본적 원인은 악의가 아니라 오판입니다.[43]

대부분의 경제사 연구자들의 공통된 견해에 따르면, 이전의 불황을 근거로 대공황을 예측한 사람은 하나도 없었을 뿐 아니라, 대공황을 예측할 근거가 될 만한 이론도 하나도 없었다.[44] 당시를 되돌아보는 오늘날의 학자들은 일차적 잘못을 연방준비위, 신뢰의 붕괴와 소비자 지출 및 기업 지출의 급감, 하락장에서 점점 공황상태에 빠진 투자자들의 매각 물결에서 찾고 있다. 그러나 미니애폴리스 연방준비은행의 데이비드 페티그David Fettig는 이렇게 말했다.

> 대공황이 한 편의 소설이라면, 그 소설은 모든 미스터리 요소들을 갖춘 소설, 용의자가 잔뜩 등장하는, 결말을 알면서도 풀기 힘든 소설, 자꾸 읽게 되고 그때마다 새로운 설명을 발견하게 되는 그런 소설이다. 적어도 지금은 그렇다.[45]

과학적 성향을 가진 사람들은 화려한 오류로부터 사유를 촉발하는 자극제를 발견하곤 한다. 1932년 후반은 물가안정이 경제안정(곧 완전고용)의 충분조건이라는 케인스와 피셔의 이론이 잘못된 이론이거나 아니면 최소한 모종의 중대한 변수를 결여한 이론이라는 것이 이미 분명해진 후였다. 케인스와 피셔 둘 다 1929년에서 1933년 사이에 경제가 대규모로 붕괴하는 것에 대해 정말로 만족스러운 설명을 내놓지 못했다. 위기의 원인을 설득력 있게 설명해주는 이론이 없으니, 강하고 일관된 조치를 밀어붙일 자신감을 가진 정부도 있을 수 없었다. 그러니 케인스와 피셔 둘 다 자기가 세웠던 가정들을 점검하고 자기가 간과 내지 오해했던 요인들을 찾아내야 하는 처지였다.

피셔는 결여된 변수를 찾았다고 생각했다. 빚이었다. 뉴올리언스에서 열린 어느 경제학자 회의에서 피셔는 경제붕괴의 거대함에 대해 설명하는 새로운 이론을 처음으로 내놓았다. 과도한 채무와 급속한 디플레이션 사이의 해로운 상호작용을 강조하는 이론이었다. 피셔는 "과잉투자와 과잉투기도 중요하지만, 이토록 심각한 결과가 초래된 이유는 빌린 돈으로 이루어졌기 때문이다."라고 했다.[46] 1차대전 이래 공공부채와 개인부채는 미국뿐 아니라 전 세계에서 폭발적으로 증가했다.[47] 미국 가구들은 빚을 내서 자동차와 가전제품과 집을 샀고, 유럽 정부들은 아직 갚지 못한 전쟁 빚이 어마어마했다.

초기에 주가가 하락하자, 많은 빚을 지고 있던 기업들과 가구들, 그리고 빚을 너무 많이 내준 은행들은 너무 쉽게 자신감을 잃고 빚 청산과 수지 맞추기에 급급했다. 그러면서 출혈투매("가격이 적당히 올라서 파는 게 아니라 (보통은 그래야 파는데) 가격이 겁이 날 정도로 떨어져서 파는 것")가 시작되었고,[48] 주가는 더 떨어졌다. 그러니 은행예금은 줄어들 수밖에 없었고, 화폐공급이 줄면서 물가폭락이 시작되었다.

디플레이션은 물가의 전반적 하락이므로, 디플레이션이 오면 일정한 명목임금의 구매력이 커지면서 실질임금이 오르게 된다. 가솔린에서 신발까지 모든 물건값이 떨어지니, 같은 임금으로 더 많은 물건을 살 수 있다는 것이다. 그런데 1911년 저서『화폐의 구매력 The Purchasing Power of Money』에서 피셔는 물가하락이 소득을 하락시킬 수도 있음을 보여주었다. 1000달러 부채의 실질가치는 1000달러를 평균 물가로 나눈 값이다. 물가가 떨어지면 부채의 실질가치는 증가하므로, 채무자에게는 불리하고 채권자에게는 유리하다. 이렇듯 소득이 채무자 쪽에서 채권자 쪽으로 재분배되면서 두번째 결과가 생긴다. 곧 채무자는 채권자에 비해 지출은 많아지고 저축은 적어진다.(이것은 애초에 채무가 발생한 이유 중 하나다.) 따라서 채무자 쪽 지출의 감소분은 채권자 쪽 지출의 증가분보다 크다.

피셔의 주장에 따르면, 모두가 물가가 하락하리라고 예상한다면 기업들은 돈을 빌려 신규 공장과 설비에 투자하는 것을 꺼리게 된다. 나중에 가치가 높아진 달러로 상환해야 하기 때문이다. 기업들이 투자계획을 대폭 축소하면, 자본재에 대한 지출이 감소하고, 아울러 자본재 생산자 및 노동자 소득도 감소할 것이다. 소득이 감소하면, 화폐수요도 감소하고 명목금리도 하락할 것이다. 단, 명목금리 하락폭은 물가 하락폭보다 작고, 따라서 실질금리는 오를 것이다. 어느 경우에든, 물가하락은 생산감소와 실업증가를 초래했다.

피셔의 요지는 기업의 채무청산 노력이 결국 채무의 부담을 실질적으로 늘리는 결과를 낳는다는 것이었다.(이것은 개인적으로는 이롭되 집단적으로는 해로운 행동의 극적 사례였다.) 채무에서 자유로운 기업들도 힘들기는 마찬가지였다. 생산물가격이 노동비용과 원자재비용보다 빨리 하락하기 때문이었다. 이윤감소는 불가피하게 해고와 생산감소로 귀결되었다. 은행들과 개인들이 저마다 난관을 해결하기 위해 취한 합리적 조치, 곧 채무의 대폭적 축소가 오히려 사태를 악화시키는 결과를 낳았다는 것이 피셔의 주장이었다.

이미 피셔는 위기의 직접적 원인을 "이런 부채 부담 탓에 신용 시스템이 붕괴했다는 것"에서 찾은 바 있었다.[49] 1929년에서 1933년 사이에 세 차례에 걸쳐 금융공황이 발생하면서, 기업, 농업, 개인 자산 10억 달러(국민 통화공급량의 3분의 1)를 쓸어갔다. 연방준비위는 1931년 가을에 금리인상을 시작했으며, 은행 시스템을 강화하는 쪽으로는 아무런 조치도 취하지 않았다. 부적절한 은행들을 솎아내야 회복의 기틀을 마련할 수 있다는 이유에서였다. 피셔는 질질 끄는 전쟁부채와 스무트-홀리 Smoot-Hawley 관세[철강 등 2만 개 품목의 관세를 100~400% 급등시킨 보호무역조치로, 1929년 말 농민과 노동자, 각종 산업계 대표자들이 '일자리를 지켜달라.'고 요구함에 따라 1930년 6월 17일 후버 대통령이 법안에 서명함. 경제학자 1028명은 연대 서명까지 하며 강력히 반대했음.—옮긴이]를 비판하는 것과 함께, 연방준비위에 강한 지도자가 없다는 점을 비판했다. 벤저민 스트롱Benjamin Strong(뉴욕 연방준비은행 총장으로 재직하면서 연방준비위를 지배했던 인물로서, 은행업에 정통했고 잉글랜드은행장과 가까웠다.)이 세상을 떠난 것이 1928년이었는데, 피셔가 보았을 때, 비교적 미숙한 상태에 있었던 미국중앙은행이 이 인물을 잃은 것은 강한 지도자(그리고 해외신용도)를 잃은 것과 마찬가지였고, 설상가상으로, 당시는 그런 지도자가 꼭 필요한 시기였다. 피셔는 기자에게 "만약에 연방준비은행들이 전 뉴욕은행 총장 벤저민 스트롱의 안정화 정책을 따랐더라면, 경제위기의 결과를 '최소한 90퍼센트'는 완화시킬 수 있었을 것이다."라고 말하기도 했다.[50]

그럼에도, 피셔는 불황에 대해서 좀 더 이해하게 되면 불황을 방지하고 완화할 수 있을 것이라는 낙관을 여전히 그대로 가지고 있었다.

  이 책의 중요한 결론은, 불황은 대부분 예방할 수 있다는 것, 불황을 예방하기 위해서는 명확한 정책이 필요하다는 것, 그리고 그 정책에서 연방준비위가 중요한 역할을 담당해야 하리라는 것이다. 세계는 1929년 이래로 불필요한 고통을 당하고 있으니, 우리는 한시바삐 그런 고통을 없앨 실질적 조치를 마련해야 한다.[51]

1930년대 초반의 신문 헤드라인들을 보면, 경제학이 성서라는 렌즈로 굴절돼 있는 것을 알 수 있다. 다시 말해, 당시의 통념에 따르면, 불황은 죄의 대가였다. 호시절이 너무 오래 지속되다 보니, 기업들과 사람들은 신중함 따위는 내팽개치고 마구 까불었다. 경기침체(생산, 고용, 소득이 팽창하는 대신 수축하는 기간)가 발생하는 것은 민간기업들과 가구들이 지난 과잉을 식히고 불량투자를 끝내고 다시 한 번 허리띠를 졸라맬 때라는 뜻이었다. 이렇게 보자면 불경기는 유감스럽되 필요불가결한 교정책, 말하자면 술꾼의 해독 프로그램 같은 것이었다. 경기침체가 닥쳤을 때 정부가 해야 하는 일은 기업과 소비자의 자신감이 더 이상 훼손되지 않도록 막는 것, 예산의 균형을 맞추고 지나친 저금리 정책을 차단하는 것이었다. 이것은 프랭클린 델러노 루스벨트가 내놓은 선거공약이기도 했다.

루스벨트 주변에 있었던 '브레인 트러스트'는 컬럼비아 대학 출신으로 이루어진 일단의 홍보 자문가들이었는데, 그중에는 애돌프 벌리 Adolph Berle(법학 교수이자 법인관리 전문가), 렉스퍼드 터그웰Rexford Tugwell(농경제학자), 메리너 에클스Marriner Eccles(서부의 백만장자 은행업자)도 포함돼 있었다. 그들이 케인스와 피셔 같은 급진 경제학자들을 불신한 정도는 거의 영국 노동당에 맞먹었다. 그들은 케인스와 피셔를 인플레이션 옹호론자들, 윌리엄 제닝스 브라이언이나 1890년 은본위주의자들보다 나을 것이 없는 자들로 평가했다. 공정한 평가는 아니었다. 사실, 피셔와

10장 시동불량: 대공황의 케인스와 피셔 485

케인스가 주장했던 것은 재무부와 중앙은행이 금환율을 겨냥하는 조치를 중단하고 물가 전반을 겨냥하는 조치를 취해야 한다는 것이었다. 바꾸어 말해서, 피셔와 케인스가 원한 것은 주요 국가 통화당국들이 국내물가 디플레이션은 막되 외환율 하락은 그냥 두는 것이었다. 자문가들이 보았을 때, 이러한 차이는 차등 없는 차이일 뿐이었다. 터그웰은 "우리는 뼛속 깊이 건전통화의 신봉자들이었다."라고 회고했다.[52] 그들의 방식은 영국 노동당과 전혀 달랐지만, 재무부 관점에 붙잡혀 있다는 점만큼은 영국 노동당보다 덜하지 않았다.

데이비드 케네디David Kennedy의 묘사를 빌리자면, 루스벨트는 "여기저기에서 얻은 잡동사니 지식들이 끊임없이 쌓이고 또 쌓이는 빽빽한 골동품 가게처럼 [……] 오만가지 인상들, 사실들, 이론들, 처방들, 개성들을 환영하는 [……] 특히, 예일 교수 어빙 피셔 같은, 인플레이션을 설교하는 통화 정책의 이단자들을 환영하는" 두뇌를 가지고 있었다.[53] 터그웰은 "돈값을 낮추는 옛날 방법들이 외관상 아직 건재한 듯했고, 새로 생긴 방법도 많았다. 주지사[루스벨트]는 모든 방법들에 대해 알고 싶어했다. 우리는 정보를 주며 덜덜 떨었다."라고 회상했다.[54]

인플레이션은 정치적 주제이기도 했다. 민주당의 3분의 2가 부채와 곡물가격 하락 사이에서 고전하는 남부와 서부의 농부들이었고, 그들은 금본위에 적대적이었다. 반면에, 은행업자들과 사업가들 사이에서는 인플레이션의 전망이 공포(평균 물가가 10퍼센트 이상 하락하고 전국 은행의 3분의 1이 도산한 해였음을 고려하면 지나친 공포)를 불러일으켰다. 1차대전 도중 및 이후에 발생한 극도의 인플레이션의 기억, 그리고 그 인플레이션을 바로잡는 데 필요했던 디플레이션의 기억이 아직 너무 생생했던 탓이었다. 루스벨트는 불황에 맞서는 방법들 중에서 국제적 협력에 특히 적대적이었다.

수학자들의 사유방식에 익숙지 않았던 루스벨트의 경제 자문가들은 사소한 원인이 엄청난 폐해를 낳을 수 있다는 생각을 직관에 반하는 사유라고 간주했다. 그들이 불황의 원인으로 지목하고 싶어했던 것은 (소득 불평등, 독점, 그리고 피셔와 마찬가지로 스무트-홀리 관세 등) 민주당의 전통적 숙적들이었다. 루스벨트 자신은 불황의 원인을 너무 과한 재산 또는 너무 과한 가난에서 찾는 통속적인 과잉생산, 과소소비 이론들에 매력을 느꼈다. 1932년 5월에 애틀랜타의 오글소프 대학에서 행한 연설에서 루스벨트 후보자는 미국 경제에서 "생산설비가 불필요하게 중복"된다는 점과 함께 "무계획적"이라는 점과 "어마어마하게 낭비"되고 있다는 점을 비판했고, "생산자 생각을 좀 덜 하고 소비자 생각을 좀 더 할 것"을 요청했다. 또, 그는 미국 경제가 곧 한계에 도달할 것이고, "우리의 경제의 물리적 규모는 미래에는 과거와 똑같은 속도로 팽창하지 않을 것"이라고 예측했다."[55]

데이비드 케네디에 따르면, 1932년 9월 26일에 샌프란시스코 커먼웰스 클럽에서 연설한 내용은 루즈벨트 후보자의 관점들이 갖고 있는 "절충성과 유동성"을 반영하는 것이었다.

> **그저** 공장을 더 짓고 철도망을 더 구축하고 회사를 더 세우는 것은, 많은 경우, 유익이 되는 것 못지않게 위험이 됩니다. 위대한 기획자 내지 금융 거인의 시대는 지나갔습니다. 그들이 건설과 개발을 맡아주겠다고 하면 그들에게 우리의 모든 것을 허락하던 시대도 있었지만, 이제 그런

시대는 지나갔습니다.

나라의 3분의 1이 빈민인 시대였다는 것을 고려하면 이상하게 들리지만, 어쨌든 루스벨트는 불황의 원인을 생산이 너무 적다는 데서 찾은 것이 아니라 생산이 너무 **많다**는 데서 찾았다.

좀 더 냉철하고 좀 덜 극적인 과제는 이미 수중에 있는 자원과 시설을 경영하는 것, 잉여생산을 수출할 외국시장을 재건하는 것, 과소소비의 문제에 대처하는 것, 생산을 소비에 맞추는 것, 부와 상품을 더 공평하게 분배하는 것입니다.[56]

루스벨트의 자문가들은 또 그들대로 정치적 어젠다가 있었다. 벌리는 경제위기를 계기로 주요 사회개혁들을 시행하기 위한 특별한 기회가 조성되었다는 이야기를 홍보했다. 케네디의 지적에 따르면, 루스벨트가 선거공약으로 내놓은 경제회복 프로그램은 "후버가 (어쩔 수 없어서였든 뭐든) 이미 채택했던 많은 조치들과 잘 구별되지 않았다. 예를 들면, 농업 원조, 산업협력 증진(가격협정), 기업 융자, 은행 지원, 균형예산 등이었다."[57] 루스벨트가 의회에 보낸 첫 예산안은 연방예산을 후버 때보다도 훨씬 과감하게 축소시킨 것이었다.

케인스와 피셔 둘 다 후보자가 경제가 안정되기 전에 사회복지 개혁을 강조하는 것을 위험한 아집이라고 보았다.[58] 취임을 몇 주 앞둔 루스벨트 대통령에게 보낸 편지에서 케인스는 장기적 개혁과 경제회복 프로그램을 뒤섞지 말 것을 경고했고, 아울러 "공개시장조작을 통해서 장기적 금리를 낮출 것"을 권고했다. 역시 루스벨트에게 보낸 편지에서 피셔는 취임 당일 금본위제 폐지를 선언할 것을 촉구했다. 이로써 "현재의 디플레이션이 하룻밤 사이에 역전될 것이고 우리는 다시금 새로운 번영의 절정을 향하여 나아가는 길에 들어서게 될 것"이라는 주장이었다.[59] 케인스는 1933년 말에 루스벨트에게 보내는 공개서한(《뉴욕 타임스》에 실렸다.)에서 먼젓번 주장을 되풀이했다. "개혁은, 현명하고 필수적인 개혁이라 하더라도 [……] 경제회복을 지연시키거나 복잡하게 만들 수가 있습니다. 개혁은 업계의 신뢰성을 동요시키고 업계가 가지고 있었던 행위 동기들을 약화시킬 테니 말입니다."[60] 피셔는 뉴딜New Deal에 대한 케인스의 유보적 판단을 공유했다.

> 이것은 아주 이상한 혼합물이다. 나도 소출과 생산의 제한에는 반대지만, 리플레이션에는 대찬성이다. 보아하니 루스벨트는 두 가지를 비슷한 것으로 생각하고 있다. 둘 다 그저 물가를 끌어올리는 방법이라고 생각하고 있으니 말이다! 그러나 하나는 통화단위를 바꾸어 정상화시키는 방법인 반면에, 다른 하나는 많은 사람들이 굶주리고 헐벗고 있을 때 식량과 의복을 안 주는 것이다.[61]

루스벨트의 정책은 후버의 정책의 연속이었지만, 유일한 예외이자 큼직한 예외가 있었으니, 그것은 금본위제를 폐지한다는 결정이었다. 이것은 1929년 폭락 이래 케인스와 피셔가 번갈아가면서 계속해서 권고했던 조치였다. 금본위제를 포기한다는 것은 연방준비위가 달러가 파운드나 기타 외국통화보다 떨어지는 것을 막기 위해 금리를 인상하는 일이 없을 것이라는 뜻이었다. 달러가 약해진다는 것은 미국의 곡물과 광물이 해외에서 경쟁력이 높아진다는 뜻이었으니, 가장 먼저 혜택 받는 층은 농부들과 광부들이었고, 두번째로 혜택받는 층은 돈을 빌려 집을 구입한 가구들이나 생산설비를 개량한 기업들이었다.

루스벨트는 1933년 4월 19일에 미국이 금본위제를 폐지한다고 선언했고, 케인스는 "근사하게 옳은 일"을 해낸 것에 대해 대통령을 치하했다. 피셔는 다시금 희망을 키웠다. 피셔는 매기에게 "이제 나는 우리가 이 불황으로부터 급속도로 벗어나리라고 확신하오. 우리가 뭔가를 확신할 수 있다고 한다면 말이오."라는 편지를 보내기도 했다.[62] 이번에는 피셔의 경제예측이 선견지명으로 밝혀졌다. 루스벨트가 취임하고 한 달도 못 되어 미국의 경제는 바닥을 치더니 회복의 시작을 알렸다. 피셔는 자신의 개인적 재정도 회복될 수 있으리라 기대했지만, 그러한 기대는 이루어지지 않았다. 처형 캐롤라인 해저드에게 머리를 조아려야 했던 일은 피셔가 앞으로 겪게 될 굴욕에 비하면 아무것도 아니었다. 예일 대학이 피셔의 뉴헤이븐 저택을 매입하여 피셔에게 무료로 임대해주는 데 동의하지 않았다면, 피셔는 살던 집에서 쫓겨났을 것이다. 피셔 가의 해변가 여름별장은 캐롤라인 해저드에게 넘어갔다.(그녀는 유서에서 피셔의 나머지 채무를 탕감해주었다.) 배당금 수익이 없었던 피셔는 생계를 경영수수료에 의지할 수밖에 없었다.

케인스는 1934년 5월 28일 저녁 5시 15분에 처음으로 루스벨트를 만났다. 여러 날에 걸쳐 일출부터 일몰까지 각료들, 자문가들, 미국산업부흥국NRA 관료들 등 온갖 공직자와 회의를 거친 후, 마침내 대통령과 한 시간 동안 담소할 기회를 잡았던 것이다. 나중에 케인스가 펠릭스 프랑크푸르터(당시 루스벨트의 자문가)에게 보고한 내용에 따르면, 그때 케인스가 루스벨트에게 조언한 내용은 정부가 연방 경기부양 지출을 월 30억 달러에서 40억 달러로 늘리면 미국 경제는 충분히 회복되리라는 것이었다.63 대통령은 "나는 케인스와 거창한 대화를 나누었고 케인스가 대단히 마음에 들었다."라고 말했지만, 케인스의 말투가 마치 "수학자" 같더라는 불만을 표하기도 했다.64 다음 날, 《뉴욕 타임스》에는 케인스가 대통령에게 보내는 또 한 편의 공개서한이 실렸다. 뉴딜 정책을 찬양하는 내용과 무려 국민소득 8퍼센트의 적자지출 조치를 권하는 내용이었다. 케인스에 따르자면,

> 이러한 조치를 취한다면, 국민소득은 직간접적으로 이 액수의 최소 서너 배는 증가할 것입니다. [……] 대부분의 사람들이 응급지출의 효과를 지나치게 과소평가하는 것은 승수Multiplier(개별소득 증가분의 누적효과)를 무시하기 때문입니다. 소득증가분이 지출로 이어지면서 다른 소득들도 증가하게 되고, 이 과정이 계속 확산되는 것입니다.65

다음 날 저녁, 케인스는 뉴욕의 뉴스쿨 사회과학대학원 만찬에 참석했다. 피셔와 슘페터도 함께였다.66 이 자리에서 케인스는 적자재정을 통해 공공사업에 지출한다는 자신의 이론을 소개하면서, 이런 지출에서 1달러의 누적효과는 1달러를 훨씬 상회한다는 자신의 견해를 밝혔다. 피셔는 통화와 관련된 자신의 신념(대공황은 통화정책 실패의 결과이며, "지금껏 행해진 모든 정책 중에 통화정책이 가장 성공적"이라는 신념, 그리고 "경제의 회복

을 가져올 수 있는 확실하고 빠른 유일한 방법은 통화정책"이라는 신념)을 버린 적이 없었던 반면에,[67] 케인스는 통화의 경기부양력과 관련하여 신념의 위기를 겪은 것이 분명했다. 피셔는 어정쩡한 침묵 속에 귀를 기울였다. 나중에 피셔는 매기에게 "그의 발제문은 흥미로웠지만, 나에게는 (그리고 아마도 다른 모든 사람들에게도) 다소 모호하고 미덥지 않았소. 그는 아주 능숙하게 질문과 반론에 답했지만, 어떤 결론에도 이르지 못했소."라는 편지를 보냈다.[68]

대공황은 지겹게 계속되었고, 통화정책의 유효성에 대한 케인스의 신념은 더욱 약해졌다. 『화폐론』이 나올 때쯤 케인스는 이미 실업의 원인을 설명할 새로운 이론을 내놓고 있었다. 이 이론을 가장 먼저 접한 것은 케임브리지의 학생들이었다. 이 이론을 한마디로 요약해보자면, 케인스가 1933년 12월에 《미국 경제 평론*American Economic Review*》에 실은 논문에서 밝힌 대로 "단기든 장기든 금리의 관리가 효력을 거두지 못하는 시기가 있는데, 바로 얼마 전이 그런 시기였다. 그런 시기에는 정부의 투자를 통한 직접적 경기부양이 필요해진다."라는 것이었다.[69]

극도의 불황 속에서, 물가는 금리보다 훨씬 빨리 하락했다. 따라서 명목금리 인하로는 실질금리 상승을 막을 수 없었다. 명목금리가 0퍼센트로 하락한 이상, 중앙은행이 할 수 있는 일은 없었다.(금리를 내리거나 채무부담을 덜어줌으로써 불황을 끝내는 방법은 아예 없어진 것이다.) 이에 수반되는 엄청난 정치적 결과를 케인스는 '유동성 함정'이라고 불렀다.[70] 언젠가 케인스는 "금리가 더 이상 떨어질 데가 없다는 것은 제국들이 멸망한 원인이었다."라고 말하기도 했다. 일단 통화정책이 먹혀들지 않게 되면, 수요를 지지할 유일한 선택지는 돈을 쓸 수 있는 사람 손에 돈을 쥐어주는 것이었다.

> 모든 과거의 가르침은 [……] 부적절했거나 확실하게 해로웠다. 우리는 우리 삶을 지배하는 경제질서를 이해하지 못했을 뿐 아니라, 심각하게 오해하기까지 했다. 우리가 채택한 조치가 우리를 심하게 해칠 정도였다. 이런 오해에서 비롯되는 병폐들을 치료하기 위해 혁명의 형태를 취하는 좀 더 파괴적인 조치를 취하고 싶다는 생각이 드는 것은 그 때문이다.⁷¹

미국에서 돌아온 케인스는 1934년에 『고용, 이자, 화폐에 대한 일반이론』의 초고를 완성했다. 그리고 1935년 초에는 초고지를 돌리기 시작했다. 조지 버나드 쇼에게 보낸 편지에서 케인스는 "내가 지금 쓰고 있는 책은 세계가 경제문제들에 대해 사유하는 방식을 근본적으로 바꾸어놓을 것 같습니다. 당장은 아니더라도 향후 10년이면 그렇게 될 것 같습니다."라고 했다.⁷²

『고용, 이자, 화폐에 대한 일반이론』의 일차적인 새로움은 극도의 불황 속에서는 통화정책이 먹혀들지 않는다는 것을 보여주었다는 데 있었다.

고전적 모델에 기반을 둔 경제학자들은 비非유클리드의 세계 안에 있는 유클리드 기하학자 같습니다. 그들은 평행한 듯 보이는 직선이 종종 서로 만난다는 것을 경험합니다. 하지만 그들이 작금의 불운한 충돌에 대해서 내놓는 유일한 해법은 선이 똑바르지 않다고 비난하는 것뿐입니다. 그러나 사실은 평행의 공리를 내던지고 비유클리드 기하학을 구상하는 것 말고는 해결책이 없습니다. 오늘날의 경제학에서도 똑같은 과제가 요구되고 있습니다.

케인스의 어떤 점이 새로웠는가에 대해서는 때때로 오해가 있어왔다. 정부가 좋지 않은 시기 내지 불경기에는 지출확대 또는 적자운영을 해야 한다는 말은 케인스가 처음 했던 말은 아니었다. 비어트리스 웨브, 윈스턴 처칠, 허버트 후버는 모두들 케인스에 앞서 적자지출을 받아들였다. 개인적으로는 현명한 행동이 집단적으로 이루어지면 자멸에 이를 수 있다는 말도 케인스가 처음 했던 말은 아니었다. 노동공급 과잉이나 노동수요 부족의 문제는 언제나 임금인하나 금리인하로 해결될 수 있다는 고전적 명제도 케인스가 처음 했던 말이 아니었다.

> 체제 전체의 경제학은 개인의 경제학과 근본적으로 다르다는 것, 개인적으로 행해졌을 때는 경제적으로 현명한 행동인 것이 모든 개인들에 의해 집단적으로 행해졌을 때는 때때로 자멸적 행동일 수 있다는 것, 국민소득은 국민지출의 상응물이라는 것을 우리 중 많은 사람들은 사건의 논리에 비추어 깨달을 수밖에 없었다. 우리가 다 같이 지출을 제한한다면 우리의 소득이 제한될 것이고, 우리의 소득이 제한된다면 우리의 지출은 더더욱 제한될 것이다.[73]

경제학자 허버트 스타인Herbert Stein이 지적한 것처럼, 케인스가 제기한 질문은 하이에크와 슘페터가 제기한 질문과는 전혀 다른 것이었다. 오스트리아의 하이에크와 슘페터는 경제가 어떻게 불황에 이르게 되었나 하는 문제를 제기하면서, 불황을 불황에 선행한 호황의 맥락에서 설명했다. 반면, 케인스는 불황이 어떻게 발생했는지에 대해서는 그다지 관심이 없었다. 케인스는 제약 없이 경쟁하는 자유시장경제에서 고실업과 유휴 생산 능력이 오랫동안 지속되는 것이 어떻게 가능한가 하는 좀 더 근본적인 미스터리에 관심이 있었다.

경제학의 통상적 전제에 따르면 실업은 일시적이다. 실제로도 실업은 대개 일시적이었다. 피셔가 만들어낸 유압장치에서 (그리고 마르크스, 마셜, 슘페터가 구상했던 경제 모델에서) 흉작, 전쟁, 파업, 혁신 그리고 기타 "충격"은 일시적인 수급 불균형을 낳을 수 있었고, 이런 불균형이 경제규모에 비해 클 경우에는 실업을 낳을 수 있었다. 그러나 실업이 발생하면 노동자들 간의 경쟁과 대출업자들 간의 경쟁이 임금과 금리를 떨어뜨리게 마련이었고, 그러다 보면 고용하고 투자하는 것이 다시 이익이 되는 시점이 오게 마련이었다.

세이Jean-Baptiste Say의 법칙(수요가 공급을 창출한다는 법칙)은 19세기 중반에는 이미 낡은 법칙으로 여겨졌다. 이 법칙의 근간은 구매는 언제나 등가의 소득을 창출한다는 상투적 생각이었고, 이 법칙의 전제는 돈을 버는 유일한 동기가 돈을 쓰기 위해서라는 것이었다. 그러나 저축도 돈을 버는 중요한 동기였으며, 빅토리아 시대에도 노동계급 가구들은 상당액을 저축했다. 지출이 소득보다 적을 가능성이 인정되자마자 세이의 법칙은 낡은 법칙이 되었다.

스키델스키에 따르면, 케인스가 한 일의 본질은 수급 균형으로부터 눈을 돌렸다는 점이었다. 대신, 케인스는 통화 흐름(예를 들면, 소득)이 다른 통화 흐름(예를 들면, 소비)을 결정하는 함수가 되게 했다. 수급 균형의 부정은 슘페터의 경우에는 도저히 받아들일 수 없는 것이었다. 요컨대 케인스의 『일반이론』의 급진성은, 자유시장경제가 장기불황(노동자와 설비가 장기간 쉬고 있는 상태)에 빠지는 것이 **가능하다**는 것을 증명한 데 있었다. 또 불황은 흔히 물가와 금리의 하락으로 인해 저절로 끝나게 마련이지만, 그런 흔한 불황과는 달리 오래 지속되는 불황도 있다는 것, 극단적으로 말해서, 자유시장경제는 유휴노동자와 가용 설비가 존재하는 경우에도 자연적으로 침체로 향하는 경향이 있다는 것을 증명한 데 있었다. 이런 유의 불황의 경우, 통화정책을 통한 신용 흐름 활성화는 충분한 경기부양책이 아니었다. 금리가 0퍼센트라고 해도, 물가가 하락 중이고 수요의 회복을 기대할 이유가 없다면, 기업의 대출을 유도할 수 없기 때문이었다. 기업의 자신감을 되살리고 민간부문에서 지출을 나오게 만드는 유일한 방법은 세금을 줄이고 기업과 개인이 더 많은 소득을 손에 쥘 수 있도록 하는 것, 곧 기업과 개인이 지출할 수 있도록 하는 것이었다. 아니면 더 좋은 방법은 정부가 직접 지출을 늘리는 것이었다.(정부의 지출은 저축으로 전용되지 않는 100퍼센트 지출이기 때문이었다.) 민간부문이 지출할 능력이 없거나 지출할 의지가 없다면, 정부가 지출해야 했다. 케인스가 볼 때, 중앙은행이 대출의 최후의 보루가 되었듯이, 정부는 지출의 최후의 보루가 될 준비가 되어야 했다.

제임스 토빈James Tobin에 따르면, 피셔는 1930년 저서 『이자론』에서는 일반이론의 기본요소들을 거의 만들어낼 뻔했다. 피셔에게는 투자와 저축에 대한 이론도 있었고, 생산과 물가가 단기적으로 어떻게 결정되는가에 대한 이론도 있었다. 또 피셔는 1932년 저서 『호황과 불황

Booms and Depression』에서 불황이 자력으로 강화되는 데 부채가 어떠한 역할을 하는지를 소개했다. 그러나 피셔는 케인스와는 달리 이런 개별 요소들을 하나의 통일된 모델(금리, 물가, 생산이 어떻게 결정되는가를, 그리하여 실업이 어떻게 결정되는가를 보여주는 모델)로 결합하지는 못했다.

새로운 학설이 종종 그렇듯이, 피셔와 케인스가 권고했던 대부분의 조치들은 영국에서도 미국에서도 채택되지 않았다.(유일하게 채택된 조치는 금본위제 폐지였다.) 어쨌든 영국은 1932년 8월에는 이미 최악의 상황을 넘기고, 경제가 서서히 팽창하기 시작했다. 일본의 경제는 1937년에 이미 5년여에 걸쳐 성장 중이었다. 미국 못지않게 심각한 경제붕괴를 경험했던 독일의 경우, 1936년에는 이미 실업이 사라진 후였다. 나치 독일과 파시스트 이탈리아가 대규모 적자지출을 시행하고 외채지급을 거절하고 자국의 화폐가치 하락을 허용함으로써 완전고용을 성취하는 것을 보며 케인스는 씁쓸한 아이러니를 느꼈다. 일본제국도 비슷한 성과를 거뒀다. 물론, 이 정부들의 목표는 전쟁을 벌이고 다른 나라를 갈취함으로써 빚을 해결하는 것이었다.

반면에 미국에서는 1937년에 또다시 극심한 불황이 와 있었다. 원인을 찾아보자면, 주로 행정부, 특히 연방준비위의 실책들 때문이었다. 경제회복 3년 후인 1936년, 루스벨트는 세금을 올리고, 아울러 공공사업진흥국WPA을 포함하는 뉴딜 프로그램들에 대한 지출을 줄였다. 1936년 6월에 1차대전 참전군인들에 대한 상여금이 한 차례 지급됨으로써 연방적자가 잠시 늘어났지만, 그 후로 연방지출은 대폭 감소했다. 한편, 1935년 사회보장법에 따라 1937년부터 근로소득세가 걷혔다. 때를 잘못 고른 이 두 조치로 인해, 연방예산은 1937년 후반까지 거의 균형예산 상태가 되었다.

불황 초기, 연방준비위는 충격에 휩싸인 은행 시스템과 신용시장 앞에서 수동적 태도를 버리지 못하고 있었다. 1935년 은행조례는 연방 당국에 지급준비금을 조정할 수 있는 권한을 주었다. 초과 지급준비금이 늘어나고 인플레이션 압력이 발생할 것을 우려한 연방준비위는 1936년 8월에서 1937년 5월 사이에 지급준비금을 갑자기 두 배로 올렸다. 초과 지급준비금이 줄었고, 통화량도 줄었다. 1937년 3월에서 1938년 6월까지, 미국 경제는 5분의 1 축소했고, 산업생산은 3분의 1 급락했고, 10퍼센트까지 내려갔던 실업률은 다시 13퍼센트까지 올라갔다. 정부사업 임시직을 뺀 공식 실업률은 15퍼센트에서 거의 20퍼센트까지 증가했다. 증시도 추락하면서, 어빙 피셔의 재정파탄이 완성되었다.

1936년에 미국의 하락한 주식에 크게 투자하고 1937년 폭락 이후까지 버틴 케인스는 손실 만회 이상의 성과를 거뒀다. 그러나 심장이 버티지 못했다. 케인스는 런던 사무실에서 쓰러졌고 심장이 사망을 초래할 수 있는 상태라는 진단을 받았다. 케인스는 공직에서 중도하차했고, 복귀는 불가능해 보였다. 어빙 피셔는 연설과 집필을 계속했지만, 루스벨트 행정부와는 후버 행정부 때와 같은 관계를 맺지 못했다. 피셔의 평판은 피셔의 주식 포트폴리오에 못지않게 만신창이였다.

아무것도 하지 않는 것이 회복으로 이어지리라는 하이에크와 슘페터의 예측 역시 여의치 않았다. 독일과 오스트리아에서의 경제가 점점 쇠퇴하고 정치적 극단주의가 점점 악화되는 상황은 결국 두 사람을 학문적으로 고립시키고 아울러 점점 낙담시켰다.

1930년대 초반에는, 독일과 오스트리아는 물론이고 다른 어떤 곳에서도, 쇄도하는 글로벌 위기를 만족스럽게 설명할 수 있는 이론을 가진 경제학자는 아무도 없었다. 이처럼 이론이 부재하는 상황에서, 영국 경제학자들은 순식간에 양대 진영으로 나뉘었다. 한쪽은 케인스와 '케임브리지 광장'이 이끄는 간섭주의 집단(피에로 스라파Piero Sraffa, 조앤 로빈슨, 리처드 칸 등 케인스를 신봉하는 공산주의자들이 포함되었다.)이었고, 한쪽은 서른 살의 라이어넬 로빈스가 이끄는 런던정경대학의 젊은 '자유주의' 집단이었다. 로빈스는 광부의 아들로 태어난 몇몇 이름 있는 영국 경제학자 중 하나로서, 빈에서 루트비히 폰 미제스와 그의 동아리와 함께 상당한 시간을 보낸 바 있었다. 로빈스는 미제스가 사회주의의 실현 가능성에 대한 논쟁 중에 펼쳤던 주장에 설득력이 있다고 보았을 뿐 아니라, 영국 경제와 미국 경제에서 정부 개입 추세가 일견 거침없이 계속되는 것에 대한 미제스의 경악에 공감했다.

로빈스는 케임브리지와 케인스가 영국 경제학을 지배하는 것에 분개했고, 케인스를 정치적 기회주의자이자 학계의 폭군으로 간주했다.(로빈스는 램지 맥도널드의 경제자문위원회에 소속되어 있을 당시 보호무역주의 문제로 케인스와 격렬하게 충돌한 바 있었다.) 아이러니하게도, 로빈스의 야심은 페이비언들이 설립하고 후원한 런던정경대학을 케임브리지의 집단주의에 맞설 자유주의의 균형추로 삼는 것이었다. 정치적 동맹의 잠재력이 있는 경제학자들을 물색하던 그는 폰 미제스의 서른한 살짜리 제자 하이에크를 발견했고, 1931년 1월에 이 오스트리아인을 런던정경대학으로 초청해서 일련의 강의를 맡겼다. 빈에서 경기순환연구소를 운영하며 통화정책의 역사에 대한 방대한 연구를 진행 중이었던 하이에크는 일찍이 1929년 봄에 다른 전문가들이 화창한 예보를 내놓고 있을 때 미국의 호황이 붕괴하리라는 올바른 예측을 내놓음으로써 로빈스에게 큰 인상을 남긴 바 있었다. "호황은 몇 달 안에 붕괴할 것"이라는 예측이었다.[74] 후일 하이에크는 "금리가 떨어지기까지 유럽에 회복의 희망은 없으며, 미국의 호황이 붕괴하기까지 금리는 떨어지지 않을 텐데, 내가 볼 때 미국의 호황은 몇 달 안에 붕괴할 것 같다."라는 자신의 발언을 떠올렸다.[75]

미제스와 하이에크가 발전시킨 이론에 따르면, 불황의 원인은 앞선 호황 중의 과도한 통화 창출과 지나치게 낮은 금리로 인한 막대한 자본 불균형이었다. 로빈스의 표현을 빌리면, 불황의 원인이 "잘못된 기대에서 비롯된 부절적한 투자"라는 이론이었다.[76] 하이에크는 이 이론이 대공황을 설명해준다고 생각했다. 하이에크에 따르면, 대공황의 "원인은 통화관리 부실, 그리고 자본주의의 근본적 체력이 전쟁과 정책으로 인해 이미 소진되어버린 환경에서 진행되는 국가 개입"이었다.[77]

호황 중의 과잉투자가 불황을 초래한다는 것이 사실이라면(반면에 케인스는 불황 중의 과소투자에서 잘못을 찾았다.) "생산구조의 완만한 조정과정을 거쳐 완치시킬 시간"만 있으면 충분했다. 바꾸어 말해서, 과잉설비가 흡수되거나 감가상각되고 새로운 투자가 다시금 필요해지기까지 기다리기만 하면 충분했다. 하이에크에 따르면 "인위적 수요의 창출"은 자본의 잘못된 분배를 바로잡는 데는 아무 소용없는 조치였고, 또 한 번의 인플레이션과 또 한 번의 불황을 초래하는 조치였다. 오스트리아의 1921년 초인플레이션이 바로 그런 경우였다.

로빈스의 회고에 따르면, 하이에크의 런던정경대학 강의는 "선풍적"

이었고 "어려우면서도 흥미진진했다. [······] 대단한 학식과 창의적인 분석력을 느낄 수 있었다." 런던정경대학 총장이자 영국 복지사회의 아버지로 여겨지는 윌리엄 베버리지는 "키가 크고 정력이 넘치고 내성적인" 이 오스트리아인에게 엄청난 감명을 받았고, 곧바로 그에게 비어 있던 교수 자리를 제안했다. 이미 하이에크는 케인스의 『화폐론』에 대한 신랄한 서평을 쓰고, 케인스 및 그의 신봉자들과의 논쟁으로 세간의 이목을 끈 인물이었다. 하이에크의 엄숙한 표정, 품위 있는 매너, 남모를 슬픔이 어린 듯한 소극적 태도에서 영국 청중은 호감을 느꼈다. 하이에크의 수수께끼 같은 표현, 대담함, 손쉬운 처방을 내놓기를 거부하는 금욕적 자세에 영국 청중은 그의 사촌 비트겐슈타인을 떠올렸다. 하이에크가 들고 온 것은 건전화폐, 자유무역, 재산권 존중이라는 전통적인 자유주의 정책(그리고 경기침체는 저절로 고쳐진다는 관점)을 뒷받침할 수 있는 새롭고 신빙성 있는 논거였다.

라이어넬 로빈스의 1934년 저서 『대공황 The Great Depression』은 하이에크의 이론을 전간기 벼락경기에 교묘히 적용시키는 작업이었다.(수십 년 후, 1971년 저서 『어느 경제학자의 자서전 Autobiography of an Economist』에서 로빈스는 과거의 작업을 철회하면서 "잊어버려주면 좋겠다"라고 고백했다.)[78] 하이에크가 로빈스의 공공 캠페인을 지지했던 것은 케인스의 제안들에 맞서기 위해서였다. 하이에크는 1932년에 로빈스와 기타 런던정경대학 교수들과 함께 균형예산 정책을 지지하는 서명에 나서기도 했다.[79]

하이에크라는 별이 빛난 것은 잠시였다. 1935년에는 이미 비어트리스 웨브가 "로빈스 앤드 컴퍼니"("컴퍼니"는 하이에크였다.)에 대해 "그들과 그들의 신조는 현 상태의 세계에서 곁가지에 불과하다. 영향력도 없고 심지어 타당성도 없다."라고 말하고 있었다.[80] 웨브의 판단은 옳았다. 케인스의 『일반이론』이 나온 이듬해에 논쟁은 끝나 있었고, 경제학계는 완전히 케인스의 관점으로 넘어가 있었다. 하이에크의 친구에 따르면, 케인스의 관점은 "하이에크의 통화절제에 비해서 디플레이션과 대량실업의 시기에 잘 어울렸다".[81]

당시 하이에크는 비판의 과녁이었다기보다는 세간의 관심 밖으로 밀려나 있었다. 하이에크 선집의 편집자 브루스 콜드웰Bruce Caldwell에 따르면, 하이에크가 『일반이론』을 지면으로 공격하지 못했던 이유는 그저 서평 청탁이 없어서였을지도 몰랐다. 초기 하이에크를 신랄하게 비판하는 문헌들이 아주 많다.(그의 논적들, 예전 지지자들, 정치적 동맹들이 그를 비판했다.) 케인스는 하이에크의 1931년 저서 『가격과 생산Prices and Production』을 가리켜 "엉망진창 뒤죽박죽"이라고 말했고,[82] 밀턴 프리드먼은 "하이에크를 대단히 존경하지만 그의 경제학을 존경하지는 않는다."라고 했다.[83] 오래지 않아서, 하이에크와 케인스의 교류는 고서적 애호라는 공통된 취미로 한정되었다.

세 차례에 걸쳐 하버드에서 방문교수로 재직한 슘페터는 1932년에 아예 하버드로 자리를 옮겼다. 슘페터가 독일을 떠난 것은 좌우익의 정치적 극단주의가 발흥했기 때문이라기보다는(나치의 1932년 선거 성적은 저조했다.) 베를린에서 교수 자리를 얻지 못한 것에 더해 오랜 연인 미아 슈퇴켈Mia Stöckel과의 결혼을 피하고 싶었기 때문이었다. 그때껏 슘페터에게 독일은 망명지나 마찬가지였다. 그가 사랑했던 두번째 아내 안니의 죽음과 어머니의 죽음을 비롯해서 그의 인생 최대의 좌절과 비극이 독일과 연결돼 있었던 것이다.

케인스의 『화폐론』이 출간되면서 슘페터는 심각한 타격을 입었다. 화폐가 경기에 미치는 영향에 대해서 책을 쓰고 있던 슘페터는 이제 자신의 계획이 '쓸모없는 일'이 되었다고 생각했다. 슘페터는 한 학생에게 "지금 내가 할 수 있는 유일한 일은 이 화폐 원고를 내던지는 것뿐이다."[84]라고 말하기도 했다. 슘페터가 이렇게 반응한 것을 보면, 슘페터 자신의 생각이 케인스와 피셔의 생각과 일치했다는 것, 그리고 덧붙일 내용이 거의 없다는 것을 슘페터 자신이 깨닫고 있었다는 것을 알 수 있다. 그렇지 않았더라면, 슘페터는 케인스의 이론을 비판하고 자기의 이론을 내세울 기회를 반겼을 테니까 말이다.

슘페터의 절망감을 더욱 깊게 만든 것은 '검은 목요일' 이후 독일 경제의 충격적 붕괴였다. 미국 투자자들이 해외자산을 급히 매각하고 미국 상인들이 독일 곡물 수입을 대폭 줄이면서, 독일의 산업생산은 40퍼센트 감소하고 실업은 30퍼센트 이상 급증했다.[85] 독일의 불황은 미국보다 심각했다.(주요국들 중에서는 독일의 불황이 가장 심각했다.)

또 다른 글로벌 경제위기가 한창이던 20년 전, 슘페터와 케인스는 비슷한 대응 조치들을 옹호했었다. 이제 슘페터는 자신의 입장을 케인스에 반대하는 입장으로 규정했다. 1930년 12월에 열린 미국경제학회 연례회의에서 슘페터는 정치적으로 입맛에 맞는 불황 해결책은 존재하지 않는다고 주장함으로써 언론의 관심을 모았다.[86] 경제사 연구자 요제프 도르프만 Joseph Dorfman에 따르면, 그러한 관심이 불러일으켜진 것은 슘페터의 "어두운 전망" 때문이었다. 많은 미국인들은 슘페터의 전망을 "영미 전통의 특징인 낙관론에 대한 유용한 균형추"라고 느꼈던

것이다.[87]

통화팽창은 반드시 실패한다는 슘페터의 주장은 시간이 갈수록 격해졌다. 이것은 좀 이해하기 어렵다.(슘페터가 1931년에 일본의 금본위제 폐지 결정을 환영했던 것을 생각하면 더욱 그러하다.) 슘페터의 경기이론이 케인스나 피셔의 경기이론에 비해 통화 외적 원인들(특히 농업을 근본적으로 변혁하고 있던 새로운 화학적, 기계적 테크놀로지의 효과들)을 훨씬 중시했던 것은 사실이다. 슘페터가 낡은 회사들 또는 낡은 산업들의 "창조적 파괴"가 생산성과 생활수준의 장기적 성장을 위한 전제조건이라고 생각했던 것도 사실이다. 그렇지만 1919년에 이러한 생각이 덜했었냐 하면 그것은 아니다. 슘페터의 극단적인 숙명론은 최소한 그의 학생들과 동료들 몇몇에게는 새롭다고 느껴졌다.

슘페터는 새로 집권한 히틀러 행정부로부터 박해받고 있던 유대인 경제학자들을 위해 일자리를 찾는 일에 참여했다. 슘페터가 "[미국 경제학자 웨슬리 클레어 미첼Wesley Clair Mitchell과 함께] 만든 위원회는 히브리 핏줄이나 히브리 신앙 탓에 현 정부에 의해 지금 있는 자리에서 내쫓기고 있는 몇몇 독일 학자들을 보살피는 위원회"였다. 히틀러가 1933년 3월에 독일 연정총리가 된 이후(아직 나치 독재국가가 만들어지기 이전) 슘페터는 한 편지에서 점점 더해가는 자신의 고립감과 불행감을 토로했다.

극히 자연스러울 오해를 피하기 위해서 나에 대해 밝힐 것이 있습니다. 나는 게르만 시민이지 유대인도 아니고 유대인 핏줄도 아닙니다. 그렇다고 내가 독일 현 정부를 전적으로 옹호하는 사람도 아닙니다. 다만 현 정부 이전의 체제를 경험한 사람으로서 현 정부의 조치들을 다른 사람들과 조금 다른 시각으로 볼 수밖에 없습니다. 나는 보수적인 사람이라 거의 이구동성으로 히틀러 내각을 비난하는 세간의 견해에 동조하는 것은 불가능합니다. 지금 내가 동료였던 사람들이 이 나라에서 조용히 학문을 계속할 수 있게 도와줄 단체를 만들어보려고 하는 것은 그저 그 사람들에 대한 의무감 때문입니다.[88]

슘페터는 하이에크가 런던정경대학에서 진행했던 불황에 대한 일련의 강의를 통해서 퍼뜨린 새로운 태도를 일부 흡수했던 것 같다. 1년 후에 하버드에 영구 정착한 그는 경제학자는 자문을 제공할 자격이 없다고 말하고 있었다.(다만 그의 학생 폴 새뮤얼슨Paul Anthony Samuelson은 "그는 항상 자문을 하고 다녔다."라고 비아냥거렸다.) 슘페터는 뜻을 같이하는 동료들, 이른바 '7인의 현자'와 함께 주 1회 모이는 비공식 세미나를 조직했다.(러시아 태생의 수리경제학자 바실리 레온티에프Wassily Leontief도 그중 하나였다.) 이 모임은 결국 뉴딜을 공격하는 자유방임주의 선언문을 출간했다.

회복은 저절로 이루어지는 경우에만 건전하다. 전적으로 인위적인 경기 부양에 의존하는 회복은 불황이 제 할 일을 다 하지 못하게 만들 뿐 아니라, 기존의 조절불량 요소에 새로운 조절불량 요소를 덧붙인다. 새롭게 더해진 조절불량 요소 역시 해소돼야 하니, 이러한 인위적 회복은 위기를 재발시킬 위험이 있다. 특별히 우리는 화폐와 신용에 의존하는 해결 조치들에 반대한다. 근본적인 문제는 화폐와 신용의 문제가 아니다. 화폐와 신용에 의존하는 정책들은 조절불량을 지속, 심화시키고, 향후에 추가적 문제를 만들어내는 경향이 있다.[89]

케인스와 극히 우호적인 관계였고 케인스의 시각에 동조적이었던 슘페터였지만, 케인스의 『일반이론』이 나왔을 때는 이례적으로 신경질적인 서평을 썼다. "이 조언은(케인스 씨의 조언이 뭔지는 다들 알고 있다.) 바람직한 조언인지도 모른다. 아마 오늘날의 영국에는 바람직한 조언일 것이다. 우리는 이 조언의 바탕이 되는 비전은 이 몰락하는 문명의 태도를 강력히 표명한다는 점에서 훌륭한 비전이라는 찬사를 받아 마땅할 것이다."[90]

11장

실험:
1930년대의 웨브와 로빈슨

> 소련은 유럽의 다른 곳들과는 완전히 달랐다.
> — 월터 더랜티, 《뉴욕 타임스》, 1931년 7월 20일[1]

> 지금 세계에서 두 가지 대규모 실험이 실제 진행되고 있습니다. 미국 자본주의와 러시아 공산주의가 그것입니다.
> — 비어트리스 웨브, 1932년 4월[2]

글로벌 경제재앙에 직면한 서구 정부들은 어쩔 줄 모르는 듯했고, 이로써 웨브 부부의 1923년 저서 『자본주의 문명의 쇠락 The Decay of Capitalist Civilization』의 테제가 확증되는 듯했다. 비어트리스 웨브는 노동당이 선거에 참패한 원인을 찾으면서, 정부가 불황에 단호하게 대처하지 못한 탓에 표심이 돌아선 것이라고 해석하기보다 "미국과 영국의 금융업자들의 승리"라고 해석했다. 페이비언으로서 미미하게나마 간직하고 있던 "점진주의의 불가피성"에 대한 신념을 잃은 것이었다.[3] 그녀는 처음에는 볼셰비키 정권에 적대적이었으나, 이제는 소련을 "물적 자원을 증대시키고 국민의 건강과 교육을 증진시키는" 유일한 나라로 여기게 되었다. 그녀는 이 '신사회질서New Social Order'를 자신과 시드니의 다음번 걸작의 주제로 정했다. 다소 충동적인 결정이었다.[4]

78세의 비어트리스는 "우리의 노년은 어찌 될까?"라고 자문하고 있었다. 1931년 10월 27일 총선으로 시드니가 각료 자리에서 쫓겨나고 한 주 뒤의 일이었다.[5] 그녀는 자기가 러시아에 가서 자료를 수집할 기력이 있는지 망설였다. 사실 그녀가 러시아에 가고 싶어한 이유는 그저 자기 글에 "생생함"을 더하기 위해서였다.[6] 이미 그녀는 서구의 실험은 잘 안 되는 반면에 소비에트의 실험은 잘되고 있다는 생각을 굳히고 있었고 "우리는 확실히 러시아 편이다."라고 말하기도 했다.[7] 그들이 타고 갈 러시아 증기선 스몰니가 출항하기 전에 이미 그녀는 "영국으로 돌아와서 시드니와 함께 쓸 어마어마한 책을 요약"할 수 있었다.[8]

스탈린도 전 세계에 불황이 닥칠 것을 예측하지 못했다는 점에서는 케인스나 피셔보다 나을 것이 없었지만, 그는 서구에서 공산당 동조자들과 협력자들을 모집할 기회만큼은 놓치지 않았다. 이름 있는 동지들은 비교적 평범한 당원들에 비해 훨씬 귀히 모셔졌고, 그런 유명 동지들을 길러내는 일에 엄청난 노력이 들어갔다. 웨브 부부는 레닌그라드에서 일군의 공식 안내원, 통역사, 운전기사의 손에 모셔졌고, 두 달 동안 공장과 농장과 학교와 병원을 돌아보며 "새로운 문명(당시에 웨브는 그곳을 그렇게 불렀다.)"을 시찰하는 빡빡한 일정의 관광을 즐겼다.[9]

런던에서 노동당이 밀려난 이후로, 만찬 초대, 정치 자문, 신문 인터뷰가 끊겼는데 러시아에서는 "우리가 새로운 유형의 왕족 같다"라고 비어트리스는 흡족해했다.[10] 지금 우리는 웨브 부부가 리무진과 특별열차편으로 이리저리 실려다니는 동안 스탈린이 우크라이나를 거대한 강제수용소로 바꾸어놓고 있었다는 것을 알고 있다. 모스크바는 서구에 곡물을 팔고 서구에서 기계류를 사들이고 있었는데, 세계 곡물값이 폭락하면서 곡물 수출량을 두 배로 늘려야 하는 상황이 되었다. 이 소비에트 독재자는 수확량의 반을 수출하라고 명령했다.(스탈린이 얼마나 경제에 문외한이었냐 하면, 언젠가 동전 부족 사태가 났을 때는 은행직원 수십 명을 총살시키기도 했다.) 기근이 닥친 것은 당연지사였고, 결국 최소 600만 명이 목숨을 잃었다. 이미 강제 집단화로 떼죽음을 당한 농촌인구의 4분의 1에 해당하는 수치였다.

모스크바는 이를 부인했으며, 영국에 돌아온 웨브도 부인의 대열에 합류했다.《뉴욕 타임스》의 모스크바 특파원 월터 더랜티Walter Duranty는 "기근이나 기아는 일어나지 않았으며, 일어날 가능성도 없다."라고 말했는데,[11] 웨브가 귀담아듣고 있던 것은 바로 그런 현지 기자들의 기사였다. 그러나 더랜티는 수도에 머물러 있으면서 정부의 주장을 앵무새처럼 따라하고 있었던 것뿐이었다. 사실 확인을 위해 우크라이나로 떠난《맨체스터 가디언》특파원 맬컴 머거리지Malcolm Muggeridge(웨브의 조카사위)가 굶주리는 농민들과 공식적 가혹행위에 대한 충격적 기사를 썼지만, 웨브는 조카사위의 기사를 "히스테리컬하다"라고 일축하며 믿지 않으려고 했다. 소비에트 공산주의가 "맬컴의 콤플렉스"와 "[맬컴의] 천성인 증오"의 무고한 과녁이 되었다는 것이었다. 비어트리스는 신임 소련 대사 이반 마이스키Ivan Maisky 부부를 초대해 주말을 보내며 기근은 없다는 그들의 장담에 "위안"을 받았다.[12] 1935년에 출판된 『소비에트 공산주의: 새로운 문명Soviet Communism: A New

Civilization』에서, 비어트리스는 "소련이 1929년부터 줄곧 부딪힌 문제는 기근이 아니라 집단화 정책에 저항하는 광범위한 농민 총파업이었다."라고 주장했다.[13]

웨브 부부의 "국가 숭배"와 "무솔리니Benito Mussolini와 히틀러에 대한 부당한 관용"에 비판적이었던 버트런드 러셀은 소비에트 정부에 대한 그들의 "다소 터무니없는 찬사" 앞에 더욱 경악했다.[14] 역사학자 로버트 콩퀘스트Robert Conquest는 그들이 공식적 통계를 순진하게 믿었고, 개인적인 진술을 무시하는 경향을 보였고, 역사에 무지했다고 비판하면서, "그들은 고대의 거대한 노예제국들과 16세기의 천년왕국 종파들과 중세 아시아의 정복자들에 대해 '감'은커녕 배경지식조차 전무했다."라고 했다.[15] 한편 케인스는 공산주의를 가리켜 "우리 안에 있는 금욕주의자가 매력을 느끼는" 종교라고 칭했는데, 이것이야말로 웨브가 소련에 매혹된 진짜 이유인 것 같다.[16] 웨브는 80대에 새로운 신앙을 발견한 것이다. 그녀의 조카사위 머거리지는 "사실들을 가지고는 그녀의 생각을 바꿀 수 없었다."라고 했다.[17]

케인스는 "공식 노동당을 철저하게 경멸하는" 사람이었지만,[18] 버트런드 러셀과 마찬가지로 구식 자유주의자였다. 그는 스탈린을 혐오하면서 소련과 파시스트 독일이 한통속이라고 보았고, 1937년에는 "스탈린이 결국 독일과 협정을 맺게 되는 일은, 혹시 스탈린에게 유리하다면 절대 불가능하지 않다."라는 예언을 남기기도 했다.[19] 케인스는 웨브의 80세 기념논문집을 위해 글을 써달라는 말을 듣자마자, "곧바로 떠오른 문장은 '웨브 부인은 소비에트 정치가가 아닌 덕에 80세가 될 때까

지 살아남을 수 있었다.'라는 문장뿐입니다."라고 대꾸했다.[20]

케인스의 케임브리지 동아리 안에도 청년 공산주의자들과 공산당 지지자들이 있었는데, 케인스가 보았을 때 그들의 수준은 아마추어였고 그들의 광신은 악의 없는 기벽 내지 지나가는 단계였다. 그는 이데올로기가 우정이나 연구에 걸림돌이 된다고는 생각지 않았다. 오히려 그들의 이상주의와 용기를 존경하는 쪽이었다. 1939년에 케인스는 "오늘날의 정치에서 자유당의 투사들을 빼면 6펜스 가치가 나가는 사람은 서른다섯 미만의 전후세대 학문적 공산주의자들밖에 없다."라고 말하기도 했다. 그들은 착각 속에 살고 있음에도 불구하고, 낭비되기에는 너무나 아까운 "좋은 재료"라는 것이었다.[21]

케인스의 케임브리지 제자들 중에서 가장 유명해질 조앤 로빈슨은 분명 케인스가 말한 "학문적 공산주의자들" 중에 하나였다.(케인스는 그들이야말로 "지금 우리 중에, 십자군에 나서고 종교개혁에 나서고 청교도혁명에 나서고 현재의 우리가 누리는 시민적, 종교적 자유를 쟁취하고 지난 세기 노동층을 인간화시킨 신경질적 비국교도 영국 신사의 전형에 가장 가까운 존재"라고 말하기도 했다.)[22] 지휘자연하는 태도, 열정, 전투본능은 로빈슨의 천성이었다. 로빈슨은 대대로 장교, 대학교수, 공직자, 비국교도를 배출한 가문에서 조앤 바이얼릿 모리스Joan Violet Maurice라는 이름으로 태어났다. 로빈슨의 어머니는 기개와 영원한 젊음을 간직한 헬렌 마시 여사Lady Helen Marsh였다.(그녀는 영국 총리였던 스펜서 퍼서벌Spencer Perceval의 후손으로 의회가 1812년 그의 암살 사건 이후 마련한 공탁금의 수령인이었다.) 로빈슨의 증조부는 앨프리드 마셜이 그로트 클럽에서 만났던 유명한 케임브리지 급진파 모리스F. D. Maurice였다.(그는 "영원한 지옥의 형벌을 믿는 것"에 동의하느니 차라리 케임브리지의 자리를 버리는 편을 택했다.²³) 로빈슨의 아버지는 육군소장 프레더릭 모리스였다.(그는 총리 로이드 조지가 1차대전 중에 거짓말한 것을 공개 비난하고 군에서 나온 후, 종군기자, 전쟁사 연구자, 런던의 두 칼리지의 학장, 열아홉 권의 책의 저자가 되었다.) 로빈슨의 외삼촌 에디 마시는 오랫동안 윈스턴 처칠의 개인 비서였고, 자유시간에는 형편없는 시를 쓰거나 얼굴이 반반한 젊은 작가들과 화가들의 작품을 홍보했다.(그가 홍보한 작가들 중에는 루퍼트 브룩Rupert Brooke, 지그프리트 새순Siegfried Sassoon, 던컨 그랜트가 있었다.) 언젠가 로빈슨의 남편 오스틴은 아내의 가족이 "약간 섬뜩하다."라고 말하기도 했다.²⁴

웨브와 마찬가지로 로빈슨도 자신의 라이프스타일을 스스로 발명해야 했다. 인상적인 가계, 동굴같이 넓은 가족 저택, 호화로운 사립학교 교육에도 불구하고, 그녀 앞에 놓인 길은 자신의 출세가 아니라 남편 내조였다. 그러나 그녀는 14세에 이미 몽상가, 책벌레, 사색가였다. 그녀의 상상 속 세계는 그녀를 둘러싼 세계보다 생생했던 것 같다. 그녀는 끊임없이 에세이를 쓰고 소설을 쓰고 시를 썼다. 그녀는 하이드파크의 '시인의 자리'에서 자작시를 낭송했을 만큼 간절히 청중을 원했다.

1918년에 의회를 들끓게 한 모리스 사건은 괴로움의 원천인 동시에 자부심의 원천이었다. 모리스 소장은 에드워드 시대의 기준으로 보더라도 냉담하고 소원한 아버지였다. 그는 감정이란 모두 이기적인 것이라고 생각했다. 그는 군대에서 쫓겨나면서 자식들에게 "나는 옳은 일을 하고 있다. 옳은 일을 하는 사람에게 나머지는 전혀 중요하지 않다."라는 편지를 썼다. 그리스도가 제자들에게 부모와 **자식**을 버리고 나의 뒤를 따르라고 했던 것은 이런 의미였다는 말을 덧붙이기도 했다. 사위 오스틴 로빈슨은 장인을 가리켜 "자기가 지금 몰입해 있는 것과 관계

없는 것에 대해서는 벽에 비친 그림자만큼도 관심을 갖지 않는 사람"이라고 말했다.[25] 언젠가 한번은 조앤의 언니 낸시Nancy가 아버지를 따라 스키 트레일을 달리다가 다리에서 미끄러져 협곡 위에 거꾸로 매달리는 일이 있었다. 낸시를 구해야 했던 것은 지나가던 스키 강사였다.

로빈슨 가족은 케임브리지에 인맥이 많았지만, 모리스 가의 네 자매 중에서 대학에 간 것은 로빈슨뿐이었다. 영국의 상류층 여자에게 고등교육은 불필요하다고 여겨질 때였다. 아버지를 닮아 하나에 몰두하면 외골수가 되는 로빈슨이 교사 장학금을 타지 않았다면, 강제 퇴직당한 아버지가 학비를 내줄 수도 없었을 것이다. 로빈슨은 케임브리지에서 가장 유서 깊은 여학생 칼리지인 거튼 칼리지에 입학했다. 중세건축을 흉내 냈다는 점과 남학생 칼리지들과 멀리 떨어져 있다는 점 때문에 철학자 루이스C. S. Lewis는 거튼 칼리지를 호러스 월폴Horace Walpole의 고딕 소설 『오트란토 성The Castle of Otranto』에 나오는 동명의 건물에 빗대기도 했다.[26]

1920~1921년의 힘들고 길었던 침체기에 로빈슨은 세인트폴 여학교에 다니면서 런던의 사회복지관에서 자원봉사를 했다. 로빈슨이 케임브리지에 진학하던 1922년 늦여름에 하락세는 3년째로 접어들었다. 실업률은 두 자릿수였다. 로빈슨이 세인트폴 여학교에서 가장 좋아한 과목은 역사였지만 당시 열띤 정치논쟁의 주제는 실업이었고, 로빈슨은 역사를 버리고 경제학을 선택했다. 로빈슨의 전기작가 마저리 터너Marjorie Turner에 따르면, 빈곤과 실업은 로빈슨이 사는 사회(로빈슨과 로빈슨 가족이 특권적 지위를 차지하고 있는 사회)의 오점이었으니, 로빈슨은 빈곤과 실업을 알아야 한다는 압박을 느꼈던 것이다.

1920년대의 케임브리지는 엘리엇T. S. Eliot, 로저 프라이, G. E. 무어, 존 메이너드 케인스가 산책하는, 블룸즈버리의 교외 버전 같은 곳이었다고 말할 수도 있지만, 학부 여학생에게는 케임브리지의 많은 기회들이 금단의 열매였다. 케임브리지에 사는 천재 교수들과 천재 학생들과 지적으로 교류하는 것을 가로막는 무수한 일상적인 규칙들이 여학생의 열등한 지위를 환기했다. 여학생은 강의실에 들어갈 때 남학생이 입는 가운 대신 드레스를 입고 모자를 써야 한다는 규칙은 그중 사소한 예였다. 버트런드 러셀이 뉴넘 칼리지(케임브리지에서 두번째로 오래된 여학생 칼리지)에서 강의를 하기로 했을 때, 당황한 학교당국은 처음에는 케임브리지 초빙을 취소하겠다고 위협했고 나중에는 여학생이 "그와 함께 강의실에서 문까지 동행하는 것"을 금하는 교칙을 마련했다.[27] 저명한 경제학자이자 앨프리드 마셜의 후임교수였던 아서 피구에게 에세이 과제를 제출할 때, 남학생은 과제물을 들고 교수의 방으로 찾아갈 수 있었던 반면에(잠시 들러 담소를 나누는 경우도 많았다.) 여학생은 과제물을 수위실에 맡겨놓을 수밖에 없었다. 학부생 케인스가 미래의 총리들에 맞서 논쟁의 기술을 연마했던 유니언 강당은 위층 갤러리를 제외하면 여성 출입금지였다. 철학자 프랭크 램지(로빈슨의 동갑내기)가 케인스와 러셀(램지의 미래의 스승들)의 눈에 띌 기회를 얻었던 '케임브리지 대화회Cambridge Conversazione Society(일명 사도회)'도 여성 출입금지였다. 케인스가 직접 미래 스타들을 길러냈던 월요 정치경제 클럽은 남학생에게는 (초대받은 사람에 한해서) 열려 있었지만 여학생에게는 그렇지 않았다.

로빈슨에게 배정된 지도교수는 케임브리지의 올림포스 신들 중 하나가 아니라 뉴욕의 향수 제조업자를 아버지로 둔 옷 잘 입는 여자였다. 마저리 태펀Marjorie Tappan이라는 이 여자는 아직 20대였는데, 컬럼비아 대학에서 경제학을 공부한 후 파리 평화회담에서 2년간 미국 경제자문단으로 활동한 이력이 있었다.(이 여자는 컬럼비아 대학에서 박사학위를 땄다고 주장했는데 그런 기록은 없다.) 로빈슨은 이 여자를 몹시 싫어했다. 태펀이 "장사꾼" 집안의 부자 미국인이라서 싫어한 것인지, 아니면 그저 태펀이 저명인사가 아니라서 싫어한 것인지는 알 수 없다. 로빈슨이 태펀에 대해 실제로 거슬려한 부분은 담배를 피울 때 긴 쿨런 파이프를 사용하는 습관, 그리고 학생들과 이야기하면서 이 파이프를 흔드는 습관뿐이었던 것 같다.

로빈슨은 피구의 경제이론 강의를 들었고 비교적 뜸하게 개설되는 케인스의 경제 이슈 강의도 들었지만, 그녀의 학부 소논문 속에는 그녀의 미래의 모습이 거의 담겨 있지 않다. 그녀가 케임브리지 3학년 때 마셜학회에서 발표한 「미녀와 야수Beauty and the Beast」는 그녀가 글을 쓸 줄 안다는 것과 앨프리드 마셜의 『경제학 원리』를 확실하게 이해하고 있다는 것을 보여주는 귀여운 모작이었다. 몇몇 또래 남학생이 잡고 있던 문제들에 대면, 이 소논문은 학부 저학년 수준이었다. 예컨대, 케인스의 제자 프랭크 램지는 스물한 살 때 케인스의 개연성 이론에 치명적인 비판을 가하는 소논문을 발표했고, 비트겐슈타인의 『논리철학 논고』에 대한 강력한 비평을 썼고, 케인스의 《경제학 저널》에 더글러스 사회신용 제도(당시에 경제의 만병통치약으로 엄청난 인기를 끌었던 조치)가 잘못된 전제에 근거해 있음을 밝히는 논문을 실었다.

로빈슨의 학부 생활은 초기에 몇 차례 성공을 거두었음에도 결국은 눈물로 마감되었다. 로빈슨은 1924년에 경제학 트라이포스 1부, 다음해에 2부 시험을 치렀다. 두 번 다 2등급이라는 "매우 실망스러운" 결과였고, 칼리지 연구원이라는 희망은 아예 없어졌다.[28] 여러 해 후에도, 그녀는 "자신의 변변찮은 교육"을 안타까워했다.[29] 그녀는 굴욕 속에 런던 집에 돌아왔고, 가을과 겨울에 "비참한 상태로" 런던의 이스트엔드의 "더러운 방"에서 정부주택사무소로 출근했다.[30] 너무 비참했던 로빈슨은 아버지에게 미국에서 어떤 가능성이 있을지를 알아봐달라고 부탁했다. 래드클리프 칼리지(하버드 대학의 자매 칼리지)의 장학금도 그 가능성 중 하나였다. 그렇지만 봄이 되자 로빈슨은 여성의 진로를 가로막는 궁지를 벗어나기 위해 전통적 해법을 택했다. 1926년 5월 총파업 하루 전날, 로빈슨은 파리에서 언니 낸시와 결혼식 예복을 쇼핑하고 있었다.

그녀의 약혼자는 서른두 살의 말쑥한 케임브리지 연구원이었다. 가난한 교구목사의 아들로 태어나 1차대전에서 수상비행기 조종사로 훈장을 받은 오스틴 로빈슨은 원래는 고전학 전공이었는데, 1919년에 케인스가 베르사유 평화조약에 대해 강의하는 것을 듣고 짜릿한 충격을 느낀 후 전공을 경제학으로 바꾸었다. 똑똑하고, 능률적이고, 믿을 수 없을 만큼 근면했던 그는 케인스의 월요 정치경제 클럽에 출입했고, 경제학에서 1등급을 받았고, 코퍼스 크리스티 칼리지 연구원으로 선출되었다. 조앤이 2학년 때, 오스틴은 화폐경제학을 강의하고 있었다. 그들이 커플이 된 것은 조앤이 케임브리지를 떠나 런던으로 간 후였다.

오스틴은 홀딱 반했던 반면에, 조앤은 비교적 냉담했다. 오스틴이 처음 청혼했을 때 조앤은 거절했다. 오스틴은 준수하고 지적이고 강직하고 점잖고 친절했다. 조앤이 돈을 버는 직업이면 좋겠다는 뜻을 표명했음에도 오스틴이 그렇게 불안해하지는 않았던 것 같다. 그렇지만 로빈슨의 상상 속 미래의 화려한 캔버스에 그려지기에는 오스틴의 색은 밋밋했다. 그로부터 10여 년 뒤, 스티브 스미스Steve Smith(로빈슨의 수많은 문학계 지인들 중 하나)가 소설 플롯으로 좋은 것이 없느냐고 물었을 때, 로빈슨은 한 소녀가 두 애인 사이에서 괴로워하는 플롯이 어떻겠느냐고 했다. 두 애인 중 하나는 소녀가 "억지로 소망해야 하"는 "정통적 생활"을 선사해줄 것을 약속하는 좋은 직업을 가진 관습적인 청년이었다.[31] 행복한 결혼이 예상되는 상황은 아니었다.

오스틴은 약혼 후에 로빈슨에게 "나는 간절히 케임브리지에 남고 싶소."라고 고백했다.[32] 그렇지만 케인스의 지원에도 불구하고, 오스틴이 케임브리지를 포함해 영국 전체 대학에서 유급 교수직을 얻을 가능성은 극히 희박했다. 요컨대, 학계로 들어갈 구멍이 없었다. 그러던 와중에 친구 아버지로부터 일자리에 대한 이야기를 들은 조앤은 오스틴에게 지원해보라고 종용했다. 인도의 토후국 괄리어의 늙은 왕이 죽으면서, 열 살짜리 상속자가 지도가 절실히 필요한 상황에 놓였다는 것이었다.(죽은 왕은 자식들에게 조지와 메리라는 이름을 붙이고 케임브리지에서 가정교사들을 수입할 정도로 영국애호가였다는 것이다.) 로빈슨이 오스틴을 설득했던 말은, 고국에 취업할 기회가 생기기를 함께 기다리면 영국에 머물러 있는 강사보다 몇 배 많은 돈을 벌 수 있다는 것이었다.

신혼부부는 결혼 후 첫 2년을 "넓은 길, 멋지게 조각된 발코니와 문과 격자 창문, 모스크와 사원, 옛 궁전들과 새 궁전들"이 있는 인도의 고대도시에서 보냈다. 델리와 봄베이를 잇는 간선도로 가까이에 있는 도시였다.[33] 조앤은 친정과 친했지만, 부부끼리 따로 사는 것이 즐거웠다. 괄리어에서 조앤은 새벽에는 어린 왕과 함께 창기병들을 이끌고 승마를 나갔고, 점심에는 힌디어를 배웠고, 만찬까지는 클럽에서 테니스를 치고 신문을 읽고 칵테일을 마셨다. 다섯 명의 정원사를 포함해서 10여 명의 개인 비서들을 두고 있던 조앤은 지방 고등학교에서 경제학을 가르칠 여유도 있었다. 조앤은 오스틴이 청탁받은 글을 대신 써주기도 했다.(인도가 향후 영국 세수에 기여할 가능성에 대한 글이었다.) 조앤은 남편이 케임브리지 대학에서 종신교수직을 얻는 데 자기가 무엇을 할 수 있는가를 생각하는 한편으로, 자기는 어떤 일을 할 것인가를 생각했다. 도로시 개럿Dorothy Garrat은, 만약 네가 목사 아들이랑 결혼 안 했으면 "나환자 수용소에 가서 변기를 닦고 있거나 목사보 예복에 수를 놓고 있었을걸."이라고 놀린 적도 있었다.[34] 언젠가 조앤은 인도 공예품 수입업을 시작하려고도 했다.

로빈슨은 1928년 7월에 혼자 케임브리지로 돌아왔다.(남편의 가정교사 계약기간 3년은 그해 말에 만료될 예정이었다.) 그녀의 계획은 남편과 함께 작성한 보고서를 개인적으로 발표하는 것, 그리고 자신의 인맥을 활용해 남편이 돌아올 길을 마련하는 것이었다. 그녀는 진취적이고 꾸준한 인맥꾼이었다.(그 후로도 항상 그러했다.) 그로부터 채 2년도 안 된 1930년 5월에 이미 오스틴은 대학의 종신교수직을 얻은 상태였다. 그때까지(오스틴이 첫 저서를 쓰는 동안) 부부는 상당한 저축에 의지할 수 있었다. 그녀의 전기작가들에 따르면, 그제야 비로소 그녀는 자신의 이력을 진지하게 고려하기 시작했다.

인도와 결혼은 로빈슨의 지적 자신감을 회복시켜주었고, 오스틴은 로빈슨이 대학 커뮤니티와 연결될 수단을 제공해주었다. 남편의 성공,

전후 불황으로 인해, 육군소장의 딸로 태어난, 공상적이지만 의욕이 넘치는 조앤 로빈슨은 경제학과 전쟁영웅 남편과 영국의 저명 경제학자 존 메이너드 케인스를 만나게 되었다. 자신만만하고 조리 있고 과감한 글을 쓸 줄 알았던 그녀는 남자들만 있는 케인스의 제자들 사이를 뚫고 들어갔고, 어떻게 대기업의 발생이 물가상승과 고용축소라는 달갑지 않은 결합을 낳는가를 설명하는 이론을 발전시켰다. 위대한 인물 케인스와 그의 제자들의 다리 역을 했던 재능 있는 신경증 환자 리처드 칸이 그녀에게 도움을 주었다.

그리고 케인스 같은 명사들과의 친분은 기쁜 일이었다. 칼리지 장학금도 1등급 학위도 없었던 로빈슨은 수수료 5파운드를 내고 학사 졸업장을 발급받고 학부생을 저렴하게 지도해준다는 광고를 뿌렸다. 로빈슨은 학문의 잔치에서 자기가 여전히 외부인이라는 것, 참여자가 아닌 구경꾼이라는 것을 깨닫지 않을 수 없었다. 로빈슨은 여성이었으니 고급 만찬, 연구원 개인공간, 클럽은 모두 금지구역이었다.

미국 증시붕괴 이후 몇 달 새에 모든 것이 바뀌었다. 두 가지 정황이 특히 중요했다.

로빈슨은 오스틴의 1929~1930학년도 임용을 앞두고 한 세미나에 참석했다. 이 세미나를 통해 로빈슨은 케인스의 몇몇 케임브리지 제자들이 몰두하고 있던 이론적 문제에 대해서 배웠다. 세미나를 조직한 것은 피에로 스라파였다. 1927년에 무솔리니의 이탈리아를 탈출한, 명석하되 신경증이 있는 독학자 겸 경제학자 겸 공산주의자였다. 그가 케인스의 눈에 띈 계기는 현대 기업의 독점요인들(거대기업, 브랜드화, 광고)이 반영될 수 있도록 경제학 이론을 개량할 것을 주장한 한 편의 논문이었다. 경제학자들이 가정하는 시장은 다수의 구매자와 다수의 판매자가 같은 생산물을 사고파는 경쟁시장이었다. 이런 상황 하에서는 농부가 밀값에 영향을 미칠 수 없고 광부가 은값에 영향을 미칠 수 없듯이 어느 한 회사가 판매가에 영향을 미칠 수 없었다. 그러나 현대 기업들은 독점기업처럼 행동했고, 큰 비용을 들여 가격에 영향을 미치기 위해서 고액의 지출을 불사했다. 스라파에 따르면, 이로 인해 경쟁을 지지할 주요근거(곧 자유시장 경제가 최소비용으로 최대소출을 생산한다.)가 타당성을 상실했고, 정부 개입의 문이 열렸다. 필요한 것은 이론이었다. 스라파와 여러 연구자가 이미 다양한 접근방법들을 연구 중이었다.

또, 로빈슨은 케인스의 "애제자" 리처드 칸과 친해졌다. 칸은 잘생기고 눈동자가 검은 정통 유대교도로서, 로빈슨의 동지 겸 협력자가 되었다. 칸은 재능이 매우 뛰어났다.(케인스가 정식 경제학 교육을 받은 지 1년도 안 되는 칸을 불러 『화폐론』 수정작업을 돕게 했을 정도였다.) 로빈슨은 자기보다 똑똑한 남자들, 곧 자기가 존경할 수 있는 지성을 소유한 남자들과 교류하는 것에 흥분을 느꼈다.[35] 로빈슨은 오스틴에게, 당신은 그저 쟁기 끄는 말인데 스라파는 호랑이라는 식의 말을 하기 시작했고, 칸의 어린애 같은 성격과 나르시시즘과 장애를 못 본 척했다. 로빈슨은 판이 커지는 것을 감지하기 시작했고, 이제는 자기도 판에 끼고 싶어했다.

오스틴과 조앤과 칸이 함께 점심 먹던 자리에서, 오스틴은 스라파의 도전에 응전할 연구주제 한 가지를 제안했다. 이렇게 시작한 조앤의 연구는 1930년 중반에서 1933년 초반까지 애인의 도움과 지지 속에 행해졌다. 조앤과 칸이 전개한 이론은 겉으로는 경쟁하는 것처럼 보이는 회사들(곧 다수의 판매자와 다수의 구매자가 있고 진입 장벽이 없는 업종의 기업들)이 광고와 브랜드화와 제품혁신을 통해 독점기업처럼 행동한다는 것을 보여주는 이론이었다. 그런 회사들은, 소비자가격을 최소화하고 생산과 고용을 최대화하는 대신, 시장권력을 휘둘러 소비자를 갈취하고 폭리를 취하면서 고용과 임금을 떨어뜨렸다. 로빈슨이 대공황의 맥락에서 내놓은 설명은 자유시장경제란 이상적인 환경 하에서도 장기실업, 과잉설비, 스테그네이션으로 이어지기 쉽다는 것이었다.

로빈슨은 자신감이 자라면서 야심도 자랐다. 1931년 3월에 로빈슨은 칸에게 "나는 지금 이런 모든 내용들을 담은 완전한 저서를 내놓을 생각을 해보고 있어요. [……] 이 책을 쓰고 있는 것은 내가 아니에요. 이 책은 당신과 A와 나의 합작품이에요."라고 했다.[36] 로빈슨은 군대를 지휘하는 장군처럼 각자에게 임무를 배정했다. 오스틴은 서론을 쓰고, 칸은 문제제기와 수학 부록을 맡고, 자기는 전체의 초안을 잡는다는 것이었다. 그로부터 6개월 후, 로빈슨은 데니스 로버트슨Dennis Robertson(케인스의 공동연구자로서 높은 평가를 받는 인물이자 화사론 전문가)에게 서문을 써줄 것을 부탁하면서 자기가 이미 다섯 장을 완성했고 나머지 열 장의 초안도 썼다고 말했다. 아슬란베이귀Nahid Aslanbeigui와 오크스Guy Oakes에 따르면, 로빈슨은 "분명 자기 이름으로 혼자 출판할 계획을 세우고 있었다."[37] 그로부터 1년 반 동안, 로빈슨과 칸은 그 저서에 몰두했다. 로빈슨은 곧 그 저서에 '나의 악몽'이라는 이름을 붙였다.

한편, 그녀는 칸과의 이 공동연구 덕에 케인스의 이너서클에 진입할 수 있었다. 1931년 상반기에 케인스는 『화폐론』에 대한 비판(특히 하이에크의 비판)과 씨름하면서 나중에 『일반이론』으로 무르익을 몇몇 착상들을 정리하는 중이었다. 스라파와 칸과 오스틴을 포함하는 젊은 케임브리지 경제학자 그룹(자칭 '광장Circus')이 1월에서 5월까지 케인스의 시험대 역할을 했다. 조앤은 이 주 1회 모임에 참석하면서 케인스에게 칸을 경유하는 메모를 보내기 시작했다. "케인스는 도덕극에 등장하는 신 같았다. 극 전체를 지배하면서도 무대 위에 등장하는 일은 거의 없었다. 칸은 케인스로부터 받은 전언들과 문제들을 우리 '광장'에게 전달하고 우리가 숙고한 내용을 신께 전달하는 '사자Messenger Angel'였다."라고 이 모임의 한 참가자는 회고했다.[38] 당시 케인스는 현대사에서 일어난 최악의 경제위기를 이해하고자 연구 중이었으므로, 로빈슨이 보았을 때 이 모임에 참여하는 것은 자신의 분석력을 연마할 절호의 기회인 동시에 케인스의 최근의 사유를 접할 절호의 기회였다.

그녀의 새로운 지위가 대학에서 최초의 공식 강사직(임시직)을 얻는 데 도움이 되었는지는 확실치 않지만, 어쨌든 그녀는 시간강사로 임용되었다. 그해에 그녀의 강의를 들었던 학생 중 하나는 조앤이 "젊고 열의 있고 아름다웠다."라고 기억했다. 또 이 학생은 "그녀는 우리에게 난해한 용어를 사용했다. [……] 나는 거의 알아듣지 못하면서도 홀린 듯 앉아 있었다."라고 했다.[39]

그녀는 강의에 시간을 빼앗기면서도 1932년 10월까지는 원고를 거의 완성했다. 그녀의 전기작가들에 따르면, 그 무렵 그녀는 그 원고를 자기 것이라고 주장하는 데 아무 거리낌도 느끼지 않았다.[40] 남편과 아내와 애인의 소통수단은 케임브리지의 1일 5회 우편이었을 것이다.(마치 요새 커플들이 이메일을 교환하는 것과 비슷했다.) 로빈슨은 오스틴에게 의기양양한 편지를 보냈다.

> 이제 내가 쓴 이 책이 어떤 책인지 알겠어요. 겨우 어제 문득 깨달았어요. 내가 해낸 일은 피에로가 그 유명한 논문에서 누군가 해야 한다고 말한 바로 그 일이에요. 나는 독점기업을 출발점으로 삼아 가치론 전체를 다시 쓴 거예요. 지금까지 나는 미래의 천재가 사용할 도구를 제공하고 있다고 생각했는데, 알고 보니 내가 바로 그 일을 하고 있었던 거예요.[41]

그때껏 그녀는 자신을 오로지 교사로 여기고 있었다. "지금까지는

'내가 해야 하는 일은 경제학자들의 생각을 학생들에게 알려주는 것이 다'라고 생각하고 있었는데, 이제는 내가 경제학자라는 실감이 나네요. 이제는 나 자신의 생각을 학생들에게 알려줄 수 있을 것 같아요."**42** 그녀는 칸에게 "AR"는 "나를 딴 여자로 보겠지요. 내 자존심이 회복되었어요."라고 했고, 오스틴에게는 자기가 동류 중 최고요, 독창적인 사상가요, 천재 지도자라는 것을 분명히 했다. "당신과 칸과 나는 지난 2년 동안 맹렬하게 서로에게 경제학을 가르쳐왔어요. 그러나 깨달음을 얻은 것은 나였고, 이건 **나의** 책이에요." 남자들을 따돌린 여자의 고소해하는 말투다.

그동안 칸은 로빈슨에게 빠져들고 있었다. 1931년이면 두 사람은 이미 갈팡질팡하는 연애관계였다. 케인스는 제자 칸의 이력을 걱정했고, 조앤은 스캔들이 학계에서 곧 이루어질 자신의 성공을 망칠까봐 걱정했다. 오스틴이 아프리카로 떠나고 6개월 후였다. 조앤은 칸에게 케임브리지를 떠나 "상사병"을 고치고 오라고 말했다. 칸은 1년 예정으로 미국으로 갔다. 혼자, 엄청난 스트레스와 신경쇠약에 걸리기 직전이라는 느낌에 시달리면서, 조앤은 미친 듯이 책을 써나갔다. 조앤이 원고를 교정하고 있을 당시, 칸은 시카고 대학에서 조앤의 저서를 홍보하는 중이었다. 당시 박사과정 학생이었고 후일 소비에트 첩보원이 되는 프랭크 코Frank Coe를 설득해서 조앤의 미출간 저서를 그의 박사논문 속에 넣게 만들기도 했다. 하지만 그것은 폭탄 배달이나 마찬가지였다. 젊은 하버드 교수 에드워드 체임벌린Edward Chamberlin이 『독점경쟁 이론The Theory of Monopolistic Competition』이라는 책을 출간하려고 하고 있었다. 조앤의 저서와 겹치는 내용이었고, 조앤의 저서보다 최소한 6개월 먼저 출간될 예정이었다. 칸은 2월에 하버드로 가서 체임벌린의 저서가 발간되기 하루 전에 강연을 잡았다. 칸이 로빈슨의 이론과 분석기법이 더 우수하다고 주장했을 때, 청중석에 앉아 있던 체임벌린은 효과적인 반론을 내놓지 못했다. 칸의 편지에서 체임벌린과의 대결이 어땠는지를 읽은 로빈슨은 1933년 3월 2일에 "체임벌린이 시시하다는 말을 들으니, 비열한 기쁨이 솟네요."라는 답장을 보냈다. 자기 책 서문에 "간단히 각주로" 그의 책에 대해 전혀 몰랐다는 말을 넣겠다는 말도 덧붙였다. 그녀는 케인스에게 자기가 체임벌린의 책에 대한 서평을 쓸 테니《경제학 저널》에 실어달라고 부탁해볼까 생각했지만 "다시 생각해보니 안 그러는 것이 낫겠어요."라고 했다. "내 책이 나온 후에 그의 책을 다루면 되니까."라고 생각한 것이다.[43]

조앤은 케인스가 "불완전 경쟁이론에는 별로 관심이 없다."라는 데 실망했다. 케인스는 독점이 실질적 수요의 주기적 부족의 주요한 원인이라는 주장을 받아들이지 않았다.[44] 그럼에도 케인스는 자기 책을 내는 맥밀런 출판사를 재촉해서 로빈슨의 책을 출판하게 했다.(로빈슨의 책이 흥미진진하지 않을 것이라고 경고한 후였다.) 로빈슨의 『불완전 경쟁의 경제학 The Economics of Imperfect Competition』이 나온 것은 1933년 가을이었다. 이 책은 평단에서 즉각 성공했다. 수많은 서평이 경의를 표했고 최상급 서평도 있었다. 칸은 슘페터가 로빈슨의 새 책을 홍보해주기를 바랐는데, 이미 로빈슨을 "우리 쪽 인재 중 하나"라고 칭했던 슘페터는 즉각 동의했다.[45] 슘페터의 서평은 로빈슨의 "진정한 독창성"을 칭찬하면서, 그녀가 이 책으로 이 분야의 경제이론가들 사이에서 "높은 자리, 나아가 최고의 자리"(체임벌린보다 높은 것은 물론이고, 칸과 스라파보다 높은 자리)에 올랐다

고 결론지었다.[46]

로빈슨은 스라파와 칸에 비해 훨씬 유리한 입장이었다. 스라파와 칸은 둘 다 심하게 글길이 막히는 슬럼프에 시달렸고, 스라파의 경우에는 심한 불안증 때문에 강의를 할 수도 없을 정도였다. 반면에 로빈슨은 말과 글이 모두 유창했고, 일단 뭔가 말할 것이 있을 때는 경제학과에서 가장 말이 많은 화자였다. 그녀는 원고의 최종 교정을 끝내자마자, 논문과 서평을 줄줄이 쏟아내기 시작했다.

『불완전 경쟁의 경제학』이 출판되고 채 1년도 못 돼, 조앤은 첫 아이를 출산했다. 1934년 5월, 친구 도로시 개럿은 그녀에게 "너는 못하는 게 없네. 경제학도 하고 딸도 낳고."라고 말하기도 했다.[47] 로빈슨은 친구의 찬사에 의기양양했다. 그해 9월, 칸이 케인스의 새 저서 검토작업차 틸턴에 갔을 때, 그녀는 칸에게 "메이너드의 새 저서에 내가 서문을 써주면 어떨까, 메이너드가 어떤 측면에서 생각을 바꾸었는지를 보여주는 서문이 될 텐데, 메이너드의 생각은 어떨까?"라고 묻는 유들유들한 편지를 보냈다.[48] 로빈슨과 케인스와의 연락이 대개 칸을 거친 연락이나 편지 연락이었음을 감안할 때, 로빈슨의 제안은 뻔뻔스러웠다. '광장' 멤버 중에 케인스의 새 이론에 독창적 기여를 한 것이 칸뿐이었음을 감안해본다면(칸의 승수 개념) 로빈슨의 제안은 더욱 뻔뻔스러웠다.

그럼에도 케인스가 로빈슨을 경제학자로 높이 평가하는 것은 분명했다. 그로부터 몇 년 후에 케인스는 로빈슨이 케임브리지 경제학자 중에 "다섯 손가락에 꼽힌다는 것은 분명하다."라고 했다. 나머지는 피구, 스라파, 칸 그리고 케인스 자신이었다.[49]

앤드류 보일Andrew Boyle(1979년에 앤서니 블런트Anthony Blunt가 악명 높은 '케임브리지의 소비에트 5인방'이라는 첩보단의 4인자라는 것을 폭로한 스코틀랜드 기자)의 주장에 따르면, 로빈슨은 케임브리지에 생긴 최초의 공산당 조직의 창립 멤버였다. 모리스 도브Maurice Dobb라는 경제학 강사가 조직책이었고 1931년에 곧바로 그의 학생 킴 필비Kim Philby(후일 스파이가 되는 인물)가 가입했다고 하는 조직이었다.[50] 그러나 보일은 로빈슨과 편지를 주고받았으면서도 근거자료를 제공하지는 않았다. 말년의 로빈슨을 알았던 제프리 하커트Geoffrey Harcourt는 그녀가 스탈린에게 심취하기 시작한 시기(하커트의 표현을 빌리면 그녀가 "급진화"된 시기)를 1936년부터라고 보고 있다.[51]

그해에 로빈슨의 시각은 급격한 변화를 겪었음에 분명했다. 존 스트레이치John Strachey의 『사회주의의 이론과 실천The Theory and Practice of Socialism』을 서평하던 때만 해도, 로빈슨은 소비에트식 계획경제가 대공황의 해결책이라는 주장에 비판적이었다. 스트레이치의 논리가 "내 지성에 대한 모욕"(케인스의 표현)이라고까지 하지는 않았지만, 로빈슨은 스트레이치가 주류 경제이론의 오류들과 경제체제의 치명적인 결점들을 뒤섞었다고 비난했다. "어느 체제의 경제학자들이 그 체제에 대해서 되지도 않는 소리를 했다는 이유로 그 체제를 타도하는 것이 좋겠다고 말할 수는 없다."라고 로빈슨은 비꼬았다.[52]

그로부터 6개월 후, 로빈슨은 개종을 완료한 듯하다. 로빈슨에 따르면, 자본주의 체제는 "인구가 너무 많고 식량은 너무 적어 국민의 유효수요가 감소되는 것을 허용하는 체제, 실업 대처방안으로 생산량 제한을 계획하는 체체, 빈곤지역에 제공할 수 있는 원조가 무장명령뿐인 체제"라고 했다. 마르크스주의 도그마가 "지나치게 단순"하기는 하지만, 최소한 "단순한 상식"을 질식시키지는 않는다는 것이었다. 실제로 그녀는 마르크스주의를 "자유방임주의 경제학의 궤변에 맞서는" 효과적인 백신으로 간주했다.[53]

1936년 5월, 개럿 부부가 친구 조앤에게 케임브리지를 방문 중인 한 부부를 소개했다. 애거사 크리스티Agatha Christie의 베스트셀러 『오리엔트 특급 살인Murder on the Orient Express』의 배경인 시리아의 알레포에 사는 부부였다. 아내 도라 콜링우드Dora Collingwood는 영국 풍경화가였고 (그의 아버지는 저명한 고고학자 겸 화가였고 예술사가 존 러스킨의 비서이기도 했다.) 남편 어니스트 얼투니언Ernest Altounyan은 영국계 아르메니아인 의사였다. 도로시 개럿은 그에 대해 "아주 묘하지만 매력 있는 사람이었으며, 그가 살아가는 감정의 수위에 비하면 나 자신은 대단히 따분한 교외생활자로 느껴졌다."라고 했다. 그는 40대 중반이고 근시이고 반백이었지만, 그에게는 "근사한 이마와 콧날"이 있었고,[54] 은근한 목소리가 있었고, 동화작가 아서 랜섬Arthur Ransome과 로런스(일명 아라비아의 로런스)를 포함해서 온갖 낭만적인 친구들이 있었다. 로런스가 오토바이 사고로 세상을 떠난 직후였는데, 얼투니언은 로빈슨에게 친구와의 우정을 기리는 서사시를 출판해줄 곳을 찾았으면 좋겠다는 말을 했다. 로빈슨은 자기가 읽어보고 자기 삼촌에게 보내보겠다고 자청했다. 얼투니언은 엄청난 감명을 받았고 감사의 마음을 품었다. 그들은 서신을 교환하기 시작했다. 그달 말에 그는 이미 그녀에게 "당신은 지금까지 영국에서 내게 닥친 일들 중에 가장 기쁜 일"이며 당신과의 만남은 "나를 취하게 만들었습니다."라는 은밀한 편지를 보내고 있었다.[55]

얼투니언은 춤추기를 좋아했다. 그의 딸 중 하나에 따르면 "그는 평생 춤을 추듯 살고자 했으며, 그런 삶을 방해하는 일이 일어나면 우울과 좌절에 빠졌다". 또 그는 조울증이었다. 알레포에 돌아간 그는 로빈슨에게 길고 두서없는 연애편지를 쓰기 시작했다. 그동안 로빈슨은 그의 시를 교정하고 있었다. 에디 마시와 케인스를 비롯해서 10여 명의 문인 친구들은 역겨운 시라고 했지만 그녀는 고집을 피웠고, 결국은 케임브리지 대학 출판부 편집장을 졸라 시를 출판하게 만들었다.

이듬해 3월 12일, 얼투니언의 시 출판을 한 달 앞둔 시점에서, 조앤은 빅토리아 역에서 오리엔트 특급에 탑승했다. 임신 2개월의 몸으로 혼자 여행하는 조앤의 모습은 크리스티의 소설에 나오는 메리 데버넘과 비슷했다. "그녀가 아침식사를 먹을 때도, 종업원에게 커피를 더 달라고 할 때도, 그녀의 태도에서는 세상이 뭔지, 여행이 뭔지 아는 일종의 냉정한 능률이 엿보였다. […] 그가 볼 때, 그녀는 어디를 가든지 아무 불편 없는 생활을 영위할 수 있는 유의 아가씨였다. 그녀에게는 침착함과 능률이 있었다."[56] 조앤은 알레포에서 얼투니언과 재회한 후 팔레스타인의 야파와 티베리아스로 갔다.

조앤이 얼투니언을 두번째로 따로 만난 것은 4월 14일에 돌아오는 여행길에서였다. 어수선하고 불행한 가정에 둘러싸인 그를 보면서, 이미 조앤은 이 연인의 매력이 대부분 자기의 상상의 산물이었다고 느끼기 시작했던 것 같다. 그의 시 『명예의 장식 Ornament of Honor』은 서평이 매우 적었다. 《팔레스타인 포스트 Palestine Post》는 그를 "이류 테니슨 Lord Alfred Tennyson"이라고 평했다.[57] 조앤은 케임브리지로 돌아왔고, 오스틴과 리처드 칸 사이의 삼각관계가 다시금 그녀의 생활의 감정적 주축이 되었다. 언젠가 경제학자 프랭크 한Frank Hahn은 "그녀가 다른 시대에 태어났다면, 낙타를 타고 사막을 횡단했을지도 모른다. 무리지어 다니기를 거부하는 상류층 성향, 무리에서 돋보여야 한다는 욕구는 그녀의 인격의 한 부분이었다."라고 말하기도 했다.[58]

로빈슨은 심한 조증 발작을 겪었다. 둘째를 낳고 1년 후였고, 히틀러가 체코슬로바키아를 점령하고 몇 주 후였다. 로빈슨이 여러 달을 요양원에서 보내고 퇴원할 무렵, 오스틴은 화이트홀의 전쟁업무에 배속돼 있었다. 물리적 별거상태가 계속되었다. 로빈슨의 동료들이 하나둘씩 입대했다. 결국은 칸까지 케임브리지를 떠나야 했다. 칸은 카이로에 배속되었고 전쟁이 진행되는 동안 대부분 카이로에서 시간을 보냈다. 로빈슨은 케임브리지에 남아 있었다.

12장

경제학자들의 전쟁 복무:
재무부, 케인스와 프리드먼

> '전쟁'은 우리를 '풍요의 시대'에서 '결핍의 시대'로 돌아가게 한다.
>
> — 존 메이너드 케인스, 1940[1]

    전쟁의 발발은 하이에크와 케인스에게 화해의 기회가 되었다. 둘 다 전쟁을 피할 수 있다고 생각했지만, 역시 둘 다 히틀러의 "평화" 제의들을 수용하는 것에 대한 환상을 갖지는 않았다. 둘 다 미국의 참전을 기대하기도 했고 예상하기도 했다. 하이에크는 미국이 참전하지 않는다면 독일이 붕괴할 때쯤에는 "유럽 문명도 파괴될 것이다."라고 말하기도 했다.[2] 둘 다에게 있어 이 전쟁은 방어전이었고, 그것은 영국의 방어전일 뿐 아니라 18세기 계몽주의의 방어전이었다. 1940년 12월에 케임브리지 예술극장에서 열린 난민 돕기 성금모금을 위한 자선공연 무대에서, 케인스는 케임브리지에 1000명의 독일인이 있다고 말했다.

    이제는 "두 개의 독일"이 있습니다. 망명한 독일이 이곳에 현존한다는 것은 [……] 이 전쟁이 민족들과 제국주의 간의 전쟁이 아니라 상반된 두

생활방식 간의 전쟁이라는 신호입니다. 이 불가피한 미친 싸움에서 우리의 목표는 독일을 정복하는 것이 아니라 독일을 개조하는 것, 독일을 서양문명이라는 유서 깊은 울타리 안으로 다시금 불러들이는 것입니다. [······] 서양문명은 '기독교 윤리', '과학 정신' 그리고 '법치'를 제도적 토대로 삼는 문명입니다. 개인의 생활은 오직 이런 토대 위에서만 영위될 수 있습니다.³

1940년 여름에 대공습이 시작되기까지, 케인스와 하이에크는 여러 달 동안 편지를 주고받으면서, 런던정경대학을 케임브리지로 철수시키는 문제와 나치 치하 유럽을 탈출하는 유대인 교수들을 돕는 문제를 의논했다. 1940년 6월 프랑스 함락 이후 공포의 몇 주 동안에는 "적국인敵國人"이라고 분류된 외국인 동료들을 석방시킬 방안들을 의논하기도 했다. 10월, 케인스는 하이에크가 킹스 칼리지에서 개인공간과 고급 정찬을 이용하도록 해주었다. 그때까지도 아직 케임브리지에서 긴 주말을 보내고 있었던 케인스는 주말이면 종종 하이에크와 함께 케임브리지 예술극장 모퉁잇길 고서적 중개상 데이비드G. David를 찾아가 역사와 관련된 한담을 나누었다.

더욱 놀랍게도, 전쟁을 통해서 하이에크와 케인스는 경제정책 논쟁에서 한편이 되었다. 1930년대 거의 내내, 하이에크는 저금리와 적자지출이라는 "인플레이션 프로파간다"로 대공황과 싸워야 한다는 케인스의 제안들을 일축했고, 사담 중에는 적수 케인스를 "공공의 적"으로 칭하기도 했다.⁴ 그러나 1939년이 되자, 하이에크는 이미 신문 글에서 케인스를 칭찬하고 있었다. 케인스의 몇몇 좌익 친구들로서는 매우 유감스럽게도, 전쟁은 케인스를 인플레이션 매파로 바꾸어놓았던 것이다.

무슨 일이 일어난 것일까? 환경이 바뀌어 있었다. 1차대전 이후 육군과 공군을 사실상 해체했던 영국은 히틀러 독일을 따라잡기 위해 1937년부터 정부지출을 크게 늘릴 수밖에 없었다. 네빌 체임벌린 총리가 이끄는 정부는 세금을 인상하는 대신 채권이라는 차용증을 공매하는 쪽을 선택했다. 세금인상이 실업을 악화시키리라는 우려 때문이기도 했고(실업은 여전히 9퍼센트 선을 맴돌고 있었다.) 재무장再武裝이 표심을 거스르리라는 우려 때문이기도 했다. 그러니 영국의 국채는 심지어 전쟁이 선포되기 이전에도 아찔할 정도로 불어나 있었다. 1939년 9월에 발표된 제1차 전쟁예산은 10억 파운드의 적자를 예고하고 있었다. 영국 연간 국민소득의 25퍼센트라는 엄청난 액수였다.

대규모 적자지출은 극적인 효과를 낳았다. 경제는 호황을 맞았고, 특히 영국 남부에서는 항구들과 진지들이 확장되고 군수공장들이 건설되었다. 케인스가 1933년에 주장한 해법이 뒤늦게 채택된 셈이었다. 이로써 『일반이론』의 정당성이 입증되는 듯했다.

1920년대 후반과 1930년에 초반에 케인스의 충고에 완강히 반대하던 재무부가 결국 "케인스주의"로 돌아선 셈이니 케인스 자신은 기뻐했을 법도 하다. 그러나 스키델스키에 따르면, 케인스는 외려 점점 걱정하고 못마땅해했다. 정부는 거대한 부채를 쌓은 후 돈을 찍어 금리를 억제함으로써 향후 인플레이션의 씨를 뿌리고 있었다. 전쟁이 확실시되고 있었으니 상황이 호전되기란 불가능한 일이었다. 케인스는 자기가 심경의 변화를 겪는 것이 아니라고 했다. 바뀐 것은 상황이었다. 1933년에는 실업률이 15퍼센트였던 반면, 1939년에는 실업률이 4퍼센트 미만에서 더욱 감소하는 추세였고 사업가들은 숙련 기계공과 공학자의 부족을 호소하고 있었다. 케인스가 만들어낸 경제학은 불황기에 발생하는 대규모 수요부족을 다루는 풍요의 경제학이었다. 이제 케인스는 똑같은 논리를 정반대의 상황, 곧 전쟁 중에 발생하는 수요과잉에 적용하고 있었다.

1차대전 이후, 전시 인플레이션 재정과 막대한 채무부담의 결과는 경제적, 정치적 혼란이었다. 케인스는 1939년 11월 중순에 런던《타임스》에 실은 두 편의 글에서 '케인스 플랜'의 베일을 벗겼다.[5] 케인스가 4억 파운드에서 5억 파운드에 이르는 지출과 세수의 격차를 메우기 위해서 제안한 조치는 전시에 한정된 소득과세였다. 전쟁이 끝나면 납세액을 돌려주는 조치였으므로, 케인스는 이 세금을 (1919년에 슘페터가 그랬던 것처럼) "강제저축"이라고 칭할 수 있었다. 스키델스키에 따르면, "예산을 경제정책의 도구로 파악하는 케인스의 생각"을 잘 보여주는 글이었다.(이 두 편의 글은 몇 달 후에 『어떻게 전비를 조달할 것인가 How to Pay for the War』라는 제목으로 출판되었다.)[6] 이 조치를 가장 열렬히 지지한 사람 중 하나는 하이에크였다. 하이에크는《스펙테이터 Spectator》의 칼럼에서 케인스의 제안을 지지하면서 "결핍의 경제학에 대한 우리의 견해가 완벽하게 일치하는 것을 알게 되니 든든하다. 비록 결핍의 경제학을 언제 적용하는지에 대한 우리의 견해는 다르지만."이라고 말했다.[7]

케인스 자신도 잘 알고 있었듯이, 그는 덤으로 얻은 여생을 살고 있었다. 1937년에 심각한 심장발작을 겪은 후로 케인스는 틸턴에서 때 이른 은퇴생활을 하고 있었다. 2년간 이어진 리디아의 간호, 독일제 특효

약, 그리고 세계정복이라는 독일의 미친 꿈이 케인스에게 인생의 마지막 제3막을 살아갈 기회를 주었다.

'영국 본토 항공전'(히틀러가 영국공군을 본토에서 초토화시키고자 시작한 전투)이 벌어지기 전날, 케인스는 재무부에 복귀했다.[8] 그의 일은 "정례업무나 집무시간 없이" "여러 주요 위원회에 참여하고 동분서주하는 일"이었다. 영국의 마지막 사자 윈스턴 처칠 총리는 히틀러와의 전쟁비용을 어떻게 마련할 것인가에 별로 관심을 두지 않았고, 전후 경제제도들에 대해서는 더더욱 관심이 없었다. 이런 문제들은 케인스의 관할이 되었다. 케인스는 2차대전 중에 사실상 처칠의 재무장관이었다. 케인스는 1919년에 한 저서에서 베르사유 조약을 맹렬하게 비난하면서, 승전국이 패전국을 황폐화하기를 고집한다면 "내가 감히 예언컨대, 강력한 복수가 뒤따를 것"이라고 경고했다. 스키델스키에 따르면, 케인스가 옳았다는 것이 비극적으로 증명되었고, 이제 케인스의 "우선적 목표"는 연합국이 "지난번보다는 낫게 행동하게 하는 것"이었다.[9]

프랑스가 충격적으로 무너지면서 영국은 거대 독일과 혼자 맞서야 했고, 재무부는(따라서 케인스는) 전쟁자금을 마련하는 데 온 정신을 다 쏟았다. 히틀러의 연쇄정복 전술은 독일 경제가 총력전 기반으로 편성되는 것을 요구하지 않았지만, 영국은 국지전이라는 사치를 누릴 수 없었다. 히틀러는 공격자로서 언제 공격할지를 결정할 수 있었고, 히틀러의 전격전Blitzkrieg은 패전국을 약탈함으로써 군용어음 지급금을 마련할 수 있는 한에서는 독립채산적 방식이었다. 영국의 선택지는 두 개로 압축되었다. 하나는 히틀러의 '평화' 제의를 받아들이고 이로써 프랑스의 굴욕적 운명을 공유하는 것이었다. (케인스의 옛 정치스승 로이드 조지는 에드워드 왕의 페탱 원수Marshal Pétain가 될 용의가 있었고 좌파는 반전농성 중이었다.) 하지만 그 선택지를 가지고는 영국 유권자를 설득할 가망이 없었다. 또 하나의 선택지는 재정적 타산을 과감히 날려버리고 전후 결과들에 대한 고려 없이 전면전에 돌입하는 것이었다. 케인스는 후자가 올바른 선택임을 의심하지 않았지만 부정적 결과를 완화할 묘안을 찾는 일도 멈추지 않았다. 케인스는 다시 한 번 "흥미 있는 일을 만났고, 분발했고, 행복했다".[10] 케인스는 친구에게 보낸 편지에서 "나는 마치 순환소수처럼 같은 곳에서 비슷한 비상사태를 준비하면서 아주 비슷한 일을 해낸다."라고 말하기도 했다.[11]

케인스는 1940년 8월부터 하루에 무려 열여덟 시간 동안 책상을 지켰고, 재무부 지하[전시 내각 집무실Cabinet War Room을 가리킴—옮긴이]에도 자주 내려갔다. 하이에크가 공습 초기에 기어코 런던에 머물면서 케임브리지로 출퇴근했던 것처럼, 케인스는 위험을 무시했고, 독일 공습 가능성을 일축했고, 자기의 책들과 그림들이 살아남을 것이라고 생각했다. 이제 그는 재무장관에게 접근할 수 있는 것은 물론이고 "그 모든 기밀"에 접근할 수 있는 내부자였으므로(재무장관 집무실은 그의 집무실 바로 옆이었다.) 1차대전 중에 비해 영국 금융정책을 마련하는 데 훨씬 더 큰 영향력을 행사할 수 있었다. 그러나 그는 내부자이면서도 여전히 우상파괴자였다. 중년의 나이와 명사라는 지위와 약한 심장에도 불구하고, 케인스는 킹스 칼리지 신입생 때 학교의 비효율성 앞에서 느꼈던 답답함과 『평화의 경제적 결과들』에서 드러냈던 분노를 그대로 가지고 있었다. "망치를 든 목수에게는 모든 것이 못으로 보인다."라는 속담처럼, 케인스에게는 모든 것이 자기가 담당자들보다 더 잘 해결할 수 있는 문제로 보였다. 케인스는 관세에서 맥주세에 이르기까지 모든 문제들에 개입했고, 사실관계를 오해하거나 분란을 일으키는 경우도 많았다. 언젠가 케인스는 당시 이집트에 파견되어 있던 리처드 칸에게 카이로 시 전체의 교통체제 개편안을 보내기도 했다.

지난 전쟁과 마찬가지로, 이번 전쟁에서도 케인스가 맡은 일은 결국 미국의 돈지갑을 여는 일이었다. 1941년 5월 초순,(미국 참전 전이었고, 군수품을 영국으로 수송하는 화물선에 대한 해상호위 문제로 미국과 격렬한 논쟁 중이었다.) 케인스는 영국 특사로 워싱턴 D.C.에서 11주를 보냈다. 케인스는 이 세 번째 미국 방문에서(케인스가 미국을 방문하는 일은 "말하자면 위독한 환자를 회복기 환자로 만드는 일"이었다.)[12] 퀸 메리 호(케인스가 대서양을 횡단할 때 애용하던 교통수단)를 타지 않고 팬암의 '애틀랜틱 클리퍼 기'를 탔다. 독일 U보트가 북대서양을 누비며 영국 선박들을 한 달에 예순 척 꼴로 침몰시킬 때였으니, 항공편이 (반드시 더 빠르다고 말할 수는 없었지만) 더 안전했다. 기자들이 기다리고 있는 라가디아 공항 활주로에 내린 케인스는, 일단 런던과 뉴욕 간을 매일 운행하는 왕복 항공기에 대한 상념을 늘어놓은 다음, 미국 고립파를 조준 비판했다.

독일이 승리한다면 미국은 구세계Old World와 영구 단절될 것이라고 케인스는 지적했다. "미국 경제가 지금의 입장을 고수한다면 결코 작동될 수 없을 것입니다. 생각할 필요도 없는 일입니다." 모두가 케인스의 말을 인정했던 것은 아니었다. 고립파의 수장 버턴 휠러Burton Wheeler(몬태나 상원의원)는 "이 외국인들은 자기네 나라를 엉망으로 만들고는 우리에게 나라를 다스릴 방법에 대해서 공짜로 자문해준단다. 우리를 전쟁에 개입시키려는 수작이다. 미국 국민들은 그러한 사실에 분개하고 있다."라고 비웃었다.[13] "엉망으로 만들었다."라는 그의 말은 영국이 빚을 갚지 못하고 있다는 뜻이었다. 자국의 경제를 총력전 체제로 전환시킨 영국은, 수출을 통해서 경화를 벌어들일 능력은 사라졌음에도, 수입품 대금을 지불하기 위해서는 경화를 내놓지 않을 수 없었다. 영국 대사 로디언 경Lord Lothian이 솔직히 나서서 "거참, 영국이 망했으니까, 당신들이 우리한테 돈을 좀 내놔보게."라고 말했을 때, 미국 재무부는 대영제국에서 금이 바닥날 수 있다는 것을 믿지 않았다.[14]

1차대전 이후 미국인들은 유럽에서 자기네들끼리 치고받는 전쟁에서 미국의 인명과 재산을 희생하는 것에 대해 엄청난 반감을 가지고 있었던 나머지, 독일과 러시아 그리고 뒤늦게 영국과 프랑스가 다들 재무장에 들어가던 바로 그 시기에 독자적으로 무장해제에 나섰다. 미국의 해군 규모는 여전히 세계 최대였지만 육군은 20만이라는 "최소 병력"이었고 공군은 전투기 150대가 전부였다. 1940년, 미국의 방위비 지출은 연간소득의 2퍼센트 미만이었고, 외국 정부에게 군수품을 판매하는 일은 법률로 제약돼 있었다. 1934년 존슨법은 특히 영국을 겨냥한 법이었다. 이 법에 따르면 1차대전 채무를 불이행한 나라에게는 군수품을 판매할 수 없었다.

1940년 6월에 프랑스가 함락되고 됭케르크에서 영국 원정군이 거의 궤멸하면서, 미국 군사정책에 심각한 재검토가 요구되었다. 1940년은 선거가 있는 해였음에도, 독일이 (특히 소련과 동맹함으로써) 미국에 심각한 잠재적 위협이 되었다는 것을 부인하기란 더 이상 불가능했다. 히틀러는 (해군 구축함과 항공기를 건조할 거대한 프로그램을 가지고 있었고 스페인의 독재자 프란시스코 프랑코Francisco Franco에게 스페인 서부에 독일 기지들을 허용해줄 것을 종용하고 있었으니) 미국을 조준하고 있는 것이 분명했다. 의회는 곧 약 40억 달러의 군수품 지출을 승인했고 1941년 말까지 200만 '무장병력'을 마련한다는 목표를 세웠다.

그럼에도 미국 재무장은 철저하게 '아메리카 방위'였다.[15] 미국 유권자 절대다수가 영국의 패전이 불가피하다고 생각하고 있었다. 역사학자 앨런 밀워드Alan Milward에 따르면, 미국의 재무장 결정으로 인해 영국의 패전이라는 암울한 전망은 좀 더 실현 가능성이 높아졌다. 영국은 미국 군수업체에 약 24억 달러어치의 군수품(선박, 비행기, 트럭)을 주문한 상태였는데(군수공장들이 몇 년간 바쁘게 돌아가기에 충분한 양이었다.) 미국의 주문이 들어가면서 영국의 주문이 뒤로 밀려날 위기를 맞았던 것이다.

무기대여법Lend-Lease은 영국을 전쟁에 묶어두되 미국을 전쟁에 휘말리지 않게 하기 위한 루스벨트의 탁월한 전략이었다. 루스벨트 대통령은 (당시 런던 주재 대사였던 조지프 케네디Joseph Kennedy와 대통령의 최측근 자문단의 생각과는 달리) 미국의 적절한 지원이 있을 경우 영국의 승리가 가능하고 또 유력하다고 생각했다. 공산당에서 미국우선위원회까지를 포함하는 반전단체들, 영국 전시내각의 두 장관, 그리고 케네디 대사는 영국과 독일이 모종의 협상에 나서야 한다고 주장하고 있었지만, 대통령은 처칠이 됭케르크 철수작전[1940년 5월 26일부터 6월 4일까지 독일군이 갑자기 진격을 중단한 사이 영국군이 어선을 포함한 850척의 선박에 유럽 파견 영국군 22만 6000명과 프랑스·벨기에 연합군 11만 2000명을 프랑스 북부 해안에서 영국 본토로 철수시킨 사건—옮긴이] 중에 "우리에게 결코 항복이란 없다."라는 연설을 했을 때 "런던과 베를린 사이에 협상은 없을 것"이라는 확신을 얻었다.[16]

미국은 영국을 무장시키면서 이미 경제가 살아나고 실업이 감소하기 시작했다. 유일한 문제는 영국이 수출을 통한 달러 벌이가 불가능해지면서 미국식 '현찰 박치기'로 무기를 사가는 일도 불가능해졌다는 점이었다.(처칠은 루스벨트 대통령에게 이러한 상황을 설명하기 위해 '구걸편지'를 썼고, 이 편지를 보내기 위해 루스벨트가 재선되는 1940년 11월까지 기다렸다.)[17] 루스벨트는 기자회견으로 답을 대신했다. 요지는 "미국에게 최선의 즉각적 방어는 영국이 자국의 방어에 성공하는 것"이라는 내용이었다.[18] 루스벨트는 미국인들에게 영국의 요구에 응할 때 어떠한 경제적 이득을 얻을지를 상기시키는 데도 거리낌이 없었다.[19] 루스벨트는 자기 뜻을 하나의 우화로 표현했다. 이웃집이 불이 났는데 나한테 호스가 있다면, 나는 이웃더러 호스를 사라고 하지는 않을 것이다. 나는 호스를 빌려줄 것이고, 불을 끄고 나서 돌려달라고 할 것이다. "나는 지금 [……] 아둔하고 어리석은 달러 사인 같은 것을 없애려고 하고 있습니다." 미국은 영국이 필요로 하는 모든 무기와 물자를 보내줄 것이고, 미국 납세자가 비용을 부담할 것이니, 영국은 전쟁에 이긴 후에 받은 만큼 갚기로 약속해달라는 얘기였다. 독일 폭격기들이 런던 금융가를 폐허로 만든 12월 29일 밤에 루스벨트는 라디오 대국민 담화 「노변한담fireside chat」에서 "우리는 위대한 민주주의의 병기고가 되어야 합니다."라고 선언했다.[20]

그의 안은 초기 책정액 70억 달러가 있어야 하는 안, 다시 말해 국회의 승인이 필요한 안이었다. 반대자들은 무기대여법이 독일의 공격을 도발함으로써 미국을 전쟁에 끌어들일 수밖에 없을 것이라고 주장했다. 영국의 패배는 불가피하므로 영국에 무기를 보내면 나치 손에 들어가리라는 무서운 주장을 펼치는 이들도 있었다. 그러나 대통령이 이겼고, 국회는 해군 선박들이 교전지역으로 들어가면 안 된다는 단서조항과 함께 이 안을 승인했다. 1941년 3월 10의 일이었다.

처칠은 무기대여법을 "다른 어느 나라 역사에도 없는 가장 치사하지 않은 행동"이라고 환영했다. 실제로 이 조치를 계기로 미국의 공장들과 농장들은 선박과 비행기와 식량 500억 달러어치를 출하하기 시작했고 동맹국들에게 돈을 빌려주는 일을 철저하게 사업으로 생각하던 미국의 관행 역시 유보되기 시작했다. 물론 돈주머니에는 끈이 있었지만, 케인스는 끈을 끄르기로 작정했다.

백악관이 무기대여법안을 국회에 보내고 정확히 하루 만에 영국과 미국 사이에 분쟁이 생겼다. 이 법안이 발효 이후 주문에만 적용되고 발효 이전 주문에는 적용되지 않을 사실을 둘러싼 분쟁이었다. 처칠은 지난 주문들에 대한 선불금이 "이미 우리의 재원을 바닥냈다."라고 주장했다.[21] "우리는 껍질만 벗겨지는 것이 아니라 살점까지 떨어져나갈 판"이라는 처칠의 항의는 한 가지 특별히 고역스러운 조건을 염두에 두고 있었다.[22] 영국은 절박한 상황을 증명해야 하는데, 곧 무기대여법을 이용하기에 앞서 달러 보유고를 완전히 비워야 한다는 조건이었다. 영국 수출용 무기를 생산할 미국 공장들의 건설비를 지불하라는 것과 마찬가지였다. 안 그래도 점점 줄고 있는 금 보유고를 몽땅 넘겨줘야 한다는 뜻이었다. 실제로 미국은 남아프리카공화국의 케이프타운으로 구축함을 보내 런던 당국이 안전하게 보관해두었던 5000만 달러어치의 금괴를 수거해갔다. 영국이 받아들여야 했던 또 하나의 조건은 미국 회사 주식과 영국 기업의 미국 자회사 주식을 약세시황에서 매각하는 것이었다. 무기대여법 통과를 몇 주 앞둔 시점에서, 뉴욕에서 영국의 주식 포트폴리오를 일주일에 1000만 달러의 속도로 매각 중이었던 영국 재무부 대표는 전후 상업적 이익을 둘러싼 다툼을 감지할 수 있었다.

언제나 그렇듯 낙관적이었던 케인스는 영국이 프랑스 비시 정부처럼 되는 것을 미국이 가만히 보고만 있지는 않을 것이라고 생각했다. 케인스는 미국이 전쟁에 발을 들여놓지 않기 위해 얼마나 애쓰고 있는지 모르고 있었던 것이다. 사실 무기대여법은 미국이 참전하지 않으면서 영국의 항복도 막는다는 두 목표를 화해시키기 위해 나온 안이었다. 루스벨트는 선거 당시 "내가 이미 말했지만 몇 번이고 다시 말하겠습니다. 우리 아들들을 외국의 전쟁에 내보내는 일은 결코 없을 것이라고 말입니다."라고 공약했을 뿐 아니라,[23] 국회에서 발언할 때마다 미국은 침공을 당하기 전에는 참전하지 않을 것이라고 줄곧 장담했다. 좌우파 중에서 그를 비판하는 사람들은 그가 은밀히 도발을 꾀했다고 말했지만, 최근의 증거로 알 수 있다시피 진주만 침공 전만 해도 대통령은 참전을 피할 수 있을 것이라는 희망을 버리지 않았다. 그는 보좌관들에게 "독일 녀석들과 일본 녀석들이 무슨 바보짓을 해서 우리를 끌어들일지도 모르겠다. 우리를 끌어들일 수 있는 것은 그 녀석들이 실수를 하는 것뿐이다."라고 말하기도 했다.[24] 대통령의 말이 진심이었음을 보여주는 분명한 정황도 하나 있다. 케인스가 워싱턴에 도착했을 때, 미국은 이니그마(영국이 4월에 제공한 암호해독기)로 독일의 암호를 감시하고 있었는데, 감시의 목적은 독일 잠수함을 추적하는 것이 아니라 독일 잠수함을 **피해가는** 것이었다.[25]

케인스는 "미국이 우리를 함부로 대한다. 우리는 아무리 보잘것없고 종잡을 수 없는 발칸국을 대할 때도 그런 식으로 대하는 것은 부적절하다고 생각하고 있다."라고 비난하면서, 영국은 미국과 대결해야 하며 "독립적 조치를 취할 힘인 우리의 자산을 지켜야 한다."라고 목소리를 높였다.[26] 말인즉슨, 영국은 무기대여법에 대한 지나친 의존을 경계함으로써 미국이 영국의 국제수지를 통제하는 것을 막아야 한다는 것이었다. 케인스가 워싱턴에 갔던 것은 재무장관 특사로서 무기대여법이 발효되기 이전에 주문한 무기의 대금을 좀 더 유리하게 지불할 방법을 찾기 위해서였다. 케인스의 목표는 영국의 보유고를 60억 달러까지 채우는 것이었다. 미국이 경계하는 것이 바로 영국이 무기대여법을 이용해서 현금 보유고를 비축하는 것이었다.

케인스와 루스벨트의 재무장관 헨리 모겐소Henry Morgenthau와의 첫 번째 회의는 완전한 실패작이었다. 교수가 학생을 가르치는 듯한 케인스의 태도가 재무장관을 짜증나게 했다. 케인스의 안은 미국 재무부가 기존의 주문에 대한 선불금 7억 달러(이미 지급된 상태)를 환불해주는 것이었는데, 이것은 무기대여법이 신규 주문에만 적용되리라는 대통령의 대국회 발언과 어긋나는 것이었다. 케인스는 루스벨트를 두 번 만났는데, 두번째로 만난 것은 1941년(독일이 스탈린과의 협상을 깨고 소련을 침공한 후)이었다. 케인스는 영국 우량 부동산을 담보로 내놓고 무거운 금리에 동의함으로써 겨우 영국 자산의 출혈투매를 연기할 수 있을 만한 돈을 빌릴 수 있었다.

케인스주의는 전쟁이 발발하고 처음 한두 해 동안은 실제로 위력이 있었다. 대규모 적자재정을 통한 병력증강은 1930년대 말까지 남아 있던 엄청난 실업의 여파를 일소하는 데 성공했다.(이것은 그때까지 대공황에 대해 행해졌던 그 어떤 조치도 해내지 못한 일이었다.) 젊은 경제학자들은 이것을 케인스의 『일반이론』이 옳았다는 증거로 받아들였다.(통화정책을 가지고 완전고용으로 돌아가는 것은 불가능하다고 여겨질 때였다.) 1941년이면 자칭 케인스주의자들이 마치 케이크에 박혀 있는 건포도들처럼 워싱턴의 전시 관료층 여기저기에 박혀 있었다.

정부 관료층에 박혀 있던 젊은 케인스주의자들은 전쟁 초기에 경제예측의 대성공 덕에 즉각 신빙성을 확보했다. 정부의 전시생산위원회의 자문책이었던 대부분의 사업가들은 미국 경제의 생산능력이 "극히 낮다."라고 생각하고 있었으며, 무기류 및 군수품 생산량이 대통령이 원하는 정도로 빨리 증대되지는 못하리라고 예측했다. 그런데 물가관리국의 케인스주의자들은 의견이 달랐다. 그로부터 얼마 전에 케인스가 워싱턴을 방문했을 당시, 그들은 케인스에게 의견을 물어보았고, 케인스는 얼마 되지 않는 사실을 토대로 빠르고 간편한 추정치를 내놓는 재주를 선보였다. "1929년 실질생산량은 1914년에 비해 얼마나 증가했습니까? 그것은 15년의 증가분이고, 지금은 1929년에서 12년이 지났으니, 15년 증가분의 15분의 12 [……] 그 정도가 지금의 타당한 목표일 것 같습니다."**27** 물가관리국의 예측 담당자들도 같은 생각이었다. 1차대전 이후 20년대는 평균 실업률이 낮게 유지되었던 시기이며, 따라서 수요의 감소가 없을 경우 경제가 얼마나 빠르게 성장**할 수 있는가**를 보여주는 시기라는 것이 케인스의 추론이었다. 케인스와 물가관리국의 예측은 놀라울 정도로 정확했다. 물가관리국의 한 직원이 말한 대로 "미국 공직사회에서 케인스주의 진영의 정당성이 입증되었다."**28**

1941년이면, 케인스주의자들이 뉴딜 기관 네 곳(전국농민연대, 전국기획

청년 밀턴 프리드먼은 케인스를 신봉하는 젊은 뉴딜 지지자 중 하나로서 헨리 모겐소의 전시 재무부에서 핵심 역을 했다.(아내 로즈와 함께)

협회, 예산국, 국가자원기획위원회)을 지배하고 있었다. 재무부에도 일단의 케인스주의자들이 있었다. 그들 중 몇몇은 경제정책에 영향을 미칠 만한 루스벨트 행정부의 고위층이었다. 존 케네스 갤브레이스John Kenneth Galbraith는 물가관리국 부국장이었고, 메리너 에클스는 연방준비위 의장이었고, 로클린 커리는 여섯 명의 루스벨트 행정보좌관 중 하나였고, 해리 덱스터 화이트는 재무장관 헨리 모겐소의 실질적 참모였다. 케인스에 반대하던 사람들이 케인스와 제휴할 수 있겠다고 생각하던 무렵, 워싱턴에서 가장 열성적인 케인스주의자 몇몇은 케인스에 실망했다. 커리 부부의 집에서 열린 만찬 모임에서(케인스도 있는 자리였다.) 젊은 케인스주의자 여러 명이 '케인스 플랜'은 미국에게는 잘못된 처방이라는 주장을 폈다. 공식 실업률은 여전히 두 자릿수이고 몇몇 산업들은 여전히 부분적으로만 가동 중이므로, 지출감축, 세금인상 등의 긴축정책들이 동원되면 이러한 상황은 오히려 악화될 것이고 완전고용은커녕 경제회복 그 자체가 불가능해지리라는 것이었다. 이후의 상황을 보자면 케인스가 옳았는데, 어찌됐든 케인스는 자신의 생각을 바꾸지 않았다. 그럼에도 케인스는 "젊은 축의 '공직자들'과 참모들은 유난히 유능하고 활기찬 것 같다."라고 보았고, 다만 "투지가 넘치는 유대인 유형은 아무래도 다소 지나치게 튄다."라고 보았다.[29]

출신은 캐나다 농장 일꾼인데 말투와 외모는 영국 지주였던 존 케네스 갤브레이스는 케인스의 생각들이 하버드를 거쳐 워싱턴에 도달했다는 말을 즐겨 했다.[30] 그렇지만 케인스의 생각들이 거친 곳들로는 위스콘신 대학, 컬럼비아 대학, 뉴욕 시립대학, MIT, 예일도 있었고, 특히 시카고 대학이 있었다.

시카고 출신의 신진 박사 밀턴 프리드먼은 앞에서 언급한 로클린 커리의 만찬 모임에는 참석하지 않았지만 그럼에도 1941년 당시에는 재무부에서 가장 똑똑한 젊은 케인스주의자 중 하나였다.(나중에 그는 레이건 시대의 反케인스주의적 '통화주의' 부활의 리더가 된다.) 이후의 상황을 보자면, 그는 미국에서 케인스주의를 실용화시키는 데 가장 큰 공헌을 한 인물이었다.

프리드먼의 아버지는 1890년대에 브루클린에 정착한 블루칼라 헝가리계 유대인 이민자였다. 프리드먼은 1차대전 발발 직전에 태어나 뉴욕과 필라델피아를 잇는 뉴저지 철로변의 로웨이라는 투박한 공장마을에서 성장했다. 케인스의 부모는 마을의 중심가에서 가게를 운영하면서 가게 위층에서 프리드먼을 키웠다. 이 마을에서 일어난 가장 유명한 사건은 1903년에 조지 머크George Merck가 자신의 화학공장을 이 마을로 옮긴 일이었다. 프리드먼은 부모가 아이스크림 가게를 비롯해 일련의 사업에 실패하며 고군분투하는 것을 지켜보며 성장했다. 어머니가 실질적으로 가족을 부양했지만, 아버지가 먼저 마흔아홉 살의 나이에 협심증으로 세상을 떠났다. 프리드먼이 열다섯 살 때였다. 고등학교 시절, 프리드먼은 프린스턴에 대한 스콧 피츠제럴드F. Scott Fitzgerald의 성장소설 『낙원의 이쪽This Side of Paradise』을 읽었다. 주인공 애머리 블레인은 "인격, 매력, 흡인력, 침착성, 모든 동년배 사내들 위에 군림하는 능력, 모든 여성들을 매료시키는 재능"이 있었다. 프리드먼은 키가 5피트가 못 된다는 점과 안경을 쓴다는 점과 가난하다는 점 때문에 블레인과 완벽하게 비슷해질 수는 없었지만, 최소한 블레인이 가장 중시하

는 특징을 기를 수 있었다. 그것은 "정신적 우수성, 완벽하고 의심의 여지없는 우수성"이었다.³¹

프리드먼의 세계에서 정신적으로 우수하다는 것은 보험계리사가 되는 것을 의미했다. 프리드먼이 고등학교 토론대회에서 우승했음에도 프린스턴 대신 러트거스[뉴저지 주립대학—옮긴이]에 입학했던 것은 바로 보험계리사가 되기 위해서였다. 대공황과 젊은 강사 아서 번스Arthur Burns(후일 연방준비위 의장이 되는 인물)가 프리드먼을 유인해 회계학 대신 경제학을 전공하게 했다. 학부생 프리드먼은 자신의 경제를 부양시키고자 폭죽을 팔기도 하고 다른 학생들의 시험 준비를 지도하기도 하고 학생신문의 헤드라인을 쓰기도 했다. 1932년에 학부를 졸업한 프리드먼은 전국일주 자동차 여행을 한 후 그해 가을 시카고 대학에 입학했다. 그곳 교수진은 개혁에 대해서 "냉소적, 현실적, 부정적"이면서 내심은 개혁주의자인 교수들로 이루어져 있었으며, 중하층 유대인이라는 것이 입학에 장애가 되지는 않았다.³² 대학원에서 1년이 지나갈 무렵, 프리드먼은 이미 로즈 디렉터Rose Director(프리드먼의 지도교수 중 하나의 누이동생)와 사귀고 있었다. 그녀와 함께 시카고 세계박람회에 간 적도 있었다. 그는 사랑에 빠져 있었다.

3년 후, 뉴딜은 프리드먼의 "구명조끼"였다.³³ 대학원을 마치고 저축을 바닥낸 후였다. 1935년 여름 내내 기다렸지만 단 한 건의 강의 청탁도 받지 못한 상태였다. 학계로 진출할 통로가 얼마 되지 않았을 뿐 아니라 반유대주의 탓에 그가 학계에 안착할 가망은 거의 없었다. 프리드먼의 교수 중 하나가 그를 위해 워싱턴에서 연구원 자리를 구해주지 않았다면, 그는 아마 자기가 선택한 진로를 버리고 회계일로 돌아가야 했을 수도 있다. 그러나 뉴딜 정책에 대한 그의 열의는 진심이었다.(보수주의자였던 로즈의 오빠는 프리드먼이 "뉴딜 성향이 아주 강했다."라고 증언했다.)[34] 그가 워싱턴에 갔던 것은 온갖 유의 사회변화를 약속하는 "새로운 질서의 탄생"에 일조하기 위해서였다.[35]

그의 새 직장 국가자원기획위원회는 루스벨트 행정부의 첫 임기 중에 만들어진 10여 곳의 '계획기관' 중 하나였다. 당시에는 '계획'이 대유행이었다. 농업 생산목표, 여러 업종들의 제품가격, 최저임금 등을 책정하는 입법안의 뿌리는 스탈린주의적 경제 독트린이 아니라 영국의 페이비언과 노동당의 정견이었다. 그러나 뉴딜 입안자들이 실질적으로 관여하는 일은 대개 국민소득계정 구축이나 향후 생산 및 고용의 예측이었다. 존 메이너드 케인스가 영국 정부와 미국 정부에게 계속 강권했던 것이 바로 국민소득계정 시스템(회사의 손익계산서와 유사한 형태)을 구축하는 것이었다. 연간 생산량이 얼마나 되는지, 임금, 이자, 임대료의 형태로 생성되는 소득은 얼마나 되는지, 가계와 기업과 정부는 어디에 얼마나 지출을 하는지를 측정할 수 있는 믿을 만한 척도 하나 없이, 정부와 기업들은 어림짐작으로 꾸려나가고 있었다. 수급 불균형을 잡아내거나 수급 불균형의 규모를 측정할 방법은 전혀 없는 상태였다. 탁상용 계산기 하나로 국민소득계정을 구축하는 일은 괴로울 정도로 노동과 시간을 잡아먹는 일이었다. 경제학 대학원생들을 위한 엄청난 규모의 공공사업 프로그램은 바로 이렇게 탄생했다. 프리드먼의 시카고 동급생 중 하나인 허버트 스타인이 언젠가 추산한 바로는, 워싱턴 당국에 고용된 경제학자 수는 1930년에는 불과 100명이었던 것이 1938년에는 5000명으로 치솟았다.[36]

프리드먼은 소비자 구매와 관련된 최초의 대규모 데이터베이스를 수집하는 일에 동원되었다. 일에 수반된 노동은 순전한 통계였지만, 후일 그는 "항상소득 가설(그가 1976년 노벨상을 수상할 때 인용된 업적)"을 포함한 자신의 최고 업적 중 일부가 이 경험 덕분에 나올 수 있었다고 했다. 무엇보다 이 가설은 왜 통상적으로 일회성 감세 등 우발적 소득의 지출액이 항상적 감세 등 지속적인 부가소득의 지출액에 비해 적은가를 설명해준다.

그로부터 2년 후, 1933년에 시작된 극히 미진했던 경제회복은 다시 부진의 늪에 빠졌다. 프리드먼은 워싱턴을 떠나 뉴욕 전미경제연구소로 갔다. 그가 합류한 팀을 조직한 것은 최초의 완벽한 미국 국민소득계정을 구축하고 있던 컬럼비아 교수 사이먼 쿠즈네츠Simon Kuznets였다. 프리드먼이 맡은 일은 데이터의 빈틈을 채워넣는 것, 그리고 전문직 자영업자 소득의 상세 추정치를 마련하는 것이었다.

조사과정에서 프리드먼은 1933년 히틀러 집권 이후 유대인 망명 외과의사들이 엄청나게 유입되었음에도 불구하고 그때부터 5년 동안 의사면허 수는 증가하지 않았다는 것을 알고 경악했다. 외부인의 진입을 차단하는 전문가 집단의 권력에 분개한 프리드먼은 면허수여 관행을 신랄하게 비판하는 글을 썼다. 제약업과 연계되어 있던 전미경제연구소 이사 중 하나가 그의 글이 출판되는 것을 3년 동안 지체시키면서 프리드먼 자신이 권력의 쓴맛을 보기도 했다. 그렇기는 해도, 그는 자기가 그렇게 신경 쓰는 것이 이상스러웠다. 그는 1938년에 약혼녀(에런 디렉터Aaron Director의 누이동생)에게 "세계가 산산조각 나고 있소. [……] 그런데 우리는 여기 앉아 자산이니 표준편차니 전문직 소득이니 하는 것을 걱

정하고 있소. 하지만 우리가 달리 무슨 일을 할 수 있겠소?"라는 편지를 보내기도 했다.[37]

그해 여름, 그는 로즈 디렉터와 결혼했다. 그녀는 오빠 못지않게 성마르고 활기차고 보수적인 여자였다. 프리드먼이 두번째로 워싱턴에 온 것은 1941년 가을이었다. 박사를 끝낸 프리드먼이 친중립과 반유대주의가 지배하는 위스콘신 대학에서 지옥 같은 첫 1년간의 학자 생활을 견뎌낸 후였다. 조만간 미국이 참전할 수밖에 없을 것이라고 스스로를 위안하고 있던 이 젊은 부부는 얼마 후에 워싱턴으로 가게 되자 매우 기뻐했다. 히틀러가 동맹국 소련을 공격한 상황이었으니 그곳에는 두 사람이 해야 할 중요한 전시업무가 있으리라는 생각이었다. 워싱턴에 가기 전 여름에 프리드먼은 「인플레이션을 예방하기 위한 과세Taxing to Prevent Inflation」라는 논문을 공저했다. 공저자는 프리드먼이 재무부 조세연구과에 들어가게 해준 컬럼비아 대학의 공공재정 전공 교수였다. 프리드먼이 처음 워싱턴에 왔을 때, 그에게 맡겨진 업무는 통계학자의 업무였다. 이번에 프리드먼은 정책을 마련하는 데 더욱 큰 영향을 미치는 역할을 감당할 태세가 되어 있었다.

됭케르크 철수 이후, 미국이 전쟁에 개입할 가능성은 점점 높아졌고, 루스벨트 행정부는 전쟁의 비용을 대는 일에 몰두해 있었다. 이미 미국의 경제는 유럽 동맹국을 원조하는 쪽으로 바뀌는 중이었고, 진행 중인 군비증강으로 인해 한층 더 무거운 청구서가 예정돼 있었다. 경제를 전시 기반으로 전환하는 것의 달갑잖은 부산물 중 하나는 인플레이션의 재출현이었다. 1940년과 1941년 사이에 소비자 물가는 5퍼센트 급등했다. 1920년 이래 1년 기준 최대 증가폭이었다. 현재 기준으로 보면 극심한 정도는 아니지만 1차대전 이후에 발생한 인플레이션과 생계비 시위, 그리고 그 후에 발생한 극도의 불황(인플레이션의 직접적 결과로 여겨진)과 관련된 안 좋은 기억들을 되살리기에는 충분했다.

1차대전 중에 워싱턴은 비용의 3분의 2를 세수로 메웠고, 나머지 비용은 채권 발행으로 충당했다. 정부가 세수와 지출 간 격차를 메우기 위해서 돈을 빌리고 있었다고 짐작하는 것이 타당하겠지만, 실상은 그렇지 않았다. 돈을 "빌리는 것"은 대부분 돈을 더 찍어내는 것을 감추는 방식이었다. 당시에 신설된 연방준비위는 고객들이 전시채권을 구매할 수 있게 대출해주라고 산하 시중은행들을 압박했다. 산하 시중은행들은 그에 맞게 보유고를 늘리고자 중앙은행으로부터 대출을 받았다.

> 이것은 연방준비위에서의 대출할인, 다시 말해 연방준비위로부터 정부채를 담보로 대출 받는 방식이었다. 결과적으로, 연방준비위는 […] 통화와 예금이 25억 달러 증가했는데 […] 그중에서 정부채의 직접매입은 약 10분의 1에 불과했다. 나머지는 산하 은행들에 내준 대출이었다.[38]

화폐공급이 크게 늘어난 결과는 폭발적 인플레이션이었다. 그때까지 농장주, 광산주, 부동산 개발업자에게 인플레이션이란 전시 호황의 아찔한 확장이었다. 그러나 연방준비위가 금리를 대폭 인상하면서 도매물가는 44퍼센트 곤두박질쳤고 호황은 고약한 불황으로 둔갑했다. 정치적으로는 "정상으로 돌아가자."라는 슬로건을 내세운 공화당 대통령 후보 워런 하딩Warren Harding이 백악관에 입성하는 결과를 낳았다.

그러니 2차대전 이후에 민주당 재무부 관리들에게는 이러한 재난이 반복되는 것을 어떻게 막을 것이냐가 '토픽A'였다.

프리드먼 부부가 듀폰트 광장 근처의 아파트(재무부 건물까지 금방 걸어갈 수 있는 거리)로 이사 왔을 무렵은 재무장관의 불도그 보좌관 해리 덱스터 화이트의 심기가 사나울 때였다. 언젠가 화이트는 인플레이션 문제와 관련된 회의가 끝난 후 갤브레이스에게 "당신 지금 문제를 놓치고 있잖아. 좀 움직여."[39]라고 으르렁거리기도 했다. 이미 조세청에는 연방정부 조세 개편안을 마련하라는 재무장관의 지시가 떨어진 후였다. 인플레이션 대처방안에 관한 워싱턴의 거의 모든 논쟁들의 중심에는 임금 및 물가 통제와 과세 중에 어느 쪽이 인플레이션에 더 효과적인가 하는 문제가 있었다. 결국 루스벨트 행정부는 양쪽을 모두 받아들였다.

"물가폭등, 생활비 상승, 부당이득, 인플레이션"을 막기 위한 선별적 가격통제는 이미 1941년 4월 이래 발효 중이었고, 이를 관리하기 위해 물가관리국이 만들어진 상태였다.[40] 버나드 바루크가 어느 의회 분과 위원회를 상대로 "나는 찔끔찔끔 행해지는 가격고정은 믿지 않습니다. 가장 먼저 해야 하는 일은 임금, 임대료, 농산물 가격을 포함하는 물가 전반에 상한선을 마련하는 것입니다. [……] 개별 가격들을 상향 조정 내지 하향 조정하는 것은 다음 일입니다."라고 말한 이후,[41] 물가관리국은 대부분의 산업들의 가격과 임금을 정하는 포괄적 권력을 가지게 되었다.

초반에 재무부와 물가관리국은 세액 추정에서 의견이 갈렸다.(그도 그럴 것이 바루크가 기업에 대한 정부 권한을 늘려야 한다고 주장했을 때 그 논거 중 하나는 세금인상 수요를 감소시켜주리라는 것이었다.) 그러나 1942년에 일반 최고가 규제 General Maximum Price Regulation가 발효된 후에는 두 기관이 세금에 대해 합의하는 것이 가능해졌다. 프리드먼이 처음 맡은 임무는 세금을 얼마나 걷어야 인플레이션을 봉쇄할 수 있는지를 추산하는 일이었다.

1942년 5월 7일, 처음으로 의회 분과위원회 앞에 선 프리드먼은 "인플레이션을 성공적으로 차단할 수 있는 최소한의 액수"로 87억 달러의 증세를 제안했다.[42] 케인스가 '1940년 케인스 플랜'을 옹호한 논리를 그대로 따른 프리드먼은 정부수요와 가계소득이 급등하는 상황에서 늘어난 화폐가 고정되어 있는 소비재를 쫓게 되는 것을 막기 위해서는 소비자 지출을 제한해야 한다고 말했다. "그러한 조치들 가운데 가장 중요한 것은 과세입니다. 신속하고 엄격한 과세가 시행되지 않는다면 다른 조치들만 가지고는 인플레이션을 막아낼 수 없습니다."라고 프리드먼은 의회 분과위원회를 상대로 다소 거만하게 지적했다. 그러고는 "물가관리와 배급, 소비자 신용 관리, 정부지출 축소, 전쟁채권 구입운동" 등을 그 밖에 덜 중요한 조치들로 거론했다.[43] 통화정책에 대한 언급은 전혀 없었다. 1953년, 프리드먼은 자기의 전시업무를 되돌아보면서 자기가 당시에 통화정책을 간과한 이유가 "당시의 케인스주의 분위기" 때문이었다고 말했다.[44] 하지만 프리드먼 자신이 미국의 케인스 신봉자로 손꼽히고 있었고, 1940년대 후반까지 그러한 상황은 계속되었다.

자신의 케인스주의적 확신에 충실했던 프리드먼은 "인플레이션 물가상승을 막는 더욱 효과적인 방법, […] 전쟁비용 부담 재분배를 위한 좀 더 바람직한 방법"은 소득세와 판매세 중에서 소득세 쪽이라고 생각하는 경향이 있었다.(판매세는 퇴행적이었다.)[45] 그해 여름, 프리드먼은 소비세 입법안을 마련하는 일에 참여했다.(소비세의 가장 큰 목적은 소득세율 인상을 막는 것이었다.) 소득 대신 지출에 과세한다는 착상에 사로잡힌 화이트는 종전 이전에는 인출될 수 없는 강제저축 계좌를 만든다는 케인스의 안에 소비세를 결합시킨 입법안을 마련했다. 재무부는 격렬한 회의를 벌인 끝에 찬성 열여섯 표에 반대 한 표로 찬성했고, 모겐소는 화이트를 지지해주기로 마음먹어서였는지 어쨌든 이 입법안을 국회에 제출했다. 이 입법안은 후송 중 사망에 해당하는 경우였다. 프리드먼에게 이 애물단지는 법안의 통과를 종용하고 상관들의 연설문을 쓰고 총대를 메고 의회 분과위원회 앞에서 진술하는 첫 시험대였다.

모든 조세안의 핵심은 당연히 세금 **징수**였다. 프리드먼이 정부에 영원히 자신의 인장을 남긴 곳은 바로 얼마나 어떻게 징수할 것이냐는 문제였다. 1942년 이전까지 소득세는 전년도 소득에 대한 1년 4회 징세였다. 납부 시점에서 돈을 마련하는 것은 납세자 책임이었다. 납세자나 징세관 어느 쪽도 이것을 문제로 여기지 않았던 이유는 세율과 납세인구 비율이 낮았기 때문이다. 1939년에 징세 건수는 400만 건 미만이었고 총 징세액은 10억 달러 미만, 곧 과세소득의 약 4퍼센트였다. 프리드먼 부부의 소득은 미국 가구 상위 2퍼센트였지만, 그들에게 고지된 세금은 119달러, 곧 과세소득의 2퍼센트 미만이었다. 그들은 3월 15일(1955년 이전까지 연방정부 납세 마감일)에 전액을 납부하는 데 아무런 문제도 없었다. 세제 정비가 계획대로 이루어질 경우, 그들이 내야 할 세금은 약 1704달러, 곧 과세소득의 23퍼센트로 늘어나게 될 것이었다. 재무부가 징세액을 늘리려면, 1년 후가 아닌 소득 발생시점에서 징세할 방법을 찾아내야 하리라는 것은 분명했다.

해결책은 원천징수였다. 업주의 납세시점은 자기 기업 노동자들에게 임금을 지급하는 시점이었다. 다른 유의 소득(이자 소득, 배당금 소득, 자영업 소득)의 수취자는 당해 소득에 대한 세금을 분기별로 내도록 되어 있었다.(납세액 산정의 근거는 수취자의 사전추정치였다.) 독일과 영국의 징세방식과 크게 다른 점은(독일과 영국은 오래전부터 원천징수를 채택하고 있었다.) 납세액이 잠정적인 금액, 곧 나중에 조정될 금액으로 취급되리라는 점이었다. 심각한 이의를 제기한 것은 국세청뿐이었다. 징세 담당자가 "거의 감당할 수 없는 부담"을 짊어지게 되리라는 이유에서였다. 그러나 국세청 관리로 하여금 업체를 방문해 급여지급 관행을 조사하게 한 후 이 관행을 염두에 두고 원천징수의 메커니즘을 고안한다면 이러한 이의를 극복할 수 있었다.[46]

프리드먼은 다시 한 번 의사당으로 진격했다. 이번에 그는 요점만 간단히 말해야 한다는 것을 배웠다. 텍사스 상원위원 톰 코널리Tom Connally의 질문에 프리드먼은 헛기침을 한 후 "세 가지 이유가 있습니다. 첫째는……."이라고 말문을 열었다. 코널리는 말을 끊고 들어왔다. 흔한 나비넥타이 대신 자신의 트레이드마크인 검은색 목도리를 두른 이 상원의원은 "젊은 친구, 타당한 이유라면 한 가지로 충분하다네."라고 했다.[47] 프리드먼이 "빈약한 지력"의 소유자로 여기고 있었던 재무장관은 보좌관들에게 항상 "내 딸 조앤" 같은 고등학생도 알아들을 수 있게 설명해보라고 닦달했다. 이것은 조앤이 대학에 간 뒤에도 바뀌지 않았다.[48]

당시 워싱턴 주재 영국 대사관에 근무하던 사상사 연구자 이사야 벌린은 대사관이 발행하는 주간공보에서 이 조세안을 "유례가 없었던 규모의 조세안"이라고 지칭했고, 법이 발효되면 76억 달러가 징수되리라고 보도했다.[49] 또 8월 22일 주간공보에서 그는 "이 조세안이 영향을 미치게 될 국민 수는 이때까지 의회에서 통과된 그 어떤 법보다도 많다."라는 말로 흥분을 표했다.[50] 미국 최초의 보편 소득세였다. 소득 3000달러의 4인 가구는 1939년에는 납세액이 없었지만, 1944년에는 275달러를 납세해야 했다. 5000달러 가구의 세금은 48달러에서 755달러로 올랐고, 1만 달러 가구의 세금은 343달러에서 2245달러로 올랐다. 1939년에 걷힌 소득세는 개인소득의 1퍼센트 남짓이었지만, 1945년에는 이미 11퍼센트 이상으로 뛰어올라 있었다. 모겐소가 의회에 원천징수 입법안을 보낸 것은 1942년 초였고, 1943년 세금납부법Current Tax Payment Act이 상원에 제출된 것은 1942년 3월 3일이었다.

프리드먼의 전시업무 중에 가장 장기적인 효과를 미친 일은 "대단히 강력한 세입 확보 기계"의 창출이었다.[51] 허버트 스타인의 지적에 따르면, 이 강력한 기계 덕에 전후 수십 년간 세수 증가율이 GDP 증가율보다 높아지게 되었다.(경제성장과 진보적 세율이 상호작용한 덕분이었다.) 소득이 늘면서, 더 많은 납세자가 더 높은 과세등급으로 올라가게 되었다. 덕분에 전후 행정부들은 지출을 계속 늘리고 세율을 때로 내리면서도 대규모 적자에 빠지지 않을 수 있었다. 게다가 원천징수는 과세를 훨씬 덜 고된 일로 만들어주었다.

이제 경제를 안정시킬 목적으로 세금을 조정하는 하는 것이 가능했다. 스타인도 지적했다시피, 전전에는 세금이 국민소득에서 차지하는 비중이 너무 작은 탓에 경제를 부양하거나 억제하거나 할 여지가 별로 없었다. 더 중요한 점은 징세액 변동이 저절로 이루어지게 되었다는 점이다. 곧, 불황이 오면 세수가 줄고 경기가 반등하면 세수가 늘었다. 이로써 침체기에는 저절로 케인스적 부양이 이루어지고 호황기에는 저절로 케인스적 억제가 이루어지게 되었다. 아이러니하게도, 이것을 가능하게 한 사람은 다가올 레이건 시대에 낮은 세금과 작은 정부의 수호천사가 될 프리드먼이었다.

13장

망명:
전쟁 중의 슘페터와 하이에크

> 역사가 이루어지는 동안, 역사는 우리에게 역사가 아니다. 우리는 미지의 땅으로 이끌려가지만, 우리 앞에 무엇이 놓여 있는지는 거의 알 수 없다.
>
> — 프리드리히 하이에크, 『예속의 길』, 1944[1]

케인스와 그의 제자 다수가 전쟁 중에 나라의 부름을 받았다. 그들에게 전쟁은 열성적 참여의 시간, 엄청난 지적 도전의 시간, 전례 없는 영향력 행사의 시간이었다. 슘페터와 하이에크에게 전쟁은 그렇지 않았다. 그들에게 전쟁은 어쩔 수 없는 무기력, 고립, 망명의 시간이었다. 그들은 학문적으로 소외당했다. 망명 중인 그들에게 전쟁 수행 노력에 동참해달라는 요청은 없었다. 그들은 노인, 장애인, 외국 태생, 여성 등이 거주하는 대학 안에 남겨졌다. 그들은 연합국의 필연적 승리를 기뻐하면서도 적군의 고통과 괴멸을 슬퍼하지 않을 수 없었다.

그들은 1차대전 이후 오스트리아-헝가리 제국 붕괴의 목격자(그리고 희생자)였기에, 미국이나 영국에서 성년을 맞이한 사람이 상상하지 못하는 (또는 상상할 수 없는) 가능성을 상상할 수 있었다. 케인스는 연합군이 이번 전쟁이 끝난 후에는 1919년의 실수를 반복해서는 안 된다는 확고한 신념을 가지고 있었을 뿐 아니라, 자기 말과 자기 관점이 먹혀들리라는 자신을 가지고 있었다. 영국이 추축국에 전쟁을 선포했을 때 56세였던 케인스는 (36세 때 갖지 못했던) 여러 방법으로 정부와 여론에 영향을 미칠 수 있는 자리에 있었다. 그는 경제사상에 혁명을 일으킨 후 많은 추종자를 거느리고 있는 혁명의 지도자였고, 처칠의 실질적 재무장관이었고, 워싱턴에서는 영국 금융협상 수석대표였고, 전후 통화제도 설계자 중 하나였다.

슘페터는 자기가 실패자라는 생각에 시달렸고, 유럽과 일본을 삼키는 파국 앞에 낙심했고, 친전 열기 사이에서 고독했다. 하버드 대학에서 그는 동료들과 학생들로부터 점점 고립되어갔다. 미국인들이 한편으로 독일과 일본을 무조건 비난하고 다른 한편으로 소련을 동맹국으로 포용하는 데 대해서 그는 굳이 비통함을 감추지 않았다. 그 결과, 그는 FBI의 주목을 끌었고, FBI는 그를 2년 이상 조사했다.

슘페터가 보았을 때, 1차대전 이후 유럽에서 좌우익 사회당이 정치적 승리를 거둔 것은 경제적 성공만으로는 사회적 생존이 보장되지 않는다는 증거였다. 자본주의와 민주주의는 불안정한 혼합물이라고 그는 생각했다. 성공한 사업가들은 새로운 경쟁업체의 진입을 차단하기 위해 정치가들과 결탁할 것이고, 정부 관료들은 세금과 규제로 혁신을 억압할 것이고, 악의적인 지식인들은 자본주의의 도덕적 결함을 공격하는 동시에 전체주의 정권을 찬양하고 때로는 심지어 서구의 숙적들에게 (은밀하게 혹은 공공연히) 도움과 편의를 제공할 것이라는 생각이었다.

부르주아 사회가 마르크스의 예언대로 자기의 무덤을 팔 무덤지기들을 양산하리라는 그의 우려는 확신으로 굳어져 있었다.

다른 오스트리아 망명자들이 미국에서 전쟁 수행 노력에 힘을 보탠 것과 달리, 56세였던 슘페터는 자신의 불길한 우려를 『자본주의, 사회주의, 민주주의Capitalism, Socialism and Democracy』라는 책에 쏟아냈다. 아이러니스트라는 그의 진면목을 보여주는 책이었다. 서구에서 자유기업에 대한 신념이 약화되고 있던 1942년에 출간된 이 책은 추도사로 변장한 찬송가이자 자본주의 속에 실패의 씨앗이 내재해 있다는 케인스의 결론에 대한 도전장이었다. 자본주의는 금융위기, 불황, 계층갈등 등 여러 가지 결함을 가지고 있지만 그럼에도 인류사 속에서 시종일관 예속과 가난에 시달렸던 "인류의 9할"에게 재화를 안겨주었다는 것은 자본주의의 본질적 속성이었다. 미국 GDP가 대공황 수준을 겨우 벗어날까 말까 하던 시점이었지만, 슘페터는 "자본주의 엔진은 시종일관 대량생산 엔진이다."라고 자신했다.[2] 슘페터의 자주 인용되는 구절을 빌리면, 그 엔진 덕분에 현대의 어린 여공들은 한 세기 전에는 여왕에게 조차 너무 값비쌌던 스타킹을 사 신을 수 있었다. 미국 경제가 1928년부터 반세기 동안 성장할 속도가 1928년까지 반세기 동안 성장한 속도만큼 빠르다면, 미국 경제가 1978년에 도달할 규모는 1928년 규모의 2.7배가 될 것이었다.(그의 이 추산은 너무 낮은 추산으로 밝혀졌다.) 뒤쪽에서 그는 이러한 성장이 실제로 이루어지지는 않으리라고 예언했다. 그가 이 추산을 내놓은 이유는 그저 "기발한 메커니즘"의 위력을 이해시키기 위해서였다.

경쟁이란 창의성을 활용하고 생활수준을 향상시키기 위해서 동원되는 기발한 사회적 장치라고 주장한 후, 슘페터는 곧바로 이 체제의 죽음을 예언했다. "자본주의가 생존할 수 있겠는가?"라는 수사적 질문을 던지고 "아니다, 생존할 수 없을 것이다."라고 자답했다.[3] 소련에서뿐 아니라 서구에서도, 경제적 자유주의 이데올로기가 공격받고 있고, 이와 함께 기업가(자본주의의 성공에 필요한 창의력)도 공격받고 있다는 것이었다. 어느 서평가가 논평했듯, 슘페터는 "사회주의의 승리를 예언했지만 결국은 자본주의라는 경제체제에 대한 어느 누구보다 열렬한 옹호론을 썼다".[4]

탁월한 개인에게 주어져야 할 기회가 줄어들고 있다는 느낌은 슘페터의 중년기 성향 내지 우울증 성향을 반영하는 것이 분명했다. 그는 줄곧 죽음에 대한 생각에 시달렸고 아울러 자기가 과거의 유물로 전락했을지도 모른다는 두려움에 시달렸다. 하버드에서 그의 생각들은 그의 정중한 예법과 현란한 화법과 마찬가지로 점차 괴상하게 여겨졌다. 그의 일기를 보면 "새로운 경제학"이 요구되고 있었지만 그는 그것을 만들어낼 기력이 없었다. 무의식적 아이러니가 담긴 문장에서 그는 "나는 짐을 떠맡지 않는다."['carry weight'에는 '짐을 떠맡는다'는 의미와 함께 '영향력이 있다'는 의미가 있다.—옮긴이]라고 덧붙였다.[5]

프리드리히 폰 하이에크와 그의 가족들이 1931년 가을에 런던으로 거처를 옮길 당시, 언젠가 빈으로 돌아갈 생각이었다. 그가 이것이 영구망명이라는 것을 깨달은 것은 그로부터 채 2년이 못 되어서였다. 이 제2의 조국에서 하이에크는 여러 해 동안 자유주의 경제학 진영의 수장을 지냈다. 그러나 그가 영국에 귀화한 1938년에는 이미 그의 제자들이 그를 저버린 후였다. 저명한 케인스주의자 존 힉스John Hicks가

1967년에 회고했듯이 "하이에크의 새 이론들이 케인스의 새 이론들의 맞수였던 시대가 있었다는 것은 이제 거의 기억되지 않고 있었다."[6]

하이에크의 학문적 고립은 오스트리아에서 전개되는 암울한 사태로 인해서 한층 심해졌다. 하이에크의 옛 동료들은 1938년에 히틀러가 빈으로 진격해 합병을 선포하기 오래전에 점점 심해지는 반유대주의를 피해서 외국을 떠돌고 있었다.(대학에서 해고당한 루트비히 폰 미제스도 그중 하나였다.) 옛 가이스트 서클 세미나 회원이자 유대인이었던 프리츠 마흘루프로부터 미국에 영구 거주하기로 결심했다는 말을 들은 그는 1935년에 편지를 보냈다. 마흘루프는 자기는 유대인이라서 선택의 여지가 거의 없다고 말했었다. 하이에크는 마흘루프의 말에 동의했지만 "지식인들이 빈에서 대량 이주하는 것, 특히 우리 학파의 경제사상이 사장되는 것이 나는 몹시 고통스럽습니다."라고 덧붙였다.[7] 그리고 이듬해에 보낸 편지에서 "학문적 굴복과 정치적 부패의 속도는(금융은 말할 것도 없고) 가히 충격적입니다."라고 썼다.[8]

히틀러의 군대가 군중들의 환호 속에 빈으로 진격하고 여러 날 후, 하이에크는 옛 가이스트 서클 친구들을 차례로 방문 중이었다. 그들은 하이에크에게 게슈타포의 체포, 총격, 괴롭힘에 대한 괴담을 들려주었다. 그해 그는 영국 시민권을 신청, 취득했다. 그는 나치 체제를 비판하는 글을 발표했고, 반유대주의를 규탄했다. 그는 유럽에 남아 있는 유대인 동료들의 망명을 돕는 일에 연루되었다.

하이에크는 불행한 결혼 탓에 더 비참했다. 아내에게 이혼을 요구했다가 거절당한 상황이었다. 설상가상으로 그는 헬레네Helene Bitterlich에 대한 사랑을 고스란히 간직하고 있었다. 그가 그녀를 만난 것은 1939년

8월이었다. 스탈린-히틀러 조약이 체결되었다는 소식이 전쟁이 불가피하다는 것과 전쟁이 끝날 때까지는 그녀를 두 번 다시 만날 수 없다는 것을 알려주기 직전이었다.

마침내 전쟁이 일어났을 무렵, 하이에크의 고립상태는 이미 은둔상태나 다름없었다. 하이에크는 케인스보다 열 살이나 젊은 갓 마흔 살이었지만, 자기가 늙어버렸다고 느꼈다. 한쪽 귀의 청력을 완전히 잃은 것도 그 이유 중 하나였다. 그의 청각장애는 그가 자신의 옛 세계와 자신이 귀화한 세계 둘 다로부터 얼마나 단절된 상태가 되었나를 상징적으로 보여주었다. 대공습이 시작되고 여섯 주 동안 그는 영국에 대한 자신의 충성심과 위험에 대한 자신의 무관심을 보여주기 위해 런던에 머물러 있었다. 그렇지만 그는 결국 런던정경대학을 따라 케임브리지로 떠나지 않을 수 없었다.(당시 런던정경대학 구성원은 여학생 수십 명과 하이에크 자신으로 축소되어 있었다. 런던정경대학은 전쟁이 끝날 때까지 케임브리지에 있었다.) 아내와 아이들은 시골로 거처를 옮겼고, 오랜 동지 라이어넬 로빈스는 화이트홀로 갔고, 다른 동료들은 하나둘씩 전쟁업무에 동원돼 사라졌다.

『예속의 길』은 하이에크가 연합국 편에서 전쟁 수행 노력에 일조하는 방법이었다. 그는 이 책을 가리켜 "내가 피해서는 안 될 의무"라고 했다.[9] 전쟁 선포 이후 짧은 몇 주 동안, 그는 원대한 포부를 품고 있었고, 아울러 정부 선전부처에 임명되리라는 기대에 부풀어 있었다. 그는 선전부 장관 맥밀런 경에게 대독對獨 방송 전략들을 제안하는 문건들을 퍼부었다. "저는 제 능력을 최대한 이용할 시간과 의지가 있으니, 신중한 고려를 거친 후 선전부 업무과 연계할 수 있으리라고 생각합니다."[10]라는 문장도 그 한 예였다. 그렇지만 그가 외국인이라는 이유로 전

어빙 피셔(왼쪽)와 요제프 슘페터(오른쪽), 1932년에 뉴헤이븐에서.
두 사람은 대공황과 어떻게 대적할 것인가를 두고 상반된 처방을 내렸지만
둘 다 경제학에서 수학의 사용을 고무했다.

쟁업무에서 배제되리라는 것은 곧 분명해졌다. 쓰린 마음을 안고, 그는 런던정경대학의 축소되는 경제학과를 거의 혼자 운영하는 일을 하릴없이 떠맡았다.

상처받고 좌절한 그는 친구들이 있는 미국으로 떠날까도 잠시 생각했다. 그는 마흘루프에게 보낸 편지에서 "나는 이 완벽한 은둔이 몹시 싫습니다."라고 했다.[11] 그렇지만 마흘루프로부터 자신의 생각에 공명하는 답장을 받은 그는 떠나라는 말에 발끈했다. "나는 떠난다는 생각을 버렸습니다. [······] 이곳에서 어떤 식으로든 나를 필요로 한다면 말입니다. 그것은 어쨌든 내 의무입니다."[12] 1940년에 뉴스쿨에서 그에게 임시교수직을 제안했을 때, 그는 거만할 정도로 간략한 거절 전보를 보냈다.[13] 그 후, 그는 다른 친구에게 보낸 편지에서 "전쟁과 관련된 뭔가를 할 수 있는 기회를 가진 당신이 나는 좀 부럽습니다. 전쟁이 다 끝났을 때, 아마 나는 그런 기회를 갖지 못했던 유일한 경제학자일 것이고, **싫든 좋든**, 가장 순수한 이론가일 것입니다."라고 했다.[14] 그는 실망과 마주쳤을 때 항상 그랬듯이 이번에도 자신의 초점을 미래로 옮겼다. "나는 조용히 현재를 즐기는 능력을 아주 일찍감치 잃어버렸던 것 같습니다. 나에게 있어서 인생에 흥미를 부여하는 것은 나의 미래계획입니다. 내가 만족스러웠을 때는 대개 내가 계획했던 것을 해냈을 때였고, 내가 굴욕스러웠을 때는 내가 세운 계획을 행하지 못했을 때였습니다."[15]

역설적이게도, 그 후 3년간은 그의 가장 생산적인 시기 중 하나가 되었다. "내가 [······] 올여름에 해낸 일은 내가 지금까지 이 정도 기간에 해낸 일들 중에 제일 많습니다."[16] 무려 세 권의 저서를 동시에 작업하고 있었던 시기도 있었고(폭탄이 떨어지는 와중이었다.) 거기에 더해서 런던정경대학 저널《이코노미카*Economica*》를 사실상 혼자의 힘으로 채우고 있었던 시기도 있었다. 케임브리지로 온 그는 "지금까지의 공습은 한심한 실패입니다. 나를 런던에서 끌어낸 것은 그저 텅 빈 집과 빈번한 이동의 불편함이었습니다."라는 편지를 보냈다.[17] 그렇지만 그는 자기의 새 책의 여러 장을 미국에 있는 친구들에게 보내서 "보관"하게 하는 예방 조치를 취하기도 했다.

1941년 1월, 처음으로 하이에크는 케인스의 『평화의 경제적 귀결』 같은 일반대중서를 쓰겠다는 야심을 넌지시 밝혔다.[18] "내가 『자유와 경제체제*Freedom and the Economic System*』에서 다룬 테마들을 확장하고 좀 더 대중적으로 설명하는 일을 주로 생각하고 있습니다. 완성이 된다면, 6펜스짜리 펭귄 출판사 문고판으로 나올 수도 있을 그런 책입니다." 그는 이 저서를 자신의 인간된 의무로 여겼다. "나는 전쟁에 이길 수 있도록 돕는 일은 하지 못하므로, 나의 주된 관심은 좀 더 멀리 있는 미래에 있습니다. 내가 그 미래를 바라보는 시각은 더없이 비관적이지만, 전쟁 그 자체를 바라보는 시각보다 훨씬 비관적이지만, 나는 사람들의 눈을 열어주기 위해 미미하게나마 내가 할 수 있는 일을 하고 있습니다."[19]

그는 『예속의 길』을 1941년 새해부터 1943년 6월까지 2년 반에 걸쳐 작업했다. 작업 중에 언젠가는 "내가 엄청나게 느린 작업자인 데다, 바로 지금, 나의 관심사가 너무 많은 분야들로 쪼개져 있어서, 내가 지금 하고 싶은 일을 해내려면 내가 아주 오래 살아야만 할 것 같습니다."라고 투덜거리기도 했다.[20]

『예속의 길』을 시작하면서 하이에크는 역사(곧 역사가 현재와 긴밀하게 연결되어 있다는 것)와 아울러 두 문화 속에 살고 있는 하이에크 자신의 역사를 환기시켰다.

> 역사가 이루어지는 동안, 역사는 우리에게 역사가 아닙니다. 역사는 우리를 미지의 땅으로 데리고 갑니다. [……] 우리가 역사를 두 번 살 수 있다면 문제는 달라지겠지만 말입니다. [……] 역사란 되풀이되는 것이 아님에도 불구하고, 역사의 흐름 중 피치 못할 흐름은 없기에, 과거로부터 우리는 똑같은 흐름의 반복을 피해갈 방법을 어느 정도 배울 수가 있는 것입니다.

독자에게 직접 이야기를 하는 형식으로 하이에크는 강한 기시감을 기술하고 있다. 영국의 집단주의 흐름을 지켜보노라니 1차대전 종전 후의 빈이 떠오른다는 것이었다. "이 책의 내용은, 같은 시간대를 가능한 한 비슷하게 두 번 살아본 경험의 산물, 적어도, 사상들이 아주 비슷하게 전개되는 것을 두 번 지켜본 경험의 산물입니다." 그가 확신했던 것은 그보다 앞서서 영국 사회를 관찰했던 유럽인들(엥겔스와 마르크스부터 슘페터까지)이 확신했던 것과 같은 것이었다.

> 한 나라에서 다른 나라로 이주하는 사람들은 지성의 추이에 나타나는 비슷한 단계들을 두 번 관찰할 수 있습니다. 그럴 경우, 감각이 매우 예리해진 상태가 됩니다. 20년 전이나 25년 전에 처음 접했던 견해나 조치가 두번째로 들려올 때, 그러한 견해나 조치는 새로운 의미를 띱니다. [……] 똑같은 견해나 조치가 들린다는 것은, 사태가 비슷한 경로로 전개

되리라는 것을, 필연적으로는 아니라고 해도, 개연적으로는 시사하니까요.²¹

그는 어떤 견해, 어떤 조치, 어떤 저작을 염두에 두고 있었을까? 하나는 1939년에 처음으로 영어 무삭제판이 나온 아돌프 히틀러의 『나의 투쟁Mein Kampf』이었을 것이고, 또 하나는 1936년에 나온 웨브 부부의 소련 찬가 『소비에트 공산주의: 새로운 문명』이었을 것이다.(하이에크는 이 책의 서평을 일요판《타임스》에 싣기도 했다.) 또 하나는, 정치적으로는 이 두 책과 동떨어진 책이지만, 케인스의 『일반이론』이었을 것이다.

하이에크의 책은 현대 정보경제의 용어로 표현된 시장과 경쟁의 옹호론이었다.

> 물가 시스템의 진정한 기능을 이해하고자 한다면, 물가 시스템을 이와 같은 정보전달 메커니즘으로 간주해야 한다. [……] 이 시스템에서 가장 중요한 사실은 이 시스템을 작동시키는 데 필요한 지식의 경제성이다. 다시 말해, 이 시스템에 참여하는 개인들은 별다른 지식이 없더라도 올바른 행동을 취할 수 있다.²²

하지만 이 책은 경고이기도 했다. 허버트 스펜서는 경제적 자유의 침해가 정치적 자유의 침해로 이어지리라고 말한 최초의 인물이었다. 하이에크의 스승 루트비히 폰 미제스는 복지국가를 트로이의 목마로 규정했다. 그에 따르면 "복지국가란 그저 시장경제를 사회주의로 한 단계씩 변형하는 수단일 뿐이다. [……] 그로부터 출현하는 것은 전면적인 계획체제, 곧 독일 힌덴부르크 플랜[1916년에 독일 정부가 개시한 전면적 산업동원 프로그램. 당시 인기가 높았던 육군원수 파울 폰 힌덴부르크Paul von Hindenburg의 이름을 땄다.—옮긴이]이 1차대전 중에 목표했던 유형의 사회주의이다."["Economic Freedom and Interventionism," *Christian Economics*, 1960년 8월 1일.—옮긴이] 그러나 하이에크는 절대로 자유방임주의를 옹호하지 않았다. 사실 하이에크는 경제 관망 정책을 꽤 명시적으로 비난했다.

> 마지막 문제는 지극히 중요한 문제, 곧 경제활동의 전반적 변동과 이에 수반되는 대규모 실업의 주기적 급증을 방지하는 문제이다. 이것은 우리 시대의 가장 심각하고 가장 시급한 문제 중 하나이다. 물론 이 문제를 해결하기 위해서는 긍정적 의미의 계획이 상당 정도 필요로 될 것이지만, (시장을 대체할 계획을 옹호하는 논자들의 주장과는 달리) 필요로 되는 계획이 시장을 대체할 계획인 것은 아니며, 적어도 반드시 시장을 대체할 계획이어야 하는 것은 아니다. 통화정책 분야에서 궁극적 해법을 찾을 수 있다고 생각하는 경제학자들이 많은데, 이들은 이 해법이 19세기 자유주의와도 완벽하게 양립할 수 있으리라 기대한다. 다른 경제학자들은 실질적 성공을 기대할 수 있는 곳은 좋은 타이밍의 대규모 공공사업이라고 생각한다. 이러한 해법은 경쟁의 영역에 훨씬 더 심각한 제약을 초래할 수 있으므로, 우리가 이러한 방향의 해법을 실험할 때에는 신중을 기해야 할 것이다. 그래야 모든 경제활동이 점점 정부지출의 방향과 규모에 의지하도록 만드는 일을 피할 수 있다.[23]

나중에 미국의 한 강연에서 하이에크는 "정부활동 그 자체의 시비를 논하는 일은 이제 그만두어야 합니다. [……] 정부가 아무것도 하면 안 된다고 진지하게 주장하는 일은 불가능합니다."라고 말하기도 했다.²⁴

일찍이 1943년에, 마흘루프는 몇몇 미국 출판사에 이 책의 여러 장을 돌렸다. 최초의 반응은 미적지근했다.

> 솔직히 말해서, 우리는 얼마나 팔릴 수 있을지 미심쩍은 데다, 저의 개인적 소견으로는 하이에크 교수가 이 미국과 저 영국 양쪽의 동시대 사유의 일반적 흐름으로부터 약간 동떨어져 있는 듯합니다. [……] 하지만 이 책이 다른 출판사를 찾아 논픽션 분야의 베스트셀러가 된다면, 우리들이 예외 없이 저지르곤 하는 오판 중 하나로 여겨주십시오.²⁵

하퍼스 출판사가 거절한 이유는 "문장이 부자연스럽고 표현이 과하다."라는 것이었다.²⁶

1943년 6월, 하이에크는 결국 영국에서 루틀리지 출판사와 계약을 맺었다. 이 책이 영국에서 출판되기 직전이었던 1944년 2월에 비로소 하이에크는 시카고 대학이 이 책을 출판하기로 결정했다는 소식을 들었다.

3막

자신감

GRAND PURSUIT
THE STORY OF ECONOMIC GENIUS

3막 **프롤로그**

사라진 우려

1944년 1월 11일, 루스벨트는 며칠째 독감으로 와병 중이었다. 카이로와 테헤란에서의 3국정상회담으로 녹초가 되었고, 고혈압, 고혈압성 심장질환, 심부전(좌심실), 급성 후두염에 시달리고 있었으니(그것들 중 하나만으로도 목숨을 잃을 수 있었다.) 의사당에 연두교서를 발표하러 가는 관례적 행차도 불가능할 만큼 쇠약한 상태였다.[1] 자기가 의회에 들려보낸 연설문 전문이 신문에 실릴 수 없음을 아는 그는 라디오 「노변한담」을 통해서 미국 국민에게 직접 이야기하겠다고 고집했다. 노르망디 상륙작전 D-데이를 몇 달 앞두고 있었고, 미국은 태평양 사투에 휘말려 있었지만, 대통령은 국민에게 종전 이후를 내다보아야 한다고 역설했다. "지속적 평화를 얻기 위한 계획과 전략을 짜는 것은 지금 우리의 의무"라는 것이었다.[2]

지속적 평화의 토대는 깡패 정권들의 타도만이 아니라 생활수준의 향상이라는 점을 대통령은 거듭 강조했다. 경제안보는 민주주의 정부들의 최대의 책임이라는 것이었다. 그는 1차대전 후에 연합국이 저지른 실수들을 반복하지 않을 것을 다짐했다.(이러한 실수가 지금의 전쟁을 초래한 원인들 중 하나라는 것이 그의 생각이었다.) 복지국가와 개인의 자유는 밀접한 관계가 있다고 주장하면서 그는 "먹을 것이 없고 일할 곳이 없는 서민은 독재의 재료"라고 경고했다. 루스벨트는 의회를 상대로 국내와 국외에서 전후 경기회복을 지지해줄 것을 요청했다. 그의 주요 국내 입법안은 '경제권리장전'(정부가 일자리, 보건, 노후연금을 보장하는 것)이었다.³

루스벨트의 전기작가 제임스 맥그레거 번스James MacGregor Burns에 따르면, 루스벨트 대통령의 임기 내 가장 급진적이었던 이 연설은 "반쯤 비어 있는 장내에서 둔탁하게 내팽개쳐졌다."⁴ 과반수 의원이 공화당이었고, 라디오를 듣고 있던 수백만 미국인들에게 대통령이 거론하는 실업과 기아는 울림이 없는 것 같았다. 그로부터 몇 달 뒤에 워싱턴에 온 케인스는 "이 대륙에서 전쟁은 모두에게 엄청난 번영의 시기"임을 깨달았다.⁵ 전쟁의 시기가 최고의 시기로 풀려나갔던 것에 더해, 인구의 60퍼센트가 "전쟁 발발 **이전**의 상황이 만족스러웠다."라는 여론조사 결과가 나왔다.⁶

원인은 전쟁 그 자체였다. 심지어 1939년 이전에도, 전쟁이 발발하리라는 우려가 점점 커짐에 따라 엄청난 금이 미국으로 유입되었다. 유럽과 아시아 투자자들이 안전한 예금 피난처를 찾는 덕이었다. 결과적으로, 미국 은행들에 돈이 넘쳐났고 이자율은 0퍼센트 근처에 머물렀다. 더구나 소득세와 수익세가 극적으로 증가하고 '사회보장' 급여세가 새로 부과되었음에도 불구하고, 1939년 이래 연방정부 지출은 GDP의 5퍼센트에서 거의 50퍼센트로 치솟아 있었다. 지출이 세수보다 훨씬 빨리 증가한 것이다. 이 적자지출 규모에 비하면 루스벨트 첫 행정부의 공황방지anti-Depression 재정정책이 작아 보일 정도였다.

대규모 적자지출과 우발적인 해외발 통화부양이 결합됨으로써 호황이 촉발되었다. 1100만 명이 복무상태이고, 아울러 공장과 광산과 농장이 풀가동 상태였으니, 공식 실업률은 1939년 말 15퍼센트(11퍼센트는 정부 '임시직')에서 1943년 말 2퍼센트 미만으로 급감해 있었다. 경직된 노동시장 덕에, 인플레이션 이후 공장급여는 30퍼센트 증가했다. 그리고 전쟁 발발 4년 후, 평균 미국 가구는 1939년에 비해 적게 소비하는 것이 아니라 오히려 많이 소비하고 있었다.

미국은 비행기, 배, 탱크를 공급하고 있었는데, 그 방법은 허리띠를 졸라매는 것이 아니라 생산라인을 늘리는 것이었다. 연간생산량, 곧 국내총생산은 해마다 거의 14퍼센트씩 성장 중이었다. 대통령이 "이 나라는 롤러코스터를 타고 폭주하다가 비극적으로 추락했다."라는 말로 불쾌감을 표시했던 '광란의 20년대wild twenties'보다 세 배 빠른 성장률이었다.[7] 물론 새 차나 새 냉장고나 새 집을 살 수 있는 것은 아니었지만, 미국인들에게 달러가 전전의 가치를 회복하리라는 확신이 얼마나 강했느냐 하면, 종전 후에 새 차와 냉장고와 집을 사기 위해 급여의 4분의 1에 육박하는 돈을 기꺼이 저축할 정도였다. 또 미국인들이 그렇게 좋아했던 장거리 자동차 여행을 계속할 수 있는 것도 아니었지만, 더 많은 옷과 음식과 술과 담배와 잡지를 살 수 있었고, 더 많은 라디오와 레코드를 들을 수 있었고, 더 많은 영화와 야구를 관람할 수 있었다. 1인당 소비가 20퍼센트 감소한 영국과는 엄청나게 대조적이었다. 엘리자베스 제인 하워드Elizabeth Jane Howard의 연작소설 『캐절릿 연대기Cazalet Chronicles』의 독자라면 알겠지만, 몇 년 동안 영국 시민들의 생활은 주택, 의복, 석탄, 연료 그리고 여러 가지 식료품의 부족으로 인해 복잡한 상황이었다. 1946년까지도 노동당 정부는 빵 배급을 강제해야 하는지를 은밀하게 고려해야 했다. 마지막 통제가 풀린 것은 1954년에 이르러서였다.

미국 경제 시스템이 사경을 헤매는 상황은 아니라는 것은 분명했지만, 대통령과 그의 자문위원들은 전시경기가 지속되지 못할 것을 우려했다. 루스벨트가 연두교서에서 암시한 것처럼, "자명한 것으로 받아들여지게 될 경제적 진리" 중 하나는 동원해제 후에 대공황 재발을 막기 위해서는 새로운 뉴딜 정책이 필요하리라는 것이었다. 전쟁이 끝난 후 '이른바 1920년대 정상으로의 귀환'이란 "이 나라가 파시즘 정신에 항복해버렸다."라는 뜻일 것이라고 대통령은 멜로드라마풍으로 경고했다.[8]

케인스주의자들과 반케인스주의자들의 열띤 논쟁에서, 대통령은 한쪽만을 반영하는 입장이었다. 일반인들과 사업가들이 전후의 전망을 낙관할수록, 미국의 케인스 신봉자들은 불황의 재발을 우려했다. 공공지출은 동원해제와 함께 추락하리라는 것이었다. 연방준비위 자문이자 간혹 '미국의 케인스'로 불리기도 했던 앨빈 핸슨Alvin Hansen은 "전후의 경제가 붕괴할 것이다. 동원해제, 방위산업 폐쇄, 실업, 디플레이션, 파산, 힘든 시절이 닥칠 것이다."라고 예견했다.[9] 전후 경제를 기획하는 주요 기관에 자문을 제공하던 폴 새뮤얼슨은 행정부를 상대로 실업에 대해서 안이하게 대처하면 안 된다고 경고했다. "전쟁이 발발하기 전에도 우리는 이 문제를 해결하지 못하고 있었다. 전쟁 발발 이후 일어난 일 중에 실업이 재발하지 않을 것이라고 확신시켜주는 일은 아무것도 없다."라고 했다. 케인스주의자들은 기업과 소비자가 견인차가 되리라고는 거의 기대하지 않았다. 새뮤얼슨의 표현을 빌리면 "누군가가 6년 동안 자동차가 없이 지냈다고 해도, 자동차 여섯 대의 수요가 생기지는 않는다."[10] 케인스주의자들은 기업은 투자에 지나치게 소극적이고 통화정책은 불황을 막기에는 역부족이라는 결론(1930년대로부터 끌어낸 결론)을 내린 후, 동원해제를 늦추고 인프라 지출을 확대함으로써 공공지출 축소의 속도를 늦추는 것이 유일한 해법이라고 믿었다.

반케인스주의자들도 경기침체를 우려했지만, 그들이 우려한 경기침체는 케인스주의자들이 우려한 경기침체와는 종류도 다르고 원인도 달랐다. 슘페터가 우려했던 점은 경제가 (장기적으로) 성장하겠는가 하는 것이었다. 슘페터가 보았을 때 경제가 생산성과 생활수준을 더 이상 향상시킬 수 없게 되는 원인은 부적절한 수요 때문이 아니라 정부정책 때문이었다. 1943년에 나온 논문에서 슘페터는 "모두가 전후 불황을 우려한다."라는 데 동의하면서도, 대중의 공포가 부풀려진 것이라고 주장했다. "[재건의] 과제를 순수하게 경제적인 문제로 바라본다면, 이 과제는 대부분의 사람들이 생각하는 것보다 훨씬 쉬운 문제로 밝혀질 것이다. [……] 그러나 어쨌든 빈곤가구의 애로사항은 시급히 해결되어야 할 애로사항이고 손쉽게 해결될 수 있는 애로사항이니, 전후의 불황이 불가피하게 발생했다고 해도 신속히 재건의 호황에 자리를 내어줄 것이다. 자본주의적 방법론은 알고 보면 훨씬 더 어려운 과제들도 감당해왔다."[11]

슘페터는 전후 성장에 대한 진짜 위협은 뉴딜 정책 안에 각인되어 있는 반기업 정책이라고 보았다. 슘페터와 하이에크는 승전국 정부들이 생산과 분배를 전시체제대로 끌고 가리라고 우려했다.(가격 및 임금의 통제, 적자재정, 높은 세금 등을 포함) 경기침체를 피하기 위해서 의도된 이런 조치들이 바로 경기침체라는 결과를 낳으리라는 것이었다. 슘페터는 이를 "산소텐트 안의 자본주의"라고 불렀다.[12] 한편, 하이에크가 좀 더 우려했던 것은 역동성을 상실하는 것보다는 자유를 상실하는 것이었다. 대통령은 '정상으로의 귀환'이란 파시즘에 승리를 안겨주는 것이나 마찬가지이리라고 경고한 반면에, 하이에크는 생산과 분배를 전시체제대로 끌고 가게 되면 결국 경제적 권리와 아울러 정치적 권리도 근본적으로 제약당할 것이라고 경고했다. 슘페터와 하이에크의 우려는 미국의 현실보다는 영국과 유럽의 현실에 더 적절한 우려였다.(미국에서는 1945년을 기점으로 거의 모든 전시기구들이 해체되었다.)

전쟁을 승리로 이끄는 것을 제외하면, 루스벨트 대통령의 최우선순위는 1차대전 종전 후에 연합국이 저질렀던 실수들을 반복하지 않는 것이었다. 당시가 1차대전 종전 후에 비해 낫다는 증거로 그는 3국정상회담을 들었다.(회담에서 다루어진 전후 금융, 무역, 정치 조치들이 1944년 1월에는 이미 진행 중이었다.) 이 회담을 의심스럽게 바라보는 "눈먼 두더지들"의 "타조 고립주의"를 공격하면서, 그는 나머지 세계의 번영을 미국의 경제적 이익에 대한 위협으로 간주하는 사람들을 후려갈기려 들었다. 테헤란회담 당시 그는 스탈린으로 하여금 새로운 국제연맹이라고도 할 수 있을 개편된 질서를 받아들이도록 몰아붙이기도 했다. 루스벨트의 주장에 따르면 "미래의 지상목표"는 "경제안보, 사회안보, 윤리안보"를 포함하는 "국제 가족family of Nations"의 집단안보였다. 침략자들을 군사적으로 통제한 이후에 이루어질 평화의 핵심은 "만국all Nations의 남녀노소가 적절한 생활수준"에 도달하는 것이었다. "두려움으로부터의 자유는 결핍으로부터의 자유와 영원히 연결되어 있습니다."¹³

국제적 협력의 필요성에 대해서는 케인스주의자들과 반케인스주의자들 간에 아무런 이견도 없었다. 이 문제에 대해서는 1919년 이래 양쪽이 같은 입장이었다. 바람직한 전지구적 경제환경이 저절로 조성되리라고 믿는 사람은 거의 없었다. 전간기 쌍방무역 블록이 고안되었던 이유는 소련과 나치 독일이 세계경제에서 떨어져나오는 것을 가능케 하기 위해서였다. 살아온 경험과 타고난 기질로 인해서 긍정적 정부 개입의 가능성에 좀 더 회의적이었던 하이에크조차 민주주의의 역량이 한 세대 전에 비해 높아졌다고 보았다. 정부들이 적극 계획하고 협력함으로써 세계무역 부흥, 전시부채 해소, 통화안정을 확실히 해야 한다는 것에 이번에는 합의가 이루어져 있었다.

그러나 유럽에서 보았을 때, 주요 열강들이 확장주의적 침략 대신 경제성장에 중점을 둔다는 루스벨트의 낙관적 세계정부 비전은 지나친 장밋빛이었다. 1944년 3월 9일, 스웨덴의 전후 계획위원회 중 한 곳의 의장으로 있던 군나르 뮈르달Gunnar Myrdal은 훨씬 더 암울한 예후를 내놓았다. 이 젊은 경제학자는 전쟁 초반기에는 미국 남부를 여행하면서 인종관계에 대한 고전적 연구인 『미국의 딜레마: 흑인 문제와 현대 민주주의An American Dilemma: The Negro Problem and Modern Democracy』의 자료를 모으고 있었다. 그가 고국 스웨덴으로 돌아온 것은 1942년이었다.(스웨덴은 독일에 군수를 보급했음에도 비非교전국이라는 지위를 지키고 있었다.)

뮈르달은 미래를 훨씬 검은 렌즈로 보았다. 4년간의 유례없는 노력과 희생과 고통에도 불구하고 자급자족주의, 경기침체, 군국주의(불과 한 세대 만에 두번째로 전 세계적 참화를 초래하는 데 일조했던 바로 그 병리현상들)가 타파되지 않았다는 것이 그의 우려였다. 무역, 태환통화, 국제법으로 결속된 세계정부(국제연합)라는 꿈은 위험한 환상이라고 그는 주장했다. 그는 미국 경제학자들의 '초낙관주의'를 거부하면서, 작금의 전시 호황이 대공황보다도 심각한 공황과 대량실업으로 바뀔 것이라고 예측했다. 미국의 불황은 전 세계(특히 생존하기 위해 수입해야 하고 수입의 비용을 마련하기 위해 수출해야 하는 스웨덴 같은 현대적 경제단위들)에 파장을 일으킬 수밖에 없을 것이었고, 경제적 혼란은 파업과 국내 불안을 퍼뜨리고 민족주의적 힘겨루기를 조장할 것이었다.(전전에도 이와 유사한 경제상황이 이와 유사한 결과를 낳은 바 있었다.) 따라서 군국주의와 자급자족주의라는 전반적 경향[14](전간기와 비슷한 경향)이 계속될 것이었다. 특히, 서로 상충하는 3국정상의 경제적, 정치적 이해관계가 추축국을 물리친다는 연합국의 공동목표를 대체하면서, 세계는 서로 경쟁하는 세 개의 제국(러시아, 영국, 미국)으로 쪼개질 수밖에 없을 것이었다. 뮈르달의 글로벌 디스토피아에서, 새 제국주의는 억압적일 뿐 아니라 내적으로 불안정한 제국주의였다.

이것이 바로 『1984』(1948년에 완성된 디스토피아 소설)의 세계다. 작가 조지 오웰George Orwell은 세 개의 제국(오세아니아, 유라시아, 동아시아)으로 갈라져서 영구적 냉전을 치르는 세계를 상상했다. 우열을 가릴 수 없을만큼 비등비등한 이 초강대국들은 외부의 위협을 이용해 전체주의적 통치와 경기침체를 정당화하고자 한다. 주인공(윈스턴 스미스라는 이름의 보통사람으로, 간혹 "처칠 같은 용기를 보여주는" 인물)은 "세계가 세 개의 거대한 초강대국으로 쪼개지는 사태가 20세기 중반이 되기 전에 예견될 수 있었

던, 그리고 실제로 예견되었던 사태라는 것"을 알게 된다.[15]

아이러니하게도 이 악몽을 두렵게 바라보기보다 기껍게 바라본 사람이 스탈린이었다. 루스벨트는 연합국 지도자들이 공동의 이해관계(일단 적을 물리쳐야 하고 그 후에는 모든 나라들이 경제성장에 집중할 수 있게 해줄 틀을 마련해야 한다는 것)를 공유한다고 확신하면서 테헤란에서 돌아왔었다. 그리고 미국인들에게 "우리 연합국은 모두 쓰라린 경험을 통해서 배웠습니다. 우리가 반복되는 전쟁 탓에 (아니, 반복되는 전쟁 위협 탓에) 자꾸만 목표에서 벗어나게 되면 결코 진정한 발전을 이룰 수 없으리라는 것을 말입니다."라고 말했었다.[16]

사실 스탈린은 (자기가 자본주의 국가들과 동맹을 맺기는 했지만) 동맹국들 사이에서 장기적 협력은 본질적으로 불가능할 것이고 공동의 적이 패배당한 후에는 미국과 영국이 이윤 동기에 따라 서로의 목을 겨눌 것이라고 확신했다. 스탈린이 보았을 때 영미 전쟁은 "필연"이었다.[17] 그렇게 된다면 스탈린은 임박한 위기가 실제로 닥쳐와 전쟁이 촉발되기를, 그래서 전쟁에 휘말린 국민들이 (무엇보다 모스크바에 충성하는) 사이비 정당들로 몰려가기를 기다리는 동안, 동맹국들로부터 원조와 영토를 뜯어낼 수 있었다.

스탈린은 왜 그에 반대되는 증거를 무시했을까? 미국 최고의 냉전사 연구자 존 루이스 개디스John Lewis Gaddis에 따르면, 스탈린은 레닌의 원시적인 경제이론(경제적 경쟁과 군사적 전쟁 간의 가짜 유추에 토대를 둔 이론)의 진정한 포로였다. 루스벨트가 한 나라의 성장은 그 나라의 교역상대국들에 해롭기보다는 이롭다고 믿은 것과 달리, 스탈린은 무역이란 한

쪽의 이득이 다른 쪽의 손해를 뜻하는, 마치 전쟁 같은 제로섬 게임이라고 믿었다. 실제로 레닌은 군사적 전쟁이란 경제적 경쟁의 좀 더 공격적인 모습일 뿐이라고 생각한 사람이었다.

케인스는 어떻게 생각하느냐가 중요하다는 자신의 믿음을 이미 『일반이론』에서 표명한 바 있다. "하늘의 음성이 들린다는 미친 위정자들이 자신의 광기를 뽑아내는 곳은 몇 년 전에 무슨 학자가 끄적거린 글이다."[18] 위정자들이 광기에 사로잡히거나 야만적 유산의 포로가 되지 않을 수 있었던 것은 상당 부분 케인스와 하이에크와 그들의 신봉자들이 펼친 생각 덕이었다. 그들은 바로 그런 악몽들을 막기로 마음먹었다.

14장

과거와 미래:
브레튼우즈에 간 케인스

> 경제적 질병은 전염력이 높습니다. 그런 이유에서, 한 나라의 경제적 건강은 원근 불문하고 모든 이웃 나라들의 타당한 관심사입니다.
>
> — 루스벨트가 브레튼우즈 사절단에 전달한 메시지[1]

케인스와 리디아가 퀸 메리 호를 타고 바다를 건넌 것은 뉴햄프셔의 브레튼우즈Bretton Woods에서 열릴 국제통화회담을 불과 두 주 앞둔 1944년 6월 중순이었다. 케인스에 따르면, "가장 평화롭고 동시에 가장 바쁜 시기"였다.[2] 프리드리히 폰 하이에크의 친구이자 이제 케인스의 친한 친구가 된 라이어넬 로빈스를 비롯해서 10여 명의 영국 관료들이 동승했다. 케인스는 무려 13회에 걸친 선상 회의를 주재했고, 전후 통화제도를 관리할 주요 기관 두 곳(국제통화기금과 세계은행)의 "선상 초안"을 작성하는 데 크게 관여했다.[3] 시간이 남으면 느긋하게 갑판의자에서 여러 권의 책을 탐독했다. 그중에는 플라톤의 『공화국』 최신판, 그가 평생 애독했던 토머스 배빙턴 매콜리의 에세이들, 그리고 하이에크의 『예속의 길』이 있었다.

자신의 교조적 추종자들과는 달리, 케인스는 서로 상반되는 두 진리를 동시에 고려하는 데 탁월한 재능이 있었다. 그는 하이에크에게 "윤리적으로 그리고 철학적으로, 나는 사실상 책 전체에 동의하고 있습니다. 그냥 동의하는 것이 아니라 깊은 감명을 받았습니다."라는 장문의 편지를 보내기도 했다. 하이에크는 "자유와 계획 간의 경계를 납득이 가도록" 설정하는 데는 성공하지 못했을 수 있고,[4] 따라서 현실적 정책 입안의 "중도"를 알려주는 유용한 안내자는 아닐 수 있지만, 케인스가 볼 때 "바람직한 삶을 사는 데" 본질적인 가치들을 잘 설명해주고 있었다.[5] 로빈슨은 케인스를 가리켜 "순수하게 학문적인 문제들에 대해서는 대단히 급진적인 반면, 문화와 관련된 문제들에 대해서는 진정한 버크주의적 보수주의자"라고 말하기도 했다.[6]

같은 편지에서 케인스는 하이에크가 계획과 자유가 공존할 가능성을 너무 성급하게 묵살했다고 비판하면서, 우리의 가치를 공유하는 사람들이 계획을 세우는 경우라면 계획과 자유가 공존할 가능성은 더욱 크리라고 했다. "올바르게 생각하고 느끼는 사회에서라면 위험한 조치라 해도 안전하게 시행될 수 있습니다. 그릇되게 생각하고 느끼는 사람들에 의해 시행되면 끔찍한 결과를 낳을 조치라고 해도 말입니다."[7] 스탈린과 히틀러에 의해 운영된 전시경제는 전체주의 국가로 이어졌지만, 처칠이나 루스벨트에 의해 운영되는 전시경제는 그리 되지 않을 것이라는 뜻이었다.

케인스와 리디아는 전용열차를 타고 뉴햄프셔의 화이트 산맥으로 갔다. 브레튼우즈의 마운트 워싱턴 호텔은 케인스가 지난 전쟁이 끝날 무렵에 묵었던 파리의 마제스틱 호텔 같은 고급호텔을 연상시킨다고 하는 세기초의 고급호텔이었다. 객실 350개, 전용 목욕실, 무도실, 실내 수영장, 티파니 창문의 야자수 코트를 갖춘 곳이었다. 하지만 전성기를 한참 지난 이 꾀죄죄한 휴양지는 44개 연합국의 파견단 730명의 습격을 감당할 수 있는 곳이 아니었다. 리디아는 시어머니에게 보내는 편지에 "수도꼭지는 하루 종일 물이 새고, 창문들은 열리지 않거나 닫히지 않고, 배관은 되다 말다 하고, 이동하는 것도 불가능합니다."라고 썼다. 케인스 부부가 여장을 푼 거대한 스위트룸은 재무장관 헨리 모겐소의 옆방이었다. 여행은 평온했던 데 비해 회담은 "아수라장"이다, "대부분의 사람들이 인간의 한계 이상으로 일합니다."라고 리디아는 썼다.[8]

초대장 발송자는 루스벨트였고 명목상 주최자는 모겐소였지만, 회담의 설계와 계획과 입안은 주로 모겐소의 보좌관이었던 해리 덱스터 화이트와 케인스의 몫이었다. 파견단은 각자 다른 생각, 어긋나는 이해관계, 숨은 어젠다를 가지고 있었다. 호텔에는 첩보원들도 우글우글했다. 파견단에게는 자기를 파견한 정부를 구속할 권한이 없었다. 하지만 회담 계획자들은 경제회복의 확약이 필요하다는 것과 협력이 없이는 경제회복도 없다는 것을 깨닫고 있었다. 또 그들은 루스벨트의 연두교서 내용, 즉 1차대전 후에 저질러진 실수들이 반복되어서는 안 된다는 것과 글로벌한 방식, 다각적인 방식, '국제연합'의 방식이 채택되어야 한다는 것에 공감하고 있었다. 회담이 개최된다는 사실 그 자체가 정부의 책임에 대한 근본적 재정의(그리고 확대)가 이루어지고 있다는 것을 의미했다. 워싱턴, 런던, 파리가 국내의 고용을 높은 수준으로 유지할 책임을 받아들이고 있었던 것과 마찬가지로, 서구의 거의 모든 정부들은 교역 상대국의 고용을 높은 수준으로 유지할 책임 또한 어느 정도 받아들이고 있었다.

이 새로운 질서에는 지난번에 무엇이 잘못되었나에 대한 공유된 시각, 그리고 잘못들을 바로잡음으로써 경제적 이익을 넘어서는 성과를 거둘 수 있다는 기대가 정확히 반영돼 있었다. 루스벨트, 처칠, 케인스 그리고 미국의 케인스 신봉자들은 경제적 병리 현상들(인플레이션과 실업)이 파시즘을 낳은 원인이자 여러 민주주의 사회들을 치명적으로 약화시킨 원인이라고 생각했다. 또한 그에 못지않게 그들은 1차대전 이전에 각국이 전 세계적 경제위기로부터 자국을 보호하기 위해 서둘러 근린궁핍화beggar-thy-neighbor를 추구하다가 글로벌 경제를 붕괴시킨 것, 그리고 이로써 세계무역을 쇠퇴시킨 것이 세계대전의 원인 중 하나였다고 생각했다. 미국 국무장관 코델 헐Cordell Hull은 "장애 없는 무역은 평화와 짝을 이루었고, 높은 관세, 무역장벽, 불공정한 경제적 경쟁은 전쟁과 짝을 이루었다. [……] 무역의 흐름이 좀 더 자유로워지고 국가 간 시기와 질투가 사라지고 모든 나라의 생활수준이 향상될 수 있다면 [……] 지속적 평화가 오리라는 것은 지나친 기대가 아니다."라고 했다.[9]

총체경제학The economics of the whole이라는 1920년대와 1930년대의 위대한 혁신(피셔와 케인스가 전개했고 그보다 정도는 덜하지만 슘페터와 하이에크도 전개했다.)은 한 나라에 이로운 것이 다른 모든 나라들에 해로운 것이기 쉽다는 교훈을 주었다. 통화를 평가절하하고, 무역장벽을 쌓고, 자본유출을 억지로 통제하는 것은 국제수지 적자를 줄이고 금 유출을 막고 국가수입을 끌어올리는 데 효과적일 수 있었다. 그러나 모두가 똑같은 전술을 쓴다면, 최후의 결과는 보편적 빈곤과 실업일 것이었다. 1930년대에는 세계무역량이 절반으로 떨어졌고 통화블록(예를 들면, 대영제국 파운드 스털링 블록, 소비에트 권역, 히틀러의 경제장관 햘마르 샤흐트Hjalmar Schacht 박사가 고안한 쌍방 무역블록) 내부를 제외하고는 대개 무역이 중단되었다. 이제 자유기업 체제를 글로벌한 차원에서 작동시키려면 정부라는 보이는 손이 필요하다는 것이 일반적으로 인정되는 상황이었다. 로버트 스키델스키에 따르면, 화이트와 케인스가 마련한 새로운 제도는 어떤 의미에서 케인스주의의 글로벌화였다.

브레튼우즈 회담의 목적은 세계무역을 부활시키고 통화를 안정시키는 것, 그리고 전쟁채무 문제와 경색된 신용시장 문제를 해결하는 것이었다. 전쟁은 세계의 상당 부분을 전쟁 이전보다 훨씬 가난하게 만들어버렸고, 많은 나라들이 자력으로 예전의 번영을 되찾아야 했다. 넓은 의미에서 복구란 무너진 것을 다시 세우는 일, 다시 말해 경제 메커니즘이 저절로 작동된다는 1차대전 이전의 가정을 되살리지 않으면서 1913년 이전의 세계화 수준을 회복하는 일이었다. 서구에게 복구란 과거에서 전간기의 실수를 반복하지 않을 교훈(마르크스주의자들의 주장에 따르면 자본주의자들이 배울 수 없는 교훈)을 얻는 일, 그리고 잃어버린 도덕적, 물질적 신용을 회복하는 일이었다. 경제안정은 정치안정의 열쇠였고, 경제성장은 서양의 장기적 생존의 필요조건(어쩌면 충분조건)이었다. 대도시가 전기나 기차 없이 생존할 수 없는 것과 마찬가지로, 현대사회는 이 기발한 메커니즘이 오작동하거나 고장 나면 생존할 수 없었다.

1840년대에 자유무역을 위해 싸운 영국 사상가들과는 달리, 케인스와 피셔는 (그리고 슘페터와 하이에크는) 평화와 진보가 저절로 도래하는 것이라고는 생각지 않았다.(벨에포크 시절에는 아주 많은 사람들이 그렇게 생각했다.) 정부개입이 필요했고, 국제협력이 필요했다. 케인스와 피셔는 시스템이 자생적인 것 내지 자율적인 것이라고 생각지 않았다.(1914년 이전에는 그런 생각이 당연시되었다.) 시스템 창조라는 과업을 맡은 것은 서구에서 유일하게 남은 초강대국, 그리고 한때 열강이었으나 이제 초라해진 유럽 제국들이었다. 대안은 생각할 수 없었다. 화이트는 실패는 곧 전쟁 재발이라고 보았다. "주요국들 간에 고도의 경제제휴가 이루어지지 않는다면 [……] 경제 전쟁이 일어날 수밖에 없을 것이고, 경제 전쟁은 훨씬 전면적인 군사 전쟁의 서곡이자 원인이 될 수밖에 없을 것이다."[10]

바꾸어 말해서, 화이트와 케인스는 한편으로는 조지 오웰, 군나르 뮈르달, 슘페터, 하이에크와 같은 두려움을 안고 있었지만, 다른 한편으로는 경제 결정론에 사로잡히지도 정부를 근본적으로 불신하지도 않았다. 그들은 이제 정부들이 공동의 협력 틀을 건설함으로써 불황과 전쟁 둘 다를 막아야 한다는 확신에 이르지 못하리라고는 믿을 수 없었다. 그들은 민주주의 정부들이 과거의 실수에서 교훈을 얻을 수 있다고 믿었고, 역사적 필연이라는 마르크스주의적 개념과 강국 간 경쟁이라는 전통적 가정을 둘 다 거부했다. 전쟁이 자본주의 DNA의 일부라는 스탈린의 신념을 공유하지 않은 것은 물론이었다.

물론 진짜 시험대에 오른 것은, 서구가 역사에서 교훈을 얻을 수 있느냐였을 뿐 아니라, 서구가 이 기발한 메커니즘에 힘입어 **올바른** 교훈을 끌어낼 수 있느냐였다.

1944년에 영국은 모든 것을 걸고 사투를 벌이면서 제국 대부분을 잃는 것, 소련과 협력하는 것, 점점 콧대를 세우는 미국의 들러리가 되

D-데이를 몇 달 앞둔 시점에서, 프랭클린 델러노 루스벨트는 연합국들에게 1차대전 이후에 저질러진 실수들을 반복하지 않기 위해 전후 경제회복에 집중할 것을 요청했다.

는 것까지도 감수했다. 영국의 전후세계 구상들은 (극히 일부 공산주의자들의 구상을 제외하면) 미국이 유럽에서 발을 빼지 못하게 하는 것을 무엇보다 우선시한다는 공통점을 가지고 있었다.

1차대전이 끝날 무렵, 미국은 이미 경제적으로 세계에서 가장 부강한 나라였지만, 아직 초강대국은 아니었다. 2차대전이 끝날 무렵, 미국은 세계에서 유일한 초강대국이었다. 일련의 미국 행정부가 나중에 배우게 되었듯, 나라가 부강해질수록 다른 나라와의 상호의존도는 덜해지기보다 더해졌다. 1차대전이 끝날 무렵에는 미국이 유럽 문제들로부터 발을 빼면 안 된다는 우드로 윌슨의 주장이 전혀 먹혀들지 않았던 반면에, 1944년에는 미국을 위해서 세계를 더 안전하게 만들어야 한다는 주장이 더 이상 얼토당토않은 이야기가 아니었다. 진주만 공습은 두 대양이 미국을 대외안보 위협으로부터 지켜주리라는 미국의 환상을 단번에 깨뜨린 사건이었다.

역사학자 존 개디스에 따르면, 루스벨트의 전시 우선순위는, 연합국을 지원하는 것(미국 혼자서는 일본과 나치 독일을 물리칠 수 없었으므로), 전후 합의점을 마련함에 있어 연합군의 협력을 얻어내는 것(소비에트의 참여 없이는 지속적 평화란 불가능했으므로), 안보를 다각화하는 것, 제2의 대공황을 막는 것이었다. 미국은 민주주의 사회였고, 정치가들은 대중의 의견을 좇아가야 했으므로, 루스벨트의 전시 우선순위 중 하나는 미국 국민에게 전전 고립주의로 돌아간다는 것은 가당치 않음을 납득시키는 것이었다.

1919년에 파리 마제스틱 호텔에서, 케인스는 수백 명의 기술 자문위원 중 하나였다.(자기의 자문이 중요하게 고려되리라는 기대는 거의 없었고, 자기의 자문이 중요한 영향을 미칠 수 있다는 기대는 더욱 없었다.) 1944년 마운트 워싱턴 호텔에서, 케인스는 (리디아가 즐겨 쓰는 표현을 빌리면) 고관대작이었다. 연합국은 경험을 통해서 교훈을 얻은 상태였다. 이제 연합국은 평화는 경제부흥에 달려 있다는 것을 깨달았다. 1918년에 그러한 시각을 가지고 있었던 사람은 몇 명 되지 않았으며(그중에 슘페터, 케인스, 피셔가 있었다.) 승전국 지도자들이나 승전국 유권자들 중에는 그러한 시각을 가졌던 사람이 거의 전무했다.

영국이 파산상태이고 영국의 재정이 미국에 좌우된다는 것은 미국인들이 협력의 외양을 취하면서 상당한 의사결정력을 갖게 되리라는 것을 의미했다. 미국 쪽에서는 (재무장관 모겐소가 명목상 책임자였지만) 재무장관 보좌관 해리 덱스터 화이트가 "사태의 전말을 알고 있는" 유일한 인물이자 "자기가 원치 않는 일이 가결되는 것을 막을 수 있는" 유일한 인물이었다.[11] 화이트는 기자회견에서부터 녹취록 타자와 배포에 이르기까지 모든 것을 총괄했다.

늘 그렇듯이, 케인스는 자기가 은행위원회에 자기의 관점을 강요하고 있다는 사실을 굳이 감추려 하지 않았다.(케인스가 은행위원회 의장이었다.) 모겐소는 케인스의 스위트룸으로 건너가서 "천천히 말씀해주시고 말소리를 크게 해주시고 문건을 더 쉽게 작성해주십사" 부탁해야 했다.[12] 스키델스키의 지적에 따르면, 케인스는 포용적인 것은 아니어도 적어도 효율적이었고, 케인스가 어젠다를 급히 처리했던 것은 탈진상태였던 데다 최대한 빠르게 끝내버리자는 생각이 커지고 있었던 탓이었다. 케인스가 마지막 연설을 하기 위해 만찬장에 들어서자 모든 사람들이 자리에서 일어났고 케인스가 연단으로 가서 착석할 때까지 조용히 기립해 있었다.

길고 힘든 협상 중에 해리 화이트는 케인스에게 "소련은 뜨는 나라이고 영국은 지는 나라"라고 했다.[13] 스키델스키가 지적한 것처럼, 케인스는 화이트가 러시아에 집착하는 것에 가끔 당황했고 화이트가 영국에 반감을 갖는 것에 종종 분개했다. 케인스가 아마 전혀 짐작하지 못했을 일은 이 미국인들이 정부 기밀들을 소련에 넘기고 있을 뿐 아니라 소련이 자신을 비롯한 파견단을 염탐하도록 돕고 있다는 사실이었다.(이 미국인들은 케인스의 신봉자들 중에 가장 영향력 있는 사람들이었고 협상 테이블에서는 종종 케인스의 적수였다.) 화이트를 따라 브레튼우즈로 우르르 몰려온 정부 경제학자들 중에는 '실버마스터 첩보단' 소속의 KGB 요원들이었던 재정부 통화연구청 직원 10여 명도 포함돼 있었다.

전시동맹이 존재했다는 것, 소련이 독일을 물리칠 때 영웅주의와 희생을 보여주었다는 것, 유럽 공산주의자들이 레지스탕스에서 소기의 역할을 했다는 것 등을 고려한다면, 소련이 대규모 첩보작전을 진행하고 있었다는 최초의 증거가 왜 처음에는 믿어지지 않는 일이었고 나중에는 충격적인 일이었는지를 이해할 수 있다. 가장 충격적이었던 것은 소련이 미국인들 사이의 제5열에 의존했다는 사실이었다.(나치의 유럽 내 동조자 네트워크 전략이 크게 성공했던 것을 생각나게 했다.) 소련의 이미지가 새롭게 반짝이고 있었다는 점을 고려한다면, 왜 루스벨트와 트루먼Harry S. Truman이 2차대전 뒤에 냉전이 오리라는 것을 좀처럼 받아들이지 못했는지를 이해할 수 있을 뿐 아니라 지금 생각하면 이해할 수 없는 일, 곧 가장 똑똑하고 가장 뛰어났던 몇몇 사람들이 왜 기꺼이 남의 나라 정권의 첩보원이 되고 세력요원이 되고 옹호자가 되었는지, 그리고 그들 대부분이 왜 전혀 후회하지 않았는지를 이해할 수 있다. 그들이 그렇게 했던 것은 '인류'를 위해서였다.

대공황이 최악으로 치달았을 당시에도, 미국 공산당은 대중정치운동과는 거리가 멀었고, 독자적 지위가 거의 없는 처지였다. 1944년에 8만여 명으로 정점을 찍었던 당원 수는 채 1년도 못 되어 썰물처럼 빠져나갔고, 영향권은 샌프란시스코 베이 지역, 보스턴, 뉴욕의 몇몇 동네들과 한 줌 노조들을 넘지 못했다. 첩보원들은 때로 가난하거나 경제적으로 불안정했고, 가족 중에 처음으로 대학물을 먹은 사람인 경우가 많았다. 많은 첩보원들이 일상적인 반유대주의와 속물주의에 고통받는 사람들이었다. 히틀러와 프랑코가 부상하면서 문명에 명백한 반지성적, 군국주의적 위협이 가해짐에 따라, 공산당은 대학에서 모종의 매력을 가지게 되었다. 마치 50년대와 60년대에 민권 운동이 그랬듯, 대공황과 싸우는 일은 모종의 정치운동이 되었다. 마치 맨해튼 프로젝트 물리학자들이 자기가 전쟁에 복무 중이라고 생각했듯, 재정부에서 예측을 쏟아내는 일은 파시즘을 물리치기 위한 싸움의 일부였다.

1930년대에 로클린 커리는 하버드 강사로 있으면서 친한 친구 해리 덱스터 화이트와 함께 여러 친親부양 뉴딜 선언문을 공동작성했다. 1939년에 커리는 대통령 행정보좌관 6인 중 하나가 되었고, 곧바로 루스벨트에게 전시 동원경제, 전시예산, 중국에 무기대여법을 적용하는 문제 등의 중대 사안들을 자문하는 인물이 되었다. 그는 '비호대Flying Tigers'를 조직했다. 그는 중국에 무기대여법을 적용하는 일을 지휘했고, 미-영, 미-러 차관협상에 긴밀하게 관여하는 한편으로 브레튼우즈 회담을 낳게 되는 논의들에 긴밀하게 관여했다. 서로 관련되지 않은 여러 출처에서 나온 강력한 증거가 보여주듯이, 커리와 화이트가 더러운 반反뉴딜 정치나 매카시즘의 무고한 희생자는 아니었다. 서로 무관한 두 출처가 그들의 혐의를 제기했고, 소련 전보들(조지프 매카시Joseph McCarthy 상원위원이 선정적 비난을 시작하기 오래전에 미국 정부에서 압수·해독한 전보들)이 그들의 혐의를 입증했고 수십 년 후 KGB 아카이브 자료들이 그들의 혐의를 다시 한 번 확인했다.

커리의 혐의는 (아마도 대통령의 명령에 따라) 전략정보국OSS에 압력을 가해 미국이 훔쳤던 소비에트 암호트래픽을 돌려주고 해독작업을 중단하게 만들었다는 것이었다. 해리 덱스터 화이트의 혐의는 더욱 치명적이었다. 그의 전기작가 데이비드 리스David Rees와 브루스 크레이그R. Bruce Craig에 따르면, 한때 정보총국GRU(러시아의 대외정보기관)에서 요원으로 활동했던 《타임스》의 편집장 휘태커 체임버스Whittaker Chambers는 1939년에 국무차관보를 찾아가서 소비에트 요원들의 명단을 넘기고 화이트와 커리가 요원들이라고 밀고했다. 체임버스는 화이트가 자기에게 주며 정보총국에 넘기라고 했던 재무부 자료의 사본을 증거로 제출했다. 두 명 이상의 전직 요원이 이 혐의를 따로 입증했다. 1944년 11월에 네이선 그레고리 실버매스터Nathan Gregory Silvermaster가 화이트의 아내에게 보낸 베노너 전보에는 화이트 딸의 칼리지 학비를 도와주겠다는 제안이 담겨 있다. 또 다른 두 통의 전보는 화이트와 KGB 장성 비탈리 파블로프Vitaly Pavlov 사이에 진행된 비공인 논의를 담고 있다.(그중의 하나는 1941년에 워싱턴의 한 식당에서 진행된 논의다.)

모스크바는 그들을 첩보원으로 중히 여겼지만, 커리와 화이트의 실질적 의의는 세력요원으로서의 의의였다. 그들은 매우 민감하고 매우 막강하고 매우 권위 있는 자리를 점하고 있었고, 그들이 홍보하고 실행한 조치들은 (그들의 정부에 이익이 되었을 수도 있고 아닐 수 있지만) 소련의 이익을 증진한다는 분명한 의도를 가지고 있었다. 아이러니하게도 그들이 소련의 의도에 대해서 캄캄했던 것은 더없이 순진한 미국 정치가나 마찬가지였다. 루스벨트와 트루먼의 시각이 1945년 얄타회담 이후 급격히 바뀐 것과 달리, 이 계산이 빠르고 냉철하고 기만적이었던 사람들은 스탈린의 놀림감이 되자 마치 버림받은 애인처럼 충격적이고 당황스럽다는 반응을 보였다.

대공황 와중에 경제학을 알게 되었거나 대공황의 직접적 결과로 경제학을 알게 된 세대에게 『고용, 이자, 화폐의 일반이론』의 메시지는 마치 물에 빠진 사람에게 구명밧줄이나 마찬가지였다. 케인스는 그들의 영웅이었고 그들은 케인스를 신봉했다. 단, 이것은 학문적 신봉이었다. '케인스주의자'라는 꼬리표는 케인스가 제안하는 정책을 지지한다는 의미가 아니었고, 케인스의 정치관을 지지한다는 의미는 더더욱 아니었다. 케인스주의자들 중에는 정치적 보수주의자도 있었고, (특히 유럽에는) '사회주의자'도 있었다. 대부분의 케인스주의자가 주류 정당으로 정의되는 스펙트럼 내부에 있었다. 그들 중 일부가 권력과 세력의 자리에 올랐다는 것, 그리고 그러한 자리를 이용해 은밀한 어젠다를 추진하면서 전체주의 정권에 충성했다는 것은, 그들에 대해 그리고 그들의 시대에 대해 많은 것을 말해주지만, 케인스의 사상들에 대해 말해주는 것이 거의 없는 것은 물론이고, 인간 케인스에 대해 말해주는 것은 더욱 없다. 그들의 존재가 케인스에 대해 유일하게 말해주는 것은 아마 다른 사람들과 마찬가지로 케인스도 이런 똑똑한 사람들이 어떻게 그렇게 어리석고 유해할 수 있었는지 상상도 못했으리라는 것 정도다.

15장

예속에서 벗어나는 길:
하이에크와 독일의 기적

집단주의가 본질적으로 민주주의는 아니라는 것, 오히려 집단주의는 스페인 종교재판소의 판관들이 상상도 못 했을 정도의 권력을 소수 독재자들에게 넘겨준다는 것, 이것은 아무리 강조해도 지나치지 않다.(어쨌든 지금은 충분하게 강조되지 않고 있다.) [……]

국민의 압도적 다수는 불황과 실업을 겪으니 차라리 국가의 군대식 개편을 환영할 터이니, 여론이 참견할 권리가 있다면 집단주의의 흐름은 지속되게 마련이다.

— 조지 오웰, 『예속의 길』 서평, 1944[1]

1945년 3월 31일, 워싱턴 주재 영국 대사관 주간공보에서 이사야 벌린은 "'대기업'의 목소리를 대변하는《리더스 다이제스트 *The Reader's Digest*》는 하이에크 교수의 악명 높은 저작의 요약을 실었"고, "반反브레튼우즈 당은 곧 도착할 하이에크 교수가 저격수로 활약해주기를 잔뜩 기대하고 있다."라고 썼다.[2]

하이에크는 3월의 험악한 날씨에 "느린 수송선"을 타고 대서양을 횡단했다. 전년도 6월에 케인스가 했던 여행에 비하면 안락함이 한참 떨어졌다. 그렇지만 뉴욕 항에 내린 그는 카메라 플래시와 기자 떼의 환영을 받았다. 뉴욕 대학에서 열린 그의 첫 강연에는 3000명의 인파가 몰렸다. 그는 그로부터 6주 동안 미국에 머물며(애초 계획보다 4주가 늘어난 일정이었다.) 연설, 라디오 방송, 기자회견 등의 빡빡한 일정을 지켰다. 그가 얼마나 바빴냐 하면, 1943년부터 꾸준히 자기에게 스팸, 견과, 말린 자두, 쌀을 담은 식량소포를 보내주었던 오랜 친구 프리츠 마흘루프와 늦은 밤에 잠시 해후할 시간도 내기 힘들 정도였다.

'대기업의 목소리'가 하이에크를 단번에 유명인사로 만들어놓은 상황이었다.《뉴욕 타임스》제1면에 실린《뉴스위크 Newsweek》필자 헨리 해즐릿Henry Hazlitt의『예속의 길』서평으로 인해 그 인기가 더 뜨거워졌다.『예속의 길』의 선풍적 성공의 요인은 부분적으로는 타이밍이었다.

1945년 봄은 얄타회담이 막 끝난 후이자 적군Red Army이 나치 독일을 무찌르기 직전이었고, 미국의 여론은 전후 결산, 특히 향후 미소 관계에 집중돼 있었다. 의회에서는 무역법안 그리고 영국에 대규모 차관을 제공하는 문제가 계류 중이었고, 아울러 전년도 7월에 브레튼우즈에서 합의된 글로벌 통화협정을 비준하는 문제도 계류 중이었다. 모두 공화당이 강력 반대하는 행정부 발의의 입법안이었다. 하이에크의 책이 참조하는 것은 대개 스탈린의 소련이 아니라 나치 독일이었음에도, 하이에크의 반反국가통제주의라는 메시지는 뉴딜 반대자들에게 공감을 얻었다. 벌린이 예측했던 대로, 열광한 미국 보수파는 이 빈 출신 교수를 얼싸안으려 몰려들었다. 그러나 알고 보니 하이에크는 믿지 못할

마스코트였다. 벌린이 다음 호 공보에 재미있어하며 썼듯이, 미국은행협회가 브레튼우즈 조약에 계속 반대해야 하는가를 놓고 흔들리고 있는 것은 "정말 묘하게도" 하이에크 교수 덕이었다. "허버트 후버 씨 등이 참석했을 뿐 아니라 윈스럽 올드리치Winthrop Aldrich도 참석하고 모건Morgan 간부들 여러 명도 참석한 뉴욕 유력 은행업자 회의에서 그는 브레튼우즈를 열렬하게 옹호했다."³

한 달 후 벌린은 "이 나라의 경제 토리당 진영은 프리드리히 폰 하이에크 교수의 명백한 반反뉴딜 관점을 토대로 그에게 큰 희망을 걸었으나, 그는 그들에게 대단히 거북한 동맹자로 밝혀졌다. 자유무역을 향한 그의 열정은 뉴딜에 반대하는 것에 못지않게 관세와 독점에도 반대했으니까."라는 말로 흡족함을 표시했다.⁴

하이에크의 후원자들은 몰랐겠지만, 하이에크가 루스벨트에게 호의를 느낀 것은 전쟁 이전부터였다. 하이에크는 마흘루프에게 보낸 편지에서 "루스벨트는 자기가 무슨 일을 하는지를 아는 사람인 것 같습니다."라고 말하면서, 자기는 루스벨트가 1938년에 발표한 「의회에 전하는 경제력 집중의 메시지Message to Congress on the Concentration of Economic Power」를 계기로 "그를 바라보는 시각을 상당 부분 수정"하게 되었다고 덧붙였다.⁵ 하이에크는 자기를 지지한 사람들이 쩔쩔매고 당황하는 것에 전혀 개의치 않았다. 하이에크의 워싱턴 체류 마지막 날, 뉴저지의 공화당 상원의원 앨버트 호크스Albert Hawkes가 송별만찬을 열어주었다. 하이에크의 추상적 논거와 메마른 표현에 싫증과 실망을 느낀 한 상원의원이 자리에서 일어나서 하이에크에게 계류 중인 무역법안에 대해서 어떻게 생각하느냐고 질문했다. 하이에크는 싸늘하게 대답했다. "여러분이 내 철학을 조금이라도 이해한다면, 내가 다른 무엇보다 옹호하는 것이 전 세계의 자유무역임을 아실 것입니다. 상호무역 프로그램이란 세계무역을 증진하고자 하는 것이므로, 그런 조치라면 나는 당연히 찬성입니다."

내빈으로 참석했던 《워싱턴 포스트》 칼럼니스트 마키스 차일즈Marquis Childs는 "공화당은 무역 프로그램 확대에 반대하는 입장이었으니, 만찬장 온도가 최소한 10도는 낮아졌다."라고 즐거운 듯 보도했다. 잠시 후 하이에크가 브레튼우즈 통화협정에서 마음에 안 드는 측면이 많지만 전반적으로 찬성한다는 입장을 재확인하자 만찬장의 분위기는 더 썰렁해졌다. 그러한 협정을 배제한 대안은 "생각하고 싶지 않을 만큼 암울하다."라고 하이에크는 말했다.[6]

미국 의회가 브레튼우즈 조약을 승인한 것은 7월이었다. 영국 의회는 12월까지 기다렸다가 케인스가 엄청난 대가를 치르고 얻어낸 바로 그 88억 차관이 미국 의회에서 통과되는 것을 확인하고서야 비로소 이 조약에 승인했다. 자급자족주의 대 세계화, 자유무역 대 보호무역 사이의 선택은 이미 끝난 상태였다. 러시아인들은 이 조약을 승인하기를 거부했고, 루스벨트 행정부는 (그리고 미국 내 첩보원들은) 충격을 받았다. 트루먼 독트린 입안자 겸 외교관이었던 조지 케넌George Kennan의 회상에 따르면,

> 워싱턴에서 러시아와의 전후 협력에 대한 희망을 가장 상세하고 가장 순진하고 가장 집요하게('가장 격렬하게'라는 표현도 불가능하지는 않겠다.) 간직했던 곳은 바로 재무부였다. 모스크바가 세계은행과 국제통화기금을

거부하는 이해할 수 없는 태도를 보여주었을 때에야 비로소 희망은 사라진 듯했다. 재무부로부터 흘러나와 백악관 지붕을 넘어온 비탄과 당혹의 비명을 국무부는 아무것도 모르는 순진한 어조로 대사관에 전달했다. 소련 정부 쪽의 그러한 행위를 어떻게 설명해야 했을까? 그 진짜 이유는 무엇이었을까?[7]

처칠이 본 스탈린과 달리 루스벨트와 트루먼이 본 스탈린은 1938년 이전에 네빌 체임벌린이 보았던 히틀러와 매우 흡사했다. 다시 말해 그들이 보기에 스탈린은 타당한 불만과 그리 크지 않은 목적을 갖고 있는 통치자, 적절한 대우를 받는다면 협상을 체결하고 협상내용을 지킬 지도자였다. 루스벨트와 트루먼은 강대국 경쟁과 교역분쟁을 당연시하면서도, 그러한 분쟁이 협력의 틀 안에서 일어날 수 있게 하는 것이 미국과 소련의 공동의 이익이라고 가정하고 있었다. 그러나 스탈린이 협상에 나설 것이라는 관측은 루스벨트가 뇌출혈로 세상을 떠난 1945년 4월 12일(하이에크가 미국에 오고 2주 후)보다 전에 이미 무너지기 시작했다. 이 독재자가 국제통화기금과 세계은행 가입을 돌연 거부한 일은 근본적인 재평가로 이어진 일련의 결정들 중 하나였다. 모스크바 주재 미국대사관 제2공사 조지 케넌은 1946년 2월에 국무장관에게 보낸 유명한 '장문의 전보'에서 소련을 조지 오웰의 소설에 나오는 전체주의 제국들과 아주 비슷하게 그리고 있는데, 근본적인 재평가는 이 전보로부터 시작되었다고 할 수 있다.

케인스와 하이에크는 정부가 경제에 어느 정도까지 어떤 방식으로 개입해야 자유사회와 부딪히지 않을 수 있는지를 둘러싼 오래된 논쟁을 끝내 매듭짓지 못했다. 그럼에도 케인스는 『예속의 길』을 지지했을 뿐 아니라, 영국 학사원 회원으로 자기 제자 조앤 로빈슨이 아닌 하이에크를 지명했다. 1946년 4월 21일, 케인스의 심장이 멈추었을 때, 하이에크는 리디아에게 보낸 편지에서 케인스는 "내가 지금껏 알았던 사람 중에 정말로 위대한 사람이었고 내가 무한히 존경한 사람이었습니다."라고 했다.[8]

1947년 초에는 케인스의 희망찼던 비전이 절반은 무너져 있었다. 폴란드, 헝가리, 루마니아가 하나둘씩 소련 진영으로 넘어갔다. 처칠이 '철의 장막' 연설을 행한 후였다. 트루먼은 미국이 "자유세계 국민들이 소수 무장세력이나 외부로부터의 전복 기도에 저항하는 것을 지원할 것이다. [……] 일차적 지원방법은 경제안정과 정치안정에 필수적인 경제적, 재정적 원조일 것이다."라고 선언했다.[9]

종전 당시 하이에크는 빈으로 돌아가는 것을 피하고 있었다. 그의 친한 친구들은 죽었거나 망명 중이었다. 얄타회담 이후 스탈린이 적군의 베를린 공격을 미룬 것은 유용한 협상카드를 확보해놓기 위해서였다. 빈은 격렬한 공습과 맹렬한 지대지 전투를 치른 후 러시아인들에게 함락되었다. 빈의 가장 멋진 건물들이 돌무더기가 되어버렸다. 수도, 전기, 가스라인이 파괴되었다. 경찰과 기타 현지 기관들로부터 버림받은 무방비상태의 주민들은 범죄조직들의 과녁이 되었다. 소비에트 돌격부대는 민간인 공격을 다소 삼갔지만, 2차로 이 도시에 도착한 부대는 6주 동안 광란적인 강간과 약탈과 폭력을 일삼았다.

전쟁 중에 하이에크는 유럽에서 옛 가이스트 서클을 다시 조직함으로써 유럽 계몽주의의 이상들이 아직 건재함을 증명하겠다는 소망을 가지고 있었다. "전통적 신조를 전통적으로 답습하는 데 그치는 옛 자유주의자는 [……] 우리의 목적에는 그리 도움이 되지 않습니다. 우리에게 필요한 사람은 반대편 논거와 대면해본 사람, 반대편 논거와 투쟁해본 사람, 그렇게 자신의 입장에 도달한 후 자신의 입장에 대한 반론에 비판적으로 대처할 수 있고 아울러 자신의 입장을 정당화할 수 있는 사람입니다."[10] 하이에크가 두번째로 미국에 왔을 때, 보수 단체인 볼커 재단이 뜻을 같이하는 자유주의자들의 모임을 설립하도록 회담을 후원하겠다고 제안해왔다. 1947년 4월 10일에 제네바 호수가 내려다보이는 스위스 산에서 하이에크는 몽펠르랭 협회Mont Pelerin Society의 첫번째 회의를 소집했다. 참석자의 과반수가 칼 포퍼Karl Popper, 루트비히 폰 미제스, 프리츠 마흘루프를 포함해서 미국과 영국에 살고 있는 유럽 망명자들이었다. 시카고 대학에서는 밀턴 프리드먼과 에런 디렉터 등이 대표로 참석했고, 《뉴스위크》의 헨리 해즐릿과 《포춘》의 존 데이븐포트John Davenport도 와 있었다. 한자리에 모인 개인주의자들은 사유재산제도에는 만장일치를 보지 못했지만 개인의 자유라는 원칙에는 만장일치를 보았다. 이 단체가 단행본이나 정기간행물을 출판하지 않는다는 것과 정치활동에 개입하지 않는다는 것, 그리고 성명을 발표하지 않는다는 것은 기꺼이 가결시켰지만, 단체명을 액튼-토크빌 협회 Acton-Tocqueville Society로 하자는 하이에크의 제안은 부결시켰다. 시카고 대학의 프랭크 나이트Frank Knight가 "로마 가톨릭 귀족 두 명"의 이름을 딴 단체명에 반대했던 탓이었다.[11] 소득분배에 대한 논쟁 중에 루트비히 폰 미제스는 상대편을 '사회주의'의 동조자들이라고 비난함으로써 물의를 일으켰다. 독일에서 온 경제학자 발터 오이켄Walter Eucken은 전쟁 발발 이후 처음으로 오렌지를 맛보았다. 사흘간 진행된 광범한 토론이 자칫 원칙 진술조차 없이 끝나려는 참에, 무수한 회합을 경험한 베테랑 라이어넬 로빈스가 겨우 프랑스의 모리스 알레Maurice Allais를 제외한 모두가 서명할 수 있을 만한 합의문을 작성하는 데 성공했다. 합의문은 "사상과 표현의 자유를 위협하는 교리들이 확산되고 있다. 이런 교리들은 비주류일 때는 관용의 특권을 요구하지만 일단 권좌에 오르면 자신의 관점을 제외한 다른 모든 관점들을 억압하고 말살한다."라는 점을 지적한 후,[12] 자유기업을 강조하고, 역사적 숙명론에 맞설 것과 나라와 개인이 윤리적 의무를 짊어질 것을 강조하고, 무엇보다 철저한 학문적 자유를 옹호할 것을 강조했다.

하이에크는 회담이 끝나자마자 빈으로 향했다. 빈과 빈 주민의 상태는 그가 상상할 수 있었던 것 이상으로 열악했다. 3년이라는 긴 시간 동안 네 개 연합국의 점령지였던 빈은 영국 소설가 그레이엄 그린Graham Greene 원작의 누아르 영화 「제3의 사나이The Third Man」에 등장하는 빈에 못지않게 더럽고 문란하고 어두웠다. 이 영화의 감독 겸 주연 오슨 웰스Orson Wells가 덧붙인 불멸의 대사에 따르면, "이탈리아는 30년간 보르지아 가문의 통치 하에 전쟁과 공포와 살인과 유혈사태를 겪었다. 그리고 미켈란젤로와 레오나르도 다 빈치와 르네상스를 낳았다. 스위스는 형제애와 민주주의 500년과 평화를 누렸다. 그리고 무엇을 낳았는가? 뻐꾸기시계."[13]

여전히 동부의 교외를 점령하고 있던 러시아인들은 빈 시민들에게

당시 재무부를 사실상 총괄했던 것은 명석하되 엉큼한 해리 덱스터 화이트였다. 케인스(오른쪽)와 화이트는 서양에서 전후 경제회복의 길을 닦은 브레튼우즈 통화체제의 주요 입안자였다. 소련의 세력요원 겸 스파이였던 화이트는 스탈린이 브레튼우즈를 거부하자 몹시 당황했다.

는 공포와 경멸의 대상이었다. 하이에크는 연합국이 오스트리아를 대하는 태도가 "독일에 자발적으로 가담했던 이탈리아 같은 나라를 대하는 태도보다 가혹하다."라고 항의했다. 점령군 당국은 본질적으로 독일과 똑같은 지침을 적용하고 있었다. 다시 말해 해리 라임(「제3의 사나이」의 주인공 이름—옮긴이)의 암시장을 제외한 모든 경제활동이 금지돼 있었다. "오스트리아는 절망적인 경제상황으로부터 벗어나기 위해 노력하는 일을 금지당해왔다."라고 하이에크는 불평했다.[14]

특별한 시대는 우연의 일치가 많기 때문인지, 하이에크는 빈에서 출발하는 뮌헨행 기차에서 다시 한 번 사촌 루트비히 비트겐슈타인과 마주쳤다. 비트겐슈타인은 그 어느 때보다 뚱하고 화가 난 모습이었다. 그는 주로 러시아인들의 점령구역에서 지내고 있었다.(그곳에서 적군은 비트겐슈타인이 누이 중 하나를 위해 마구간 겸 차고로 설계하고 공사했던 건물을 거처로 삼고 있었다.) 1930년대에 비트겐슈타인은 볼셰비키의 열혈팬이었고, 러시아로 이민 가는 것을 진지하게 고려한 적도 있었다.[15] 그런데 하이에크가 보기에, 이제 이 철학자는 러시아인들을 만난 것이 "실물로는 처음인데 이 경험으로 자신의 모든 환상이 산산조각 난" 사람처럼 굴었다.

하이에크는 빈을 방문한 후 영국문화원의 주선으로 독일 도시 대여섯 군데를 돌았다. 쾰른에 간 그는 이렇게 썼다. "(거대한 대성당을 포함해서) 모든 것이 전쟁으로 폭삭 내려앉은 모습이었다. 도시가 사라져버리고 그저 돌무더기들만 남은 것 같았다. 나는 강연장에 가기 위해 돌무더기들을 기어올라 지하의 큰 구멍으로 들어갔다." 다름슈타트에서 그는 "대학에서 강의했던 경험 중에 가장 감동적인 경험"을 했다는 편지를 마흘루프에게 보냈다.

당시 나는 독일인들이 나에 대해 알고 있을 줄은 꿈에도 몰랐다. 그런데 청중이 얼마나 많던지 강의실이 엄청나게 넓었는데도 학생들이 다 들어올 수 없을 정도였다. 사람들이 독어판『예속의 길』타자원고를 돌리고 있었다. 독일에서 출판되기 전이었다.[16]

하이에크답게도, 런던에 돌아온 그의 첫 계획은 1938년 이후에 출판된 책 중에 오스트리아와 독일의 학자들이 검열과 전쟁으로 인해 접할 수 없었던 책들을 수집할 단체를 조직하는 것이었다. 이 위원회가 수집한 약 2500권이 그해 말에 결국 아주 어렵사리 빈으로 수송되었다.

1947년, 독일을 어떻게 처리할 것인가는 아직 해결되지 않은 문제였다. 케인스 쪽 정부와 화이트 쪽 정부는 그로부터 3년 전에(D-데이로부터 불과 몇 주 만에) 시작된 격렬한 논쟁에 휘말려 있었다. 화이트는 독일의 산업공동화를 적극 주장하는 쪽이었던 반면에, 케인스는 경제통합과 경기회복을 주장하는 쪽이었다. 케인스가 모겐소 플랜을 처음 알게 된 것은 논쟁이 시작되고 몇 주 뒤인 1944년 7월 하순에 신문을 통해서였다. 베르사유 조약은 보복 조약이었다.(케인스는 1920년대 내내 이 조약을 "카르타고식"이라고 비난했고, 전쟁이 또 한 번 일어난 것도 이 조약 때문이라고 성토했다.) 그렇지만 이 조약의 목적은 승전국이 독일에게 전쟁의 비용을 감당하게 하는 것이었다. 반면에 모겐소 플랜의 목적은 독일이라는 현대경제를 18세기 상태, 곧 산업화 이전의 상태로 되돌리는 것이었다. 케인스는 영국 재무장관 존 앤더슨John Anderson에게 보낸 편지에서 모겐소 플랜은 두 가지 강점이 있다고 비아냥거렸다. 한 가지 강점은 극단적 조치(심지어 집단학살적인 조치)가 용인되어버린 시기, 곧 혹독한 전투가 벌어지고 참혹한 피해가 발생하는 시기에 나왔다는 것이었고, 또 다른 강점은 갈팡질팡하는 국무부나 전쟁부와 달리, 재무부에서는 어쨌든 플랜을 내놓았다는 것이었다.

케인스는 모겐소와 화이트를 멀어지게 만들어도 되는 처지가 아니었으니, 모겐소 플랜에 대한 자신의 생각을 공개적으로 밝히지는 않았다. 그는 즉각 자신의 입장을 깨달았고 모겐소 플랜이 의회에서 통과되는 일은 없을 것이라고 예상하며 양심을 달랬다. 그 예상은 틀리지 않았다. 아이젠하워Dwight D. Eisenhower가 1945년에 남독일을 장악했을 당시에는 모겐소 플랜은 이미 벽장에 처박혀 있었다. 그렇지만 적극적 비전이나 구체적 대안이 부재하는 탓에 공백이 생겼고, 케인스가 자신의 생각을 밝히지 못했던 탓에 심각한 결과가 빚어졌다. 적극적 플랜이 부재하는 상태에서 "모겐소 플랜의 원칙들과 모겐소 플랜의 인물들"이 3년 내내 독일을 지배한 것이다. 일찍이 1945년 6월에 재무부가 진상조사차 파견한 오스틴 로빈슨은 케인스에게 올린 보고서에서 "더 우려스러운 점은 물리적 피해가 아니라 경제 시스템이 완전히 정지되었다는 점"이라고 했다. "종이 한 장 없는 상태, […] 장거리 전화 한 통 할 수 없는 상태, 통신이 거의 이루어지지 못하는 상태"였다. "독일의 도시는 폐허다. 공장들은 무너졌고, 집들은 불탔거나 폭격당했고, 생활은 마비되었다. 독일의 시골은 아직 살아 있다. 농업은 정상적으로 이루어진다. […] 시골의 문제는 도시에 식량을 팔고 싶어하지 않는다는 것뿐이다. 도시가 식량의 대가로 내어놓을 것이 거의 없기 때문이다."[17]

미 당국이 독일의 경제활동 재개를 허용하지 않은 것은 두 가지 뜻밖의 결과를 낳았다. 첫째, 독일 경제가 붕괴하면서 나머지 유럽의 경제회복을 가로막았다. 둘째, 미국과 영국의 납세자들이 부담해야 하는 점령비용이 치솟았다. 보수적으로 계산하더라도, 가격표는 세 배로 뛰었다. 로빈슨은 케인스에게 경종을 울렸다. 러시아인들이 "또는 어쩌면 프랑스인들이" 배상금을 너무 많이 뽑아가면 영국은 "우리가 점령한 구역에서 기아와 재난을 막기 위해 우리 비용으로 식량과 물품을 수입해야 할 판"이라는 보고였다.[18] 1차대전 종전 후에 똑같은 현상을 목격했던 케인스는 즉각 **"이번에는 우리가 배상의 비용을 내게 되는 일이 절대 없게 하자."**라는 답신을 보냈다.[19]

미국은 결국 마셜플랜을 채택했다. 유럽이 굶주림 속에서 공산주의 진영으로 넘어갈까 하는 찰나, 마셜플랜은 브레튼우즈의 자연상속인으로서 자유세계 경제 단위들의 성장과 안정을 증진시킬 제도들을 마련하겠다는 영국과 미국의 결단이었다. 경제정책에서 일어난 관점 변화(민족주의에서 글로벌한 관점으로의 변화)는 안보를 둘러싼, 그리고 전후의 외교적, 군사적 전략을 둘러싼 인식 변화의 일부였다. 유럽의 경제 건전성(1947년에 유럽의 자력구제가 불가능하다는 것이 분명해지면서 더욱 절실해진 문제)을 회복하겠다는 미국의 결심을 북돋웠던 것은 경제붕괴가 전체주의 정권의 원인이었다는 생각이었다. 경제회복은 유럽의 자위의 필요조건인 동시에 미국의 기업에 이익이 되는 일이었다. 트루먼의 마셜플랜 옹호론은 기업 지도층으로 하여금 평시 정부의 구호비 및 군사비 지출을 지지하게 하는 데 도움이 되었다.

독일은 상대적으로 마셜 원조를 거의 받지 못했음에도, 독일의 경제회복은 매우 강력했다. 단시간에 경제기적Wirtschaftswunder이라는 꼬리표가 붙을 정도였다. 1948년 통화개혁 이후 3년 만에, 1인당 생산량은 매년 평균 15퍼센트씩 급등했다. 전쟁의 파괴와 러시아인들의 기계 철거에도 불구하고, 1950년에 1인당 생산량은 전전의 94퍼센트 수준이었다.

무슨 일이 벌어진 것일까? 재정장관 루트비히 에르하르트Ludwig Erhard는 경제기적의 원인을 1948년의 신화폐 도입과 가격통제 해제에서 찾았다. 후일 그는 "경제정책과 교역정책이 극단적인 민족주의, 자급자족주의, 정부통제에 종속될 때 경제적, 초경제적으로 어떤 일이 벌어지는지를 독일 경제는 필시 다른 어떤 경제보다 많이 경험했다. 우리는 거기서 교훈을 얻었다."라고 회고했다. 자유화로 인해 "기업가 충동이 깨어났다. 노동자는 일할 준비가 되었고, 상인은 팔 준비가 되었고, 경제는 [……] 생산할 준비가 되었다. [……] 그전까지는 정체상태에 프리미엄이 있었다. 해외무역은 연합국이 지정하는 틀 안에서 미온적으로 이루어졌다. 재화는 부족했고 다들 공급을 요구했지만, 경제적 충동은 모자랐다."[20]

하이에크에게 있어 독일이 폐허를 딛고 일어서는 것은 자유시장, 자유무역, 건전화폐에 대한 자신의 신념을 지지하는 증거이자, 자기가 사랑하는 유럽 자유주의 문명이 끝내 소멸하지 않을 것이라는 희망찬 전조였다.

시카고 대학에 초빙된 그는 런던정경대학을 사임하고, 이혼을 성사시키고, 오랜 애인과 결혼했다. 그는 존 스튜어트 밀과 해리엇 테일러의 동반자 관계에 대한 매력적인 이야기를 저술함으로써 책 수집과 지식인 전기에 대한 열정을 충족시켰고, 신혼여행에서는 밀이 했던 유명한 런던발 로마행 순례를 재연했다.

하이에크가 미국 보수파의 총아가 되었던 것은 잠시였다. 하이에크는 대부분의 공화당 정치가를 경멸했고, 모든 자동차를 경멸했고, 국민 의료보험이 없고 정부출연 연금이 없는 것을 포함해서 미국 생활의 거의 모든 것들을 경멸했다. 유럽에 대한 향수가 있기도 했고 런던정경대학에서 더 이상 환영받지 못하게 되기도 했던 하이에크는 결국 잘츠부르크 대학에 자리를 잡았다.

1974년에 스웨덴 과학원이 "경제현상과 사회현상과 제도현상의 상호의존에 대한 예리한 분석"을 내놓은 하이에크에게 노벨상을 수여하면서, 하이에크를 기억 속에서 끄집어내 유명인사로 만들었다. 아이러니하게도, 공동 수상자는 스웨덴의 사회주의자 군나르 뮈르달이었다. 그로부터 몇 년 후에 하이에크의 『자유헌정론Constitution of Liberty』은 마거릿 대처Margaret Thatcher 시대 보수파 부활의 경전이 되었다. 그리고 1990년대 초에 소련이 붕괴하고 자유시장 개혁이 동유럽과 아시아로 확산되면서 하이에크는 전 세계 보수파의 영웅이 되었다.

16장

주인 되는 도구:
워싱턴에 간 새뮤얼슨

> 내가 이 나라 경제학 교과서를 쓸 수 있다면, 누가 법을 제정하든, 누가 상위조약을 작성하든 상관없다.
>
> — 폴 새뮤얼슨[1]

폴 앤서니 새뮤얼슨은 루스벨트 대통령이 '급진적' 연두교서에서 언급한 정부 보고서의 막후 브레인이었다. 전쟁 발발 이후 몇 달간은 지겨워하는 공학도들에게 경제학을 떠먹이거나 MIT 방사능연구소에서 군대를 위해서 끝없는 추산치를 내놓으면서 시간을 보내고 있었다.[2] 일찍이 1940년에 루스벨트의 경제학 보좌관 로클린 커리는 대통령에게 미국이 전후를 계획하는 일은 이르면 이를수록 좋다고 조언했다. 대통령이 동의하자, 커리는 곧바로 이 나라의 첫번째이자 유일한 경제계획 기관 국가자원기획위원회(대통령의 삼촌 프레더릭 델러노 Frederic A. Delano가 지휘했다.)에서 일할 새로운 종류의 새내기 자문위원들을 모집했다. 스무 명가량의 경제학자와 존스 홉킨스 대학의 대학원생 한 무리가 전후 경제가 그릴 궤적을 추산하고 발생할 수 있는 문제들에 대한 해결책을 제시할 과제를 떠안았고, 스물일곱 살의 하버드 신동이자 신진 박사이자 MIT 조교수 새뮤얼슨이 그들의 명목상 대표가 되었다.³ 새뮤얼슨은 새로운 케인스 경제학이 회계학 못지않게 체제전복과 무관하다는 것을 상관들이 확신할 수 있도록 백악관 브리핑에서 꼭 녹색 챙모자를 썼다.

1944년 노동절 다음 날 아침, 루스벨트 행정부의 대규모 대학 컨설턴트 참전부대 소속 새뮤얼슨 보병은 거의 1년 만에 워싱턴 D.C.로 복귀했다. 작은 키와 억센 체격, 스포츠 머리로 보스턴에서 야간열차로 달려온 그는 정장과 나비넥타이로 말쑥하게 차려입고 워싱턴 도처에 무수히 설치된 "찜통 같은 임시 막사들"을 순시하면서 옛 동료들과 옛 제자들을 붙잡고 훈화를 퍼붓거나 정보와 소문을 퍼부었다.

새뮤얼슨은 "전쟁물자 생산의 감축을 감지"할 수 있었다.⁴ 그가 들른 모든 사무실은 탁상용 계산기, 그린시트 더미, 예산보고서 무더기로 가득했다. 종전이 확실시되면서, 워싱턴의 관심은 전시생산 문제에서 평시 경제로의 전환 문제로 돌아서는 중이었다. 수백 명의 관료들이 군수품 조달의 규모를 얼마나 축소할 수 있는지, 병사들을 어느 정도까지 제대시킬 수 있는지, 탱크 생산라인을 자동차 생산라인으로 개조하는 데 얼마나 걸릴지 계산하느라 바빴다. 일차 전환기 일정은 그해 가을로 잡혔다.(아마도 그때가 1944년 대통령선거운동 시기여서 그랬을 것이다. 대통령의 경쟁자는 루스벨트의 전직이었던 뉴욕 주지사로 재직 중인 공화당의 토머스 듀이Thomas E. Dewey였다.) 하지만 승승장구하던 연합국이 그해 가을 벌지 대전투에서 교착상태에 빠지면서, 전환기 일정은 1945년 초까지 연기되었다.⁵

무더운 온도와 답답한 습도에도 불구하고, 새뮤얼슨이 파악한 워싱턴의 분위기는 '전문가들' 쪽과 의회 쪽 둘 다 의외로 긍정적이었다. 《뉴욕 타임스》의 전날 헤드라인은 「전후 호황 확실시」였다.[6] 새뮤얼슨은 경악했다. 사실은 엄청난 문제가 잠재해 있었다. 예를 들면, 1100만 명이 복무 중이었고, 1600만 명(전체 노동력의 거의 3분의 1)이 방위공장에서 일하고 있었다. 1943년에 연방정부 지출은 600억 달러 이상(국민 연간 생산량의 거의 절반)이었는데, 이것은 1940년의 거의 일곱 배에 해당하는 수치였다. 새뮤얼슨은 전후를 내다볼수록 더 걱정스러웠다.

그는 다른 케인스주의자들과 마찬가지로 미국의 기업이 생산, 효율, 1인당 소득을 한 해 한 해 제고할 수 있을 것이라고 보았지만, 다른 케인스주의자들과는 달리 기업과 가계가 이로부터 산출되는 이윤과 임금을 저축하는 대신 소비해줄 것이라고 확신하지는 못했다. 새뮤얼슨은 경제침체가 통화정책의 오류나 외부적 충격에서 비롯되는 한시적인 병폐가 아니라 내재적인 고질병이라고 보는 관점으로 점차 기울었다. 경제사 연구자 데이비드 M. 케네디에 따르면, 새뮤얼슨의 국가자원기획위원회 보고서의 기조와 결론은 두 가지 출처를 가지고 있었다. 하나는 케인스가 1940년 팸플릿 『어떻게 전비를 조달할 것인가』에 표명한 판단, 곧 정부지출의 중심적, 지속적 투여가 부재하리라는, 영국 경제의 전후 전망에 대한 부정적 판단이었다.[7] 또 다른 출처는 행정부의 케인스주의자 자문위원들, 특히 커리, 화이트 그리고 앨빈 핸슨(하버드 교수이자 국가자원기획위원회와 연방준비위의 컨설턴트)의 판단이었다. 경제학과라는 보수적 학과의 대학원생들과 강사들(새뮤얼슨이 즐겨 쓴 표현에 따르면, "룸펜 프롤레타리아")을 케인스주의의 기치 아래 불러모은 것이 바로 핸슨이었다. 케네디의 지적에 따르면, 미국의 케인스 신봉자들은 케인스 자신보다도 비관적이었다. 일찍이 1938년(미드웨스트를 떠나 하버드로 온 해)에 핸슨은 『완전한 회복이냐 아니면 침체냐*Full Recovery or Stagnation*』라는 책을 출간했다. 전후의 암울한 미래를 일찌감치 예견하는 책이었다.

글이 말만큼이나 빠르고 기운찼던 새뮤얼슨은 《뉴 리퍼블릭》에 도발적인 2부작 연재기사 「경제위기가 온다」를 실음으로써 저널리즘 스타라는 두번째 이력을 시작했다.⁸ 숙명론적 기사가 아니라 활기가 넘치는 기사였다. 새뮤얼슨은 문제가 심각하지만 고쳐질 수 있는 문제라는 뜻을 전하면서, 자기가 1942년 국가자원기획위원회 보고서에서 촉구했던 조치들(동원해제 속도를 늦추고 정부지출을 높은 수준으로 유지할 것)을 다시 한번 주장했다. 언젠가 뉴딜 지지자 체스터 볼스Chester Bowles가 말했듯, 자신감을 뿜어내는 기사였다. "마지막 대공황은 이미 우리 뒤에 있다. 대중이 대공황을 용납할 필요가 없음을 알 수 있을 만큼 현명해졌다는 이유만으로도 그렇다."⁹

새뮤얼슨을 낳은 것은 러시아발 미국행 유대인 엑소더스, 미드웨스트의 1차대전 호황, 그리고 20년대 호경기였다. 그는 1915년에 인디애나 주 게리에서 태어났다. 후일 그는 자기가 일평생 경제학과 증시투기에 열광했던 것이 그 때문이라고 했다. 게리가 시카고의 준교외가 되기 전이었다. 당시에 게리는 거대한 철강공장들과 신축 공동주택들이 대평원 위에서 쑥쑥 자라나는 살풍경한 기업도시였다. 그을음과 연기와 돈의 독특한 기운이 이 도시를 감싸고 있었다. 1차대전 중에 철강공장들은 밤낮 없이 타올랐다. 대부분 이민자였던 철강노동자들은 하루 12시간 주 7일 노동할 기회가 있었다. 공장일꾼들이 병이 나면 일당을 놓치지 않기 위해 의사 대신 약사를 찾았다. 프랭크 새뮤얼슨Frank Samuelson은 게리의 몇 명 되지 않는 약사들 중 하나라는 운좋은 자리에 있었다. 1세대 유대인 이민자였던 그는 러시아어와 폴란드어로 고객들을 상대했다.

그는 풋내기 부동산 투기자이기도 했다. 저축으로든 대출로든 현금에 여유가 있는 중서부 사람은 다들 그러했다. 전쟁 호황이 농업경제로 흘러들면서 곡물가격이 천정부지로 치솟은 상황이었다. 그런 좋은 일을 처음 겪어본 농부들은 돈을 빌려 더 많은 농지와 기계를 사들였다. 그리고 몇 해 동안 그들은 게리 중심가 부동산에 투자한 프랭크 새뮤얼슨과 함께 번영했다. 싱클레어 루이스Sinclair Lewis의 『메인스트리트Main Street』에 등장하는 가상 도시 고퍼 프레리와 마찬가지로, 게리는 프랭크 새뮤얼슨 같은 과잉성취자 남편들과 그의 아내 엘라 립턴 새뮤얼슨Ella Lipton Samuelson 같은 욕구불만자 아내들(게리의 볼품없는 모양새를 경멸하고 자기를 시카고까지 꼬박 하루거리에 유배시켜놓은 남편을 증오하는 아내들)로 가득했다. 예쁘장하고 허영심 많고 "엄청난 속물"이었던 엘라는 남편을 부추기다가 경멸하다가 왔다 갔다 했다. 변덕스러운 성격에 유명한 모자 디자이너가 되고 싶다는 열망을 가지고 있었던 그녀는 딸을 갖고 싶어했다. 아들 셋을 갖게 된 그녀는 아이가 걸음마를 할 정도만 되면 하나씩 하나씩 위탁부모에게 보냈다.

걸음마를 하는 금발에 파란 눈의 17개월짜리 아기 새뮤얼슨이 보내진 곳은 인디애나 주 윌러의 한 농장이었다. 끝없이 펼쳐진 밀밭 한복판의 교차로였는데, 전기, 실내 배관, 전화, 자동차가 없는 곳이었다. 후일 새뮤얼슨은 "나는 말 경제horse economy가 소멸하고 실내 배관과 전기 조명이 출현하는 것을 어렸을 때 직접 경험했다. 그 후, 라디오 공중파나 TV 화면 같은 것을 접하면서 심드렁해졌다."라고 회상했다.¹⁰ 그는 유치원에 들어갈 나이가 되기까지 어머니를 만나지 못했다.

어머니로부터 방치된 아이는 냉정하고 무심한 성격이 될 수도 있지만, 애착을 갈망하고 남들의 마음에 들고 싶어하는 성격이 될 수도 있다. 새뮤얼슨의 경우는 양쪽이 조금씩 있었다. 그의 평생 동안 많은 여성들이(아내들과 비서들로부터 딸들과 개들에 이르기까지) 그를 숭배했고, 그의 위탁모는 그중 첫 여성이었다. 위탁모는 생모와는 달리 풍만하고 따뜻하고 친절하고 요리를 잘했다.

다섯 살의 폴이 집으로 돌아왔을 때는 휴전이 성사된 후였다. 신생 연방준비위는 전시 인플레이션을 반전시키고자 신용을 틀어막는 중이었다. 미국의 최대 밀 시장이었던 영국과 프랑스의 중앙은행들도 같은 일을 진행 중이었다. 몇 달이 지나니, 곡물값은 반토막이 나 있었고, 제철공장들은 휴업상태였고, 은행들은 무더기로 도산하는 중이었다. "당시, 내가 살던 인디애나에서 은행이 도산하는 것은 이상하거나 낯선 현상이 아니었다. 전시 호황 절정기에 저당을 잡히고 설비를 마련한 농장들은 곡물값 하락으로 심각한 타격을 입었다. 그에 따라 시골 은행들도 도산했다."라고 새뮤얼슨은 회고했다. 불가피하게도, 땅값이 폭락했고, 새뮤얼슨 가의 경제적 안정도 추락했다.

1921년 중반에 시작된 경제회복은 망가진 농업경제나 가계를 되살리는 데는 그다지 효과가 없었다. 4년 동안 프랭크 새뮤얼슨은 한때 부흥했던 자신의 약국사업이 부질없이 사라지는 것을 지켜보아야 했다. 따뜻한 겨울과 열대의 풍요(문을 열고 나가면 오렌지가 열려 있는 곳)라는 달콤한 비전에 끌리기도 했고 아내의 끝없는 잔소리에 지치기도 했던 그는 결국 1925년 여름에 약국 열쇠를 새 주인에게 넘겼다. 그는 엘라와 함께 자동차를 타고 남쪽의 마이애미로 향했다. 플로리다 부동산 열풍 land rush에 합류한 가구는 그들을 포함해 수만 가구에 이르렀다. 플로리다 땅은 확실해 보였다. 선금 10퍼센트, 가격이 두 배 오르면 수익은 원래 투자금의 1000퍼센트였다. "꿈의 개발지"가 "소나무 수풀과 늪 사이의 어딘가"라는 것은 상관없는 일이었다.[11]

부모가 게리를 떠날 때, 새뮤얼슨(열 살)과 형 해럴드Harold(열두 살 반)는 해마다 여름을 보냈던 윌러로 보내지게 되었다. 노동절 즈음에 부모가 형제를 불렀다. 형제는 시카고에서 마이애미까지 침대차를 타고 달려왔다. 새뮤얼슨은 그때 기차에서 내려 처음 본 사람이 자기의 부모가 아니라 "거리에서 땅을 사고파는 반바지 차림의 남자들이었다."라고 회상했다.[12]

북쪽으로 확산되어간 호황은 1925년 중반에는 마이애미에서 350마일 떨어진 잭슨빌(대서양 연안의 나른한 농장도시)까지 도달했다. 그때 이미 사깃꾼으로 유명했던 찰스 폰지Charles Ponzi도 잭슨빌의 매력에 이끌린 사람들 중 하나였다. 그가 팔아넘긴 구획당 10달러짜리 땅은 잭슨빌에서 (직선거리로) 65마일 떨어진 위치의 23분의 1에이커로 밝혀졌다. 1926년에는 플로리다 길바닥에 금이 깔릴 것이라는 기대는 꺾이고 있었고 땅을 사러 몰려오는 사람들도 줄기 시작하던 참이었다. 당연히 땅값도 소강상태였다. 그 후 허리케인이 두 차례 지나갔고, 영구 오름세가 잠시 주춤한 듯하더니 어느새 폭락이 시작되었다. 프랭크 새뮤얼슨은 남은 돈을 대부분 잃었고 점점 더 아내의 비난을 쌓았다. 그가 마흔여덟 살에 심장병으로 때 이르게 세상을 떠나고 한참 후까지도 그의 아내는 남편의 멍청한 투기 이야기를 하고 또 하기를 좋아했다. "말을 아낄 줄 아는 사람이 아니었다."라고 폴은 어머니를 묘사했다. 가족의 경제문제의 본질은 열 살짜리 폴에게도 분명했다.

2년 후에, 새뮤얼슨 가족은 미드웨스트로 돌아왔다. 그들이 정착한 시카고의 사우스사이드는, 그때도 지금과 마찬가지로, 미시간 호와 흑인 게토 사이에 위치한 중산층 거주지였다. 시카고 경제는 또다시 호황이었다. 가축수용소에서 흘러나오는 악취가 호수 저편 게리에서 날아오는 제철소의 스모그와 뒤섞였다. 온 나라가 매일 신문 주식면을 공부했고, 하이드파크 고등학교에 입학한 폴도 (종종 고등학교 수학교사와 함께) 그 흐름에 동참했다.

『위대한 개츠비 The Great Gatsby』의 작가 스콧 피츠제럴드 숭배가 한창일 때였다. 새뮤얼슨이 학교 문학잡지에 쓴 소설에 나오는 세상물정에 밝고 냉소적인 청년들은 옷을 갈아입는 데 걸리는 시간 동안 사랑이 타오르다가 식어버리기도 하고, "마이크, 팻, 피트와 나머지 일곱 사도들의 이름으로 부탁하겠는데, 입 좀 닥쳐." 같은 우스운 소리를 내뱉기도 했다.[13] "난감한" 어머니와 같이 살던 그는 "하얀 교회 탑"이 있는 "평화로운 전원마을"에 위치한 동부 칼리지로 도망치는 공상에 잠기기도 했다.[14] 1931년에 열여섯 살의 새뮤얼슨이 고등학교를 졸업할 무렵, 대공황은 마치 기나긴 겨울밤처럼 미국 모든 도시들의 중심가에 깔리고 있었다. 동부 칼리지로 진학하는 일은 (이전에도 현실적인 가능성은 아니었지만) 이제는 완전히 불가능해졌다. 새뮤얼슨은 1932년 1월에 시카고 대학에 등록했고, 수학을 전공하기로 했고, 계속 고향집에서 지냈다.

그리고 그렇게 미드웨스트를 벗어나지 못한 데서 의외의 이득을 얻었다. 그는 시카고를 벽촌으로 알고 있었지만, 사실 시카고는 학문적, 정치적 활동의 북새통이었고, 워싱턴이 불황에 맞서서 좀 더 많은 일을 하기를 바라는 경제학자들에게는 만남의 장이기도 했다. 재정 문제에서 보수파인 미드웨스트 사람들과 중유럽 출신의 버크주의적 자유주의자들이 섞여 있던 시카고 대학의 교수진은 워싱턴이 위기에 효율적으로 대처하지 못하는 것에 우려와 불만을 가지고 있었고, 좀 더 적극주의적인 대처법을 조언하겠다는 의욕도 가지고 있었다.

새뮤얼슨은 신입생 담당 교수로부터 "세계 일류 경제학자" 존 메이너드 케인스가 전년도 여름에 이 대학에서 강의했다는 사실을 전해들었다.[15] 새뮤얼슨의 첫 경제학 교수는 "매우 건조하고 자신만만하고 반동적인 경제학자"이자 후일 밀턴 프리드먼의 매제가 되는 에런 디렉터였다. 디렉터는 새뮤얼슨에게 "제법 큰 영향"을 미쳤다. 토머스 맬서스의 인구론에 관한 디렉터의 첫 강의가 자신을 경제학에 걸려들게 했다고 새뮤얼슨은 후일 회상했다. 또 한 명의 교수는 루마니아 출신의 캐나다인으로 시카고 대학에서 가장 학점이 짜다는 무서운 평판을 가지고 있었던 제이컵 바이너Jacob Viner였다. 루스벨트 취임 후에 재무장관 헨리 모겐소의 최측근 외부 자문위원 중 하나가 된 바이너는 재무부, 연방준비위, 뉴딜 기관들에 자기 학생 수십 명을 투입했다. 슘페터와 하이에크의 친한 친구였던 바이너는 케인스의 『고용, 이자, 화폐의 일반이론』을 비판하는 미국인들 중에 가장 강경하고 유력한 인물 중 하나가 되었다. 바이너는 정책면에서는 케인스에 동의했고 불황에 맞서기 위해서 적자지출이 필요하다는 케인스의 판단에도 동의했지만, 바이너가 볼 때 케인스의 이론은 '일반' 이론이라기보다는 단기적으로만 타당할 이론, 보다 장기적인 시간 틀에 적용되면 헐거워지는 이론이었다.

새뮤얼슨이 입학한 첫 달에 어빙 피셔(미국의 가장 유명한 경제학자인 동시에 가장 악명 높은 경제학자)와 일군의 통화 전문가들이 후버 행정부의 불황 대처법을 놓고 논쟁한 회담이 시카고 대학에서 개최되었다. 대통령에게 공격적 경기부양 계획을 출범시킬 것을 촉구하는 피셔의 전보문에 디렉터와 바이너는 둘 다 서명했다.

그로부터 3년 뒤에 수학자보다는 경제학자가 되는 편이 낫겠다고 결정하고 대학원 장학금을 탄 새뮤얼슨은 시카고가 아닌 하버드를 선택했다. 『독점경쟁 이론』이라는 획기적 저서를 출판한 에드워드 체임벌린은 시카고 대학의 매력이었지만, 고향집 탈출과 "평화로운 전원마을" 판타지는 훨씬 더 매력적이었다. 루스벨트 경제회복 3년째에 케임브리지에 온 새뮤얼슨은 하버드 교수진이 정치적으로는 시카고 대학보다 좌파적인 반면에 학문적으로는 훨씬 보수적이라는 것을 깨달았다.

케임브리지에서 케인스의 강의를 들었던 캐나다인 대학원생 로버트 브라이스Robert Bryce가 1936년 가을학기(새뮤얼슨의 첫 학기)에 하버드에 왔다. 그는 케인스의 미출간 저서 『화폐, 이자, 고용의 일반이론』을 요약하는 소논문을 제출했다. 공적 지출의 실업 억제 기능을 강조하되 그 이론적 토대에 대한 충분한 설명이 없는 글이었다. 재정 적극주의가 새로운 생각이라거나 특별히 "케인스주의적인" 생각이라고는 여기지 않았던 새뮤얼슨은 이 글의 호들갑스러움을 잘 이해할 수 없었다. 그러나 경제는 분명 회복세였으니, 새뮤얼슨은 뉴딜이 경제회복을 가져왔다는 것을 당연하게 받아들였으며, 케인스의 이론이 뉴딜이 어떻게 그 원인일 수 있는지를 설명해주는 참신하고 엄밀하고 내적으로 정합적인 이론이라는 생각을 그냥 긍정했다. "결국 나는 루즈벨트 취임 이후 1933년부터 1937년까지의 호조세를 이해시켜주는 패러다임을 굳이 거부할 이유가 없겠다고 생각했다."16

마르크수주의자-케인스주의자이자 노동당 경제자문위원으로 있던 니컬러스 칼도어Nicholas Kaldor는 1936년에 하버드를 방문해서 한 강의에 참석했다. 자기가 스타 교수의 훌륭한 강의에 참석한 것으로 알고 있던 그는 "훌륭한 강연이었습니다, 체임벌린 교수님."이라는 말로 질문의 서두를 열었다. 알고 보니 그 "교수님"은 1년차 대학원생 새뮤얼슨이었다. 새뮤얼슨이 들은 강의에는 예일에서 윌러드 기브스의 마지막 제자였던 수학자 에드윈 비드웰 윌슨Edwin Bidwell Wilson의 강의도 있었다. 수강생은 그와 슘페터를 포함해서 네 명뿐이었다.(슘페터는 그를 곧 제자로 삼았다.) 명석한 러시아 망명자이자 향후 노벨상을 수상하는 바실리 레온티에프도 그와 같이 강의를 들은 학생이었다. "알다시피 레온티에프는 그리 달변가는 아니었다. 레온티에프는 종종 칠판에 그림을 그렸다. 두 개의 직선을 교차시킨 다음 '그러니까 이 교점에 [……]'라고 입을 열면, 폴이 '그래, 그 교점이 바로 [……]'라고 끼어들곤 했다. 그렇지만 폴은 문장을 끝맺지 못했다. 곧 레온티에프가 '맞아. 내 말이 바로 그 말이야.'라고 소리쳤기 때문이다. 레온티에프와 폴은 서로의 생각을 이해했지만 자기네 생각을 설명해주지는 않았고, 교실 안의 다른 학생들은 어리둥절한 상태로 있을 수밖에 없었다."라고 대학원 때 새뮤얼슨과 절친했던 일본 경제학자 쓰루 시게토都留重人는 회상했다.17

이듬해, 새뮤얼슨은 경제학자로는 최초로 명예교우회(영국 대학의 고급정찬 전통에서 영감을 얻은 하버드의 주목할 만한 제도)에 선출되었다. 이 제도가 여러 학과의 젊은 학자들에게 요구하는 것은 3년간 학위취득을 보류하는 것, 그리고…… 사유하는 것이었다. 새뮤얼슨은 갑자기 논리학자 윌러드 밴 오먼 콰인Willard Van Orman Quine, 격자이론을 만든 조지 버코프George Birkhoff, 텔러-울람 열핵무기 설계를 고안한 스타니스와프 울람Stanislaw Ulam 그리고, 그밖에 탁월한 수학적 지성들을 동료로 얻게 되었다.

들뜬 분위기와 학문적 전율도 가족을 대신해주지는 못했다. 1년이 못 되어, 새뮤얼슨은 위스콘신 출신의 동료 대학원생 매리언 크로퍼드 Marion Crawford와 부부가 되었다. 그의 박사논문 제출금지 기한이 끝난 1940년 5월(그의 스물다섯번째 생일달)에는 매리언이 이미 박사과정을 끝낸 상태였고 젊은 부부에게 첫 아이가 생긴 이후였다.

대공황 당시에 성년을 맞이한 많은 청년들이 그랬듯이 새뮤얼슨도 마음이 급했다. 78회전 레코드를 뒤집는 데 버려지는 시간을 최소화하고자 베토벤의 9번 교향곡의 순서를 뒤바꿈으로써 유럽 친구들을 경악시키기도 했다. 새뮤얼슨은 하버드로부터 종신교수직을 제안받을 것을 기대하며 학위논문에만 몰두했다. 타자는 매리언이 쳐주었다. 논문은 『경제분석의 기초Foundations of Economic Analysis』라는 제목으로 제출되었다. 경제이론의 위기를 한탄하는 슘페터의 1931년 논문에 일부 영감을 받은 논문이자 어빙 피셔의 학위논문과의 가족유사성을 보여주는 논문이었다. 한 마디로 이 논문은 현대 경제이론에 대한 야심찬 공격이었다. 논문의 방법은 "단순한 산술과 논리"였고, 논문의 목표는 이론의 상당 부분이 더 단순하고 더 기초적인 명제들로 압축될 수 있음을 보여주는 것이었다. "펜나이프 하나를 들고 정글을 뚫고나가는 느낌이었다. 모순, 중첩, 혼란이 뒤엉켜 있었다."라고 후일 새뮤얼슨은 회상했다.[18]

『경제분석의 기초』가 이룬 성과는 버트런드 러셀의 『수학의 원리』와 존 폰 노이만John von Neumann의 『양자역학의 수학적 기초 Mathematical Foundation of Quantum Mechanics』가 이루고자 한 성과이자 1890년에 마셜의 『경제학 원리』가 이미 이룬 성과였다. 시카고에서 공부한 뉴딜 지지자 허버트 스타인은 새뮤얼슨의 성과를 전前-피셔, 전前-케인스 경제학과 비교함으로써 전자에 대한 가장 통찰력 있는 설명을 내놓았다. 전에는 실직자들에게 일거리를 주었는데, 그 뒤로는 실직자들이 있으면 제도의 한쪽(통화공급이나 세율)을 조정하는 것이 제도 반대쪽(고용)에 영향을 미칠 것이라는 가정 하에 제도를 만지작거렸다. 이것이 새로 나온 "총체경제학", 곧 거시경제학의 실질적 함의였다. 피셔와 케인스의 경제학의 새로움은 바로 이런 점이었다.[19]

경제의 서로 다른 부분들 사이의 연결을 강조하는 것, 아울러 간접적, 이차적 효과를 강조하는 것은 왜 새로운 거시경제학이 수학을 토대로 했는가를 설명해주기도 한다. 수학이 없으면 통합된 체계를 분석할 수 없다. 수학을 가지고 경제문제를 분석하는 것이 유용한가 그렇지 않은가를 놓고 수시로 논쟁이 벌어진다.(컴퓨터가 수학적 공리를 증명하는 데 유용한가를 놓고 논쟁이 벌어지는 것과 마찬가지다.) 경제학자는 공학자, 핵물리학자, 작곡가와 마찬가지로 문제 해결자다. 경제학자 역시 기존의 도구로 풀 수 없는 문제를 만나면, 새로운 도구를 시험한다. 사실 구세대는 대개 이 말이 무슨 말인지 모르고, 새로운 기법을 익히지 못하는 경우도 많지만, 대공황과 2차대전 중에 성년이 된 새뮤얼슨 세대에게 수학이 언어라는 윌러드 기브스의 말은 더없이 당연한 말로 들렸다. 수학의 사용이 다른 언어들을 위축시키지 않을까 하는 우려는 알고 보면 쓸데없는 우려였다. 경제학에 주요한 영향을 미친 수학자 중 하나인 존 폰 노이만은 독일어를 즉석에서 영어로 옮길 수 있었고, 아울러 디킨스를 단어 하나 안 틀리고 인용할 수 있었다. 새뮤얼슨의 언어능력은 그보다도 탁월했다.

『경제분석의 기초』가 1930년대(극히 혁신적이었던 시기)의 산물이라는 것은 아마 우연이 아니었을 것이다. 하버드에서의 첫 한 해에 일반원리들을 얻은 새뮤얼슨은 1937학년도에서 1940학년도까지 명예교우회 후임연구원Junior Fellow으로 있는 3년 동안『경제분석의 기초』의 요지를 만들어냈다. "『경제분석의 기초』는 분명한 구상의 순간이 없었다. 1936년부터 1941년 사이에 서서히 진전되었다."라고 새뮤얼슨은 회상했다.[20] 그러나 그 풍년기에 만들어진 무수한 사상과 발명이 그랬듯『경제분석의 기초』는 2차대전 탓에 출판시장에 나오지 못했다. 새뮤얼슨의 박사논문 발표회장에서 슘페터가 레온티에프에게 "으음…… **우리는** 통과했던가?"라고 물었다는 말도 전해진다. 폰 노이만과 오스카어 모르겐슈테른의『게임 이론과 경제행동Theory of Games and Economic Behavior』과는 달리, 새뮤얼슨의 박사논문은 유력 지지자나 부자 후견인도 없었다. 수학을 싫어했는지 유대인을 싫어했는지 어느 쪽이었는지는 모르지만 어쨌든 이 논문에 아주 적대적이었던 하버드 경제학과 학과장 해럴드 버뱅크Harold Burbank는 인쇄 플레이트를 폐기시키고 새뮤얼슨에게 비전임 강의만 맡겼다. 전쟁이 새로운 도구와 기법의 사용을 당연한 연구방

폴 앤서니 새뮤얼슨은 2차대전 후의 미국에서 가장 유력한 케인스주의자였다. 그의 세계관을 형성한 것은 곡창지대의 경제 붕괴, 플로리다의 부동산 거품, 그리고 대공황이었다. 그는 수학과 케인스 이론과 자신의 수많은 독창적 사상을 가지고 경제학을 현대화시켰다. 존 케네디를 비롯한 전후세대 미국인들은 그의 교과서와 《뉴스위크》 칼럼을 통해서 그의 새로운 경제학을 흡수했다. 그는 1963년 케네디 감세의 막후로 간주된다.

법으로 느껴지게 만든 후였으니, 1947년 후반기에 드디어 출간된 『경제분석의 기초』는 그만큼 더 열렬히 받아들여졌다. 새뮤얼슨은 존 베이츠 클라크 메달John Bates Clark Medal을 받았다.(40세 미만의 최고의 수학자에게 수여되는 필즈 메달Fields Medal의 등가물이었다.) 슘페터는 『경제분석의 기초』가 걸작이라고 공언했으며, 옛 제자 새뮤얼슨에게 "저녁에 읽으면 흥분에 밤잠을 설친다."라는 편지를 보내기도 했다.[21]

미국인들이 전후 경제에 대해 느끼던 우려에는 경제회복을 만들어낸 것이 전쟁이지 뉴딜이 아니라는 생각이 깔려 있었다. 영국인들의 주된 관심사는 인플레이션을 막되 국민의 엄청난 희생을 보상하는 것이었던 반면, 대부분의 미국인들의 걱정거리는 워싱턴이 군비지출을 삭감하고 수백만 병력을 동원해제시킬 경우 또다시 실업이 발생하지 않겠냐는 것이었다.

국가자원기획위원회(대통령 경제자문위원회의 전신)의 임무는 평시 경제로의 이행을 계획하는 것이었다. 새뮤얼슨과 함께 국가자원기획위원회 보고서를 작성했던 에버릿 헤이건Everett Hagen은 행정부의 합의전망치consensus forecast를 내놓는 일을 책임지고 있었다. 1944년 중반에 워싱턴의 경제 전문가들 사이에는 날카로운 대립각이 세워져 있었다. 뉴딜 지지자들은 전후 전망에 낙관적인 경향이 있었던 반면에, 케인스주의자들의 비관적인 경향이 있었다. 전쟁이 끝나면 기업은 재고를 채우고 낙후된 설비를 교체할 것이고 소비자도 비슷한 조치를 취할 것이므로 재고확충 호황이 올 가능성이 높다는 것은 새뮤얼슨도 인정했다. 그렇지만 호황이 오더라도 대규모 군비삭감에 부딪혀 단명하리라는 것이 그의 생각이었다.

동원해제는 새뮤얼슨의 예상보다도 빠르게 진행되었지만, 그가 예측했던 위기는 닥치지 않았다. 1947년에 급격하고 짧은 경기침체가 왔고, 그 후에 경제는 급히 반등했다. 기존 지상군에 대한 지출은 급감했지만, 냉전이 개시되면서 트루먼 행정부는 미국의 핵무기에 수억 달러를 쏟아부었다. 그가 미처 예측하지 못했던 것은 바로 억눌렸던 소비자 수요의 규모였다.(사람들은 집과 차와 가전제품 등 중산층 생활의 부속물에 목말라 있었고 은행에 상당한 저축을 가지고 있었다.) 이 민망스럽게도 잘못된 예측 탓에 학계에서 케인스주의가 더디 확산되었다고 새뮤얼슨은 항상 생각했다. 실수하기를 싫어하고 좀처럼 실수하지 않는 사람에게 있어 이력의 초반에 엄청난 실수를 저질렀던 일은 유익한 경험이었다. 이로써 새뮤얼슨은 경제예측에 좀 더 회의적인 태도를 취하게 되었고, 자기가 찬성하거나 반대하는 정책들을 판단할 때 좀 더 신중을 기하게 되었다.

동원해제는 MIT를 포함한 미국 칼리지들에게 노다지가 되었다. MIT에 신설된 경제학과도 마찬가지였다. 의회가 루스벨트의 1944년 교시의 여파 속에 통과시킨 유일한 경제권리장전은 제대군인원호법이었다. 그러나 이 조치는 전후 경제에 막대하고 지속적인 영향을 미치게 되었다. 영국에서 노동당 정부는 '요람에서 무덤까지'의 복지국가를 건설함으로써 영국 국민들이 전쟁 중에 감당했던 희생을 보상하고자 했다. 미국에서 제대군인원호법은 그에 상응하는 조치였다. 데이비드 케네디에 따르면, 이 조치에 심하게 반대한 것은 (새뮤얼슨과 프리드먼의 모교인) 시카고 대학, 그리고 그곳의 유명한 총장 로버트 허친스Robert

Hutchins뿐이었다. "칼리지와 대학은 어중이떠중이가 모여드는 정글 같은 곳이 될 것이다."라고 허친스는 경고했다.[22] 경제학 대학원 과정이 없었던 MIT는 좀 더 실리적인 입장을 취했다.

동원해제가 시작되기 직전인 1944년 6월에 제대군인원호법이 통과되었다. 새뮤얼슨은 방사능연구소를 상대로 다른 프로젝트들에 참여해야 하니 자기를 풀어달라고 사정하는 중이었다.(새뮤얼슨은 방사능연구소의 일을 지겹게 느끼고 있었다.) 맨해튼 프로젝트의 역사를 대필해달라는 제안을, 새뮤얼슨은 고려 후에 거절했다. 그동안 제대군인들이 케임브리지로 몰려들기 시작했고, 새뮤얼슨의 강의 부담은 기하급수적으로 늘었다. 1945년 4월, 학과장 랠프 프리먼Ralph Freeman은 새뮤얼슨에게 공학도를 위한 경제학 교과서를 써볼 것을 제안했다. 새뮤얼슨은 아직도 자기를 풀어주지 않고 있던 군에 보낸 편지에서 "나는 MIT로부터 반드시 필요한 프로젝트를 재개해주기를 요청받고 있습니다. 내가 아니고는 할 수 없는 일입니다."라고 했고, "훌륭한 경제학자를 시시한 수학자로 바꿔치기 하는 것이 국가적 이익에 위배되는 때가 다가오고 있습니다."라고 덧붙였다.[23]

MIT 신입생에게 경제학은 필수과목이었다.(변하는 시대를 보여주는 또 하나의 신호였다.) 골치 아픈 일은 "학생들이 다들 경제학을 싫어한다."라는 것이었다.(프리드먼이 새뮤얼슨에게 귀띔해준 말이지만, 새뮤얼슨이 그것을 모르고 있지는 않았을 것이다.) 일본의 진주만 공습 다음 날, 배즐 댄디슨Basil Dandison이라는 맥그로힐 출판사 교재영업사원이 하버드 경제학과에 들렀을 때 연구실을 지키고 있던 교수는 한 명뿐이었다. 댄디슨은 그 교수에게 경제학 교재를 집필할 사람을 찾는다고 했고, 최근에 똑똑하고 젊은 스타가 케임브리지 구석 공학 칼리지로 가 있다는 정보를 얻었다. 일본이 항복했을 때 댄디슨과 MIT 스타는 이미 계약을 체결한 후였다. "일이 아주 잘될 것 같았다."라고 댄디슨은 회상했다. 저자는 약삭빠르게 선인세를 거절하면서 당시에는 전례가 없었던 15퍼센트 인세를 요구했다.[24]

새뮤얼슨은 일단 방사능연구소로부터 풀려나면 여름 내로 교과서를 해치울 수 있을 것이라고 생각했다. 그러나 1945년, 새뮤얼슨은 전후 계획단체 한 곳의 책임자로 있던 MIT 공학자이자 레이시온 창업자 배너바 부시Vannevar Bush의 대필작가 3인에 합류하는 데 동의했다.(대필해야 하는 책은 부시가 루스벨트로부터 의뢰받은, 연구와 개발에 대한 보고서 『과학: 끝없는 전선Science: The Endless Frontier』이었다.)[25] 『경제학: 개론적 분석Economics: An Introductory Analysis』은 1948년 4월까지도 완성되지 않은 상태였다. 다만 MIT 공학도들은 등사판 인쇄물 형태의 가제본을 얻을 수 있었다.

1951년에 출판되어 선풍을 일으킨 『예일의 신과 인간: "학문의 자유"라는 미신God and Man at Yale: The Superstitions of "Academic Freedom"』에서 스물다섯 살의 저자 윌리엄 버클리 주니어William F. Buckley Jr.는 자신의 모교를 가열차게 비난했다. "예일 경제학의 최종적 영향"은 "전적으로 집단주의적인" 영향, 졸업생들이 옹호하는 기업가적 가치들과 대립하는 영향이었다고 그는 비난했다. 이를 증명하기 위해 그는 '경제학 10' 과목(예일 수강생의 평균 3분의 1이 수강하는 입문과목)의 교재들을 인용했다.[26] 거슬리는 교재 중 하나가 새뮤얼슨의 『경제학: 개론적 분석』이었다. 버클리는 새뮤얼슨에게 정부를 미화하고 경쟁 및 개인 주도권을 폄훼한다는 비난을 가했고, 새뮤얼슨의 "특유의 입심과 [……] 연속극적 호소력"에 짜증을 표했다.[27] 버클리를 특히 분개하게 만든 것은 막대한 재산과 유산이 의심스럽다는 이 저자의 말이었다.

『경제학: 개론적 분석』에는 신성모독적인 내용이 많았고 전통적 지혜에 대한 인사치레는 거의 없었다.[28] 새뮤얼슨이 민간경제를 묘사할 때 환기하는 이미지는 애덤 스미스의 '보이지 않는 손'이 아니라 "조종장치 없는 기계"였다.[29] 새뮤얼슨이 생각하는 정부는 필요악이 아니라 현대의 필연이었다. 새뮤얼슨은 "생활의 복잡한 경제적 조건들로 인해 사회적 조율과 계획이 필요해진다."[30]라고 지적했고, "현대인은 더 이상 '최소의 통치가 최선의 통치'라고 생각할 수 없다."라고 강조했다.[31] 새뮤얼슨은 1차대전 전의 금본위제에 의해 부과된 통화규율을 가볍게 일축하면서, 이것은 "한 나라를 그 나라의 경제적 운명의 주인으로 만들기보다는 노예로 만든다."라고 했다.[32] 또 새뮤얼슨은 예산 맞추기 역시 구시대적인 집착이라고 보면서, "적자지출에 중독된 나라가, 우리가 살아있는 동안에는 물론이고 그 이후까지도, 적자지출 정책을 추진하지 못할 기술적, 재정적 이유는 없다."라고 했다.[33]

『경제학: 개론적 분석』은 청년이 다른 청년들을 향해 직접 발언하는 저서였다.

오른쪽에 앉아 있는 친구와 왼쪽에 앉아 있는 친구를 잘 보아두자.(……)
현대경제학의 가장 큰 문제는 [……] 불황을 낳는 원인이 무엇이냐는 것, 그리고 번영과 완전고용과 높은 생활수준을 낳는 원인이 무엇이냐는 것이다. 그러나 그에 못지않게 중요한 사실(20세기 역사로부터 확실하게 읽어낼 수 있는 사실)은 민주주의의 정치적 건강이 안정적인 고용 및 노동기회의 유지와 긴밀하게 연결되어 있다는 것이다. 독재체제가 광범위하게 만들어지고 결과적으로 2차대전이 발발한 것의 적잖은 원인은 세계가 이 기본적인 경제적 문제를 제대로 다루지 못한 것이라고 해도 과언이 아니다.[34]

큰 정부와 아래로부터의 민주주의라는 시대정신을 포착한 새뮤얼슨은 "자본주의적 생활방식이 도마에 올랐다."라는 거창하게 선언했다.[35] 이 책의 구성에는 새로운 우선순위가 나타나 있었다. 새뮤얼슨은 국민소득이 어떻게 생산되고 분배되고 지출되는지, 그리고 정부의 과세와 지출이 어떻게 민간경제에 영향을 미치는지를 설명함으로써 이 책을 시작한다. 이것이야말로 "전후 경제세계를 이해하는 데 중요한" 주제인 동시에 "사람들이 가장 흥미롭게 생각하는 주제"이기 때문이다. 통상적 순서를 뒤집어 거시경제를 앞에 배치하고 기업 및 소비자 선택 이론 같은 전통적 주제를 후반부에 배치한 것이다. 전시의 저축과 정부채매입이 투자에 새로운 관심을 불러일으키고 있다는 것과 공학도들이 줄지 않게 하기가 어렵다는 것을 느낀 새뮤얼슨은 개인재정과 증시를 다루는 장을 포함시키기도 했다.

본질적으로 이 책은 새로운 케인스주의 경제학과 마셜에게 물려받은 경제이론을 통합하는 책, 아울러 마셜이 그랬듯 저자 자신의 통찰과 기법을 삽입하는 책이었다. 『경제학: 개론적 분석』 4판에서 새뮤얼슨은 자신의 접근방식을 "신고전주의적 종합"으로 명명했다.[36] 마셜과 슘페터가 생활수준 향상의 일차적 동력으로 강조했던 것은 생산성 향

상이었다. 여기에 새뮤얼슨은 "대량실업 예방의 중요성"을 덧붙였다.[37]

새로운 이론의 함의를 설명하기 위해 그는 『이상한 나라의 앨리스』를 끌어왔다. 완전고용의 세계, 다시 말해, 희소성과 대체성의 세계(공짜 점심이란 존재하지 않는 세계, 하나를 얻으려면 다른 하나를 포기해야 하는 세계)에서는 옛 규칙들(수학의 언어로 더 정확하게 진술될 수 있을 규칙들)이 적용되었다. 한편 케인스의 세계, 곧 풍요와 불완전고용의 세계에서는 뭔가를 공짜로 얻는 것 등의 불가능한 일이 가능해졌다. 가장 좋은 예는 "절약의 역설"이다.[38] 완전고용 경제에서 가계가 소득 대비 저축을 늘리면 총저축은 늘어난다. 반면에 불황 중에 저축을 늘리면 오히려 총저축은 줄어든다. 지출을 줄이면 생산과 소득이 (따라서 저축이) 하락하기 때문이다. 불완전고용에서는 "모든 것이 역행"한다. 똑같은 논리가 정부지출 축소에도 적용된다.

대공황은 하나의 시장의 붕괴가 아니라 시장들 간 조율의 붕괴였지만, 새뮤얼슨은 **거시경제학**이라는 용어(가계, 기업, 정부의 유효 수요나 총실업이나 인플레이션율 등을 가리키게 된 용어)를 만들어내지 않았다. 새뮤얼슨이 학생들에게 기억시키고 싶었던 하나의 메시지가 있었다면, 그것은 통화정책이 더 이상 작동하지 않는다는 것이었다. 새뮤얼슨은 대공황이 일어났다는 것 자체가 그 증거라고 단언했다. "오늘날 연방준비위의 통화정책이 경기관리의 만병통치약이라고 생각하는 경제학자는 거의 없다."[39] 연방준비위의 생각은 마치 1920년대 신여성 패션 못지않은 구닥다리로 보였다. 그로부터 한 해 전에 세상을 떠난 어빙 피셔에 대해서도, 그리고 1933년 이전의 케인스에 대해서도 같은 말을 할 수 있었다.

『경제학: 개론적 분석』이 대학 강의실에서 고삐 풀린 성공을 거둔 것이 워싱턴에서 신진 경제학자들이 환영받았다는 뜻이라고 생각하면 오산이다. 1950년대는, 지금은 아련한 향수로 감싸여 있지만, 세 차례에 걸친 경기침체 10년이었고,(그중 한 차례는 심각했다.) 끝으로 갈수록 실업률이 비교적 높은 10년이었다. 때로 역사 연구자들은 트루먼, 그리고 나중에 아이젠하워가 연방예산의 수지균형을 맞추어야 할 필요, 특히 군비지출을 축소해야 할 필요를 얼마나 심각하게 생각했는지를 과소평가한다. 또한 때로 역사 연구자들은 트루먼이 사용했던 호전적인 냉전 레토릭과, 그러한 발언을 뒷받침하고자 실제로 투입한 자원을 혼동한다. 그러나 허버트 스타인의 지적대로, 트루먼은 1945년뿐 아니라 1946년, 1947년, 1948년에도 지출의 축소를 꾀했다. 마셜플랜은 규칙이 아니라 예외였다.

　이론과 실제의 차이를 어떻게 설명해야 할까? 재정상의 신중함도 한 가지 설명일 것이다. 트루먼이 보았을 때 강력한 방위의 토대는 건강한 경제였으며, 연합국 승리의 중요한 원인은 미국이 민주주의의 병기고로서의 역할을 완수할 여력이 있었다는 점이었다. 중서부의 재정적, 경제적 보수주의자였던 트루먼이 보았을 때 (그리고 어쨌든 공화당 의회를 상대해야 했던 트루먼이 보았을 때) 최우선 과제는 연방정부의 연례적 적자를 없앰으로써 전쟁부채 축적을 막는 것이었다. 게다가 1940년에 미국의 국방이 완전히 부재했던 데에서도 알 수 있듯, 미국은 대규모 상비군 전통이 없는 나라였다. 독일이 패배하고 나자, 동원해제의 압력에 저항하는 것은 불가능한 일이었다. 국민개병제라는 트루먼의 후속 입법안은 압도적인 표차로 부결되었다. 이로써 미국 방위의 필요조건인 글로벌 방위를 푼돈으로 감당해야 하는 판이었다.

케인스 혁명이 워싱턴을 휩쓴 것은 60년대 이후였다. 새뮤얼슨의 학생 중 가장 중요한 인물은 존 케네디John F. Kennedy였는데, 그가 1960년 대선을 앞두고 새뮤얼슨에게 자기 가족들이 사는 케이프코드의 하이애니스포트에서 야외 세미나를 해달라고 했다. "진수성찬을 기대했는데, 프랭크 소시지를 넣은 콩죽을 먹었다."라고 나중에 새뮤얼슨은 농담했다.

전반적으로, 새뮤얼슨은 케네디의 냉정하고 타산적이고 신중한 기질을 좋아했다. 신임 대통령은 좀처럼 남의 손에 휘둘리지 않지만 일단 작정한 일은 끝까지 밀어붙이는 인물이었다. 대대적인 예산적자에도 불구하고, 케네디는 엄청난 감세를 요구했다. 부진한 경제와 밑바닥 지지율을 끌어올리기 위한 조치였다. 대국민 TV담화에서 케네디는 "최악의 적자는 경기침체에서 비롯됩니다."라고 했고, 개인과 기업의 세율을 내리는 일은 "경기침체가 다시 오는 것을 막기 위해 우리가 할 수 있는 가장 중요한 조치입니다."라고 덧붙였다.

대통령 암살 후 통과된 1963년 케네디 감세안은 대성공이었다. 1970년에는 대통령 리처드 닉슨Richard Nixon이 "이제 우리는 다 케인스주의자들"이라고 말하고 다니고 있었지만, 사실 케인스주의 이론에서 감세는 경기관리의 최고수위선이었다. 케인스주의는 스태그플레이션(1970년대와 1980년대에 세계에서 가장 부유한 경제단위들을 괴롭힌 실업, 인플레이션, 생산력 침체의 고약한 결합)에 의해 무너진 것이지 경쟁 이론에 의해 무너진 것이 아니라는 것이 새뮤얼슨의 견해였다. 그러나 1950년대 후반과 1960년대 초반에 밀턴 프리드먼은 이미 시카고 대학을 진지 삼아 이 지배적인 패러

다임을 대대적으로 공격하고 있었다. 무엇보다도 그는 정부가 예산을 만지작거림으로써 실업과 인플레이션의 배합률을 원하는 대로 골라잡을 수 있다는 생각에 이의를 제기했다. 어빙 피셔의 유산을 부활시키고, 아울러 통화공급이 경제생산 수준을 결정한다는 이론을 부활시킨 프리드먼은, 대공황을 통화관리에서의 대실패로 재해석하면서, 통화가 중요한 문제라는 것을 우선 젊은 경제학자들에게 납득시켰고 나중에는 대통령 지미 카터Jimmy Carter에게 납득시켰다.(카터는 폴 볼커Paul Volcker를 임명해 인플레이션이라는 괴물을 길들이게 했다.) 프리드먼과 새뮤얼슨은 둘 다 정부에 복귀하지 않았다. 둘 다 대통령이나 연방정부의 참모가 되는 것보다는 가르치고 글을 쓰는 것이 더 큰 영향력을 행사할 수 있는 방법이라고 믿었던 것이다.

17장

거대한 환상:
모스크바와 베이징의 로빈슨

> 요새는 경제이론을 강의하기가 아주 어렵습니다. 사회주의 국가도 있고 자본주의 국가도 있으니까요.
>
> — 조앤 로빈슨, 1945[1]

4월의 모스크바는 아직 눈이 녹지 않은 몹시 추운 곳이다. 하지만 거의 밤 9시가 될 때까지 날이 저물지 않고, 미모사꽃을 파는 시골 노파들이 갑자기 길모퉁이를 돌아나오기도 한다. 윈스턴 처칠이 영국이 원자폭탄을 보유하고 있다고 발표한 직후인 1950년 봄, 조앤 로빈슨은 크렘린의 황금 돔을 바라보면서 가슴이 터질 듯한 감격에 휩싸였다. 대단히 친숙한 동시에 이상하게 비현실적인 장면이었다. 그녀는 리처드 칸에게 "나는 바라보고 또 바라보지만, 내 눈에 보이는 저것이 정말로 저기에 있는지, 저것을 보고 있는 것이 정말로 나인지 모르겠습니다."라는 편지를 보냈다.[2]

나중에 로빈슨은 거대한 꼴룸 홀에서 거창한 연설과 평화 결의문과 '스코틀랜드 여성들'이 보내는 '우애'의 인사를 듣고 있었지만, 로빈슨의 머릿속은 밖에서 보았던 새 사회의 장면들로 가득했다. 농민들의 시장에는 장밋빛 래디시와 연두색 상추가 쌓여 있었고, 생기가 넘치는 상점 창문에는 석고로 제작된 햄, 소시지, 치즈 등이 진열돼 있었고(영국에서처럼 진짜가 동났기 때문이 아니라 음식이 진열대에서 버려지는 것을 막기 위해서였다.) 무료 주간 탁아소에는 여성 노동자들이 맡기고 간 입성 좋고 발육 좋은 아이들이 있었고, 작아진 옷들을 재활용할 수 있는 기발한 위탁판매점이 있었다.("이 얼마나 좋은 생각인가!") "공공의 질서와 청결은 '스웨덴' 기준"에 맞먹었지만 스칸디나비아의 음울한 분위기는 찾아볼 수 없었다. 음산하고 지저분하고 퇴락한 런던과 얼마나 대조적인가?[3]

로빈슨은 주최 측의 동양식 아량을 느긋이 즐겼다. 최초의 사회주의 강대국은 돈이 정말 폐기됐나 싶을 만큼 아량이 넓었다. 파견단 400명이 왕 같은 대접을 받았다. 그들에게 제공된 숙소는 "빙글빙글 돌아가는 계단, 샹들리에, 공작석 기둥"[4]이 갖춰진 호텔로, 어떤 술탄에게라도 충분히 웅장한 곳이었다. 체코슬로바키아의 프라하에서부터는 여행 경비가 무료였다. 파견단 전원에게 용돈 1000루블이 주어졌다. 전문 상점에서 보드카, 모피, 캐비아를 살 수 있는 액수였다.[5] 100대의 검은색 리무진 함대가 제복 입은 운전수와 함께 상시 대기했다.(다만 로빈슨은 시가지 지도도 없었고 러시아어도 할 줄 몰랐지만 지하철과 트램을 이용하겠다고 고집했다.)[6] 언제라도 오페라와 발레 공연에서 제일 좋은 좌석에 앉을 수 있었다. 영국 배급식량은 분말형 으깬 감자와 젖은 빵맛 소시지였는데, 모스크바 만찬들은 "굉장했다." 먹는다는 일상적인 행위마저 "지는" 강대국이 아닌 "뜨는" 강대국이 무엇인지를 상기시키는 듯했다. 어느 날 연회를 마친 후에 조앤은 "빅토리아 시대에 식탁 앞에 앉은 사람이 요리들 속에

서 바다의 뱃길을 느꼈듯, 그때 나는 요리들 속에서 대륙이 펼쳐지는 것을 느꼈다."라고 했다.[7]

로빈슨은 주최 측 러시아가 "동양식 아량"에도 불구하고 회의 진행에서 "북유럽식 효율성"을 보여주었다는 것을 강조했다. 파견단은 500명의 통역자, 번역자, 타자수, 배달원 등 보조인력들을 마음대로 부릴 수 있었다.(파견단 1인당 보조인력 1명 이상이었다.) "모든 통역자와 자동차와 가이드가 하는 일은 우리의 거동을 살피는 것이 아니라 우리의 편의를 살피는 것"이라고 로빈슨은 확신했다. 러시아는 공공연한 프로파간다를 자제하기로 한 약속을 세심히 지켰다.(《타임》의 보도에 따르면, 평소에는 모든 라운지에 걸려 있던 스탈린의 실물크기 초상화까지 치워져 있었다.[8]) 로빈슨은 런던에서 "편협한 영국인에게 쌀쌀맞게 굴 수 있듯이, 모스크바에서는 편협한 동방인에게 쌀쌀맞게 굴 수 있다."라며 모스크바는 인종차별을 극복한 곳이라고 흥분했다.[9] 이것이 바로 서방이 부인하고 있는 현실이라는 것이었다.

로빈슨은 서방의 미래에 대한 어두운 예감 대신 동방에 대한 팡글로스적 낙관으로 가득찼다. 이 회담은 사회주의의 브레튼우즈요, 사회주의자들의 국제연합이었다. 회담장에 "교묘히 장착된" 동시통역기는 하나 되는 글로벌 경제 및 글로벌 이해라는 파견단의 소망을 담은 것 같았다.[10] 대부분의 파견단과 마찬가지로 로빈슨 역시 세계경제에 균열이 생긴 것은 냉전 때문이고 냉전을 선동하는 것은 미국이라는 신흥 제국주의 초강대국이라고 보았다. 영국 파견단 23인의 파견단장 보이드 오어 경Lord Boyd Orr이 동방과 서방에게 "서방에 필요한 잉여의 재화를 동방으로부터 실어오고 동방에 필요한 잉여의 재화를 서방으로부터 실어감으로써 철의 장막을 무너뜨릴 것을 촉구"했는데, 이것은 파견단 전체의 바람을 표현한 것이었다.[11] 파견단의 연이은 주장에 따르면, 일단 "인위적 장벽"(미국이 소비에트 블록에 전략적 수출을 금지시킨 것 같은 새로운 조치들)이 제거된다면, 동서 무역이 지금의 미미한 수준에서 엄청난 수준으로 늘어날 것이고 이로써 경제적 병폐들(영국 섬유산업 실업 문제에서부터 인도의 만성빈곤 문제에 이르기까지)을 일소할 수 있을 것이었다. 미국 파견단의 누군가에 따르면, 무역협정은 "박애의 영적 연쇄반응"을 촉발시킬 것이고 핵 홀로코스트를 벗어나게 해줄 것이었다.

모스크바 도착 일주일 후, 로빈슨은 스탈린이 독재자가 아니라 배려하는 아버지(다만 엄격하고 다소 거리감이 느껴지는 아버지)라고 판단했다. 로빈슨은 자기가 보기에 특별히 감동적이었던 이야기 하나를 소개했다. 전쟁 전에 어느 모스크바 가정에서 일했던 늙은 요리사가 나치 침공 후에 시골 읍내의 공장노동을 배정받았다. 전쟁이 끝났을 때, 주인 가족은 당국의 허가로 모스크바로 돌아올 수 있었지만, 늙은 하녀는 뒤에 남겨졌다. 로빈슨에 따르면 "그녀는 정규 경로들로 당국의 허가를 받는 데 실패한 후 스탈린에게 편지를 썼다. 공장노동은 자기에게 맞지 않고, 시골 읍내는 완전히 파괴되었으며, 이 세상에서 자기가 의지할 사람은 옛 주인마님뿐이라는 편지였다. 그녀는 3주 내로 허가를 받았다."[12]

로빈슨은 냉전이라는 실책의 뿌리가 소련의 계략이라기보다는 미국의 편집증이라는 그 어느 때보다도 강한 확신 속에 모스크바를 떠났다. 그녀가 케임브리지로 돌아온 직후에 출판된 『컨퍼런스 스케치북 *Conference Sketchbook*』은 태평스러운 결론을 맺고 있었다. "소비에트는 우리의 영혼을 말로든 행동으로든 구원하겠다는 소망을 조금도 갖고 있지 않다는 것을 나는 머리부터 발끝까지 확신하고 있다."라는 결론이었다. 소비에트의 행위동기가 서방으로부터 포위당할 것에 대한 두려움이라는 확신을 표시했는데, 소비에트가 동유럽을 강제로 통치하려고 하는 상황을 명시하지는 않았다. "그들이 우리가 자기네들을 내버려둘 것이라고 확신할 수 있다면, 우리가 지옥으로 가든 어디로 가든 그들은 우리를 기꺼이 내버려둘 것이다. 우리 쪽 공산주의자들이 다른 생각을 갖고 있다면 그건 그 사람들의 잘못이다."[13]

로빈슨이 그린 자신의 모습은 새로운 사회주의 메카의 순례자가 아니라 객관적 관찰자이자 진상조사자였다. 그녀는 자기를 포함한 회담 참가자들이 "누군가로부터 파견된 이들이 아니라 오합지졸" 같은 사람들, 그러나 "우리가 여기서 본 모든 것에 대해 정확한 진상을 조사하는 것의 중요성"을 인식하고 있는 사람들이라고 주장했다.[14] 그러나 그녀가 사람들이 자기 말을 꼭 믿어주리라고 기대했던 것은 아니었다. 그녀는 리처드 칸에게 "우리가 돌아가면 사람들은 우리를 비방하겠지만 우리는 그런 모든 비방들을 감당할 각오가 되어 있습니다."라는 편지를 보냈다.[15] 그러나 돌아온 그녀는 비방을 당하지 않았다. 오히려 그녀가 케임브리지에서 행한 소비에트 사회에 대한 강연들은 남부럽지 않은 규모의 청중을 모았다. 미국 억양의 어느 학부생이 조심스럽게 물었다. "하지만 유대인 의사들의 이오시프 스탈린 암살 기도설이 있던데요?" 그녀는 아무 주저 없이 대꾸했다. "당신네 남부에는 린치가 있던데요?"[16]

그때 이미 로빈슨은 공산당 블록의 행사용 지식인Parade-Intellekuellen

이 되는 길에 들어선 지 오래였다. 연례 시찰, 유력자들과의 사진촬영, 모스크바 은행계좌, 동지 네트워크(대개 정부 기관원들, 지하 공산당원들, 첩보원들로 이루어진)가 뒤따르는, 고되지만 보람 있는 역할이었다.

사회주의라는 이상한 나라로 굴러떨어져 앨리스처럼 눈이 동그래진 이 화자가 실은 회담 조직책 중 하나라는 것을 만약에 『컨퍼런스 스케치북』독자가 알았다면 놀라지 않을 수 없었을 것이다. 사실 로빈슨은 발의위원회의 구성원이었다.(영국인은 그녀를 포함해 두 명이었다.) 단, 그녀의 주장은 "오랜 친구 오스카 랑게 Oskar Lange"(폴란드의 경제학자 겸 중앙정책 기획자이자 KGB 협력자)가 부탁하기에 서명했을 뿐이라는 것이었다. 영국 외무부는 그녀가 회담 "동기들을 익히 알고 있다."라고 생각했다. 위원회의 다른 위원들은 그녀의 "관점이 극단적이었다."라고 했다.[17] 또 다른 영국 파견단이었던 잭 패리 Jack Parry(영국 공산당 관리 겸 사업가)도 그녀와 비슷한 견해를 가지고 있었다. 역시 영국 파견단이었던 앨릭 케언크로스 Alec Cairncross에 따르면, 모스크바행 파견단은 이 회담이 원래 "공산당 평화 캠페인의 일환"으로 기획되었다는 것을 알고 있었으며, 스탈린이 이 회담을 주최한 동기가 주로 정치적인 동기(곧 "미국과 유럽 동맹국들 사이에 쐐기 박기")라는 점을 당연한 것으로 여겼다.[18] 랑게, 위르겐 쿠진스키 Jurgen Kuczynski, 피에로 스라파, 찰스 매지 Charles Madge를 포함하여 회담에 참석한 경제학자들은 거의 모두 공산당원 아니면 공산당 동조자였다.

그렇다고 해서 로빈슨이 해리 덱스터 화이트에 비해 스탈린의 머릿속을 더 깊이 통찰했냐 하면 그런 것은 아니었다. 예를 들어, 그녀는 스탈린이 그로부터 불과 몇 주 전에 이 회담의 대전제를 부정했다는 것은 몰랐을 것이다. 2월 초에 중앙위원회에 배포된 연설문에서 스탈린은 서구와의 평화공존 및 경제수렴이 이루어져야 한다는 생각(그녀 같은 단일세계론자에게는 복음과도 같은 생각)을 원론적으로 공격하면서, 단일화된 글로벌 경제의 복구를 예언하는 소비에트 공산당원들은 종전을 전후로 난무했던 국제협력 탓에 상황을 오판하고 있다고 비난했다. 2차대전의 가장 큰 유산은 "두 개의 평행하는 세계시장", 곧 글로벌 경제의 영구분리라는 것이었다. 사회주의 경제와 자본주의 경제는 상호 독립적이자 상호 대립적으로 진화할 것이었다. 이러한 진화의 "불가피한" 결과는 서구 경제위기의 심화, 제국주의 경쟁의 악화, 그리고 마지막으로 미국과 영국 간의 동족상잔의 전쟁일 것이었다. "자본주의 국가들 사이의 전쟁은 여전히 불가피하다."[19] 스탈린은 이런 모든 일이 과학적 법칙에 따라서 일어나리라고 중앙위원회 앞에서 장담했다.

　미국의 냉전사 연구자 존 개디스는 스탈린의 말이 진심이었다고 결론짓고 있다.[20] 스탈린이 세속적 묵시록을 신봉한 정도는 한 세기 전의 마르크스와 엥겔스에 못지않아 보이기도 한다. 연설문 내용이 알려졌더라면, 주최측 러시아인들은 회담 타이밍상 난처한 입장에 빠졌을 것이다. 한편에서 이미 주최측은 영국 섬유제조업자들과 기타 업자들을 참가시키고자 대규모 주문의 미끼를 걸어놓았는데, 다른 한편에서 스탈린은 공산주의 블록이 조만간 서양으로부터의 수입을 끊을 수 있을 것이라는 주장까지 해버린 것이다. 오히려 소련과 그 동맹국들이 곧 "잉여생산물을 수출할 시장을 찾아야 할 필요를 느낄 것"이라는 것이 스탈린의 주장이었다.[21] 그렇지만 회담 전날 스탈린은 다른 나라들과 다른 조건들이 국내의 사안에 개입하지 않을 경우 "자본주의와 공산

주의의 평화공존"이 가능하리라는 좀 더 전략적인 관점을 채택했다.²²

로빈슨이 이러한 일련의 행태에 낙담했는지는 모르지만, 자기의 낙담을 공개적으로 또는 칸에게 보내는 편지에서 드러내고 표한 적은 없었다. 필시 로빈슨을 포함해서 파견단의 그 누구도 스탈린의 중앙위원회 연설문을 본 적이 없었을 것이다. 연설문을 공개하지 않고 있던 스탈린은 10월에 비로소 영어 번역문을 언론에 뿌렸다.²³ 회담에서 계약이 체결된 무역량은 보잘것없었고, 보잘것없는 성과를 부풀린 레토릭과 비교하면 더욱 그러했다. 어느 경제학자의 추산에 따르면, 당시 제안서들에서 암시된 동서무역 규모는 전전 수준보다 한참 아래였다.

필시 로빈슨도 수상쩍게 여겼을 것이다. 언젠가 로빈슨이 본의 아니게 들어가게 된 상무부 집무실에는 책상마다 주판과 탁상 계산기가 나란히 놓여 있었다. 필시 이 기이한 병치(현대적인 것과 옛날 것의 병치)가 로빈슨으로 하여금 또 다른 기이함(회담에서 "수치를 인용하지 않는 것을 예술의 경지로 끌어올린" 소비에트 경제학자들)에 관심을 갖게 했을 것이다.²⁴

로빈슨의 전기작가 중 하나인 제프리 하커트(케임브리지 경제학자)는 그녀의 정치적 "개종"을 1936년으로 본다.²⁵ 영국 지식인이 1936년이라는 해에서 떠올리는 것은 대공황보다는 스페인 내전이었다.(당시 영국에서 대공황은 끝물이었다.) 독일과 이탈리아가 국민당 편에서 개입하고 소련이 공화당 편에서 개입하면서, 전쟁은 파시즘 대 공산주의의 대리전 양상을 띠었다. 스탈린이 스페인에서 파시스트들과 쾌히 맞붙음으로써 소련의 위상이 높아진 반면에, 개입을 거부한 영국과 미국은 좋게 말해 겁쟁이로 비치게 되었다.

그러나 1936년에 조앤은 자신의 시인(알레포의 어니스트 얼투니언)에게 반한 상태였고, 학문적으로는 케인스에게 홀린 상태였다. 조앤이 마르크스(케인스가 따분해한 저자)를 집어듦으로써 슘페터를 놀라게 한 것은 신경쇠약 회복기였던 1939년뿐이었다.(슘페터는 로빈슨을 존경했고, 로빈슨과 정기적으로 편지를 주고받았다.) 그녀의 전쟁 중 정치활동은 여러 노동당 자문위원회에 몸담았던 것, 노동당 소책자를 썼던 것, 여러 보고서에 참여했던 것 등이었다. 「베버리지 고용 보고서」도 그중 하나였고, 작성자는 그녀의 친한 친구 니컬러스 칼도어(똑똑한 헝가리인이자 런던정경대학 강사로, 로빈슨과 하이에크가 그랬듯 전쟁을 케임브리지에서 보내게 된 인물)였다. 로빈슨은 서구가 반복적 불황과 장기 스태그플레이션에 빠지는 것은 불가피한 일이라는 가정을 온갖 정치색의 케인스주의자들과 공유했지만, 1943년에는 이것이 해결 불가능한 문제일 가능성을 배제하지 않고 있었다. "실업 문제가 다른 모든 전후 문제들을 압도한다. 우리 생활의 기반이 되는 경제체제가 심판받고 있다. 현대세계는 사회주의 진영의 계획경제에서 위대한 실험을 보았다. […] 민주주의 국가들이 평화와 번영을 계획할 방법을 찾을 수 있을지는 아직 두고 봐야 한다."[26]

여타 노동당 경제학자들과 마찬가지로 로빈슨은 사회주의 진영의 계획경제와 케인스주의(세금 및 보조금을 통한 수요관리)의 혼합물을 옹호했다.[27] 노동조합회의Trade Union Congress의 고문으로서, 그녀는 계획경제에서는 국유가 요구된다는 점을 근거로 대다수 업종의 국유화를 주장했다.[28] 그녀가 선호한 해법은 정부의 경제계획, 정부의 투자관리, 핵심 업종 국유화를 시행하되 "주변부의 소규모 민간경제의 생존"을 허용하는 것, 단 민간경제가 관리경제를 지나치게 잠식하지 않게 하는 것이었다.²⁹ 전체적으로 노동당 좌익의 기준이었다. "1944년에는 전시 급진주의가 한풀 꺾인 이후였고, 칼도어와 로빈슨이 내놓는 제안은 현저히 온건한 어조를 띠고 있었다."라고 한 역사가는 논평했다.³⁰ 1945년 12월에 워싱턴에서 돌아온 케인스가 '악명 높은' 미국 차관 조건(케인스가 힘들게 싸워서 얻어낸 조건, 그러나 좌파 우파 양쪽으로부터 맹렬하게 공격당한 조건)을 발표했을 당시 로빈슨은 영국이 차관을 거절할 수 있는 처지도 아니고 미국을 멀리할 수 있는 처지도 아니라는 것을 인정함으로써 케인스를 공개 지지했다.

1945년에 노동당이 압승을 거둔 후, 로빈슨은 지도부에 반대하는 극좌파에 동조했다. 1931년 노동당 정부와는 달리, 클레먼트 애틀리 Clement Attlee 총리가 이끄는 노동자 정부는 노동당이 전시에 내걸었던 공약들(산업을 국유화하고 요람에서 무덤까지의 복지국가를 창조한다는 공약)을 곧장 이행하기 시작했다. 실업이 사라지고 실질임금이 상승했는데, 로빈슨은 노동당 지도부에 오히려 더 비판적인 태도를 보였다. 국내 사안으로부터 멀어지면서 점점 미국 패권과 핵전쟁 위협에 집착하는 모습이었다. 노동당 압승은 예상과는 달리 처칠의 극렬 친미반소 외교정책의 180도 전환으로 귀결되지 않았다. 역사가 조너선 슈니어Jonathan Schneer에 따르면, 노동당 외무장관 어니스트 베빈Ernest Bevin은 "전후 세계 구상과 관련해 러시아와 실질적 합의에 도달하는 것이 가능하다고는 생각지 않았다." 베빈의 "일차적 목적은 대부분의 보수당원들이 공유하는 목적, 곧 영국이 쇠락하면서 유럽의 안팎에 만들어진 힘의 공백을 미국인들이 메우게 하는 것, 러시아인들이 메우지 못하게 하는 것"이었다.³¹

1950년에 스탈린은 노동당이 "미국에 굽신대는 것"은 토리당보다도 더하다는 말을 영국 공산당의 우두머리 해리 폴릿Harry Pollitt에게 하기 시작했다.³² 선거 직후부터 시작된 스탈린의 노동당 공격은 노동당이 지도부를 중심으로 대오를 정비하게 하는 효과가 있었다.³³ 중공업 국유화와 국민보건제도 마련을 위해서 의회에서 맹렬 투쟁 중이었던 당내 좌익은 노동당이 토리당이나 마찬가지라는 말에 분개했다. 좌익은 여전히 비동맹에 경도돼 있었지만, 소련이 불가리아, 루마니아, 폴란드, 동독에서 행한 조치들에 대해서는 더 적대적인 입장이었다. 1946년에 벌써 노동당 지도부는 평화에 대한 주된 위협은 미국이 아니라 소련이라고 보고 있었다.

극좌파는 요샛말로 인권 문제라고 할 수 있는 문제를 가지고 주류에 맞섰다. 구성원은 로빈슨 같은 적극주의자 10여 명에 불과했다. 당내 좌파 대부분은 미국의 정치적 자유주의자들보다 훨씬 결연하게 반공적이었다. 프릿D. N. Pritt과 플래츠-밀스John Platts-Mills 등 공공연한 공산주의자들은 축출당했고, 노동당과 제휴하겠다는 영국 공산당의 요구는 거부당했다. 확실한 친소계였던 해럴드 래스키Harold Laski(런던정경대학의 유명 마르크스주의 정치학자 겸 1945년 노동당 의장)조차 지도부의 조치를 옹호했다. 공산주의자들이 "여단 내의 비밀 낙하산부대처럼 행동하고 있다. […] 은밀한 목적을 위해 진실함과 공정함에 대한 모든 고려를 저버리는 것도 불사한다."라는 것이 그의 주장이었다.³⁴ 영국 좌파 대부분에 대해 말하자면, 소련과의 전시 로맨스는 이미 지난 일이었다.

로빈슨은 예외적이었다. 그녀는 기질적으로 권위주의적이었고, 민주주의의 특징인 정치적 타협을 경멸했다. 스탈린이 자국에서 숙청을 자행한다는 것도 스탈린이 외국에서 분란을 틈타서 이익을 얻는다는 것도(정확히 말하면 이익을 얻고자 분란을 일으킨다는 것도) 그녀의 생각을 바꾸지 못했다. 스탈린에 대한 보편적 비난이 그녀에게는 오히려 스탈린의 매력으로 작용했다. 그녀의 머릿속에서는 미국이 세계평화에 대한 최대 위협이었다. "모든 것을 압도하는 가장 큰 문제는 러시아가 공격을 계획 중이냐는 것이다. 러시아가 공격을 계획 중이 아니라면, 우리의 정책 전체가 무의미하니까." 로빈슨은 미국이 이념공격과 군사공격을 혼동하고 있다고 비난하면서, "미국에서 재무장을 기반으로 일구어진 거대한 호황은 불안할 정도가 되었다. […] 평화적 데탕트가 도래하거나 재무장 지출이 갑자기 중단될 수 있다는 전망은 그들의 경제를 위협한다. […] 가장 저항이 덜한 노선은 지금의 지출을 이어나가는 것이다. 내가 보기에는 그것이 현재상황에서 최대위협이다."라고 주장했다.[35]

마셜플랜은 마치 청천벽력과도 같이 영국 좌파를 양분시켰다. 1947년 6월 5일, 국무장관 조지 마셜George C. Marshall은 하버드 연설에서 자신의 계획을 요약했다. "미국은 세계의 경제적 건강이 정상으로 회복되는 것을 돕기 위해 가능한 한 무슨 일이든 해야 합니다. 경제적 건강이 없으면 정치적 안정도 확고한 평화도 있을 수 없습니다." 마셜플랜은 국제통화기금과 세계은행을 무색하게 했다.(국제통화기금은 "하는 일이 거의 없"었고, 세계은행은 재건을 위한 대부를 거부하면서 자산을 아끼고 있었다.) 리처드 가드너Richard Gardner는 1949년 국제통화기금 이사회 보고서는 "전시에 품었던 다자주의에의 소망을 파묻는 가슴 아픈 묘비명"이었다면서 "양자간 무역과 양자간 통화에 대한 의존도는 전전에 비해서 훨씬 높다."라고 결론 짓고 있다.[36] 한 달도 못 되어, 소련 외무장관 바체슬라프 몰로토프Vyacheslav Molotov는 파리에서 열린 공산국가들의 회의에서 마셜플랜을 공개적으로 거부하면서, 이것을 가리켜 "미국이 유럽을 노예로 삼으려는 계획"이라고 칭했다.

노동당이 미국의 원조를 "통일 속에 번영하는 유럽"으로 나아가는 중요한 한 걸음이라고 환영한 후, 로빈슨은 이를 발 빠르게 비난했다.[37] 6월 25일 BBC「런던 포럼」에서, 로빈슨은 미국에서 오는 돈은 "서구 반공 블록"을 형성할 것이고 이로써 전쟁 가능성을 증가시킬 것이라고 주장하면서, "우리가 달러를 받아챙기고 유럽을 분열시킴으로써 서구의 가치가 수호되리라고 말할 수는 없다고 생각합니다. 오히려 나는 서구의 가치가 위험에 빠지리라고 생각합니다."라고 덧붙였다.[38] 소비에트와 그 동유럽 동맹국들이 미국의 원조제의를 거부했듯이, 영국도 그래야 한다는 말이었다. 로빈슨은 이러한 입장을 취함으로써 노동당 뒤에서 결집한 거의 모든 영국 좌파들과 불화했다. 유일한 예외는 노동당 정부가 "월 가에 나라를 팔아넘긴다."라고 공격한 영국 공산당이었다.[39]

로빈슨이 1940년대와 1950년대에 스탈린을 지지했던 것은 비어트리스 웨브가 1930년대에 스탈린에 열광했던 것보다 더 당혹스러운 일이었다.(로빈슨의 지지는 웨브의 지지보다 더 무조건적이었다.) 전에 로빈슨이 케인스를 숭배했던 방식과도 비슷했다.(당시 로빈슨은 케인스를 우상으로 바라보는 것 같았다.)[40] 정치학자 빌 존스Bill Jones의 1977년 저서『러시아 콤플렉스: 영국 노동당과 소련The Russia Complex: The British Labour Party and the Soviet Union』에 따르면, 1946년에 노동당 내 공산당 동조자 수는 스무 명을 넘지 않았다. 로빈슨은 소련을 옹호함으로써 래스키와도 멀어지고(조지 오웰은 래스키를 가리켜 "사회주의자를 자칭하지만, 기질적으로는 자유주의자"라고 칭했다.) 대다수 노동당 좌파와도 멀어졌다. 이것은 거짓을 어느 정도 감수해야 하고 아울러 남들의 거짓과 어느 정도 공모해야 하는 노선이었으니, 그녀의 가문의 전통에 대한 거부나 마찬가지였다. "말할 수 없는 것에 대해서는 침묵해야 한다."라는 말은 루트비히 비트겐슈타인의 『논리철학 논고』의 유명한 결론이었다. 로빈슨은 의견을 말해야 할 때는 용감하게 나섰지만, 자기가 소련과 어떤 관계냐에 대해서는 신중하게 침묵했다.

일찍이 1939년, 로빈슨은 리처드 칸에게 "내 정치적 충성심과 내 종족적 충성심 사이의 근본적 간극이 여러 해 전부터 지속적으로 그리고 점층적으로 나를 압박하고 있었습니다."라고 고백했다.[41] 로빈슨이 모스크바에 충성하기 시작했을 무렵, 서방이 몰락하리라는 그녀의 예감과 동방이 강성하리라는 그녀의 낙관은 신앙이 되어 있었고, 두 충성심의 간극에서 오는 압박감은 그 어느 때보다 심한 상태였다. 1952년 여름과 가을에, 그녀의 고양된 심리는 열기와 광기를 더해갔다. 그녀는 칸에게 보낸 편지에서 자기가 중대 비밀들을 알아내고 있다고, 당신과의 불만족스러운 관계를 해결할 방법도 알아낼 참이라고 했다. 그녀는 자기가 경제이론의 근간에 놓여 있는 숨은 결함을 발견했으며 사람들이 그러한 결함의 존재를 알기만 한다면 자본주의는 무너질 것이라는 확신을 키워갔다. 가을이 되면서, 그녀는 더 이상 잠을 자지 않았고, 말을 끊임없이 했고, 망상증 증세를 보였다. 리처드 칸, 오스틴 로빈슨, 어니스트 얼투리언이 모여 상의한 후에, 그녀는 또다시 병원으로 보내졌다. 이번의 입원은 6개월이었다.

그래도 그녀는 이듬해 봄에는 모스크바로 돌아갈 수 있을 정도로 회복되었다. 스탈린은 죽은 이후였고, 모스크바는 첫번째 정차역에 불

영국의 케인스 신봉자 중 가장 유명한 조앤 로빈슨은, 1950년대에 자신의 훌륭한 초기 업적들을 부인하며 스탈린과 마오쩌둥의 홍보용 지식인 중 하나가 되었다. 그녀는 주류 경제학에서의 미국 리더십을 가혹하게 비판했다. 이 사진에서 그녀는 뒤에 가려져 있다. 1953년 7월에 베이징에서 치 차오팅 박사, 롤란트 베르거, 해럴드 스펜서가 제1차 "아이스브레이킹" 무역거래에 서명하는 장면이다.

과했다.(꼼꼼히 짜인 순례 길은 그녀를 우선 베이징으로 데려갔고, 이어 러시아에 의존하는 일련의 제3세계 국가들, 곧 버마, 태국, 베트남, 이집트, 레바논, 시리아, 이라크 등으로 데려갔다.) 그녀는 '영국 국제무역회의 중국 지회'(이 단체의 위원회는 주로 지하 영국 공산당 당원들이었고 영국 공산당 자금책이라는 의혹을 받고 있었다.)의 부의장 자리에 앉혀져 있었다. 의장이었던 보이드 오어 경은 모스크바회담 당시 영국 파견단을 이끌었던 식량 전문가였고, 이런 행사에서 붙박이 인사로 내세워지는 인물이었다.[42] 그녀는 자기가 '아이스브레이킹 미션'에서 맡은 역에 난처함을 느꼈던 것 같다. 그녀가 '사업화 알선 서명식'에서 카메라에 거의 잡히지 않도록 다른 고관 뒤에 숨은 것은 그래서였을 것이다. 밀턴 프리드먼은 (그 학년도에 케임브리지 대학 방문교수였는데) 로빈슨 같은 탁월한 경제학자가 "러시아와 중국의 정책의 모든 면을 합리화하고 칭찬하는 것이 가능하다고 생각하는 것"을 당혹스러워했다.[43]

49세였던 조앤 로빈슨은 그 어느 때보다 대단한 인물이었다. 어떤 면에서는 "웅장한 발키리"였고, 어떤 면에서는 요부였고, 어떤 면에서는 코미사르였다. 고압적이기도 하고 무서우리만큼 지적이기도 하고 유혹적이기도 했던 그녀는 올림포스 신들과도 같은 확고함과 섬세한 야유가 합쳐진 인물이었다. 그녀가 영국 학사원 회원이 된 것은 1958년이라는 늦은 시기였고, 그녀가 대학교수가 된 것은 1965년에 오스틴이 은퇴한 이후였지만, 케인스의 죽음에서 비롯된 리더십 공백을 메운 것은 그녀였다. 저명한 케인스주의자가 그녀밖에 없는 것은 아니었다. 그렇지만 스라파는 데이비드 리카도의 문서들을 수집하고 편집하는 일에 파묻혀 있었고, 니컬러스 칼도어는 노동당에서 정치적 인사이더가 되는 길을 가고 있었으니, 어젠다를 정의하는 일은 그녀의 몫이 되었다. 그녀는 주위의 남자들을 지배했다.

로빈슨이 옥스퍼드에서 존 힉스(후일 경제성장에 관한 연구로 미국 경제학자 케네스 애로Kenneth Arrow와 함께 노벨상을 공동수상하는 인물)가 주재하는 세미나에 참석했을 때였다. 한 참석자의 회상에 따르면, "로빈슨은 계속 그에게 '당신은 이러이러하게 말했다.'라고 했다. 얼굴이 점점 상기되던 그는 결국 몹시 더듬거리면서 '나는 그런 말한 적이 없다.'라고 했다. 그러자 그녀는 '당신이 그런 말을 안 했을지라도 당신 말은 그런 뜻이었다.'라고 했다."44 도량이 넓었던 케인스는 자신이 내놓은 생각에 지나치게 고착되지 않기 위해 노력했고 자신의 제자가 교조적 태도를 갖는 것을 반기지 않았던 반면에, 조앤은 신봉자들을 두고 싶어했다. 그녀의 남학생들은 얼어터지거나 찍 소리도 못 하거나 둘 중 하나였다. 한 남학생은 이렇게 회상했다.

> 미시즈 R은 쿠션 위에 앉아 길쭉한 파이프 담배를 피웠다. [……] 실내복을 입고, 희끗희끗한 머리를 뒤로 팽팽하게 당겨 동그랗게 묶고, 넓은 이마 아래 지적인 두 눈을 나에게 고정시켰다. 전체적으로 피카소가 그린 거트루드 스타인 초상화와 비슷했다. 육중한 견고함과 강한 존재감 때문이었다. 그러나 닮은 점은 거기까지였다. 미시즈 R은, 대단히 섹시한 미인은 아니었지만, 확실히 미인이었다. 그리고 그녀와 스타인 사이의 차이를 좀 더 분명하게 만든 것은 쿠션 옆 작은 탁자 위에 놓인 한 장의 펜화였다. 그림 속 여자는 완전한 나체로 쿠션 위에 앉아 손으로 얼굴을 가리고 있었다.45

로빈슨이 보았을 때, 이제 영국 케임브리지는 반反매사추세츠 케임브리지였다. 수학에 대한 그녀의 경멸은 거의 거드름처럼 보였다. 그녀는 계량경제학회 회장 자리를 거절하면서, 자기가 읽을 줄 모르는 저널의 편집위원회에 들어갈 수 없다는 것을 이유로 들었다. 그녀의 옛 교수 아서 피구는 조앤을 가리켜 "무수한 앵무새를 낳는 제비"라고 칭하면서, 그녀가 "커다란 대문자 T로 시작하는 'Truth(진리)'를 내세움에 있어 프로이센 사람 같은 효율성을 발휘한다. 딱한 사내들은 자기 생각이라고는 없는 획일적인 소시지가 된다."라고 불만을 표했다.[46] 마이클 스트레이트Michael Straight(《뉴 리퍼블릭》사주 집안 출신으로 KGB에 뽑힌 인물)는 그녀를 가리켜 "경제학과 학부생의 눈에 가장 흥미진진하고 탁월하게 보일 강사"라고 했다.[47]

조앤은 한때 제국을 경영했던 계급에 속해 있었고, 조앤이 성년이 된 것은 영국 제국주의의 쇠망기였으니, 자기가 역사의 패자 편에 있다는 이 느낌이 역사의 승자 편에 있겠다는 결심을 부채질한 것일 수도 있다. 로빈슨이 처음 모스크바에 갈 무렵, 로빈슨의 관심사는 경제성장으로 돌아서 있었다. 그때 이미 그녀는 자기가 20년 전에 "정태적 전제들 위에서 『불완전 경쟁의 경제학』을 썼을" 당시 "잘못된 방향"으로 갔었다고 확신하는 상태였다.[48] 대공황 당시에 힘들게 답을 찾으려고 했었는데 이제 생각하니 질문이 잘못돼 있었다, 무엇이 한시적 실업을 야기하느냐고 묻는 대신 무엇이 국가의 빈부를 결정하느냐를 물었어야 했다, "정태적 분석"을 버리고 그 대신 "마셜의 발전 이론"과 맞붙었어야 했다고 그녀는 회고했다.

원래 장기적 성장의 문제에 사로잡혔던 것은 로빈슨을 포함해서 산업화된 서구의 장기적인 스태그네이션을 걱정한 케인스주의자들이었다. 그러나 여러 국면들이 그들로 하여금 "과밀한, 낙후된 국가들", 곧 아시아, 아프리카, 라틴아메리카의 옛 식민지들로 관심을 돌리게 만들었다.[49] 첫째, 우려했던 전후 스태그네이션은 발생하지 않고 있었다. 1950년이 되면, 전쟁으로 초토화되었던 영국과 유럽이 강력하게 반등하면서, 실업은 이미 사실상 사라진 상태였고 임금은 빠르게 오르고 있었다. 좌파는 군비경쟁이 시장경제를 구제했다는 주장을 폈지만, 어쨌든 이제 경제문제가 서구에서 사회주의를 옹호하는 강력한 근거가 아니라는 사실은 부정할 수 없었다.

또한 2차대전으로 인해 탈식민화는 피할 수 없는 현실이 되어 있었다. 영국이 국내에서 재정부실과 씨름하면서 복지사회 건설에 매진하던 바로 그때, 토착 해방운동들이 출현했다. 냉전이 격화되면서 제3세계 협상력이 증대되었고, 이로써 탈식민화 과정도 가속화되었다. 아울러, 빈국들이 국제연합을 포함한 글로벌 기구에서 정치참여를 강화하면서, "저개발"이 경제문제로 주목받게 되었다.

모스크바회담의 희망적인 레토릭은 되돌아보면 터무니없이 낙관적이다. 1952년, 세계인구의 5분의 1을 차지하는 중국의 1인당 평균소득은 아프리카의 대략 절반, 미국의 5퍼센트에 불과했다. 세계인구의 15퍼센트를 차지하는 인도의 생활수준은 그에 비해 약간 높을 뿐이었다. 전쟁 전에 누가 가난한 나라가 부유한 나라가 될 수 있느냐고 물었다면, 대부분의 경제학자들은 당연히 (언젠가) 될 수 있다고 답했을 것이다. 어쨌든 유럽은 인구증가율보다 불과 1~2퍼센트 빠른 경제성장률을 이

룩함으로써 보편적 가난과 기아선상 생활이라는 맬서스의 함정을 빠져나온 상태였다.

하지만 유럽의 경험이 다인구의 중국이나 인도나 중동에 무슨 희망을 줄 수 있었겠는가? 다인구의 빈국들과 세계에서 가장 부유한 나라들 사이에 존재하는 물질적 조건의 격차는 상상을 초월할 정도로 컸을 뿐 아니라, 당시 빈국들은 1840년대(평균 영국인의 실질임금과 생활조건의 놀랄 만한 누적적 증가가 시작되기 이전)의 영국보다 훨씬 가난했다.(후자가 더 골치 아픈 점이었다.) 1948년에 애슈턴T. S. Ashton은 "오늘날 인도와 중국의 벌판에서 살아가는 남녀들은 전염병에 시달리고 굶주린다. 그들의 생활은 [……] 그들 옆에서 쟁기를 끄는 가축보다 나을 것이 없다. 이와 같은 아시아적 생활수준, 기계화 이전의 이와 같은 참상은 산업혁명 단계 없이 인구를 늘리는 그들의 운명이다."라고 했다. 영국, 유럽, 미국이 빈곤을 벗어난 속도를 감안할 때, 중국과 인도가 **그** 수준에 도달하는 데는 수백 년이 걸릴 것이었다.

계획경제와 국영기업에 대한 찬반이 유일한 이슈는 아니었다. 국제무역 및 국제투자라는 문제도 있었다. 가장 빠른 길은 세계경제로의 통합인가 자급자족인가? 답은 저개발을 초래한 원인을 무엇으로 보는가에 달려 있었다. 한 세기 전에 빅토리아 시대의 영국에서, 프리드리히 엥겔스와 카를 마르크스는 빈곤은 새로운 조건이며, 빅토리아 시대 영국의 빈곤이 엘리자베스 시대 영국의 빈곤보다 훨씬 더한 빈곤이라고 주장했다. 그들은 그것을 부자의 탓으로 보았다. 나중에 앨프리드 마셜, 어빙 피셔, 요제프 슘페터, 존 메이너드 케인스 등은 다른 관점을 취했다. 그들은 가난이 현대경제가 출현하기 오래전부터 인간의 운명이었다는 것을 지적했다. 낮은 생활수준의 근본원인은 자원부족이나 기존 소득의 불평등한 분배가 아니라, 기존자원(토지, 노동, 자본, 지식)을 효율적으로 사용하지 못하는 무능력이었다. 이제 전 세계 상당 지역에서 제기된 문제는, 나라의 빈곤이 서구 경제체제로부터 비롯되는가 아니면 경제성장에 해로운 현지 조건들 및 현지 제도들(서구적 조직을 통해서 해결할 수 있는)로부터 비롯되는가 하는 문제였다.

일찍이 슘페터는 볼셰비즘이 전자본주의적 농업경제에서 승리한 것을 가리켜 "요행일 뿐"이라고 칭했다. 로빈슨은 슘페터의 『자본주의, 사회주의, 민주주의』에 대한 서평에서 슘페터가 옳을 가능성을 인정했다.

> 그의 말이 맞을 수도 있다. 하지만 그럴 경우, 예외가 규칙보다 좀 더 중요한 것 같다. 지금 이 전쟁이 끝날 때 어떠한 요행이 일어날지 누가 알겠는가? 볼셰비즘이 누린 요행이 유일한 요행이라고 하더라도, 사회주의 강대국의 존재가(심지어 의도적인 내정간섭이 전혀 없이) 다른 나라의 발전에서 담당하는 역할은 자본주의의 내재적 특징에 따라서 진행되는 비교적 미묘한 진화과정들이 담당하는 역할보다 최소한 못하지는 않으리라는 것은 의심의 여지가 거의 없다.

2차대전에서 소련이 유럽의 선도적 산업강국 독일에 승리하는 것을 본 로빈슨은 사회주의가 산업화로 가는 지름길이라고 확신하게 된 듯했다.

최근의 30년 역사의 큰 교훈은, 생활수준이 이미 높은 서구 산업국들을 위한 교훈이 아니라, 저개발국가들을 위한 교훈이다. 공산주의가 기필코 자본주의를 대체하리라는 말은 교조적 주장이지만, 소비에트 체제는 최초의 산업혁명 이후에도 장작 패고 우물 길어 사는 사람들이 자본주의의 기술적 성취를 모방할 수 있고 경우에 따라서 추월할 수 있음을 보여주는 체제라는 말은 증명된 사실이다.[50]

1951년, 로빈슨은 로자 룩셈부르크가 쓴 마르크스주의의 고전 『자본축적 The Accumulation of Capital』에 짤막한 서론을 붙였다. 룩셈부르크는 1919년에 살해당한 독일 공산주의 지도자였고, 마르크스의 제자 중에 일류의 지성을 지닌 몇 안 되는 인물 중 하나였다. 오늘날 룩셈부르크의 평판은 그녀의 경제이론보다는 볼셰비키 독재를 비판한 그녀의 초기 작업들에 기대고 있지만, 1951년의 로빈슨은 글로벌 시장경제의 성장 한계치(그리고 글로벌 시장경제의 필연적 붕괴의 소인)이 제3세계에 있다는 룩셈부르크의 이론에 강하게 설득되었다.

룩셈부르크에 따르면, 국내에서 투자기회가 감소함에 따라 기업가들은 이윤을 찾아서 해외로 나갔고 이로써 경쟁이 불가피해졌다. 이러한 제국주의자들이 착취할 새로운 영토를 다 써버렸을 때 (혹은 서로 충돌하게 되었을 때) 자본주의는 스태그네이션으로 인해 또는 전쟁으로 인해 붕괴할 수밖에 없었다. 로빈슨은 룩셈부르크의 분석이 불완전하다는 것을 인정했다. 곧, 룩셈부르크에게 제국주의는 자본주의가 근근이 수명을 연장하는 유일한 수단이었다.(룩셈부르크는 테크놀로지의 변화나 실질임금의 상승을 전혀 고려하지 않았다.) "그럼에도 불구하고, 자본주의의 영토확장이 어느 학계 경제학자가 지난 200년간의 '거대한 장기호황'이라고 지칭한 흐름의 원천임을 부정할 사람은 거의 없으리라. 20세기에 자본주의가 불안정한 상태에 처해진 이유는 전 세계에 걸쳐 있는 '프론티어 폐쇄'라고 많은 학계 경제학자들도 설명하고 있다." 로빈슨은 룩셈부르크의 저서가 "오늘날의 어느 정통 경제학자보다 뛰어난 통찰력을 보여준다."라는 다소 부정확한 결론을 내렸다.[51]

로빈슨은 경제성장에 관한 자신의 걸작에 착수했고, 룩셈부르크의 제목을 빌리기로 했다.[52] 1949년에 로빈슨은 경제성장을 다룬 고전이라고 할 수 있는 로이 해러드의 저서에 적대적 서평을 썼는데, 이 글을 읽으면 그녀가 자기의 책에서 무엇을 하고자 했는가를 분명하게 알 수 있다.[53] 로빈슨이 해러드의 저서에서 비판했던 것은 이해관계, 역사, 정치의 충돌을 무시한다는 점, 특히 "소득분배 문제와 유용한 투자를 늘리는 조치들과 관련된 문제"를 무시한다는 점이었다.[54] 1952년에 로빈슨은 《경제학 저널》에 논문을 썼는데(모스크바를 방문하기 전에 쓴 글이다.) 그녀의 주된 논지를 미리 보여주는 글이었다. 성장이란 물리적 자본, 곧 도로, 사무용 건물, 댐, 공장, 기계 등을 축적하는 과정이다, 자유시장 경제단위들이 무한히 성장할 수 없다는 마르크스의 주장은 오류라고 하더라도, 자유시장 경제단위 중에 **실제로** 무한히 성장할 경제단위는 거의 없다는 것은 자기가 증명해보이겠다는 논지였다. "영구적인 지속적 축적이 내재적으로 불가능한 일은 아니지만, 그 모델이 요구하는 조건들이 현실에서 발견될 가망은 거의 없다."라고 그녀는 말했다.[55]

로빈슨은 1953년에 처음으로 중국을 방문하면서 "공산주의가 자본주의 너머의 단계가 아니라 자본주의를 대체하는 체제라는 최종적 증거"를 얻었다.[56] "민간기업체가 현대 테크놀로지를 최대한 활용할 수 있는 조직형태였던 시대는 지났다."라고 후일 그녀는 해명했다.[57] 그녀의 결론에 따르면, 빈국에서 성장을 가로막는 가장 큰 장애물은 자본의 결여나 기업가정신의 결여가 아니라 서구의 훼방이었다. 남북 무역은 승자와 함께 패자를 만들어내는 제로섬 게임이었고, 가난한 나라가 패자가 되는 것은 불가피한 귀결이었다. 그녀는 교육과 혁신의 역할을 그리 중요시하지 않았다. 그녀는 "선진국들은 자기네가 방해받지 않을 것이 확실할 때라야 비로소 식민지 국가나 예전 식민지 국가나 유사 식민지 국가가 희망적인 길로 들어서는 데 필요한 급격한 사회변화를 용인해주고 허락해준다."라고 말하면서, 다소 뜬금없이 "평화공존은 자연스럽고 논리적이다."라고 덧붙였다.

로빈슨이 책을 집필하는 동안, 리처드 칸은 세미나를 주재했다. 칸과 로빈슨이 "비밀 세미나"라고 칭한 이 모임은 가을학기와 봄학기 매주 화요일에 칸의 킹스 칼리지 개인공간에서 열렸다. 로빈슨의 책이 얼마나 진전되었나를 점검하는 일종의 시험장이었다. 초대받은 교수들이 발언할 시간을 못 얻는 경우도 많았다. 새뮤얼슨에 따르면, 이 모임은 보통 로빈슨의 친구 "칼도어의 발언시간이 75퍼센트, 조앤의 발언시간이 75퍼센트"였다.[58]

1956년에 『자본축적』이 출판되었다. 저서의 "영웅적 스케일"과 로빈슨의 높은 위상을 감안할 때 다량의 서평이 나온 것은 당연했다. 서평들은 이 저서를 가리켜 "기념비적" 저서, "중요한" 저서라고 칭했지만, 정작 평은 찬사일색이 아니었다. "새로운 통찰이 거의 없다.", "경험적인 차원에서 검증할 수 있는 규모가 아니다.", "선형계획linear programming에서의 대단히 익숙한 결과들"을 "언어와 도표로 해설한 것이다."라고 불평하는 서평도 있었다.⁵⁹ 로빈슨이 소비자의 역할을 이해하지 못한다, 논리적 오류를 범한다, 최근의 연구를 무시한다는 비판도 있다.(최근의 연구를 무시하는 것은 영국 케임브리지의 전형적인 악덕으로 여겨졌다. 피에로 스라파의 『상품에 의한 상품생산Production of Commodities by Means of Commodities』에 대한 한 서평은 이 책이 2차대전 중에 쓰였으면서도 1913년 이후의 참고문헌이 단 하나도 없음을 지적하기도 했다.) 더욱 무자비한 비판들도 있었는데, 한때 그녀의 학생이었던 해리 존슨Harry Johnson은 그녀가 "'자본주의는 작동 불가능하다.'라는 것을 스스로에게 흡족하도록 확실하게 증명했다."라고 했다.⁶⁰ 새뮤얼슨은 로빈슨의 이론을 레닌의 3의 법칙(전기+소비에트=공산주의)에 비유했다.⁶¹ 아바 러너Abba Lerner는 이 책을 가리켜 "진주"라고 칭했는데, 그 이유는 독자의 관심을 다시 한 번 "국부國富의 원인"으로 돌리기 때문일 뿐 아니라, 대학원생들이 근육을 만들 수 있도록 무수한 "오류와 [……] 교묘한 혼란"을 제공하기 때문이었다.⁶² 로렌스 클라인Lawrence Klein은 로빈슨과 정치적 관점을 공유하는 사람이었지만, 로빈슨의 통찰을 "경제이론에서 모종의 최대화 원리나 최소화 원리로부터 추론되는 범박한 결론"이라고 일축했다.⁶³

같은 해에 이 책이 나오기에 앞서 경제성장에 관한 논문(1987년에 그에게 노벨상을 안겨주게 되는 논문)을 출간한 MIT 케인스주의자 로버트 솔로Robert Solow가 최후의 일격을 가했다. "조앤 경제학에는 케인스주의가 없는 것 같다. [……] 『자본축적』에도 [……] 그리고 그녀의 글 어디에도 케인스로부터 진정한 근거나 영감을 얻었다고 여겨지는 데가 없다."⁶⁴

솔로는 명쾌한 이론을 세웠을 뿐 아니라 놀라운 경험적 결과를 산출했다. 1909년에서 1949년까지 미국에서 노동자 1인당 생산량을 두 배로 증가시킨 요인의 10분의 9는 물리적 자본의 축적도 아니었고 노동인력의 건강이나 교육의 개선도 아니었다. 그것은 테크놀로지의 진보였다. 혁신에 유리한 경제환경을 조성하는 것이 공장이나 기계를 확보하는 것보다 더 중요하다는 의미였고, 이는 로빈슨의 핵심전제와 정면으로 모순되었다. 널리 모방되던 소비에트 모델의 핵심전제와 모순되는 것은 물론이었다. 솔로는 슘페터가 친독 반유대주의자이자 가짜 학자라고 (다소 부당하게) 일축했지만, 한 나라가 무엇을 가지고 있느냐가 아니라 그것으로 무엇을 하느냐가 그 나라의 장기적인 경제적 성공 여부를 결정한다는 강력한 증거를 제공한 인물이었다. 완전히 슘페터였다.

1963~1964학년도에 영국 케임브리지 방문교수였던 로버트 솔로와 케네스 애로는 로빈슨으로부터 두 달간의 중국 코뮌 여행담을 들을 수 있었다. 로빈슨은 "중국이 서구 언론에서 악의적으로 잘못 그려지는 것"을 바로잡고 싶다고 말했다. 그녀는 "'기근' 앞에 악어의 눈물을 흘리는 비판론자들"의 말을 일축했고, 중국의 코뮌은 홍수와 가뭄의 "쓰라린" 3년 동안 "구호 조직방법"이었다고 주장했다. 비어트리스 웨브와 시드니 웨브가 1932년 우크라이나 기근 중에 내놓은 칭찬일색의 보고서들을 반향하듯이, 로빈슨은 코뮌을 가리켜 "탁월한 발명"이라고 칭했고, "배급 체제는 원활했다. 배급량은 빡빡했지만 명예로웠다."라고 결론지었다.

지금 우리는 사실을 알고 있다. 1958년에서 1962년 사이에 허난성, 안후이성, 쓰촨성에서 대략 1500만 명에서 3000만 명의 농민이 목숨을 잃었다.(1943년 벵갈 기근 사망자의 10배였다.) 그리고 일차적 책임은 악천후에 있었던 것이 아니라 강제집산화, 처참한 '대장정', 그리고 구호제도 마련을 거부한 마오쩌둥 정권에 있었다.

민주주의와 복지가 동반관계라는 것은 이제 통념이다. 그러나 그렇게 되는 데는 긴 시간이 필요했다. 공리주의 전통에 영향을 받은 많은 지식인들은 개인의 권리란 가난한 나라가 결코 누릴 수 없는 사치라고 생각했다. 로빈슨은 민주주의란 속임수이고 정치가란 겁쟁이에 사기꾼이라고 생각했다. 로빈슨은 2차대전 중에 쓴 책에서 "자유란 파악하기 힘든 개념이다."라고 했고, 아무 아이러니 없이 "온전한 언론의 자유가 안전하게 허용될 수 있는 때는 국내외에 강한 적이 존재하지 않을 때뿐이다."라고 덧붙였다.[65] 그녀는 민주적 개혁을 "낮은 곳에 열린 열매를 따려는 성급한 시도"로 일축하는 경향이 있었다. 이 맹점은 로빈슨이 1950년대와 1960년대에 중국을 빈번히 방문했으면서도 "현대사 최악의 기근을 전혀 눈치채지 못했"던 이유를 상당 부분 설명해준다. 반면에, 버트런드 러셀, 마이클 푸트Michael Foote, 해럴드 래스키, 해럴드 맥밀런Harold MacMillan 등은 무슨 일이 벌어지고 있는지를 깨닫고 국제적 구호를 요청했다.(모두들 한 번쯤 공산당 동조자, 나아가 공산당 동지라는 비방을 당해본 사람들이었다.)

물론 베이징의 오리발에 기만당한 서구의 유명한 관찰자가 조앤 로빈슨뿐은 아니었다. 1952년 모스크바 경제학 회담 영국 파견단 단장이었고 세계 최고의 식량전문가 중 하나이기도 했던 보이드 오어 경은 마오가 "중국의 전통적인 기근 주기"를 끝내고 있다는 결론을 내렸다.[66] 실제로 사망자 규모는 1976년에 마오가 사망한 후까지 중국 바깥으로 새어나오지 않았다. 그러나 로빈슨이 이동의 자유와 발언의 자유와 언론의 자유와 선거의 자유를 금하는 전체주의 정권을 거리낌 없이 신뢰했다는 것은 정치적 권리의 중요성을 무시하는 사고방식(50년 전에 활동했던 개발경제학자들 사이에서 너무나 흔했던 사고방식)의 징후였다.

언젠가 제프리 하커트는 로빈슨이 "항상 다음에 올 유토피아를 기대했다."라고 했다. 아마도 그랬을 것이다. 하지만 그녀는 다음에 등장할 '위대한 지도자'를 기대하기도 했고, 다음에 자기를 숭배할 청중을 기대하기도 했다. 그녀는 자신의 명성, 외유, 귀빈 대우, 대중에게 영향력을 행사할 수 있는 자신의 위치를 즐겼다. 그녀는 권력을 상대로 진실을 말하는 용감한 아웃사이더를 연기하기를 좋아했다. 아마도 그녀는 모스크바 은행계좌, 솔로몬 애들러Solomon Adler, 프랭크 코, 도널드 휠러Donald Wheeler, 오스카 랑게 등 냉전 첩보원들과의 우정, 은근하게 암시해야 하고 신중하게 생략해야 하는 상황에 짜릿함을 느끼기도 했으리라.

시간이 갈수록 로빈슨은 점점 올림포스 신들 같은 인물, 고압적인 인물, 비관적인 인물이 되었다. 1962년에 출판된 그녀의 저서 『경제철학Economic Philosophy』은 1700년 이래의 경제사상들을 개괄하고 있다. 밀턴 프리드먼의 절친한 친구인 시카고 대학의 조지 스티글러George Stigler는 서평에서 로빈슨을 가리켜 "탁월한 논리학자"라고 칭하면서, 그녀가 사실관계를 무시하는 것을 비난했다.

경제학이 세계에 대한 두어 가지 반박 불가능한 공리들을 기초로 세워진 논리적 구조라고 생각하게 되면, 경제학은 사실 별게 없다. 연구자가 자기의 연구를 두 세대에 걸친 엄청나게 다양하고 유익한 경험적 연구와 단절시킨다면, 그리고 경제사가 경제이론과 무관하다고 생각한다면 [……] 남는 것은 사실 그저 공허한 분과학문이다. A=B이고 B=C일 때, (1) A=1.01C라는 오류와 (2) A=10^{65}C라는 오류가 있다고 해보자. 논리학자는 경이로운 존재지만, 두 가지 간단한 오류의 차이를 모른다. **경제학자는 안다.**[67]

18장

운명과의 약속:
콜카타와 케임브리지의 센

자본주의를 노래한 민요는 별로 없지만, 사회정의를 노래한 민요는 많다.

이렇게 접근한다면, 발전이란 사람들이 누리는 현실적 자유를 확대하는 과정이다. 이렇게 보면, 자유의 확대는 발전의 (1) **주된 목적**이자 (2) **주된 수단**이다.
— 아마르티아 센[1]

조앤 로빈슨은 델리정경대학에서 연설을 마무리하며 마오의 "빨간 책"을 집어들었다. 1960년대 후반이었다. 연설의 주제는 서구 경제학의 암담한 현황이었지만, 로빈슨이 주로 이야기한 것은 중국과 문화대혁명이었다. 청중들은 열광했다. 박수갈채가 잦아들었을 때, 호리호리한 청년이 질문을 던졌다. 더없이 순하고 공손한 회의가 스며 있는 어조였다. 로빈슨은 호된, 그러나 "애정 어린" 퇴박을 놓았다.[2] 어쨌든 그들은 최고의 호적수였고, 한때는 교수와 애제자 사이였다. 케임브리지에서 로빈슨은 제3세계 출신 학생들을 가르쳤었다. 그때 아마르티아 센Amartya Sen은 가장 재능 있는 학생 중 하나였지만, 인권과 즉각적 빈곤완화에 관심을 가졌던 센은 소비에트 산업화 모델에 열광했던 로빈슨과 충돌할 수밖에 없었다.

'아마르티아'란 "죽지 않을 운명"이라는 뜻이다. 아마르티아 센은 학자적, 세계시민적 힌두 가정에서 태어났고, 벵갈 기근, 종파폭력, 영국 통치 붕괴, 분단 등의 참화 속에 성장했다. 콜카타 대학에서 뛰어난 학생이자 학생운동가였던 그는 치사율이 매우 높은 암을 이겨낸 후 10만 명의 다른 응시자를 물리치고 케임브리지 대학 트리니티 칼리지(아이작 뉴턴Isaac Newton과 G. H. 하디와 수학자 스리니바사 라마누잔Srinivasa Ramanujan의 칼리지)에 합격했다. 센은 1970년 이래 주로 영국과 미국에 살고 있지만, 그의 사유는 인도를 멀리 떠난 적이 없다.[3] 자신의 개인적 경험, 힘 없는 이들에 대한 평생의 연구, 동서양 철학에 대한 해박한 지식을 토대로, 그는 현대 경제사상에 모든 각도에서 문제를 제기하고 있다. 사회복지란 무엇인가, 진보의 척도는 무엇인가 등에 대한 전통적인 가정들에 도전하면서, 그는 "중대한 경제문제들에 대한 논의에서 윤리적 차원을" 되살리는 데에 일조하고 있다. 그는 기근과 짧은 여성수명에서 다문화주의와 핵 확산까지 여러 사안들에 관여하는 대중적 지식인이다. 신생 독립국 인도의 가난한 도시 콜카타에서 케임브리지의 상아탑(영국 케임브리지와 매사추세츠 케임브리지)으로 떠났던 (그리고 돌아온) 그의 감동적인 여정은 이성의 승리요 공감의 승리요 믿을 수 없는 역경을 극복한 인간의 의지의 승리다.

2002년 1월 델리에서, 인도의 힌두 민족주의 정부(인민당Bharatiya Janata Party 정부)는 사흘간에 걸쳐 인도의 광범한 디아스포라를 기리는 행사를 열었다. 자기가 얼마나 멀리까지 갔었나를 보여주기 위해(그러면서도 자기의 뿌리에 얼마나 가까이 있었나를 보여주기 위해) 센은 정부 행사장을 떠나서 어느 야외 "발언대"로 갔다. 수백 명의 농민들과 노동자들이 모인 시내 끝자락의 차가운 흙바닥이었다.

사람들이 하나씩 마이크 앞에 섰다. 델리에 사는 열네 살짜리 깡마른 소녀는 설거지 일감을 잃은 뒤로 아무것도 먹지 못했다고 했다. 오리사에서 온 검은 피부의 남자는 자기 식구 중 세 명이 한 해 전 가뭄 때 어떻게 죽어갔는지를 설명했다. 인도 독립 50년 후, 인도에서는 세계 어느 곳보다도 높은 비율의 인구가 만성 영양실조에 시달렸다.(사하라 이남 아프리카보다도 높은 비율이었다.) 그런데도 인도 정부는 농산물가격 지지제도를 통해 식량가격을 높은 수준으로 유지하고 있었다. 식량비축량은 세계 최대였고, 그중 3분의 1은 들쥐가 들끓는 정부 곡창에서 썩어나가고 있었다.

헐렁한 코듀로이 바지와 구겨진 재킷 차림으로 발언대에 선 센은 "농민의 이해관계 앞에 희생되는 소비자의 이해관계"에 대해서 말하기보다는 "정말로 외로운 죽음들"에 대해 말했다. 그는 경외감에 싸인 청중에게 공감과 격려를 전했다. 그는 "이와 같은 저항들이 없었다면 훨씬 많은 사람들이 죽어갔을 것입니다. 이런 발언대만 있었어도 벵갈 기근을 막을 수 있었을 것입니다."라고 했고, "여러분이 자진해서 하는 발언들은 행동하는 민주주의입니다."라고 했다.

센은 벵갈인이다. 미국인을 남부인이라고 부르는 것이 매우 특별한 뜻이 있듯이, 인도인을 벵갈인이라고 부르는 것도 매우 특별한 뜻이 있다. 벵갈은 하성 삼각주요, 생선은 벵갈의 먹거리요, 도티, 차팔, 펀자비는 벵갈 전통의상이다. 센은 "나도 그렇지만 벵갈인은 참 말이 많다."라고 했다. 벵갈 농담 중에, 죽어서 가장 안타까운 점은 사람들은 계속 떠들 텐데 나는 대꾸를 못하게 되는 것이라는 말도 있다.

대중지식인을 가리키는 벵갈어는 바드랄로크이다. 벵갈에는 학자가 코스모폴리탄의 관점을 가지고 불가촉천민이나 순장 같은 사회악과 투쟁하는 오랜 전통(최소한 두 세기의 전통)이 있다. 센은 바로 그 전통의 일부다. 그의 가족의 고향은 오래된 하천도시 다카(콜카타에서 직선거리로 240킬로미터, 현재 무슬림 방글라데시의 수도)의 구시가이다. 제인 오스틴 시절, 다카는 고운 모슬린(일명 바프타 하와, 곧 "실로 짜인 공기")으로 세계적 명성을 누리던 "넓고 북적이는 대단히 중요한 장소"였다.[4] 다카는 맨체스터와 경쟁하면서 쇠퇴하기 시작했고, 1900년에 다카의 인구는 이미 3분의 2로 줄어든 상태였다. 당시의 여행안내서에는 "지금 도시 전역에는 좋은 집들, 모스크들, 사원들의 잔해가 밀림에 묻혀 있다."라고 쓰여 있었다.[5] 그로부터 30여 년 후인 1933년(센이 태어난 해)에 다카는 영국 치하 지방 행정중심도시가 되면서 옛날의 비중을 어느 정도 되찾은 후였다.

센의 집안은 영국의 인도 통치를 돕는 영어상용자 교수 및 공직 계급이었다. 센에 따르면, 아버지 아슈토시Ashutosh는 런던 대학에서 화학으로 박사학위를 받기도 하고 영국인 퀘이커 교도를 사랑하기도 한 "모험가"였다. 아슈토시는 중매결혼이 기다리고 있는 고향으로 돌아온 후 다카 대학 농화학과 학과장이 되었다. 센 부부의 집은 50~60피트 길이에 앞이 좁고 "가운데에 지붕 없는 뜰이 있고" 하인 방과 친척 방이 많은 전형적인 다카 가옥이었다.[6]

센은 1939년에 영국 미션스쿨에서 학업을 시작했다. 그로부터 2년 후에(일본이 영국령 인도로 진격할 당시에) 부모는 센을 산티니케탄(콜카타 바로 북쪽)에 살고 있던 외조부모에게 보냈다. 센의 말을 빌리면 "나를 폭탄으로부터 지키기 위해서"였다. 산티니케탄은 모든 벵갈인들에게(실은 모든 인도인들에게) 특별한 뜻을 갖는 곳인데, 그것은 산티니케탄이 시인 라빈드라나트 타고르Rabindranath Tagore와 관련되어 있기 때문이다. 1913년에 노벨문학상을 받은 타고르는 상금으로 산티니케탄에 비스바 바라티 대학을 세웠다. 이곳에서 그는 자신의 교육이념을 펼치고자 했고 특히 동양의 영성과 서양의 과학을 접목시키고자 했다. 간디가 1940년에 산티니케탄을 방문하기도 했고, 오랫동안 수상 자와할랄 네루Jawaharlal Nehru를 비롯한 인도 민족주의 엘리트가 산티니케탄으로 자녀들을 유학 보내기도 했다.

센의 외조부 크시티모한 센Kshitimohan Sen은 저명한 산스크리트 학자이자 비스바 바라티 대학의 교수였다. 센도 타고르가 세운 이 대학에 다녔다. 유칼립투스 나무가 자라는 남녀공학 학교였다. 센은 여가 시간이면 거의 외조부 옆에 있었다. "모두 그를 대단하다고 생각했다. 그는 네 시에 일어났다. 그는 모든 별에 대해 알고 있었다. 그와 나는 그리스어와 산스크리트어 사이의 관계에 대해서 토론했다. 나는 학문적 사명감을 지닌 유일한 손자였다. 나는 그의 뒤를 이을 손자였다."라고 센은 회상했다.

산티니케탄이 고요한 오아시스였다고는 해도, 시대의 격변을 피한 것은 아니었다. 타고르는 1941년에 세상을 떠나던 당시에 서양에 극심한 환멸을 느끼고 있었고, 연합국과 추축국이 다를 바 없다고 말하기도 했다. 전쟁은 영국과의 최종적 단절을 가속화시켰다. 간디가 1942

년에 '인도를 떠나라' 운동을 시작하면서, 영국은 아마르티아 센의 삼촌을 포함한 콩그레스 사회주의당 지지자 6000명을 체포했다. 같은 해 말, 영국 반대 폭동 피살자는 이미 1000명을 넘어서 있었다. "내 삼촌은 오랫동안 예방구금 상태였다. 그 삼촌 말고도 투옥된 '삼촌'이 많았고, 한 명은 투옥 중에 목숨을 잃었다. 나는 이 상황의 부당함을 느끼면서 성장했다."라고 센은 회고했다.

1943년 벵갈 기근(흉작의 결과라기보다 전시 인플레이션과 검열과 제국의 무관심의 결과)으로 인해 영국은 절대로 존경할 수 없는 나라가 되었다. 새 총독 워벨 경Lord Wavell은 처칠에게 보낸 편지에서 "영국이 통치한 어떠한 민족도 벵갈 기근 같은 재앙을 만난 적은 없습니다. 벵갈 기근으로 인해 인도인들과 인도에 사는 외국인들 사이에서 우리의 평판은 상상할 수 없는 손상을 입었습니다."[7]라고 말하기도 했다. 후일 센은 당시 300만 명(대부분 가난한 어민과 토지 없는 노동자)이 기아와 질병으로 목숨을 잃었다고 추산했다.

당시에 열 살짜리 소년이었던 그에게 기근이란 살아남기 위해 산티니케탄을 거쳐 콜카타로 가는 굶주린 마을 사람들의 끝없는 흐름이었다. 조부는 센에게 쌀을 적선하는 것을 허락했지만, 센이 허락받은 적선량은 "고작 담배통으로 하나", 게다가 한 가족당 한 통이었다. 후일 대학생이 된 센은 벵갈 기근 당시 자기와 자기의 가족(그리고 자기가 속한 계급 전체)은 아무런 이상도 없었고 오로지 극빈층과 하층 카스트만 굶어죽었다는 점에 대해 성찰했다. 이와 같은 성찰은 후일 그의 기근 이론(기근은 천재가 아니라 인재라는 이론)의 바탕이 되었다.

독립기념일 전날에 벌어진 종파폭력은 훨씬 더 충격적인 사건이었다. 산티니케탄에서는 인도가 다문화국이라는 생각이 매우 강했으며, 전통적으로 벵갈은 인도의 어느 지역보다 이슬람과 힌두가 서로 동화되어 생활하는 곳이었다. 그런데 독립기념일 전날에 종교갈등이 폭발하면서, 이웃이 적이 되는 엄청난 대량학살이 발생한 것이다. 1945년에 아슈토시 센은 다카 대학에서 가르치던 다른 힌두 교수들과 함께 다카를 떠나지 않을 수 없었다.

센이 다카의 집에서 마지막 방학을 보내던 어느 날, 끔찍한 장면이 벌어졌다. 카다르 미아Kadar Mia라는 무슬림 노동자가 피칠갑을 하고 비명을 지르며 센의 집 안으로 비틀비틀 걸어들어왔다. 힌두 폭도들이 그의 등을 칼로 찌른 것이었다. 센의 아버지가 그를 병원으로 옮겼지만, 그는 그날 목숨을 잃었다. "내게는 대단히 충격적인 경험이었다."라고 센은 후일 회상했다. 미아가 병원으로 옮겨지는 중에 센의 아버지에게 들려준 이야기에 따르면, 그날 아내는 미아에게 집에 있으라고 사정했다. 그러나 가족은 먹을 것이 없었고, 미아는 일감을 찾아서 힌두 지역으로 가는 것 말고는 선택의 여지가 없었다. "극빈이 사람을 무력한 희생자로 만들 수 있다"는 깨달음은 그에게 필연과 자유의 갈등을 철학으로 규명해보고 싶은 마음을 불러일으켰다.[8] 그러나 그런 깨달음이 당장 불러일으킨 마음은 모든 형태의 종교적 광신과 문화적 민족주의에 대한 강한 혐오감이었다.

프레지던시 칼리지(인도 최고의 엘리트 대학 중 하나)의 외관은 센이 이 학교에 입학했던 1951년으로부터 지금까지 거의 변하지 않았고, 그렇게 따지면 영국이 힌두 대학이라는 이름으로 처음 이 학교를 세운 세기 초로부터 거의 변하지 않았다. 빛이 바랜 분홍색 벽토와 칠이 벗겨지는 초록색 덧문, 강의실 이름이 적혀 있는 검정색 명패들, 어두운 강의실, 강의실 천장의 선풍기, 일렬로 늘어선 나무 장의자들, 이런 모든 것이 지나간 시대를 환기하고 있다. 그럼에도 프레지던시 칼리지는 독립 직후 여러 해 동안 정치의 온상이었다. 센은 입학 당시에는 물리학을 공부할 생각이었지만, 얼마 되지 않아 경제학이 더욱 필요하고 흥미로운 학문이라고 생각하게 되었다.

인도 고등교육의 전통 덕분에 센은 힉스의 『가치와 자본*Value and Capital*』이나 새뮤얼슨의 『경제분석의 기초』 같은 신작은 물론이고 마셜의 『경제학 원리』 같은 고전을 접할 수 있었다.(후일 트리니티 칼리지에 입학한 그는 케임브리지 교수들이 상대적으로 수학적 교양이 없는 것에 실망했다.) 그러나 그는 자신의 열정을 정치에 쏟았고 입학하고 한 학기도 지나지 않아서 공산당이 주도하는 전인도학생연합 대표자 중 하나로 선출되었다. 그는 책을 탐독했고, 강의를 빠졌고, 대개는 스탈린주의자 친구들과 함께 학교 옆 칼리지 스트리트(지금이나 다름없이 수백 개의 서적 가판대가 놓여 있던 거리)에 있는 커피하우스에서 마르크스를 논했다.

"내가 평생 관여해왔다고 생각되는 학술분야들을 돌아보니 [······] 콜카타 학부생 시절에 이미 내 마음을 크게 뒤흔들었던 관심사들이다."라고 후일 그는 회고했다.[9] 프레지던시 칼리지 2학년 때 그에게 닥쳐온 생사의 위기에는 바로 그 관심사들이 집약돼 있었다. 19세 생일을 얼마 앞두고 있던 센은 입천장에 콩알만 한 혹이 있는 것을 알아챘다. 길모퉁이 보건소 의사는 생선뼈가 박힌 것이라면서 돌려보냈다. 그러나 혹은 없어지기는커녕 더 커지기만 했다. YMCA 기숙사 옆방의 예과 학생에게 상담을 받은 후, 센은 구강암이 인도 남자에게 매우 흔하다는 것을 알게 되었다. 빌린 의학 교과서를 두세 시간 읽은 센은 자기가 편평상피암 2기라는 확신이 들었다.

여러 달 동안 친척들과 집안 친구들이 힘을 써준 끝에 콜카타의 치타란잔 암센터에서 조직검사가 이루어졌다. 조직검사 결과, 그의 의심이 사실로 확인되었다. 당시에 구강암 진단은 곧 사형선고였다. 일반적으로 수술은 암을 더욱 빨리 전이시킬 뿐이었다. 결과적으로, 대부분의 환자들은 점차 염증에 기도가 막히면서 서서히 질식사했다. 방사선 치료는 (영국과 미국에서는 20세기 초 이래로 기본적인 요법이었지만) 콜카타에서는 아직 널리 보급될 수 없는 어렵고 비싼 치료법이었다. 센은 의학 저널에서 방사선에 대한 논문들을 찾아 읽으면서 드디어 치료에 의지를 보이는 방사선과 전문의를 찾아냈다. 의사는 센에게 투여량을 최대치로 하는 것이 좋겠다고 했다. "한 번밖에 쓸 수 없는 방법"이라 위험을 감수할 수밖에 없다는 이유에서였다. 센이 보았을 때, 방사선병으로 사망할 가능성이 질식으로 사망할 확실성보다는 나을 것 같았다.

힘든 치료였다.(물론 더욱 끔찍했던 것은 후유증이었다.) 본을 뜨고, 납 가면을 만들었다. 가면의 안쪽에 라듐 주사바늘들을 꽂았다. 마치 빅토르 위고Victor Hugo의 소설에 나오는 주인공처럼, 센은 좁은 병실에서 "움직일 수 없게" 조여진 가면을 쓰고 앉아 있었다. 이 과정이 일주일에 걸쳐 매일 되풀이되었다. "나는 한 번에 네 시간씩 책을 읽으며 앉아 있었다. 창밖에 나무가 보였다. 그 초록색 나무 한 그루를 보는 것이 얼마나 위안이 되던지."라고 센은 회고했다.

투여량은 무려 약 1만 라드(오늘날의 표준량의 4~5배)였다. 센은 퇴원했고(당시 센의 부모님이 콜카타에 와 있었다.) 방사선 치료의 후유증(수포, 궤양, 골통

骨痛, 인후염, 목 넘김 장애)이 나타났다. "입 안이 접착제 같았다. 수업에 나갈 수 없었다. 유동식 외에는 먹을 수 없었다. 감염될지 모른다는 두려움이 떠나지 않았다. 웃을 때마다 피가 흘렀다. 인생의 고통을 절감하는 기회였다." 이러한 고통은 거의 여섯 달간 계속되었다. 더구나 이러한 고통은 그저 즉각적인 후유증일 뿐이었다. 장기적으로, 방사선은 뼈와 세포조직을 파괴하고, 괴사와 골절을 일으키고, 치아를 손상시킨다.

암은 결정적인 계기였다. 우선 중병(특히, 사회적 낙인이 수반되는 병, 곧 금기시되는 병)에 걸렸다는 것을 알게 되는 일은 단순히 무서운 것만이 아니다. 자기가 그런 병에 걸렸다는 것을 알게 되면, 마치 자기 몸이 오염된 것 같아지고, 힘이 없어진 것 같아지고, 쫓겨난 것 같아진다. 센이 자라면서 목격했던 큰 사건들은 충격적이기는 해도 다른 사람에게 일어나는 일이었다. 그런데 이 병은 센 자신에게 일어난 일이었다. 병은 자기처럼 아픈 사람, 자기처럼 목소리를 잃은 사람, 자기처럼 갖고 있던 것을 잃은 사람과의 지속적 공감을 불러일으켰다.

또한 센은 암을 이겨내면서 힘을 얻었다. 센의 어머니 아미타Amita는 "아마르티아가 열아홉 살 때 나는 그 아이를 신에게 바쳤다."라고 했다.[10] 그렇지만 센의 말은 좀 달랐다. 자기는 그때 자신의 문제를 스스로 처리함으로써 자신의 통찰과 발의에 크게 자신감을 얻게 되었다고 회상했다. "심리적으로는 내가 결정권자였다. 나는 정력적이었다. 내가 바로 질문(내가 살아날까? 어떻게 하는 것이 좋을까? 내가 무슨 일을 할 수 있을까?)을 던지는 쪽이었다. 나는 성취감을 맛보았다."

센은 다시 학교에 나가게 되었다. 그의 말을 빌리면, 새로운 목적의식으로 무장한 "화려한 복귀"였다. 센은 곧바로 수석을 차지했고, 토론상을 포함해서 온갖 상을 휩쓸었다. 센은 케임브리지 대학 트리니티 칼리지(네루가 공부했던 곳)에 지원했다. 처음에는 불합격이었다. 그런데 몇 달 후 갑자기 합격통지서가 날아왔다. 아버지는 빠듯한 재산의 절반을 아들의 여행 비용으로 썼다. 1953년 9월, 스무 살을 앞둔 센은 뭄바이에서 리버풀까지 인도 여자 하키 팀과 같은 배를 타고 갔다. BOAC British Overseas Airways Corporation 항공료가 어마어마하게 비쌌을 때였다.

케임브리지에서 센을 기다리고 있던 것은 새로운 종류의 고통(어둠, 추위, 열악한 식사, 끔찍한 고독)이었다. 방사선 때문에 망가진 치아는 만성 치통과 곤혹의 근원이었다. 센의 하숙집 주인은 센이 밤에 커튼을 여는 것 따위의 일들을 가지고 법석을 떨었다. 자기 하숙집에 '유색인'을 보내지 말라고 칼리지에 사정했던 이 여자는 마치 멍청한 어린아이를 대하듯이 "너는 밖이 안 보이지. 그렇지만 밖에서는 네가 보여."라고 잔소리를 했다.

대학에서 센이 맞닥뜨린 것은 케인스 신봉자들과 케인스 비판자들 간의 악의적 경쟁이 분열시켜놓은 정치 지뢰밭이었다. 1년간 산티니케탄에 공부하러 왔던 인디라 간디Indira Gandhi는 자기는 거기서 중요한 생존기술(곧 "바깥세상에서 무슨 일이 벌어지든 간에 나의 내면에서 고요하게 살아가는 능력")[11]을 배웠다는 말을 한 적이 있는데, 센도 마찬가지였다. 내면의 고요에 의지했던 센은 이념적으로 양분된 판에서 서로 다른 편에 속해 있는 학자들과 열심히 교류하면서도 사태를 바라보는 자기의 독립적 관점을 포기하지 않았다.

그렇지만 뛰어나면서도 고압적이었던 조앤 로빈슨에게는 센이라고 해도 혹하지 않을 수 없었다. 신흥 독립국이었던 인도는 인종으로 양분되어 있는 나라이자 극도로 상반된 미래관에 따라 양분되어 있는 나라였다. 간디주의자들이 그린 인도는 수직기 방직공들의 영적이고 전원적인 나라였다. 네루 추종자들이 그린 인도는 소비에트식 중앙계획의 나라이자 댐들과 제철공장들로 뒤덮인 나라였다. 센의 학위논문 『테크닉의 선택 The Choice of Techniques』(1960)은 기본적인 경제원칙들을 강조하는 방식으로 인도의 정부계획을 비판하는 논문이었다. 센은 두번째 학사학위를 받고 학위논문 리서치를 마친 후에 인도로 돌아왔다. 처음에 교편을 잡은 곳은 자드바푸르 대학교였고, 다음은 신설 델리정경대학이었다.

만약 센이 1960년대 후반에 저술활동을 끝마쳤다면, 센은 인도의 개발경제학자 세대(네루의 중공업, 국영사업, 자급자족 공식을 선호하는 경제학자들)로 기억되었거나 아예 기억되지 못했을 것이다.(이 공식은 소기의 성과를 거두지 못했고 이후 센을 포함해서 대부분의 경제학자들은 이 공식에 대한 책임을 부정하고 있다.) 그러나 센은 1970년을 즈음에 학술적 초점을 급격히 변경하면서 사회복지에 관한 일련의 놀라운 철학 논문들을 양산하기 시작했다. 센이 현재 갖고 있는 영향력은 상당 부분 당시의 작업에 기인하고 있다.

이러한 활발한 창조의 시기에 앞서서 인생의 두번째 위기가 있었다. 센이 런던정경대학에 자리 잡은 일과 아버지가 전립선암으로 세상을 떠난 일과 자기 암의 재발 가능성이 현실화된 일이 모두 불과 1년 새에 벌어졌다. 센은 영국에 건너가자마자 대대적인 재건수술을 받았다.(자신의 증상이 방사선 치료의 후유증이라는 것이 밝혀진 후였다.) 길고 힘든 회복기를 견딘 센은 아내와 두 딸을 떠나 이탈리아 경제학자 에바 콜로르니

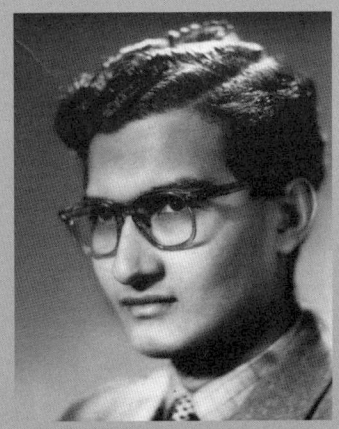

로빈슨은 1953년에 콜카타에서 케임브리지 트리니티 칼리지로 유학온 자기 제자 아마르티아 센에게 "그런 윤리학 나부랭이"는 집어치우라고 충고했다. 민주주의와 서민복지는 가난한 나라가 누릴 수 없는 사치라는 것이 그녀의 주장이었다. 그녀의 충고를 무시한 센은 기근과 경제정의, 그리고 개인의 선택을 사회의 선택으로 옮기는 문제를 연구했다.

Eva Colorni(2차대전 중에 파시스트 군에 살해당한 저명한 사회주의 철학자의 딸)와 열애에 빠졌다. 에바는 센의 새로운 철학적 관심을 격려했고, 그러한 윤리적 통찰을 빈곤과 기아와 여성 불평등 등 긴급한 사안들에 적용해보라고 권유했다. 센과 에바는 1973년부터 에바가 복부암으로 세상을 떠나는 1985년까지 런던에 살면서 두 명의 자녀를 두었다.

센이 윤리학으로 돌아서자 로빈슨은 스타 제자에게 "그런 쓰레기는 모두 집어치워라."라고 충고했다. 센은 그 충고를 무시했다. 에바의 권유를 받아들인 센은 권위주의적 통치의 끔찍한 결과들이라고 생각되는 것들(특히 기근)을 상세하게 연구했다. 센은 "나는 서벵갈의 두 마을에서 거의 아동 250명의 몸무게를 재고 그들의 영양상태를 소득, 성별 등과 관련해서 점검했다. 누가 내게 당신 지금 무슨 일을 하고 있느냐고 물었다면, 복지경제학을 하고 있다고 대답했을 것이다."라고 했다.[12]

벵갈 기근 같은 유의 기근이 발생하는 때는, 식량공급이 충분함에도 불구하고, 가격인상과 실업이 사회 최취약층의 먹을 '권리'를 박탈할 때, 그리고 선거와 자유언론의 부재가 정부의 개입을 촉구하는 공공의 압력을 차단할 때였다는 것이 센의 주장이었다. 반면에, 로빈슨은 '대장정' 유형의 가혹 정책들을 찬양했다. 아울러 그녀는 (후일 센이 다소 신랄하게 지적한 것처럼) 대략 1500만~3000만 명의 중국인이 강제집산화의 여파로 목숨을 잃었던 "현대사 최악의 기근을 전혀 눈치채지 못했다." 센이 로빈슨과 공개적으로 결별한 적은 없지만, 로빈슨이 세상을 떠난 1983년에 두 사람은 오랫동안 연락하지 않은 상태였다.

1970~1980년대의 센은 사회복지의 일반이론을 내놓았다. 물질적

복리라는 경제학자들의 전통적 관심과 개인의 권리와 정의라는 정치철학자들의 전통적 관심을 통합시키고자 하는 논의였다. 센은 동료 경제학자들이 공리주의적 신조에 따라 물질적 진보를 주로 1인당 GDP로 판단하는 것에 반대하면서(그리고 아리스토텔레스로부터 프리드리히 폰 하이에크와 존 롤스John Rawls에 이르는 유구한 전통을 인용하면서) 좋은 사회의 진정한 척도(일차적 목표이자 경제발전을 가져올 주된 방법)는 부가 아니라 자유라고 주장했다. 인도에 대한 책에서 센은 "내가 발전의 척도로 보고 싶은 것은 단순한 경제성장 [······] 또는 기술진보, 또는 사회 근대화가 아니라, 인간의 실질적 자유의 확장이다. [경제성장 등이] 그 자체로 가치가 있다고 볼 것이 아니라 그것이 사람들의 삶을 풍요롭게 하고 사람들을 자유롭게 하는 데 실제로 얼마나 효과가 있는가를 생각해야 한다."라고 했다.[13]

센은 세 가지 질문을 던졌고, 각각의 질문에 답했다. 첫째, 사회가 행하는 선택이 개별 시민들의 선호를 반영할 수 있을까? 둘째, 개인의 권리와 경제적 복리가 조화를 이룰 수 있을까? 셋째, 정의로운 사회의 척도는 무엇일까?

1930년대와 1940년대에 자유방임론자들이 우려했던 것은 서구가 정치적 자유주의에 대한 책무를 경제안정과 맞바꾸는 것이었다. 그로부터 한 세대 후, 센이 우려했던 것은 인도를 비롯한 제3세계 국가들이 경제성장 경쟁 속에 민주주의를 희생시키는 것이었다. 센이 궁금하게 여긴 것은, 사회적 행동과 개인의 권리 간의 갈등을 어떻게 해결할 수 있겠느냐였다.

센이 이 사안을 다루기 시작한 1960년대 후반, 양자의 조화 가능성과 관련하여 이미 두 가지 강력한 도전이 제기돼 있었다. 하나는 프리드리히 폰 하이에크의 것이었다. 하이에크는 "전문가들"과 특정 이해집단이 자기네 선호를 나머지 모두에게 강요하는 것을 우려했다. 당국은 개인들의 계획을 정부 계획으로 대체함으로써 개인(여러 대안 사이에서 스스로 선택의 균형을 찾는 편을 선호할 개인)에게 일련의 획일적 우선순위들을 강제하고 있다는 것이 그의 주장이었다.

또 하나의 도전은 전혀 예상치 못한 곳에서 제기되었다.(이것이 훨씬 더 심각한 도전이었다.) 정치적으로 온건한 미국 경제학자 케네스 애로가 1952년에 출판한 『사회적 선택과 개인적 가치 Social Choice and Individual Values』라는 극히 이론적인 소책자가 그것이었다. 센이 프레지던시 칼리지에서 처음 접한 애로의 불가능성 정리는 어떠한 투표체계도 시민 개개인의 선호도를 반영하는 결과를 산출할 수 없음을 증명하는, 논리적으로 공략 불가능한 듯한 정리였다. 완벽한 합의가 존재하는 때를 제외하면, 모든 투표절차들은 비민주적인 측면을 갖는 결과들을 산출한다는 것이었다. 센의 칼리지 친구들은 대부분 스탈린주의자였다. 센은 한편으로는 평등에 대한 그들의 열망을 공유했지만, 다른 한편으로는 "정치적 권위주의를 걱정했다." 애로의 정리는 독재를 정당화하는 논리는 아니었을까?

애로의 결론을 직접 공략하기란 불가능했다. 센이 택한 방법은 애로의 무해해 보이는 전제들(민주적 절차가 충족시켜야 하는 조건들)을 파헤치는 것이었다. 1970년에 나온 『집단적 선택과 사회적 복리 Collective Choice and Social Welfare』에서 센은 애로의 한 공리(시민들 각각이 누리는 복리의 비교를 배제시키는 공리)는 실은 필수적인 공리가 아니라 그야말로 임의적인 공리임을 논증했다. 그러한 비교가 가능하다면 불가능성 정리는 지지될 수 없을 것이라는 얘기였다. 센은(그리고 센의 영감을 받은 연구자들은) 한 발 더 나아가 개인의 권리와 모순되지 않는 의사결정 규칙들이 작동할 수 있는 조건들을 밝혀냈다. 실제로 센의 "비교복리계량법"은 민주주의 정부들로 하여금 사회개혁을 시행하도록 촉구할 수 있는 척도들을 찾는 센의 작업의 출발점이었고, 아울러 빈곤을 정의하고 측정하는 최선의 방법을 둘러싼 긴 논쟁의 출발점이었다.

개인적 권리와 경제적 복리는 갈등을 일으키는가? 센은 공리주의를 좀 더 전면적으로 공격하기 시작했다.(센에게 영감을 준 것들 중에는 흔히 근대 복지국가에 대한 철학적 정당화로 간주되는 존 롤스의 권위 있는 1971년 저서 『정의론A Theory of Justice』도 있었다.) 대부분의 경제학자들을 포함해서 공리주의자들은 사회가 시민의 복리를 고려한다면 그것으로 충분하다고 생각한다. 그들이 권리를 고려하는 경우에도, 그들이 말하는 권리는 행복이나 만족을 낳는 간접적 요인에 불과하다. 반면에 제러미 벤담의 "최대다수의 최대행복" 법칙을 살짝 비튼 롤스의 "차등의 원칙"은 정의로운 사회란 최하위 집단의 복지를 최대화시키는 사회라고 진술한다. 물론 매우 공리주의적인 개념이다. 그러나 롤스의 일차적 관심은 복리에 우선하는, 그러나 전통적으로 경제학자들로부터 무시당해왔던, 개인의 권리다.

1970년에 나온 또 한 편의 학술논문 「파레토 자유주의자의 불가능성The Impossibility of the Paretian Liberal」에서 센은 복리와 아울러 권리에 주목해야 함을 역설하면서 양자 간에 심각한 갈등이 있을 수 있음을 지적했다.[14] 대부분의 경제학자들이 받아들이는 경제적 복리의 기준은 벤담이나 롤스가 제시한 기준보다 훨씬 수월하다. 19세기 이탈리아 경제학자 빌프레도 파레토가 논증한 바에 따르면, 최적상태란 누군가의 상태를 악화시키지 않고서는 누군가의 상태를 개선하지 못하게 된 상태이다. 다시 말해, 최적상태의 사회란 전체의 이익을 다툼 없이 증진할 수 있는 모든 기회들을 이용한 사회다.

그러나 센은 일견 무해해 보이는 이 척도마저 개인적 자유에 저촉될 수 있음을 증명했다. 많은 사람들이 자신의 복리를 다른 사람들의 자유를 제약하는 방식으로 정의할 때 자유로운 선택은 파레토의 최적상태와 충돌할 수 있다.(무슬림 성직자는 여성의 교육이 금지될 때 더 행복하고, 가톨릭 수녀는 낙태가 불법일 때 더 행복하고, 부모는 유희약물이 불법화될 때 더 행복하다.)

센의 예를 최신 버전으로 바꾸어보자면, "내숭이Prude"는 종교생활을 할 자유를 중시하지만 포르노그래피를 금지할 수 있다면 더 행복할 것이다. "음탕이Lewd"는 포르노그래피를 읽을 자유를 중시하지만 종교를 금지할 수 있다면 더 행복할 것이다. 정부가 포르노그래피와 종교를 금지한다면, 양쪽 모두 좀 더 행복할 것이다.(그러나 동시에 좀 덜 자유로울 것이다.)

경제학이 센의 메시지와 씨름해왔다고 말할 수는 없겠지만, 지금 경제학자들은 국민총생산을 가지고 물질적 이익을 측정할 때 무엇이 제외되는지를 좀 더 성찰하는 경향이 있다. 특히 경제학자들은 국민총생산과 복리를 동일시하는 일에 좀 더 신중해졌다. 센이 주장하듯이, 국민총생산은 개인의 기회를 고려대상에서 제외시키는데, 개인에게 기회가 소득보다 중요할 수 있음을 감안할 때 이는 심각한 약점이다. 권리가 복리와 충돌하는 경우도 있지만 대개는 복리를 보호하는 수단으로 볼 수 있다고 주장하는 것도 물론 가능하다.(경제학 부문 노벨상 수상자 에릭 매스킨Eric Maskin도 그렇게 주장하고 있다.) 읽고 싶은 것을 읽을 권리는 (읽어도 되는 것이 정해져 있는 경우와는 달리,) 대개 소득의 증가로 귀결된다는 주장은 그 한 예다. 그렇지만 많은 사회가 권리와 복리의 충돌로 양극화되는 것을 감안할 때, 센이 이를 30여 년 전에 지적했다는 것은 대단한 선견지명이었다.

센은 공리주의에 대한 공격을 확대하면서, 성장만으로는 적절한 복리의 척도가 될 수 없다는 것, 그리고 효용(현재의 선호와 만족을 토대로 정해지는 효용)도 마찬가지라는 것을 논증했다.(전자가 적절치 못한 이유는 지금 빈곤층의 개인이 얼마나 바람직하게 또는 바람직하지 못하게 살고 있는지를 보여줄 수 없기 때문이고, 후자가 적절하지 못한 이유는 빈곤층의 개인은 자신의 희망을 자신의 궁핍한 상황에 맞도록 재단하기 때문이다.) 센은 이런 문제점을 비롯해서 여러 문제점을 해결하기 위해 발전의 목적을 사유할 수 있는 새로운 방법을 내놓았다. 센을 이를 "역량 접근법"이라고 명명했다.

센에 따르면, 복리를 창출하는 것은 재화 그 자체가 아니라, 재화의 획득이 목표하는 활동이다. 예를 들면, 내 자동차의 가치는 내 기동성을 증가시킨다는 데 있다. 당신이 취득한 교육의 가치는 당신에게 이 책의 논의에 참여할 기회를 준다는 데 있을 수도 있다. 센에 따르면, 소득의 의의는 소득이 창출하는 기회에 있다. 그러나 실질적 기회(센의 표현을 빌리면, 역량)의 결정에는 수명, 건강, 문해율 등 많은 다른 요소들이 개입된다.(궁핍한 상황에 의해서 제약될 수 있는 희망도 그중 하나이다.) 복리를 측정할 때는 이런 다른 요소들도 고려해야 한다. 센이 국제연합 인간개발지표 같은 대안적인 복리지표들을 구축했던 것은 바로 이런 정신에서였다.

이러한 복리측정 연구와 병행해서, 센은 개인의 역량이야말로 평등의 증대를 위해 분투하는 사회의 핵심적 차원이라고 주장한다.(단, 어떤 역량이고 어떤 평등인지까지는 말하지 않는다.) 그러나 센도 인정하다시피, 정의正義를 이렇게 정의定義할 때 발생하는 한 가지 문제는 개인이 내리는 결정(일에 매진할 것인가 아니면 학업을 마칠 것인가)이 자신의 향후 역량을 좌우한다는 점이다.

센이 볼 때, 탈식민 인도는 어떤 수준인가? 센이 장 드레즈Jean Drèze와 공저한 『인도: 발전과 참여India: Development and Participation』 2001년판은 감동적이었던 네루의 독립기념사를 인용하면서 시작된다. "오래전에 우리는 운명과 약속했습니다. 그리고 이제 그 약속을 지킬 때가 왔습니다." 네루의 약속들 중에는 "가난과 무지와 질병을, 그리고 기회의 불평등을 끝장내는 것"도 포함돼 있었다.[15] 센이 볼 때 "이 원대한 목표들은 [……] 대개 아직 성취되지 않고 있다." 언젠가 한 학생이 센에게 왜 당신의 사유의 '내용'은 1950년대 이래 그대로냐고 물었다. "주위환경이 그대로이기 때문이다. 아마 나는 죽을 때도 같은 이야기를 할 것이다."라고 센은 대답했다.

물론 센도 지적하다시피 제3세계에서 많은 것이 바뀌었다. 기대수명은 46세에서 65세로 늘었고, 1인당 실질소득은 세 배 이상 늘었다. 한때 가난했던 나라들은 이제 여전히 가난한 나라들보다는 부유한 나라들과 더 비슷해졌다.

그럼에도 세계 최대 민주주의 국가의 국민 10억 명이 여전히 세계 최빈곤층이라고 센은 말한다. 지금 극빈은 지구상에서 단 두 지역, 곧 남아시아와 사하라 이남 아프리카에 밀집되어 있다. 인도의 기대수명은 아프리카보다 높다.(그 이유는 인도가 대규모 기근과 내전을 모면했기 때문이다.) 그러나 문맹, 만성 영양실조, 경제적, 사회적 불평등이라는 측면에서 인도의 수준은, 특히 여성의 처지를 보면, 사하라 이남 아프리카 못지않게 열악하고 어쩌면 오히려 더 열악할 수 있다.

1940년대에 인도와 중국은 비슷하게 가난했다. 그러나 오늘날 중국의 기대수명은 70세인 데 비해 인도는 63세다. 영아사망률은 중국이 인도의 절반으로, 중국은 1000명당 30명인 데 비해 인도는 70명이다. 영양수치 역시 중국이 만성 영양실조를 없애는 데 훨씬 앞선다는 것을 보여준다. 청소년 문해율은 중국의 경우는 90퍼센트를 훨씬 상회하고 남녀의 격차도 5퍼센트 미만인 데 비해 인도의 경우는 비율도 훨씬 낮고 남녀의 격차도 훨씬 크다.[16] 물론, 인도 국민들이 누리는 민주적 권리(언론의 자유를 포함한 권리)는 비교적 풍족한 중국 국민들이 아직 꿈만 꾸고 있는 것들이다. 센을 비롯해 인도에 자문을 제공하는 경제학자들에게 주어진 과제는 센과 인도가 그토록 자랑스러워하는 민주주의를 희생하지 않으면서 동시에 인도를 중국의 세계화 행보에 뒤지지 않도록 이끄는 것이다.

경제성장 이론으로 노벨상을 수상한 로버트 솔로는 언젠가 센을 가리켜서 "경제학 직종의 양심"이라고 칭했다. 그러나 오랫동안 경제학에 대한 센의 접근법은 좌와 우를 막론하고 모두에게 매우 수상하게 비쳐졌다. 소비에트 계획경제가 유행한 1950년대와 1960년에 케임브리지와 콜카타와 델리에서 센은 좌파에게는 기피인물이었다. 1980년대와 1990년대에 자유시장의 광풍이 또다시 몰아쳤을 당시, 노벨상 심사위원장은 "센은 결코 수상하지 못할 것"이라고 자신 있게 예언했다. 1998년에 센은 "복지경제학에 기여한 공로로" 노벨상을 수상했다.

시대가 변했다. 요즘 센이 아시아에 가면 사람들은 그를 경제학 교수로 대우하기보다 간디 같은 사람으로 대우한다. 센이 움직이면 경관들이 호위한다. 2002년 1월에 산티니케탄의 군중은 센이 지나가는 것을 보기 위해 길 양편에 도열했고, 비스바바라티 대학의 어린 소녀들은 바닥에 엎드려 센의 발을 만지려고 했다.(센은 누가 그러려고 하면 퉁명스럽게 못하게 한다.) 센이라는 이름을 지어준 시인이 일찍이 그랬듯, 센은 자신의 노벨상 수상을 자기가 중요히 여기는 사안에 관심을 모으는 수단으로 이용하기로 마음먹었다. 센의 상금 100만 달러의 절반이 농촌 지역에서 초등교육을 확산시키는 두 곳의 재단(한 곳은 서벵갈, 한 곳은 방글라데시)을 설립하는 일에 기부됐다.

인도의 소비에트식, 자급자족적, 관료주의적 경제가 점차 제 기능을 상실함에 따라,(그동안 일본과 아시아의 호랑이들은 근대적 생활수준에 도달했다.) 센은 서구의 원조와 무역조건 개선이 제3세계 성장의 열쇠라는 시각을 벗어나 슘페터의 시각(결정적인 것은 현지 조건들이며, 한 나라의 운명을 결정하는 것은 결국 그 나라 자신이라는 시각)에 가까워졌다. 그는 한편으로는 탈규제 그리고 인도 경제를 외국의 무역과 투자에 개방하는 조치를 반겼고, 다른 한편으로는 정부가 빈민들을 위해(특히 보건, 교육, 영양에서) 개입해야 함을 역설했다. 마오가 문화혁명을 중단하고 경제적 자유를 도입함과 함께 논쟁은 끝났다. 중국이 괄목할 만한 도약을 거쳐 근대성을 획득함에 따라 소련은 크게 뒤처지게 되었고 소비에트 경제모델은 치명적으로 불신당하게 되었다.

에필로그

미래를 상상하다

여행은 대부분 상상에서 시작된다. 사람을 환경의 주인으로 만들어온 원대한 모색의 여행도 예외가 아니다.

18세기에 활동했던 경제학의 선조들은 자발적 협력이 강제를 대신할 경제체제에 대한 비전을 가지고 있었다. 그러나 그들은 인간의 9할이 신의 명령 때문이든 자연의 섭리 때문이든 지독한 가난과 노역의 삶을 살 수밖에 없다는 가정을 버리지 못했다. 2000년 역사는 그들에게 대다수 인간이 자신의 운명을 벗어날 확률은 망망대해 감옥 섬에 갇힌 자가 자신의 운명을 벗어날 확률 못지않게 낮다는 믿음을 각인해놓았던 것이다.

디킨스, 메이휴, 마셜이 경제학을 접한 것은 빅토리아 시대 런던에서였다. 생산력과 생활수준의 혁명기였다. 그들의 비전은 좀 더 밝고 좀 더 희망적이었다. 그들이 보기에 인간을 옭아맨 운명은 바다라기보다 해자였다. 그들은 인간이 해자를 건너서 점점 멀어지는 지평선을 향해 한 걸음씩 나아가는 모습을 상상할 수 있었다. 이 경제사상가들의 동력은, 지적 호기심과 이론에 대한 갈증, 그리고 인간을 안장에 앉히겠다는 소망이었다. 그들이 찾고 있었던 것은 주인 되는 도구, 곧 사회를 생장시키는 데 사용될 수 있는 사상이었다. 그들은 도덕과 경제가 붕괴하는 사회가 아닌, 개인들이 자유롭고 풍요롭게 살아가는 사회를 원했다.

성패를 더 크게 좌우하는 것은 영토나 인구나 천연자원, 심지어 선도적인 기술력도 아닌, 경제적 지성이라는 것을 그들은 배웠다. 중요한 것은 생각이다. 케인스가 대공황 중에 했던 유명한 말을 빌리면 "세계를 지배하는 것은 대개 생각이다."[1] 마셜과 마찬가지로, 케인스는 경제학을 분석 엔진, 곧 경험의 알곡을 쭉정이로부터 분리할 수 있는 분석 엔진이라고 보았고, 아울러 경제사상이 세계를 변화시킨 정도는 증기기관이 세계를 변화시킨 정도보다 더하다고 확신했다. 경제적 진리는 수학적 진리에 비해서 덜 영구적일지는 모르지만, 경제적 이론은 무엇이 유용하고 무엇이 무용한지, 무엇이 유의미하고 무엇이 무의미한지 알아내는 데 필수적이었다. 인플레이션은 단기적으로는 생산량을 늘릴 수 있었지만, 장기적으로는 그럴 수 없었다. 생산성 제고야말로 임금과 생활조건의 일차적 견인차였다. 교육과 사회안전망은 경기침체를 초래하지 않으면서 가난을 줄이는 방법이었다. 통화안정은 경제안정의 필요조건이었고, 건강한 금융제도는 혁신의 핵심요소였다. "사회가 진화하면서 질문도 바뀌고, 옛 질문에 대한 대답도 바뀐다. 그렇다고 해서 우리가 지금 이 순간에 쓸모 있는 것을 꽤 많이 알고 있지 않다는 의미는 아니다."라고 로버트 솔로는 말했다.[2]

경제적 재난들(금융 공황, 초인플레이션, 불황, 사회적 갈등, 전쟁)은 언제나 자신감의 위기를 촉발시켰지만, 평균 생활수준의 점진적 향상을 무화시킬 만큼 심각했던 적은 한 번도 없었다. 대공황은 현대 탈중앙집권 경제를 시험대에 올렸고, 아울러 경제학을 시험대에 올렸다. 2차대전은 비관과 회의의 기조로 마감되었다. 케인스주의 경제학자들은 경기침체라는 황혼기를 예상했고 하이에크 신봉자들은 사회주의가 서양에서 승기를 잡을 것을 우려했다. 하지만 오히려 성장이 반등하고 생활수준이 급상승했다. 정부들은 경제 운용에서 어느 정도 성공했다. 2차대전 이래, 세계적으로 극빈을 탈출하는 인구가 점점 늘고 있다. 패전국 독일과 일본은 1950~1960년대에 잿더미 속에서 불사조처럼 날아올랐다. 중국은 1970년 무렵부터 괄목할 만한 급성장을 시작했다. 좀 더 최근에는, 인도가 수십 년 동안의 경기침체를 헤쳐나왔다.

현실이 상상을 대체로 앞섰다. 슘페터도 상상하지 못했을 일들이 벌어졌다. 세계 인구는 여섯 배로 늘었지만, 열 배 풍요로워졌다. 지구상의 극빈층 비율은 6분의 5 감소했다. 지금 평균 중국인의 생활수준은 1950년 평균 영국인의 생활수준에 비해 (더 높지는 않다 해도) 최소한 더 낮지는 않다. 평균수명이 1820년대에 비해 2.5배 늘어났고 계속 늘어나고 있다. 이 사실을 알고 놀라지 않았을 사람은 피셔밖에 없다. 놀랍게도, 2008~2009년 대불황(1930년대 이래 가장 극심했던 경제위기)도 선행했던 생산성 증가세와 소득 증가세를 뒤집지 못했다. 기대수명은 상승세를 이어갔다. 세계 금융제도는 붕괴하지 않았다. 제2의 대불황은 없었다.

빌헬름 2세로부터 히틀러와 스탈린과 마오에 이르는 미친 통치자들은 여러 차례 경제적 진리를 무시하고자 했고, 심지어 억압하고자 했다.(그것은 여전히 그렇다.) 그러나 가난을 벗어나 자국의 경제적 운명을 개척해나가는 국가가 많아질수록, 독재자의 합리화 논리는 점점 설득력을 잃게 된다. 소련은 서양을 따라잡는 대신 1990년에 무너졌다.

되돌아갈 길은 없다. 우리가 우리의 경제적 환경을 통제해야 하는가, 통제하지 말아야 하는가를 놓고 논쟁할 사람은 이제 없다. 어떻게 통제해야 하는가를 놓고 논쟁할 뿐이다. 앞으로 가장 바라는 일이 뭐냐는 질문에, 카이로의 시위자들은 경제발전을 들었다. 2011년에 튀니지와 시리아와 여타 중동 국가에서 거리로 나왔던 시민들은 앞으로 경제가 성장과 안정을 구가할 것이고 기업가정신에 유리한 기업풍토가 조성될 것이라고 상상하는 최근의 물결을 대표하는 세력이다. 그 미래를 상상할 수 있다면, 과거의 악몽으로 되돌아가는 일은 점점 불가능해질 것 같다.

주

출처 주

『사람을 위한 경제학』을 쓰기 위한 자료조사에서 나는 수백 권의 감격적이고 유익한 전기, 역사, 경제학 저서를 읽었다. 나는 특히 사실관계, 사유, 이해에 있어서 다음의 책들에 의존했다.

서문

Claire Tomalin, *Jane Austen: A Life* (New York: Knopf, 1997); Gregory Clark, *A Farewell to Alms: A Brief Economic History of Modern Britain* (Princeton: Princeton University Press, 2009); Bradford DeLong, unpublished economic history of the twentieth century; Harold Perkin, *The Origins of Modern British Society* (London: Routledge, 1990); Angus Maddison, *The World Economy: A Millennial Perspective* (Paris: OECD Publishing, 2006) and *The World Economy: Historical Statistics* (Paris: OECD Publishing, 2006); Mark Blaug, *Economic Theory in Retrospect* (Cambridge: Cambridge University Press, 1983); T. W. Hutchison, *A Review of Economic Doctrines 1870-1939* (London: Clarendon Press, 1966); W. W. Rostow, *Theorists of Economic Growth from David Hume to the Present* (Oxford: Oxford University Press, 1992); Niall Ferguson, *Cash Nexus* (New York: Basic Books, 2001).

제1막 프롤로그

Kitson Clark, "Hunger and Politics in 1842" (*Journal of Modern History*, 24, no. 4 (December, 1953)); James P. Henderson, "'Political Economy Is a Mere Skeleton Unless. . .': What Can Social Economists Learn from Charles Dickens" (*Review of Social Economy*, 58, no. 2 (June, 2000)); Michael Slater, *Charles Dickens* (New Haven: Yale University Press, 2009).

1장

David McLellan, *Karl Marx: Interviews and Recollections* (New York: Barnes & Noble, 1981); Gustav Mayer, *Friedrich Engels: A Biography* (Berlin: H. Fertig, 1969); Steve Marcus, *Engels, Manchester and the Working Class* (New York: Norton, 1974); Gertrude Himmelfarb, *The Idea of Poverty: England in the Early Industrial Age* (New York: Alfred A. Knopf, 1984) and *Poverty and Compassion: The Moral Imagination of the Late Victorians* (New York: Random House, 1991); David McLellan, *Karl Marx: His Life and Thought* (London: Macmillan, 1973); Isaiah Berlin, *Karl Marx: His Life and Environment* (London: Thornton Butterworth, 1939); Francis Wheen, *Karl Marx: A Life* (New York: W. W. Norton & Co., 1999); Dirk Struik, *Birth of the Communist Manifesto* (New York: International Publishers, 1986); Anne Humphereys, *Travels into the Poor Man's Country: The Work of Henry Mayhew* (Athens: University of Georgia Press, 1977); Francis Sheppard, *London 1808-1870: The Infernal Wen* (London: Seeker and Warburg, 1971); Asa Briggs, *Victorian Cities* (Berkeley: University of California Press, 1993); Gareth Stedman Jones, *Outcast London* (London: Penguin Books, 1982).

2장

Mary Paley Marshall, *What I Remember* (Cambridge: Cambridge University Press, 1947); J. M. Keynes, "Alfred Marshall 1842-1924," in Arthur Pigou, ed., *Memorials of Alfred Marshall* (London: MacMillan, 1925); Gertrude Himmelfarb, *Poverty and Compassion: The Moral Imagination of the Late Victorians* (New York: Alfred A. Knopf, 1991); Peter Groenewegen, *A Soaring Eagle: Alfred Marshall 1842-*

1924 (London: E. Elgar, 1995); Mark Whitaker, *Early Economic Writings of Alfred Marshall, Vols. 1-2* (London: The Royal Economic Society, 1975); Mark Whitaker, *The Correspondence of Alfred Marshall, Vols. 1-3* (Cambridge: Cambridge University Press, 1996); Tizziano Faffaeli, Eugenio F. Biagini, Rita McWilliams Tullberg, eds., *Alfred Marshall's Lectures to Women: Some Economic Questions Directly Connected to the Welfare of the Labore*r (Aldershott, UK; Edward Elgar Publishing Company, 1995).

3장

Barbara Caine, *Destined to be Wives: The Sisters of Beatrice Webb* (Oxford: Clarendon Press, 1986); Carole Seymour Jones, *Beatrice Webb: Woman of Conflict* (Chicago: Ivan R. Dee, 1992); Royden Harrison, *The Life and Time of Sidney and Beatrice Webb: The Formative Years, 1858-1903* (London: Palgrave, 1999); Kitty Muggeridge and Ruth Adam, *Beatrice Webb: A Life, 1858-1943* (New York: Afred A. Knopf, 1968); Margaret Cole, *Beatrice Webb* (New York: Harcourt Brace, 1948); Michael Holroyd, *Bernard Shaw* (London: Chatto and Windus, 1997); William Manchester, *The Last Lion: Winston Spencer Churchill: Visions of Glory, 1874-1932* (New York: Little Brown, 1983); Gertrude Himmelfarb, *Poverty and Compassion: The Moral Imagination of the Late Victorians* (New York: Random House, 1991); Elie Halevy, *A History of the English People in the Nineteenth Century, Vol. 6, the Rule of Democracy (1905-1914)*, (London: Earnest Benn Ltd., 1952); Jeanne and Norman MacKenzie, *The Diary of Beatrice Webb, vols. 1-4* (London: Virago, 1984); Norman MacKenzie, *The Letters of Sidney and Beatrice Webb, vols. 1-3* (Cambridge University Press, 2008).

4장

Muriel Rukeyser, *Willard Gibbs* (New York: Doubleday, Doran and Co., 1942), William J. Barber, ed., *The Works of Irving Fisher*, vols. 1-17 (London: Pickering and Chatto, 1997); Irving Norton Fisher, *My Father: Irving Fisher* (New York: Comet Press, 1956); Muriel Rukeyser, *Willard Gibbs: American Genius* (New

York: Doubleday, Doran and Co., 1942); Robert Loring Allen, *Irving Fisher: A Bibliography* (Cambridge: Blackwell Publishers, 1993); Richard Hofstadter, *The Age of Reform: From Bryan to FDR and Social Darwinism in American Thought* (New York: George Braziller, Inc., 1969); Jeremy Atack and Peter Passell, *A New Economic View of American History* (New York: W. W. Norton, 1994); Perry Mehrling, "Love and Death: The Wealth of Irving Fisher," *Research in the History of Economic Thought and Methodology*, Warren J. Samuels and Jeff E. Biddle, eds. (Amsterdam: Elsevier Science, 2001; New York: Harcourt Brace Jovanovich, 1992), 47-61.

5장

Seymour Harris, *Joseph Schumpeter: Social Scientist* (Cambridg, Mass.: Harvard University Press, 1951); Wolfgang F. Stolper, *Joseph Alois Schumpeter: The Public Life of a Private Man* (Princeton: Princeton University Press, 1944); Robert Loring Allen, *Opening Doors: The Life and Works of Joseph Schumpeter*, vol. I (New Brunswick: Transaction Publishers, 1991); Richard Swedberg, *Joseph A. Schumpeter: His Life and Work* (Cambridge, UK: Polity Press, 1991); Thomas K. McCraw, *Prophet of Innovation: Joseph Schumpeter and Creative Destruction* (Cambridge, Mass.: Harvard University Press, 2007); Charles A. Gulik, *Austria from Habsburg to Hitler*, vol. I (Berkeley: University of California Press, 1948); David F. Good, *The Economic Rise of the Hapsburg Empire 1750-1914* (Berkeley: University of California Press, 1990); Joseph Schumpeter, *History of Economic Analysis* (Cambridge, Mass.: Harvard University Press, 1954).

제2막

프롤로그

Charles John Holmes, *Self and Partners (Mostly Self): Being the Reminiscences of C. J. Holmes* (London: Macmillan, 1939); Anne Emberton, "Keynes and the Degas Sale," *History Today*, December 31, 1995; Ray Monk, *Ludwig Wittgenstein: The Duty of Genius* (New York: Penguin Books, 1991); Ray Monk, *Bertrand Russell:*

The Spirit of Solitude 1872-1921, vol. I (New York: Simon & Schuster, 1996); Hugh Mellor, *Frank Ramsey: Better Than the Stars* (London: BBC, 1994); Henry Andrews Cotton, with a Forword by Adolf Meyer, *The Defective, Delinquent and Insane: The Relation of Focal Infections to Their Causation, Treatment and Prevention, Lectures delivered at Princeton University, January 11, 13, 14, 15, 1921* (Princeton: Princeton University Press, 1922).

6장

Eduard Marz, *Joseph A. Schumpeter: Forscher, Lehrer und Politiker* (Muenchen: R. Oldenbourg, 1983); Eduard Marz, "Joseph Schumpeter as Minister of Finance in X Helmut Frisch," in *Schumpeterian Economics* (New York: Praeger, 1981); F. L. Carsten, *The First Austrian Republic* (Aldershot, UK: Wildwood House, 1986); F. L. Carsten, *Revolution in Central Europe: 1918-1919*, (Aldershot, UK: Wilderwood House, 1988); David Fales Strong, *Austria* (October 1918–March 1919) (New York: CUP, 1939); Norbert Schausberger, *Der Griff nach Oesterreich: Der Anschluss* (Wien, Muenchen: Jugend und Volk, 1988); Otto Bauer, *The Austrian Revolution* (London: Parson, 1925); Eduard Marz, *Austrian Banking and Financial Policy: Creditanstalt at a Turning Point, 1913-1923* (New York: St. Martin's Press, 1984); Christine Klusacek and Kurt Stimmer, *Dokummentation Zur Oesterreichische Zeitgeschichte 1918-1928* (Wien and Muenchen: Jugend und Volk, 1984); Joseph A. Schumpeter, *Aufsatze zur Wirtschaftspolitik*, Wolfgang F. Stolper and Christian Seidl, eds. (Tuebingen: JCB Mohr, 1985); Joseph A. Schumpeter, *Politische Reden*, Seidl and Stolper, eds. (Tubingen: JCB Mohr, 1992).

7장

D. E. Moggridge, ed., *The Collected Writings of John Maynard Keynes*, vols. 1-30 (London: Macmillan, 1971-1989); Paul Mantoux, *The Carthaginian Peace or The Economic consequences of Mr. Keynes* (Oxford: Oxford University Press, 1946); Robert Skidelsky, *John Maynard Keynes, Vol. 1, Hopes Betrayed* (New York: Viking, 1986); Donald E. Moggridge, *Maynard Keynes: An Economist's Biography*

(London: Routledge, 2009); Margraet MacMillan, *Paris 1919: Six Months That Changed the World* (New York: Random House, 2002).

8장

Peter Gay, *Freud: A Life of Our Time* (New York: W. W. Norton, 1988); F. L. Carsten, *The First Austrian Republic* (Aldershot: Wildwood House, 1986); Otto Bauer, The Austrian Revolution (London: Parsons, 1935); Eduard Marz, *Austrian Banking and Financial Policy: Creditanstalt at a Turning Point, 1913-1923* (New York: St. Martin's Press, 1984).

9장

Robert Skidelsky, *John Maynard Keynes, Vol. 2, The Economist as Savior 1920-1937* (London: Macmillan 1992); D. E. Moggridge, *Maynard Keynes: an Economist's Biography* (London: Routledge, 1992); Irving Norton fisher, *My Father: Irving Fisher* (New York: Comet Press, 1956); Robert Loring Allen, *Irving Fisher: A Biography* (Cambridge: Blackwell Publishers, 1993); Milton Friedman, *Money Mischief: Episodes in Monetary History* (New York: Harcourt Jovanovich Brace, 1992).

10장

Robert Skidelsky, *John Maynard Keynes, Vol. 2, The Economist as Savior 1920-1937* (London: Macmillan 1992); D. E. Moggridge, *Maynard Keynes: an Economist's Biography* (London: Routledge, 1992); Irving Norton fisher, *My Father: Irving Fisher* (New York: Comet Press, 1956); Robert Loring Allen, *Irving Fisher: A Biography* (Cambridge: Blackwell Publishers, 1993); Milton Friedman, *Money Mischief: Episodes in Monetary History* (New York: Harcourt Jovanovich Brace, 1992).

11장

Nahid Aslanbeigui and Guy Oakes, *The Provocative Joan Robinson: the Making* of a Cambridge Economist (Durham, N.C.: Duke University Press, 2009); Marjorie Shepherd Turner, Joan Robinson and the Americans (Armonk, N.Y.: ME Sharpe, 1989).

12장

Robert Skidelsky, John Maynard Keynes, Vol. 3: Fighting for Freedom, 1937-1946 (New York: Viking, 2001); David Kennedy, Freedom from Fear: The American People in Depression and War (Oxford: Oxford University Press, 1999); Milton Friedman and Rose Friedman, Two Lucky People (Chicago: University of Chicago Press, 1998), Herbert Stein, Presidential Economics: The Making of Economic Policy from Roosevelt to Clinton (Washington, D.C.: American Enterprise Institute, 1994); Stephen Kresge and W. W. Bartley III, eds., The Collected Works of F. A. Hayek, vol. 1-17 (Chicago: University of Chicago Press, 1889).

13장

Seymour Harris, Joseph Schumpeter: Social Scientist (Cambridge, Mass.: Harvard University Press, 1951); Wolfgang F. Stolper, Joseph Alois Schumpeter: The Public Life of a Private Man (Princeton: Princeton University Press, 1994); Robert Loring Allen, Opening Doors: The Life and Works of Joseph Schumpeter, vol. I (New Brunswick: Transaction Publishers, 1991); Richard Swedberg, Joseph A. Schumpeter: His Life and Work (Cambridge: Polity Press, 1991); Thomas K. McCraw, Prophet of Innovation: Joseph Schumpeter and Creative Destruction (Cambridge, Mass.: Harvard University Press, 2007).

제3막 프롤로그

James McGregor Burns, Roosevelt: The Soldier of Freedom, 1940-1945 (New York: Harcourt Brace Jovanovich, 1970).

14장

Robert Skidelsky, John Maynard Keynes, Vol. 3: Fighting for Freedom (New York,

Viking, 2000)

15장

Alan Ebenstein, *Hayek's Journey* (Chicago: University of Chicago Press, 2005); Hans Jorg Hennecke, *Friedrich von Hayek* (Hamburg: Junius Verlag GmbH, 2010); Werner Erhard, *Germany's Comeback in the World Market* (New York: Macmillan, 1954).

16장

Richard Reeves, *President Kennedy* (New York: Simon & Schuster, 1993); Herbert Stein, *Presidential Economics: The Making of Economic Policy from Roosevelt to Clinton* (Washington, D. C: American Enterprise Institute, 1994).

17장

John Lewis Gaddis, *The Cold War: A New History* (New York: Alfred A. Knopf, 2009); Marjorie Shepherd Turner, *Joan Robinson and the Americans* (Armonk, N.Y.: ME Sharpe, 1989).

18장

Amartya Sen, *Development as Freedom* (New York: Alfred A. Knopf, 1999); Amartya Sen, *The Idea of Justice* (Cambridge, Mass.: Havard University Press, 2009).

서문

1. John Kenneth Galbraith, *The Affluent Society* (Boston: Houghton Mifflin, 1958).
2. Edmund Burke, "A Vindication of Natural Society Or, a View of the Miseries and Evil Arising to Mankind from Every Species of Artificial Society, In a Letter to Lord **** by a Late Noble Writer, 1756," *Writing and Speeches* (New York: Little Brown and Co., 1901), 59.
3. Patrick Colquhoun, *A Treatise on the Wealth, Power, and Resources of the British Empire* (London: Jay Mawman, 1814(1812)), 49.
4. James Heldman, "How Wealthy is Mr. Darcy—Really? Pound and Dollars in the World of *Pride and Prejudice*," *Persuasions* (Jane Austen Society), 38–39.
5. 필자의 계산은 Patrick Colquhoun, *Wealth, Power, and Resources of the British Empire*; Harold Perkin, *The Origins of Modern British Society* (London: Routledge), 20–21; Roderick Floud and Paul Johnson, *Cambridge Economic History of Modern Britain* (Cambridge: Cambridge University Press, 2004), 92 의 데이터에 의존했다.
6. Jane Austen이 Cassandra Austen에게, *Jane Austen's Letters*, Deirdre le Fay, ed. (Oxford: Oxford University Press, 1995) and Anonymous, *How to Keep House! Or Comfort and Elegance on 150 to 200 a Year* (London: James Bollaert, 1835, 14th edition).
7. Claire Tomalin, *Jane Austen, A Life* (New York: Knopf, 1997).
8. Burk, *Vindication*, 59.
9. Gregory Clark, *A Farewell to Alms: A Brief Economic History of the World* (Princeton: Princeton University Press, 2009).
10. James Edward Austen Leigh, *A Memoir of Jane Austen* (London: Richard Bentley & Son, 1871), 13.
11. Clark, *A Farewell to Alms*.
12. Robert Giffen, *Notes on the Progress of the Working Classes (1883) and Further Notes on the Progress of the Working Classes, Essays in Finance* (London: Putnam & Sons, 1886), 419.

13. Burke, *Vindication*, 60.
14. Tomalin, *Jane Austen*, 96.
15. Patrick Colquhoun, *A Treatise on Indigence* (London: J. Hatchard, 1806).
16. Leigh, *A Memoir of Jane Austen*, 13.
17. Giffen, 379.
18. Alfred Marshall, *The Present Position of Economics: An Inaugural Lecture* (1885), 57.
19. John Maynard Keynes, "Economic Possibilities for our Grandchildren," *Essays in Persuasion* (London: Macmillan, 1931), 344.
20. John Maynard Keynes, 1945년 The Economic Journal 편집장 퇴임식 건배사, *Roy Harrod, The Life of John Maynard Keynes* (London: Harcourt Brace, 1951), 193–94에 인용.

1막 희망

프롤로그

1. G. Kitson Clark, "Hunger and Politics in 1842," *Journal of Modern History*, 24, no. 4 (1953년 12월), 355–74.
2. Thomas Carlyle, *Past and Present* (London: Chapman and Hall, 1843), 26.
3. Charles Dickens, *Daily News* (London), 1846년 1월 21일.
4. Asa Briggs, ed., *Chartist Studies* (London: Macmillan, 1959).
5. Carlyle, *Past and Present*, 335.
6. Thomas Carlyle이 John A. Carlyle에게, Chelsea, London, 1840년 3월 17일. The Carlyle Letters Online, 2007, http://carlyleletters.org (2011년 1월 2일 접속).
7. John Stuart Mill이 John Robertson에게, London, 1837년 7월 12일 in *The Earlier Letters of John Stuart Mill*, vol. 1, *1812–1848*, ed. Francis E. Mineka (University of Toronto Press, 1963), 343 (Carlyle이 *The French Revolution: A History*, (1837)에서 Camille Desmoulins을 묘사한 내용을 간접 인용).
8. Michael Slater, *Charles Dickens: A Life Defined by Writing* (New Haven, Conn.: Yale University Press, 2009), 143에 인용.
9. Thomas Carlyle, "Occasional Discourse on the Negro Question," *Fraser's*

Magazine for Town and Country 40 (1849년 2월), 672.

10. Edmund Burke, *A Vindication of Natural Society: or, a View of the Miseries and Evils Arising to Mankind from Every Species of Artificial Society* (1756), Frank N. Pagano, ed. (Indianapolis: Liberty Fund, Inc., 1982), 87.
11. Thomas Robert Malthus, *An Essay on the Principle of Population, as It Affects the Future Improvement of Society with Remarks on the Speculations of Mr. Godwin, M. Condorcet, and Other Writers* (London: J. Johnson, 1798), 30.
12. Ibid., 139.
13. Ibid., 31.
14. 레위기 19:18, 로마서 13:9.
15. Charles Dickens, *Oliver Twist*, vol. 1 (London: Richard Bentley, 1838), 25.
16. Nicholas Bakalar, "In Reality, Oliver's Diet Wasn't Truly Dickensian," *The New York Times*, 2008년 12월 29일.
17. Charles Dickens, *American Notes for General Circulation*, vol. 2 (London: Chapman and Hall, 1842), 304.
18. Charles Dickens가 Dr. Southwood Smith에게, 1843년 3월 10일 in *The Letters of Charles Dickens*, vol. 3, *1842–1843*, eds. Madeline House, Graham Storey, Kathleen Mary Tillotson, Angus Eanon, Nina Burgis (Oxford: Oxford University Press, 2002), 461.
19. James P. Henderson, " 'Political Economy is a Mere Skeleton Unless⋯': What Can Social Economists Learn From Charles Dickens?," *Review of Social Economy*, 58, no. 2 (2000년 6월): 141–51.
20. Charles Dickens, *A Christmas Carol; in Prose: Being a Ghost Story of Christmas* (London: Chapman Hall, 1843).
21. Henderson, "Political Economy," 146.
22. Dickens, *A Christmas Carol*, 96.
23. Thomas Malthus, *An Essay on the Principle of Population: Or, a View of Its Past and Present Effects on Human Happiness: With an Inquiry Into Our Prospects Respecting the Future Removal or Mitigation of the Evils Which It Occasions*, 2nd ed. (London: J. Johnson, 1803), 532.

24. Dickens, *A Christmas Carol*, 94.
25. Michael Slater, Charles Dickens, *A Christmas Carol and Other Christmas Writings*의 서론과 주석 (London: Penguin, 2003), xi.
26. Anthony Trollope, *The Warden* (London: Longman, Brown, Green, and Longmans, 1855), 15장.
27. Charles Dickens, "The Bemoaned Past," *All the Year Round: A Weekly Journal, With Which is Incorporated Household Words*, no. 161 (1862년 3월 24일).
28. Sir Robert Peel이 Sir James Graham에게, in 1842년 8월, Clark, "Hunger and Politics in 1842"에 인용.
29. Charles Dickens, "on Strike," *Household Words; A Weekly Journal* no. 203 (1854년 2월 11일).
30. Ibid.
31. Joseph A. Schumpeter, *The Economics and Sociology of Capitalism*, ed. Richard Swedberg (Princeton: Princeton University Press, 1991), 290. Schumpeter는 경제학이 "일단의 구체적 진리가 아니라 구체적 진리를 발견하기 위한 엔진"이라는 Alfred Marshall의 시각을 설명하기 위해 이 어구를 조어했다. Alfred Marshall, *The Present Position of Economics: An Inaugural Lecture* (London: Macmillan and Co., 1885), 25.
32. John Maynard Keynes, *Cambridge Economics Handbook* (London: Nesbitt and Cambridge University Press, 1921)의 서론.

1장

1. Walter Bagehot, *Lombard Street: A Description of the Money Market* (New York: Scribner, Armstrong & Co., 1873), 20.
2. Friedrich Engels가 Karl Marx에게, 1844년 11월 19일, Marxists Internet Archive, www.marxists.org/archive/marx/works/1844/letters/44_11_19.htm.
3. Ibid.
4. Friedrich Engels가 Arnold Ruge에게, 1844년 6월 15일, in Steven Marcus, *Engels, Manchester and the Working Class* (New York: Random House, 1976)

에 인용.

5. Friedrich Engels, 필명 X, 영국의 정치적, 경제적 조건에 대한 4부 연재, *Rheinische Zeitung*, 1842년 12월 8일, 9일, 10일, 25일.
6. Edwin Chadwick, *Report on the Sanitary Condition of the Labouring Population of Great Britain* (1842).
7. Friedrich Engels, *Rheinische Zeitung*, 1842년 12월 8일.
8. Charles Dickens, *Nicholas Nickleby*, 43장.
9. Friedrich Engels, *The Condition of the Working Class in England in 1844, With a Preface Written in 1892*, trans. Florence Kelley Wischnewetzky (London: Swan Sonwnschein & Co., 1892).
10. David McLellan, *Friedrich Engels* (New York: The Viking Press, 1977), 22에 인용.
11. Friedrich Engels, "Outlines of a Critique of Political Economy," *Deutsch-Französische Jahrbücher* 1, no. 1 (1844년 2월).
12. Karl Marx, *A Contribution to the Critique of Political Economy* (1859)의 서문, in Karl Marx and Friedrich Engels, *Selected Works* (Moscow: Foreign Language Publishing House, 1951).
13. Karl Heinzen, *Erlebtes* [Experiences], vol. 2 (Boston: 1864), 423–24.
14. Isaiah Berlin, *Karl Marx: His Life and Environment* (London: Thompson Butterworth, 1939), 26.
15. George Bernard Shaw, "The Webbs," in Sidney and Beatrice Webb, *The Truth About Soviet Russia* (London: Longmans Green, 1942).
16. Arnold Ruge가 Ludwig Feuerbach에게, 1844년 5월 15일, in Arnold Ruge, *Briefwechsel und Tagebuchblatter aus den Jahren 1825–1880* [1825년–1880년 편지와 일기], vol. 1 (Berlin: Weidmannsche Buchhandlung, 1886), 342–49.
17. Karl Marx가 Arnold Ruge에게, 1842년 7월 9일, in ed., *Marx/Engels Collected Works*, vol. 1, 398–91.
18. Karl Marx, "A Contribution to the Critique of Hegel's Philosophy of Right," *Deutsch-Französische Jahrbücher* 1, no. 1 (1844년 2월).
19. Karl Marx가 Arnold Ruge에게, 1843년 9월; *Deutsch-Französische Jahrbücher*

1, no. 1 (1844), www.marxists.org/archive/marx/works/1843/letters/43_09-alt.htm.

20. Gertrude Himmelfarb, *The Idea of Poverty: England in the Early Industrial Age* (New York: Alfred A. Knopf, 1984), 278.

21. Friedrich Engels가 Karl Marx에게, 1844년 11월 19일, in *Der Briefwechsel Zwischen F. Engels und K. Marx*, vol. 1 (Stuttgart, 1913), Marxist Internet Archive, www.marxists.org/archive/marx/works/1844/letters/44_11_19.htm.

22. Friedrich Engels가 Karl Marx에게, 1845년 1월 20일, in *Der Briefwechsel Zwischen F. Engels und K. Marx*, vol. 1 (Stuttgart, 1913), Marxist Internet Archive, www.marxists.org/archive/marx/works/1845/letters/45_01_20.htm.

23. Engels, *Condition of the Working Class in England*, 296.

24. Friedrich Engels가 Karl Marx에게, Paris, 1845년 1월 20일. Marxist Internet Archive, http://www.marxists.org/archive/marx/works/1845/letters/45_01_20.htm (2011년 3월 15일 접속).

25. Karl Marx, "Preface," *Das Kapital* (Hamburg: Otto Meissner, 1867), Friedrich Engels, ed., trans. S. Moore and E. Aveling (New York: Charles H. Kerr & Company, 1906), 14.

26. Henry Mayhew, letter 47, *The Morning Chronicle*, 1850년 4월 11일, in *The Morning Chronicle Survey of Labour and the Poor: The Metropolitan Districts*, vol. 4 (Sussex or London: Caliban Books, 1981), 97.

27. Asa Briggs, *Victorian Cities* (Berkeley: University of California Press, 1993), 311.

28. William Lucas Sargant, "On the Vital Statistics of Birmingham and Seven Other Large Towns," *Journal of the Statistical Society of London* 29, no. 1 (1866년 3월): 92–111.

29. Roy Porter, London: *A Social History* (Cambridge, Mass.: Harvard University Press, 1998), 187.

30. Engels, *Condition of the Working Class in England*, 23.

31. Charles Dickens, *Dombey and Son* (London: Bradbury and Evans, 1846–1848).

32. Niall Ferguson, *The House of Rothschild*, vol. 1 (New York: Penguin Books, 2000), 401.
33. Bagehot, *Lombard Street*, 4.
34. Ferguson, *The House of Rothschild*, vol. 12, 65.
35. Peter Geoffrey Hall, *The Industries of London* (London: Hutchison, 1962), 21.
36. Francis Sheppard, *London 1808–1870: The Infernal Wen* (London: Secker and Warburg, 1971), 158–59.
37. George Dodd, *Dodd's Curiosities of Industry* (Henry Lea's Publications, 1858), 158.
38. Hall, *The Industries of London*, 6.
39. Henry Mayhew, *The Daily Chronicle*, 1849년 10월 19일, in *The Unknown Mayhew: Selections from the* Daily Chronicle 1849–1850 (London: Penguin Books 1884), 13.
40. John Maynard Keynes, *The Economic Consequences of the Peace* (London: Macmillan, 1919), 9.
41. Henry James, *Essays in London and Elsewhere* (New York: Harper and Brothers, 1893), 19.
42. George Augustus Sala, *Twice Around the Clock; or the Hours of the Day and Night in London* (London: Richard Marsh, 1862), 157.
43. Henry Mayhew and John Binney, *The Criminal Prisons of London and Scenes of Prison Life* (London: Griffin, Bohn and Co., 1862), 28.
44. *The Economist*, 1866년 5월 19일.
45. Harold Perkin, *The Origins of Modern English Society 1780–1880* (London: Routledge and Kegan Paul, 1969), 91; Sala, *Twice Around the Clock*, 157.
46. Mayhew and Binny, *The Criminal Prisons of London*, 28.
47. Ibid., 32.
48. Henry James, "London," *Century Illustrated Magazine*, 1888년 12월, 228.
49. Charles Dickens, *Bleak House* (London: Chapman and Hall, 1853), 1.
50. Friedrich Engels가 Karl Marx에게, Paris, 1847년 11월 23~24일. Marxist Internet Archive, http://www.marxists.org/archive/marx/works/1844/letters/44_11_19.

htm (2011년 3월 14일 접속). Friedrich Engels, "Introduction to English Edition of *The Communist Manifesto*," (1888), in Karl Marx and Friedrich Engels, *The Communist Manifesto*, Gareth Stedman Jones, ed. (London: Penguin Books, 2002).

51. David McLellan, *Karl Marx: His Life and Thought* (London: Macmillan, 1973), 169.
52. Friedrich Lessner, in David McLellan, ed., *Karl Marx: Interviews and Recollections* (London: Barnes & Noble, 1981), 45에 인용.
53. *The Rules of the Communist League*, 1847년 12월에 the Second Congress of the Communist League에서 채택, in Karl Marx and Frederick Engels, *The Communist Manifesto* (London: Lawrence & Wishart, 1930).
54. Friedrich Engels, "The Book of Revelation" (1883), in *Marx and Engels on Religion* (Moscow: Foreign Languages Publishing House, 1957), 204.
55. Karl Marx, *The Poverty of Philosophy* (1847)의 서문, trans. H Quelch (Chicago: Carles H. Kerr & Company, 1920).
56. Anonymous [Robert Chambers], *Vestiges of the Natural History of Creation* (London: John Churchill, 1844).
57. Marx and Engels, *Communist Manifesto*, 223.
58. Friedrich Engels, "The English Constitution," *Vorwaerts!*, no. 75 (1844년 9월).
59. Angus Maddison, *Statistics on World Population, GDP and Per Capita GDP, 1–2008 AD*, www.ggdc.net/maddison/.
60. Marx and Engels, *Communist Manifesto*, 224.
61. Gregory Clark, *A Farewell to Alms: A Brief Economic History of the World* (Princeton, N.J.: Princeton University Press, 2007); Roderick Floud and Bernard Harris, "Health, Height and Welfare: Britain 1700–1800," in *Health and Welfare During Industrialization*, eds. Richard H. Steckel and Roderick Floud (Chicago: University of Chicago Press, 1997), 91–126.
62. Charles H. Feinstein, "Pessimism Perpetuated: Real Wages and the Standard of Living in Britain During and After the Industrial Revolution," *Journal of Economic History* vol. 58, no. 3 (1998년 9월), 630.

63. Thomas Carlyle, *Past and Present* (London: Chapman and Hall, 1843), 4.
64. Arnold Toynbee, *Lectures on the Industrial Revolution of the Eighteenth Century in England* (London: Rivingtons, 1884), 84.
65. John Stuart Mill, *The Subjection of Women* (London: Longmans, Green, Reader, and Dyer, 1869), 29–30.
66. John Stuart Mill, *Principles of Political Economy*, vol. 2 (London: John W. Parker, 1848), 312.
67. Marx and Engels, *Communist Manifesto*, 233, 258.
68. McLellan, *Karl Marx*, 35.
69. Charles Dickens, "Perfidious Patmos," in *Household Words; A Weekly Journal* 7, no. 155 (1853년 3월 12일).
70. *Times* (London), 1849년 10월 26일.
71. Anne Humpherys, *Travels into the Poor Man's Country: The Work of Henry Mayhew* (Athens: University of Georgia Press, 1977), 203.
72. Henry Mayhew, "A Visit to the Cholera Districts of Bermondsey," *The Morning Chronicle*, 1849년 9월 24일.
73. E. P. Thompson and Eileen Yeo, eds., *The Unknown Mayhew* (London: The Merlin Press Ltd., 2009), 102–3.
74. Quoted in Humpherys, *Travels*, 31.
75. Charles Dickens, *Oliver Twist* (London: Richard Bentley, 1838), 252.
76. Gareth Stedman Jones, *Outcast London: A Study in the Relationship Between Classes in Victorian Society* (New York: Penguin Books, 1984).
77. Henry Mayhew, letter 11, *The Morning Chronicle*, 1849년 11월 23일.
78. Ibid.
79. Henry Mayhew, letter 15, *The Morning Chronicle*, 1849년 12월 7일.
80. Henry Mayhew, "Needlewomen Forced into Prostitution," letter8, *The Morning Chronicle*, 1849년 11월 13일.
81. Thomas Carlyle, "The Present Time," *Latter Day Pamphlets*, 제9호 (1850년 2월 1일).
82. Douglas Jerrold가 Mary Cowden Clarke에게, 1850년 2월.

83. Henry Mayhew, *London Labour and the London Poor*, no. 40, 1851년 9월 13일.
84. John Stuart Mill, "The Claims of Labor," *Edinburgh Review*, 1845년 4월.
85. James Anthony Froude, *Thomas Carlyle: A History of the First Forty Years of His Life (1795–1835)* (Montana: Kessinger Publishing, 2006), 298에 인용.
86. Ibid., 282.
87. Thomas Carlyle, "Chartism," *Latter Day Pamphlets*, London, 1839년 12월.
88. John Stuart Mill이 Macvey Napier에게, 1844년 11월 4일.
89. H. G. Wells, "Men Like Gods," *Hearst's International* 42, no. 6 (1922년 12월); David Ricardo, *On the Principles of Political Economy and Taxation* (London: John Murray, 1817).
90. Mill, *Principles of Political Economy*, vol. 3, 1장.
91. Thomas Carlyle, "Occasional Discourses on the Negro Question," *Fraser's Magazine*, 1849.
92. *Archiv fur die Geschichte des Sozialismus und der Arbeiterbewegung* [Archive for the History of Socialism and the Workers' Movement] (1922), 56ff 10, in McLellan, *Karl Marx*, 268–69에 인용.
93. Karl Marx가 Friedrich Engels에게, 1852년 3월 31일.
94. John Tallis, *Tallis's History and Description of the Crystal Palace, and the Exhibition of the World's Industry in 1851* (London and New York: John Tallis and Co., 1852), in Jeffrey A. Auerbach, *The Great Exhibition of 1851* (1999)에 인용.
95. "The Revolutionary Movement," *Neue Rheinische Zeitung*, no. 184, 1850년 1월 1일.
96. Ibid.
97. Karl Marx & Friedrich Engels, *Neue Rheinische Zeitung*, 1850년 5월-10일.
98. Marx & Engels, *Communist Manifesto*, 1장.
99. Karl Marx가 Ludwig Kugelmann에게, 1862년 12월 28일.
100. Ibid.
101. Marx and Engels, *Communist Manifesto*, 1장.
102. Marx, *Das Kapital*, 671.

103. John Stuart Mill, *Essays on Some Unsettled Questions of Political Economy* (London, 1844), 94.
104. Mark Blaug, *Economic Theory in Retrospect* (Cambridge, UK: Cambridge University Press, 1997).
105. Marx, *Das Kapital*, 711.
106. Robert Giffen, "The Recent Rate of Material Progress in England," *Opening Address to the Economic Science and Statistics Section of the British Association* (London: George Bell and Sons, 1887), 3.
107. R. Dudley Baxter, *National Income, the United Kingdom* (London: Macmillan, 1868), B1.
108. E. J. Hobsbawm, "The Standard of Living During the Industrial Revolution: A Discussion," *Economic History Review*, New Series, vol. 16, no. 1 (1963), 119–34.
109. Charles H. Feinstein, "Pessimism Perpetuated: Real Wages and the Standard of Living in Britain During and After the Industrial Revolution," *Journal of Economic History* 58, no. 3, 625–58.
110. Gareth Stedman Jones, Marx and Engels, *Communist Manifesto*의 서론.
111. Marx, *Capital*, vol. 1, 264-65, 주3.
112. Egon Erwin Kisch, *Karl Marx in Karlsbad* (Weimar, Germany: Aufbau Verlag, 1968); Saul Kussiel Padover, *Karl Marx: An Intimate Biography* (New York: McGraw-Hill, 1978).
113. Karl Marx가 Friedrich Engels에게, 1859년 7월 22일. 서평들은 *Das Volk*, no. 14, 1859년 8월 6일과 no. 16, 1859년 8월 20일에 실림.
114. Berlin, *Karl Marx*, 13.
115. Ibid.
116. Karl Marx, "The Right of Inheritance," 1869년 8월 2일과 3일, the General Council에서 1869년 8월 3일에 승인. Marxist Internet Archive www.marxists.org/archive/marx/iwma/documents/1869/inheritance-report.htm.
117. Karl Marx가 Eleanor Marx에게, McLellan, *Karl Marx*, 334에 인용.
118. Karl Marx가 Ludwig Kugelmann에게, 1862년 12월 28일.

119. Fyodor Dostoyevsky, *Winter Notes on Summer Impressions* (Illinois: Northwestern University Press, 1988).
120. 나의 계산.
121. *The Bankers Magazine*, vol. 26 (1886), 639; *Illustrated London News*, 1866년 5월 19일; *The Times* (London), 1866년 5월 12일.
122. *The New York Times*, 1866년 5월 26일.
123. Sidney Pollard and Paul Robertson, *The British Shipbuilding Industry, 1870–1914* (Cambridge, Mass: Harvard University Press, 1999), 77–79.
124. *Das Kapital*, 733–34.
125. J. H. Clapham, *An Economic History of Modern Britain*, vol. 3, *Machines and National Rivalries (1887–1914) with an Epilogue (1914–1929)* (Cambridge, UK: Cambridge University Press, 1932), 117.
126. Karl Marx가 Friedrich Engels에게, 1866년 4월 6일.
127. Friedrich Engels가 Karl Marx에게, 1866년 5월 1일.
128. Karl Marx가 Friedrich Engels에게, 1866년 7월 7일.
129. Marx, *Das Kapital*, 715.
130. William Gladstone, "Budget Speech of 1863, House of Commons," *The Times* (London), 1863년 4월 16일.
131. Honore de Balzac, *The Unknown Masterpiece* (1845), www.gutenberg.org/files/23060/23060-h/23060-h.htm.
132. John Maynard Keynes, *Essays in Persuasion* (W. W. Norton and Co., 1963), 300.

2장

1. Ralph Waldo Emerson, "Ode, Inscribed to William H. Channing," in *Poems* (London: Chapman Bros., 1847).
2. Alfred Marshall, "Speech to the Cambridge University Senate," in John K. Whitaker, ed., *The Correspondence of Alfred Marshall*, vol. 3, *Towards the Close, 1903–1924* (Cambridge, UK: Cambridge University Press, 1996), 399.
3. *Morning Star*, in Karl Marx, *Das Kapital* (1867), Modern Library edition, 734

에 인용됨; W.D.B, "Distress in Poplar," 독자의 편지, *The Times* (London), 1867년 1월 12일; "Able-Bodied Poor Breaking Stones for Roads, Bethnel Green London," *Illustrated London News*, 2월 15일(아니면 16일?); "The Distress at the East End: A Soup Kitchen in Ratcliff Highway," *Illustrated London News*, 1867년 2월 16일; "The Distress at the East End: A Soup Kitchen in Ratcliff Highway," *Illustrated London News*, 1867년 2월 16일.

4. Sara Horrell and Jane Humphries, "Old Questions, New Data, and Alternative Perspectives: Families' Living Standards in the Industrial Revolution," *Journal of Economic History* 52, no. 4 (1992년 12월): 849–80.

5. Florence Nightingale이 Charles Bracebridge에게 1867년 1월, in Lynn McDonald, ed., *The Collected Works of Florence Nightingale, vol. 6, Florence Nightingale on Public Health Care* (Ontario: Wilfred Laurier University Press, 2002).

6. Francis Sheppard, *London: 1808–1870* (London: Secker & Warburg, 1971), 340.

7. *The Times* (London), 1867년 5월 6일.

8. Robert Giffen, "Proceedings of the Statistical Society," *Journal of the Statistical Society of London* 30, no. 4 (1867년 12월): 564–65.

9. Henry Fawcett, *Pauperism: Its Causes and Remedies* (London: Macmillan, 1871), 1-2.

10. Edward Denison, *A Brief Record: Being Selections from Letters and Other Writings of Edward Denison*, ed. Sir Bryan Baldwin Leighton (London: E. Barrett and Sons, 1871), 46.

11. Alfred Marshall, in John Maynard Keynes, "Alfred Marshall, 1842–1924," in Arthur Pigou, ed., *Memorials of Alfred Marshall* (London: Macmillan, 1925), 358.

12. Alfred Marshall, "Lecture Outlines," in Tiziano Raffaelli, Eugenio F. Biagini, Rita McWilliams Tullberg, eds., *Alfred Marshall's Lectures to Women: Some Economic Questions Directly Connected to the Welfare of the Laborer* (Aldershott, UK: Edward Elgar Publishing Company, 1995), 141.

13. Ronald H. Coase, "Alfred Marshall's Mother and Father," and "Alfred Marshall's Family and Ancestry," in *Essays on Economics and Economists* (Chicago: University of Chicago Press), 1994.
14. Charles Dickens, *Great Expectations* (London: Chapman and Hall, 1861).
15. *The Times* (London), 1859년 10월 8일.
16. Anthony Trollope, *The Vicar of Bullhampton* (London: Bradbury and Evans, 1870).
17. K. Theodore Hoppen, *The Mid-Victorian Generation 1846–1886* (Oxford, UK: Clarendon Press, 1998), 40.
18. Anthony Trollope, *The Warden* (London: Longman, Brown, Green, and Longmans, 1855), 289.
19. Peter D. Groenewegen, *A Soaring Eagle: Alfred Marshall: 1842–1924* (London: E. Elgar, 1995), 51.
20. David McLellan, Karl Marx: *His Life and Thought* (New York: Harper and Row, 1974).
21. William Dudley Baxter, *National Income: The United Kingdom* (London: Macmillan, 1868), *Global Prices and Income History Website*, http://gpih.ucdavis.edu.
22. Groenewegen, *A Soaring Eagle*, 107.
23. John Maynard Keynes, "Alfred Marshall," in *Essays in Biography* (New York: W. W. Norton, 1951), 126.
24. Mary Paley Marshall, in Keynes, "Alfred Marshall, 1842–1924," 37에 인용.
25. Ibid.
26. Groenewegen, *A Soaring Eagle*, 62.
27. Leslie Stephen, *Sketches from Cambridge by a Don* (London: Macmillan and Co., 1865), 37–38.
28. Alfred Marshall이 James Ward에게, in John King Whitaker, ed., *The Correspondence of Alfred Marshall*, vol. 2, *At the Summit, 1891–1902* (Cambridge, UK: Cambridge University Press, 1996), 441.
29. Mary Paley Marshall, in Keynes, "Alfred Marshall, 1842–1924," 37에 인용.

30. Alfred Marshall, "Speech to Promote a Memorial for Henry Sidgwick," in Whitaker, ed., *Correspondence*, vol. 2, 441.
31. Groenewegen, *A Soaring Eagle*, 3.
32. Alfred Marshall, preface to *Money, Credit and Commerce* (London: Macmillan, 1923의 서문).
33. Beatrice Webb, *My Apprenticeship* (London: Macmillan, 1926).
34. Alfred Marshall이 James Ward에게 1900년 9월 23일, in Whitaker, ed., *Correspondence*, vol. 2.
35. Gertrude Himmelfarb, "The Politics of Democracy: The English Reform Act of 1867," *Journal of British Studies* 6, no. 1 (1966년 11월): 97.
36. Henry James, *The Princess Casamassima*의 서문 (New York: Charles Scribner's Sons, 1908 [1886]), vi.
37. Keynes, "Alfred Marshall, 1842–1924," 37.
38. Marshall이 Ward에게, 1900년 9월 23일.
39. Henry Sidgwick, *Principles of Political Economy* (London: Macmillan and Co., 1883), 4.
40. John E. Cairnes, *The Character and Logical Method of Political Economy; Being a Course of Lectures Delivered in the Hilary Term, 1857* (London: Longmans, Brown, Green, Longmans and Roberts, 1857), 38.
41. John Ruskin, *Unto This Last: Four Essays in the First Principles of Political Economy* (London: Smith Elder, 1862).
42. Gertrude Himmelfarb, *The Idea of Poverty: England in the Early Industrial Age* (New York: Alfred A. Knopf, 1984).
43. Leslie Stephen, *The Life of Henry Fawcett* (London: Smith, Elder and Co.,1886), 222.
44. Ruskin, *Unto This Last*, 20.
45. J. E. Cairnes, *Some Leading Principles of Political Economy* (London: University College London, 1874), 291.
46. John Stuart Mill, *Principles of Political Economy* (London: Longmans, Green and Co., 1885), 220.

47. Francis Bowen, *The Principles of Political Economy Applied to the Condition, the Resources, and the Institutions of the American People* (Boston: Little, Brown and Co., 1859) 197.
48. Millicent Garrett Fawcett, *Political Economy for Beginners* (London: Macmillan, 1906), 100.
49. John Francis Bray, *Labour's Wrongs and Labour's Remedy, or the Age of Might and the Age of Right* (Leeds, UK: David Green Briggate, 1839).
50. Alfred Marshall, *Alfred Marshall's Lectures to Women, Some Economic Questions Directly Connected to the Welfare of the Labourer* (Aldershot, UK: Edward Elgar, 1995), lecture 5, 119.
51. Ibid., 156.
52. Ibid., Mary Paley의 1873년 4월에서 5월까지 강의노트 47, 53, 54에서 인용.
53. Joseph Schumpeter, *The History of Economic Thought* (Cambridge, Mass.: Harvard University Press, 1954), 290.
54. Arnold Toynbee, *Lectures on the Industrial Revolution of the Eighteenth Century in England* (London: Rivingtons, 1884) 175.
55. Marshall, *Lectures to Women*. 1873년 5월 9일.
56. Ibid.
57. Mary Paley Marshall, *What I Remember*, 9.
58. Winnie Seebohm in Martha Vicinus, *Independent Women: Work and Community for Single Women 1850–1920* (Chicago: University of Chicago Press, 1985), 151.
59. W. S. Gilbert and Arthur Sullivan, *Princess Ida*, 1884.
60. Mary Paley Marshall, *What I Remember*, 16.
61. George Eliot, *The Mill on the Floss* (London: William Blackwood and Sons, 1860).
62. Mary Paley Marshall, *What I Remember*, 20–21.
63. Lord Ernle, *English Farming Past and Present*, 3rd ed. (London: Longmans, Green and Co., 1922), 407.
64. *The Cambridge Chronicle*, 1874년 4월 11일.

65. Alf Peacock, "Revolt of the Fields in East Anglia," *Our History* (London: Communist Party of Britain, 1968).
66. *The Times* (London), 1874년 4월 13일.
67. George Eliot, *Middlemarch* (Edinburgh: William Blackwood and Son, 1874).
68. *The Cambridge Chronicle*, 1874년 4월 25일, 1874년 5월 8일.
69. *The Cambridge Independent Press*, 1874년 5월 16일.
70. Alfred Marshall, "Beehive Articles," 1874, in R. Harrison, "Two Early Articles by Alfred Marshall," *Economic Journal* 73 (1963년 9월): 422–30.
71. Alfred Marshall, *The Cambridge Independent Press*에 인용, 1874년 5월 16일.
72. Alfred Marshall이 Rebecca Marshal에게, 나이아가라 폭포, 1875년 7월 10일, in John K. Whitaker, ed., *The Correspondence of Alfred Marshall, Economist, vol. 1, Climbing, 1868–1890* (Cambridge: Cambridge University Press, 1996), 68–70.
73. Ibid., Alfred Marshall이 Rebecca Marshall에게, 매사추세츠 주 스프링필드, 1875년 6월 12일.
74. Ibid.
75. Ibid., Alfred Marshall이 Rebecca Marshall에게, 보스턴, 1875년 6월 20일, 54.
76. Alfred Marshall이 Rebecca Marshall에게, 클리블랜드, 1875년 7월 18일, 71.
77. Alfred Marshall, "Some Features of American Industry," 1875년 11월 17일, Cambridge Moral Sciences Club 강연, in John K. Whitaker, ed., *The Early Economic Writings of Alfred Marshall, 1867–1890*, vol. 2 (London: The Royal Economic Society, 1975), 369.
78. Alfred Marshall이 Rebecca Marshall에게, 클리블랜드, 1875년 7월 18일, in Whitaker, *Correspondence*, vol. 1, 72.
79. Keynes, "Alfred Marshall: 1842–1924", *Essays in Biography* (New York: W. W. Norton and Co., 1951), 142.
80. John K. Whitaker, "The Evolution of Alfred Marshall's Economic Thought and Writings Over the Years," in Whitaker, *Early Economic Writings*, 57.
81. Alfred Marshall, "Some Features of American Industry," in Whitaker, *Early Economic Writings*, 354.

82. *Reminiscences of America in 1869 by Two Englishmen* (London: Sampson, Low and Son and Marston, 1870).
83. Mary Paley Marshall, *What I Remember*.
84. Marshall, "Some Features of American Industry," 357.
85. Alfred Marshall이 Rebecca Marshall에게, 매사추세츠 주 로웰과 매사추세츠 주 케임브리지, 1875년 6월 22일, in Whitaker, *Correspondence*, vol. 1, 58.
86. *Reminiscences of America*, 86.
87. Samuel Bowles, *The Pacific Railroad—Open: How to Go, What to See* (Boston: Fields, Osgood and Co., 1869).
88. Marshall, "Some Features of American Industry," 357.
89. Alfred Marshall이 Rebecca Marshall에게, 매사추세츠 주 스프링필드, 1875년 6월 12일, in Whitaker, *Correspondence*, vol. 1, 44.
90. *Reminiscences of America*, 242.
91. Marshall, "Some Features of American Industry," 359.
92. Alfred Marshall, *Principles of Economics* (London: Macmillan, 1890).
93. Marshall, "Some Features of American Industry," 353.
94. Alfred Marshall이 Rebecca Marshall에게, 클리블랜드, 1875년 7월 18일, in Whitaker, *Correspondence*, vol. 1, 71.
95. Ibid., 1875년 6월 5일.
96. Marshall, "Some Features of American Industry," 372.
97. Karl Marx, *Das Kapital*.
98. Marshall, "Some Features of American Industry," 375.
99. Alfred Marshall이 Rebecca Marshall에게, 1875년 6월 5일, in Whitaker, *Correspondence*, vol. 1, 36.
100. Mary Paley Marshall, *What I Remember*, 19.
101. Phyllis Rose, *Parallel Lives: Five Victorian Marriages* (New York: Alfred A. Knopf, 1983).
102. Mary Paley Marshall, *What I Remember*, 23.
103. Alfred Marshall, testimony, 1880년 12월, Governmental Committee on Intermediate and Higher Education in Wales and Monmouthshire, in J. K.

Whitaker, "Marshall: The Years 1877 to 1885," in *History of Political Economy* 4, no. 1 (1972년 봄): 6에 인용.
104. Mary Paley Marshall, *What I Remember*, 24.
105. Marion Fry Pease, "Some Reminiscences of University College, Bristol" (University of Bristol Library, Special Collections, 1942).
106. John Maynard Keynes, "Mary Paley Marshall," in *Essays in Biography*, 108.
107. Marshall, in Whitaker, ed., *Early Economic Writings*, 355.
108. Alfred Marshall, "The Present Position of Economics," in Whitaker, ed., *Early Economic Writings*, 51.
109. Marshall, *Principles of Economics*, 1.
110. Mill, *Principles of Political Economy*, vol. 2.
111. Mary Paley Marshall, 미출간 기록, Marshall Archive, Cambridge University.
112. Charles Dickens, *Hard Times*, 1854, 5장.
113. Marx, *Das Kapital*, 462.
114. Alfred Marshall, in Whitaker, *Correspondence*, vol. 1, 59.
115. Alfred and Mary Marshall *The Economics of Industry* (London MacMillan, 1879).
116. Mary Paley Marshall, *What I Remember*, 24.
117. Edwin Cannan, "Alfred Marshall, 1842–1924," *Economica* 4 (1924년 11월): 257–61.
118. Alfred Marshall이 Macmillan에, 1878년 6월, in Whitaker, *Correspondence*, vol. 1, 97.
119. Henry George, *Progress and Poverty* (New York: Appleton, 1879).
120. *Jackson's Oxford Journal*, 1884년 3월 15일. 회의에 대한 설명은 George Stigler, "Three Lectures on Progress and Poverty by Alfred Marshall," *Journal of Law and Economics* 12, no. (1969년 4월): 184–226 부록으로 재수록됨.
121. Ibid., 186.
122. Ibid., 188.
123. Ibid, 208.
124. Ibid.

125. Ibid.

3장

1. George Eliot, *Middlemarch* (Edinburgh: William Blackwood and Son, 1874).
2. Daniel Pool, *What Jane Austen Ate and Charles Dickens Knew* . . . (New York: Simon & Schuster, 1993), 50–56.
3. Beatrice Webb, *My Apprenticeship* (London: Longmans, Green and Co., 1926), 48.
4. Michelle Jean Hoppe, "The London Season," *Literary Liaisons*, 2011년 3월 14일 접속, www.literary-liaisons.com/article024.html.
5. *The Diary of Beatrice Webb, vol. 1, 1873–1892: "Glitter Around and Darkness Within,"* eds. Norman and Jeanne MacKenzie (Cambridge, Mass.: Harvard University Press, 1982), 90(1883년 7월 15일).
6. Ibid., 75 (1883년 2월 22일).
7. Ibid., 76 (1883년 2월 26일).
8. Ibid., 74 (1883년 1월 2일).
9. Beatrice Webb, *My Apprenticeship*, 157.
10. Henry James, *The Portrait of a Lady*의 서문(New York: Charles Scribner's Sons, 1908).
11. Margaret Harkness가 Beatrice Potter에게, n.d., 2/2/2 Papers of Beatrice and Sidney Webb, Passfield Archive, British Library of Political and Economic Science, London School of Economics and Political Science.
12. Henry James, *The Portrait of a Lady*, vol. 1 (London: Macmillan and Co., 1881), 193.
13. *Diary of Beatrice Webb*, vol. 1, 80 (1883년 3월 31일).
14. Ibid., 54.
15. Eliot, *Middlemarch*, 61.
16. Barbara Caine, *Destined to Be Wives: The Sisters of Beatrice Webb* (Oxford, UK: Clarendon Press, 1986), 12.
17. Webb, *My Apprenticeship*, 39.

18. Ibid., 42.
19. *Diary of Beatrice Webb*, vol. 1, 4.
20. *The Diary of Beatrice Webb*, vol. 2, *1892–1905: All the Good Things of Life*, eds. Norman and Jean MacKenzie (Cambridge, Mass.: Harvard University Press, 1983), 132 (n.d. [1883년 3월]).
21. Herbert Spencer, *An Autobiography*, vol. 1 (New York: D. Appleton and Co., 1904), 298.
22. Webb, *My Apprenticeship*, 10.
23. *Diary of Beatrice Webb*, vol. 2,22.
24. Spencer, *An Autobiography*, vol. 1, 298.
25. Ibid.
26. Webb, *My Apprenticeship*, 10.
27. *Diary of Beatrice Webb*, vol. 1, 112 (1884년 4월 8일).
28. Ibid., 16 (1874년 3월 6일).
29. Webb, *My Apprenticeship*, 25 (나의 강조).
30. Kitty Muggeridge and Ruth Adam, *Beatrice Webb: A Life, 1858–1943* (New York: Alfred A. Knopf, 1968).
31. Ibid.
32. *Diary of Beatrice Webb*, vol. 1, 19 (1874년 9월 27일).
33. Webb, *My Apprenticeship*, 56, 106, 112; *Diary of Beatrice Webb*, vol. 1, 74 (1883년 2월 2일).
34. Webb, *My Apprenticeship*, 112–13.
35. *Diary of Beatrice Webb*, vol. 1, 77 (1883년 3월 1일).
36. Ibid.
37. Ibid., 81 (1883년 3월 31일).
38. Ibid., 88 (1883년 5월 24일).
39. Ibid., 79 (1883년 3월 24일).
40. Helen Dandy Bosanquet, *Social Work in London, 1869–1912: A History of the Charity Organization Society* (New York: E. P. Dutton, 1914), 95.
41. *Diary of Beatrice Webb*, vol. 1, 85 (1883년 5월 18일).

42. Ibid., 89 (1883년 7월 7일).
43. Ibid., 81 (1883년 3월 31일).
44. J. L. Garvin, *The Life of Joseph Chamberlain*, vol. 1 (London: Macmillan, 1932), 202.
45. *Diary of Beatrice Webb*, vol. 1, 90–91 (1883년 7월 15일).
46. Ibid., 88 (1883년 6월 3일).
47. Ibid., 89 (1883년 6월 27일).
48. Ibid., 91 (1883년 7월 15일).
49. Ibid., 111 (1884년 3월 16일).
50. Ibid., 95 (1883년 9월 22일).
51. Ibid., 94 (1883년 9월 29일).
52. Ibid.
53. "The Bitter Cry of Outcast London," *The Pall Mall Gazette*, 1883년 10월 16일 (5808호), 11.
54. Andrew Mearns, *The Bitter Cry of Outcast London: An Inquiry into the Condition of the Abject Poor* (London: James Clarke and Co., 1883), 5, 7; Earl Grey Pamphlets Collection (1883), Durham University Library, www.jstor.org/stable/60237726 (2011년 1월 13일 접속); Gertrude Himmelfarb, *Poverty and Compassion: The Moral Imagination of the Late Victorians* (New York: Alfred A. Knopf, 1991).
55. *Diary of Beatrice Webb*, vol. 1, 137 (1885년 8월 22일).
56. Webb, *My Apprenticeship*, 150.
57. Ibid., 152.
58. *Diary of Beatrice Webb*, vol. 1, 101 (1883년 12월 31일).
59. Ibid.
60. Ibid., 100 (1883년 12월 27일).
61. Ibid., 102–3 (1884년 1월 12일).
62. Ibid.
63. Webb, *My Apprenticeship*, 23.
64. Terence Ball, "Marx and Darwin: A Reconsideration," *Political Theory* 7, no. 4

(1979년 11월), 469-83.

65. Herbert Spencer, *The Man Versus the State* (London: Williams and Norgate, 1884), vii.
66. Arnold Toynbee, "Progress and Poverty: A Criticism of Mr. Henry George—Mr. George in England," London, 1883년 1월 18일, in *Lectures on the Industrial Revolution of the 18th Century in England: Popular Addresses, Notes and Fragments by the Late Arnold Toynbee*, 6th ed. (London: Longmans, Green, and Co., 1902), 318.
67. *Diary of Beatrice Webb*, vol. 1, 115 (1884년 4월 22일).
68. Beatrice Webb이 Anna Swanwick에게, London, 1884 (미발송), in MacKenzie, ed., *The Letters of Sidney and Beatrice Webb*, vol. 1 (Cambridge, UK: Cambridge University Press, 1978), 23.
69. *Diary of Beatrice Webb*, vol. 1, 115 (1884년 4월 22일).
70. Webb, *My Apprenticeship*, 138.
71. *Diary of Beatrice Webb*, vol. 1, 105-12 (1884년 3월 16일).
72. Joseph Chamberlain, "Work for the New Parliament," Birmingham, UK, 1885년 1월 5일, in *Speeches of the Right Honorable Joseph Chamberlain, M.P.*, Henry W. Lucy, ed. (London: George Routledge and Sons, 1885), 104.
73. *Diary of Beatrice Webb*, vol. 1, 117 (1884년 5월 9일).
74. Ibid., 119 (1884년 7월 28일).
75. Ibid. (1884년 8월 1일).
76. Webb, *My Apprenticeship*, 272.
77. *Diary of Beatrice Webb*, vol. 1, 145 (1885년 12월 19일).
78. Ibid., 153 (1886년 1월 1일).
79. Ibid., 154 (1886년 2월 11일).
80. "London Under Mob Rule," *The New York Times*, 1886년 2월 8일.
81. Ibid.
82. Ibid.
83. "London's Recent Rioting," *The New York Times*, 1886년 2월 10일.
84. "The Rioting in the West-End," *The Times* (London), 1886년 2월 10일.

85. Queen Victoria이 William Ewart Gladstone에게, Windsor Castle, 1886년 2월 11일, in *The Letters of Queen Victoria; Third Series: A Selection of Her Majesty's Correspondence and Journal Between the Years 1886 & 1901*, vol. 1, George Earle Buckle, ed. (New York: Longmans, Green and Co., 1932), 52.
86. Ibid.
87. Margaret Harkness [John Law], *Out of Work* (London: Swan Schonnenschein, 1888).
88. Webb, *My Apprenticeship*, 273.
89. *Diary of Beatrice Webb*, vol. 1, 154.
90. Joseph Chamberlain이 Beatrice Potter에게, 1886년 2월 25일, 2/1/2 Passfield Archive.
91. Joseph Chamberlain이 Beatrice Potter에게, 1886년 2월 25일, 2/1/2 Passfield Archive.
92. Joseph Chamberlain이 Beatrice Potter에게, 1886년 2월 28일, 2/1/2 Passfield Archive.
93. Ibid.
94. Beatrice Potter가 Joseph Chamberlain에게, Bournemouth, n.d. [1886년 3월], in *Letters*, ed. MacKenzie, vol. 1, 53–54.
95. Joseph Chamberlain이 Beatrice Potter에게, 1886년 3월 5일, 2/1/2 Passfield Archive.
96. Royden Harrison, *The Life and Times of Sidney and Beatrice Webb: The Formative Years, 1858–1903* (London: Palgrave, 1999), 125.
97. *Diary of Beatrice Webb*, vol. 1, 160 (1886년 4월 4일).
98. Webb, *My Apprenticeship*, 212.
99. *Diary of Beatrice Webb*, vol. 1, 164 (1886년 4월 18일).
100. Charles Booth, "The Inhabitants of Tower Hamlets (School Board Division), Their Condition and Occupations," Royal Statistical Society, London, 1887년 5월 17일, in *Journal of the Royal Statistical Society*, vol. 50 (London: Edward Stanford, 1887), 326–91.
101. *Diary of Beatrice Webb*, vol. 1, 164 (1886년 4월 17일).

102. Ibid., 173 (1886년 7월 2일).

103. Ibid.

104. Ibid., 174 (1886년 7월 2일).

105. Ibid., 213 (n.d.).

106. Webb, *My Apprenticeship*, 300.

107. *Diary of Beatrice Webb*, vol. 1, 241 (1888년 4월 11일).

108. Beatrice Potter, "Pages from a Work-Girl's Diary," The *Nineteenth Century: A Monthly Review* 24, 139호(1888년 9월): 301–14.

109. Mackenzie, *Diary of Beatrice Webb*, 249 (1888년 4월 13일).

110. "The Peers and the Sweaters," *The Pall Mall Gazette*, 1888년 5월 12일.

111. Mackenzie, *Diary of Beatrice Webb*, vol. 1; 261 (1888년 9월 14일).

112. Ibid., 264 (1888년 11월 8일).

113. Ibid., 269 (1888년 12월 29일).

114. Ibid., 250 (1888년 4월 26일).

115. Ibid., 274 (1889년 3월 8일).

116. Webb, *My Apprenticeship*, 341.

117. *Labour and Life of the People*의 서평, ed. Charles Booth, *The Times* (London), 1889년 4월 15일, 9.

118. Webb, *My Apprenticeship*, 374.

119. *Diary of Beatrice Webb*, vol. 1, 321 (1890년 2월 1일).

120. Ibid., 328 (1890년 3월 29일).

121. Ibid., 321 (1890년 2월 1일).

122. Ibid., 310 (1889년 11월 26일); Beatrice Potter가 Sidney Webb에게, n.d. 1890년 12월 7일], in *Letters*, vol. 1, ed. MacKenzie, 239.

123. *Letters*, vol. 1, ed. MacKenzie, 70.

124. Webb, *My Apprenticeship*, 390.

125. *Diary of Beatrice Webb*, vol. 1, 184 (1886년 10월 31일).

126. *Diary of Beatrice Webb*, vol. 1, 184 (1886년 10월 31일).

127. Ibid., 324 (1890년 2월 14일).

128. Sidney and Beatrice Webb, *The History of Trade Unionism* (London: Green

and Co., 1907), 400.

129. G. M. Trevelyan, *British History in the Nineteenth Century (1782–1901)* (London: Longmans, Green and Co., 1922), 403.

130. Sidney Webb가 Edward Pease에게, London, in *Letters*, vol. 1, ed. MacKenzie,

131. Sidney Webb, "Historic," in *Fabian Essays in Socialism*, ed. G. Bernard Shaw, 30–61 (London: The Fabian Society, 1889), 38.

132. *Diary of Beatrice Webb*, vol., 322 (1890년 2월 1일).

133. William Harcourt, Speech to the House of Commons, 1887년 8월 11일. *Parliamentary Debates*, 3rd series, vol. 319.

134. *Diary of Beatrice Webb*, 330 (1890년 4월 26일).

135. Beatrice Potter to Sidney Webb, Gloucestershire, 1890년 5월 2일, in *Letters*, vol. 1, ed. MacKenzie, 133.

136. Ibid., Sidney Webb가 Beatrice Potter에게 1891년 4월 6일, 269.

137. *Diary of Beatrice Webb*, vol. 1, 354.

138. Beatrice Potter가 Sidney Webb에게, Gloucestershire, in *Letters*, vol. 1, ed. MacKenzie, 281.

139. *Diary of Beatrice Webb*, vol. 1, 357 (1891년 6월 20일).

140. Friedrich August Hayek, Beatrice Webb의 *Our Partnership* 서평 eds. Barbara Drake and Margaret I. Cole (London: Longmans, Green and Co., 1948); *Economica*, New Series 15, no. 59 (1948년 8월): 227–30.

141. *Diary of Beatrice Webb*, vol. 1, 371 (1892년 7월 23일).

142. Ibid., vol. 2, 37 (1893년 9월 17일).

143. Michael Holroyd, *Bernard Shaw: The One-Volume Definitive Edition* (London: Chatto and Windus, 1997), 164.

144. George Bernard Shaw가 Archibald Henderson에게, 1904년 6월 30일, in Archibald Henderson, *George Bernard Shaw: His Life and Works* (Cincinnati: Stewart and Kidd Company, 1911), 287.

145. George Bernard Shaw, *Mrs. Warren's Profession: A Play in Four Acts* (London: Constable, 1907) 서문, xvii.

146. George Bernard Shaw가 the *Daily Chronicle* 편집장에게 1898년 4월 31일, in

Bernard Shaw: Collected Letters, 1874–1897 (New York: Dodd, Meade and Company, 1965), 404.

147. H. G. Wells, *The New Machiavelli* (New York: Duffield and Co., 1910), 194–95.
148. James A. Smith, *The Idea Brokers: Think Tanks and the Rise of the New Policy Elite* (New York: Free Press, 1991), xiii.
149. Wells, *The New Machiavelli*, 199.
150. Ibid., 197.
151. A. G. Gardiner, *The Pillars of Society* (London: James Nisbet, 1913); Wells, *The New Machiavelli*, 195.
152. Wells, *The New Machiavelli*, 194.
153. Ibid., 190.
154. *Diary of Beatrice Webb*, vol. 2, 262 (1902년 11월 28일), 325 (1904년 6월 8일).
155. Gardiner, *The Pillars of Society*, 204, 206.
156. Wells, *The New Machiavelli*, 196.
157. Richard Henry Tawney, *The Webbs in Perspective: The Webb Memorial Lecture Delivered 9 December 1952* (London: The Athlone Press, 1953), 4.
158. *Diary of Beatrice Webb*, vol. 3, 69 (1907년 3월 22일).
159. Wells, *The New Machiavelli*, 196.
160. Wells, *The New Machiavelli*, 191.
161. *Diary of Beatrice Webb*, 287 (1903년 7월 8일).
162. Ibid., 321 (1904년 5월 2일), 326–27 (1904년 6월 10일).
163. Elie Halevy, *A History of the English People in the Nineteenth Century*, vol. 6, *The Rule of Democracy (1905–1914)*, 2nd ed. (London: Ernest Benn Limited, 1952), 267.
164. Edward Marsh, *A Number of People: A Book of Reminiscences* (New York: Harper and Brothers, 1939), 163; Winston Churchill and Henry William Massingham, *Liberalism and the Social Problem: A Collection of Early Speeches as a Member of Parliament*의 서론 (London: Hodder and Stoughton, 1909).
165. Winston S. Churchill, "H. G. Wells," in *The Collected Essays of Sir Winston*

Churchill, vol. 3, *Churchill and People*, ed. Michael Wolff (London: Library of Imperial History, 1976), 52–53.

166. Marsh, *A Number of People*, 150.

167. William Manchester, *The Last Lion: Winston Spencer Churchill, Visions of Glory (1874–1932)* (Boston: Little, Brown and Company, 1983), 403.

168. Peter de Mendelssohn, *The Age of Churchill, vol. 1, Heritage and Adventure, 1874–1911* (New York: Alfred A. Knopf, 1961), 365.

169. *Never Give In! The Best of Winston Churchill's Speeches*, Winston S. Churchill, ed. (New York: Hyperion, 2003), 25.

170. Beatrice Webb, *Our Partnership*, eds. Barbara Drake and Margaret I. Cole (London: Longmans, Green and Co., 1948), 149.

171. Sidney and Beatrice Webb, *Industrial Democracy*, vol. 2 (London: Longmans, Green, and Co., 1897), 767.

172. Sidney and Beatrice Webb, *The Prevention of Destitution* (London: Longmans, Green and Co., 1911), 1.

173. Ibid., 17, 97.

174. Ibid., 5.

175. Ibid., 90.

176. Ibid., 285.

177. *Diary of Beatrice Webb*, vol. 3, 95 (1908년 7월 27일).

178. Webb, *Our Partnership*, 481–82.

179. George Bernard Shaw, "Review of the Minority Report," in Holroyd, *Bernard Shaw*, 398에 인용.

180. Webb, *Our Partnership*, 481–92.

181. *Diary of Beatrice Webb*, 1908년 2월 10일.

182. Ibid., 1908년 10월 16일.

183. Ibid., 1908년 4월 18/20일.

184. John Grigg, *Lloyd George: The People's Champion, 1902–1911* (London: Eyre Methuen, 1978), 100.

185. Charles Frederick Gurney Masterman이 Lucy Blanche Masterman에게, 1908년

2월.

186. Roy Jenkins, *Churchill: A Biography* (London: Hill and Wang, 2001), 143–44.
187. Winston S. Churchill이 H. H. Asquith에게, 1908년 3월 14일, in Martin Gilbert, *Churchill: A Life* (New York: Henry Holt and Company, 1991), 193에 인용.
188. Winston S. Churchill이 H. H. Asquith에게, 1908년 12월 29일.
189. MacKenzie, *Diary of Beatrice Webb*, vol. 3, 100 (1908년 10월 16일), 118 (1909년 6월 18일).
190. Ibid., 1909년 6월 18일.
191. Ibid., vol. 3, 90 (1908년 3월 11일).
192. Manchester, *The Last Lion*, 371.
193. Himmelfarb, *Poverty and Compassion*, 378.
194. Baron William Henry Beveridge, *Power and Influence* (London: Hodder and Stoughton, 1953), 86.

4장

1. David A. Shannon, ed., *Beatrice Webb's American Diary* (Madison: The University of Wisconsin Press, 1963), 72. 1898년 5월에 H. Morse Stephens교수가 Beatrice Webb에게 Cornell University 안내 중에 한 말.
2. *The Diary of Beatrice Webb*, vol. 2, *1892–1905: All the Good Things of Life*, eds. Norman and Jeanne MacKenzie (Cambridge, Mass.: Harvard University Press, 1983), 137.
3. Beatrice Webb, *Our Partnership* (London: Longmans, Green and Co., 1948), 146.
4. Niall Ferguson, *Empire: The Rise and Demise of the British World Order* (New York: Basic Books, 2004), 242.
5. 예를 들면, *The Manchester Guardian*의 다음 기사들을 참고. "An American Invasion," 1871년 6월 21일 (Susan B. Anthony와 American Woman's Rights League의 아일랜드 방문과 관련된 소문들); "From Our London Correspondent," 1890년 10월 21일 (미국 미혼여성들이 혼처가 될 만한 영국 귀족 남성 시장을 침략); "Cycling Notes," 1894년 10월 29일 (미국산 자전거가 영국 시장을 지배할 조

짐); "By-ways of Manchester Life, XI. An American Invasion," 1898년 4월 9일 (미국 회사가 Manchester Ship Canal에 양곡기를 건설).

6. Frederick Arthur McKenzie, *The American Invaders: Their Plans, Tactics and Progress* (London: Grant Richards, 1902), 142-43.

7. William Ewart Gladstone, *Gleanings of Past Years*, vol. I, *1843-78: The Throne and the Prince Consort; The Cabinet and the Constitution* (London: John Murray, 1879), 206.

8. Angus Maddison, *The World Economy: A Millennial Perspective* (Paris: OECD, 2001), 265.

9. Ferguson, *Empire*, 242.

10. Dudley Baines, *Migration in a Mature Economy: Emigration and Internal Migration in England* (Cambridge, UK: Cambridge University Press, 2003), 63, table 3.3.

11. William Ewart Gladstone, "Free Trade" in Gladstone et. al., *Both Sides of the Tariff Question by the World's Leading Men* (New York: Alonzo Peniston, 1890), 44.

12. Jeremy Atack and Peter Passell, *A New Economic View of American History from Colonial Times to 1940* (New York: W. W. Norton, 1994), 468.

13. Shannon, *American Diary*, 27 (1898년 4월 12일).

14. Ibid., 136 (1898년 7월 2~7일).

15. Ibid., 137-50 (1898년 2~7일, 7월 10일).

16. Ibid., 89, 90-91 (1898년 5월 24일) 그리고 92-93 (1898년 5월 29일).

17. Beatrice Webb가 Catherine Courtney에게, Chicago, 1898년 5월 29일, in Norman McKenzie, ed., *The Letters of Sidney and Beatrice Webb, vol. 2, Partnership: 1892-1912* (Cambridge: Cambridge University Press, 1978).

18. Norman and Jean MacKenzie, eds., *The Diary of Beatrice Webb, vol. 2, 1892-1905: All the Good Things of Life* (Cambridge, Mass.: Harvard University Press, 1983), 159 (1889년 5월 16일); Charles Philip Trevelyan이 Beatrice Webb에게, Chicago, 1898년 4월 19일, in Shannon, *American Diary*, 88, 주4에 인용.

19. Shannon, *American Diary*, 60 (1898년 4월 29일), 10 (1898년 4월 1일), 1898년 5

월 24일, 68 (1898년 5월 7일).

20. Milton Friedman, *Money Mischief: Episodes in Monetary History* (New York: Harcourt Brace Jovanovich 1992), 37.

21. Henry James, *The Ambassadors* (New York: Harper and Brothers Publishers, 1903), 257.

22. Alfred Marshall이 Rebecca Marshall에게, 세인트루이스, 1875년 8월 22일, in John K. Whitaker, ed., *The Correspondence of Alfred Marshall, Economist, vol, 1, Climbing, 1868–1890* (Cambridge: Cambridge University Press, 1996), 73.

23. Henry Seidel Canby, *Alma Mater: The Gothic Age of the American College* (New York: Farrar Reinhart, Incorporated, 1936), 71, 32.

24. Irving Norton Fisher, *My Father Irving Fisher* (New York: Comet Press, 1956), 21, 26–27, 29–30, 33.

25. Muriel Rukeyser, *Willard Gibbs* (New York: Doubleday, Doran and Company, 1942), 158.

26. Edward Bellamy, *Looking Backward: 2000–1887* (London: George Routlege and Sons, 1887).

27. Rukeyser, *Willard Gibbs*, 146.

28. Ibid., 231.

29. Paul A. Samuelson, "Economic Theory and Mathematics—An Appraisal," in Joseph E. Stiglitz, ed., *The Collected Scientific Papers of Paul A. Samuelson*, vol. 2 (Cambridge, Mass.: The M.I.T. Press, 1966), 1751.

30. Irving Fisher가 William G. Eliot, Jr.에게. Berlin, N.J., 1886년 5월 29일, in Irving Norton Fisher, *My Father*, 25–26.

31. Fisher가 Eliot, Jr.에게 Pittsfield, Mass., 1886년 7월 25일, in Irving Norton Fisher, *My Father*, 26.

32. Arthur Twining Hadley, *Economics: An Account of the Relations Between Private Property and Public Welfare* (New York: G.P. Putnam's Sons, 1896), iv.

33. Richard Hofstadter, *Social Darwinism in American Thought* (New York: George Braziller, Inc., 1959), 8.

34. Albert Galloway Keller, *War and Other Essays by William Graham Sumner*의 서론, Keller, ed. (New Haven, Conn.: Yale University Press, 1911), xx and xxiv; Hofstadter, *Social Darwinism*, 51.
35. Fisher가 Eliot에게, 로드아일랜드 주 피스데일, 1892년 9월, in Irving Norton Fisher, *My Father*, 52.
36. William James가 Thomas W. Ward에게, Berlin, n.d. [1867년 11월], in Henry James, ed., *The Letters of William James*, vol. 1 (Boston: The Atlanta Monthly Press, 1920), 118.
37. Irving Fisher, "Mathematical Investigations in the Theory of Value and Prices (1892년 4월 27일)," in William J. Barber, ed., *The Works of Irving Fisher*, vol. 1 (London: Pickering and Chatto, 1997), 162.
38. Ibid., 68.
39. Ibid., 145.
40. Ibid., 4.
41. Francis Ysidro Edgeworth, Irving Fisher의 "Mathematical Investigations in the Theory of Value and Prices" 서평, *Economic Journal*, vol. 3, no. 9 (1893년 3월), 112.
42. Alfred Marshall, *Principles of Economics*, 3rd ed. (London: Macmillan and Co., 1895), 450, 148 (주1).
43. Barbara W. Tuchman, *The Proud Tower: A Portrait of the World Before the War, 1890–1914* (New York: Macmillan and Co., 1966).
44. *Narragansett Times*, 1893년 6월 23일, in Irving Norton Fisher, *My Father*, 60에 인용.
45. *New York Times* 결혼 발표, 1893년 6월 18일.
46. Daniel T. Rogers, *Atlantic Crossings: Social Politics in a Progressive Age* (Cambridge, Mass.: Harvard University Press, 1998).
47. Irving Fisher가 Ella Wescott Fisher에게.
48. Fisher, Jr. *My Father*, 69.
49. Douglas Steeples and David O. Whitten, *Democracy in Desperation: The Depression of 1893* (New York: Greenwood, 1998).

50. Reverend T. De Witt Talmage, 설교, 워싱턴, 1896년 9월 27일, in William Jennings Bryan, *The First Battle: A Story of the Campaign of 1896* (Chicago: W. B. Conkey Company, 1896), 474에 인용.
51. Albro Martin, *James J. Hill and the Opening of the Northwest* (Minneapolis: Minnesota Historical Society Press, 1975), 428.
52. Bryant, *The First Battle*, 439.
53. Paxton Hibben and Charles A. Beard, *The Peerless Leader: William Jennings Bryan* (Whitefish, MT: Kessinger Publishing, 2004), 189.
54. Bryan, *The First Battle*, 485–86.
55. Ibid.
56. Ibid.
57. "Bryan's Backers Are Shy," *The New York Times*, 1896년 9월 27일; Canby, *Alma Matter*, 27; Martin L. Fausold, *James W. Wadsworth, Jr.: The Gentleman from New York* (Syracuse, N.Y.: Syracuse University Press, 1975), 17.
58. "Yale Would Not Listen," *The New York Times*, 1896년 9월 25일, 15.
59. Fisher가 Eliot에게, 1895년 여름, in Irving Norton Fisher, *My Father*, 71에 인용.
60. Fisher가 Eliot에게, 1895년 7월 29일, in Barber, *Works of Irving Fisher*, 10에 인용.
61. Fisher가 Eliot에게, 1895년 여름, in Irving Norton Fisher, *My Father*, 71에 인용.
62. Fisher가 Eliot에게, 뉴헤이븐, 1865년 11월, in Irving Norton Fisher, *My Father*, 71에 인용.
63. William Graham Sumner, *The Absurd Effort to Make the World Over*, in Keller, *War, and Other Essays*, 195–210.
64. Fisher가 Eliot에게, 1895년 여름, in Irving Norton Fisher, *My Father*, 71에 인용.
65. Irving Fisher, "The Mechanics of Bimetallism," *Economic Journal*, 4 (1894년 9월), 527–36; Irving Norton Fisher, *My Father*, 187.
66. Harold James, *The End of Globalization: Lessons from the Great Depression* (Cambridge, Mass.: Harvard University Press, 2001), 24–25.
67. Walter Bagehot, *Lombard Street: A Description of the Money Market* (New York: Scribner, Armstrong and Co., 1873), 123.

68. Fisher, *Mathematical Investigations*, in Barber, *Works of Irving Fisher*, 147.
69. Katherine Ott, *Fevered Lives: Tuberculosis in American Culture Since 1870* (Cambridge, Mass.: Harvard University Press, 1996), 113.
70. Irving Fisher, 1901년 5월, "Self Control," William L. Thacher가 세운 고등학교 the Thacher School in Ojai, California에서 연설.
71. Ibid., 79.
72. Fisher가 Eliot에게, 사라나크, 1898년 12월 11일, in Irving Norton Fisher, *My Father*, 75.
73. Fisher가 Margaret Hazard Fisher에게, 미시건 주 배틀크릭, 1904년 12월 31일, in ibid., 108.
74. Irving Fisher, "Memorial Relating to the Conservation of Human Life," S. Doc. No. 493, at 7-8 (1912).
75. Irving Fisher, "Why Has the Doctrine of Laissez Faire Been Abandoned?" the American Association for the Advancement of Science 제55차 연례회의 연설, 뉴올리언즈, 1905년 12월-1906년 1월.
76. Perry Mehrling, "Love and Death: The Wealth of Irving Fisher," in Warren J. Samuels and Jeff E. Biddle, eds., *Research in the History of Economic Thought and Methodology*, vol. 19 (New York: Elsevier Science BV, 2001), 47-61.
77. Fisher, "Why Has the Doctrine of Laissez Faire Been Abandoned?"
78. Ibid.
79. Ibid.
80. Ibid.
81. Fisher가 Bert에게, 로드아일랜드 주 피스데일, 1903년 1월 1일, in Irving Norton Fisher, *My Father*, 84-85.
82. Irving Fisher, *The Rate of Interest: Its Nature, Determination and Relation to Economic Phenomena* (New York: The Macmillan Company, 1907), 326.
83. Ibid., 327.
84. Ibid., 288.
85. Ibid.

5장

1. Rosa Luxemburg, *The Accumulation of Capital* (1913) (London: Routledge and Keegan Paul, 1951), 458.
2. National Bureau of Economic Research, UK Bank Rate, www.nber.org/databases/macrohistory/rectdata/13/m13013.data.
3. Felix Somary, *Erinnerungen aus Meinem Leben* [Memories from My Life] (Zurich: Manesse Verlag, 1959).
4. Oszkár Jászi, *The Dissolution of the Habsburg Monarchy* (Chicago: University of Chicago Press, 1929), 210.
5. Carl Schorske, *Fin de Siéle Vienna* (New York: Knopf, 1979).
6. Erich Streissler, "Schumpeter's Vienna and the Role of Credit in Innovation," in H. Frisch, ed., *Schumpeterian Economics* (New York: Praeger, 1981), 60.
7. Joseph Roth, *The Radetzky March*, trans. Geoffrey Dunlop (New York: Viking, 1933), 212.
8. "Opening of the International Exhibition of Electricity at Vienna," *Manufacturer and Builder*, vol. 15, no. 9 (1883년 9월), 214–15; "An Electric Exhibition," *The New York Times*, 1883년 8월 12일.
9. Roman Sandgruber, "The Electrical Century: The Beginnings of Electricity Supply in Vienna," trans. Richard Hockaday, in Mikulas Teich and Roy Porter, eds., *Fin de Siéle and Its Legacy* (Cambridge, UK: Cambridge University Press, 1990), 42에 인용.
10. Richard L. Rubenstein, *The Age of Triage: Fear and Hope in an Overcrowded World* (Boston: Beacon Press, 1983), 8; Raymond James Sontag, *Germany and England: Background of Conflict, 1848–1894* (New York: Russell & Russell, 1964), 146.
11. David F. Good, *The Economic Rise of the Habsburg Empire, 1750–1914* (Berkeley: University of California Press, 1984), 256.
12. Gottfried Haberler, *Quarterly Journal of Economics*, vol. 64, no. 3 (1950년 8월), 338.
13. Arthur Smithies, "Memorial: Joseph Alois Schumpeter, 1883–1950," *American*

Economic Review, vol. 40, no. 4 (1950년 9월), 628–48.

14. Marcel Proust, *Swann's Way*, trans. C. K. Scott Moncrieff (London: Chatto and Windus, 1922), 73.
15. Joseph A. Schumpeter, "Preface to the Japanese Edition of The Theory of Economic Development," in Schumpeter, *Essays on Entrepreneurs, Innovations, Business Cycles, and the Evolution of Capitalism*, Richard Clemence, ed. (New York: Transaction Publishers, 1951), 166.
16. Alfred Marshall, *Principles of Economics*, vol. 1, 5th ed. (London: Macmillan, 1907), xxix, 820.
17. Joseph A. Schumpeter, "Review of *Essays in Biography* by J. M. Keynes," *Economic Journal* 43, no. 172 (1933년 12월), 652–57.
18. "Wills and Bequests," *The Times* (London), 1933년 1월 12일.
19. Richard Swedberg, "Appendix II: Schumpeter's Novel Ships in Fog (a Fragment)," in *Schumpeter, a Biography* (Princeton, N.J.: Princeton University Press, 1991), 207.
20. W. W. Rostow, *Theorists of Economic Growth from David Hume to the Present*, 234–35.
21. Anthony Trollope, *The Bertrams* (London: Chapman and Hall, 1859), 465.
22. Rosa Luxemburg, *The Accumulation of Capital (1913)* (London: Routledge and Keegan Paul, 1951), 434.
23. Alexander D. Noyes, "A Year After the Panic of 1907," *Quarterly Journal of Economics* 23 (1909년 2월); 185–212에 인용.
24. "The Progress of the World," *American Monthly Review of Reviews*, vol. 35, no. 1 (1907년 1월).
25. Evelyn Baring Cromer, *The Situation in Egypt: Address Delivered to the Eighty Club on December 15th, 1908 by the Earl of Cromer* (London: Macmillan, 1908), 9.
26. William Jennings Bryan, "The Government of Egypt Beyond Definition," in *The Old World and Its Ways* (St. Louis: Thompson, 1907), 323.
27. "Railroad Up Cheops," *Los Angeles Times*, 1907년 2월 12일, 114.

28. *London Economist*, 1907년 4월 27일, "A Year After the Panic," 202에 인용.
29. "Cotton Crops and Gold in Egypt," *The New York Times*, 1908년 1월 5일, AFR 28.
30. Harry Boyle이 Lord Rennell에게, 1907년 4월 21일, in Clara Boyle, *A Servant of the Empire: A Memoir of Harry Boyle with a Preface by the Earl of Cromer* (London: Methuen, 1938), 107.28
31. "Egyptian Finance," *The New York Times*, 1907년 12월 8일, 54.
32. Noyes, "A Year After the Panic," 202–3.
33. Ibid., 194.
34. Wassily Leontief, "Joseph A. Schumpeter," *Econometrica*, vol. 8, no. 2 (1950년 4월).
35. Wassily Leontief, "Joseph A. Schumpeter," *Econometrica*, vol. 8, no. 2 (1950년 4월).
36. in Trevor Mostyn, *Egypt's Belle Epoque, 1869–1952: Cairo and the Age of the Hedonists* (London: Quartet Books, 1989), 154에 인용.
37. Douglas Sladen, in Max Rodenbeck, *Cairo: The City Victorious* (New York: Alfred A. Knopf, 1999), 138에 인용.
38. Joseph A. Schumpeter, *Das Wesen und Hauptinhalt der Theoretischen Nationalokonomie* (Altenburg: Stefan Geibel, 1908), 621, trans. by Bruce McDaniel as *The Nature and Essence of Economic Theory* (New Brunswick, N.J.: Transaction Publishers, 2010), x.
39. Ibid., 621.
40. Smithies, "Memorial," 629.
41. Joseph A. Schumpeter, *The Theory of Economic Development: An Inquiry Into Profits, Capital, Credit, Interest and the Business Cycle*, (1911) trans. Redvers Opie (New York: Transaction Publishers, 2004), 91.
42. *The Norton Anthology of English Literature*, vol. 2, *The Age of Victoria* (New York: Norton, 2000).
43. Joseph Schumpeter, *History of Economic Analysis* (Cambridge, Mass.: Harvard University Press, 1952), 571.

44. Alfred Marshall, "The Social Possibilities of Economic Chivalry," *Economic Journal* 17, no. 5 (1907년 3월): 7–29.
45. Angus Maddison, "GDP per Capita in 1990 International Geary-Khamis Dollars," *The World Economy: Historical Statistics* (Paris: OECD Publishing, 2003).
46. Jeffrey Williamson, "Real Wages and Relative Factor Prices in the Third World Before 1940: What Do They Tell Us About The Sources of Growth?" 1998년 10월, Conference on Growth in the 19th and 20th Century: A Quantitative Economic History, 1998년 12월 14–15일, Valencia, Spain, 37, table 2, www.economics.harvard.edu/pub/HIER/1998/1885.pdf; Michael D. Bordo, Alan M. Taylor, Jeffrey G. Williamson, *Globalization in Historical Perspective* (Chicago: University of Chicago Press, 2005), 285.
47. Joseph A. Schumpeter, *Capitalism, Socialism and Democracy*, 87.
48. Karl Marx and Friedrich Engels, *The Communist Manifesto* (1848), trans. Samuel Moore, 서론과 주는 Gareth Stedman Jones (London: Penguin Books, 1967), 222.
49. Marshall, *Principles*.
50. Schumpeter, *Theory of Economic Development*, 95.
51. Beatrice Webb, *My Apprenticeship* (1926) (Longmans, Green, 1950), 380.
52. Schumpeter, *Capitalism, Socialism and Democracy*, 132.
53. Schumpeter, *Theory of Economic Development*, 85.
54. Schumpeter, *Capitalism, Socialism and Democracy*, 132.
55. Friedrich von Wieser, *The Theory of Social Economics* (New York: Augustus M. Kelly, 1927 and 1967).
56. Joseph A. Schumpeter, "The Communist Manifesto in Sociology and Economics," *Journal of Political Economy* (1949년 6월), 199–212.
57. Ibid., 55.
58. David Landes, *Bankers and Pashas: International Finance and Imperialism in Egypt* (Cambridge, Mass.: Harvard University Press, 1980), 57.
59. Joseph A. Schumpeter가 David Pottinger에게, 1934년 6월 4일, in Swedberg,

Schumpeter, 219.

60. 컬럼비아 대학 경제학과 교수 Edwin A. Seligman가 총장 Nicholas Murray Butler에게, 1913년 10월 22일, in Robert Loring Allen, *Opening Doors: The Life and Work of Joseph Schumpeter* (New Brunswick: Transaction Publishers, 1991), 130에 인용.

2막
프롤로그

1. Irving Fisher, "The Need for Health Insurance," *American Labor Legislation Review* 7 (1917): 10.
2. *The Diary of Beatrice Webb*, eds. Norman and Jeanne MacKenzie (Cambridge, Mass.: Harvard University Press, 1984).
3. Ibid., 1914년 8월 5일.
4. Ibid., 1918년 11월 4일.
5. George Bernard Shaw, "Common Sense About the War," 1914.
6. Bertrand Russell, in Niall Ferguson, *The Pity of War* (New York: Basic Books, 1999), 318에 인용.
7. Robert Skidelsky, John Maynard Keynes: *Hopes Betrayed*, vol. I (New York: Viking, 1986).
8. John Maynard Keynes가 Neville Chamberlain에게.
9. Richard Shone with Duncan Grant, "The Picture Collector," in Milo Keynes, *Essays on John Maynard Keynes* (Cambridge, UK: Cambridge University Press, 1975), 283.
10. Charles John Holmes, *Self & Partners (Mostly Self): Being the Reminiscences of C. J. Holmes* (London: Macmillan, 1936); Anne Emberton, "Keynes and the Degas Sale," *History Today*, 1995년 12월 31일.
11. John Maynard Keynes가 Florence Keynes에게.
12. Vanessa Bell이 Roger Fry에게.
13. Sigmund Freud, in Peter Gay, *Sigmund Freud: A Life of Our Time* (New York: W.W. Norton, 1988).

14. Friedrich Hayek, "Remembering My Cousin Ludwig Wittgenstein (1889–1951)," *Encounter*, 1977년 8월 19일, 20–21, 그리고 Ray Monk, *Ludwig Wittgenstein: The Duty of Genius* (New York: Penguin Books, 1991).
15. Karl Kraus, *The Last Days of Mankind: A Tragedy in Five Acts* (New York: 1974 [1918]).
16. D. H. Mellor, "Better than Stars: Portrait of Frank Ramsey," BBC; D. H. Mellor (1995), "Cambridge Philosophers, vol. I: F. P. Ramsey," *Philosophy* 70 (1995), 259.
17. "National Society to Conserve Life," *New York Times*, 1913년 12월 30일; Irving Fisher and Eugene Lyman Fisk, *How to Live: Rules for Healthful Living Based on Modern Science*, 2nd ed. 서문 (New York: Funk & Wagnalls Company, 1915).
18. Henry Andrews Cotton, *The Defective, Delinquent, and Insane: The Relation of Focal Infections to Their Causation, Treatment, and Prevention, by Henry A. Cotton, lectures delivered at Princeton University, January 11, 13, 14, 15, 1921*, with a foreword by Adolf Meyer (Princeton: Princeton University Press, 1922).
19. Bette M. Epstein, New Jersey State Archives, to author.
20. Irving Fisher, *American Labor Legislation Review*, p. 10.
21. *Diary of Beatrice Webb*
22. Ibid., 1918년 11월 17일.
23. Ray Monk, *Bertrand Russell: The Spirit of Solitude 1872–1921*, Vol. I (New York: Simon & Schuster, 1996).

6장

1. Joseph A. Schumpeter, *Politische Reden* [Political Speeches], Wolfgang F. Stolper and Christian Seidl, eds. (Tubingen: J.C.B. Mohr, 1992).
2. Francis Oppenheimer, *The Stranger Within: Autobiographical Pages* (London: Faber, 1960).
3. Norman and Jeanne MacKenzie, eds., *The Diary of Beatrice Webb*, vol. 3,

1905–1924 (Cambridge, Mass.: Harvard University Press, 1982–84), 1918년 11월 11일.
4. Sigmund Freud, in Peter Gay, *Freud: A Life of Our Time* (New York: W. W. Norton and Co., 1988), 382에 인용.
5. F. L. Carsten, *Revolution in Central Europe: 1918–1919* (Aldershot, UK: Wildwood House, 1988), 41.
6. Karl Kraus, *The Last Days of Mankind*: A Tragedy in Fire Acts (New York: Unger, 2000).
7. Edmund von Glaise-Horstenau, "The Armistice of Villa Giusti 1918," in *The Collapse of the Austro-Hungarian Empire* (London: J. M. Dent and Sons, 1930).
8. Sigmund Freud, in Gay, *Freud*에 인용.
9. F. O. Lindley, British high commissioner, in Carsten, *Revolution in Central Europe*, 11–12에 인용.
10. Friedrich Wieser, "The Fight Against Famine in Austria," in *Fight the Famine Council, International Economic Conference* (London: Swarthmore Press, 1920), 53.
11. *The Memoirs of Herbert Hoover*, vol. 1, *Years of Adventure 1874–1920* (New York: Macmillan, 1951), 392.
12. Ibid.
13. Stefan Zweig, *The World of Yesterday: An Autobiography* (Lincoln: University of Nebraska Press, 1984), 289.
14. Ludwig von Mises, "The Austro-Hungarian Empire," *Encyclopedia Britannica*, 1921.
15. Gay, *Freud*, 378에 인용.
16. Felix Salten, *Florian, the Emperor's Horse* (New York: Aires Scribner Sons, 1934).
17. "Austria Willing to Pawn Anything," *The New York Times*, 1920년 1월 22일.
18. Carsten, *Revolution in Central Europe*, 37.
19. Joseph Schumpeter, *Die Arbeiter Zeitung*, 1919년 11월 22일, in *Dokumentation*

Zur Oesterreichischen Zeitgeschichte, 1918–1928 [Documentation of Austrian History, 1918–1928], eds. Christine Klusacek, Kurt Stimmer (Vienna: Jugend und Volk, 1984).

20. Sir T. Montgomery-Cuninghame, *Dusty Measure* (London: John Murray, 1939), 309.
21. SHB가 ASB에게, 1918년 12월 30일, in William Beveridge, *The Power and Influence*, 153에 인용.
22. Karl Kautsky, *The Social Revolution and On the Morrow of the Social Revolution* (London: Twentieth Century Press, 1907), 2부, 1.
23. Felix Somary, *Erinnerungen aus Meinem Leben* [Memories from My Life] (Zurich: Manesse Verlag, 1955), 171.
24. Eduard Bernstein.
25. Otto Bauer, *The Austrian Revolution* (London: Parsons, 1925).
26. Albert Einstein이 Hedwig Born과 Max Born에게, 1919년 1월 15일, in *Albert Einstein, Collected Papers*, vol. 4.
27. Joseph Schumpeter, in Eduard Marz, *Joseph A. Schumpeter: Forscher, Lehrer und Politiker* [Researcher, Teacher, and Politician] (Munchen: R. Oldenbourg, 1983)에 인용.
28. Somary, *Errinerungen*, 172.
29. Karl Corino, *Robert Musil* (Hamburg: Rowolt, 2003), 598.
30. Friedrich von Wieser, *Tagebuch*, Gertrud Enderle-Burcel, Staatsarchiv Wien Nachlass Wieser in the Haus-, Hof- und Staatsarchiv Extracts in Seidl, *Politische Reden*, 10–12.
31. Wolfgang F. Stolper, *Joseph Alois Schumpeter: The Public Life of a Private Man* (Princeton, N.J.: Princeton University Press, 1994), 123.
32. Karl Kraus, *Die Fackel*, 1919년 4월.
33. Joseph Schumpeter, *Politische Reden*.
34. Otto Bauer, *The Austrian Revolution* (London: Parsons, 1925).
35. Gabor Betony, *Britain and Central Europe 1918–1933* (Oxford, UK: Clarendon Press, 1999), 10.

36. Joseph Schumpeter, "The Sociology of Imperialism," in Richard Sweds, *The Economics and Sociology of Capitalism* (Princeton: Princeton University Press, 1991), 156-57.
37. Joseph Schumpeter, *Politische Reden*.
38. Joseph Schumpeter, *Politische Reden*.
39. David Lloyd George, "Fontainebleau Memorandum," 1919년 3월 25일, www.fullbooks.com/Peaceless-Europe2.html.
40. Winston Churchill, House of Commons, 1919년 5월 29일, http://www.winstnochurchill.org; Randolph Spencer Churchill and Martin Gilbert, *Winston S. Churchill*, vol. 4, *The Stricken World* (New York: Houghton MIfflin, 1966), 308.
41. Bauer, *The Austrian Revolution*, 106.
42. *The Memoirs of Herbert Hoover*, vol. 1, *Years of Adventure 1874–1920* (New York: Macmillan, 1951); Bauer, *The Austrian Revolution*, 103.
43. Hans Loewenfeld-Russ, *Im Kampf Gegen den Hunger* [In the Fight Against Hunger] (Munich: R. Oldenburg, 1986).
44. T. Montgomery-Cuninghame, *Dusty Measure* (London: John Murray, 1939).
45. Ellis Ashmead-Bartlett, *The Tragedy of Central Europe* (London: Thornton Butterworth, 1924), 159.
46. Ibid.
47. Friedrich von Wieser, *Tagebuch*, Gertrud Enderle-Burcel, Staatsarchiv Wien Nachlasss Wieser in the Haus-, Hof- und Staatsarchiv Extracts in Seidl, *Politische Reden*, 10-12.
48. Eduard Marz, *Austrian Banking and Financial Policy: Creditanstalt at a Turning Point, 1913–1923* (New York: St. Martin's Press, 1984), 333.
49. Entretien avec le Docteur Schumpeter," De notre envoye spécial, Vienne, Mai, *Le Temps*, 1919년 6월 2일, in W. F. Stolper, Joseph Alois Schumpter, *The Public Life of a Private Man* (Princeton: Princeton University Press, 1944), 219에 번역 인용.
50. Bauer, *The Austrian Revolution*, 110.

51. Ibid., 257.
52. Schumpeter, *Politische Reden*.
53. Ibid.
54. Francis Oppenheimer가 John Maynard Keynes에게, 1919년 5월 18일, Kings College Archive.
55. Francis Oppenheimer, *The Stranger Within: Autobiographical Pages* (London: Faber, 1960), 369.
56. Bauer, *The Austrian Revolution*.
57. Ibid.
58. Joseph Schumpeter, *Neue Freie Presse*, 1919년 6월 24일, in Klusacek, et al., eds., *Dokumentation*.
59. Joseph Schumpeter, *New Freie Press*, 1919년 6월 28일. "Es ist nicht leicht ein Volk zu vernichten. Im allgemeinen ist es sogar unmoglich. Hier haben wir aber einene der seltenen Faelle for uns, wo es moeglich ist."
60. Friedrich Wieser, "The Fight Against Famine in Austria," in *Fight the Famine Council, International Economic Conference* (London: Swarthmore Press, 1920), 53.
61. Stolper, *Joseph Alois Schumpeter*에 인용.
62. Richard Kola, *Ruckblick ins Gestrige: Erlebtes und Empfundenes* [Looking Back to Yesterday: Experiences and Perceptions] (Vienna: Rikola, 1922).
63. Schumpeter, *Politische Reden*.
64. Somary, *Errinnerungen*.
65. Richard Swedberg, *Joseph A. Schumpeter, His Life and Work* (Cambridge, UK: Polity Press, 1991).
66. Ibid., 144–45.
67. Friedrich von Wieser, *Tagebuch*, 1919년 11월 19일; "Es scheint, Dass Schumpeter in der Meinung aller Parteien und aller gebildeten Menschen vollig abgewirtschaftet hat. Wie mir Kelsen erzahlte, auch unseree jungeren Nationalokonomen, die ihn als ihren Fuhrer betrachtetetn, von ihm abgekommen und geben ihn wissenschaftlich auf, es sei nichts mehr von ihm

zu erwarten."

68. Eduard Marz, "Joseph Schumpeter as Minister of Finance," in Helmut Frisch, ed., *Schumpeterian Economics* (New York: Praeger, 1981).

7장

1. Frances Oppenheimer, *The Stranger Within: Autobiographical Pages* (London: Faber, 1960), 374.
2. Lord William Beveridge, *Power and Influence* (New York: Beechhurst Press, 1955), 149-50.
3. David Lloyd George가 Woodrow Wilson에게, 1919년 4월.
4. John Maynard Keynes가 Vanessa Bell에게, 1919년 3월 16일, Keynes Papers, King's College Archive.
5. Harold Nicolson, *Peacemaking 1919: Being Reminiscences of the Paris Peace Conference* (Boston: Houghton Mifflin, 1933), 44-45.
6. Ibid., 275-76.
7. David Lindsay, *The Crawford Papers: The Journals of David Lindsay, Twentyseventh Earl of Crawford and Tenth Earl of Balcarres (1871–1940), During the Years 1892 to 1940*, 1919년 4월 9일.
8. Robert Skidelsky, *John Maynard Keynes*, vol. 1, *Hopes Betrayed* (New York: Viking, 1986), 304.
9. Robert Skidelsky, *John Maynard Keynes*, vol. 1, *Hopes Betrayed* (New York: Viking, 1986), 304.
10. John Maynard Keynes가 Lytton Strachey에게 1905년 11월 23일, Skidelsky, Keyenes, vol. 1, 166에 인용.
11. John Maynard Keynes가 Lytton Strachey에게, 1905년 11월 15일, Skidelsky, 165.
12. "A Key for the Prurient: Keynes's Loves, 1901-15," Donald E. Moggridge, *Maynard Keynes: An Economist's Biography* (London: Routledge, 1992), annex 1.
13. C. R. Fay, "The Undergraduate," in Milo Keynes, ed., *Essays on John Maynard*

Keynes (Cambridge, UK: Cambridge University Press, 1975), 36.

14. Lionel Robbins, *Autobiography of an Economist* (London: Macmillan, 1971).
15. Winston Churchill이 Clementine Churchill에게, in *Speaking for Themselves: The Personal Letters of Winston and Clementine Churchill*, ed. Mary Soames, (London and New York: Doubleday, 1998).
16. Elizabeth Johnson, "Keynes' Attitude Toward Compulsory Military Service," *Economic Journal* 70, no. 277 (1960년 3월): 160–65.
17. David Lloyd George, *Memoirs of the Peace Conference*, vol. 1 (New Haven, Conn.: Yale University Press, 1939), 302.
18. William Shakespeare, *A Midsummer Night's Dream* (New York: Palgrave, 2010).
19. Lloyd George, *Memoirs of the Peace Conference*, vol. 1, 302.
20. John Maynard Keynes가 Florence Keynes에게, Skidelsky, Keynes, vol. 1, *Hopes Betrayed*, 353에 인용.
21. John Maynard Keynes가 Florence Keynes에게, Keynes Papers, King's College Archive.
22. John Maynard Keynes가 Florence Keynes에게, Keynes Papers, King's College Archive.
23. John Maynard Keynes, "Dr. Melchior: A Defeated Enemy," in *Essays in Biography*, 210.
24. Max Warburg, "Aus Meinem Aufzeichnungen" [From My Records]. *Collected Writings of John Maynard Keynes*, vol. 16, *Activities 1914–1919, The Treasury and Versailles* (Cambridge, UK: Cambridge University Press), 417에 인용.
25. Keynes, "Dr. Melchior," 214.
26. Ibid., 216.
27. Ibid., 218.
28. Ibid., 221.
29. Ibid., 223.
30. George Allerdice Riddell, *Lord Riddell's Intimate Diary of the Peace Conference and After, 1918–1923* (New York: Reynal & Hitchcock, 1924), 30.

31. Keynes, "Dr. Melchior," 231.
32. Thomas W. Lamont, "The Final Reparations Settlement," *Foreign Affairs*, 1930.
33. Nicolson, *Peacemaking* 1919, 86.
34. Ibid., 78.
35. John Maynard Keynes가 Florence Keynes에게.
36. Peter Rowland, *David Lloyd George* (London: Macmillan, 1975), 485–86.
37. Jan Smuts의 말, Skidelsky, Keynes, vol. 1, *Hopes Betrayed*, 373에 인용.
38. *The Memoirs of Herbert Hoover*, vol. 1, *Years of Adventure 1874–1920* (New York: Macmillan, 1951), 461–62.
39. John Maynard Keynes가 Florence Keynes에게, in Skidelsky, *Keynes*, vol. 1, *Hopes Betrayed*, 371.
40. John Maynard Keynes가 Florence Keynes에게, Keynes Papers, King's College Archive.
41. John Maynard Keynes, *The Economic Consequences of the Peace* (London: Macmillan and Co., 1920), 233 (주1).
42. John Maynard Keynes가 Duncan Grant에게, 1919년 3월 14일.
43. Rowland, *David Lloyd George*, 480.
44. John Maynard Keynes이 Austin Chamberlain에게, 1919년 6월 5일.
45. Alec Cairncross, "Austin Robinson," *Economic Journal* 104 (1994년 7월): 903–15.
46. Ibid.
47. Jan Smuts in Skidelsky, *Keynes*, vol. 1, 373에 인용.
48. John Maynard Keynes, *The Economic Consequences of the Peace* (London: Macmillan, 1920).
49. Henry Wickham Steed, "A Critic of the Peace," "The Candid Friend at Versailles," "Comfort for Germany," *John Maynard Keynes: Critical Responses*, ed. Charles Robert McCons (London: Taylor and Francis, 1998), 51–60.
50. Quoted in Niall Ferguson, *Paper and Iron* (Cambridge: Cambridge University Press, 1995), 206.
51. Keynes, "Dr. Melchior," 234.

52. Keynes, *The Economic Consequences of the Peace*, 39.
53. Lytton Strachey가 John Maynard Keynes에게, Michael Holroyd, *Lytton Strachey* (London: Heineman, 1978), 374에 인용.
54. Austin Chamberlain이 Ida Chamberlain에게.
55. A. J. P. Taylor, *The Origins of the Second World War* (London: Penguin Books, 1964), 26.
56. Paul Mantoux, *The Carthaginian Peace or the Economic Consequences of Mr. Keynes* (Oxford: Oxford University Press, 1946).
57. Wickham Steed, "A Critic of the Peace," "The Candid Friend at Versailles," "Comfort for Germany, *John Maynard Keynes: Critical Responses* (Charles Robert McCann, ed. (London: Taylor & Francis, 1998)), 51-60.
58. Thorstein Veblen, "Review of J. M. Keynes' *The Economic Consequences of the Peace*," *Political Science Quarterly* 35 (1920): 467-72.
59. "Europe a Year Later," *The New York Times*, 1920년 5월 16일.
60. "Solution of Europe's Disorder, as Seen by Baruch," *The New York Times*, 1920년 4월 20일.
61. Joseph A. Schumpeter, *History of Economic Analysis* (London: Allen & Unwin, 1954), 39.

8장

1. Joseph A. Schumpeter, *The Theory of Economic Development* (Oxford: Oxford University Press, 1961), 215.
2. Ludwig von Mises, "The Austro-Hungarian Empire," *Encyclopedia Britannica*, 1921.
3. Schober, F. L. Carsten, *The First Austrian Republic* (Aldershot, UK: Wildwood House, 1986), 41에 인용.
4. Ibid., 45.
5. Peter Gay, *Freud: A Life of Our Time* (New York: W. W. Norton and Co., 1988), 386.
6. Ibid., 382.

7. Anna Eisenmenger, *Blockade: The Diary of an Austrian Middle-Class Woman, 1914–1924* (London: Constable Publishers, 1932), 149.
8. Pierre Hamp, *La Peine des Hommes: Les Chercheurs D'Or* [The Pain of Men: The Seekers of Gold], 1920.
9. Carsten, *The First Austrian Republic*, 13에 인용.
10. Charles A. Gulik, *Austria from Habsburg to Hitler*, vol. 1 (Berkeley: University of California Press, 1948), 248.
11. Eisenmenger, *Blockade*, 149.
12. Ibid.
13. C. A. Macartney, *The Social Revolution in Austria* (Cambridge, UK: Cambridge University Press, 1926), 215.
14. Alois Mosser and Alice Teichova, "Investment Behavior of Joint Stock Companies," in *The Role of Banks in the Interwar Economy*, eds. Harold James, Hekan Lindgren, Alice Teichova (Cambridge, UK: Cambridge University Press, 2002), 127.
15. Richard Swedberg, *Joseph A. Schumpeter: His Life and Work* (Cambridge, UK: Polity Press, 1991), 68에 인용.
16. Wolfgang F. Stolper, *Joseph Alois Schumpeter: The Public Life of a Private Man* (Princeton, N.J.: Princeton University Press, 1994), 3에 인용.
17. Charles A. Gulik, *Austria from Hapsburg to Hitler*, vol. 1 (Berkeley: University of California Press, 1948), 251.
18. Fritz Machlup, *Tribute to Mises, 1881–1973* (Chislehurst, UK: Quadrangle, 1974).
19. "Ships in Fog," a fragment of a novel Schumpeter가 1930년대에 쓰기 시작한 소설의 일부, in Swedberg, *Joseph A. Schumpeter*, appendix 2.
20. Thomas K. McCraw, *Prophet of Innovation: Joseph Schumpeter and Creative Destruction* (Cambridge, Mass.: Harvard University Press, 2007), 140.
21. Robert Loring Allen, *Opening Doors: The Life and Work of Joseph Schumpeter*, vol. 1, *Europe* (New Brunswick, N.J., and London: Transaction Publishers, 1991), 274에 인용.

22. Israel Kirzner, "Austrian Economics," lecture at Foundation for Economic Education, 2004년 7월 26일.
23. Joseph A. Schumpeter, *The Theory of Business Cycle* (TK, 1939).
24. Joseph A. Schumpeter, *The Theory of Economic Development: An Inquiry into Profits, Capital, Credit, Interest and the Business Cycle* (New Brunswick, N.J.: Transaction Publishers, 1934).
25. Ibid.
26. Ibid., 245.
27. Joseph A. Schumpeter, *Essays on Entrepreneurs, Innovations, Business Cycles, and The Evolution of Capitalism*, ed. Richard Clemence (New York: Transaction Publishers, 1951), 71-72.
28. Friedrich A. Hayek, *Hayek on Hayek: An Autobiographical Dialogue*, ed. Stephen Kresge (Chicago: University of Chicago Press, 1984).
29. Fritz Machlup가 Barbara Chernow에게 1978년 6월 12일.
30. Gulik, *Austria from Hapsburg to Hitler*, vol. 1, 134-35.
31. Max Weber, "Der Sozialismus" (1918), in *Gesammelte Aufsatze zur Sociologie, Economy and Society*.
32. Otto Bauer, *Der Weg zum Socialismus* [The Way to Socialism], 1921, *Arbeiter Zeitung*, 1919년 1월 연재.
33. *Hayek on Hayek*, 54-59.
34. Friedrich Hayek, *Austrian Institute for Economic Research Monthly*, 1929년 2월.

9장

1. Irving Fisher, et al, *Report on National Vitality Bulletin 30 of the Committee of One Hundred on Public Health* (Washington, D.C.: Government Printing Office, 1908) 1.
2. Irving Fisher, "Unstable Dollar and the So-called Business Cycle," *Journal of the American Statistical Association*, vol. 20, no. 150 (1925년 6월), 179-202.
3. John Maynard Keynes, in Robert Skidelsky, *John Maynard Keynes*, vol. 2, *The Economist as Savior, 1920-1937* (London: Macmillan, 1992)에 인용.

4. Ibid.
5. Peter Clarke, *Keynes: The Rise, Fall, and Return of the 20th Century's Most Influential Economist* (New York: Bloomsbury, 2009).
6. John Maynard Keynes, "Alternative Theories of the Rate of Interest," *Economic Journal* 47 (1937년 6월).
7. John Maynard Keynes, "How Far Are Bankers at Fault for Depressions?" 1913, in Angel N. Rugina, "A Monetary and Economic Dialogue with Lord Keynes," *International Journal of Social Economics* 28, vol. 1, No. 2, 200, www.emeraldinsight.com/journals.htm?articleid=1453937&show=html 에 인용.
8. John Maynard Keynes, *Tract on Monetary Reform*, 1923.
9. Ibid.
10. D. E. Moggridge, *Keynes: An Economists' Biography* (London: Routledge, 1992), 429에 인용.
11. John Maynard Keynes, *A Short View of Russia* (London: Hogarth Press, 1925).
12. Ibid.
13. Ibid.
14. Norman and Jean MacKenzie, eds., *The Diary of Beatrice Webb* (Cambridge, Mass.: Harvard University Press, 1982–84).
15. John Maynard Keynes, "My Visit to Berlin," *Collected Writings of John Maynard Keynes*, vol. 10, 383–84; "Das Ende des Laissez-Faire, Ideen zur Verbindung von Privat und Gemeinwirtschaft" [The End of Laissez-Faire: Ideas for Combining the Private and Public Economy], *Zeitschrift für die Gesamte Staatswissenschaft* 82 (1927): 190–91. Keynes의 베를린 강연 리뷰. 문서자료: 1925년 10월부터 1926년 6월까지 편지, 자필원고 "My Visit to Berlin," 6월 23일, "The General Strike," Berlin University 강연 9월 24일; 독일의 상황; Keynes가 Melchior의 베를린 집에서, 1926년 방문; 출처: Felix Somary, *Erinnerungen Aus Meinem Leben*, (Zurich: 1926), 199.
16. *The Letters of Virginia Woolf*, vol. 3.
17. John Maynard Keynes의 National Liberal Federation 문건, 1928년 3월 27일, in Robert Skidelsky, *John Maynard Keynes*, vol. 2, *The Economist as Savior*,

1920–1937 (London: Macmillan, 1992), 297에 인용.
18. Skidelsky, *Keynes*, vol. 2, *The Economist as Savior*, 231.
19. Ibid., 232.
20. Charles Loch Mowat, *Britain Between the Wars, 1918–1940* (London: Methuen and Co., 1956), 262.
21. Skidelsky, *Keynes*, vol. 2, *The Economist as Savior*, 258.
22. John Maynard Keynes가 H. G. Wells에게, 1928년 1월 18일.
23. Mowat, *Britain Between the Wars*, 349.
24. Skidelsky, *Keynes*, vol. 2, *The Economist as Savior*, 302.
25. Irving Norton Fisher, *My Father, Irving Fisher* (New York: Comet Press, 1956), 171.
26. Alan Milward, *War, Economy and Society, 1939–1945* (Berkeley: University of California Press, 1979), 17.
27. Angus Maddison, "Statistics of World Population, GDP, per Capita GDP, 1–2008 AD," www.ggdc.net/maddison/.
28. Joseph Schumpeter, "The Decade of the Twenties," *American Economic Review, 1946* and "Business Cycle Dates," National Bureau of Economic Research.
29. Geoffrey Keynes, in D. E. Moggridge, *Maynard Keynes: An Economist's Biography* (London: Routledge, 1992), 103에 인용.
30. Fisher, *My Father, Irving Fisher*, 200.
31. Fisher, *My Father, Irving Fisher*, 232.
32. Fisher, *My Father, Irving Fisher*, 117–18.
33. Irving Fisher, the American Public Health Association 연설, 1926년 10월 23일.
34. Irving Fisher et al., *Report on National Vitality*, the Committee of One Hundred on Public Health 소식지 30 (Washington, D.C.: GPO, 1908), 1.
35. Irving Fisher, *Stabilizing the Dollar* (New York: Macmillan, 1920), 75.
36. Irving Fisher, *The Purchasing Power of Money: Its Determination and Relation to Credit Interest and Crises* (New York: Macmillan, 1912).
37. Irving Fisher, "Our Unstable Dollar and the So-Called Business Cycle,"

Journal of the American Statistical Association (1925년 6월): 181.

38. John Maynard Keynes, "Opening Remarks: The Galton Lecture," *Eugenics Review*, vol. 38, no. 1 (1946), 30-40.
39. Robert W. Dimand, "Economists and 'the Other' Before 1912," *The American Journal of Economics and Sociology*, 2005년 7월, http://findarticles.com/p/articles/mi_0254/is_3_64/ai_n15337798/?tag=content;col1; *New International Year Book* (New York: Dodd Meade & Co., 1913).
40. Irving Fisher, "Lecture on The Irving Fisher Foundation," *Collected Works*, vol. I (1997), 35.
41. Ibid.
42. Irving Fisher, "Our Unstable Dollar and the So-Called Business Cycle", 197.
43. Irving Fisher, "Depressions and Money Problems," 1941년 4월 4일.
44. Irving Fisher, "I Discovered the Phillips Curve: 'A statistical relation between unemployment and price changes'" *Journal of Political Economy* 81, no 2: 496-502, from *International Labour Review*, 1926로부터 재수록.
45. Irving Fisher, *The New York Times*, 1923년 9월 2일.
46. Irving Fisher, "The Unstable Dollar and the So-called Bisiness Cycle" (1925), 179-202.
47. Irving Fisher, "A Statistical Relation Between Unemployment and Price Changes" (1926), 496-502.
48. Ibid.
49. Irving Fisher, *Battle Creek Sanitarium News*, 25, 1925년 7월 7일.
50. Fisher, *My Father, Irving Fisher*, 57.
51. Ibid., 192, *Stable Money, A History of the Movement*의 자전적 부록 중에서.
52. Jeremy Siegel, *Stocks for the Long Run* (New York: McGraw-Hill, 2008).
53. Fisher, *My Father, Irving Fisher*, 264.
54. *Recent Economic Changes in the United States* (Chicago: National Bureau of Economic Research, 1929), xii.
55. "Fisher Sees Stocks Permanently High," *The New York Times*, 1929년 10월 16일.

10장

1. Arnold J. Toynbee, *Journal of International Affairs*, 1931, 1.
2. David Fettig, "Something Unanticipated Happened," in *The Region* (Minneapolis: Federal Reserve Bank of Minneapolis, 2000).
3. John Maynard Keynes가 F. C. Scott에게, 1934년 8월 15일.
4. John Maynard Keynes, "A British View of the Wall Street Slump," *New York Evening Post*, 1929년 10월 25일.
5. Charles A. Selden, "Big British Labor Gains; Third of Vote Counted; Tory Control Seems Lost," *The New York Times*, 1929년 5월 31일, 1.
6. Winston Churchill, "Disposal of Surplus," *Hansard 1803–2005*, 1929년 4월 15일, Commons Sitting, Orders of the Day, hansard.millbanksystems.com/commons/1929/apr/15/disposal-of-surplus.
7. Lionel Robbins, *Autobiography of an Economist* (London: Macmillan, 1971), 151.
8. John Maynard Keynes가 Lydia Keynes에게, 1929.
9. Joseph J. Thorndike, "Tax Cuts, Confidence, and Presidential Leadership," September 8, 2008, www.taxhistory.org/thp/readings.nsf/ArtWeb/65D62AC290A5E538852574CE00735F76?OpenDocument.
10. John Maynard Keynes, "The Great Slump of 1930," *The Nation & Athenoem*, 1930년 12월 20일, 그리고 1930년 12월 27일, www.gutenberg.ca/ebooks/keynes-slump/keynes-slump-00-h.html.
11. John Maynard Keynes, *The General Theory*, book 6, chapter 22, section 3 (London: Macmillan, 1936), 322.
12. Keynes, "The Great Slump," *Nation*.
13. Ibid.
14. Godfrey Harold Hardy, "Mathematical Proof," in Raymond George Ayoub, *Musings of the Masters: An Anthology of Mathematical Reflections* (New York: American Mathematical Association, 2004), 59.
15. Keynes, *The Great Slump of 1930*.
16. Robert Skidelsky, *John Maynard Keynes*, vol. 2, *The Economist as Savior*,

1920–1937 (London: Macmillan, 1992), 333.

17. *Minority Report*, 35, 507n, 657–59, 660, 661, 662.
18. Skidelsky, *Keynes*, vol. 2, *The Economist as Savior*, 32.
19. Sir John Anderson이 Ramsay MacDonald에게, 1930년 7월 31일.
20. 1930년 10월 20일.
21. Ross McKibbin, "The Economic Policy of the Second Labour Government, 1929–1931," *Past and Present* 65 (1975): 95–123.
22. Skidelsky, *Keynes*, vol. 2, *The Economist as Savior*, 524.
23. Irving Fisher, 1929년 9월 2일, in Kathryn M. Dominguez, Ray C. Fair, Matthew D. Shapiro, "Forecasting the Depression: Harvard Versus Yale," *American Economic Review* 78, no. 4 (1988년 9월), 607에 인용.
24. "Fisher Sees Stocks Permanently High: Yale Economist Tells Purchasing Agents Increased Earnings Justify Rise. Says Trusts Aid Sales, Finds Special Knowledge, Applied to Diversify Holdings, Shifts Risks for Clients," *The New York Times*, 1929년 10월 16일, 8.
25. Irving Fisher, 1930년 1월 6일, *Collected Works*, ed. Robert Barber, vol. 14, 4.
26. Harvard Economic Society, *Weekly Letter*, vols. 8 and 9 (Cambridge, Mass.: Harvard University Press, 1929), in Dominguez et al., "Forecasting the Depression," 606에 인용.
27. Irving Fisher, *The Stock Market Crash and After* (New York: Macmillan, 1930).
28. Milton Friedman and Anna Jacobson Schwartz, *A Monetary History of the United States, 1867–1960* (Princeton, N.J.: Princeton University Press, 1971).
29. "Scores Coolidge in Market Slump," *The New York Times*, 1930년 1월 12일.
30. Robert W. Dimond, "Irving Fisher's Monetary Macroeconomics," in *The Economics of Irving Fisher* (London: Elgar, 1999).
31. Irving Norton Fisher, *My Father, Irving Fisher*, 263.
32. "Harvard Group Sees Debt Plan Benefits: Believes Moratorium Will Balance Exchanges and Remove Pressure on Commodities," *The Wall Street Journal*, July 17, 1931, 20; "The 1929 Speculation and Today's Troubles: Controversy as to How Far the 'Great Boom' Caused the Great Depression," *The New York*

Times, 1932년 1월 1일, 33.
33. Irving Fisher, "The Stock Market Panic in 1929," *Proceedings of the American Statistical Association*, 1930.
34. 1931년 6월 22-23일, Skidelsky, *Keynes*, 391에 인용.
35. John Maynard Keynes, 타자 기록, King's College Archive.
36. John Maynard Keynes, 좌장, 타자 기록, King's College Archive.
37. 잉글랜드은행 할인율, 1836-1939, National Bureau of Economic Research Macro Data Base, www.nber.org/databases/macrohistory/rectdata/13/m13013.dat.
38. Irving Fisher가 Ramsay MacDonald에게, 1931년 12월.
39. Vanessa Bell Skidelsky, *Keynes*, vol. 2, *The Economist as Savior*, 430.
40. Irving Fisher가 Alvin T. Simonds에게, 1931년 8월.
41. Lauchlin Bernard Currie, *Memorandum Prepared by L. B. Currie, P. T. Ellsworth, and H. D. White* (Cambridge, Mass., 1932), in *History of Political Economy* 34, no. 3 (Fall 2002): 533-52에 재수록.
42. Irving Fisher가 Margaret Fisher에게, in Fisher, *My Father, Irving Fisher*, 267에 인용.
43. Walter Lippmann, *Interpretations 1933–1935* (New York: Macmillan, 1936), 15.
44. K. M. Dominguez, R. C. Fair, and M. D. Shapiro, "Forecasting the Great Depression: Harvard Versus Yale," *American Economic Review*, 78 (1988년 9월), 595-612.
45. David Fettig, "Something Unanticipated Happened," (Minneapolis Fed, 2000),7.
46. Irving Fisher, *Booms and Depressions: Some First Principles* (New York: Adelphi, 1932).
47. Irving Fisher, "Cancellation of War Debts," Southwest Foreign Trade Conference Address, 1931년 7월 2일, in Giovanni Pavanelli, "The Great Depression in Irving Fisher's Thought," *Fifth Annual Conference of the European Society for the History of Economic Thought*, 2001년 2월에 인용.

48. Irving Fisher, *The Depression: Causes and Cures* (Miami: Committee of One Hundred, 1932년 3월 1일).
49. "Economists Urge Release of Gold," *The New York Times*, 1931년 10월 28일.
50. *The New York Times*, 1931년 12월 9일.
51. Irving Fisher, *Booms and Depressions*, viii.
52. R. G. Tugwell, *Brains Trust* (New York: Viking, 1964), 97.
53. Kennedy, *Freedom from Fear*, 113.
54. Ibid.
55. Franklin Delano Roosevelt, *Oglethorpe University Commencement Speech*, 1932년 5월 22일, http://georgiainfo.galileo.usg.edu/FDRspeeches.htm.
56. Franklin Delano Roosevelt, *Address to Commonwealth Club*, 1932년 9월 23일, San Francisco, in *Great Speeches* (New York: Courier Dover, 1999).
57. Kennedy, *Freedom from Fear*, 123.
58. John Maynard Keynes, *The Means to Prosperity* (London: Macmillan, 1933).
59. Irving Fisher, 코넬의 George Warren, 위스콘신 대학의 John Commons가 Franklin Roosevelt에게, 1933년 2월 25일.
60. *The New York Times*, 1933년 12월 31일.
61. Irving Fisher가 Irving Norton Fisher에게, 1933년 8월 15일.
62. Irving Fisher가 Margaret Hazard Fisher에게 in Irving Norton Fisher, *My Father*, Irving Fisher에 인용.
63. Skidelsky, *Keynes*, vol. 3, 506.
64. Ibid.
65. *The New York Times*, 1933년 5월 29일.
66. D. E. Moggridge, *Maynard Keynes: An Economists' Biography* (London: Routledge, 1992), 584.
67. Irving Fisher가 FDR의 비서관 Howe에게, 1934년 5월 18일.
68. Irving Fisher가 Margaret Hazard Fisher에게, 1934년 6월 7일.
69. John Maynard Keynes, *American Economic Review*, 1933.
70. John Maynard Keynes, *Lecture Notes*.
71. Skidelsky, *Keynes*, 503에 인용.

72. John Maynard Keynes가 George Bernard Shaw에게,
73. Marriner S. Eccles, *Fortune*, 1937년 4월, *The Lessons of Monetary Experience: Essays in Honor of Irving Fisher Presented to Him on the Occasion of His 70th Birthday* (New York: Farrar and Rhinehart, 1937), 6에 재수록.
74. Friedrich Hayek, Austrian Institute of Economic Research Report, 1929년 2월.
75. Hayek, Friedrich A., 인터뷰. *Gold and Silver Newsletter* (Newport Beach, Calif.: Monex International, 1976년 6월).
76. Lionel Robbins, *The Great Depression*, 1934.
77. Ibid.
78. Robbins, *Autobiography of an Economist*, 154.
79. Skidelsky, *Keynes*, vol. 2, *The Economist as Savior*, 469.
80. Beatrice Webb, in Jose Harris, *William Beveridge: A Biography* (Oxford: Clarendon Press, 1977), 330에 인용.
81. Fritz Machlup이 Barbara Chernow에게, 1978년 6월 12일.
82. John Maynard Keynes "The Pure Theory of Money: A Reply to Dr. Hayek," *Econometrica*, vol. 11 (November, 1931), 387-97, 그리고 Alan Ebenstein, *Friedrich Hayek* (Chicago: University of Chicago Press, 1999).
83. Alan Ebenstein, 2001, 81.
84. Erich Schneider, *Joseph A. Schumpeter: Leben und Werk eines grossen Sozialekonomenen* [위대한 사회과학자의 생애와 작업]
85. Harold James, *The German Slump: Politics and Economics, 1924-1936* (Oxford: Clarendon Press, 1986), 6.
86. Joseph Schumpeter, "The Present World Depression: A Tentative Diagnosis," in American Economic Association, *Proceedings*, 1931년 3월 31일.
87. Joseph Dorfman, *The Economic Mind in America*, vol. 4, 168.
88. Joseph Schumpeter가 Rev. Harry Emerson Fosdick에게, Riverside Church에서, 1933년 4월 19일.
89. Douglas V. Brown, *The Economics of the Recovery Program* (New York: McGraw-Hill, 1934), reprinted in Joseph Schumpeter, *Essays: On Entrepreneurs, Innovations, Business Cycles, and the Evolution of Capitalism* (New York:

Transaction Publishers, 1989).

90. Joseph Schumpeter, 1936년 12월 Keynes의 *General Theory* 서평 in *Keynes, Essays*, 117.

11장

1. Walter Duranty, *New York Times*, 1931년 7월 20일, 1.
2. Beatrice Webb가 Arthur Salter에게 1932년 4월 12일, Norman and Jeanne MacKenzie, eds., *The Letters of Sidney and Beatrice Webb* (Cambridge, Mass.: Harvard University Press, 1978).
3. Norman and Jeanne MacKenzie, eds., *The Diary of Beatrice Webb*, vol. 4, *1924–1943: The Wheel of Life* (Cambridge, Mass.: Harvard University Press, 1985), 1931년 9월 23일 그리고 1931년 10월 10일.
4. Ibid.
5. Ibid., 272.
6. Ibid., 1932년 5월 14일.
7. Ibid.
8. Ibid., 1931년 9월 2일.
9. Ibid.
10. Ibid.
11. Walter Duranty, *New York Times*, 1932년 11월 13일, 1.
12. *Diary of Beatrice Webb*.
13. Beatrice and Sidney Webb, *Soviet Communism: A New Civilization* (London: Longmans, Green and Co., 1935), 265.
14. Bertrand Russell, *Autobiography* (London: George Allen and Unwin, 1967), 74–75.
15. Robert Conquest, *Reflections on a Ravaged Century* (New York: W. W. Norton and Co., 2001), 148.
16. John Maynard Keynes, *Collected Writings*, vol. 23, *Activities 1940–1943* (London: Macmillan, 1979), 5.
17. Malcolm Muggeridge, *Chronicles of Wasted Time*, vol. 1, *The Green Stick*

(New York: William Morrow, 1973), 207.
18. *Diary of Beatrice Webb*.
19. John Maynard Keynes가 Kingsley Martin에게 1937, in *The Collected Writings of John Maynard Keynes*, vol. 28, *Social, Political and Literary Writings* (London: Macmillan, 1928), 72.
20. John Maynard Keynes in Muggeridge, *Chronicles*, 469에 인용.
21. John Maynard Keynes, "Democracy and Efficiency," *New Statesman and Nation*, 1939년 1월 28일.
22. Ibid.
23. Rita McWilliams Tullberg, "Alfred Marshall and Evangelicalism," in Claudio Sardoni, Peter Kriesler, Geoffrey Colin Harcourt, eds, *Keynes, Post-Keynesianism and Political Economy* (London: Psychology Press, 1999), 82.
24. Austin Robinson이 Joan Robinson에게, Robinson Papers, Kings College Archive.
25. Major General Sir Edward Speers, "Forward," in Sir Frederick Maurice and Nancy Maurice, *The Maurice Case* (London: Archon Books, 1972), 95–96.
26. Marjorie Shepherd Turner, *Joan Robinson and the Americans* (New York: M. E. Sharpe, 1989), 13에 인용.
27. Margaret Gardiner, *A Scatter of Memories* (London: Free Association Books, 1988), 65.
28. Geoffrey Harcourt와의 인터뷰, Jesus College, University of Cambridge, 2000.
29. Joan Robinson이 Richard Kahn에게, u.d., 1930년 11월.
30. Joan Robinson이 Stevie Smith에게.
31. Ibid.
32. Austin Robinson이 Joan Robinson에게, u.d., 1926년 4월.
33. *Diary of Beatrice Webb*.
34. Dorothy Garratt이 Joan Robinson에게, 1932년 1월 26일.
35. Joan Robinson이 Richard Kahn에게, 1931년 3월.
36. Ibid.
37. Nahid Aslanbeigui and Guy Oakes, *The Provocative Joan Robinson: The*

Making of a Cambridge Economist (Durham, N.C.: Duke University Press, 2009).

38. James Meade, in George R. Feiwell, *Joan Robinson and Modern Economic Theory* (New York: New York University Press, 1989), 917에 인용.
39. Ibid., 916.
40. Aslanbeigui and Oakes, *The Provocative Joan Robinson*.
41. Joan Robinson이 Austin Robinson에게, 1932년 10월 11일.
42. Joan Robinson이 Richard Kahn에게, 1932년 성 미카엘 축일; Joan Robinson이 Austin Robinson에게, 1932년 10월 11일; Richard Kahn이 Joan Robinson에게.
43. Joan Robinson이 Richard Kahn에게, 1933년 3월 2일.
44. Joan Robinson, *The Theory of Employment* 서론 (London: Macmillan, 1969), xi.
45. Richard Kahn이 Joan Robinson에게, 1933년 3월.
46. Joseph Schumpeter, "Review of Joan Robinson's Theory of Imperfect Competition," *Journal of Political Economy*, 1934.
47. Dorothy Garratt이 Joan Robinson에게, 1934년 5월 25일.
48. Joan Robinson이 Richard Kahn에게, 1934년 9월 5일.
49. John Maynard Keynes가 Richard Kahn에게, 1938년 2월 19일.
50. Andrew Boyle, *Climate of Treason* (London: Hutchinson, 1979), 63, 453 (주 4).
51. Geoffrey Harcourt, "Joan Robinson," *Economic Journal*.
52. Joan Robinson, "Review of *The Nature of the Capitalist Crisis* by John Strachey," *Economic Journal* 46, no. 182 (1936년 6월): 298–302.
53. Joan Robinson, "Review of Britain Without Capitalists," *Economic Journal* (1936년 12월).
54. Ernest Altounyan이 Joan Robinson에게, 1936년 5월 30일.
55. Taqui Altounyan, *Chimes from a Wooden Bell* (London: I. B. Taurus and Co., 1990) & *In Aleppo Once* (London: John Murray, 1969).
56. Agatha Christie, *Murder on the Orient Express* (New York: Collins, 193), 17.
57. Altounyan, *Chimes from a Wooden Bell*에 인용.
58. Frank Hahn과의 인터뷰, 케임브리지 대학 처칠 칼리지, 2000.

12장

1. John Maynard Keynes, *How to Pay for the War* (London: Macmillan, 1940), 17.
2. Friederich von Hayek가 Fritz Machlup에게, 1940년 10월.
3. Robert Skidelsky, *John Maynard Keynes*, vol. 3, *Fighting for Freedom, 1937–1946* (New York: Viking, 2001), 51.
4. Friedrich Hayek가 Fritz Machlup에게, 1934년 3월 19일 (Machlup Papers, box 43, folder 15).
5. John Maynard Keynes, "Paying for the War I: The Control of Consumption," *The Times* (London), 1939년 11월 14일, 9; "Paying for the War II: Compulsory Savings," *The Times* (London), 1939년 11월 15일, 9.
6. Skidelsky, *Keynes*, vol. 3, *Fighting for Freedom*, 142.
7. John Maynard Keynes가 F. A. Hayek에게, in Skidelsky, ibid., 56에 인용.
8. John Maynard Keynes가 J. T. Sheppard에게, 1940년 8월 14일.
9. Skidelsky, *Keynes*, vol. 3, 179.
10. Winston Churchill이 Clementine Churchill에게, 1914년 7월 18일, in Mary Soames, *Winston and Clementine: The Personal Letters of the Churchills* (New York: Houghton Mifflin Harcourt, 2001), 96.
11. John Maynard Keynes가 Russell Leffingwell에게, 1942년 7월 1일.
12. John Maynard Keynes가 P. A. S. Hadley에게, 1941년 9월 10일.
13. "Wheeler Doubts President Will Order Convoys," *Chicago Daily Tribune*, 1941년 5월 10일.
14. Sir John Wheeler Bennet, *The New York Times*, 1940년 11월 24일, 7.
15. Alan Milward, *War, Economy and Society, 1939–1945* (Berkeley: University of California Press, 1979), 49.
16. Gerhard L. Weinberg, *A World at Arms: A Global History of World War II* (Cambridge, UK: Cambridge University Press, 2005); David Kennedy, *Freedom from Fear: The American People in Depression and War* (Oxford, UK: Oxford University Press, 1999), 446.
17. Winston Churchill이 Franklin D. Roosevelt에게 1940년 12월 7일, Great Britain Diplomatic Files.

18. Franklin D. Roosevelt, 기자회견, 백악관, 1940년 12월 17일, http://docs.fdrlibrary.marist.edu/ODLLPc2.html.
19. Ibid.
20. Franklin Roosevelt, "노변한담" 라디오 연설, 백악관, 1940년 12월 29일, http://docs.fdrlibrary.marist.edu/122940.html.
21. Winston S. Churchill이 Franklin D. Roosevelt에게, 1940년 12월 31일, in Martin Gilbert, ed., *The Churchill War Papers* (New York: W. W. Norton and Co., 2000), 3:11.
22. Winston S. Churchill이 Sir Kingsley Wood에게, 1941년 3월 20일, in Gilbert, *The Churchill War Papers*, 3:372.
23. Franklin D. Roosevelt, 선거연설, 보스턴, 1940년 10월 30일, www.presidency.ucsb.edu.
24. Franklin D. Roosevelt, 대통령 집무실에서 미확인 보과관들과의 대화, 1940년 10월 4일, White House Office Transcripts, 48–61:1, Franklin D. Roosevelt Presidential Library and Museum, Hyde Park, New York, http://docs.fdrlibrary.marist.edu:8000/transcr7.html.
25. Weinberg, *A World at Arms*, 240.
26. John Maynard Keynes in Skidelsky, *Keynes*, vol. 3, *Fighting for Freedom*, 102에 인용.
27. Paul A. Samuelson in *The Coming of Keynesianism*, 170.
28. Ibid.
29. Skidelsky, *Keynes*, vol. 3, *Fighting for Freedom*, 116에 인용.
30. John Kenneth Galbraith, *A Life in Our Times*,
31. F. Scott Fitzgerald, *This Side of Paradise* (New York, 1920).
32. Milton Friedman and Rose Friedman, *Two Lucky People* (Chicago: University of Chicago Press, 1998).
33. Ibid.
34. Ibid.
35. Ibid.
36. Herbert Stein, *Presidential Economics: The Making of Economic Policy from*

Roosevelt to Churchill (Washington, D.C.: American Enterprise Institute, 1994).
37. Friedman and Friedman, *Two Lucky People*.
38. Ibid., 107.
39. Galbraith, *A Life in Our Times*, 163.
40. Ibid. Galbraith는 물가청에서 assistent chief에 이어 deputy chief를 역임했다. Richard Gilbert, George Stigler, Walter Salant, Herbert Stein는 물가관리국에서 경제학 부서 소속이었다.
41. Ibid., 133에 인용. 1942년 General Maximum Price Regulation는 4월 28에 발효되었다.
42. Friedman and Friedman, *Two Lucky People*, 113. 또한 Milton Friedman and Walter Salant, *American Economic Review* 32 (1942년 6월), 308–20; Milton Friedman, "The Spendings Tax as a Wartime Fiscal Measure," *American Economic Review* (1943년 3월), 50–62를 볼 것.
43. Friedman and Friedman, *Two Lucky People*.
44. Ibid., 113
45. Ibid.
46. 원천징수가 처음 도입된 것은 1943년 소득부터였지만, 1942년 쟁점이었던 Ruml Plan은 원천징수를 1942년 소득에 적용할 것을 요구했다. Revenue Act of 1942은 1942년 10월 21일에 통과되었고, the Current Tax Payment Act of 1943은 1943년 6월 9일에 통과되었다.
47. Friedman and Friedman, *Two Lucky People*.
48. Ibid., 116.
49. Isaiah Berlin, 1942년 3월 3일, *Washington Dispatches*, 25.
50. Ibid.
51. Herbert Stein, *Presidential Economics*, 68.

13장

1. Friedrich Hayek, *The Road to Serfdom* (Chicago: University of Chicago Press, 1944).
2. Joseph Schumpeter, *Capitalism, Socialism and Democracy* (New York:

Harper and Co., 1942).
3. Ibid.
4. Joseph Schumpeter가 Irving Fisher에게, 1946년 2월 18일.
5. Joseph Schumpeter, 일기, 1942년 10월 30일.
6. John Hicks, "The Hayek Story," in *Critical Essays in Monetary Theory* (Oxford, UK: Oxford University Press, 1967).
7. Friedrich Hayek가 Fritz Machlup에게, 1935년 1월.
8. Friedrich Hayek가 Fritz Machlup에게, 1936년 5월 1일.
9. Friedrich Hayek가 Fritz Machlup에게.
10. Friedrich Hayek가 Lord Macmillan에게, 1939년 9월 9일.
11. Friedrich Hayek가 Fritz Machlup에게, 1940년 12월 14일.
12. Friedrich Hayek가 Fritz Machlup에게, 1940년 6월 21일.
13. Friedrich Hayek가 Alvin Johnson에게, 1940년 8월 8일.
14. Friedrich Hayek가 Alfred Schutz에게, 1943년 9월 26일.
15. Friedrich Hayek가 Fritz Machlup에게.
16. Friedrich Hayek가 Fritz Machlup에게, 1940년 6월 21일.
17. Friedrich Hayek가 Herbert Furth에게, 1941년 1월 27일.
18. Friedrich Hayek가 Fritz Machlup에게, 1941년 1월 2일.
19. Friedrich Hayek가 Fritz Machlup에게.
20. Friedrich Hayek가 Fritz Machlup에게, 1941년 7월 31일.
21. Friedrich Hayek, *The Road to Serfdom*.
22. Hayek, *Individualism and Economic Order* (Chicago: The University of Chicago Press, 1948), 86.
23. Friedrich Hayek, *The Road to Serfdom*, 135.
24. Friedrich Hayek, "The Road to Serfdom: Address Before the Economic Club of Detroit, 1945년 4월 23일," 타자원고, Hoover Institution.
25. Fritz Machlup이 Friedrich Hayek에게 보낸 편지에 인용.
26. Ordway Tead가 Fritz Machlup에게, 1943년 9월 25일.

3막
프롤로그

1. James MacGregor Burns, *Roosevelt: The Soldier of Freedom, 1940–1945* (New York: Harcourt Brace Jovanovich, 1970), 424.
2. Franklin Delano Roosevelt, "Economic Bill of Rights," 연두교서, 1944년 1월 11일, 인쇄물, Franklin D. Roosevelt Presidential Library and Museum, Hyde Park, New York, http://www.fdrlibrary.marist.edu/archives/stateoftheunion.html.
3. Ibid.
4. James McGregor Burns, *Roosevelt: The Soldier of Freedom*, vol. 2 (New York: Harcourt Brace Jovanovich, 1970), 426.
5. John Maynard Keynes to Sir J. Anderson, 1944년 8월 10일, in Robert Jacob Alexander Sidelsky, *John Maynard Keynes*, vol. 3, *Fighting for Freedom* (New York: Viking Press, 2001), 360에 인용.
6. Gunnar Myrdal, "Is American Business Deluding Itself?," *The Atlantic Monthly* (1944년 11월), 51–58.
7. Roosevelt, 연두교서, 1944년 1월 11일.
8. Ibid.
9. Alvin H. Hansen, "The Postwar Economy," in Seymour E. Harris, ed., *Postwar Economic Problems* (New York: McGraw-Hill Book Company, 1943), 12.
10. Paul A. Samuelson, "Full Employment After the War, in Harris, *Postwar Economic Problems*, 27, 52.
11. Joseph A. Schumpeter, "Capitalism in the Postwar World," in Harris, *Postwar Economic Problems*, 120–21.
12. Ibid.
13. Roosevelt, 연두교서, 1944년 1월 11일.
14. Myrdal, "Is American Business Deluding Itself?"
15. George Orwell, *Nineteen Eighty-Four* (London: Penguin Classics, 2009), 231.
16. Roosevelt, 연두교서, 1944년 1월 11일.
17. John Lewis Gaddis, *The Cold War: A New History* (New York: Penguin, 2006), 14.

18. John Maynard Keynes, *The General Theory* (1936; repr. London: MacMillan & Co., 1954), 383–84.

14장

1. FDR가 브레튼우즈 사절단에 전달한 메시지, 1944년 7월.
2. John Maynard Keynes가 Florence Keynes에게, 1944년 6월 28일.
3. Robert Skidelsky, *John Maynard Keynes*, vol. 3, *Fighting for Freedom 1937–1946* (New York: Viking, 2000), 343.
4. John Maynard Keynes가 Friedrich Hayek에게, 1944년 7월.
5. John Maynard Keynes, "My Early Beliefs," in *Essays in Biography*.
6. Lionel Robbins, *Autobiography of an Economist* (London: Macmillan, 1976).
7. John Maynard Keynes가 Friedrich Hayek에게, 1944년 7월.
8. Lydia Keynes in Liaquat Ahmed, *Lords of Finance: The Bankers Who Broke the World* (New York: Penguin, 2009)에 인용.
9. Cordell Hull, *The Memoirs of Cordell Hull* (New York: Macmillan, 1948), 1:81.
10. Harry Dexter White 문서, Princeton University Archive.
11. Skidelsky, *Keynes*, vol. 3, *Fighting for Freedom*, 348.
12. Ibid.
13. Ibid.

15장

1. George Orwell, *Two Road to Serfdom* 서평 (1944).
2. Isaiah Berlin, 1945년 3월 31일, *Washington Despatches, 1941–1945: Weekly Political Reports from the British Embassy* (Chicago: University of Chicago Press, 1981).
3. Berlin, *Despatches*, 1945년 5월 6일.
4. Berlin, *Despatches*, 1945년 6월 10일.
5. Friedrich Hayek가 Fritz Machlup에게; *Message to Congress on the Concentration of Economic Power*, 1938년 4월 29일.
6. Marquis Childs. "Washington Calling: Hayek's 'Free Trade,'" *The Washington*

Post, 1945년 6월 6일, http://www.proquest.com.ezproxy.cul.columbia.edu/ (2011년 2월 10일 접속).

7. George Kennan, *Memoirs 1925–1950* (New York: Atlantic Monthly Press, 1967), 292.
8. Friedrich Hayek가 Lydia Keynes에게, 1946년 4월 21일.
9. Harry S. Truman, 1947년 3월 12일, 트루먼 독트린 사본 (1947), http://www.ourdocuments.gov/; Robert A. Pollard, *Economic Security and the Origins of the Cold War, 1945–1950* (New York: Columbia University Press, 1985), 123, http://questia.com.
10. Friedrich Hayek, "Opening address to a conference at Mont Pelerin," 1947, P. G. Klein, ed., *The Collected Works of F. A. Hayek, Volume IV: The Fortunes of Liberalism* (Chicago, Ill.: University of Chicago Press, 1992), 238.
11. Friedrich A. Hayek, *Nobel Prize Winning Economist Friedrich A. von Hayek* (Los Angeles: University of California at Los Angeles Oral History Program, 1983), http://www.archive.org/stream/nobelprizewinnin00haye#page/n11/mode/2up.
12. *Statement of Aims, Mont Pelerin Society*, https://www.montpelerin.org/montpelerin/mpsGoals.html.
13. Orson Welles가 *The Third Man*, 1949에 추가 in Robert Andrews, *The Columbia Dictionary of Quotations*, (New York: Columbia University Press, 1993), 888.
14. Kurt R. Leube, "Hayek in War and Peace," *Hoover Digest*, no. 1, 2006에 인용.
15. Ray Monk, *Wittgenstein: The Duty of Genius* (New York: Penguin Books), 518.
16. Friedrich Hayek, *Hayek on Hayek: An Autobiographical Dialog*, Stephen Kresge, ed., (Chicago: University of Chicago Press, 1994), 105–6.
17. Austin Robinson, *First Sight of Postwar Germany, May–June, 1945* (Cambridge: The Canteloupe Press, 1986).
18. Ibid.
19. John Maynard Keynes가 Austin Robinson에게, 1945년 6월.

20. Ludwig Erhard, *Germany's Comeback in the World Market* (New York: Macmillan, 1954).

16장

1. Philip Saunders and William Walstead, *The Principles of Economics Course* (New York: McGraw-Hill, 1990), ix에 인용.
2. Paul A. Samuelson, *The Samuelson Sampler* (Glen Ridge, N.J.: Thomas Horton & Co., 1973), vii.
3. Paul A. Samuelson with Everett Hagen, "Studies in Wartime Planning for Continuing Full Employment" (Washington, D.C.: National Resources Planning Board, 1944); Paul A. Samuelson et al., *After the War 1918–1920* (Washington, D.C.: National Resources Planning Board, 1943); Paul A. Samuelson et al. (Washington, D.C.: National Resources Planning Board, 1942).
4. Paul Samuelson, Godkin Lecture I.
5. Alan Millward, *War, Economy and Society, 1939–1945* (Berkeley: University of California Press, 1980).
6. Will Lissner, *The New York Times*, 1944년 9월 3일, 23.
7. Paul Samuelson, "Unemployment Ahead and the Coming Economic Crisis," *New Republic*, 1944년 9월.
8. Polenberg, 94에 인용.
9. Paul Samuelson 인터뷰.
10. Paul A. Samuelson and William Nordhaus, *Economics: The Original 1948 Edition*, 573.
11. Lawrence Summers의 아버지인 Robert Summers. Robert Summers는 반유대주의를 피하고자 Paul Samuelson의 형 Harold Samuelson과 함께 "Summers"로 개명했다.
12. Florence Wieman, South Chicago, *The Scroll*, 1930년 5월.
13. Paul A. Samuelson, "Reflections on the Great Depression," 타자원고.
14. Ibid., p. 58.

15. Paul A. Samuelson, "How Foundations Came To Be," *Journal of Economic Literature* (1998), 1376.
16. Ibid.
17. Tsuru Shigeto, "Reminscences of Our 'Sacred Decade of Twenties,'" *The American Economist* (2007년 가을).
18. Samuelson, "Reflections on the Great Depression."
19. Herbert Stein, *Presidential Economics*.
20. Paul A. Samuelson, 인터뷰.
21. Joseph Schumpeter가 Paul A. Samuelson에게, 1947년 11월 3일.
22. Robert Maynard Hutchins의 말, David Kennedy, *Freedom from Fear: The American People in Depression and War* (Oxford, UK: Oxford University Press, 2001)에 인용.
23. Paul A. Samuelson이 MIT 방사능연구소 소장 F. Wheeler Loomis에게, 1945년 4월 26일.
24. Kenneth Elzinga, "The Eleven Principles of Economics," *Southern Economic Review* (1992년 4월).
25. Stanley Fisher가 Paul A. Samuelson과 인터뷰, 타자원고.
26. William F. Buckley, *God and Man at Yale* (Washington, D.C.: Regnery Gateway, 1951), 49.
27. Ibid., 60.
28. Ibid., 81.
29. Paul A. Samuelson, *Economics* (New York: McGraw-Hill, 1948), 412.
30. Ibid., 434.
31. Ibid., 152.
32. Ibid., 380.
33. Ibid., 433.
34. Ibid., 3.
35. Ibid., 584.
36. Paul A. Samuelson, *Economics*, 4th ed. (New York: McGraw-Hill), 209–210.
37. Samuelson, *Economics*, 1st ed., 607.

38. Ibid., 271.
39. Ibid.

17장

1. Joan Robinson, 강의, 케임브리지 대학 in Harry G. Johnson, *On Economics and Society* (Chicago: University of Chicago Press, 1975)에 인용.
2. Joan Robinson, *Conference Sketch Book, Moscow, April 1952* (Cambridge, UK: W. Heffer and Sons, 1952), 19.
3. Ibid., 6, 21, 23-24.
4. Alec Cairncross, "The Moscow Economic Conference," *Soviet Studies* 4, no. 2 (1952년 10월), 113.
5. Robinson, *Conference Sketch Book*, 5.
6. Robinson, *Conference Sketch Book*, 7-8; Cairncross, "The Moscow Economic Conference," 16.
7. Robinson, *Conference Sketch Book*, 23.
8. "Russia: Two Faces West," *Time*, 1952년 4월 14일.
9. Robinson, *Conference Sketch Book*, 11.
10. Committee for the Promotion of International Trade, *International Economic Conference in Moscow April 3-12, 1952* (Moscow, 1952); Oleg Hoeffding, "East-West Trade Possibilities: An Appraisal of the Moscow Economic Conference," *American Slavic and East European Review*, 1953; Richard B. Day, *Cold War Capitalism: The View from Moscow, 1945-1975* (Armonk, N.Y.: M. E. Sharpe, 1995), 79.
11. Committee for the Promotion of International Trade, *International Economic Conference*, 85.
12. Robinson, *Conference Sketch Book*, 28.
13. Ibid.
14. Ibid., 3, 5.
15. Joan Robinson이 Richard Kahn에게, 1952년 4월 4일, Papers of Richard Ferdinand Kahn, RFK/13/90/5, King's College, University of Cambridge.

16. Paul Samuelson, "Remembering Joan," in G. R. Feiwell, ed., *Joan Robinson and Modern Economic Theory* (London: Macmillan, 1989), 139.
17. Paul Preston, Michael Partridge, and Piers Ludlow, "British Documents on Foreign Affairs: Reports and Papers from the Foreign Office Confidential Print" (Lexis Nexis, 2006).
18. Cairncross, "The Moscow Economic Conference," 113, 118.
19. *Economic Problems of Socialism in the U.S.S.R.* (New York: International Publishers, 1952), 26, 30. Stalin의 "Remarks on Economic Questions in Connection with Discussion of November 1951"은 1952년 2월 7일경에 Stalin의 소비에트 경제이론 교과서를 집필하는 Central Committee 위원들에게 배포되었다. 같은 해에 *Economic Problems*로 출판되었다.
20. John Lewis Gaddis, *We Now Know: Rethinking Cold War History* (New York: Oxford University Press USA, 1977), 195.
21. Stalin, *Economic Problems of Socialism*, 27.
22. Richard B. Day, *Cold War Capitalism: The View from Moscow, 1945-1975* (Armonk, NY: M.E. Sharpe, 1995), 76.
23. Ethan Pollock, "Conversations with Stalin on Questions of Political Economy," 2001년 7월, Working Paper No. 33, Cold War International History Project, Woodrow Wilson International Center for Scholars, http://www.wilsoncenter.org/topics/pubs/ACFB.pdf.
24. Robinson, *Conference Sketch Book*.
25. Geoffrey Colin Harcourt, "Some Reflections on Joan Robinson's Changes of Mind and Their Relationship to Post-Keynesianism and the Economics Profession," in *Capitalism, Socialism and Post-Keynesianism: Selected Essays of George Harcourt* (Cheltenham, UK: Edward Elgar, 1995), 111.
26. Joan Robinson, *The Problem of Full Employment: An Outline for Study Circles* (London: Workers Educational Association, 1943).
27. Stephen Brooke, "Revisionists and Fundamentalists: The Labour Party and Economic Policy During the Second World War," *Historical Journal* (1989년 3월), 158.

28. Elizabeth Durbin, *New Jerusalems: The Labour Party and the Economics of Democratic Socialism* (London: Routledge and Keegan Paul, 1985), 164.
29. C. W. Guillebaud, "Review of Joan Robinson, *Private Enterprise or Public Control: Handbook for Discussion Groups,*" *Economic Journal* 10, no. 39 (1943년 8월), 265에 인용.
30. J. E. King, "Planning for Abundance: Joan Robinson and Nicholas Kaldor, 1942–1945," in European Society for the History of Economic Thought, *Political Events and Economic Ideas* (London: Elgar), 307.
31. Jonathan Schneer, "Hopes Deferred or Shattered: The British Labour Left and the Third Force Movement, 1945–1949," *Journal of Modern History* (1984년 6월), 197.
32. Joseph Stalin, *Meeting Between Comrades Stalin and H. Pollitt 31st May 1950*, transcript, Russian State Archive of Social and Political History, 4.
33. Eric Shaw, *Discipline and Discord in the Labour Party* (Manchester, UK: University of Manchester Press, 1988).
34. Harold Laski, *The Secret Battalion*, 노동당이 영국 공산당의 합당 신청을 거부한 것을 옹호하는 1946년 팸플릿.
35. Joan Robinson, "Preparation for War," *Cambridge Today*, 1951년 10월, in *Monthly Review*, no 2 (1951), 194–95에 재수록.
36. Richard Gardner, *Sterling Dollar Diplomacy: Anglo-American Collaboration in the Reconstruction of Multilateral Trade* (London: Clarendon, 1956), 298.
37. Schneer, "Hopes Deferred or Shattered."
38. Joan Robinson, BBC, *London Forum*, 1947년 6월 25일, in Ibid., 221에 인용.
39. "Why the CP Says Reject the Marshall Plan," 1947년 7월 5일, in Keith Laybourn, *Marxism in Britain: Dissent, Decline and Re-emergence, 1945–c.2000* (New York: Taylor and Francis, 2006), 35에 인용.
40. Robert Solow, Marjorie Shepherd Turner, *Joan Robinson and the Americans* (Armonk, N.Y.: M. E. Sharpe, 1989), 143에 인용.
41. Joan Robinson이 Richard Kahn에게, King's College Archive.
42. Christopher Andrew, *Defend the Realm: The Authorized History of MI5* (New

York: Alfred A. Knopf, 2009), 400; Marjorie S. Turner, *Joan Robinson and the Americans*, 86; Percy Timberlake, *The 48 Group: The Story of the Icebreakers in China* (London: 48 Group Club, 1994).

43. Milton Friedman and Rose Friedman, *Two Lucky People: Memoirs* (Chicago: University of Chicago Press, 1998), 245-46.
44. Robert Clower의 말, Turner, *Joan Robinson and the Americans*, 133에 인용.
45. Alvin L. Marty, "A Reminiscence of Joan Robinson," *American Economic Association Newsletter* (1991년 10월), 5-8.
46. Arthur Pigou가 John Maynard Keynes에게, 1940년 6월, King's College Archive.
47. Michael Straight in Turner, *Joan Robinson and the Americans*, 56에 인용.
48. Brian Loasby, "Joan Robinson's Wrong Turning," in Ingrid H. Rima, ed., *The Joan Robinson Legacy* (London: M. E. Sharpe, 1991), 34.
49. Joan Robinson, "Mr. Harrod's Dynamics," *Economic Journal* (1949년 3월), 81.
50. Joan Robinson, "Review of Joseph Schumpeter, *Capitalism, Socialism and Democracy*," *Economic Journal*, 1943.
51. Sidney Hook, "Review of Rosa Luxemburg, *The Accumulation of Capital*, with a Preface by Joan Robinson," 1951.
52. Joan Robinson, *The Accumulation of Capital* (London: MacMillan, 1956).
53. Roy Forbes Harrod, *Towards a Dynamic Economics* (London: Macmillan, 1948).
54. Robinson, "Mr. Harrod's Dynamics," 85.
55. Joan Robinson, "Model of an Expanding Economy," *Economic Journal* (1952년 3월).
56. Joan Robinson, *Letters from a Visitor to China* (Cambridge, UK: Students' Bookshop, 1954), 8.
57. Joan Robinson, "Has Capitalism Changed?" *Monthly Review*, 1961.
58. Samuelson, "Remembering Joan," 121-43.
59. Stanislaw H. Wellisz, 서평, *Review of Economics and Statistics* 40, no 1 (1958년 2월), 87-88.
60. Elizabeth S. Johnson & Harry G. Johnson, The Legacy of Keynes (Oxford:

Basil Blackwell, 1978).

61. Samuelson, "Remembering Joan."
62. Abba Lerner, "*The Accumulation of Capital*," *American Economic Review* (1958년 9월): 693, 699.
63. L. R. Klein, "*The Accumulation of Capital by Joan Robinson*," *Econometrica* 26, no. 4 (1958년 10월), 622, 624.
64. Robert Solow, "Technical Change and the Aggregate Production Function," *Review of Economics and Statistics* 39, no. 3 (1957년 8월); 320; 그리고 Robert Solow의 말, Turner, *Joan Robinson*, 143에 인용.
65. Joan Robinson, *Private Enterprise or Public Control* (London: English University Press Ltd.), 13-14.
66. Jason Becker, *Hungry Ghosts: Mao's Secret Famine* (London: Macmillan, 1998), 292에 인용.
67. George J. Stigler, Joan Robinson의 *Economic Philosophy*에 대한 서평, *The Journal of Political Economy* 71, no. 2 (1963년 4월), 192-93 (강조 첨가).

18장

1. Amartya Sen, *Development as Freedom* (New York: Alfred A. Knopf, 2000), 36.
2. Sankar Ray, "The Third World Apologist Finally Strikes," *Calcutta Online*, 1998년 10월 15일, http://www.nd.edu/~kmukhora/cal300/sen/art1014m.htm.
3. The Royal Swedish Academy of Sciences, "The Prize in Economics 1998 – Press Release," 보도자료, 1998년 10월 14일, http://nobelprize.org/nobel_prizes/economics/laureates/1998/press.html.
4. John B. Seedy, *The Road Book of India* (London: J. M. Richardson and G. B. Whittaker, 1825), 12: "다카는 [……] 가장 곱고 가장 아름다운 모슬린 제조로 명성이 높다." 모슬린은 Jane Austen이 언니 Cassandra에게 보낸 편지에서 자주 등장하는 화제였다. *Nothnager Abbey* (1818)에서 한 잠재 구혼자는 누이를 위해서 "진짜 인도 모슬린"으로 만든 드레스를 "엄청나게 싸게 구입"함으로써 샤프롱을 감탄하게 한다.

5. William Sproston Caine, *Picturesque India: A Handbook for European Travellers* (London: George Routledge and Sons Limited, 1891), 367.
6. Amartya Sen, 필자와의 인터뷰. Mr. Sen의 발언은, 별도의 표시가 없을 경우 필자와의 토론 및 인터뷰로부터 인용.
7. Archibald Percivel Wavell이 Winston Churchill에게, 전보, 1944년 2월, in Penderel Moon, ed., *Wavell: The Viceroy's Journal* (Oxford University Press, 1973), 54.
8. Amartya Sen, "Autobiography," http://nobelprize.org/nobel_prizes/economics/laureates/1998/sen-autobio.html.
9. Ibid.
10. Amita Sen, 필자와의 인터뷰.
11. Indira Gandhi, *Selected Speeches and Writings of Indira Gandhi*, vol. 5, *January 1, 1982-October 30, 1984* (Delhi: Publications Division, Ministry of Information and Broadcasting, Government of India, 1986), 457.
12. Arjo Klamer, "A Conversation with Amartya Sen," *Journal of Economic Perspectives* 3, no. 1 (1989년 겨울), 148.
13. Jean Drèze & Amartya Sen, *India, Development and Politics* (Oxford University Press, 2002), 3.
14. Amartya Sen, "The Impossibility of a Paretian Liberal," *Journal of Political Economy* 78 (1970): 152-57.
15. Drèze and Sen, *India, Development and Politics*, 2.
16. World Bank World Development Indicators (2011년 4월 13일 접속), http://data.worldbank.org/indicators.

에필로그

1. John Maynard Keynes, *The General Theory of Employment, Interest and Money* (New York: Harcourt, Brace, 1936), 383.
2. Robert Solow, "Faith, Hope and Clarity" in David Colander and Alfred William Coats, eds., *The Spread of Economic Ideas* (Cambridge, Mass.: Cambridge University Press, 1993), 37.

감사의 말

나는 이 책을 쓰면서 엄청나게 많은 사람에게 빚을 졌다.

가장 크게 빚진 세 사람이 있다. 그들이 없었더라면 이 책은 시작되지도, 진행되지도, 완성되지도 못했을 것이다. 편집자 앨리스 메이휴는 경제학과 역사와 전기를 어떻게 하나의 이야기로 엮을 것인지를 내게 끈기 있게 그리고 대단히 헌신적으로 보여주었다. 에이전트 케이시 로빈스는 자신의 한결같은 기백을 가지고 이 기획 전체를 출범시켰다. 큰딸 클라라 오브라이언은 이 기획이 결실을 맺게 해주었다.

많은 개인들과 기관들이 내 연구를 아량 있게 지원해주었다. 나를 가장 많이 지원해준 개인들은 아마르티아 센, 에마 로스차일드, 에릭 매스킨, 필립 그리피스, 앨런 크루거, 올리 아셴펠터, 에릭 바너였다. 내가 방문해서 자극이 되었고 결실이 있었던 기관들은 고등연구소, 러셀 세이지 재단, 케임브리지 대학의 처칠 칼리지와 킹스 칼리지, 야도 재단, 맥도웰 재단이었다.

컬럼비아 대학에서, 나는 나의 가장 좋은 아이디어 몇 가지를 훌륭한 학자인 브루스 C. N. 그린월드로부터 얻었다. 저널리즘 과정의 동료 교수 짐 스튜어트는 언제나 힘이 되어주었고 현명한 충고를 들려주었다. 수업조교 에드 맥켈비가 지난 2년 동안 우리 학생들을 위해 전심전력을 다해주었다. 그의 일은 우리 학생들에게 유익했을 뿐 아니라 나에게도 유익했다.

내가 사이먼 앤드 슈스터에서 훌륭한 팀과 함께 일할 수 있었던 것은 믿을 수 없는 행운이었다. 조너선 카프, 리처드 로러, 로저 래브리, 레이첼 버그먼, 아이린 커라디, 지나 디마샤, 존 월러, 낸시 잉글리스, 재키 서, 루스 리-무이, 트레이시 게스트, 대니얼 린, 레이첼 안두하르, 그리고 결코 당황하지 않는 필 멧캘프에게 특히 감사한다.

윌리엄 바버, 피터 싱어, 해럴드 제임스, 브루스 콜드웰, 메그나드 데사이, 매리너 휘트먼, 피터 도허티, 제프리 하커트, 프루 커, 프랜시스 스튜어트, 프랜시스 케언크로스, 바버라 제프리, 두타 자야스리, 아비나시 딕싯, 로렌스 하이에크, 루이기 파시네티, 빌 깁슨, 로리 칸-레빗, 짐 멀리스, 한스 이외르크 헤네케, 한스 이외르크 클라우징어, 닐스 에릭-살린, 제프리 힐, 마거릿 폴 가족, 해럴드 쿤, 휴 멜로어, 피터 퍼셀, 에드먼드 펠프스, 재그디시 바그와티, 앤드류 스컬, 루스 카이센과 칼 카이센, 페터 뵈트케, 구이도 홀스만, 윌리엄 바넷, 버넌 스미스, 피터 테민, 엘리자베스 달링, 로버트 스키델스키, 마크 휘태커, 레이 멍크, 아마르티아 센, 폴 새뮤얼슨과 그의 아내 리샤 새뮤얼슨, 그리고 오랜 조수 재니스 머레이, 로버트 서머스와 애니타 서머스, 로버트 솔로와 바비 솔로, 밀턴 프리드먼과 로즈 프리드먼, 케네스 애로는 인터뷰와 자료를 허락해주었다.

루스 테넌봄은 인정사정없이 그러나 언제나 온화한 태도로 오탈자와 전쟁을 벌였다. 알렉산드라 선더스, 루이즈 스토리, 조너선 헐, 베리 하버, 멜라니 홀란즈, 레이철 엘봄, 캐서린 비엣, 토리 핑클은 여러 시점에서 연구에 도움을 주었다.

이 책을 위한 연구는 대부분 아카이브와 도서관에서 이루어졌으니, 마셜 라이브러리, 케임브리지 대학, 트리니티 칼리지 아카이브, 킹스 칼리지 아카이브, 시티 오브 케임브리지 아카이브, 하버드 대학 아카이브, 런던 정경대학 아카이브, MIT 아카이브, 후버 연구소 아카이브 직원들의 친절과 전문적 안내에 감사하고 싶다. 당연하게도, 역사연구에 혁명을 일으키고 있는 구글 북스, J-스토어, 렉시스-넥시스, 마르크스-엥겔스 아카이브 등 수많은 온라인 아카이브 및 라이브러리 크리에이터에게도 감사한다.

마지막으로, 항상 그렇듯, 내 아이들인 클라라, 릴리, 잭 그리고 내 소중한 친구들에게 감사한다.

옮긴이 후기를 대신하여

경제학자가 쓴 대하드라마

　이 책이 드라마라면, 3시즌까지 나온, 총 18회짜리 드라마다. 이 뒷글은 저자의 신scene 구분을 따라 옮긴이가 작성한 이 드라마의 시놉시스다. 어떤 신에서는 거대한 도시가 망원렌즈에 잡히고, 어떤 신에서는 이념의 스펙터클이 펼쳐진다. 일기장 여백의 낙서가 보이기도 하고 침대맡의 속삭임이 들리기도 한다. 어떤 신에서는 가구의 흠집이나 닳은 옷소매 같은 것이 클로즈업된다. 신과 신은 때로 시간을 넘나든다.

시즌 1: 고전적 정치경제학을 넘어서

1회　자본주의는 필히 무너진다

- 1844년 11월. 스물셋의 엥겔스가 마르크스에게 또 글을 독촉하고 있다. 혁명의 필연성을 증명할 글.『자본』이 될 글.
- 2년 전. 엥겔스는 맨체스터에서 경영자 수업을 받고 있다. 업계에선 매력적인 젊은 사업가로 통하지만, 자유시간에는 까막눈 여공과 사

귀며 급진 신문들에 보낼 기사를 쓴다.
- 1844년 8월. 마르크스와 엥겔스가 꼬박 열흘 동안 함께 술을 마신다. 서로의 생각이 얼마나 비슷한지 확인한다.
- 1845년, 엥겔스의 『1844년 영국 노동계급의 조건』이 호평 속에 출간된다. 사회전복이 유일한 해결책이라는 주장이 반론을 불러일으킨다. 엥겔스는 마르크스가 곧 그 주장을 증명해주리라 믿는다.
- 1849년, 기자 메이휴가 런던 시가지를 굽어보고 있다. 세계 최대 자본주의. 현기증을 일으키는 빈부격차. 블레이크의 예루살렘.
- 1847년, 마르크스와 엥겔스가 런던 어느 술집 2층으로 올라가고 있다. 공산주의자동맹이라는 단체의 아지트. 열흘간의 회의 끝에 마르크스와 엥겔스의 선언문이 채택된다.
- 엥겔스가 『공산당 선언』이라는 제목을 제안한다. 자본주의의 창세기와 묵시록.
- 혁명의 1848년. 『공산당 선언』 1000부가 인쇄된다. 999부가 압수된다.
- 1849년, 마르크스의 새 망명지 런던. 기자 메이휴의 폭로기사가 커다란 반향을 불러일으킨다. 기존의 정치경제학으로 현실을 정당화하기가 점점 어려워진다.
- 앞서 1848년. 존 스튜어트 밀의 스테디셀러 『정치경제학 이론』이 나온다. 새로운 개혁의 요구를 이론화하지는 못한 책.
- 1851년, 런던 만국박람회가 열린다. 마르크스에게는 부르주아 계급의 요란한 혁명 훼방 책동일 뿐이다.
- 마르크스의 과제는 여전히 자본주의의 필연적 붕괴를 증명하는 것이다. 그는 이 과제에 '정치경제학 비판'이라는 부제를 붙인다.

- 1862년, 런던에서 또 만국박람회가 열린다. 통계자료들은 산업이 발전할수록 노동자의 삶은 열악해진다는 마르크스의 대전제와 점점 어긋난다.
- 같은 해, 마르크스는 철도사무원에 지원했다 떨어지고 미국으로 이민 갈까 생각한다. 『자본』이라는 제목을 정한다.
- 1866년, 공황이 마르크스를 아드레날린 주사처럼 각성시킨다. 1867년, 『자본』이 출간된다.

2회 문제는 생산성이다

- 1866년, 공황이 한 세대의 엘리트를 급진화시킨다. 그들은 가공할 빈부격차를 목격하고 죄의식과 사명감으로 불타오른다.
- 1867년 6월, 24세의 수학자 마셜이 맨체스터 슬럼가를 산책한다. 가난이라는 원죄를 발견하고 경제학으로 '개종'한다.
- 디킨스의 『위대한 유산』에서 주인공 핍은 극적인 신분상승에 성공한다. 마셜의 신분상승은 핍에 못지않다.
- 학창시절 마셜은 옷차림이 흉한 결식 장학생이었다. 케임브리지 연구원 마셜은 현실과 만나게 해주는 학문을 찾는다.
- 1867년 10월, 마셜은 매일 새벽 5시에 일어나서 철학과 심리학과 생물학을 읽는다. 정치경제학도 읽기 시작한다.
- 한때 스미스, 맬서스, 리카도 등 고전적 정치경제학자들은 귀족의 특권에 맞서는 진보적 개혁주의자들이었다. 하지만 새로운 사회적 요구들 앞에서 그들의 자유방임주의는 타당성은 물론 현실성도 없다.
- 1873년, 마셜은 여학생들에게 경제학을 가르치고 있다. 저임금 문제

가 생산성 증대로 해결되리라는 열정적인 강의.
- 마셜의 부인이 되는 메리 페일리는 똑똑하고 당찬 스물한 살의 여학생. 마셜에게 여성해방은 곧 억압받는 자들의 해방이다.
- 1874년, 마셜은 파업노동자 모임에 참석한다. 노조 지지 연설에서 노동시장이 오작동할 수 있음을 지적한다.
- 1875년, 미국 여행길에 오른다. 그가 본 미국은 (영국과는 달리) 자기의 운명이 자기의 의지와 노력에 달려 있는 나라다. 만약에 이민을 간다면 미국으로 가겠다고 말하기도 한다.
- 1877년, 브리스틀 유니버시티 칼리지 학장이 된다. 부부는 함께 강의하고 함께 잔디테니스를 치고 함께 『산업경제학』을 준비한다.
- 1879년, 『산업경제학』이 출간된다. 사업가와 노동자에 대한 존경심, 강박적일 만큼 섬세한 현장조사, 현실이 개선되리라는 믿음이 담겨 있다.
- 1881년, 마셜은 밀의 『정치경제학 원리』를 (나아가 마르크스의 『자본』을) 뛰어넘을 저서를 꿈꾼다. 『경제학 원리』를 구상하기 시작한다.
- 장기 공황의 시기. 체제 전복적인 해법들이 유행한다. 마셜도 공론장의 이전투구에 휘말린다.
- 1890년, 『경제학 원리』가 출간된다. 마셜은 현대 경제학의 아버지로 우뚝 선다.

3회 가난은 나라 책임이다
- 1883년, 스물다섯 살의 포터 양이 남편감을 찾고 있다. 총리를 꿈꾸는 정치가 체임벌린이 물망에 오른다.

- 포터 양은 철도재벌 따님으로 태어난다. 어렸을 때부터 어떻게 살 것인가를 고민한다.
- 저명한 철학자 스펜서가 어린 포터 양을 총애한다. 조지 엘리엇과 닮았다는 말을 해주기도 한다.
- 1883년, 포터 양은 상류층 짝짓기 시장에 나와 있다. 일과 사랑 둘 다를 꿈꾼다.
- 체임벌린에게 끌린다. 멘토 스펜서는 체임벌린을 싫어한다.
- 포터 양은 권위주의적 개입주의자의 청혼을 기다린다. 자유방임과 빈민자활을 옹호하는 글을 쓴다.
- 1884년, 스펜서의 『인간 대 노동』이 출판된다. 체임벌린은 청혼하지 않는다.
- 1885년, 체임벌린은 끝내 청혼하지 않는다. 자유당이 승리하고 체임벌린이 장관이 된다.
- 1886년 웨스트엔드 폭동. 후생부 장관 체임벌린이 이스트엔트 공공사업 계획을 발표하고, 포터 양의 반대론이 신문에 실린다. 체임벌린이 포터 양에게 편지로 조언을 구하고, 감정싸움과 정견싸움이 뒤얽힌 편지가 오간다.
- 포터 양은 부스 부부와 자주 어울린다. 부스가 준비하고 있는 『런던 주민의 생활과 노동』의 런던 부두노동자 챕터를 포터 양이 맡게 된다. 경제학 공부의 필요를 느낀다.
- 1888년, 여공으로 위장 취업한다. 구직자의 쓰라림을 경험하고, 손가락이 소시지가 될 때까지 바느질을 하고, "처녀가 총각을 좋아하면 왜 청혼을 못 해!"라는 노래를 배운다.

- 그 사흘간의 체험을 기록한 『여공의 일기』가 큰 성공을 거둔다. 포터 양은 경제학자로 인정받고 싶어한다.
- 1889년, 『런던 주민의 생활과 노동』이 출간되고 부두노동자 파업이 승리한다. 포터 양의 정치관이 변화한다.
- 페이비언들의 참모 시드니 웨브가 포터 양을 보고 첫눈에 반한다. 조지 버나드 쇼는 그의 동지이자 친한 친구이다.
- 1890년, 포터 양은 사회주의자를 자칭한다. 1892년, 포터 양이 웨브 부인이 된다.
- 1893년, 쇼의 『워런 부인의 직업』이 상연되어 사회적 파장을 일으킨다. 웨브 부인은 아이디어 제공자 겸 주인공의 모델이다.
- 웨브 부부는 유력한 싱크탱크로 자리 잡는다. 아이디어 브로커의 일종이다.
- 1906년, 자유당이 집권한다. 웨브 부부의 정치 살롱 출입자 중 하나였던 처칠이 진보적 청사진을 발표한다.
- 웨브 부부는 복지국가 개념을 발명, 홍보한다. 복지는 민주 정부에게 선택이 아닌 필수가 된다.
- 1908년, 처칠이 상무장관이 된다. 복지국가 개념이 정책에 반영된다.

4회 경제학은 과학이다

- 1898년, 미국은 웨브에게 놀라움과 함께 혐오감을 안겨준다. 예일 대학은 웨브에게 실망만을 안겨준다.
- 예일 대학 교수 피셔는 1867년에 강직한 목사의 아들로 태어난다. 아버지가 신도들과 불화하고, 열세 살 피셔의 가족은 바닷가의 아름

다운 목사관을 떠나 공동주택으로 이사한다. 1884년, 피셔는 예일 장학금을 타고, 아버지는 세상을 떠난다.
- 1880년대, 미국은 과학의 시기다. 피셔는 경제학이라는 '부의 과학'을 전공하기로 한다.
- 야만적 다윈주의자와 공상적 사회주의자에게 자본주의는 약육강식의 밀림이다. 피셔에게 자본주의는 제어 가능한 메커니즘이다.
- 1893년 공황. 피셔는 고향 소꿉동무이자 지역유지의 따님 마지 해저드와 호화 결혼식을 하고 유럽으로 신혼여행을 떠난다.
- 학문적 그랜드투어를 겸한 여행. 경제학자 멩거, 발라, 파레토, 에지워스, 마셜을 만나고 수학자 푸앵카레와 물리학자 헬름홀츠의 강의를 듣는 빡빡한 일정.
- 1893년 공황과 이어진 불황이 사회적 갈등을 촉발시킨다. 서부의 농부와 동부의 은행업자 간의 갈등.
- 1896년 대선 직전. 민주당 후보 브라이언은 금융독재타파와 금은복본위를 공약한다.
- 1895년, 피셔는 금은복본위에 반대한다. 포퓰리즘에 대한 그의 우려가 공화당 포퓰리즘에 이용된다.
- 피셔의 학문적 과제가 정립된다. 포퓰리즘적 화폐논쟁을 불식시킬 통화이론을 마련하는 것.
- 1899년, 피셔는 정교수 승진 직후 결핵에 걸린다. 수년간의 투병 끝에 완쾌되고, 웰빙 전도사로 거듭난다.
- 1906년, 효율적 규제의 필요성을 역설한다. 자유주의와 사회주의 사이에서 하나를 골라야 한다면 사회주의를 고를 것이라고 한다.

- 피셔는 통화의 중요성과 아울러 통화정책의 중요성을 밝힌 경제학자다. 그의 경제학의 의의는 마르크스의『자본』, 마셜의『경제학 원리』, 웨브의『소수파 보고서』에 비견될 만하다.

5회 기업가는 착취기계가 아니다
- 1907년 공황. 스물넷의 슘페터는 신부와 함께 카이로로 떠난다.
- 슘페터는 귀족 새아버지 덕에 빈의 명문 테레지아눔에 입학한다. 1901년, 테레지아눔을 수석 졸업하고 빈 대학에 입학한다.
- 19세기 말의 빈은 융성하는 첨단도시. 그야말로 벨에포크.
- 슘페터는 빈 대학에서 법학을 전공한다. 경제학에 더 관심이 있다.
- 법학박사 슘페터가 학문적 그랜드투어를 시작한다. 하지만 영국에서 갑자기 결혼하면서, 돈을 벌어야 하는 상황이 된다.
- 유럽의 경제 식민지 이집트는 가파른 경제성장 중이다. 1907년 공황, 카이로 증시도 붕괴한다.
- 슘페터는 어렵지 않게 돈을 모은다. 남는 시간에는 독일 역사주의 경제학과 영국 이론경제학을 결합하는 경제 발전론을 구상한다.
- 빈 대학 입성에 실패한다. 한적한 변방도시 체르니우치에서『경제발전 이론』을 준비한다.
- 『경제발전 이론』은 경제발전의 원동력을 생산성으로 보고, 생산성을 좌우하는 결정적 요인으로 기업가의 창의력을 꼽는다. 정부가 건전한 사업환경을 조성해야 함을 지적하기도 한다.
- 빈 대학은『경제발전 이론』을 무시한다. 오히려 미국이 그를 인정한다.

시즌 2: 전쟁의 경제학

6회 의사는 환자를 가리지 않는다

- 1918년 11월 11일, 휴전이 선포된다. 빈 의사당 앞 군인들이 오스트리아-헝가리 제국군 독수리 마크를 찢는다.
- 전쟁이 끝나도 빈의 굶주림은 끝나지 않는다. 카프카는 『굶기 전문가』를 쓰고, 동물원에서는 판다들과 기린들이 굶어죽는다.
- 슘페터는 독일 정부의 사회주의화 정책 자문위원 초빙을 받아들인다. "누가 자살을 해야겠다면, 의사가 옆에 있는 편이 낫다."라는 말로 자신의 행보를 정당화한다.
- 베를린은 내전상황이다. 자문위원회는 바리케이드를 치고 회의를 이어나간다. 빈으로 돌아온 슘페터는 오스트리아 재정장관 물망에 오른다.
- 파산국의 재정장관이 그리 탐낼 만한 자리는 아니다. 신용사기라도 불사해야 하는 자리다.
- 재정장관 슘페터는 오스트리아의 자활을 믿는다. 슘페터가 제안하는 경제회생 프로그램에 정치권은 난색을 표한다.
- 슘페터 취임 사흘째, 헝가리가 공산화된다. 오스트리아 크로네가 곤두박질친다.
- 빈 폭동이 발생한다. 슘페터는 볼셰비키 정권에서 장관을 계속할 건가를 잠시 혼자 공상한다. 유혈사태는 한나절 만에 수그러든다.
- 헝가리 벨라 쿤 정부가 우익 쿠데타로 무너진다. 슘페터는 쿠데타를 환영한다.

- 슘페터는 재산세를 제안하면서 보수파의 미움을 사고, 사회주의화 정책에 반대하면서 각료들의 미움을 산다. 호화로운 라이프스타일과 아이러니한 말투도 미움을 산 원인이다.
- 슘페터는 합병에 반대하면서 분란을 일으킨다. 합병을 연합국과의 협상카드로 쓰려던 사회당 정부는 슘페터 때문에 난처한 입장에 빠진다.
- 연합국은 오스트리아에 살인적인 평화조약을 내놓는다. 크로네는 다시 폭락하고 슘페터의 위신은 땅에 떨어진다.
- 슘페터는 언론의 조롱 속에 해임된다. 정치 스캔들은 그 후로 한참 그를 따라다닌다.

7회 독일을 죽이지 말라

- 1차대전 이후. 유럽경제는 폐허 그 자체다.
- 베르사유 회담이 진행 중이다. 케인스는 회담의 결과를 우려한다.
- 케인스는 1883년에 케임브리지 학자 집안에서 태어난다. 1902년, 이튼을 우등 졸업하고 케임브리지 장학생이 된다. 1905년, 식민성에 취직해서 소국 통화 전문가가 된다. 1909년, 연구원 추천 케이스로 케임브리지 연구원이 된다.
- 1914년, 전쟁이 곧 끝나리라 낙관한다. 1915년, 전시 재정부에 발탁된다. 1918년, 독일 배상액을 책정하는 임무를 맡는다. 케인스의 합리적 계산이 승전국들에게 분노를 불러일으킨다.
- 케인스는 독일과의 식량 딜을 위해 트리어에 파견된다. '빅 포'를 독일의 공산화 가능성으로 위협하고 독일 당국을 국민의 아사 가능성

- 으로 위협해 간신히 딜을 성사시킨다.
- 1919년, 베르사유 조약이 발표된다. 케인스는 사직서를 제출한다.
- 케임브리지로 돌아온 케인스는 강의에서 분노를 터뜨린다. 한 학생은 "이 세상의 문제들에 대한 그의 깊은 헌신과 예측할 수 있는 재난을 예방하지 못하는 데 대한 그의 혐오감"에 깊이 감동한다.
- 1차대전은 케인스에게 경제가 정치의 근간이라는 것을 확인시켜준다. 경제적 파국을 막기 위해서는 정부의 개입이 필요하다는 것도.
- 케인스는 베르사유 조약을 규탄하는 『평화의 경제적 귀결』을 쓴다. 윌슨 대통령이 좀 모자란 인물로 희화화된다.
- 1919년 말에 나온 『평화의 경제적 귀결』은 수십만 부가 팔리며 논란거리가 된다. 저자는 최소한 빈과 베를린에서는 영웅으로 등극한다.

8회 차라리 시장에 맡겨라

- 슘페터와 하이에크는 피셔, 케인스와 함께, 최고의 전간기 경제학자다. 패전국에서 경제 실무자 생활을 경험한 그들은 피셔나 케인스와는 달리 국가의 개입을 신뢰할 수 없다.
- 1919년, 오스트리아에 인플레이션 광풍이 몰아닥치면서 빈부격차가 극심해진다. 1921년, 슘페터가 비더만의 은행장에 선출되고, 대출한도 없는 계좌가 열린다. 1924년, 빈 증시가 붕괴하고, 슘페터가 파산한다. 1925년, 슘페터는 본 대학 교수로 임용되고, 낙관적 불황이론을 전개한다. 1927년, 하버드가 그를 초빙한다.
- 1918년, 제국군 출신의 하이에크가 빈 대학 법학과에 등록한다. 하이에크와 친구들은 카페에 모여서 마르크스주의와 정신분석학을

논한다. 레너 정부가 사회주의화 정책을 시행할 때, 하이에크의 스승 미제스는 시장을 옹호하며 정부를 비판한다. 1924년, 1년간의 뉴욕 수업을 마치고 빈으로 돌아온 하이에크는 미제스의 주선으로 오스트리아 경기순환연구소 초대 소장이 된다.

9회 경제학자가 부자가 되는 것은 당연하다
- 슘페터는 불황이 경제의 자정활동이라고 보지만, 그건 장기적인 관점이다. "장기적으로 봐서는 현재의 문제를 해결할 수 없다. 장기적으로 보면, 우리는 모두 죽는다. 폭풍우가 몰아칠 때 경제학자들이 할 수 있는 말이 폭풍우가 지나가면 바다가 잔잔해진다는 것뿐이라면, 경제학자들의 일은 너무 쉽고 너무 쓸데없다."
- 전후 영국 재무장관은 토리당으로 복귀한 처칠이다. 처칠은 케인스의 권고를 무시하고 금본위를 복원한다.
- 1925년, 케인스는 러시아 발레단의 리디아 로포코바와 결혼한다. 미남 애인들은 많았지만 던컨 그랜트와 같은 강렬한 관계는 두 번 다시 찾을 수 없었고, 행복한 가정이 아쉽기도 했다. 나중에 웨브는 케인스가 러시아 무용수 아가씨와 연애결혼하면서 가난과 고통에 대한 공감대가 일깨워졌다고 논평한다.
- 케인스는 처가와 소비에트 정부의 초대로 러시아를 방문한다. 소비에트의 경제 기적에 감동한 다른 귀빈들과 달리 케인스는 전시행정의 이면을 꿰뚫어본다.
- 케인스는 소비에트에서는 러시아인의 더러움을, 바이마르에서는 유대인의 탐욕스러움을 느낀다. 자신의 인종차별주의를 때로 괴팍하

게 드러낸다.
- 어쨌거나 케인스는 1920년대 내내 케임브리지의 교수다.
- 1929년, 케인스는 자유당 로이드 조지의 선거공약을 만든다. 노동당에는 이질감을 느낀다. "계급투쟁에서 교육받은 부르주아 편에 설 것이다."라고 말하기도 한다.
- 선거에서 노동당이 압승한다. 케인스는 거의 완성했던 『화폐론』을 다시 쓴다.
- 미국은 20년대 내내 호황이다. 피셔의 낙관은 점점 더해간다.
- 1920~1921년 경기침체는 피셔에게 통화의 중요성을 가르쳐준다. 피셔는 전시 인플레이션 이후 연방준비위의 과잉대처가 경기침체를 낳았다고 본다. 경기예측이 가능하다는, 가히 획기적인 통찰이다.
- 경기예측은 수요가 있다. 어쨌든 피셔의 물가지수들은 엄청난 수요가 있다.
- 20년대 내내 주가는 큰 오름세다. 1929년 검은 화요일을 불과 두 주 앞둔 시점에서 피셔는 주가가 현재 수준보다 떨어지는 일은 없을 것이라고 한다.

10회 자유시장은 침체로 가는 경향이 있다.
- 1929년 공황, 케인스는 주가폭락으로 엄청난 손해를 입는다. 불황의 해법을 제안하며 계속 하락장에 투자한다. 1931년, 소장하고 있던 마티스의 작품을 팔아야 할 정도로 쪼들린다.
- 피셔도 반등을 예측하면서 주식을 내놓지 않는다. 1931년, 연구소를 잃고 세금체납과 사기로 고소당한다.

- 너무 늦게야 케인스 해법을 받아들인 영국 노동당은 10월 선거에서 패배한다. 영국 경제정책은 더욱 보수화된다.
- 1932년, 피셔는 후버 대통령에게 불황의 해법을 제안하는 전보문을 작성한다. 저명한 경제학자 32인이 함께 서명한다.
- 후버 대통령은 피셔의 해법을 받아들이지 않는다. 1933년, 경제는 악화일로다. 자살이 급속도로 는다.
- 1933년, 신임 대통령 루스벨트는 케인스와 피셔가 1929년 이래 계속 제안했던 금본위 폐지를 단행한다. 경제가 회복될 기미를 보인다.
- 케인스는 불황의 해법을 통화보다 정부지출에서 찾기 시작한다. 1936년, 그의 명저『고용, 이자, 화폐에 대한 일반이론』이 나온다.
- 1936년, 루스벨트 행정부는 지출을 줄이며 케인스 해법과는 정반대로 간다. 오히려 독일과 이탈리아와 일본이 케인스 해법을 통해 경제 회복에 성공한다.

11회 사회주의가 대안?

- 1930년대 서구 경제는 재앙 수준. 78세의 웨브는 소련이야말로 경제가 제대로 작동하는 유일한 나라라고 생각한다. 러시아에서 경제에 무지한 독재자가 600만의 기근 사망자를 낸다.
- 1903년, 또 한 명의 스타 경제학자 조앤 모리스가 태어난다. 대학교 성적이 나빴던 조앤은 결국 결혼으로 사회적 이력을 시작한다. 경제학자 남편 오스틴 로빈슨이 아내를 케임브리지 인맥과 연결시켜준다.
- 조앤 로빈슨의 첫 저서『불완전 경쟁의 경제학』에는 남편 오스틴과 애인 리처드 칸이 큰 지분을 갖고 있다. 경제학자 피에로 스라파의

독점 개념, 그리고 그 개념을 낳은 미국 대공황의 지분도 그에 못지 않다.
- 로빈슨은 아직 마르크스주의자가 아니다. "어느 체제의 경제학자들이 그 체제에 대해서 되지도 않는 소리를 했다는 이유로 그 체제를 타도하는 것이 좋겠다고 말할 수는 없다."라고 말하기도 한다.

12회 케인스 전쟁!
- 케인스는 2차대전과 함께 인플레이션 매파로 돌아선다. 적이었던 케인스와 하이에크가 한편이 된다.
- 2차대전은 은퇴한 케인스를 현역으로 불러들인다. 케인스는 맥주세에서 카이로 교통체제까지 온갖 일에 참견한다.
- 영국과 미국은 전비를 누구의 돈으로 마련할 것인가를 놓고 갈등하고 있다. 2차대전 중에 케인스가 맡은 가장 큰 임무는 미국에 가서 방위비를 꿔오는 일이다.
- 2차대전 초기, 케인스주의자들이 워싱턴의 경제부서들에 침투한다. 그들 대부분은 새로운 케인스 플랜에 반대한다.
- 젊은 케인스주의자 밀턴 프리드먼은 "유례가 없었던 규모의" 케인스주의적 조세안을 마련한다. 이 법안이 통과되면서 그의 납세액은 119달러에서 1704달러로 늘어난다.

13회 『자본주의, 사회주의, 민주주의』의 아이러니와 『예속의 길』의 비장미
- 패전국 경제학자 슘페터는 고독과 절망의 2차대전 중에 『자본주의, 사회주의, 민주주의』로 자본주의를 오마주한다. 자본주의 덕에 현

대의 어린 여공들이 한 세기 전에 여왕에게조차 너무 비쌌던 스타킹을 사 신을 수 있다는 그의 말은 꽤 아이러니하다.
- 하이에크 역시 2차대전 중에 극도의 고립을 겪으며 필생의 역작 『예속의 길』을 내놓는다. 그가 이 책에서 역설하는 자유경쟁 옹호론은 그의 개인적인 전쟁 수행 노력이다.

시즌 3: 자유의 조건

14회 불황은 곧 전쟁

- 1944년, 브레튼우즈로 가는 배 위. 케인스는 하이에크의 『예속의 길』을 읽으면서 감동한다.
- 케인스는 2차대전이 1차대전 전후처리 실패의 결과라고 본다. 케인스에게 브레튼우즈는 그 실패를 반복하지 않겠다는 결심이다.
- 브레튼우즈의 브레인은 영국의 케인스와 미국의 케인스주의자 화이트다. 케인스가 폐회 만찬장에 입장할 때 모두 기립한다.
- 브레튼우즈 회의장에는 소련 스파이가 우글우글하다. 화이트도 그 중 하나지만, 케인스는 전혀 모르는 일이다.

15회 보수의 영웅?

- 1945년, 미국 보수파가 하이에크를 열렬히 환영한다. 하이에크는 오히려 민주당 정부의 브레튼우즈를 지지한다.
- 하이에크와 케인스는 이론적으로는 적이었다. 하지만 같은 경제학자로서 서로의 인격과 성과를 존중했다.

- 브레튼우즈는 냉전과 함께 반쪽짜리 체제로 전락한다. 케인스는 세상을 떠난다. 비트겐슈타인은 볼셰비키에 환멸하면서 온 세상에 환멸한다.
- 1947년, 모겐소 플랜의 그림자. 전후의 서독은 여전히 폐허다. 1948년, 마셜 플랜의 기운. 서독의 경제기적이 시작된다.
- 자유시장에 대한 하이에크의 신념을 공고해지기만 한다. 1974년 노벨경제학상은 자유주의자 하이에크와 사회주의자 뮈르달이 공동수상한다.

16회 대통령의 남자는 괴로워

- 1944년, 루스벨트 행정부의 새뮤얼슨은 암울한 전후를 예측한다. 자기의 주장이 체제전복과 무관하다는 것을 보여주기 위해 정부 브리핑에서는 회계사가 쓰는 녹색 챙모자를 쓴다.
- 1915년생 새뮤얼슨은 미드웨스트 투기 붐과 플로리다 랜드러시 중에 성장한다. 시카고에서 수학하고 하버드에서 박사논문 『경제분석의 기초』를 발표한다. 슘페터는 이 논문을 읽고 잠을 설칠 만큼 흥분한다.
- 전후경기가 호황을 맞으면서, 새뮤얼슨의 예측이 어긋난다. 이후로는 경제예측에 더 신중해진다.
- 제대군인들이 대학으로 몰려오고, 경제학 교과서 수요가 커진다. 1948년에 초판이 나온 『경제학: 개론적 분석』은 어마어마한 베스트셀러가 된다.
- 『경제학』이 분석하는 현대경제는 불완전고용의 경제다. 모든 것이

역행하는 경제, 고전 경제학과 피셔의 통화주의가 더 이상 통하지 않는 경제다.
- 새뮤얼슨은 케네디의 경제자문으로 케인스주의 정책을 지지한다. 프리드먼은 카터의 경제자문으로 통화주의를 부활시킨다. 새뮤얼슨과 프리드먼 둘 다 백악관보다는 대학이 어울린다.

17회 경제학의 코미사르

- 1950년 4월, 로빈슨은 모스크바 경제회담에 영국 대표로 참석한다. 그녀가 본 소비에트는 평화와 풍요와 메카다.
- 두어 달 전, 스탈린은 소련공산당중앙위원회 연설에서 전쟁과 파국을 예언한다. 연설문 내용은 회담 이후에야 발표된다.
- 1936년 스페인 내전. 소련은 공화당 편에서 파시스트들과 싸우는데, 영국과 미국은 구경만 하고 있다. 로빈슨을 포함해서 많은 영국 지식인이 소련에 호의적 태도를 갖게 된다. 1945년, 선거에 압승한 노동당과 대부분의 좌파들은 소련과 점점 불화한다. 로빈슨과 영국 공산당은 노동당 정부를 비판하고 소련을 지지한다.
- 49세의 로빈슨. 피카소가 그린 거트루드 스타인과 같은 존재감이 그녀에게 있다. 그녀에게 제국주의 이론은 대문자 T로 시작되는 진리다.
- 1951년. 로빈슨은 로자 룩셈부르크의 『자본축적』에 격렬하게 공감한다. 5년 후, 같은 제목의 책을 펴낸다.
- 공산당의 행사용 지식인 로빈슨은 중국에서 벌어지는 "현대사 최악의 기근"을 깨닫지 못한다. 그녀는 민주주의에 대해 냉소한다.

18회　자유로워야 행복하다

- 1960년대 후반, 로빈슨은 인도 델리에서 마오쩌둥을 찬양하는 연설을 하고 있다. 옛 제자 아마티아 센의 공손한 반론은 묵살된다. 2002년, 옛 스승에 못지않은 스타 경제학자 센은 찬바람이 부는 흙바닥에 모여 있는 사람들을 찾아간다. 깡마른 열네 살 소녀가 설거지 일감을 잃은 후 먹지 못했다는 말을 하고 있다. 센은 인도 민중의 고통을 학문적 과제로 삼은 경제학자이다.
- 1942년 독립투쟁. 센의 많은 '삼촌들'이 투옥된다. 300만 인명을 앗아간 1943년 벵갈 기근. 센은 왜 자기 가족들은 무사하고 하층 카스트만 굶어죽는가를 생각한다.
- 대학생 센은 마셜의 『경제학 원리』 등의 고전과 새뮤얼슨의 『경제분석의 기초』 등의 신작을 읽는다. 수업을 빼먹고 스탈린주의자들과 마르크스를 논하기도 한다. 암 진단을 받고, 위험한 방사능 치료를 받는다.
- 케임브리지 유학에서 돌아와 인도 개발경제학자 대열에 합류한다. 방사능 치료의 후유증이 나타나고, 영국에 건너가 대대적인 재건수술을 받는다. 에바 콜로르니와 재혼한다.
- 1970년대 이후, 연구방향을 바꾼다. 경제학자들의 조롱과 무시 속에, 정치적 권리와 경제적 복리의 관계를 규명하는 일에 매진한다. 경제학과 윤리학의 접목을 시도하는 그를 지금 사람들은 "경제학의 양심"이라고 부른다.

프리드먼 교수가 새뮤얼슨 교수에게 귀띔해주었듯, 사람들은 경제학을 싫어한다. '경제학이 얼마나 중요한데 사람들이 싫어만 하고 알려고를 안 하다니 이래서는 곤란하다'고 이 책의 저자는 생각한다. 경제학을 제대로 알려면 교과서 글자만 노려보고 있지 말고 그 이론이 어떤 논쟁 속에 있고 그 논쟁은 또 어떤 사회적인 맥락에서 나왔나를 넓고 깊게 보라고 저자는 말한다. 과거의 경제학 이론이 지금 우리에게 어떤 의미에서 적절한지 혹은 부적절한지를 가늠하는 데에 그보다 더 좋은 방법은 없다고 저자는 믿는다.

경제학 이론을 만드는 것 자체가 경제학자의 목표는 아니다. 경제학자가 이론을 만들어내는 건 자기 앞에 있는 문제들을 풀기 위해서다. 그러니 경제학 이론을 알려면, 어떤 사람이 어떤 상황에서 어떤 이유로 어떤 심정으로 만들었는지도 알아야 한다. 이 책에 등장하는 경제학자들은, 흠집 없는 인격자가 아닌 것은 물론이고, 개인적 욕망을 극복한 철인도 아니다. 또 그들은 자기가 몸담은 사회에 깊이 연루되어 있고, 그 사회의 편견을 불가피하게 공유하고 있다. 경제학자의 현실적이고 또 실리적인 면이 그의 학문적 성취와 긴밀하게 연결되어 있다는 것, 그리고 그 사실이 그의 경제학의 오점이 아니라 오히려 핵심이라는 것을 독자로 하여금 감지하게 하는 것이야말로 이 책의 가장 큰 성취 중 하나다.

찾아보기

ㄱ

가드너, 리처드 652

간디, 인디라 675, 681

개디스, 존 루이스 582, 592, 647

개릿, 엘리자베스 108

개스켈, 엘리자베스 92

갤브레이스, 존 케네스 9, 546, 553

걸릭, 찰스 324

골턴 경, 프랜시스 158, 295, 451

그랜트, 던컨 305, 366, 384, 427, 439, 475, 512

그릴리, 호러스 79

글래드스톤, 윌리엄 84~85, 179, 223

기브스, J. 윌러드 232~234, 237~238, 625, 628

기펜, 로버트 13, 75, 90

길버트와 설리번 112

ㄴ

나이팅게일, 플로렌스 88

나폴레옹 3세 56

네루, 자와할랄 675, 681~682, 690

노이스, 알렉산더 284

노턴, 찰스 엘리엇 125

뉴턴, 아이작 672

니컬슨, 해럴드 360, 380~382

닉슨, 리처드 638

ㄷ

다윈, 레너드 451

다윈, 찰스 20~21, 76, 99, 158, 170, 215, 233, 235, 274~275, 295, 362, 451

단테 407

댄디슨, 배즐 632

더랜티, 월터 507

덜레스, 존 포스터 359

데니슨, 에드워드 91

데이븐포트, 존 605

델러노, 프레더릭 A. 615

도르프만, 요제프 503

도브, 모리스 527

도스토옙스키, 표도르 80

듀이, 토머스 E. 616

드가, 에드가르 305

디렉터, 에런 550, 606, 623

디킨스, 찰스 18~19, 23~25, 27~28, 34, 42, 47~48, 51, 57, 63, 69, 79, 89, 94, 103, 106, 114, 124, 133, 135~137, 145, 263, 628, 693

ㄹ

라운트리, 시봄 209

랑게, 오스카 646, 668

래스키, 해럴드 651, 653, 667

랜더스, 데이비드 297

램지, 프랭크 310, 514-515

러너, 아바 665

러몬트, 토머스 380

러셀, 버트런드 206, 310~311, 315, 362, 373, 416, 510, 514, 627, 667

러스킨, 존 42, 103~104, 106, 528

레너, 카를 326, 330~331, 342, 347, 351~352, 354, 399, 418

레닌, V. I. 336, 339, 379, 582~583, 665

레온티에프, 바실리 505, 625, 628

레이, 존 259

로디언 경 539

로런스, T. E. 360

로버트슨, 데니스 522

로빈스, 라이오넬 423, 499~501, 564, 585, 606

로빈슨, 오스틴 386~387, 512

로빈슨, 조앤 361, 499, 511~530, 586, 604, 610~611, 641~668, 671~672, 681, 683~684

로스차일드, 네이션 메이어 43, 330

로스차일드, 루이스 345~346, 348

로스토, W. W. 279

로이드 조지, 데이비드 217~219, 303, 339, 358~360, 370~371, 379, 381~382, 385~386, 438, 442~445, 462, 535

로즈, 세실 278, 282, 284

로트, 요제프 269

록펠러, 존 D. 282

롤스, 존 685, 687

뢰벤펠트-루스, 한스 341

루스벨트, 시어도어 257

루스벨트, 프랭클린 델러노 480, 485~491, 498, 538~540, 542~543, 546, 549, 551, 553, 574~575, 577, 579~580, 582, 585~588, 591~592, 594, 587, 601~603, 615~616, 623~624, 631, 633

루이스, 싱클레어 619

루이스, 조지 131

룩셈부르크, 로자 267, 282, 662~663

리델 경 379

리카도, 데이비드 35, 63~64, 66, 70, 104, 109, 121, 123, 181, 186, 656

리카디-시버, 글래디스 267, 277~278

리프먼, 월터 480

린드버그, 찰스 449

ㅁ

마르크스, 엘리너 162
마르크스, 카를 31~32, 36~41, 48~52,
　55~56, 65~85, 95, 99~100, 104, 109,
　123, 128, 130, 133~134, 136~137,
　139~140, 162, 170, 187, 197, 212, 251,
　264, 274, 276, 293~294, 296, 326,
　398, 409, 411~412, 495, 561, 647, 660,
　662~663, 678
마셜, 메리 페일리 112~117, 131~132,
　134, 139~140, 190
마셜, 앨프리드 13~14, 87, 92~93,
　95~102, 106~117, 120~147, 163,
　170, 185~186, 190, 194, 208~209,
　212, 215, 218, 223, 225~226, 228,
　230, 237~238, 240, 242, 260, 264,
　276~277, 294~295, 300, 362~364,
　367, 390, 398, 411, 495, 511, 514~515,
　627, 635, 658, 693~694
마셜, 윌리엄 97
마셜, 조지 C. 652
마시, 에디 209, 359, 529
마시, 헬렌 511
마오쩌둥 667

마이어, 유진 아이작 463
마티스, 앙리 426, 434, 468
마흘루프, 프리츠 418, 563, 566, 571,
　600~601, 605, 608
만, 토마스 256~257
매스킨, 에릭 688
매지, 찰스 646
매카시, 조지프 596
매카트니, C. A. 405
매콜리, 토머스 배빙턴 183, 585
매킨리, 윌리엄 224, 246~247, 257
맥도널드, 램지 462~463, 468,
　475~476, 499
맥밀런 경 474, 564
맥밀런, 마거릿 396
맥밀런, 해럴드 667
멜런, 앤드류 236, 463, 473
맬서스, 토머스 로버트 20~26, 35, 53,
　63~64, 66, 70~71, 235, 292, 314, 450,
　623, 660
머거리지, 맬컴 509
멀링, 페리 259
메이휴, 헨리 44~46, 56~58, 60~62, 65,
　72, 89, 106, 133, 167, 185, 263, 693
멜키오르, 카를 376~378, 391~393, 440
멩거, 카를(Carl) 418

멩거, 카를(Karl) 242, 272, 416

모건, 주니어스 151

모건, J. P. 282

모겐소, 헨리 543, 545~546, 555, 557, 587, 593, 610, 623

모르겐슈테른, 오스카어 416

모리스, 프레더릭 416

모리스, F. D. 511

모즐리, 오즈월드 445~446

모파상, 기 드 201

몰로토프, 바체슬라프 652

무솔리니, 베니토 510, 520

무어, G. E. 363, 514

무질, 로베르트 329

뮈르달, 군나르 580~581

미제스, 루트비히 폰 273, 399, 407, 410, 419~420, 422~423, 498~500, 563, 569, 605~606

미첼, 웨슬리 C. 421

미첼, 조지 120

밀, 제임스 66

밀, 존 스튜어트 19, 54, 62, 66, 73, 76, 100, 109, 194, 612

밀워드, 앨런 539

ㅂ

바그너, 리하르트 250

바나도, 토머스 91

바넷, 새뮤얼 91, 185

바루크, 버나드 359, 385, 395, 553

바르부르크, 막스 376, 391~393

바우어, 오토 273, 326~327, 329~331, 334, 340, 342, 346~347, 349~353, 418

바이너, 제이컵 623, 624

발라, 레옹 228~229, 242

발자크, 오노레 드 85

배젓, 월터 31

백스터, 로버트 더들리 75

밸푸어, 아서 207, 212, 452

뱁슨, 로저 460, 469

버뱅크, 해럴드 628

버코프, 조지 626

버크, 에드먼드 9~11, 134

버클리, 윌리엄 F. 633

번스, 아서 548

번스, 제임스 맥그레거 575

벌리, 애돌프 485, 488

벌린, 이사야 36, 76, 556, 599

베런슨, 버나드 427

베버, 막스 418

베버리지, 윌리엄 220, 325, 452, 501

베블런, 소스타인 234

베빈, 어니스트 650

베어링, 에벌린 280, 282, 286

벤담, 제러미 112, 687,

벨, 버네사 305~306, 359, 366, 427, 434, 475

벨러미, 에드워드 233

보일, 앤드류 527

볼드윈, 스탠리 432

볼스, 체스터 618

볼커, 폴 639

뵈겔린, 에리히 418

뵘-바베르크, 오이겐 폰 273, 298~299, 329, 416

부스 "장군", 윌리엄 91

부스, 찰리 183~187, 191, 193, 199, 209

부시, 배너바 633

브라운, 슈테피 422

브라이스, 로버트 624

브라이언, 윌리엄 제닝스 246~248, 254, 282, 284, 485

브랜다이스, 루이스 448

브로크도르프-란차우, 울리히 폰 329

브론테, 샬롯 107

브룩, 루퍼트 512

블레이크, 윌리엄 43

블로그, 마크 72~73

비저, 프리드리히 폰 273, 296, 348, 353, 355, 416

비트겐슈타인, 루트비히 269~270, 308~310, 414, 417, 501, 515, 608, 654

ㅅ

새뮤얼슨, 매리언 626

새뮤얼슨, 엘라 립턴 619, 621

새뮤얼슨, 폴 505, 577~578, 615~636, 638~639, 664~665, 678

새뮤얼슨, 프랭크 618, 620~621

새순, 지그프리트 512

새커리, 윌리엄 메이크피스 124

색빌-웨스트, 비타 360

생어, 마거릿 452

샤흐트, 할마르 589

섬너, 윌리엄 그레이엄 235~239, 249

세잔, 폴 306, 426, 434

센, 아마르티아 671~692

센, 크시티모한 675

셰익스피어, 윌리엄 114, 371

셰퍼드, J. T. 366

솔로, 로버트 665~668, 691, 694, 780

솔즈베리 경 164

쇼, 조지 버나드 197, 200~202, 209, 215,

221, 302~303, 429
쇼스크, 칼 269
슈라이어, 프리츠 422
슈몰러, 구스타프 272
슈바르츠, 안나 471
슈츠, 알프레드 422
슈트라이슬러, 에리히 269
슘페터, 안니 라이징거 408~410, 413, 502
슘페터, 요제프 알로이스 267~300,
    306~307, 315, 317, 325~341,
    344~356, 362, 384, 397~421, 430,
    444, 491, 494~495, 502~506, 525,
    534, 559~562, 578~580, 593, 623,
    625, 628, 630, 635, 649, 660~661,
    666, 682, 695
슘페터, 요한나 268
스라파, 피에로 499, 520~526, 646, 656,
    665
스뫼츠, 얀 382-387
스미스, 애덤 12, 36, 62~64, 70, 100,
    109, 123, 139, 146, 186, 259, 634
스미스, 제임스 A. 203
스콧, 월터 114
스키델스키, 로버트 304~305, 367, 369,
    372, 390, 428, 445, 461, 463, 465,
    467~468, 295, 533~535, 589, 593,

스타인, 허버트 549, 557, 627, 637
스탈린, 이오시프 436, 508~510, 527,
    543, 549, 564, 579, 582, 590, 597, 600,
    603~604, 643~654, 678~679, 686, 695
스테드, 윌리엄 222
스테드, 헨리 위컴 390, 395
스테드먼 개러스, 존스 59, 79
스트레이치, 리튼 364, 368, 394
스트레이치, 존 527
스트롱, 벤저민 484
스티글러, 조지 668
스티븐, 레슬리 98, 193, 362, 366, 386
스펜서, 허버트 76, 99, 155~172, 191,
    199, 207, 215, 235~236, 260, 569
스피어스, 에드워드 루이스 361
시지윅, 헨리 99~100, 106~116

ㅇ

아들러, 프리드리히 344
아이젠멩거, 안나 331, 400, 402
아이젠하워, 드와이트 610, 637
아인슈타인, 알베르트 291, 328, 418,
    426, 440
알레, 모리스 606
알레비, 엘리 209
앙프, 피에르 401

애들러, 솔로몬 668
애로, 케네스 657, 666, 686, 780
애슈턴, T. S. 660
애스퀴스, 마고 387
애스퀴스, 허버트 헨리 217, 219
애시미드-바틀릿, 엘리스 344~345
애틀리, 클레먼트 650
앤더슨, 존 609
앨버트 공 53, 65, 68
야시, 오스카르 269
얼투니언, 어니스트 528~529, 649
에르하르트, 루드비히 612
에머슨, 랠프 월도 87, 125, 242
에인절, 노먼 299
에지워스, 프랜시스 이시드로 240, 242
에클스, 메리너 485, 546
엘리엇, 조지 76, 107, 113, 119, 131, 149, 152, 160
엘리엇, T. S. 514
엥겔스, 프리드리히 31~42, 48~52, 54~55, 66, 69~71, 73, 76~77, 80, 83~85, 412, 568, 647, 660
엥겔-야노시, 프리드리히 422
오를란도, 비토리오 381-383
오스틴, 제인 9~13, 20, 47, 241, 674
오어, 보이드 643, 656, 667

오언, 로버트 125
오이켄, 발터 606
오펜하이머, 프랜시스 317, 350~351, 357, 384
올드리치, 윈스럽 601
와일드, 오스카 365
와트, 제임스 43
우드홀, 빅토리아 452
울람, 스타니스와프 626
울프, 레너드 389, 452
울프, 버지니아 98, 103, 314, 366, 434
워벨 676
월리스, 앨프리드 러셀 233
웨브, 비어트리스 포터 151~222, 264, 302, 451, 467, 494, 507~510, 666
웨브, 시드니 193~222, 236, 295, 302, 428, 451, 454, 468, 507~510, 569, 666
웰스, 허버트 조지 202~206, 209, 416, 444, 451, 487
윌슨, 에드윈 비드웰 625
윌슨, 우드로 228, 240, 358~359, 374, 380~386, 392~393, 395, 592
이스마일 파샤 279~280

ㅈ

잘텐, 펠릭스 323

제럴드, 더글러스 61

제번스, 아서 390

제번스, 윌리엄 스탠리 237

제임스, 윌리엄 237

제임스, 해럴드 250, 478

제임스, 헨리 101, 153, 229

젱크스, 제러마이아 휘플 228, 421~422

조마리, 펠릭스 354

조지, 헨리 141~145

존스, 빌 653

존슨, 해리 665

ㅊ

차일즈, 마키스 602

채드윅, 에드윈 34

처칠, 윈스턴 196, 207~210, 217~219, 340, 359, 367, 432~433, 438, 445, 452, 462, 466, 468, 494, 512, 535, 539~541, 560, 581, 586, 588, 603~604, 641, 650, 676

체임버스, 휘태커 596

체임벌린, 네빌 151, 533, 603

체임벌린, 에드워드 524~525

체임벌린, 오스틴 370, 386, 394

체임벌린, 조지프 151, 163~171, 173~176, 179~184, 190, 208, 276,

츠바이크, 슈테판 322

ㅋ

카네기, 앤드류 227

카우프만, 펠릭스 422

카터, 지미 639

카프카, 프란츠 269, 323

칸, 리처드 445, 449, 521~526, 529~530, 537, 641, 645, 648, 654, 664

칸트, 이마누엘 98, 112

칼도어, 니컬러스 625, 649~650, 656, 664

칼라일, 토머스 18~20, 27, 39, 54, 61~64, 103, 106, 129, 131, 134

커닝엄, 토머스 325, 342, 344~345

커리, 로클린 477, 546~547, 595

커즈너, 이스라엘 411

컬크헌, 패트릭 13

케넌, 조지 602~603

케네디, 조지프 539

케네디, 데이비드 486~488, 617, 631

케네디, 존 F. 638

케언스, J. E. 104

케언크로스, 앨릭 647

케인, 바버라 154

케인스, 네빌 362~364

케인스, 리디아 433~434, 439, 463, 534,

585~587, 593, 604
케인스, 존 메이너드 14~16, 303~311,
315, 334, 350~351, 353, 357~360,
362~387, 389~398, 425~446, 448,
451, 454, 456, 461, 468, 471, 473~475,
477, 480~481, 485~486, 488~499,
501~504, 506, 508, 510~511, 514~517,
520~527, 529, 531~537, 541~549,
554, 557, 559~564, 567, 569, 575, 583,
585~598, 602~604, 609, 694
케인스, 플로렌스 88
켈로그, 존 하비 257
코, 프랭크 524
코널리, 톰 556
코튼, 헨리 312~313
콕토, 장 360
콜로르니, 에바 682
콩도르세 후작 20
콩퀘스트, 로버트 510
콩트, 오귀스트 160
쿠즈네츠, 사이먼 550
쿠진스키, 위르겐 646
쿡, 토머스 68, 282
쿤, 벨라 332, 340, 344, 346
쿨리지, 캘빈 463, 473
크라우스, 카를 309, 319, 331

크루그먼, 폴 431
크리스티, 애거사 528~529
클라인, 로렌스 665
클라크, 그레고리 11, 52
클라크, 존 베이츠 421
클러프, 앤 111, 115
클레망소, 조르주 380~382
클리블랜드, 그로버 246

ㅌ

타고르, 라빈드라나트 675
태펀, 마저리 515
터그웰, 렉스퍼드 485~486
터크먼, 바버라 240
테일러, 세들리 120
테일러, 프레더릭 윈슬로 448
테일러, 해리엇 62~63, 612
테일러, A. J. P. 394
토니, R. H. 206
토빈, 제임스 496
토인비, 아널드 54, 110
토크빌, 알렉시스 드 122, 124
트롤럽, 앤서니 95, 124, 156, 250
트루먼, 해리 594, 597, 603~604, 611,
631, 637
트리벨리언, G. M. 197

트웨인, 마크 292

ㅍ

파레토, 빌프레도 242, 687~688
파브스트, 게오르크 402
파울, 루트비히 341
파인스타인, 찰스 75
패리, 잭 646
퍼거슨, 니얼 281
퍼서벌, 스펜서 511
퍼킨, 해럴드 45
페일리, 윌리엄 113
페일리, 톰 114
페탱 원수 536
페티그, 데이비드 481
포셋, 밀리센트 105, 108, 186
포셋, 헨리 90, 103~104
포크, 오즈월드 426
포터, 로런시나 156~161, 174
포터, 리처드 199, 451
포퍼, 칼 605
폰 노이만, 존 627~628
폰지, 찰스 621
폴릿, 해리 651
푸르트, 헤르베르트 415~416, 420
푸앵카레, 앙리 273
푸트, 마이클 667
프라이, 로저 304, 306, 514
프란츠 요제프 269, 271, 307
프랑코, 프란시스코 538, 595
프랑크푸르터, 펠릭스 359
프로이트, 지그문트 21, 270, 317, 320, 323, 332, 400~401
프루동, 피에르-조제프 69
프루스트, 마르셀 275, 360, 416
프리드먼, 로즈 545, 548
프리드먼, 밀턴 471, 545, 547~551, 553~558
프리맨틀, 헨리 91
프리먼, 랠프 632
프릭, 헨리 클레이 226
플래츠-밀스, 존 651
피구, 아서 367, 514~515, 526, 658
피셔, 마거릿 해저드 241, 244, 257
피셔, 어빙 228~229, 231~244, 248~250, 252~264, 283, 299, 302, 311~313, 397~398, 421, 425~426, 428~429, 431~432, 442, 446, 448~460 467~479, 481~492, 495~498, 503, 508, 565, 588~590, 593, 624, 626~627, 636, 639, 660, 695
피셔, 조지 229~234, 255

피어슨, 칼 295
피츠제럴드, F. 스콧 547, 622
피카소, 파블로 426, 657
필, 로버트 19

ㅎ

하디, G. H. 364, 465, 672
하딩, 워런 552
하베를러, 고트프리트 416
하워드, 엘리자베스 제인 576
하이에크, 프리드리히 폰 270, 308~309,
　319, 397~398, 414~423, 494~495,
　498~505, 531~536, 559~571,
　578~583, 585~590, 599~613, 623,
　686, 695
하커트, 제프리 527, 648, 668
하크니스, 마거릿 153, 162, 179, 193
해들리, 아서 235
해러드, 로이 15, 663
해저드, 롤런드 3세 229, 244
해즐릿, 헨리 600, 605
핸슨, 앨빈 577, 617~618
허친스, 로버트 631~632
헉슬리, 토머스 158
헐, 코델 588
헤겔, 게오르크 빌헬름 40, 50, 99

헤이건, 에버릿 630
헨더슨, 제임스 24~25
헬름홀츠, 헤르만 루트비히 폰 244
호르티, 미클로시 346
호치민 360
호크스, 앨버트 601
호프스태터, 리처드 235
홈스, 찰스 305~306
홉스봄, 에릭 75
화이트, 해리 덱스터 477, 546, 553, 564,
　587~590, 593~596, 609~610, 617, 646
화이트헤트, 앨프리드 노스 310
후버, 허버트 321~322, 341, 372,
　374, 383~384, 463, 471~478, 484,
　488~489, 494, 498, 601, 624
후세인 카멜 281
휘티어, 존 그린리프 257
휴스, 찰스 에번스 370~371
히멜파브, 거트루드 39, 101, 103, 167, 172
히틀러, 아돌프 336, 402, 504~505, 510,
　530, 533~535, 551, 563~564, 569,
　586, 595, 603, 695
힉스, 존 562, 657, 678
힐, 제임스 245
힐퍼딩, 루돌프 273, 329

사진 출처

Mary Evans Picture Library: 47, 58 아래, 171 오른쪽, 196 오른쪽

Hulton Archive/Getty Images: 58 위

Collection International Institute of Social History, Amsterdam: 77

Courtesy of the Marshall Library of Economics, University of Cambridge: 117

Courtesy of the Library of the London School of Economics and Political Science, reference number 00042: 171 왼쪽

ⓒThe National Portrait Gallery, London: 196 왼쪽, 21

Manuscripts & Archives, Yale University: 243 왼쪽

University of Albany, State University of New York: 243 오른쪽

Harvard University Archives, call #HUGBS 276.90p (2): 283 위

Mary Evans Picture Library / Thomas Cook Archive: 283 아래

Courtesy of Michael Nedo and The Wittgenstein Archive, Cambridge: 417

Mary Evans Picture Library / Robert Hunt Collection: 335 위

Courtesy of the Austrian State Archives: 335 아래

"Photograph of Duncan Grant and Maynard Keynes at Asheham House in Sussex, the home of Leonard and Virginia Woolf"—Vanessa Bell ⓒTate, London 2011: 439 위

Keystone France/Gamma Keystone/Getty Images: 479 위

The Cambridgeshire Collection, Cambridge Central Library: 479 아래

Courtesy of Peter Lofts Photography: 519

E. O. Hoppe/Time & Life Pictures/Getty Images: 439 아래

Harvard University Archives, call #HUGBS 276.90p (43): 565

Courtesy of the Franklin D. Roosevelt Presidential Library: 591

Courtesy of Jan Martel: 545

Courtesy of the International Monetary Fund: 607

Courtesy MIT Museum: 629

Courtesy of the Cambridge-India Partnership: 683 위

AP Photo/Richard Drew: 683 아래

사람을 위한 경제학

기아, 전쟁, 불황을 이겨낸 경제학 천재들의 이야기

1판 1쇄 찍음 2013년 7월 22일
1판 3쇄 펴냄 2024년 3월 20일

지은이　실비아 나사르
옮긴이　김정아
펴낸이　박상준
펴낸곳　반비

출판등록 1997. 3. 24.(제16-1444호)
(135-887) 서울시 강남구 신사동 506 강남출판문화센터
대표전화 515-2000, 팩시밀리 515-2007
편집부 517-4263, 팩시밀리 514-2329

한국어 판ⓒ (주)사이언스북스, 2013. Printed in Seoul, Korea.

ISBN 978-89-8371-608-8 03320

반비는 민음사출판그룹의 인문·교양 브랜드입니다.